Information Convergence Technology and Entrepreneurship

정보융합기술과 기업가정신

양재수 · 이동학 · 김성태 공저

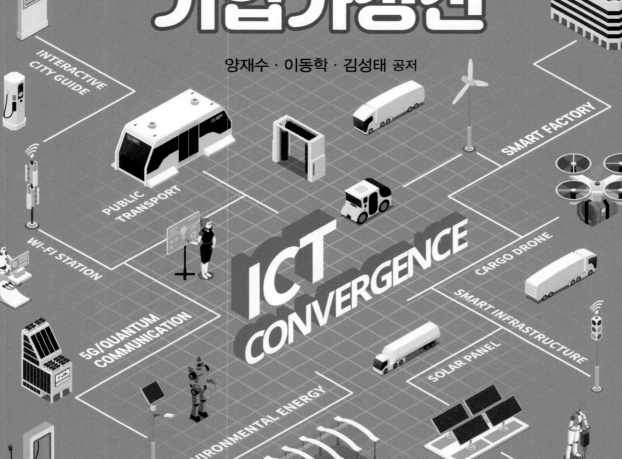

21세기사

PREFACE

우리나라 과학기술개발 투자 규모는 GDP 대비 세계 2위이고, 과학기술 경쟁력도 세계 7위로 약진하고 있으며, 휴대폰, 자동차, 반도체 등 첨단산업 분야에서는 우리 기업들이 최고 수준의 기술력을 갖추고 있다. 이에 대한민국이 지속 성장이 가능하도록 지도자나 정치인들은 이념 전쟁에서 벗어나, 역사와 전통 속에 깊은 관심과 성찰이 필요하다.

포스트 코로나19 시대, 4차산업혁명과 함께 다가올 새로운 시대·상황의 변화에 대한 준비를 해야 한다. 한국판 디지털 뉴딜정책이 본격적으로 실행되고 있지만, 과학기술정보통신부에 따르면 ① 비대면·원격사회로의 전환, ② 바이오 시장의 새로운 도전과 기회, ③ 자국중심주의 강화에 따른 글로벌 공급망 재편과 산업 스마트화 가속, ④ 위험대응 일상화 및 회복력 중시 사회를 꼽았다.

데이터(Data), 네트워크(Newtwork), 인공지능(AI)에 이어서, 이제는 언택트(Untact)와 정보의 디지털화/디지털 전환(Digital Transformation)은 코로나19를 맞아 새롭게 시작하는 사회와 산업, 기술의 트렌드일 것이다. 공공데이터, 빅데이터 등의 데이터 관련 산업의 확대와 5G 기반의 기술·경제를 확대하는 것으로 봐야 할 것이다. 5G투자 가속화와 함께 5G를 이용한 융합산업이 촉진될 것이다. 클라우드, 언택트 에듀테크, 챗봇사업 육성, 전자상거래, 게임·카툰 산업 등 코로나19로 성장이 가속된 온라인 산업은 의료, 교육, 유통분야 등의 비대면 산업에 적극적으로 투자될 것으로 전망된다.

교통과 건설 분야에 디지털이 접목되고 있으며, 특히 스마트시티, 자율주행 자동차·드론 등 스마트 모빌리티, 디지털 물류시스템, 스마트 건설 등이 대두되고 있다. 원격진료를 포함한 비대면 의료산업에서의 큰 변화가 일어나고, 이에 대응한 사업이 부상할 것이다. 한국판 디지털 뉴딜정책이 4차산업혁명의 근간을 이루게 될 AI(인공지능), SW와 IoT 등 센서 기술이 전 산업 부문에 영향을 미치고 적용될 것이다.

DNA(Digital Network AI) 신기술은 IoT와 5G 등 다양한 무선접속망으로 사람들의 경험과 다양한 정보를 수집하고, Cloud 컴퓨팅 파워로 ML(Machine Learning)/AI와 Big Data로 경험과 필요정보를 분석하고, AI와 시각화/대시보드로 얻고자 하는 정보를 획득하여 추구하는 목표를 달성할 수 있게 된다.

인류 문명은 육체노동 중심의 농경사회에서 기계의 힘을 활용한 산업사회를 거쳐 정보와 지식에 의존하는 지금의 정보사회로 발전해 왔다. 앞으로는 더욱 더 지능정보화 사회, 스마트사회가 가속화될 것이다. 스마트사회란 지능화된 첨단 과학기술을 매개로 어려운 현안을 똑똑하게 해결하고, 인간 삶 전반에서 유연성·창의성 및 사람중심의 인본주의 등 새로운 가치 창출을 도모하는 행복한 사회를 의미한다. 스마트사회는 경제, 산업 분야뿐만 아니라 일하는 방식, 국가 행정시스템 전반, 더 나아가 문화에 이르기까지 국가사회 전체를 혁신하는 새로운 사회혁명이라고 말할 수 있다.

스마트사회를 실현하는 것은 저비용 고품질 국가로의 발전을 향한 창의적 국민파워 기반 개방형 사회로의 전환을 향한 최선의 길이다. 우리에게는 세계적으로 인정받는 두 가지 강점이 있다. 바로 국민파워와 IT 수준이다. 우리 국민들의 창의와 역량을 통합하고 새로운 서비스와 가치를 창출할 수 있는 IT기반의 장(場)이 마련된다면 고령화, 고위험 사회 등 닥쳐올 국가사회 현안을 해결하고 미래 국가발전의 원동력으로 작용할 수 있을 것이다.

이 책에서는 스마트사회에 걸맞은 미래지향적인 신기술, ICT 융합을 통한 새로운 분야, 새로운 차원의 일자리 창출, 미래 인재육성, 세계 일류국가에 맞는 선진문화 구축, 스마트 서비스 및 스마트 인프라 구축, 그리고 이러한 사회를 효과적으로 운영하기 위한 ICT 융합기술과 기업가 정신을 다루고자 한다.

혁신적인 스마트기술을 바탕으로 경제, 국민생활, 문화, 인프라 등을 스마트화 하는 스마트사회 구현 전략이야말로 대한민국이 세계일류국가로 도약하기 위한 최고의 국가전략이 될 수 있을 것으로 확신한다. 필연적으로 도래할 수밖에 없는 스마트사회는 세계 문명사적 대변혁이다. 스마트사회 추진으로 또 다른 미래를 향하여 새로운 시대 변화 흐름을 우리는 주도적으로 선도해야 한다.

그러나 최근 과학기술의 급격한 발전과 진화로 인해 성장의 기쁨을 만끽하고 즐길 겨를이 없다. 한 사람의 창의적 아이디어가 세상을 바꾸고 인류의 삶을 변화시키는 산업간 융합의 시대로 들어섰다. 21세기의 대한민국은 국민들의 창의력과 상상력을 끌어내는 변화와 혁신을 통해 세계를 선도하는 새로운 과학기술과 산업간 융합시대의 문을 열어가야 한다.

이제, 개방형 국가지능화 플랫폼 구축으로 도시, 교통, 에너지, 복지, 의료, 국방, 안전, 제조 등 다양한 산업분야에서 3차원 가상세계를 가능케하는 메타버스 기술로 산업간 기술간 서비스간 융합으로 대변혁이 예상된다.

아무쪼록 이번에 출간되는 '정보융합기술과 기업가정신'이 Digital·Network·AI 기반 스마트사회의 올바른 이정표를 설정하고, 우리나라의 지속 가능한 발전방향을 제시하는 바람직한 안내서로 활용되기를 바란다.

2021년 8월

저자 양재수·이동학·김성태

CONTENTS

CHAPTER 5   IoT · 센서와 글로벌 진출방안 및 국제협력   159

CHAPTER 6 스마트공장 및 스마트팜 기술과 창업   207

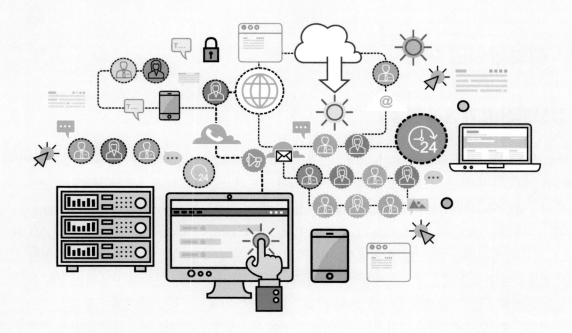

CHAPTER 1
정보통신과 ICT 리더십

- 5G와 초연결 정보통신 : 5G 시스템은 20Gbps의 최대 전송속도, 1,000분의 1초 미만의 지연시간, 1㎢당 100만개의 무선 기기 연결 지원 등 초고속·초저지연·초연결 특징, 4K·8K UHD 방송에 적합한 기술을 갖는 서비스.

- 디지털 통신 : 모든 정보를 0과 1로 구성되는 디지털신호로 교환하는 통신방식. 효율적인 전송을 위해, 다양한 변복조, 다중화 등의 기술이 적용됨.

- 5G 메타버스(3차원 가상세계) : 현실세계를 의미하는 'Universe(유니버스)'와 '가공, 추상'을 의미하는 'Meta(메타)'의 합성어.

- Q(Quiet) 세대 : 온라인 세계에만 갇혀서 이상을 추구.

- Reset 증후군 : 가상현실 불감증.

- 정보(情報)란? : 디지털 기술 + 아날로그 감성의 표현, 아날로그와 디지털 문화 간의 격차 해소 중요.

01__정보통신의 이해

1.1 정보통신의 개념과 활용

정보통신공학(telecommunication engineering)은 정보(information)를 전달하는 문제를 다루는 학문이다. 여기에 정보를 저장, 축척, 보관, 가공하고 처리하는 영역까지를 포함하면 광의의 정보통신공학을 의미한다. 광의의 정보통신공학은 그 영역이 전자공학(電子工學, electronics) 및 컴퓨터공학(computer engineering) 등의 학문과 겹치게 되고 IT(Information Technology), 또는 ICT(Information & Communication Technology)로 표기되기도 한다. 정보의 종류에는 텍스트, 음성, 음향, 이미지, 그리고 동영상 등 여러 가지가 있는데, 이러한 정보를 전달하기 위해서는 정보를 전송에 적절한 방법으로 변형, 전달된다. 여기에서 전송에 사용되는 것이 아날로그, 디지털신호 및 변복조 신호, 광신호 등이다. 또한 신호가 전송되기 위해서는 다양한 매체가 필요하다.

다양한 매체는 유선, 무선, 위성 등이 있으며, 이를 통하여 통신을 효율적으로 전송하는 방법에 관한 연구를 하는 이론이 통신 이론(Communication theory)이다. 크게 아날로그 방식과 디지털 방식으로 나뉘며, 정보를 오류 없이 목적지에 전송하는 것이 목적이다. 대표적으로 사용되는 아날로그 방식의 통신 방식은 진폭 변조(AM)와 주파수 변조(FM)가 있다.

정보통신은, 최근에는 차세대 인터넷, 스마트폰, 인공지능, 자율주행 자동차/드론/로봇 등 융복합 모빌리티의 개념이 추가되어, 정보통신 기술의 영역은 크게 확대되고 있다. 정보통신공학은 유·무선 통신 및 네트워크를 이용하여 질 좋은 정보를 수요자에게 빠르고 정확하게 전달하는 기술에 대해 다루는 학문이다. 유·무선 통신 기술에 사용되는 통신 신호, 통신시스템 구조, 네트워크 기본 및 응용 이론, 차세대 통신 네트워크 기술개발 등을 포함한다.

통신의 전송방법에 있어서 하나의 매체를 여러 사용자가 동시에 사용할 수 있도록 하는 다중화(multiplexing) 기술이 중요하다. 더 나아가, 상호 간 통신을 위해서는 두 단말 간, 또는 두 장비간의 프로토콜이 필요하다. 프로토콜(protocol)이란 원래 외교상의 용어로서 '의례'를 의미하는 단어였다. 통신에서 프로토콜이란 성공적인 통신을 위해 송신자와 수신자 간에 반드시 지켜야 할 통신 규약

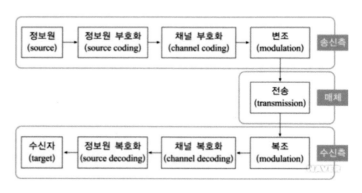

[그림 1.1] 정보통신 송수신 원리

을 의미한다. 정보통신에서 전송의 기본 단위인 패킷은 일반적으로 헤더 부분과 데이터 부분으로 이루어져 있다. 헤더에는 프로토콜이 요구하는 정보들이 들어가며 데이터 부분에는 전송하는 데이터가 들어간다. 헤더에 들어가야 하는 정보는 프로토콜에 따라, 그리고 통신의 단계에 따라 다른데 일반적으로는 송신자 주소, 수신자 주소, 패킷 길이, 에러 검출을 위한 계산 값, 그 외에 제어에 필요한 값 등이 해당된다. 일반적인 통신 프로토콜

이외에도 사용자의 신분을 인증하기 위한 인증프로토콜, 전송채널의 암호화를 위한 보안프로토콜 등 특수 목적을 위한 프로토콜들이 존재한다. 프로토콜 분야의 연구로는 특정한 통신 서비스에 적합한 프로토콜을 설계하며 그 기능이나 성능을 검증하고 개선하는 연구뿐 아니라 프로토콜 설계 또는 검증 방법을 연구하는 프로토콜 공학도 있다.

정보통신의 전송에 있어서 가장 기본이 되는 것은, 기저 대역, 즉 베이스밴드(Baseband) 통신이라 할 수 있는 무 변조 방식을 들 수 있다. [그림 1.1]은 정보통신의 송수신 원리를 보여준다.

■ 디지털 기저대역 신호 표현

$$x(t) = \sum_k a_k p(t - kT)$$

a_k : 메시지 정보 수열 $\{a_k ; a_0, a_1, ..., a_k, ...\}$의 k번째 심볼

$p(t-kT)$: 무변조 시간제한된 기본펄스(보통, 구형파, sinc파 등)

T : 펄스열 기본 주기

■ 데이터 통신의 근간 바이트의 크기

비티(bit)는 데이터 통신을 위한 기초 단위이며, 1 Byte는 8 bit이다. 바이트는 1비트가 8개가 모여 구성된다. 비트가 8개 모였기 때문에 2^8 인 256개의 상태를 표현할 수 있다(숫자 0 ~ 255). 1바이트는 1캐릭터라고도 불리는데 그 이유는 영어, 숫자, 기타 기호들이 각 글자당 1바이트를 차지하기 때문이다.

02_디지털 통신

2.1 디지털 통신 개요

정보통신에 있어서 디지털통신이란 아날로그 신호를 디지털신호로 변환하여 송신하고, 변환된 디지털신호를 다시 아날로그 신호로 변환하여 수신하는 통신방식이다.

■ 장점
· 잡음과 일그러짐이 작다.
· 다중화 교환이 편리하다.

■ 단점
· 회로가 복잡하다.

- 대역폭이 넓어진다.(압축으로 인해 많이 해결 되고 있음)

정보(information)와 신호(signal)의 구분에 있어서,

- 정보 : 통신의 궁극적인 목적이며, 내용(의미)을 담은 실체
- 신호 : 내용을 담는 형식, 정보를 전류나 전자파 형태로 변환시킨 것

다음 [그림 1.2]는 정보통신계와 테이터통신 전송계의 통신구성도를 나타낸다.

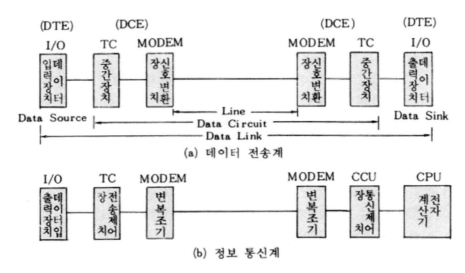

[그림 1.2] 정보통신계와 테이터통신 전송계 통신구성도
출처 : 정보통신 [Data Communication] (정보통신용어사전, 윤승은)

- ■ 신호의 변복조
- 변조 : 아날로그 또는 디지털 신호를 전송 방식에 맞게 형태를 변경하는 과정
- 복조 : 변조된 신호를 원래대로 되돌리는 과정
- 변복조 : 아날로그 신호를 디지털 신호로, 디지털 신호를 아날로그 신호로 변환시키는 접속 장치 (모뎀 등)
- 펄스 코드 변조(PCM) : 아날로그 신호를 디지털 신호로 변조시키는 방식

- ■ 신호의 전송 방식

아날로그 신호의 전송은 잡음으로 인해 왜곡되기 쉽기 때문에 잡음에 강한 디지털 신호로 데이터를 변조 후 전송한다. 전송 매체와 전달 가능한 전송 신호를 정리하면 아래와 같다.

신호 전송 방식에는 아날로그 형태로 전송하는 방식과 디지털 형태로 전송하는 방식이 있다. 아날로그 신호는 아날로그 형태로, 디지털 신호는 디지털 형태로 전송하는 것이 바람직하나, 아날로그 신호의 디지털 기법 사용은 계속 발전하고 있다.

① 아날로그신호 → 아날로그 수신

변조 없이 그대로 전송하는 방식(베이스밴드 전송방식) 예)전화기

② 아날로그신호 → 변조기 → 복조기 → 아날로그신호

변조와 복조를 하여 아날로그 전송 예) 라디오, TV

③ 디지털 신호 → 부호기 → 해독기 → 디지털 수신

디지털 신호를 그대로 전송

④ 디지털신호 → 변복조 → 변복조 → 디지털수신

평행 케이블을 통하여 컴퓨터 정보를 전송하고자 할 때 사용하는 방식

⑤ 아날로그 신호 → A/D변환과 부호화 → 해독화와 D/A변환 → 아날로그 수신

아날로그 신호를 디지털 신호로 변환하여 부호화하여 전송하는 방식

⑥ 아날로그신호 → A/D변환과 부호화 → 변복조 장치 → 해독화와 D/A변환 → 아날로그 수신

아날로그 신호를 디지털 신호로 변환하여 변복조 장치로 전송하는 방식

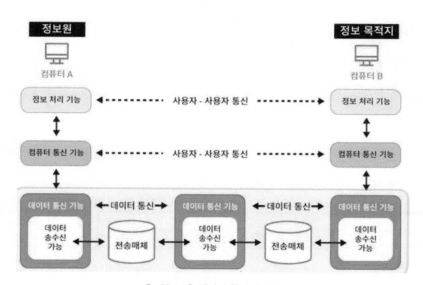

[그림 1.3] 데이터 통신의 원리

2.2 디지털통신 다중화와 전송오류제어

디지털 통신에 있어서, 다중화 방식의 개념은 매우 중요하다. 다중화(Multiplexcing) 방식은 다중화 기술을 이용하여 하나의 회선 또는 전송로를 분할하여 다수의 개별적으로 독립된 신호를 동시에 송수신할 수 있는 장치이다. 다중화 방식에 따라 주파수 분할, 시분할, 코드 분할 다중화 방식 등이 있다. 디지털 방식의 TDM(Time Division Multiplexing) 다중화기 등의 대용량화 및 디지털 정보의 압축, 부호화 기술의 진보와 더불어 멀티미디어 네트워크 구축에 꼭 필요한 장치이다.

2.2.1 다중화 원리

(1) 다중화/역다중화

가. 다중화

- 여러 개의 저속 신호 채널들을 결합하여 모아서 하나의 고속 링크로 전송하고 수신 측에서 본래의 신호채널로 분리하여 전달하는 기술
- 하나의 전송로를 분할, 개별신호를 동시에 송신할 수 있는 다수의 통신로를 구성하는 기술
- 기술측면 : 하나의 회선을 다수의 채널이 공유, 동시 사용
- 구조측면 : MUX:DEMUX, 변조:복조, 입출력 회선 대역폭 동일
- 경제측면 : 통신비용은 절감, 더 많은 데이터 전송

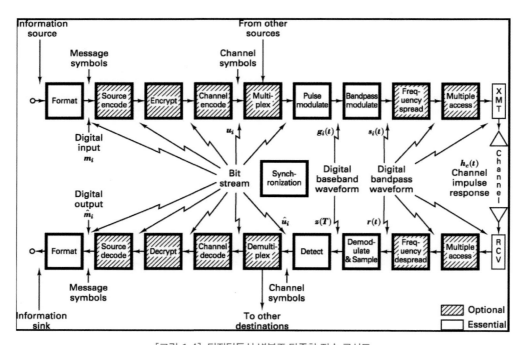

[그림 1.4] 디지털통신 변복조 다중화 전송 구성도

나. 역다중화

- 고속의 데이터 스트림을 여러 개의 낮은 속도의 데이터 스트림으로 변환하여 전송
- 송신 측에서 먼저 역다중화기가 목적지로 데이터를 전송하는데 사용할 회선들을 설정
- 높은 비트 전송율을 디지털 스트림을 여러 개의 낮은 비트율의 회선으로 전송하기 위해 설정된 회선만큼의 개수로 분할
- 분할된 디지털 스트림은 각기 다른 회선을 통해 전송

- 수신 측에서는 분할되어 들어오는 비트 스트림을 역다중화기가 받아서 하나의 높은 대역폭을 가지고 있는 회선을 통해 수신측 터미널 장비로 전송하기 위해 재조립

다지점 협력 통신(CoMP) 및 공간 분할 다중화(SDM) 기능을 기반으로 한 공간 공유를 통해 시스템 용량과 데이터 전송률을 높이는 등 주파수 효율성을 향상시킬 수 있다는 것이다.

변조의 종류에는 아래와 같이 크게 구분해 볼 수 있다.

■ 아날로그 - 아날로그

- 진폭 변조(Amplitude Modulation)

  [정의] 정보 신호의 진폭에 따라서 반송파의 진폭을 변화시키는 방식으로 양측파대 방식(DSB:Double Side Band) 이라고도 한다.

  일정하게 파동 하는 신호 $s(t)=A\cos(\omega t+\theta)$라고 가정한다. 반송파 신호는 $s_c(t)=A_c\cos\omega_c t$, 변조될 신호는 $s_m(t)=A_m\cos\omega_c t$ 로 표시할 수 있다.

- 주파수 변조(Frequency Modulation)

  [정의] 반송파 신호의 진폭은 일정하게 유지하고, 그 순시 각 주파수를 정보 신호의 진폭에 따라서 변화시켜 전송하는 방식.

  반송파 신호 $s(t)=A\cos\theta(t)$라고 하자. 이때 순시 주파수 $f_i(t)$와 순시 각 주파수의 관계에 의해

  $f_i(t) = 1/2\pi \cdot (d\theta/dt)$

  $\omega_i(t) = 2\pi f_i(t) = d\theta_i(t)/dt[rad/sec]$

- 위상 변조 (Phase Modulation)

  [정의] 정보 신호의 위상에 따라 위상 θ을 변화시켜 전송하는 방식.

■ 아날로그 - 디지털

- 펄스 진폭 변조(Pulse Amplitude Modulation)

  [정의] 일정한 폭을 가진 펄스를 사용하여 펄스의 상단이 변조하는 신호를 그대로 따르도록 하는 방식
  펄스 높이의 포락선이 변조파에 따라 변함.

■ 다중화 종류

- 다중화의 종류에는 아래와 같이 크게 구분할 수 있다.
- 주파수분할 다중화(FDM)
- 시분할 다중화(TDM)
- 파장분할 다중화(WDM)

- 통계적 시분할 다중화(Statistical TDM)
- 코드분할 다중화(CDM)
- 직교 주파수분할다중화(OFDM)

[그림 1.5]는 펄스진폭변조(PAM) 원리도를 보여 준다. 그리고, 펄스코드변조를 구체적으로 설명하면 다음과 같다.

■ PCM과 시분할다중화(Time Division Multiplexing, TDM)

이 PCM 방식은 음성전류를 하나의 펄스 상태로 단속(斷續)시키고 그 끊긴 시간에 다른 가입자의 음성전류의 단속 펄스를 끼워 넣는 원리이다. 전화인 경우 이 단속은 매초당 8,000회로 되어 있으며 이론상으로는 통화자는 이 단속을 전혀 느낄 수 없는 것으로 되어 있다. 이는 TV의 잔상 원리, 영화 필름의 초당 프레임 수 잔상 원리와 유사하다.

PCM에서는 단속된 전류의 크기를 128개 종류로 분류하고 지금 어느 정도의 크기의 전류가 흐르고 있는가를 부호화해서 상대편에게 송출한다. 상대방은 이것을 본래의 크기로 환원시켜 단속적인 전류를 모아 한 개의 음성파형으로 환원시킴으로써 전화로서의 통신이 가능해진다.

PCM 방식의 특징은 종래의 아날로그 전송과는 달리 디지털 전송이므로 도중에 있는 중계기에서도 펄스의 유무에 대한 판별을 할 수만 있다면 상당히 왜곡된 신호(信號)를 받아도 원래와 같은 부호를 만들어 낼 수가 있어서 전송의 질이 좋다. 또한 주파수 분할방식에 있어서는 분할을 위한 여파기(濾波器) 등의 비싼 기기를 필요로 하지만 PCM에서는 단국장치(terminal)가 간단하므로 경제적이기도 하다. 시간을 분할해서 사용할 뿐만 아니라 또한 동일시간내에 여러 사람의 통화가 동시에 가능한 것 등 PCM 방식은 통신방식 혁명의 상징이라고 할 수 있다. PCM은 무선 구간에서 각종 방해 신호에 대한 저항력을 높이기 위한 채널 부호화, 인터리빙, 암호화 기술 등과 함께 변복조, 다중 접속/다중화 방식 등이 필요하다.

- 전송 시간대를 달리하는 시공유 기법
- 일반적으로 음성신호 표본 추출은
  One sample = 8bits
  64kbps ➔ 56kbps(음성), 8kbps(제어)
- 시분할 다중화의 예

[특징]
① 전송 선로에 존재하는 누화와 잡음 등의 각종 방해에 강하다
② 레벨 변동에 강한 전송 특성을 갖는다.
③ 여러 번 중계기를 거쳐 전송하여도 잡음이 누적되지 않는다.
④ 회선 및 전송 경로의 변경이 용이하다.
⑤ 점유 주파수 대역이 매우 넓다.

[그림 1.5] 펄스진폭변조(PAM) 원리도

PCM의 펄스 생성 과정은 아래와 같다.

- 표본화(Sampling)

  연속적인 신호를 일정한 주기로 잘라내어 원래의 신호를 대표 할 수 있도록 추출한 것.

  ▸ 샤논의 표본화 이론 (Shannon Sampling Theory)

- 양자화(Quantization)

  아날로그 양을 디지털 양으로 변환시키기 위하여 근사파를 만드는 과정.

  ▸ 선형양자화, 비선형부호화, 압축팽창 기능 등

- 부호화

  양자화 스텝(Step)으로 판독된 PAM펄스의 진폭을 단위 펄스의 유무의 조합으로 변환하는 조작

  ▸ 0과 1 로 표현 즉 이진부호

  커뮤테이터 1회전, 24Ch X 8 bits = 192bits

  1 Frame = 192 + 동기용 1 bit = 193 bits

  1 프레임 = 125 μs

  전송속도 : 1 프레임비트수 × 8000 = 1.544Mbps

PCM의 다양한 변조 형태가 있는데, 이에는 DM, DPCM, ADM, ADPCM 등이 있다.

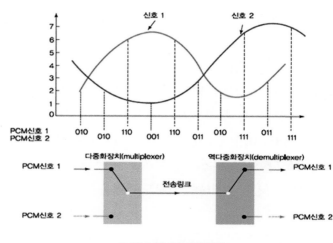

[그림 1.6] PCM의 원리

2.2.2 데이터 전송 오류 제어 방식

데이터 전송 오류 제어를 위해서는 오류 검출 방식, 부호화 종류, CRC 에러 검출 등이 있다.

- ■ 데이터 전송 오류 제어, 후진 오류 수정 방식
- 오류 검출 방식과 재전송 기법 요구
- 오류 검출 방식

- 패리티검사
- 블록 합검사
- 순환잉여검사(CRC)

- **■ 데이터 전송 오류 제어방식**
- 재전송 방식(ARQ : Automatic Repeat Request)
  - 정지-대기 ARQ
  - 연속 ARQ : Go-back-N 방식
- Selective-Repeat ARQ 방식
- 적응성(Adaptive) ARQ 방식

2.3 디지털 이동통신 시스템

디지털 이동통신 시스템에서는 아날로그 신호를 디지털화하는 기술, 많은 주파수를 이용할 수 있도록 높은 주파수로 디지털 신호를 변조시키는 기술, 변조된 신호를 멀리 송신하기 위한 기술 등이 요구된다. 부호분할 다중접속(CDMA)과 시간분할 다중접속(TDMA)이 대표적이다. CDMA란 각각의 신호에 고유부호를 붙여 전송하고 받는 쪽에서 이를 해독함으로써 여러 사람이 동시에 통화할 수 있는 방식이고, TDMA는 여러 사람이 시차를 두며 송수신하는 방식이다.

브리티시 텔레콤, 노키아 등 유럽업체들이 규격을 통일해 이미 80여개국으로 전파시킨 이동통신 세계화시스템(GSM)이나 일본의 개인 디지털 셀룰라(PDC)가 TDMA를 표준으로 채택했다. 미국에서는 두가지 접속방식이 혼용되고 있다. 특히 일본정부와 업계가 해외용 간이휴대전화(PHS)부문에서 GSM을 채택하여 일본과 유럽에서는 GSM 표준이 우세하였다. CDMA는 도청이 힘들고 채널당 가입자 수를 획기적으로 증가시킬 수 있다는 장점이 있다. 3G 이후에는 전 세계 표준으로 CDMA 방식 채택되어 주로 사용되고 있다. TDMA는 기존 아날로그 방식과 공용할 수 있는 2중 모드 방식을 취하고 있다.

- **■ 이동통신, 하이브리드 네트워크**

SK텔레콤이 선보인 하이브리드 네트워크(Hybrid Network)은 전 세계 최초로 이동통신 단말의 와이파이망과 셀룰러망(3G 또는 LTE)을 동시에 접속, 제공한다.
- 기존 대비 2개의 망을 동시에 이용해 차별화된 고속데이터 통신속도를 제공하는 서비스
- 기술방식과 주파수 대역이 서로 다른 두 개의 망을 동시에 사용해 데이터 전송속도를 획기적으로 높일 수 있는 기술

- **■ LTE Femto : LTE 서비스를 제공하는 초소형 기지국**
- 기존 LTE Macro가 수 km를 커버했다면 LTE Femto는 주로 가정이나 사무실 등 실내에 설치돼 수십 m 정

도의 지역을 커버.

현재 LTE Macro 신호가 약한 지하철 같은 실내에는 중계기를 설치해 안정적인 LTE 서비스를 제공

- 이것은 용량증대보다는 서비스 커버리지 확장에 비중

※ LTE Macro

Femto 펨토, 1,000조분의 1, $[10^{-15}]$의 뜻

■ 영상정보의 디지털 전송 (위성 경우)

[그림 1.7]은 위성의 영상정보의 디지털 전송 구성도를 나타낸다.

[그림 1.7] 위성의 영상정보의 디지털 전송 구성도

03_ 유비쿼터스 센서 네트워크(USN)

3.1 유비쿼터스 센서 네트워크 개요

정보통신에 있어서, 유비쿼터스(ubiquitous) 기술과 유비쿼터스 컴퓨팅 기술이 우리의 삶 깊숙이 들어와 있다. 유비쿼터스란 라틴어에서 유래한 영어 단어로 '언제 어디서나 존재하는'이라는 의미이다. 그리고. 유비쿼터스 컴퓨팅이란 '언제 어디에나 존재하는 컴퓨팅'이라는 의미를 갖는다. 이는 네트워킹과 컴퓨터 소형화 기술의 발전이 기반이 되고 있다. 스마트폰과 같은 모바일 컴퓨팅 장치들이 유비쿼터스 컴퓨팅 시대를 앞당기고 있다. 임베디드 시스템 및 웨어러블 컴퓨팅 등이 핵심적인 연구 분야들이며 스마트시계나 구글글래스 등이 구체적인 결과물이라고 볼 수 있다. 또한 유비쿼터스 컴퓨팅은 사물에 컴퓨터가 혼재되도록 하여 컴퓨팅이 일체화된 환경을 구현하는 것을 의미한다. RFID나 각종 센서 등이 이의 구현에 필수적이며, 통신을 담당하는 USN(Ubiquitous Sensor Network)도 이 분야의 중요한 역할을 수행한다. 유비쿼터스 컴퓨팅은 IT기술을 기반으로 도시환경, 건축, 의류환경 등 사회 전반적인 분야로 확대되고 있다.

[그림 1.8] USN 데이터 처리 프로세스

USN 기술은 저전력, 저속도, 근거리 통신사용을 근간으로 하고 있다. 간접 접속이 아닌 상시 접속에 의한 자연스러운 통신기술이 필요하다. 센서가 센싱(Sensing)후 얻은 데이터를 가공 (Computation)하고, 가공한 데이터를 근거리 무선통신(ZigBee, Blutooth 등) 기술을 통해 무선네트워크로 보내는 것이다.

■ 유비쿼터스 컴퓨팅(Ubiquitous Computing)의 출현

유비쿼터스 컴퓨팅 시초는 Xerox PARC 연구소의 마크 와이저 박사와 동경대학의 사카무라 켄 교수에 의해 최초로 제시되었다.

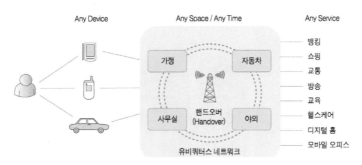

[그림 1.9] 유비쿼스 네트워크 개념도
출처 : 테크노경영연구정보센터

■ 유비쿼터스 컴퓨팅의 개념

유비쿼터스 컴퓨팅은 다음의 개념과 요구사항이 필요하다.

① 어디서나 사용이 가능하고 모든 사물은 항상 네트워크에 연결되어야 할 유비쿼터스 네트워크
② 통신망과 연결되어야 할 유비쿼터스 장치(Ubiquitous Device)에는 휴대폰, PDA, 홈네트워크, RFID 리더기, 텔레매틱스 장치 등의 유비쿼터스 단말기 필요
③ 사용자가 센서, 컴퓨터 및 네트워크와 Seamless한 편리한 인터페이스
④ 자유자재로 모든 콘텐츠나 정보와 액세스가 가능 응용서비스/콘텐츠
⑤ 장소와 시간에 관계없이 사용자의 안전한 해킹 free 보안 등

3.2 유비쿼터스 컴퓨팅 기술과 활용

유비쿼터스 컴퓨팅을 가능하게 하는 주요 기술 중 하나는 근거리 무선통신이다. 근거리 무선통신은 매우 가까운 거리에 있는 두 기기를 무선으로 연결해 주기 위한 기술을 말한다. 이와 같은 기능을 제공하는 전송기술로는 블루투스(bluetooth), NFC(Near Field Communication), IrDA(Infrared Data Association)와 Zigbee 등이 있다. 근거리 무선통신과 RFID나 스마트카드 같은 장치를 결합하여 근거리 내의 기기들 간의 통신이 유비쿼터스 컴퓨팅을 구현하는데 중요한 기술이라 할 수 있다.

(1) USN 분야 동향 및 센서 시장현황 (한국연구재단)

■ USN 분야 산업동향

- 산업, 공공, 사회기반, 생활 등 인간생활 전분야에서 안전하고 편리한 삶의 구현의 요구로 USN 분야의 산업이 확대되고 있음
- NFC를 기반으로 하는 생활밀착형 서비스 또한 자동차, 가전분야 등에서 기존 서비스에 부가하여 스마트폰과 결합된 형태의 서비스로 확대 보급 중
- USN 기반의 구현을 위해 다양한 소형화된 저 소비전력의 첨단 센서가 필요함

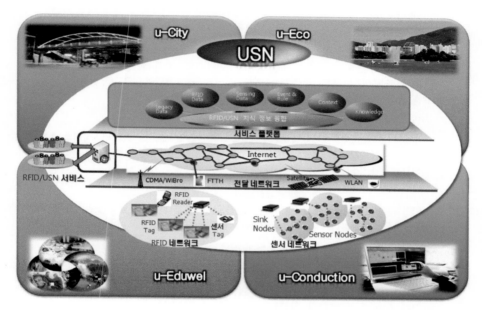

[그림 1.10] USN 개념도
출처 : 구글, 한국연구재단

RFID(Radio-Frequency Identification)는 주파수를 이용해 ID를 식별하는 방식으로 일명 전자태그로 불린다. RFID 기술이란 전파를 이용해 먼 거리에서 정보를 인식하는 기술을 말하며, 전자기유도방식으로 통신한다.

RFID는 사용하는 동력으로 분류할 수 있다. 오직 판독기의 동력만으로 칩의 정보를 읽고 통신하는 RFID를 수동형(Passive) RFID라 한다. 반수동형(Semi-passive) RFID란 태그에 건전지가 내장되어 있어 칩의 정보를 읽는 데는 그 동력을 사용하고, 통신에는 판독기의 동력을 사용하는 것을 말한다. 마지막으로 능동형(Active) RFID는 칩의 정보를 읽고 그 정보를 통신하는데 모두 태그의 동력을 사용한다.

RFID를 동력 대신 통신에 사용하는 전파의 주파수로 구분하기도 한다. 낮은 주파수를 이용하는 RFID를 LFID(Low-Frequency IDentification)이라 하는데, 120~140 킬로헤르츠(kHz)의 전파를 쓴다. HFID(High-Frequency IDentification)는 13.56 메가헤르츠(MHz)를 사용하며, 그보다 한층 높은 주파수를 이용하는 장비인 UHFID (UltraHigh-Frequency IDentification)는 868 ~ 956 메가헤르츠 대역의 전파를 이용한다.

(2) Ad-hoc 네트워크 구성

USN에서 사용하는 네트워크 구성의 한 형태가 **Ad-hoc** 방식의 구성이다. 이동 단말간의 독립적인 네트워크 구성이라 할 수 있다. 통신 인프라가 없거나 구축하기 곤란한 상황에서, 이동 노드들 간의 자율적인 경로설정, 수정 그리고 의사소통이 가능한 네트워크이다.

표 1.1 Ad-hoc 네트워크의 특징

구분	주요 특징
Peer-to-Peer 통신	• 이동 ad-hoc 네트워크는 무선 인터페이스를 사용하여 분산된 이동 노드들 간의 통신지원 • 별도의 기지국(Base Station) 없이 무선 통신 및 네트워크 능력을 갖춘 두개 이상의 장비로 구성된 네트워크 • 유선망과 기지국이 필요하지 않기 때문에 유선망을 구성하기 어려운 환경에 적용
다중 홉 라우팅 (multi hop routing)	• 단대단(End to End) 데이터 전송을 위해서 각각의 이동 노드가 호스팅 기능 외에 라우팅 기능을 수행함 • 무선 인터페이스는 기본적으로 전송 대역폭 및 전송거리에 제약이 있으므로, 원거리 노드들간의 통신을 위해서는 다중-홉 통신이 필수적임 • 센서노드는 브로드캐스트 통신 환경 사용
이동노드간 동적 네트워크	• 동적인 네트워크 토폴로지 구성으로 노드의 일부 혹은 전체 노드가 연결되거나 삭제 될 수 있음 • 센서 노드의 오작동 허용 • 센서 네트워크의 토폴로지는 매우 수시로 변화함 • 주변에서 데이터를 수신한 단말기는 저장한 후에 다시 브로드캐스트를 통해 주변 단말기로 전달함
Ad-hoc 전용 프로토콜	• 단말기들의 이동성과 배터리 전력 제한, 다중홉 무선채널에 대한 채널 효과 등으로 기존의 유선망에서 사용되는 프로토콜을 그대로 사용하기 어려워 Ad-hoc에 적합한 프로토콜의 표준화 작업
불안정한 링크	• 대역폭 제한과 전파간섭 문제, 다중링크로 인한 보안 문제 • 브로드 캐스팅되는 라우팅 제어 메시지의 해킹 문제
센서노드	• USN에서 사용하는 네트워크의 센서 노드의 수 = Ad-hoc네트워크에서 사용하는 노드 수의 수배 • 전력, 컴퓨팅 능력 메모리에 제한적 • 센서의 개수와 오버헤드 때문에 글로벌 인식자를 가지지 않아야 함

Ad-hoc 네트워크는 네트워크 토폴로지가 동적으로 변하는 특징을 가지고, 노드들에 의해 자율적으로 구성되는 기반구조가 없는 네트워크이다. 유선 기반망 없이 무선이동 호스트로만 구성이 가능해 유선망을 구성하기 어렵거나 단기간 사용에 적합하다.

■ Ad-hoc 네트워크의 실생활 활용

① 군사용 센서 네트워크 : 적의 침투나 이동, 폭발과 같은 정보를 얻거나 감지

　　　　　　　　　　　화학적, 생물학적, 방사선, 핵과 같은 공격이나 물질을 감지

② 환경 모니터링 센서 네트워크 : 평원, 숲, 대양에서의 환경적 변화를 모니터링하거나 감지하기 위한 센서 네트워크

③ 교통센터 네트워크 : 고속도로나 도시의 혼잡 지역의 교통량을 모니터링하기 위한 무선 교통 센서 네트워크

④ 무선 감시 센서 네트워크 : 쇼핑몰, 주차장, 주유소 등과 같은 곳의 안전을 위한 무선 감시 센서 네트워크

⑤ 무선 주차 센서 네트워크 : 어느 곳이 비어 있고, 어느 곳에 주차되어 있는지를 결정하는 무선 주차 센서 네트워크

04_4차산업혁명과 초연결 정보통신

4.1 초연결 지능화기술 기반 초실감 사회

2019년 대한민국은 5G 상용화 서비스를 개시함으로 `세계 최초 5G 상용화`라는 큰 이정표를 달성했다. 5G의 초고속, 초저지연, 초연결 등 특성을 활용하는 분야는 사회 전반으로 확산하여 새로운 시장을 창출할 것이다. 모바일에서 고화질 미디어 콘텐츠와 서비스 변화가 가장 먼저 사용자들이 체감할 것이라는 예상은 5G에서 2GB 용량의 HD(고화질)급 영화를 내려 받는 데 0.8초밖에 소요되지 않는다는 사실을 생각하면 어렵지 않다. 가까운 미래에는 8K UHD 영상 서비스도 모바일에서 가능해질 전망이다.

속도에 기반을 둔 고화질 미디어 콘텐츠 서비스 환경의 변화는 실감미디어 서비스가 모바일에서 가장 큰 성장 시장이며, 이는 새로운 콘텐츠와 서비스를 제공하는 사업의 기회로 이어지게 될 것이다. 특히, 대용량 데이터가 필요한 증강현실(AR), 가상현실(VR) 등을 이용해 실감 스포츠 중계와 게임 등이 가능하여 관련 기술 및 서비스의 수준이 비약적으로 발전할 것이다.

높은 사양의 실감미디어 구현을 위해서는 기존 기술과 차별화하여 환경·객체 인식, 3D 모델링, 맞춤형 사용자환경(NUI), 인공지능(AI) 등 새로운 기술과 융합된 실감미디어 기술 확보가 필요하다. 따라서 대한민국 문화산업의 다양한 분야에서 실감형 콘텐츠 개발 촉진을 통한 시장 발전을 도모할 시기이며 이를 위해 산학연 뿐만 아니라 정부의 장기간 투자와 관심이 무엇보다 필요한 것으로 보고되고 있다.

4.2 5G 이동통신기술

5G 이동통신, 초저지연 시대로 원격 로봇제어, 차량 자율주행, 드론 제어, 원격진료 등의 서비스가 본격화되고 있다. 현재 4G 이동통신에서 0.02초(20ms, 밀리초) 이상 걸리던 서비스 지연을 0.002초(2ms)인 1/10로 줄여, 2ms 내외의 서비스 지연을 갖는 5G 저지연 이동통신 기술이다. 인간이 시·청각을 통해 사물을 인지하는 속도가 대략 50ms임을 감안하면 최대 25배 빠른 셈이다. 고신뢰·저지연 데이터 전송 가능한 5G 이동통신기술의 핵심은 단말에서 기지국까지의 무선구간에서 1ms 주기로 데이터를 보낼 수 있는 기존 4G 방식에서 탈피하고, 4G 대비 1/7 수준으로 주기를 단축시켜 신속하게 데이터를 전송하는 기술이다. 또한 기존 4G용 단말과 5G용 단말을 동시에 수용할 수 있는 구조, 수신 데이터의 인식 시간을 최소화하는 기술, 제어신호와 참조신호를 최적으로 배치하는 기술로 제공 가능하다.

5G 국제 통신표준 제정기관인 ITU-R에서는 1ms 이내의 단방향 무선전송지연'을 요구하고 있다. 이 시스템은 응용서버를 기지국과 바로 연결할 수 있는 모바일 엣지 클라우드(Mobile Edge Cloud) 개념을 적용, 서비스 지연을 2ms 내외로 단축시켰다. 또한 ETRI는 5G 저지연 이동통신 핵심기술을 검증하기 위해 단말, 기지국, 응용서버로 구성되는 기술개발로 실감형 콘텐츠 활용과 자율 주행차 등의 시대를 앞당기고 있다.

4.3 초연결 정보통신의 활용과 메타버스(3차원 가상세계)

■ Skype Details Its Future With Microsoft And Facebook   출처 : Forbes

스카이프는 애플의 iOS와 안드로이드에서는 상당한 제약을 받고 있다.

- 애플은 스카이프가 아이폰의 비디오 프로세서나 주소록에 접근할 수 없도록 해놓았음
- 구글은 주소록에 접근할 수 없도록 해놓았음
  스카이프는 이미 여러 모바일기기 적용 가능한 앱을 개발하였다
- 아이폰, 아이패드, 안드로이드 등
  페이스북 웹챗이 출시되면서 페이스북 내에서 스카이프로 Outbounding 전화가 가능하다
  또, 스카이프로 페이스북으로 전화를 걸 수 있도록 개발하였다. 스카이프(MS, CEO Steve Balmer)가 85억
  달러에 인수하여, 직장과 가족 회의하는 시대가 도래되었다
- XB Live나 키넥트, 윈도우폰 ~윈도우 계열기기들 지원 기술개발
- 무료 영상통화
- 페이스타임(애플) : 수신자, 발신자가 동시 모습을 볼 수 있음
- 구글 SNS, 행아웃(구글플러스), 그룹 채팅 등

■ 5G 메타버스(3차원 가상세계)

현실과 비현실을 아우르는 메타버스는 3차원 가상세계 구현을 위해, 이동사들이 메타버스 플랫폼 구축과 함께 증강현실(AR) 가상현실(VR)을 활용한 각종 콘텐츠와 서비스를 쏟아내고 있다. 특히 디지털에 익숙한 MZ(밀레니얼 + Z세대) 세대를 중심으로 호응도가 높아 메타버스 시대로 AR · VR · MR · XR 구현과 활용이 기대된다. 메타버스는 현실세계를 의미하는 유니버스 (Universe)와 가공을 뜻하는 메타(Meta)의 합성어이다.

SK텔레콤, KT, LG유플러스 등 이동 3사는 최근 자사 5G 네트워크를 활용한 메타버스 플랫폼 구축과 함께

[그림 1.11] 가상 현실

출처 : 셔터스톡, pabii 방진 기자 https://news.pabii.co.kr

AR·VR 서비스를 확대하고 있다. 1992년 닐 스티븐슨의 소설에서 처음 등장한 용어인 Metaverse는 현실과 가상의 경계가 사라진 3차원 가상세계를 가리킨다.

MZ세대의 주목을 끌 수 있는, 가상과 현실을 잇는 '메타버스' 솔루션이 세계를 흔들 것으로 전망된다. 메타버스는 기존의 가상현실(virtual Reality)에서 한 단계 더 발전하여 가상과 현실의 세계에서 동일한 자아로 활동하면서 가상세계 안에서 현실 세계의 교류나 거래, 창작 등에 참여할 수 있도록 한다. 메타버스의 가장 큰 예시로는 네이버의 '제페토', 닌텐도의 '모여봐요, 동물의 숲'이나 '로블록스'등을 들 수 있다.

페이스북이 출시한 가상현실 디바이스인 '오큘러스 퀘스트2'는 출시 직후 국내외에서 엄청난 인기를 얻으며 흥행에 성공했다. 마이크로소프트가 출시한 혼합현실 디바이스인 '홀로렌즈 2'와 추가로 출시된 혼합현실 플랫폼인 '메시' 제품은 이용자들이 서로 다른 장소에 있으면서도 가상공간에서 함께 소통하며 협업할 수 있게 만들어 준다. 삼성전자나 애플도 AR 글래스를 개발하며 AR·VR·MR 시장에 적극적으로 뛰어 들고 있다.

05_4차산업혁명 보안요소기술과 양자암호화

5.1 4차산업혁명의 개념과 특징

■ Converged SOC

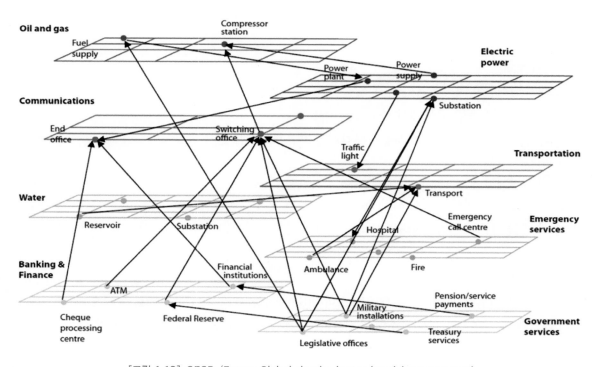

[그림 1.12] OECD, 'Future Global shocks-improving risk governance'

4차산업혁명이라는 용어는 본래 2010년 발표된 독일의 「High-Tech Strategy 2020」의 10대 프로젝트 중 하나인 「Industry4.0」에서 기존 제조업과 정보통신이 융합되는 단계를 의미했다. 「Industry4.0」은 독일의 강점인 제조업에 ICT(Information and Communication Technology) 기술을 융합하여 생산성과 효율성을 극대화하는 스마트 팩토리 중심의 산업혁신에다가 이를 통한 새로운 성장 동력을 만들기 위한 국가전략이었다. 클라우스 슈밥(Klaus Schwab)은 제4차산업혁명은 이전 혁명과 달리 사물의 연결성, 발전 속도, 영향 범위, 사회 전체 시스템에 커다란 충격을 준다는 점에서 개인과 사회 전반에 걸쳐 혁신적인 영향이 나타날 것을 예상하였다.

특히 최근에는, 4차산업혁명과 ICBMS(IoT, Cloud, BigData, Mobile, Security)의 근간이 되는 요소융합기술과 드론, 자율 주행차, 로봇 등 이들의 생태계를 연결시켜주는 5G를 비롯하여 다양한 네트워킹 기술을 요구하고 있다. 본 과정을 통하여, 미국과 유럽 등에서 떠오르는 차세대 핵심 기술과 사이버 물리 시스템인 CPS에 대한 이해, 그리고, 기업의 경쟁력을 높일 수 있는 스마트 팩토리 등 다양한 활용기술과 서비스를 배울 수 있다. 더 나아가 정보통신 인프라 기반위에 방송통신전파 기술과 정보보안, 정보시스템 구축, SW공학과의 접목 등 다양한 학습 기회를 가질 수 있다.

5.2 4차산업혁명에서의 보안 요소기술

방화벽(Firewall)은 4차산업혁명에서의 안정적인 인프라 구축을 위해 중요한 요소이다. 방화벽은 네트워크에 접속된 컴퓨터를 보호하는 방어막 역할을 수행한다. 인터넷에서 전송되는 정보를 확인하여, 위험성이 내포된 정보를 차단한다. 또한, 해커나 악성 소프트웨어가 사용자 컴퓨터에 접근하는 것을 방지한다. 뿐만 아니라 컴퓨터 내부의 주요 정보를 외부로 보내지 못하도록 방지하는 역할도 한다.

(1) 방화벽의 구성

■ 소프트웨어 방식 방화벽
- 개인용 컴퓨터처럼 작은 규모에서 사용하는 방식
- 설치 후에는 네트워크를 통하여 사용하는 대부분의 프로그램을 검사

■ 하드웨어 방화벽
- 규모가 큰 네트워크에서 프록시 서버(Proxy Server)를 설치
  예 : 회사 내의 컴퓨터에 접속하려면 프록시 서버에 설치된 방화벽에서 보안검사를 한 뒤 접속을 허용

(2) 네트워크 보안

네트워크 보안을 위협하는 해킹의 종류에는 스니핑(Sniffing), IP 스푸핑(Spoofing) 등이 있다. 네트워크에서 전송 중인 패킷을 가로채 이를 해석하여 내용(신용카드 정보 등)을 알아내는 행위가 일어나고 있다.

이 이외에 중요한 보안 이슈는 아래와 같다.

- 보안기술 SSID(Service Set IDentifier)와 네트워크 계정/패스워드
- 무선네트워크와 보안기술 데이터 암호화(Data Encryption)
- 데이터 암호화(Data Encryption)
- WEP(Wired Equivalency Privacy)
- WPA(Wi-Fi Protected Access)

5.3 양자 암호화(Quantum Encryption)와 양자 컴퓨팅

■ 양자 컴퓨팅(Quantum Computing)

원자보다 작은 입자를 이용하는 퀀텀 컴퓨터(양자 컴퓨터)는 컴퓨터의 성능을 비약적으로 발전시킬 혁신적인 기술로 대변된다. 양자 컴퓨팅은 특수한 하드웨어에서 계산을 실행하기 위해 양자 역학을 사용하는 것이다. 양자 컴퓨터는 중첩, 얽힘, 양자 간섭과 같은 양자 물리학의 고유한 동작을 활용하며 이를 컴퓨팅에 적용한다. 이는 기존 프로그래밍 방법에 새로운 개념을 도입한다.

양자 컴퓨팅은 0, 1, 그리고 0과 1의 조합을 동시에 나타내고 저장할 수 있는 양자 비트(quantum bits), 또는 큐비트(qubits)를 이용하여 데이터를 처리한다. 이런 두 상태의 중첩이 가능해짐에 따라 양자 컴퓨터는 바이너리 비트를 이용하여 모든 정보를 "0" 아니면 "1"로만 저장할 수 있는 기존의 컴퓨팅보다 훨씬 더 빨리 데이터를 처리할 수 있다. 양자 컴퓨터에는 세 가지 주요 부분이 있다.

① 큐비트를 보관하는 영역, ② 신호를 큐비트로 전송하는 방법, ③ 프로그램을 실행하고 지침을 보내기 위한 컴퓨터가 있다. 큐비트는 양자 컴퓨팅의 기본 정보 단위이다.

큐비트(qubit)와 같이 원자·전자 단위의 미시세계에서 나타나는 양자역학적 특성이 컴퓨터 처리능력 또는 암호·통신·AI 등의 기술과 접목하게 되면 현재 컴퓨터보다 30조 배 빠른 초고속 연산이 가능하게 됩니다. 슈퍼컴퓨터가 100년 동안 풀어야 할 연산도 양자기술을 이용하면 100초면 해결이 가능합니다. 이렇게 양자컴퓨터를 통해 초고속 연산이 가능해지면 정보 탈취를 원천 차단할 수 있고 소재 개발이나 유전자 해석 등 측정 불가능한 영역도 관측 가능하게 됩니다.

출처 : 인류의 변화를 가져다줄 양자컴퓨터, IITP, 2021.08

퀀텀 컴퓨터를 만드는 방법 가운데 하나는 빛의 광자를 이용하는 것이다. 전자기장의 디지털 패턴을 이용해서 정보를 광선의 퀀텀 비트로 바꾸는 것이다. 큐비트는 양자 컴퓨팅의 기본 정보 단위이다. 큐비트는 기존 컴퓨팅에서 비트가 수행하는 것과 유사한 역할을 양자 컴퓨팅에서 수행하지만, 작동 방식은 매우 다르다. 큐비트는 가능한 모든 상태의 중첩을 보유할 수 있다. 데이터 전송을 보호하는 데 널리 사용되는 RSA(Rivest-Shamir-Adleman) 알고리즘과 같은 기존의 암호화는 소인수 분해 또는 이산 로그와 같은 다루기 힘든 문제에 의존한다. 이러한 문제 중 다수는 양자 컴퓨터를 사용하여 더 효율적으로 해결할 수 있다.

양자 시스템은 슈퍼컴퓨터로도 처리하는 데 몇 년씩 걸리는 데이터를 몇 초만에 처리할 수 있다. 가트너의 애널리스트 매튜 브라이스는 양자 시스템이 머신러닝 알고리즘을 더 빨리 처리해 정보를 처리하고 통찰력을 얻

는 과정에 가속도를 붙여줄 것으로 기대하며, "양자 컴퓨팅으로 머신러닝의 속도를 높일 수 있다면, 인공지능 도입도 가속화되는 동시에 효율화될 것이다"라고 강조했다.

■ 양자 암호란?

정보통신(ICT)기기의 발전으로 인하여 간단한 장비만으로 광케이블 망에 침입하여 도청과 정보탈취가 가능할 뿐만 아니라 해킹을 감지하기는 매우 어려우므로 주요 데이터를 전송하는 구간은 반드시 암호화의 필요성이 대두되고 있으며, 해킹방식의 지능화, 은밀화로 운용자가 인지할 수 없는 정보탈취가 현실화 되고 있다. 전용 회선망 역시 예상 공격시나리오를 상정하고 적절한 대응방안을 강구할 필요가 있다.(예 : APT 공격)

기존의 암호화 기술은 풀기 어려운 수학 문제를 기반으로 안전성을 확보했으며, 양자 암호는 양자역학이라는 물리학 법칙을 기반으로 더 이상 쪼갤 수 없는 물리학적 최소 단위인 '양자(Quantum)'의 특성을 이용해 도청이나 해킹이 불가능한 암호를 생성하는 것이다. 양자는 동일한 양자 상태를 복제할 수 없고, 한 번 측정한 후에는 측정 전의 상태로 되돌릴 수 없는 특징이 있다. 이로써 암호키를 가진 송신자, 수신자만 암호화된 정보를 해독할 수 있게 되고, 이것이 양자 암호의 안정성이다. 양자 암호화는 키를 분배하는 과정에서 원거리의 두 사용자가 동일한 '비밀키'를 가지는 방식이다. 비밀키 생성을 위해 정보를 주고받는 과정은 양자 상태에서 이뤄지기 때문에 제3자는 키에 대한 정보를 전혀 알 수 없다. 그러므로 비밀키 분배 과정에서 도청이나 해킹은 불가능하다. 도청하려면 양자 상태가 전송되는 채널에 접근해서 측정해야 하는데, 그 순간 양자 상태가 변화하면서 훼손될 수밖에 없기 때문이다. 이때 수신자는 데이터에 대한 도청 시도를 파악하고 수신된 정보를 폐기할 수 있다.

■ 양자암호통신 장치 구성

양자암호통신 장치 기능 블록은, (1) 양자신호 전송을 위한 양자채널(광섬유, Dark Fiber), (2) 기존 파장 다중화 통신채널과 다중화된 동일한 경로로 키 관리와 통계기능을 제공하는 공개채널, (3) 송신부는 양자신호를 생

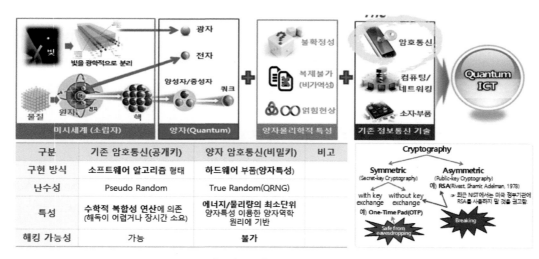

[그림 1.13] 양자 암호 통신

출처 : ㈜코위버 대표 황인환

성하여 전송하는 QKD(Quantum Key Distribu-
tion) 서버, (4) 수신부는 양자신호를 수신하여
검출하는 QKD 클라이언트, (5) 기존 통신채
널을 이용한 데이터 전송채널로 구성되며,
QKD 송·수신부는 공개채널을 이용해 수신
된 양자 정보를 해석하고 대칭 암호 키를 생성
한다.

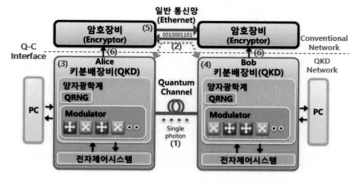

[그림 1.14] 양자암호통신 장치 구성 블록도

출처 : ㈜코위버 황인환 대표

양자암호통신은 국방 유선망, 클라우드 백
본, 금융망, 5G망, 국가 및 지자체 행정망, 스
마트 그리드 망, 국가융합망 등과 같은 공공성
과 보안의 중요도가 높은 망에 적용검토 되어
활용될 것으로 전망되며, 향후 5G+/6G 망에 적용을 고려할 수 있다.

■ ㈜코위버(COWEAVER)의 QKD 및 KMS 시스템 특징

㈜코위버의 QKD와 KMS 시스템의 특징은 키 생성속도는 10bps@50Km, 최대 전송거리는 50Km이며, 양자
오류율은 <3%@50Km이다. ROADM(Reconfigurable Optical Add-Drop Multiplexer) 기반 양자암호통신 장치
의 QKD 연동 독립형 암호 장치 키 교환 및 데이터 전달 구성은 [그림 1.15]와 같다.

구분	설명
키 생성 속도	10bps @50km
최대 전송 거리	50Km(13dB@1550nm, 0.25dB/Km)
양자오류율(QBER)	<3% @50km
시스템 동작 속도	125Mhz
양자암호 프로토콜	Decoy 기반 BB84, 2Way
관리 기능	TL1 기반의 EMS 서버와 클라이언트 GUI
Public Channel	1000Base-TX 또는 C-Band 1GbE
개방형 인터페이스	ETSI GS QKD 014 v1.1.1(2019.02) 기반 SAE-KME 연동
KMS	Server

[그림 1.15] QKD와 KMS 시스템의 특징

출처 : ㈜코위버

■ 양자암호통신 기술의 특징

양자암호통신(Quantum Cryptography Communication)은 광학적인 특성을 이용하여, 빛 알갱이 입자인 광자(光子)를 이용한 통신을 의미한다. 통신을 위해 정보를 보내는 쪽(송신자)과 받는 쪽(수신자) 끝단에 각각 양자암호키분배(QKD) 기기를 설치하고 매번 다른 암호키를 이용하여 0 또는 1을 결정한다. 양자 암호키는 한 번만 열어 볼 수 있다. 중간에 유출되더라도 곧바로 대처할 수 있어 해킹이 불가능하다.

국내에서는 SK텔레콤이 수년 전부터 양자암호통신 기술에 투자하고 있다. 양자암호키분배(QKD)와 양자난수생성기(QRNG: Quantum Random Number Generator) 개발에 매진해 오고 있다. 2018년에는 양자암호통신 세계 1위 기업인 스위스 IDQ를 인수하였다. KT는 2020년 양자암호통신 기술로 5세대(5G) 통신 데이터 전송 실증에 성공하였다.

비밀키를 생성하는 기술로서 순수난수와 단일광자를 생성하는 기술을 사용하여 원천적으로 해킹이 불가능한 기술을 의미한다.

BB84 프로토콜을 이용하여 Alice에서 송신한 레이저 펄스를 BoB이 수신할 때, Alice가 단일광자를 생성하여 송신하고, 이를 수신하는 BoB에서 단일광자를 검출하는 방식으로 동작한다. 중간에서 Eve가 해킹시 단일광자가 사라짐으로서 비밀키 생성이 불가능한 상태로 천이함으로서 안전한 비밀키 생성이 가능하다.

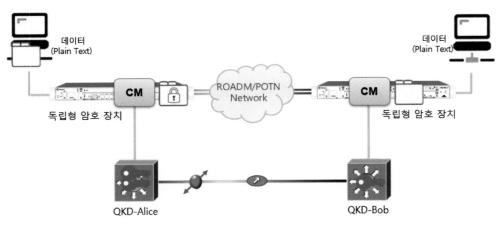

[그림 1.16] ROADM 기반 양자암호통신장치

출처 : ㈜코위버 황인환 대표

• BB84 프로토콜 암호키 분배과정

BB84 프로토콜은 양자채널과 공개채널을 이용한다. 실제로 키로 사용되는 정보는 양자채널을 이용하여 전송되고 공개채널을 통해 키 거름 과정을 진행한다. 양자채널은 오류가 날 수 있는 채널이기 때문에 오류 정정과정인 정보 재건(Information reconciliation)을 거쳐야하고 그 과정은 도청자에게 노출되기 때문에 노출된 정보를 제거하는 과정인 비밀성 증폭(Privacy amplification)이 필요한데, 이 과정을 양자 키 분배 후처리 과정이라고 한다.

출처 : 고려대 CIS연구실/스마트 양자통신연구센터

① 송신자 Alice는 임의의 비트를 생성하고, 각각의 비트를 편광 신호로 변환할 필터를 고른 후, 생성한 편광 신호를 양자 채널을 통해 수신자 Bob에게 전송

② 수신자도 임의의 필터를 이용하여 수신된 값을 측정

③ 송신자와 수신자은 퍼블릭 채널을 통해 동일한 필터를 사용했는지 확인

④ 다른 필터를 사용한 비트는 버리고, 동일한 필터를 사용한 비트만 저장

이러한 과정을 거치면 송신자와 수신자는 같은 값을 공유하게 되고 이를 암호키로 활용하게 된다.

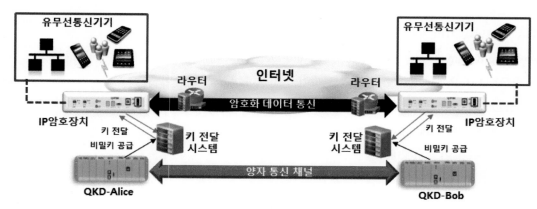

[그림 1.17] 양자암호통신망 구성도

출처 : ㈜텔레필드 박노택 대표

■ 양자암호통신 구조

양자 컴퓨터의 등장으로 인텔, 구글, 마이크로소프트(MS)뿐만 아니라 알리바바, 바이두까지 세계적 IT업체들이 양자컴퓨터 개발을 위해 경쟁중이다. 양자암호통신 제조 전문기업인 ㈜텔레필드는 2-WayPlug & Play QKD(Quantum Key Distribution) 방식을 적용한 양자암호통신 장비를 개발하였다.

이는 QKD-Alice와 QKD-BoB으로 구성되어 있으며, QKD-BoB에서 생성된 레이저 펄스를 이용하여 QKD-Alice에서 단일 광자를 생성한 후 QKD-BoB에서 단일광자를 검출하는 구조이다. 양자 암호 키 분배 시스템, QKD system은 송신부, 수신부 1쌍과 양자 채널로 구성된다. 일반적으로 송신부는 단일 광자를 생성하는 단일 광자 생성부(single photon detector)와 단일 광자 위상 변조 및 간섭이 발생하는 광 간섭부(optical interferometer)로 구분하여 구성된다. 수신부는 단일 광자를 검출하는 단일 광자 검출부(single photon detector)와 광 간섭부로 이루어진다. 통상적으로 가상의 이름을 사용해 송신부를 앨리스(Alice)로, 수신부를 밥(Bob)이라고도 부른다.

QKD 시스템에서는 송수신부의 양자 난수 발생기(QRNG: Quantum Random Number Generator)를 이용하여 송신부에서 생성된 단일 광자의 위상이나 편광을 무작위(random)로 변조하고, 수신부에서는 이를 검출한다. 양자 난수 발생기는 진난수발생기(TRNG)의 한 종류이다. 양자 난수 발생기는 그 중에서 양자의 물리적 성질을 이용하여, 난수를 발생시키는데, 그중에 하나가 광자이다. 대표적으로 광자의 중첩(Superposition) 성질을 이용한 편광(Polarization)기반 양자 난수 발생기가 있다. 편광기반 양자 난수 발생기는 단일광자를 편광을 이용하여

중첩시키고, PBS(Polarization Beam Splitter)와 SPD(Single Photon Detector)를 이용하여 1/2 확률로 단일광자를 측정하는 방법이다.

광학제어는 CPU가 내장된 FPGA를 사용하며, USB기반의 QRNG를 장착하여 RandomNumber를 생성한다.

- ■ ㈜텔레필드(TeleField)의 양자암호통신장비 기능과 구성
① 4U-19인치 랙 장착형 구조
② FPGA기반으로 정밀한 펄스 생성 및 광학소자 제어가 가능한 구조이며, 가변적인 레이저 펄스 생성이 가능한 구조
③ FPGA 기반의 후처리 제어
④ 2-way Plug & Play 방식의 단점을 보완한 Auto-Delay tracking 방식을 적용하여 양자채널의 길이와는 무관하게 QKD-BoB에서 게이트 펄스의 딜레이를 일정하게 조정 가능한 구조
⑤ 1550nm DFB Laser 사용
⑥ 단일파장을 사용한 Clock Recovery
⑦ 키 생성률: 1Kbps이상 @ 20km

- QKD-BoB 구조
  ‣ 4U-19인치 랙 장착형 장비로서, 순수난수를 사용한 Laser Pulse를 생성하여 Alice로 송신, 송신시 Delay-line과 PBS를 사용하여 수평편광/수직편광을 분리하여 송신
  ‣ 수신시 간섭계를 사용하여 단일광자를 검출하고 검출된 단일광자로부터 후처리 과정을 거쳐 비밀키 생성

- QKD-Alice 구조
  ‣ 4U-19인치 랙 장착형 장비로서, BoB으로 부터 수신된 레이저 펄스를 PD를 사용하여 검출함으로서 기준 펄스 생성하며, Storage-Line과 FM을 사용하여 반사
  ‣ 반사된 편광으로부터 4-Phase 위상을 변조한 후 단일 광자를 생성하여 BoB으로 송신

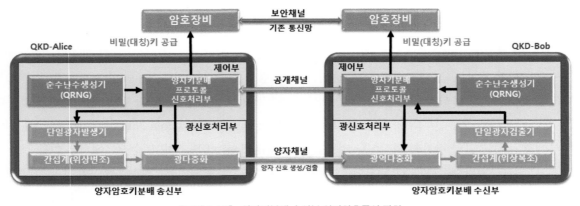

[그림 1.18] 양자키분배 송신부 양자암호통신 장치

출처 : ㈜텔레필드 박노택 대표

■ 양자암호기술의 활용과 장단점

QKD 시스템은 미래에 양자 컴퓨터(quantum computer)를 이용한 해킹 시도에도 안전성을 보장할 수 있지만, 전송 거리마다 발생하는 광손실률에 의한 전송 거리 제한이 발생한다. 이러한 문제점을 해결하기 위해 인공위성을 이용한 장거리 QKD, 양자 중계기(quantum repeater)에 대한 연구가 진행 중이다.

중요 데이터를 암호화하는 데 필요한 암호키를 제공하는 QKD 시스템은 보안성이 중요한 공공망, 정부망, 금융망 등에 주로 활용한다. 앞으로 5G와 사물인터넷(IoT)이 도입되면서 데이터는 기하급수적으로 늘어나고, 자율주행차, 원격 의료, 스마트공장 등이 현실화 된다면 데이터는 물론, 네트워크 보안에 필요한 양자암호통신의 중요성은 크게 부각될 것이다.

양자암호기술의 특징을 정리하면 다음과 같다. 장점으로는 중간에 도청이나 복사가 양자상태 변화로 인하여 불가하다. "0"이나 "1"외에도 숫자가 충첩된 상태로 전송 가능하다. 암호를 모르면 영원히 풀수가 없다. 단점으로는, 현재 120Km 이상의 거리에서 전송이 불가하다. 암호를 실은 양자 증폭이 불가하다. 양자 다르기가 극히 어렵다.

06_ICT 기업가정신과 리더십

6.1 ICT 지원 대학의 인재양성

정보통신에서의 기업가정신은 학문분야에서도 획기적으로 발전된 영역이 되었다. 기업가정신에 대한 이해뿐만 아니라 창업과정을 배울 수 있는 기회는 점차 확대되고 있다. 물론 이를 배운다고 해서 모두가 스티브잡스나 빌게이츠나 마크주커버그처럼 성공할 수 있는 것은 아니다. 이는 물리학을 배운다면 아인슈타인이 될 수 없는 것과 마찬가지이다. 하지만, 적합한 자질을 가진 잠재 능력이 있는 사람이 제대로 배운다면 보다 나은 기업가로 성장할 수 있는 가능성은 높아질 것이다.

정보통신은 인간의 중추신경과 같이 중요한 도구이다. 신속하고 정확하게 정보를 전달하는 일이 중요해지면서 정보통신의 필요성도 날로 높아지고 있다. 특히, 정보통신은 신성장 동력 산업으로서 지속적으로 팽창하고 있으며, 앞으로 이 분야에 대한 새로운 직업과 일자리도 늘어날 전망이다.

정보통신은 IT 기기, 컴퓨터 소프트웨어, 각종 스마트 기기, 스마트워치 같은 웨어러블 기기 등을 다루고 있다. 특히, 각종 통신 기기나 컴퓨터 관련, 설계, 구현, 설치, 운용, 감리 및 조작 등 다방면의 기술을 다루고 있다. 컴퓨터 프로그래밍에 대한 기초지식이나 프로그래밍을 할 수 있는 논리적인 사고능력이 있으면, 이를 배가 시킬 수 있다.

6.2 ICT 기업가정신과 창업

기업가정신과 관련된 대표적 학자로는 미국의 경제학자 슘페터(Joseph A. Shumpeter)가 있다. 20세기 초 오스트리아령 모라비아 출신의 경제학자인 조셉 슘페터는 기업가를 다음과 같이 정의한 바 있다. 기업가란 "새로운 제품과 서비스를 창출하거나 새로운 생산방법을 도입하거나, 새로운 조직형태를 창조하거나, 새로운 원재료를 활용함으로써 기존 경제 질서를 파괴하는 사람"이라고 정의하였다. 슘페터는 기업가는 새로운 사업을 일으킴으로써 기존 경제 질서를 창조적으로 파괴하며, 그 방식은 혁신적이고 창조적이어야 한다고 하였다.

최근에도 여전히 양질의 청년들의 일자리가 심각하게 문제가 되고 화두에 오르며, 정부는 청년들의 일자리 대책 중의 하나로 창업을 통한 일자리 정책을 만들어 추진하고 있다. 2020년 발표와 함께 시행하고 있는 한국판 뉴딜정책도 이러한 해소책의 하나로 추진하고 있다.

청년도 중요하지만 이제는 베이붐 시대의 중장년 일자리가 심각한 문제로 떠오르고 있다. 따라서 중장년/시니어의 일자리 또한 경험이 많고 노하우가 많은 인재들의 창업을 돕고 활성화 하는데 국가 정책이 시급히 필요하다고 본다. 중소벤처기업부에서는 2019년부터 예비창업자를 대상으로 사업화자금, 창업교육, 멘토링 등을 지원하고 있으며 2020년 예산은 1,113억원이다. 2020년 사업에서는 39세 이하에서 중장년으로 확대해 중장년 퇴직인력의 기술창업을 촉진하고 있다. 주관기관은 전국의 창조경제혁신센터와 대학, 협회 등이며, 2021년 예비창업 패키지에서도 중장년도 지원이 가능하다. 이 사업의 예산은 1,002억원이다.

6.3 정보통신과 리더십

현대 인간이 일상생활에서 가장 많은 영향을 받는 부분이 ICT(Information Communication Technology)분야이고, 가장 규모가 큰 산업으로 ICT를 부인할 사람이 없을 것이다. 친구 없이는 살 수 있어도 ICT없이는 살 수 없는 세상으로 바뀌고 있는 것이다.

"IT기업과 리더십"은 정보통신 분야에 종사하는 사람들이 자신들이 속한 조직 내의 협소한 분야에 국한해서 연구개발과 서비스 제공에 종사하고, 조직 내에서 인적 네트워크 관리를 충분히 하지 못하는 경우를 대비하여 보다 폭넓게 생각하고 풍요로운 삶을 살 수 있도록 최고 경영자, 즉 CEO의 리더십이 필요하다.

리더십은 비전과 목표를 제시하고 구성원들을 이끌어가는 힘이다. 유능한 리더는 자신의 영향력을 활용해 구성원들에게 비전을 제시하고 좋은 성과를 만들어 내도록 한다. 리더의 행동은 수많은 구성원들에게 직·간접적으로 영향을 미치기 때문에, 효과적인 리더십을 발휘하기

[그림 1.17] 세계 ICT를 이끌고 있는 기업

위해서는 가치관과 행동 등 업무 내외적인 부분에서도 선도적인 모범의 모습을 보여주는 것이 중요하다. 리더십을 정확히 이해한다면 업무에서 뿐만 아니라 일상생활에서도 본받을 만한 리더로 거듭날 수 있다.

과거와 현대의 리더십 이론을 통하여 자신이 속한 조직 내에서의 리더십 역량을 배가시키며, 전 세계 IT기업들의 경영자들과 기업의 실제 성공 사례를 파악하여, 보다 진취적이고 창의적인 조직관리 및 인생 성공을 위한 훈련과정이다. 또한 비전을 세우고 실천하기 위한 전략 수립 등 실천적 방법론도 다루며 정보통신 분야의 관심 있는 분들이 체계적으로 정보통신 기술과 이의 서비스, 그리고 리더십을 키워 나가야 한다.

팔로워십을 보여줄 수 있는 능력도 중요하다. 그리스의 과학자이자 철학자인 아리스토텔레스는 "남을 따르는 법을 모르는 사람은 결코 좋은 지도자가 될 수 없다"라고 했다. 리더의 자질, 리더의 기업가적 정신, 성공하는 리더의 행동 특성, 창의적 경영자와 리더십 등 리더로서 갖춰야할 항목들을 분석하여 본인에 맞춰 보고, 과거와 현재에 성공적으로 추진한 위인들의 사례를 분석해 보는 것도 좋은 방법이다.

성공적인 동기부여를 위한 요건은 다음과 같은 것을 생각해 볼 수 있다.

- 지속적인 커뮤니케이션
- 공정한 직원 평가
- 명확한 목표 설정

신뢰를 통해 구성원을 이끌어나가는 리더만이 직원의 잠재력을 파악하고 성장하도록 도와 줄 수 있다.

미국에서 두각을 나타내고 있는 구글, 페이스북, 아마존, 애플사와 경영자들 및 전략, 중국에서 알리바바, 텐센트, 샤오미, 바이두 등 떠오르는 기업들, OECD 국가들 중의 흥망성쇠를 나타내는 기업들의 실태를 분석하여, 향후 IT분야의 방향성과 도전분야를 스스로 체득할 수 있는 기회를 갖추어야 한다.

리더십에 관한 소개 책은 아래와 같다.

- 파워 리더십, 허갑수, 변상우, 도서출판 청람
- 불변의 법칙, 존 맥스웰, 홍성화 옮김, 비즈니스북스
- 세상을 변화시킨 리더들의 힘, 무굴 판다, 로비 셀, 신문영 옮김, 럭스미디어
- 현대조직의 리더십 로드맵, 양봉희, 김동주, 박유진, 북코리아
- 성공하는 기업의 문화 DNA, 조미옥, 넥서스BIZ
- 이순신 리더십, 이창호, 해피&북스
- 최고의 리더십, 리더투리더 재단, 유재화 옮김, 아시아 코치 센터

아래 내용은 리더십에 대한 대표적인 개념과 리더십이 갖추어야 할 자질을 나타낸다.

<자료제공 : 경희대학교 연승호 교수>

> **LEADERSHIP이란?**

  ✓ 사람들의 마음을 움직이는 방법 **or** 힘

  ✓ 공동목표를 달성하기 위하여 한 개인이 집단의 성원들에게
    영향력을 미치는 과정**(process)**

  ✓ 리더십 능력**(leadership ability)**
    -> 리더가 조직을 올바른 목적지까지 안전하게
       이끌어 갈 수 있는 능력

  ✓ **Stogdill(1974)** : 정의한 사람의 수만큼 다양

  ▪ 소크라테스가 말하는 지혜로운 사람

    > 환경의 지배를 받는 것이 아니라 환경을 지배하는 사람

    > 어떤 경우에도 용감하게 행동하고 지적으로 생각하는 사람

    > 모든 것을 명예롭게 처리하는 자, 마음에 들지 아니하는
      사람과 물건까지도 정정당당하게 처리하는 사람

    > 쾌락을 절제하며 불행에 빠지지 않는 사람

    > 성공 때문에 명예를 더럽히지 않는 사람

  ✓ **Bass(1990)** : 리더십 분류시스템
    1. 집단과정에 초점 : 집단 변화와 집단활동에 중심이며
       집단의 의지를 통합하는 지위
    2. 성격의 시각에서 개념화 : 다른 사람들로 하여금 과업을
       완성하도록 조정, 통합 유도하는 행동을 유발하는 성격특성이나
       그 밖의 여러 특성들을 조정. 통합하는 역할
    3. 행위 혹은 행동 측면에서 파악 : 집단 내의 변화를 이끌어 내기 위해
       리더가 취하는 일련의 행동
    4. 리더와 부하 간의 권력관계 : 리더는 권력(힘)을 가지고
       그것을 사용하여 다른 사람들의 행동 변화에 영향을 미치는 사람
    5. 목표달성의 수단 : 리더는 집단성원들에게 영향력을 행사하여
       조직의 목표와 개인적 목표를 달성시키는 사람
    6. 리더역량의 시각 : '효과적인 리더십을 가능하게 하는 것'은
       리더 역량(지식과 능력)임

ICT기업 경영자는 글로벌 비즈니스에 대한 이해 및 대응의 리더십이 필요하다. 성공적인 글로벌 리더가 되기 위해서는 글로벌 시장에 대한 이해와 더불어 자신의 분야의 전문 지식이 요구된다. 또한 급속히 변화하는 글로벌 시장에서 발생하는 여러 문제들을 해결할 수 있는 능력과 대응책을 제시할 수 있는 통찰력을 갖추는 것도 중요하다. 다변화된 국제 시장을 이해하기 위한 데이터 등 정보 분석력과 시장의 추이를 앞서 예측할 수 있어야 한다. 리더의 판단은 조직의 성과를 좌우하기 때문에 글로벌 비즈니스에 대한 이해와 통찰력이 필수적으로 요구된다.

- **세종대왕의 리더십(1397~1450, 재위(1418~))**

    - **세종대왕(知命創通進實修)**

        ✓ **지적(知) 리더십**   ➡ 학술경연 **1,800**여회(태종 **4**회)

        ✓ **소명(命) 리더십**   ➡ 백성이 나라의 근본이고 백성이 먹는 것을
        하늘로 삼는다

        ✓ **창의(創) 리더십**   ➡ 훈민정음, 농사직설, 삼강행실, 측우기 등

        ✓ **소통(通) 리더십**   ➡ 반대상소(최만리), 오만과 독선이 적음

        ✓ **실천(進) 리더십**   ➡ 설득과 타협으로 포기하지 않고 끝내 해냄

        ✓ **실용(實) 리더십**   ➡ 이것이 백성에 유용한가? 實事求是

        ✓ **수신(修) 리더십**   ➡ 천하를 다스리는 자는 항상 생각이 멀고
        깊어야 하며 경계함을 게을리 하지 말아야 한다

<자료제공 : 경희대 연승호 교수/경기정보산업협회(GIIA) 정보융합기술원 부원장>

- **경영관리와 리더십에 대한 특성**

리더십이란 "공동목표를 달성하기 위하여 한 개인이 집단의 구성원들에게 영향력을 미치는 과정"이라 할 수 있다. 경영에 있어 리더십은 궁극적으로 경영성과의 실현을 통해 평가된다. 아무리 훌륭한 리더의 자질이 있어도 성과를 내지 못하면 성공적인 리더라고 볼 수 없다. 관리자의 특성은, 책임 수행, 모방, 현수준 유지, 시스템과 구조에 초점, 통제 위주, 단기적 대응, 언제·어떻게 관점, 전통적인 수행, 그저 일을 올바르게(How 중심) 등을 들 수 있다.

- **리더의 기업가 정신**

아래의 유튜브를 통하여 두 분 리더의 기업가 정신을 살펴 볼 수 있다.

- 유일한 https://www.youtube.com/watch?v=5Nh4VcIhkuo
- 한니발 https://www.youtube.com/watch?v=ishnhanIb1k

지도자의 유형은 참 다양하다. 퓰리처상을 수상한 정치학자이며 역사학자인 게리윌스 노스웨스턴 교수의 저서 "시대를 움직인 16인의 리더"에서 소개된 16가지 유형만 보더라도 역사 속에서 많은 인물들이 다양한 리더십을 발휘했다. 또 일반인에게 널리 알려진 지도자, 리더를 장수에 비유한 표현 중에 용맹무쌍한 장수는 용장, 지략이 넘치는 장수는 지장, 어질고 너그러운 장수는 덕장으로 구분하기도 한다. 심지어 운이 좋은 장수를 운장(運將), 복이 많은 장수를 복장(福將)말도 생겼다.

6.4 양치기 리더십(The Way of the SHEPHERD)

1. 도전과 개척 정신	신기술개발, 신제품개발, 신시장 개척
2. 신용제일주의 정신	정주영 : 돈보다 신용
3. 고객만족 정신	고객만족경영, 고객을 위한 가치창조
4. 책임주의 정신	자신에게 주어진 것에 대한 최선 책임의식
5. 정도경영	정직과 신용 : 윤리경영실천
6. 인재 제일주의	**1).**인재, **2).**기술, **3).**자금, **4).**시장
7. 근검절약 정신	근면, 절약, 저축, 기부문화
8. 창의성과 혁신성	기술개발과 경영혁신
9. 합리주의 정신	논리적, 사고적 판단
10. 노사공동체 정신	인간존중/중심경영

    각 구성원에 관심을 갖고 보호해주며 나아가야 할 길을 정해주고, 능력을 최대한 발휘할 수 있게 해주는 리더를 양치기 리더라고 한다. 우리는 양치기 리더십을 통해 많은 경험과 인격 수양을 통하여, 진정한 리더십이야말로 인사 조직을 이끌고, 회사가 추구하는 목표를 달성할 수 있다. 직원들에게 정보를 알려준다. <성균관대 김승욱 교수>의 저서, 양치기 리더십(The Way of the SHEPHERD)에서 제시하는 바를 잘 터득하고, 이를 늘 실천하고자 하면, 분명히 체질화되어 좋은 결실, 리더로서의 자질을 갖출 수 있으리라 확신한다.

> 양치기 리더십
> (The Way of the SHEPHERD)

"최고의 양치기는 양떼의 방향을 정해주는 것이 아니라
자신이 원하는 곳으로 양들을 이끄는 사람이다."

출처 : 양치기 리더십

저자 케빈 리먼, 윌리엄 펜택 | 역자 김승욱 | 출판 김영사 | 초판 2005.03.31. 원제 The way of the shepherd

양치기 리더의 원칙은 다음과 같다.

원칙 1 양들의 상태를 파악하라

- 일의 진행 상황뿐만 아니라 부하직원들의 상태에 지속적으로 관심을 갖는다.
- 한 번에 한 마리씩 양들의 상태를 파악한다.
- 정기적으로 직원들과 어울린다.
- 눈과 귀를 크게 열고, 질문을 던지며, 직원들의 개인적인 상황에 계속 관심을 갖는다.

원칙 2 양들의 됨됨이를 파악하라

- 어떤 양을 선택하느냐에 따라 양떼를 관리하기가 쉬워질 수도 있고 어려워질 수도 있다.
- 처음부터 건강한 양을 고른다. 그렇지 않으면 다른 사람이 만들어놓은 문제를 이어받게 될 것이다.
- 양들이 제대로 된 위치에 있는지 확인하기 위해 양들의 됨됨이 SHAPE를 파악한다.
  ※ S-Strength H-Heart A-Attitide P-Personality E-Experiences

원칙 3 양들과 일체감을 갖도록 하라

- 진정성, 성실성, 인정을 보여줌으로써 부하직원들의 신뢰를 얻는다.
- 부하직원들에게 원하는 것의 기준을 높이 잡는다.
- 자신의 가치관과 사명감을 끊임없이 알린다.
- 자신이 중요하게 생각하는 것을 분명히 밝히고, 부하직원들에게 가장 잘 맞는 부분이 어디인지 알려준다.
- 위대한 지도자에게 남을 이끄는 일은 단순한 직업이 아니라 삶의 일부라는 사실을 명심한다.

원칙 4 목장을 안전한 곳으로 만들어라

- 직원들에게 정보를 알려준다.
- 모든 직원에게 각자 중요한 일을 하고 있다는 생각을 불어넣는다.
- 습관적인 선동가를 제거한다.
- 정기적으로 양들을 신선한 풀밭으로 인도한다.
- 항상 좋은 모습을 보임으로써 양들을 안심시킨다.
- 문제가 곪아 터질 때까지 기다리지 않는다.

원칙 5 방향을 가리키는 지팡이

- 자신이 가려는 곳이 어딘지 파악하고 앞에 나서서 계속 양들을 움직이게 한다.
- 직원들에게 행동의 자유를 허락하되 울타리가 어디 있는지 분명히 알려준다.
- 경계선과 굴레를 혼동하면 안 된다.
- 직원들에게 무슨 일이 생기면, 자신이 직접 나서서 직원들을 구출한다.
- 실패는 치명적인 것이 아니라는 점을 직원들에게 일깨워준다.

원칙 6 잘못된 방향을 바로잡는 회초리
- 보호 : 공격자와 양 사이에 끼어들어서 자신의 양을 위해 싸운다.
- 바로잡기 : 기강을 잡는 것을 교훈을 가르쳐줄 기회로 생각한다.
- 감독 : 직원들의 일이 어떻게 진행되고 있는지 정기적으로 물어본다.

원칙 7 양치기의 마음을 품어라
- 위대한 지도력은 기교가 아니라 생활 자체에 의해 결정된다.
- 자신과 부하들 중 누가 지도력의 대가를 치를 것인지 매일 결정해야 한다.
- 무엇보다도 양들을 아끼는 마음이 있어야 한다.

출처 : 양치기 리더십
저자 케빈 리먼, 윌리엄 펜택 | 역자 김승욱 | 출판 김영사
원제 The way of the shepherd

07_정보융합기술 기업가정신과 창업

7.1 기업가정신의 의의와 핵심가치

기업가정신의 의의에 있어서는, 현대의 시장경제 체제는 많은 산업에 있어 창의력과 추진력을 겸비한 창업기업가(Entrepreneur)에 의해 주도되고 있다. 그 바탕에는 창의적 기업가정신(Entrepreneurship)이 깊이 뿌리를 내리고 있는 것이다. 그렇다면 창의적 기업가정신의 본질은 무엇인가? 지금으로부터 약 200년전인 1800년경 프랑스의 경제학자 세이(J.B. Say)에 의하면 창업기업가는 "경제적 자원을 생산성이 낮은 영역으로부터 생산성과 이득이 높은 영역으로 이전 시키는 사람"이라고 하면서 "Entrepreneur"라는 용어를 제창하였다.

기업가정신은 바로 이러한 사람들이 지니고 발휘하는 진보적인 사고체계와 행위양식을 통칭하는 것이다. 즉, 기업가정신은 무에서 유의 가치를 창조하고 축적하는 행위라고 할 수 있다. 이러한 행위는 현재 주어진 자원의 제약에도 불구하고 부(Wealth)를 창출할 수 있는 기회를 적절히 포착하는 과정이며, 이에는 남들이 못보는 기회를 감지하는 창의력, 보완적 역량을 지닌 이들과의 팀워크, 보유하고 있는 자원뿐만 아니라 외부의 자원도 동원할 수 있는 추진력 등을 요구한다.

기업가정신의 개념은 국가의 상황이나 시대에 따라 바뀌어 왔다. 그러나 어떤 상황에서든 기업가가 갖추어야 할 본질적 정신은 같다고 할 수 있다. 기업가정신은 기업가의 경영철학이나 경영신조에 그대로 반영되어 경영활동의 전반에 영향을 미치게 되는 것이다. 기업은 이윤의 획득을 목적으로 운영하는 자본의 조직단위이기 때문에 생존을 위해서는 먼저 이윤을 창출해야 한다. 동시에 기업은 이윤을 사회에 환원한다는 점에서 사회적 책임도 가지고 있다. 따라서 기업을 이끌어가는 기업가는 이윤을 창출하면서도 사회적 책임을 소홀히 하지 않는 정신을 지녀야 한다. 올바른 기업가정신을 갖기 위해서는 이윤창출과 사회적 책임이 전제되어야 한다.

오늘날 기업가는 변혁을 일으키고 끊임없이 새로운 가치를 창조하지 않으면 안 되기 때문에 언제나 변화를 탐구하고, 변화에 대응하며, 도전하고 또한 변화를 기회로 이용할 수 있어야 한다. 따라서 기업가정신은 종합적인 경영의 실천이라 할 수 있다. 기업가정신의 실천 속에 기업이익, 사회적 책임, 노사화합, 기업성장도 이루어지게 된다. 따라서 오늘날에는 기업가정신을 전문경영자의 능력과 총체적 리더의 기준으로 논의되고 있으며, 이러한 기업가정신은 세계화의 진전과 무한 경쟁이라는 기업 환경 속에서 보다 효과적인 경쟁을 위해 모든 조직에 필요하다 할 수 있다.

Entrepreneurship이라는 용어로 통용되고 있는 기업가정신으로 Cole(1979)은 Entrepreneurship을 기업가의 행위라고 정의하고 있다. 즉, 기업가정신은 불확실성에 의하여 특징 지워지는 세계 속에서 개인 또는 하나의 사업경영에 종사하는 집단에 의하여 행해지는 통합된 일련의 행위이고, 그 행위는 현재의 경제적, 사회적 힘에 의하여 수정된다고 말하면서 불확실성의 환경 속에서 행위자체를 Entrepreneurship이라 주장하였다.

또한 기업을 둘러싼 환경으로서 지역사회에 대한 경영자의 책임의식도 기업가정신에 포함되어야 함을 주장하였다. 여러 관점에서 볼 때 기업가정신은 결국 창업자가 자신의 기업경영에서만이 아니라 그가 살아가고 있는 동시대의 지역사회 구성원들 속에서 그의 사업비전과 인생의 가치를 함께 구현하는 데서 진정한 기업가정신을 논할 수 있음을 알 수 있다.

출처 : 단국대학교 정보융합기술·창업대학원, '기업가정신과 창업' 남정민 교수외

7.2 창업의 구성 요소

일반적으로 창업의 요소로는 창업자, 사업아이디어, 자본, 그리고 사업장의 네 가지로 설명할 수 있으며, 이 중 창업자, 사업아이디어, 자본을 창업의 기본적 3요소로 설명한다. 결국 이러한 핵심요소들은 성공적인 창업의 기본요건으로 이둘 중 하나에 심각한 결함이나 취약점이 있는 경우 성공적인 창업은 불가능하게 된다.

창업이란 사업의 기초를 세워 회사를 설립하는 일로서 SOHO(Small Office Home Office)나 벤처기업(Venture Business)의 설립뿐만 아니라 새로운 기업을 조직하고 설립하는 일체의 행위를 일컫는다. 학문적인 의미로서의 창업은 '개인이나 법인이 금전획득을 목적으로 하는 기업을 새로이 만드는 일'이고 '창업자가 사업아이디어를 가지고 자원을 결합 하고 시장에 판매하는 사업 활동을 시작하는 일'이다. 즉, 인적·물적자원을 적절히 결합하여 미리 설정된 기업목표를 달성하기 위하여 상품이나 서비스를 생산, 조달, 판매하거나 그에 부수된 활동을 수행하는 것이다. 따라서 취급하는 상품이나 서비스 유형 또는 자금의 크기에 관계없이 기존 사업체를 인수하든 완전히 새로운 사업을 시작하는 것이든 모두 창업이라 할 수 있다. 또한 창업은 경영철학과 신념을 바탕으로 이루어져야 하는 것으로, 단지 돈벌이만을 위해 창업하는 것은 단순히 일하는 것에 지나지 않는다.

(1) 창업자

창업자는 인적요소를 말한다. 창업자는 생산, 판매, 관리업무 등 각 기능을 담당할 인적자원을 책임진다. 창업을 하는데 있어 모든 재정적 부담과 위험을 책임지는 순수한 개념의 창업자와 더불어 창업자를 도와서 제품이나 서비스를 생산하고 판매하며 일상 업무를 담당하는 종업원도 창업자의 범주에 볼 수 있다.

(2) 사업 아이디어

사업아이디어는 설립되는 기업이 무엇을 생산할 것인가 또는 어떤 서비스를 제공할 것인가를 의미하는 것이다. 사업아이디어의 원천은 창업자 자신일 수도 있고, 창업 팀의 구성원으로부터 얻어지거나, 전혀 다른 제3자로부터 얻어진 것일 수도 있다.

(3) 자본

자본이란 창업에 필요한 금전적 자원뿐만 아니라 자본을 이용하여 동원할 수 있는 토지, 기계, 원재료, 기술자 등을 포괄적으로 의미한다. 이때 자본은 창업자 자신이 출자한 것일 수도 있고, 창업 팀에 속한 여러 구성원이 제공한 것일 수도 있다.

(4) 사업장

기업경영에 있어서, 특히 창업의 경우 점포의 입지가 사업의 성공에 중요한 요인으로 작용한다.

출처 : 단국대학교 정보융합기술 · 창업대학원, '기업가정신과 창업' 남정민 교수외

7.3 창업의 과정

창업경영에 대해, 베이브는 뉴욕 북부에 소재하는 27개 창업기업의 창업자를 대상으로 한 면담을 바탕으로 창업기업의 생성과정에 대한 모형을 제시하고 있다. 이 연구를 통해 제시된 모형은 기회인식에 대한 자극, 물리적 창조활동에의 몰입, 생산기술의 정비, 시장과의 연계, 그리고 고객에 의한 피드백과 같은 요소를 포함하고 있다. 이러한 요소를 다음과 같이 크게 세 가지로 묶어 창업 과정을 분석적으로 제시할 수 있다.

<자료 : 단국대학교 정보융합기술창업대학원, '기업가정신과 창업' 남정민 교수저>

- 기회의 단계(Opportunity Stage) : 사업개념의 체계화
- 기술구축과 조직창조의 단계(Technology Set-Up and Organization Creation Stage) : 생산기술의 구축
- 교환의 단계(Exchange Stage) : 제품/서비스의 생산과 유통

물리적 창조 활동에의 몰입 후 창업자는 자원을 축적하고 축적된 자원을 기술구축, 조직 창조 및 마케팅 활동에 투입한다. 이러한 기술구축과 조직창조의 단계는 창업기업 생성에 있어 가장 가시적인 단계이며 고객을 위해 제품이 준비될 때 종료된다. 생산기술이 이러한 하부과정의 핵심변수가 된다. 고객은 제품을 직접 평가하여 창업기업을 위한 전략 및 운영상의 피드백을 제시한다. 초기 고객의 피드백, 경영방침의 수정, 그리고 창업기업의 생성에 투여되는 마케팅 노력 등은 교환의 단계로 묶을 수 있다.

이러한 교환과정에서의 핵심변수는 생산된 제품이다. 기존의 기업을 관리·통제하는 것은 일정비율의 주식을 취득함으로써 가능할 수 있지만, 창업기업을 세우는 것은 기업경영의 제반 구성요소를 체계적으로 갖추고 나갈 때만 가능하다. 이때 요구되는 핵심적 구성요소를 따져보면 아래와 같이 나눌 수 있다.

① 제품·서비스의 아이디어   ② 기술적 노하우   ③ 물리적 자원
④ 고객의 주문   ⑤ 인맥

(1) 창업사례 - 애플앤유

㈜애플앤유 신향숙 대표는, "광진구는 초중고를 다 졸업하고 사업도 시작한 고향이며 제가 살고 있는 곳이다. 그 동안은 광진구를 사업을 하면서 자식을 키우기 편하다는 부분으로만 생각했다. 제가 사회생활을 하면서 나라일도 돕고 사업도 하면서 결국은 고향으로 초점이 돌아와 광진구에서 무엇을 하고 봉사할지 많이 고민해보았다. 지금 큰 꿈을 꾸면서 여러 선배들을 찾아뵈니 '가장 중요한 것은 네 자신을 사랑하라'는 말씀을 많이 해주셨다. 그 동안 제 삶은 남편과 자녀, 남을 위한 인생 같았다.

제가 창업하고 성공하고 쓰러지고 다시 일어나며 오뚝이 소리를 들으며 여기까지 왔다. '제가 100살까지 살 것인데 그러면 올해 51세로 넘어가면서 뭔가 제2의 인생을 살고 싶다'고 생각했다. 그 동안 창업하면서 쌓아왔던 노하우를 전해 후배들과 창업하려는 많은 여성분들에게 꿈과 희망을 주고, 제가 살고자하는 제2의 인생은 좀 다르게 살고자 이 책을 출판하게 되었다. 책 쓰기가 참 어렵다는 생각했다. 남들이 하지 않는 것을 손가락질하고 욕하기 보다는 한번 해보고 도전하는 것이 옳은 삶이라 생각한다. 새로운 꿈의 도전을 위해 이 자리에 섰다. 감사드린다"고 말했다.

출처 : 신향숙 애플앤유 대표 출판기념회 열어작성자 시니어벤처협회 회장

(2) 창업사례 - 대유플러스

대유플러스는 대한민국 초고속인터넷 사업의 태동기부터 기술과 경험을 축적해 온 정보통신사업으로, 전국 영업망을 기반으로 네트워크 서비스, 유무선 통신장비 제조, 컨텐츠 개발 등에 주력하고 있다. 고객이 감동할 수 있는 성공적인 비즈니스를 위해 더욱 다양하고 혁신적인 서비스 제품, 컨텐츠 인프라 개발을 위해 노력하고 있다. KT, SK브로드밴드, LGU+와 같은 기간 통신사업자를 주요 고객사로, 내부 영업조직을 통해 직판 영업을 진행하며, 안정적인 시설 구축과 운용을 대행하고 있다.

특히, 정보통신사업본부는 탁월한 집중력과 개발 대응력을 보유하고 있으며, 주요 고객들인 국내 통신사업자들의 요구사항을 사전에 판단하고 준비하며 통신사업자의 요구에 알맞은 제품을 제공하기 위해 최선을 다하고 있다. 대유플러스는 L2/L3 스위치, L2 PoE 및 G-PON OLT/ONU 등 액세스 장비의 전 제품을 보유하고 있으며, 최근에는 5G, VR, AR 등 빠르게 진화하는 네트워크 환경 속에서 대응하기 위한 제품을 지속적으로 개발하고 있다.

이처럼 네트워크 기술 변화에 신속히 대응하고 고객의 요구를 사전에 분석하여 최선의 솔루션을 제안 및 지원함으로써 국내 사업자 시장에서 가입자망을 중심으로 글로벌 기업들과의 경쟁에서 비교 우위를 유지 및 확대해 가고 있다. 아울러, 국내 네트워크 전문기업으로서 다양한 스위칭 장비, IoT 등 새로운 시장의 개척을 위하여 끊임없는 노력을 기울이는 기업가정신을 중시하는 회사이다.

또한, 태양광 사업에 있어서도, 효율적 전력 생산의 솔루션(EPC,SPC)을 풀어내기 위하여 소비자가 원하는 환경에서의 발전량 계산 및 설계 분석을 통하여 최적화된 발전 성능과 높은 신뢰도를 제공하고 있다.

- 정보통신사업 Switch
  - FTTx, Switch, 무선 AP, SFP / SFP+ Module
  - 방송장비, 전송장비

- Switch 장비
  - L2 Switch
  - L3 Switch
  - PoE Switch
  - DSW3300 Series
  - Smart PoE Series
  - L4 Switch

DSW1824XG나라장터

DSW1324G-PF21나라장터 식별코드:23480163

- DSW2748G 스위치 장비

Home Appliance 사업에서는, WINIA 에어컨, The original 딤채 김치 냉장고, 알파 米학 딤채쿡(전기밥솥), 공기 청정기, 자연 가습기, 제습기, 스포워셔[차량용 공기청정기] 제품을 위니아딤채에 OEM 생산방식으로 개발, 납품하고 있다.

Home Appliance 사업 특성상 핵심부품 기술에 기반 한 고효율 중심의 제품 차별화 역량을 확보해야 가능한 사업으로, 지속적인 혁신 활동을 통해 동종 업계 내에서도 최고 수준의 원가경쟁력과 수익성을 유지하고 있다. 또한 4차 산업 혁명 시대의 도래에 맞춰 지능형 자율 공장 시스템 조기 도입을 통해 생산 혁신을 선도하고 있다.

PI전략사업부는 대유위니아그룹 비즈니스 환경에 최적화된 IT시스템의 안정적인 운영 및 신규구축 서비스를 제공하고 있다. 위니아대우, 위니아딤채를 포함한 대유위니아그룹 IT 지원에서 검증된 다양한 IT솔루션과 최고의 전문 인력을 통해 대유위니아그룹의 미래 IT전략을 제시하고 있다. 대유위니아그룹 가전부문 계열사에 IT Outsourcing 서비스를 제공하고 있다.

[biz칼럼] '메타 이노베이션'이 필요한 시대

강릉영동대학교 이 상 철 총장
〈출처 : 한국경제 기고문〉

"삶의 패러다임 바꿀 4차산업혁명
종전과는 다른 혁신의 청사진 필요
감성·지성의 공동협력체제 갖춰야"

이 세상에서 신은 인간을 창조했고 인간은 컴퓨터를 만들었다.

다만 신은 인간이 넘지 못할 심연을 만들어 흔들리지 않는 신의 지위를 누려왔지만 인간은 미처 그런 생각을 못 한다. '알파고'에 역습을 당하기에 이르렀다. 한국에서 이세돌 9단과 구글 알파고 간의 대국 소식이 화제를 모으고 있을 때 필자는 한 언론사 기고를 통해 사물인터넷(IoT : Internet of Things)의 시대를 넘어서서 사물(Things)이 두뇌(Brains)로 바뀌는 두뇌인터넷(IoB·Internet of Brains) 시대가 오면 언젠가는 컴퓨터가 세계 최강의 바둑기사도 이길 수 있는 시대가 올 것이라고 예측 했다.

세계의 컴퓨터들이 네트워크로 협력해 하나의 두뇌처럼 작동한다면 어떤 고수도 IoB의 적수가 되지 못할 것이라는 예언이었다. 그런데 막상 이세돌 9단이 1200여개의 중앙처리장치(CPU)가 연결돼 컴퓨터 4000대가 합친 역량을 지닌 알파고에 거의 일방적으로 패하는 모습을 보니 IoB의 시대가 생각보다 훨씬 빨리 우리 곁에 다가온 것 같은 느낌이 든다.

IoB가 가져올 혁신은 우리가 경험해온 혁신과는 전혀 다른 차원일 것이다. 지금까지 혁신의 주체였던 사람이 물러나고 상당부분을 기계가 사람의 역할을 대신할 것이기 때문이다. 기계가 주도하는 혁신은 우리가 상상할 수 없는 세계를 가져올 것이 확실하다. 우리가 명심해야 할 점은 기계가 주도하는 미래 혁신은 우리가 사는 세상을 더욱 멋진 세상으로 만들 수도 있고 매우 황폐화해 도저히 살기 어려운 세상으로 만들 수도 있다는 점이다.

혁신은 새로운 일자리를 창출하면서도 자동화 등으로 인간의 역할을 대체해 나감으로써 일자리를 빼앗아 왔고, 인터넷으로 인해 우리의 삶은 훨씬 편리해졌지만 발달한 정보시스템으로 인한 한계비용의 급격한 하락은 고용 없는 성장과 같은 심각한 사회문제를 야기하고 있다. 영국 옥스퍼드대 연구에 의하면 현존하는 일자리의 약 50%가 20년 안에 인공지능에 의해 대체될 것이라고 한다. 이렇듯 컴퓨터를 통해 지식을 축적한 기계가 주도할 미래 혁신은 인류의 대처에 따라 축복이 될 수도 있고 재앙으로 다가올 수도 있는 것이다.

미래 인류의 모습은 지금 우리의 손에 달려 있다. 축복의 미래를 만들기 위한 '스마트 이노베이션'이 필요한 시점이다. 최근 이상문 네브래스카대 석좌교수와 임성배 세인트메리대 교수가 공저한 《메타이노베이션》은 이에 대한 해답을 제시하고 있다.

저자들이 스마트 이노베이션의 달성을 위해 새롭게 창조한 공동혁신 모형은 '폐쇄적 혁신→협력적 혁신→개방형 혁신'으로 진화해온 혁신의 미래 청사진이라고 할 수 있다. 특히 지금까지 여러 전문가들에 의해 따로 단편적으로만 다뤄져 온 융합(convergence), 공동창조(co-creation), 디자인 사고(design thinking) 등 다양한 아이디어들이 어떤 의미를 지니고 있고 어떻게 서로 시너지를 일으키며 공동혁신 생태계를 구축해 나갈 수 있는지를 창의적 시각에서 명료하게 보여주고 있다.

이제 '경쟁의 시대'를 넘어서 '공동의 시대'로 접어들고 있다. 웬만한 일이나 판단까지도 모두 컴퓨터가 처리하는 IoB 시대에선 경쟁의 결과로 어떤 큰 차이를 가져오지 않을 뿐 아니라 요새처럼 글로벌 경제규모가 위축되는 시대에선 공유경제만이 해결책이 되기 때문이다. IoB는 소유해야만 사용할 수 있는 시대에서 사용할 때만 소유하는 '소유의 나눔' 시대로 바꿔놓는 역할까지 할 것이다. 공동 협력체제는 IoB 시대 인류의 현명한 생존전략이다. 컴퓨터를 넘어선 인류의 새로운 감성과 지성의 공동체 네트워크가 우리에게 남은 유일한 희망이다.

이상철 〈前 KT/한국통신 대표, 정보통신부 장관, 광운대학교 총장, LG유플러스 대표 〉

IT Outsourcing은 정보시스템에 관련된 설비, 인력, 하드웨어 등 IT 전반에 대한 관리 활동을 외부의 전문기관에 위탁하여 관리하는 것을 말한다.

정보기술이 발전하면서 새로운 IT 기술들이 출현하고 있을 뿐만 아니라 IT가 새로운 산업분야와 연계하여 융합 또는 통합 형태로 진화하고 있다. 이로 인해 새로운 기술들과 기업의 업무환경을 변화된 시장의 니즈에 유연하고 민첩하게 대응하는 것이 요구되고 있다. 많은 기업들은 IT 서비스를 통해 외부 환경 변화에 신속하게 비즈니스 프로세스를 혁신하고 경쟁력 강화 방안을 모색하고 있다.

대유플러스는 이외에도 최첨단 스마트팜과 WiFi 등 차세대 통신장비를 개발, 보급하고 있다. 대유그룹 대유플러스가 전기차 충전사업에 뛰어 들었다. 설치가 간편한 콘센트형 '차지콘'이 주무기이다. 스마트 IOT 콘센트형 전기차 충전기 차지콘은 국내 생산 전기차량은 물론 테슬라, 벤츠, BMW, 볼보 등 해외 전기차 및 PHEV와도 호환이 된다고 한다.

참고문헌
- 김교일, 정보통신공학 [Telecommunication Engineering]
- 양재수, 유선통신공학, 박문각 출판사, pp 770, 1987
- 양재수, 정보통신설비 요론, 한국정보통신설비학회, pp 250, 2003
- 이호웅, 기한재, (최신)정보통신개론, 2011년
- 김창환, 『정보통신개론』, 2012년
- "USN 개념", 구글, 한국연구재단
- 신향숙, 사랑하라 창업하라 : 도전하지 않는 것도 실패 : 신향숙의 창업이야기
- 성균관대 김승욱 교 "양치기 리더십" 발표자료
- Wikipedia, Robert Krewa / Wikipedia, Moffett Studio
- 자료제공 : 퀄컴 코리아, 2019.07
- 단국대학교 정보융합기술·창업대학원, '기업가정신과 창업' 남정민 교수저>
- 양재수, 최무영(2000), "광대역 통신기술", 영풍문고
- 양재수, 주대준(2006), "광대역 통합 네트워크 서비스", 전자신문사
- 한국경제 기고문 -전문가 칼럼 [biz칼럼] '메타 이노베이션'이 필요한 시대, 강릉영동대학교 이상철 총장

EXERCISE

1. 정보통신 송수신의 원리를 블록다이어그램을 그리고, 각각에 대해 개념을 설명하시오.

2. 디지털 통신에 있어서, 기저대역과 기저대역의 신호에 대해 수식으로 이를 설명하시오.

3. 정보통신에 있어서 디지털통신이란 무엇이며, 아날로그 신호와 디지털신호의 변환 관계를 설명하시오.

4. 디지털 통신에 있어서, 종보 및 신호에 대해 설명하고, 디지털 통신의 원리와 장단점에 대해 설명하시오.

5. 정보통신계와 테이터통신 전송계의 통신구성도를 그리고, 각 요소 구간별 특징을 설명하시오.

6. 신호의 전송 방식을 아날로그와 디지털 신호의 송신 및 수신간의 변화 관계와 함께 핵심 과정을 설명하시오.

7. 2 디지털통신의 다중화 종류와 이의 원리에 대해 기술하시오.

8. 디지털통신의 변복조 다중화 전송 구성도를 그림으로 그리고, 각각의 개념을 간단히 설명하시오.

9. 변조의 종류에 대해 크게 두가지로 구분설명하고, 각각에 대한 변조방식을 기술하시오.

10. 정보통신의 다중화 종류를 나열하고 각각에 대해 동작원리와 특징을 설명하시오.

11. PCM 동작원리와 특징에 대해 설명하시오.

12. 정보통신의 시분할다중화(Time Division Multiplexing, TDM) 방식에 대해 원리와 특징에 대해 기술하시오.

13. 데이터 전송 오류 제어를 위한 세가지 방식에 대해 각각의 원리와 특징에 대해 설명하시오.

14. 디지털 이동통신의 개념에 대해 설명하고, LTE Femto에 대해 설명하시오.

15. 영상정보 전달을 위한 위성 디지털 전송에 대해 구성도와 함께 각 요소별로 기술하시오.

16. 유비쿼터스 컴퓨팅의 개념과 유비쿼터스 센서 네트워크(USN) 구성도를 그리고, 각각의 요소별 특징에 대해 설명하시오.

17. USN 에서 사용하는 네트워크의 구성의 한 형태인 Ad-hoc 방식에 대해 통신망과 함께 원리를 기술하시오.

18. 초연결 지능화기술 기반 초실감 사회란 무엇인지 체계적으로 구분하여 설명하시오.

19. 5G 저지연 이동통신기술에 대해 설명하시오.

20. 초연결 정보통신의 활용에 있어서, 5G 메타버스(3차원 가상세계)에 관해 기술하시오.

21. 4차 산업혁명에서의 보안 요소기술에 있어서, (1) 방화벽의 구성과 (2) 네트워크 보안에 대해 설명하시오.

22. 양자 암호화(Quantum Encryption)의 개념과 양자암호통신망에 대해 설명하시오.

23. 양자 컴퓨팅이란 무엇이며 이의 특징 및 활용에 대해 설명하시오.

24. 메타버스와 이를 통한 메타 이노베이션에 대해 설명하시오.

25. 양자 컴퓨팅의 정의와 핵심 내용을 기술하시오.

26. 양자암호통신의 원리를 통신망 구성과 함께 요소기술을 설명하시오.

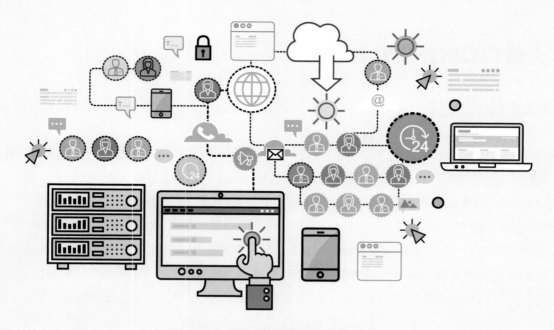

CHAPTER 2
Social Media 및 인터넷과 기업의 마케팅 활용

- 호모 디지쿠스(Homo Digicus) : 정보통신과 디지털 시대를 살아가는 우리를 호모 디지쿠스(Homo Digicus)라고 한다. 디지털 기기를 잘 활용하는 신인류인 것이다. 정보를 잘 이해하고 활용하는 정보화 인간, 즉 호모 인포매티쿠스(Homo Informaticus)가 되라는 요구를 받고 있다. 베이컨(Francis Bacon)의 "아는 것이 힘이다(Knowledge is power)"와 일맥상통한다. 호모 사피엔스에서 호모 커넥서스로 옮겨가고 있다.

- 호모 커넥서스 : 가상 세계에서의 연결로 지리적 한계와 그에 따른 소통의 어려움을 극복하고, 온라인에서의 활동, 즉 카카오톡, 위챗, 구글 행아웃 등 디지털 소통 도구를 적극적으로 활용하여 자유롭게 협업/협의/논의하거나 토의하는 집단지성의 힘이다. 맥가이버 같은 모험자이고 해결자이면서, 소통의 달인이라 할 수 있다. 예술과 과학을 연결시키는 힘이다.

- N-screen(스크린) : 사용자가 정식 구매한 멀티미디어 콘텐츠를 자신의 IT 기기가 아닌 이동통신사의 미디어 서버에 올려 놓고 필요에 따라 인터넷을 통해 접근하는 일종의 '클라우드 서비스다. 때문에 컴퓨터든 스마트폰이든 인터넷에 연결될 수 있다면 언제 어디서든 콘텐츠를 감상할 수 있다. 스마트TV는 뿐만 아니라 노트북, 스마트폰, 태블릿 PC 등과도 간편하게 콘텐츠를 공유할 수 있다.

- Immersive Media(몰입형 미디어) : 인간의 오감을 극대화하여 실제와 유사한 생생한 경험을 제공하는 차세대 미디어로 가상현실, 증강현실, 홀로그램 등이 이에 해당된다. MPEG은 몰입형 미디어를 위한 차세대 MPEG-I(Corded Representation of Immersive Media) 표준화를 채택하여, VR과 AR 서비스에 활용될 수 있는 몰입형 오디오, 비디오, 그래픽스 및 통합적인 콘텐츠를 활용한다.

01_ 소셜 미디어와 이의 활용

1.1 Social Media란?

최근에는 차세대 인터넷, 스마트폰, 인공지능, 자율주행 자동차/드론/로봇 등 융복합 모빌리티의 개념이 추가되어, 정보통신 기술의 영역은 크게 확대되고 있다. 그리고 네트워크 기술의 발달과 스마트폰 이용자가 증가하면서 소셜 미디어 이용률도 급증하고 있다. 소셜 미디어 이용자들은 쌍방향 커뮤니케이션으로 정보를 자유롭게 주고 받으며 관계를 형성한다. '소셜 미디어'는 단어가 의미하는 대로 사회적 상호작용을 위한 미디어이다. 1인 미디어로 누구나 주체가 될 수 있는 개방적이고 상호소통적인 매체를 의미한다. 소셜 미디어는 스마트폰과 태블릿 PC 등 첨단 정보통신 및 디지털 멀티미디어 기술의 발전과 함께 새로운 사회문화적 패러다임을 형성했다. 사회구성원들은 시간과 장소에 구애받지 않고 인터넷에 접속해 다양한 형태의 정보를 공유하고, 스스로 제작한 콘텐츠를 확산 시키면서 정보 수집과 확산 뿐 아니라 대인관계도 유지한다.

소셜 미디어 내에서 영향력이 큰 사람들이 나타남으로 인해 소셜 미디어를 통한 잘못된 정보 확산, 온라인 상의 공격행위, 사적 정보 남용 같은 부정적인 현상도 나타나고 있다. 왜곡된 정보확산과 무책임한 여론 선동, 신상 정보와 같은 프라이버시 침해도 발생할 수 있다. 그러나 여러 문제점이 공존하는 상황이지만 기술적 측면, 정보 전달 측면 등에서 소셜 미디어의 다양한 가능성도 사회적으로 관심을 받고 있다. 소셜 미디어는 시간과 장소의 구애 없이 폭넓은 인간관계를 구축하고 상호 개방적인 커뮤니케이션을 수행하면서 소셜의 의미를 강화하고 있다. 참여적 상호 커뮤니케이션의 패턴을 구축한 소셜 미디어는 새로운 유형의 사회적 소통 채널로 발전하고 있다.

1.2 소셜 미디어의 기능과 역할

소셜 미디어(Social media, SM) 또는 사회적 미디어는 사회 활동을 하는 사람들이 자신의 생각과 의견들을, 서로 공유하고 자발적 참여와 협업을 통해 디지털 데이터를 창출하기 위해, 개방화된 온라인 도구와 어떤 정보를 실어 나르는 미디어 플랫폼(Platform), 그리고 이의 콘텐츠를 포함한 형태라 요약할 수 있다. 소셜 미디어(Social media)라는 용어는 가이드와이어 그룹의 창업자인 '크리스쉬플리'가 처음 이 말을 사용하였다. 소셜 미디어는 양방향성을 활용하여 사람들이 참여하고 정보를 공유하며, 이용자들이 만들어 나가는 참여형 미디어를 소셜 미디어라 부른다. 소셜 미디어는 블로그(Blog)나 소셜 네트워킹 서비스(Social Networking Service, SNS), 그리고 위키(Wiki), 개인 창작 컨텐츠(UCC), 마이크로 블로그(Micro Blog) 등으로 구분하며, 서비스를 제공하는 웹 기반의 애플리케이션과 미디어 서비스들을 일컫는다.

소셜 네트워킹 서비스는 일종의 온라인 인맥구축 서비스라고 할 수 있다. 1인 미디어, 1인 커뮤니티, 정보 공유 등을 포괄하는 커뮤니케이션의 개념이라 할 수 있다. SNS를 활용하는 커뮤니티형 웹사이트, 즉 소셜 미디어에는 트위터, 싸이월드, 마이스페이스, me2DAY, 페이스북, 토그, 챗테일, Linknow, 스타플, 링크드인, 포스퀘어, 인크루트인맥 등이 있다. 개인의 표현욕구가 강해지면서 사람들 사이의 사회적 관계를 맺게 하고, 친분관계를 유지시키는 소셜 네트워크 서비스 또한 점점 발달하고 있다. 웹상의 카페·동호회 등의 커뮤니티 서비스가 특정 주제에 관심을 가진 집단이 그룹화 하여 폐쇄적인 서비스를 공유한다면 소셜 네트워크 서비스는 나 자신 즉 개인이 중심이 되어 자신의 관심사와 개성을 공유한다는 점에서 차이점이 있다.

사회적 미디어는 방송 미디어의 일방적 독백을 사회적 미디어의 대화로 변환시키는 기술로 엄청난 파급효과를 발휘한다. 소셜 미디어는 지식과 정보의 민주화를 지원하며 사람들이 콘텐츠의 소비자이자 생산자이다. 즉, 사이버상의 대인 커뮤니케이션이 발전함에 따라 사용자들이 콘텐츠를 소비하는 동시에 생산도 하는 Prosumer(프로슈머) 서비스가 등장하였다.

출처 : 양재수 외 2, 매일경제신문사, "스마트 모바일이 미래를 바꾼다" 저서 중에서

1.3 디지털시대의 신인류 노매드, 호모디지쿠스

우리나라는 스마트 모바일의 출발은 늦었지만, IT강국의 저력으로 맹추격을 하여, 세계적인 폭풍을 일으키고 있는 소셜 미디어와 스마트폰 세상에서도 최강자의 모습을 보여주고 있다. 'u-코리아'를 넘어 이제는 '스마트 대한민국'을 주창하고 있다. 강력한 사용자 층이 확산된 스마트폰은 우리의 모바일 시장의 미래를 좀 더 새롭게 조명해보는 새로운 기회의 장이 되었다. 전통적인 음성통신기반의 이동통신 기술이 무선데이터시장으로 확대되면서 본격적인 참여와 공유, 쌍방향성으로 대두되는 웹 2.0기술과 스마트 모바일 네트워크의 융합의 IT매체로 스마트폰이 급속도로 확산되고 있다. 새로운 가능성의 개척과 시장의 확대를 전개해 나아가는 스마트폰과 최근 급변하고 있는 모바일(Mobile)환경과 스마트폰 열풍으로 스마트폰 사용 인구가 기하급수적으로 증가하고 있으며, 수많은 마켓의 엄청난 어플(Appl) 등록과 다운로드가 동시간대에 실시간적으로 발생하고 있다.

디지털시대의 신인류로 나아가기 위한 호모디지쿠스, 앞으로 소셜 네트워킹 서비스(SNS)가 새로운 스마트 세상의 10년을 장식 할 것으로 보인다. 허약해지고 균형을 잃은 지구에 활력을 불어 넣을 수 있는 것이 ICT (Information and Communication Technology) 기술이다. 21세기는 노매드[1]적으로 뛰는 모바일 융합 솔루션이, 정보와 지식의 결합, 눈에 보이지 않는 힘에 의하여 가치를 창출하고 실세계와 가상의 세계를 지배하게 될 것이다. 역동적인 한국의 우수한 두뇌 집단이 소득 3만불 시대에 돌입하려면, 한국의 디지털 산업계가 모든 산업의 제품 생산단계를 뛰어 넘어 지식정보산업 서비스를 지나서 복합적인 융합의 솔루션으로 진화를 하지 않으면 안 된다.

출처 : 양재수 외 2, "스마트 모바일이 미래를 바꾼다" 저서 중에서

---

1) 노매드(Nomad) : 유목민이란 뜻. 21세기 인간의 새로운 전형으로 정해진 곳이 없이 모든 것이 이루어진다는 의미이다. 유목민처럼 미래사회에서 큰 세력을 형성할 것으로 전망된다. 자유롭고 창조적인 사고방식, 네트워크의 활용, 주도면밀함, 주변인들과의 네트워킹 등이다. 이들의 성향에 맞춘 다양한 상품들과 문화가 미래 시장에서 부각될 것으로 보인다.

1.4 디지털 정보격차 해소

디지털 시대에 접어들면서부터 정보에 접근하는 자와 그렇지 못한 자간의 빈부격차와 같이 정보화 격차가 더 벌어지는 디지털 디바이드(Digital Divide)의 문제도 해결해야 할 과제중 하나이다. 한편, 인간 상호간과 사물간 통신이 가능한 유비쿼터스(Ubiquitous) 시대와 연계되어 스마트 폰 활용에 대한 열풍이 한창이다. 모바일 미디어와 디지털 노메드의 정신을 이어 받은 '스마트모바일 혁명의 소통시대'를 맞이하여, 발빠르게 기술 및 서비스 개발에 심혈을 기울이고 잘 대처를 해야 부국 IT 강국을 지속할 수 있고, 또한 이의 흐름을 잘 알고 잘 활용 할 줄 알아야 스마트 세상을 누릴 수 있다.

이러한 가운데, 중앙정부 및 지자체의 DB 공유를 활성화하고 다양한 스마트폰용 어플(Appl) 개발의 촉매제 역할에 앞장서 '한국형 데이터 댐 뉴딜정책'을 펼쳐나가고 있으며 이에 수천억의 예산을 지원하고 있다. 이에 통신사업자는 5G 인프라(Infrastructure, 기반시설)를 구축하여, 실감형 콘텐츠 등 정보 획득과 활용에 큰 어려움이 없을 것이다. 그러나 소외 계층에 대한 정보격차 해소를 위해 방안을 모색하여 꾸준히 노력해야 할 것이다.

스마트 모바일 네트워크 환경을 통해 우리가 지금의 뉴미디어시대를 바라보고자 하는 이유이다. 나아가 미래의 대한민국을 이끌어 갈 미래의 프론티어들이 신기술, 특히 IT 융합 이론과 트렌드, 그리고, 실제를 배우고 실천하여 신세계를 향한 항해를 시작해야 할 것이다. u-Korea를 넘어 이제는 글로벌 "스마트-Korea" 를 다 같이 창조, 동승해 나가야 할 것이다.

출처 : 양재수 외 2, "스마트 모바일이 미래를 바꾼다" 저서 중에서

1.5 피할 수 없는 소셜 미디어의 활용

소셜 미디어의 활용은 피할 수 없다. PC와 인터넷이 보급될 때 사람들은 "지금까지 PC 없이도 잘 했는데, 지금까지 인터넷 몰라도 잘 했는데..."라고 말하면서 거부를 해 왔다. 그러나 돈을 입금 또는 송금하러 은행에 가는 사람과 내 손안에서 바로 입·출금, 송금을 하는 사람 사이의 생산성과 사회적 효과에는 큰 차이가 나기 때문에 모두가 인터넷을 사용하여 업무를 처리하고 있다.

스마트폰이 보급 확산되면서 모바일 환경 특성과 첨단 기술과의 접목을 통해 이동성, 생활편의성, 적시성을

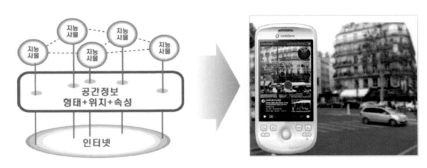

[그림 2.1] 가상 활용사례 - 공간정보 융합서비스

보장하는 신규 모바일 공공서비스가 선제적으로 발굴·추진되고 있다. 전자민원, 안전, 기상, 환경, 교통 등 국민 생활과 밀접한 서비스에 공간정보(GIS), 위치기반 서비스(LBS), 소셜네트워크서비스(SNS), 상황인지, 증강현실 등을 접목하는 등 모바일 환경에 적합하고 산업적인 파급효과가 큰 공공서비스들이 발굴되어 공공분야에 사용되고 있다. 모바일 특성을 반영하여 서비스 프로세스를 개선하고 소관부처별 분산된 정보 융합(Convergence)을 통해 서비스 이용단계를 최소화하고 편의성을 크게 향상시키고 있다.

02_Social Media를 넘어 IT생태계와 함께

2.1 IT생태계와 함께 하는 사회적 기업

정보화시대 도입 초기, 국가사회의 정보화를 '촉진'해야 했던 시대에는 국민을 설득하기 위해서 정부가 선도적으로 무엇이든 만들어 보여주어야 했다. 그러나 이제 '촉진'의 시대는 끝났다. 스마트사회에서 국민들은 오히려 정부보다 선제적이고 능동적으로 기술을 받아들이고 바뀐 문화를 적극적으로 수용하고 있다. 수요를 따라갈 수도 없을 뿐더러 '시장'과 '국민'이 스스로 만들어 쓸 수 있는 역량까지 갖춘 시점에서 정부가 모든 것을 만들어 제공하는 것은 바람직하지 않다. 이제 민간분야에서 공공서비스를 자유롭게 생산·유통할 수 있도록 공공서비스의 민간 개방을 단계별로 추진해야 할 것이다. 개인정보보호와 국가 보안에 위배되지 않은 범위안에서 많은 정보와 컨텐츠가 공개되고 공유될 수 있는 기반이 확대되어야 할 것이다. 이를 위해서는 저작권의 보호범위와 원칙을 정해야 하고, 민간에서 공공서비스를 유료서비스로 제공하는 경우에 있어서의 가이드라인 등 다양한 법·제도 및 지침 등을 마련해야 한다.

E-Commerce는 컴퓨터 등을 이용해 인터넷과 같은 네트워크 상에서 이루어지는 즉, 전자적 매체(시스템)를 이용하여 가상 공간에서 이루어지는 제품이나 용역을 사고 파는 거래이다. 온라인상에서 재화나 서비스를 사고 파는 행위에 있어서 소셜 미디어 및 온라인 미디어를 연계하여 소비자 인맥을 마케팅에 활용하고 있다. 여기에 해당하는 주요 키워드를 살펴보면, Target Market, UX challenge, UX evaluation, Context Analysis Issue, Recruiting Observation, Persona Journey Map, UX Value & Strategy Service, Ideation Service Scenario, Business Model 등을 연상해 볼 수 있다.

사례 : 소셜커머스 카카오박스

소셜커머스 카카오박스가 제공하는 서비스의 Service Ideation를 살펴보면 다음과 같다. '제 정보가 아무에게나 공개되는 건 싫다'. 이는 메타데이터를 기반으로 신뢰 높은 큐레이팅 서비스를 통해 맞춤 정보 제공과 일상공간에서 손쉬운 서비스 이용 지원, 배타적인 서비스 이용을 통한 소속감 부여 및 만족스러운 쇼핑경험 제공, 그리고 정보 공유를 지원하고 신뢰 가는 후기 제공과 상품의 이용, 구매 특성에 따른 각기 다른 정보 제공에 거품 없는 진실한 상품정보를 강조하고 있다.

'나에게 알맞은 상품 추천을 원한다'. '언제 어디서든 의견을 나누고 싶다. 친구들과 더치페이 할 때가 잦다. 믿을 수 있는 친구의 의견을 듣고 싶다. 지인과 함께 사고 싶다. 좋은 상품을 나만 누리고 싶다. 다른 사용자들의 의견이 궁금하다. 적립금 때문에 후기를 쓴다. 믿을 수 있는 후기를 원한다. 상품에 따라 다른 정보를 원한다'. 등의 특징을 살리는 서비스를 주창한다.

각 컨텐츠별 전문가가 상품정보를 작성하여, 전자상거래에 소재한 상품 자원 중에 사용자에게 적합한 상품을 추천한다. 특징을 살펴보면 다음과 같다. ▶ 모바일 메신저 플랫폼 공유로 높은 접근성 및 편의성 확보 ▶ 동반구매시 개별 결제 기능 지원 ▶ 채팅방을 통해 큐레이팅 서비스 공유 ▶ 서비스를 공유하는 채팅방 내에서 동반구매 의사를 묻는 기능 지원 ▶ 구독 컨텐츠의 수에 따라 이용료를 매김으로써 서비스의 양을 차별화 ▶ 채팅방 초대를 통해 정보 공유의 범위 제한 ▶ 모바일 메신저의 채팅창 내에 큐레이팅 메시지 전송 ▶ 상품 정보에 다른 사용자가 작성한 후기 첨부 ▶ 상품을 추천한 사용자 수 표시, ▶ 채팅방 외의 다른 사용자에게 공유 가능 ▶ 구매 상품에 대한 후기 작성시 큐레이팅 서비스 이용권 지급 ▶ 후기 작성시 모바일로 쉽게 사진 촬영이 가능하도록 지원 ▶ 구매 후 후기 작성 가능 ▶ 후기 작성자 정보를 선택적으로 공개하여 의사교환 기회를 제공 ▶ 정기적인 구매 물품에 한해 가격 정보 위주의 서비스 제공 ▶ 전자기기의 경우 전문용어의 링크 연결 및 전문 커뮤니티 소개 ▶ 의류는 상세한 사이즈 정보 제공과 더불어 세탁 정보 제공 ▶ 식품은 관련 레시피 정보와 유통기한 및 보관방법에 관한 정보 제공 ▶ FOR / AGAINST 를 통해 사용자에게 직관적인 정보 제공 ▶ 일반적인 교환 / 환불 정책과 다른 경우 인지가 용이하도록 메시지 전송 ▶ 전문가 확보 및 원고료 지급 ▶ 기존 쇼핑몰 제휴 사용자 정보 ▶ 필요 유료 서비스에 대한 거부감 모바일 메신저 서비스와 제휴 결제 시스템 연동 ▶ 모바일 메신저 서비스와 제휴 ▶ 양질의 후기 확보 수익성을 고려한 혜택 ▶ 설계 기술 지원 개인정보 유출 불가능 ▶ 지속적인 구매정보 업데이트 ▶ 상품 특성에 맞는 후기 서식 고안 ▶ 큐레이팅 서비스 메타데이터 구독 상품 선택 ▶ 유료 서비스 개인 이용 추천 / 공유 ▶ 구매 후기 그룹채팅 서비스 이용권 ▶ 포토 후기 구매 ▶ 후기 작성 채팅 신청 가격 정보 ▶ 상품정보 FOR / AGAINST 교환 / 환불 모바일 메신저 ▶ 그룹채팅 친구 초대 ▶ 동반 구매 더치페이 등을 차별화하여 종합적인 고객서비스 제공을 추구하고 있다. <카카오 사례>

출처 : 'Slideshare', Rapid UX 교육 '위메프', 'Rightbrain UX1 Consulting group'

2.2 뉴미디어 시대의 선제적 서비스

■ 스마트폰이 가져다준 변화

스마트폰이 가져다준 변화는 Digital 3.0 시대, Connected 시대, 네트워킹 기술 + 스마트폰, 모바일기기 + 데이터, 정보 접속 ⇒ 커넥티드(Connected) 시대를 가속화 시키고 새로운 초고속 스마트 시대를 앞당기고 있다. 현대인들은 '기계'와 '얘기'하느라 많은 시간들을 보낸다. 집에서는 TV, 직장에서는 컴퓨터가 있다. 그리고 항상 스마트폰과 같이하고 있다.

• 컴퓨터 스마트폰을 넘어 TV, 냉장고, 자동차 등 모든 전자기기를 인터넷에 연결, `커넥티드 디바이스` + 네트워킹 기술.

• 사람과 사람, 사람과 사물, 사물 간(M2M · Machine-to-Machine) 인터넷 기술로 커넥티드의 범주가 확장되었다.

■ '스마트폰으로 가능한 전자정부'

글로벌 경쟁의 심화와 국제화로 빈번해진 국제회의, 외교현장에서도 현장에서 필요한 조건들을 확인할 수 있고, 현장의 변동 상황을 신속하게 본부에 알릴 수도 있다. 폭우 등으로 인한 재해 또는 재난시 현장을 방문하여 피해상황을 파악하고 복구 지원 등을 감독해야 하는 경우에 스마트폰은 해당 지역 지원 세부정보, 피해상황 등을 종합적으로 파악하고 지시하는 데 유용한 도구가 될 것이다.

[그림 2.2] 기가급 무선환경에서 홀로그램과 초다시점 서비스

출처 : 재) 기가코리아사업단

스마트폰은 이동성, 위치기반 서비스, 증강현실 등이 가능하여 정부 업무에 적용하기에도 유용한 기기이다. 정부 내 업무 또는 국민에 대한 서비스에 있어 스마트폰을 적용하는 경우 이제까지와는 다른 차원의 서비스 가능성을 열어 가고 있다. 이제 동시에 실시간으로 세계 각국의 이질적인 공간에 오케스트라 협주도 가능하게 되었다. 특히 코로나19 비대면 시대를 맞아 실시간 지능형 실감서비스를 동시 공연, 전시도 할 수 있는 시대를 맞이하였다.미래사회 Tele-Experience Life는 (재)기가코리아사업단이 열어가고 있다. <그림 2.2 참조>

<표 2.1> 스마트폰 기반의 전자정부서비스 유형

구 분	모바일 서비스 형태	내 용
내부 행정 업무	공통행정업무	메일, 메모보고 등 행정업무를 스마트폰 등 모바일 단말로 수행
	특화현장업무	현장단속, 시설물관리, 우편업무 등 특화된 현장업무를 스마트폰 등 모바일 단말로 수행
대국민 서비스	메시지 서비스	SMS/MMS를 통하여 대국민 정보제공 및 신고접수
	웹페이지 서비스	모바일 전자정부 웹페이지로 각종 정보 및 민원서비스 제공
	애플리케이션 서비스	웹페이지 접속없이 스마트폰 등 모바일 단말에서 원하는 응용프로그램을 제공받는 형태

출처 : [행안부]모바일 확산에 따른 전자정부(m-Gov) 정책방향

■ 진화하는 TV, TV로도 만나는 정부

일반 휴대폰이 스마트폰으로 진화하듯 TV도 스마트TV로 진화하고 있다. 인텔의 CEO인 폴 오텔리니(Paul Otellini)는 "앞으로 모든 가전이 인터넷에 연결되고 모든 컨텐츠가 TV로 들어올 것"이라고 예측했다.

TV는 향후 10년 이내에 영화, 게임 등 다양한 기능의 엔터테인먼트를 비롯하여 생활, 건강 정보뿐 아니라 공공서비스를

[그림 2.3] 융합관점에서의 TV 진화 과정

양방향으로 제공하는 가정 내 종합정보 단말기가 될 것으로 예측된다. 기업과 개인 주도로 발전하는 생태계가 조성되고 있다.

사례 : 미국의 스마트폰 서비스 제공 사례

'GoRequest'는 시민들이 제기하는 다양한 이슈를 미국 지방정부와 연결하는 위치기반의 아이폰 애플리케이션이다. 이 앱은 무료이며, 이슈 추적시스템에 의해 이슈들을 쉽게 직접 연결해주기 때문에 사용자들은 매우 손쉽게 사용할 수 있다.

아직 미국의 22개 도시에서만 사용할 수 있지만, 이 도시 거주자들은 언제 어디서나 불법 쓰레기 투기, 갑작스런 홍수 및 액체 유출, 낙서, 길에서 죽은 동물, 버려진 자전거, 경찰의 늦장 대응 등 다양한 문제들을 신고할 수 있다. 사용자는 단지 이런 상황을 기술하고, 사진(예를 들어 죽은 동물)만 찍어 전송하면 된다. 앱은 사용자의 위치를 자동으로 추적한다.

'현상수배(Most Wanted)' 역시 미국 연방조사국(FBI)이 사용하는 앱이다. 이에는 테러리스트나 실종 어린이 현상수배 등의 내용이 포함돼 있다. 만약 누군가 이에 관한 정보를 알고 있다면 FBI의 트위터, 유튜브, 페이스북 등으로 연결할 수 있다.

'뉴욕시의 길(NYC Way)'은 앱 개발자들이 정부의 공개 공공정보를 무엇인가 유용한 것으로 전환한 아주 훌륭한 예이다. 이에는 32개의 유용한 앱이 있는데, 뉴욕에서 지금 벌어지고 있는 거의 모든 것들을 알려준다. 예를 들면 교통상황, 화장실 위치, 이벤트, 밤 문화, 아파트 현황(시세 및 렌트 등), 레스토랑 평가, 세일 상황, 지하철 및 버스 노선, 호텔, 정부의 주안점, 심지어 노점상(Street Eat)에 대해서까지 알 수 있는 '스위스 군대 칼' 같은 서비스다.

....

스마트폰은 신체의 일부처럼 24시간 사용자와 함께 하면서 커뮤니케이션, 정보, 서비스의 새로운 혁명을 불러일으키고 있다. 스마트폰은 전자정부 서비스를 고도화하고 국민 참여를 확대함으로써, 국가적 단위의 다양한 과제와 현안을 해결해 나가는 사회적 도구로 진화해 갈 것이 분명하다. 따라서 전자정부 서비스 역시 이렇게 새로운 차원의 모바일 환경에 대처하는 것이 너무나 당연하다.

출처 : 김성태, 디지털타임즈

■ N스크린 서비스

N스크린은 TV, 스마트폰, 태블릿, PC 등 디바이스 위치에 관계없이 원하는 콘텐츠를 끊김없이 즐길 수 있도록 하는 서비스를 말한다. 동일한 콘텐츠를 제공하는 OSMU(One Source Multi Use)와 각각의 디바이스에 적합하게 가공된 콘텐츠를 제공하는 ASMD(Adaptive Source Multi Device)로 나눌 수 있다. 애플은 아이튠스와 에어플레이(AirPlay)를 이용한 애플기기 간 공유 서비스를 삼성전자는 DLNA를 이용한 기기 간 콘텐츠 전송 서비스를 제공하고 있다. 국내 여러 회사들도 '티빙(tving)', '웨이브(waave)' 등 모바일 디바이스용 컨텐츠 서비스를 제공하고 있다.

스마트 TV의 하드웨어 성능이 향상되고 서비스가 다양해질수록 스마트폰과 기능상 차이는 사라진다. 스크린의 크기만이 스마트 TV와 스마트폰의 거의 유일한 차이가 된다. 대형 스크린은 고품질 영상을 즐기기에 소형 스크린은 이동성 향상에 적절하다. 이용자들은 이용 상황과 조건에 따라 각각 다른 디바이스로 콘텐츠를 즐길 수 있다. 이처럼 TV, 스마트폰, 태블릿, PC, 휴대전화 등 다양한 디바이스를 통해 공통된 콘텐츠를 제공하는 것을 'N스크린 서비스'라고 한다. 이는 TV제조사와 통신사업자들이 HW, SW 개발과 서비스 제공에 열을 올리고 있다.

디바이스에 따라 별도로 가공된 콘텐츠를 제공하는 N스크린 서비스는 ASMD(Adaptive Source Multi Device)라고 한다. 최근에는 TV 시청 때 태블릿이나 스마트폰을 세컨드 스크린으로 이용하는 경우가 증가하면서 여기에 TV 프로그램의 부가 정보나 추가 기능을 제공하는 서비스가 등장하고 있다. 국내에서도 모바일 디바이스를 통해 오디션 프로그램의 시청자 투표, 드라마의 등장인물이나 스토리 정보 제공, 음악 쇼나 스포츠 중계의 멀티앵글 선택 등의 서비스가 시도되고 있다. 또 프로그램에서 노출된 상품의 구매나 SNS 서비스를 모바일 디바이스로 제공함으로써 TV 시청을 방해하지 않고 다양한 스마트 기능을 이용할 수 있도록 하고 있다.

출처 : [네이버 지식백과] N스크린 (스마트TV, 박성철, 이승엽)

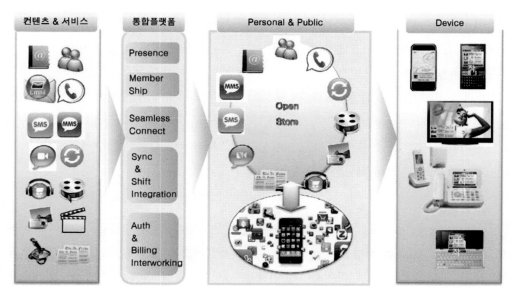

[그림 2.4] N-Screen 구성도

2.3 데이터센터 · 클라우드 컴퓨팅의 힘, 초고속 Digital 통신

클라우드 컴퓨터 센터는, 각종 자료를 인터넷상에서 서버에 데이터를 저장, 네트워크 활용, 콘텐츠 사용 등 IT 관련 서비스를 신속 정확하게 한 번에 사용 가능한 컴퓨팅 환경이다. 정보가 인터넷상의 서버에 저장되고, PC나 스마트폰 등의 IT 기기 등과 같은 클라이언트의 저장공간을 원격지 클라우드 컴퓨터 센터를 활용한다. 이는 구름(cloud)과 같이 무형의 형태로 존재하는 하드웨어 · 소프트웨어 등의 컴퓨팅 자원을 자신이 필요한 만큼 빌려 쓰고 이에 대한 사용 요금을 지급하는 방식의 컴퓨팅 서비스이다. 이는 필요한 관련 서비스를 한번에 안전하게 제공하는 혁신적인 클라우드 컴퓨팅은 '인터넷을 이용한 IT 자원의 주문형 아웃소싱 서비스'라고 지칭하기도 한다.

클라우드 컴퓨팅을 도입하면 기업 또는 개인은 컴퓨터 시스템을 유지 · 보수 · 관리하기 위하여 들어가는 비용과 서버의 구매 및 설치비용, 업데이트 비용, 소프트웨어 구매 비용 등 엄청난 비용과 시간 · 인력을 줄일 수 있고, 에너지 절감에도 기여할 수 있다. 또 PC에 자료를 보관할 경우 하드디스크 장애 등으로 인하여 자료가 손실될 수도 있지만 클라우드 컴퓨팅 환경에서는 외부 서버에 자료들이 저장되기 때문에 안전하게 자료를 보관할 수 있고, 저장 공간의 제약도 극복할 수 있으며, 언제 어디서든 자신이 작업한 문서 등을 열람 · 수정할 수 있다. 하지만 서버가 해킹당할 경우 개인정보가 유출될 수 있고, 서버장애가 발생하면 자료 이용이 불가능하다는 단점도 있지만 개인 저장 공간보다는 클라우드 컴퓨터센터 활용이 훨씬 안전하다고 볼 수 있다.

클라우드 컴퓨팅은, 클라우드 서버 ~ 단말기간, 단대단 Digital 통신, BYOD(Bring Your Own Device), 데이터센터의 가상화 서비스 이용이 용이하다. 구글 · 다음 · 네이버 등의 포털에서 구축한 클라우드 컴퓨팅 환경을 통하여 PC나 스마트폰 등 휴대용 IT기기로도 손쉽게 각종 서비스를 사용할 수 있다.

클라우드 컴퓨팅 이후의 컴퓨팅, 에지 컴퓨팅이 뜨고 있다. 중앙 집중 서버가 모든 데이터를 처리하는 클라우드 컴퓨팅과 다르게 분산된 소형 서버를 통해 실시간으로 처리하는 기술을 일컫는다. 사물인터넷 기기의 확산으로 데이터 양이 폭증하면서 이를 처리하기 위해 개발됐다. 방대한 데이터를 중앙 집중 서버가 아닌 분산된 소형 서버를 통해 실시간으로 처리하는 기술이다. '에지'는 가장자리라는 의미로, 중앙 서버가 모든 데이터를 처리하는 클라우드 컴퓨팅과 달리 네트워크 가장자리에서 데이터를 처리한다는 뜻이다. 사물인터넷(IoT) 기기가 본격적으로 보급되면서 데이터 양이 폭증했고, 이 때문에 클라우드 컴퓨팅이 한계에 부딪히게 됐는데, 이를 보완하기 위해 에지 컴퓨팅 기술이 개발됐다. 즉, 모든 데이터를 클라우드로 보내서 분석하는 대신, 중요한 데이터를 실시간으로 처리하기 위한 기술이다. 이 기술은 실시간으로 대응해야 하는 자율주행차, 스마트 팩토리, 가상현실 등 4차산업혁명을 구현하는데 핵심적인 역할을 한다.

자료활용 : [네이버 지식백과] 에지 컴퓨팅 (시사상식사전, pmg 지식엔진연구소)

클라우드 컴퓨팅은 사람, 프로세스, 데이터까지 모두 인터넷에 연결해 실시간으로 상호 소통하게 만드는 사물인터넷(Internet of Everything) 시장을 촉진하고 있다. 사물인터넷은 크게 5단계로 이루어지는데 가장 아래 단에는 '센서' 기술, 그 다음 단에는 '디바이스', 세 번째는 '네트워크', 네 번째는 '플랫폼', 마지막으로 '애플리케이션' 단이라 할 수 있다. 그리고, 시스코는 클라우드, 빅데이터, IPv6 등의 여러 가지 기술 요소들의 변화가 사물인터넷이 가능하게 할 것으로 예상해 만물인터넷 시대의 데이터 분석, 처리 및 활용을 극대화 할 인터클라우드, 포그 컴퓨팅 등 새로운 기술 전략들을 선보이고 있다.

시스코는 시스코 유니파이드 컴퓨팅 시스템(Unified Computing System, UCS)을 출시, 컴퓨팅과 네트워크 스토리지 액세스, 가상화 리소스를 단일화하는 시스템으로 구현했다.

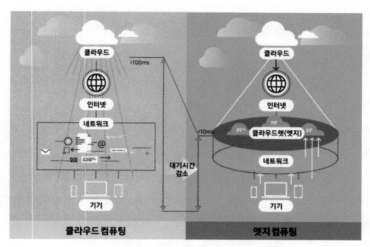

[그림 2.5] 클라우드 컴퓨팅과 에지 컴퓨팅 구조와 특징 비교

출처 : 삼성전자 뉴스룸

시스코는 x86 블레이드 서버(Blade Server : 한 박스 안에 서버와 네트워크를 축소시켜 통합하여 모듈화한 서버) 시장에 진출했다. 여기에 UCS 매니저와 싱글 커넥트 기술이 활용되고 있다. 시스코 UCS 매니저는 컴퓨팅, 네트워킹, 가상화, 스토리지 액세스 및 관리 소프트웨어를 하나로 통합 관리해주며, x86 서버 내의 모든 소프트웨어와 하드웨어 요소를 통합 관리하는 서버 자체에 이미 탑재된 기술이다. 싱글 커넥트 기술(Single Connect Technology)은 랙 마운트 서버, 블레이드 서버 및 가상 머신(Virtual Machine : 특정 컴퓨터 시스템을 다른 컴퓨터처럼 작동하도록 만드는 프로그램 기술이나 기계적 방법)에서 하나의 연결선으로 LAN(Local Area Network), SAN(Storage Area Network) 및 시스템 관리를 통합해 주는 기술이다.

출처 : Cisco, 인터브랜드, 박정선

[그림 2.6] 시스코 UCS B 시리즈 블레이드 서버

출처 : CISCO 코리아

■ 디지털통신과 진정한 디지털 모바일시대를 위한 과제는?

스마트 모바일 시대에는 디지털 통신과 협업시스템이 잘 갖추어져야 할 것이다. 영상회의 시스템, 고화질 비디오를 지원하는 웹, 컨퍼런싱 툴 개발 및 보급 (예 : WebEx), 기업용 통합 소셜 플랫폼 등장 등

스마트 시대를 맞아 TV 플랫폼도 디지털통신 기술발전에 힘입어 다양한 부가서비스와 N스크린 서비스 등이 가능하다. 'Cisco and its Service providers aim to reinvent the TV experience with ' Videoscape'. New Platform Combines Entertainment from Multiple Sources with Social Media, Communications and Mobility to Create an Immersive TV Experience'.

■ 실감형 컨텐츠 및 자율주행 촉매, 5G 이동통신 주파수 할당

GSA(Global mobile Suppliers Association)는 전 세계 14개 국가 5G 주파수 할당 완료했다. 한국은 3.5GHz(대역 280㎒폭) 주파수 할당하여 서비스를 진행 중에 있으며, 5G 특화망을 위한 밀리미터파 광대역주파수 28㎓대역(600㎒폭)을 할당하여 사용하고 있다. 5G 이동통신 서비스는 스마트폰, 통신장비는 물론, 스마트시티, 콘텐츠 활용 등 연관 분야에 경제적 가치는 2026년 이후에는 1,000조원을 넘을 것이라는 국내외 유력 전문기관의 전망이다.

　※ 오스트리아, 벨기에, 캐나다, 에스토니아, 프랑스, 독일, 그리스, 헝가리, 이스라엘, 룩셈부르크, 멕시코, 네덜란드, 뉴질랜드, 노르웨이, 폴란드, 루마니아, 스페인, 스웨덴, 대만 등에 대해서도 주파수 할당이 되었거나 진행 중에 있음.

■ 디지털 전환 클라우드 컴퓨팅센터와 5G 이동통신 이슈, Immersive Media (몰입형 미디어)

실감 미디어, 현실세계를 가장 근접하게 재현하고자 하는 차세대 미디어 서비스가 제공되고 있다. 현재 사용하는 미디어보다 월등히 나은 표현력과 선명함, 현실감을 제공하여 방송, 영화, 게임 등 엔터테인먼트 분야뿐만 아니라 컴퓨터 그래픽스, 디스플레이, 산업 응용 등 다양한 분야에서 활용이 가능하다.

세계 최대 모바일 전시회 `모바일 월드 콩그레스(MWC)에서, '5C'의 혁신 키워드를 제시했다.

① 24시간 네트워크로 연결된 기기와 소비자(Connected)
② 언제 어디서나 공유할 수 있는 콘텐츠(Cloud)
③ 노트북만큼 빨라진 쿼드코어폰(Core)
④ 글로벌 기업 간 합종연횡(Combine)
⑤ 중국 파워(China)

■ 스마트콘텐츠 신흥시장 개척지원 사업　　　　　　　　　　　　　　자료제공 : 한국모바일산업연합회

한국모바일산업협회는 미래 스마트콘텐츠 분야 중소개발사의 신흥시장 진출을 발 빠르게 지원하여 시장 선점을 통한 신 수익시장 개척 및 글로벌 경쟁력 강화를 위해 나아가고 있다.

　※ 스마트콘텐츠 신흥시장 : 스마트모바일 산업이 급부상하는 해외 시장으로 게임, VR, 융합 앱 등 신규 분야에서의 성공사례가 적거나 성장 가능성이 높은 개발도상 시장(국가)

상대적으로 저비용·고효율의 마케팅 효과가 기대되는 신흥 시장을 타
켓으로 글로벌 융합앱 육성을 위한 지속적인 비지니스 기회를 제공하고
있다. 복잡한 시장 구조와 해외기업의 배타적 정책으로 점점 진입 장벽이
높아지는 중국시장에 특화한 실질적인 진출지원 (보안, 앱마켓 등)이 필요하다.

01) 동남아 신흥시장 개척 지원사업

• 동남아 공동홍보관 지원 : 한국의 우수앱을 선발하여 스마트콘텐츠에 특화한 주요국 전문전시회 내 공동 홍
  보관을 마련하여 비지니스 매칭 및 현지화 점검을 지원하고 지속적인 동남아 파트너쉽 확대 추진

[그림 2.7] 해외진출 지원 생태계

02) 중화권 신흥시장 개척 지원사업

• 중화권 진출지원 : 중화권 지역을 대상으로 비지니스 매칭 지원 및 현지 협회 등 민간에서의 원활한 협력을
  통해 국내 우수기업의 중화권 진출역량 강화 및 향후 한·중 시장 환경변화에 따른 직·간접적 비즈니스 확
  장성 대응

03) 인도지역 신흥시장 개척 지원사업

• 인도지역 진출지원 : 인구 12억, 앱다운로드 세계 1위 (구글플레이)의 높은 시장성장성이 기대되고, 기업의 진
  출 수요가 높은 인도 시장을 '넥스트 차이나'로 설정 하여 장기적 진출 지원체계 마련을 위한 마중물 역할 추
  진 필요

04) 디지털콘텐츠 해외진출 정책포럼 운영

• 목적 : 모바일콘텐츠 산업의 협소한 내수시장과 경기침체의 장기화에 따른 타개책으로 해외진출 산,학,연,
  관의 협의체 운영을 통해 새로운 수익 시장을 창출함
• 주요활동 : 남아, 중화권, 인도 신흥시장 및 게임, 웹툰, 교육 콘텐츠 분야 등의 글로벌 환경변화에 따른 시의
  적절 한 진출방안 및 정책 제안
• 글로벌 시장 현황 파악, 트렌드 공유 및 방향성 도출, 현안 이슈 발굴, 논의 및 정부 정책 건의

05) 글로벌 비즈니스 정보 제공/ '모바일 인사이트' 제작·배포

- 목적 : 중소기업의 신흥시장 진출을 돕기 위한 모바일 콘텐츠 분야 정책, 동향, 주요 뉴스 등 유용한 정보를 수집, 취재하여 업계 공유
- 추진내용 : 모바일콘텐츠 분야 정책 및 행사 소식, 기술 및 해외시장 동향, 글로벌 플랫폼 정보, 글로벌 시장 진출기, 주요 뉴스 등 모바일 기업이 신승시장 진출 시 필요한 정보 제공 http://mobileinsight.info/

[그림 2.8] MOIBA
출처 : 한국모바일산업연합회

03_ 기업가정신의 핵심가치

기업가정신의 가장 핵심적인 가치는 바로 혁신성이며 기업가는 혁신가이다. 기업가정신의 중요개념으로 슘페터가 혁신성을 제기한 이후 여러 연구자들이 기업 환경 내에서 혁신의 중요성을 규명하고 있다. 혁신은 창업뿐만 아니라 기존 기업 조직구조에도 적용되며 창조적 변혁을 통하여 지속적으로 조직발전에 기여할 수 있다.

(1) 혁신성

혁신성은 기업성장과 전략적 위치를 강화하기 위한 중요한 수단으로 제품생산의 새로운 기술혁신과 새롭게 적극적으로 시도하는 경영관리 활동을 의미한다. 또한, 새로운 아이디어, 제품과 서비스 그리고 프로세스개발을 목표로 한 실험과 창조적 프로세스를 통해 새로운 것을 기꺼이 도입하는 기업의 성향을 말한다. 이처럼 혁신은 새로운 기회와 새로운 해결을 찾아내는 회사의 노력에서 많이 보이며, 기업가적 전략에 주요한 구성요소 중 하나이다. 제품시장 혁신은 시장조사, 제품설계와 혁신적 광고와 촉진활동을 통해 완성되며, 경영혁신은 경영시스템 및 통제기술, 조직설계를 새롭게 함으로써 완성되어진다. 혁신성은 새로운 기회와 새로운 해결책을 찾고자 하는 노력 즉, 대담하고 광범위한 행동으로 당면한 문제해결을 하고자 하는 기업의 요구로서 표현할 수 있다.

(2) 진취성

진취성은 기업 내 조직원들이 시장 내의 경쟁자에 대한 적극적인 경쟁의지를 보여 우월한 성과를 내기 위한 의욕을 보이거나 시장 내에서 지위를 바꾸기 위해 경쟁사들에 대해 직접적이고 강도 높은 수준으로 도전하는 자세이다. 진취성이 있는 기업은 다른 기업에 비해 공격적으로 경쟁을 하며 경쟁자와 비교하여 상대적으로 높은 진취적 활동은 기업가적 행동의 성공에 가장 중요한 요소이다. 진취성은 경쟁자들보다 한 발 앞서 시장변화에 참여하는 적극적인 행동이며 새로운 시장수요에 부응하는 활동으로 정의하고 있으며, 또한 시장에서 경쟁사

를 압도하기 위해 직접적이고 집중적으로 경쟁하는 기업의 성향으로 정의할 수도 있다.

(3) 위험 감수성

위험감수성은 기업이 새로운 사업성공의 확신이 없을지라도 과감하게 행동해서 기꺼이 새로운 사업기회를 포착하는 능력을 의미한다. 전략적인 경영의 필수요소로 보고 있으며, 위험한 프로젝트에 대하여 실행하고자 하는 창업가의 의욕으로 보고 있다. 성공에 대한 확신 없이 새로운 사업을 포함하고 검증되지 않은 기술에 투자 또는 시험을 거치치 않은 시장의 진입과 같은 사업 위험감수성이 뒤따른다.

(4) 자율성

자율성은 개인이나 팀이 아이디어와 비전을 제시하기 위해 독립적으로 수행하는 기업가적 감각으로, 조직의 관료주의를 탈피하고 새로운 아이디어를 요구하는 기업가적 독립성으로 자율성을 발휘해야 한다. 조직원들에게 자신들의 업무와 관련된 자유와 재량권을 부여하게 되면 조직원들은 자신들의 공헌을 가치 있게 인식하게 되므로 직무에 대한 자율성은 조직적 차원에 대한 긍정적 인식을 향상시키게 된다. 따라서, 자율성은 새로운 아이디어와 비전을 향하여 목표를 달성하고자 하는 개인이나 팀의 성과로 소속감과 주인의식을 갖도록 하는 원동력이 된다.

(5) 리더십

창업가는 자기 자신을 철저히 관리하고 절제를 통해 셀프 리더십(Self Leadership)뿐만 아니라 타인을 독려하고 꿈과 비전을 제시하고 동기부여를 줄 수 있는 변혁적 리더십을 갖고 있어야 한다.

(6) 책임감

창업을 행하거나 혁신을 실행할 때 자신의 책임감을 다하는 것은 기업가정신의 핵심요소이다. 사업결과에 대한 것은 물론 사업전반에 대한 문제를 주도적으로 해결해 나아가는 강한 책임감은 매우 중요한 덕목이다.

출처 : 단국대학교 정보융합기술창업대학원, '기업가정신과 창업' 저자 남정민 교수

중국뿐 아니라 미국 등 세계 각국도 창업경쟁에 나서고 있다. 미국에선 경영대학원(MBA)에 가는 대신 '창업학교'를 선택하는 사람이 늘고 있다. 노스캐롤라이나의 회사에서 간부로 일하던 챈스 그리핀은 지난달 초 사표를 내고 시카고에 있는 창업훈련학교인 '스타터 스쿨'에 등록했다. 그는 "MBA도 생각했지만 과연 그럴만한 가치가 있는지 의심이 든다"고 말했다.

스타터 스쿨이나 뉴욕의 '제너럴 어셈블리'같은 창업훈련 학교의 과정은 10주에 3900달러부터 9개월에 3만 3000달러까지 교육비용이 천차만별이다. 기업가·개발자 등 실무에 정통한 강사의 생생한 경험담으로 교과과정을 만들고, 창업에 필요한 맞춤형 교육을 제공한다. 월스트리트저널(WSJ)은 "창업훈련학교가 기간이 짧고, 저렴하다는 장점 때문에 MBA의 경쟁자로 부상하고 있다"고 전했다.

밥슨칼리지 등이 최근 조사한 '글로벌 기업가정신 모니터'(GEM)에 따르면 지난해 미국에서 창업한 사람 중

78%는 '돈 벌 기회가 있어 자발적으로 창업'을 결심했다. 미국 전체기업 가운데 창업기업이 차지하는 비중은 지난해 13%를 기록해 1999년 이후 14년 만에 최고치를 나타냈다. 낙관론도 커졌다. '사업 기회가 더 늘어날 것'이라고 답한 창업가는 2011년 조사의 두 배인 43%로 역대 최고치를 기록했다. 밥슨 칼리지의 도나캘리 교수는 "미국에 기업가정신이 돌아왔다"며 "2008년 금융위기 당시 생계형 창업이 늘었던 것과는 완전히 다른 현상"이라고 해석했다고 한다.

출처 : 중앙일보, 특별취재팀 심재우(영국 런던, 미국 팰로앨토) · 구희령 · 손해용(중국 베이징 · 상하이) 기자

04_SNS에서의 마케팅 비법

4.1 B2B 마케팅 비법

글램스톤 마케팅 비법에 의하면(2020. 2. 10, blog.naver.com/glamstone), 현대 인간이 일상생활에서 가장 많은 영향을 받는 부분이 ICT(Information and Communication Technology) 분야이고, 가장 규모가 큰 산업으로 ICT를 부인할 사람이 없을 것이다. 친구 없이는 살 수 있어도 ICT없이는 살 수 없는 세상으로 바뀌고 있는 것이다. 전 세계에 확산중인 신종 코로나로 인해 경제의 불확실성이 가중되고 있는 가운데, 국내외 굵직굵직한 전시회나

이벤트들이 취소되기도 하고, 사람들이 많이 모이는 장소는 기피하게 되면서, 대면영업이 필수적인 B2B 비즈니스 기업에서는 온라인을 통한 B2B 세일즈와 마케팅을 활성화하는 방법이 대두되고 있다.

글램스톤에서 제시하는 온라인을 통한 B2B 세일즈와 마케팅을 활성화하는 방법 5가지를 알아보도록 하자.

출처 : [2020년 B2B 마케팅 트렌드] 신종 코로나도 무섭지 않은 B2B 마케팅 비법 5가지! 작성자 글램스톤

- B2B 마케팅 비법 5가지

① B2B마케팅, 개인화 마케팅 속으로!

오늘날 소비자들은 브랜드로 부터 많은 것들을 기대하는 시대에 살고 있다. 이제 기업 구매자들도 아마존(Amazon)이나 넷플릭스(Netflix) 처럼 B2C 브랜드에게 받아왔던 동일한 수준의 개인화 서비스를 기대하기 시작하였다고 볼 수 있다. 이제, 마케팅 자료나 메시지 내용은 세분화된 타겟과 그들의 관심사, 비즈니스 상호작용에 맞게 더욱 세밀하게 조정되어야 할 것이다. 마케팅의 메시지와 빈도, 마케팅 도구(뉴스레터, 블로그, SNS 등)들이 개인화 될수록 그 결과는 더욱 극대화 될 것이라고 보고 있다.

② 인플루언서 마케팅, B2B에서도 먹힌다!

인플루언서 마케팅은 오랫동안 셀럽이나 전문가, 소셜 미디어 스타들이 소비자 구매행동에 큰 영향을 미쳐온 B2C 마케팅의 일종이다. 인플루언서 마케팅 전략이 B2B 마케팅에서도 점진적으로 증가할 것이라

는 전망하고 있다.

기업들은 특정 제품, 서비스 또는 공급업체를 선택할 때 기존 사용기업의 추천이나 성공사례, 연구기관의
조사자료 등에 기반해 평가를 해오고 있다. 앞으로는
소셜상에서 영향력을 보유한 신뢰할 만한 인물의 추
천이나 사용리뷰 등이 의사 결정에 큰 영향을 미치게
될 것이다.

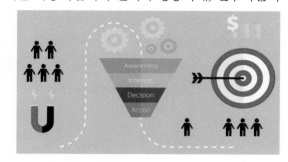

최신 트렌드는 제품이나 전문지식을 재미있고 유익하
게 녹여낸 동영상 콘텐츠를 통해 B2B 비즈니스에 활
용하는 형태로 진화하고 있다. 이러한 경향은 앞으로
더욱 증가할 것으로 보이며, 중소기업이나 스타트업에서도 쉽게 활용할 수 있는 강력한 전략이 될 것이다.

③ 복잡한 설명 No! 동영상 컨텐츠로 B2B 마케팅이 쉬워진다

비즈니스 마케팅은, B2B 마케팅에서 점점 더 대화형
비주얼과 비디오 콘텐츠가 대세를 이룰 전망이다.
HubSpot의 설문조사에 따르면, 기업의 81%가 비디오
콘텐츠를 사용하고 있으며, 기업의 의사결정자들의
74%가 다른 회사의 비디오를 본 후 구매를 결정한 적
이 있다고 응답했다. 웹사이트 및 소셜 미디어에서 사
용할 수 있는 짧은 형식의 비디오는 모든 규모의 B2B
기업에서 더 많이 사용되고 있다. 인포그래픽, 모션 그
래픽, 애니메이션과 같은 다양한 시각적 콘텐츠들은
복잡할 수 있는 제품이나 서비스를 이해하기 쉽게 전
달하는데 매우 유용하다.

[그림 2.9] 전자계약 이싸인온
출처 : esignon.net

④ B2B영업, 아직도 대면영업만 하시나요? 이제 링크드인으로 소셜영업 시작하세요!

이제 B2B 비즈니스에 있어서 소셜영업은 매우 중요하며 더욱 확대될 전망이다. 특히, 수많은 SNS 플랫폼
가운데 링크드인(LinkedIn)은 전 세계적으로 50억 명 이상의 회원을 보유하고 있으며, 그 중 4천만 명 이
상이 의사 결정자이며, 6천 6백만명 이상이 기업의 고위층 임원인 것으로 나타났다고 발표했다. 링크드인
을 비롯한 기타 플랫폼을 통해 가망고객이 될 수 있는 개인과 쉽게 연결될 수 있다는 점에서 비용대비 효
과적인 세일즈 방식이라고 할 수 있다. 무엇보다 소셜영업은 이미 구축된 소셜상의 신뢰할 수있는 관계를
통해 세일즈리드를 보다 친근하고 어렵지 않게 찾아낼 수 있는 장점이 있다. 링크드인은 페이스북이나 기
타 SNS플랫폼 대비 B2B에 가장 최적화된 툴로서, 기업홍보는 물론 B2B 세일즈 리드를 찾는데도 효과적
인 것으로 알려져 있다.

⑤ 내용만 충실하다면, 자세하고 긴 컨텐츠가 더 매력적이에요

블로그나 기사형태의 콘텐츠 마케팅은 오랫동안 B2B 영업이나 마케팅에서 효과적으로 사용되어 온 방법이다. 그동안 좋은 컨텐츠란 요점을 빠르게 파악할 수 있도록 짧게 작성된 것이 좋은 것으로만 알려졌다. 통상 온라인상에 게시된 콘텐츠의 85%는 1,000단어 미만으로 작성되어 있다고 한다. 그러나 1,000단어 이상이 수록된 블로그나 기사는 훨씬 더 많은 노출과 검색엔진최적화(SEO, Search Engine Optimization) 혜택을 볼 수 있는 것으로 밝혀졌다.

[그림 2.10] 대한민국 350명 마케팅전문가, 업종별 7500개 막강 레퍼런스
자료 : 글램스톤

온라인상에서 하루에도 수백개의 컨텐츠에 압도당하고 있는 독자들은 오히려 킬링 타임용 컨텐츠가 아니라, 무언가 의미 있고 유익하며 정성들여 작성된 질(Quality) 높은 글에 더 매력을 느끼게 되는 것 같다. 특히 가망고객이라면, 그 기업의 제품이나 전문 지식을 더 자세히 알고 싶은 생각에 기꺼이 긴 컨텐츠를 읽는데 시간을 투자한다는 것이다.

■ B2C와 블로그 마케팅 비법

콘텐츠 마케팅 아시아 포럼은 격변하는 디지털 환경에서 새로운 마케팅 패러다임으로 성장을 모색하는 글로벌 비즈니스 리더들을 위한 자리를 만들었다. 디지털 미디어라는 기술의 혁신 뒤로, 그동안 '소비자'로 명명하던 사람들의 모든 것이 바뀌었다. 그들과의 언어도, 거리도, 빈도도, 방식도 모두 달라지고 있다. CMAF 2019는 '소비자'가 아닌 '오디언스'로 이들을 해석하고, 성장의 핵심 열쇠가 되는 로열 오디언스를 구축하는 콘텐츠 마케팅 방법론을 공유하고자 포럼을 개최했다.

자료 발췌 : 'Content Marketing ASIA FORUM 2019', *B2C 콘텐츠 마케팅 사례 7가지*중에서, http://cmasiaforum.com

콘텐츠 마케팅 유니버시티(Content Marketing University)는 무엇인가?

콘텐츠 마케팅 유니버시티는 세계 최대의 콘텐츠 마케팅 컨설팅 그룹인 CMI(Content marketing Institute)에서 제공하는 콘텐츠 마케팅 교육 프로그램이다. 콘텐츠 마케팅을 통해 마케팅 업무와 비즈니스 전반을 더 효율적으로 변화시킬 수 있도록 돕는 마케팅 교육 프로그램이라 할수 있다.

"B2C 마케터 중 대다수는 콘텐츠 마케팅을 활용하고 있지만 성공적으로 해내는 마케터는 훨씬 적습니다. 콘텐츠 마케팅을 정말로 잘하고 있는 브랜드들은 어디일까요? 열성적이고 일관성 있으며 차별화된 콘텐츠 프로

그램을 진행한 7개의 리테일 브랜드들을 2020 콘텐츠 마케팅 아시아 포럼이 소개합니다."

자료발췌 : 'Content Marketing ASIA FORUM 2019', *B2C 콘텐츠 마케팅 사례 7가지*중에서, http://cmasiaforum.com

이를 통하여 일곱 개의 브랜드 사례가 주는 아이디어와 교훈을 얻고자 한다.

① MVMT

최초로 유통 단계 없이 소비자에게 직접 판매하는 D2C (direct-to-consumer) 모델을 적용한 시계회사가 MVMT 이다. MVMT는 인플루언서 파트너십, 멀티미디어 스토리텔링을 똑똑하게 활용하여 마치 글로벌 기업 같은 위엄 있는 느낌을 준다. 이 모든 것은 자신의 생각대로 삶을 살아가며, 활동적이며 진취적인 독자를 타깃으로 설정한 MVMT의 블로그를 통해 가능했다.

유명한 DJ이자 크리에이터인 모건 올리버 앨런(Morgan Oliver-Allen)도 MVMT 블로그와 협업한 인플루언서 중 한 명이다. 10만 명이 넘는 인스타그램 팔로워를 보유한 모건 올리버 앨런은 블로그의 '디스럽터 앤 드리머' 카테고리에 소개되어 있다. 이 콘텐츠는 기존의 스토리텔링 형식을 탈피하여 짧은 글(소개, 나를 움직이게 하는 것, 명언)과 강렬한 이미지로 메시지를 전달한다.

② 월마트 (Walmart)

연 매출 5천억 달러 이상, 세계에서 가장 높은 매출과 230만 명의 직원을 보유한 월마트도 콘텐츠 마케팅을 활발히 진행하고 있는 회사이다.

월마트가 진행한 주요 프로그램 중에는 '월마트 투데이'가 있다. 보다 전통적인 느낌의 디지털 편집 방식을 사용하는 이 블로그에서는 월마트의 광범위한 고객들이 관심을 가질만한 소식, 비즈니스 토픽을 다룬다.

또 많은 콘텐츠가 지역사회, 기부, 서비스, 봉사에 초점을 맞추고 있어 월마트가 세상을 좋게 바꾸고 있다는 메시지를 직간접적으로 전달한다. 월마트는 이 밖에도 온라인 발행 미디어 플랫폼인 미디엄(Medium)에서 '월마트 랩스(Walmart Labs)' 계정을 통해 콘텐

[그림 2.11] 월마트 투데이
출처 : walmart.com

츠를 발행하고 있다. 이 안에 포함된 테크 블로그에서는 월마트의 내부 팀원들이 어렵고 기술적인 주제들에 대한 인사이트를 공유한다.

③ 딕스 스포팅 굿즈(Dick's Sporting Goods)

'딕스 프로 팁스(Dick's Pro Tips)'의 블로그에서는 체크리스트, 가이드, 안내서, 툴 등을 제공하며 이를 통해 운동에 열성적인 고객에게 도움을 준다. 이 회사가 다양한 형태의 하이퀄리티 콘텐츠를 제공하는 목적은 고객이 운동에서 더 나은 결과를 낼 수 있도록 도와주는 것이다. 딕스 스포팅 굿즈의 블로그는 신선하고 깔끔하다. 또 사용자가 콘텐츠를 한 번에 모아볼 수 있도록 한다.

④ 에이치앤엠(H&M)

세계 최대 규모의 의류 브랜드 H&M도 오디언스 성장을 위해 온라인 매거진을 운영하고 있다. '패션, 뷰티, 문화를 파헤치는' H&M 매거진은 전 세계 소식과 영감을 주는 아이디어를 매일 업데이트한다. 이미지, 글, 비디오 포스트 등 다양한 형태의 콘텐츠를 적절히 조합해 전체적인 품질을 높이고 매끄러운 사용자 경험을 제공하여 '정말로 읽고 싶은 매거진'이라는 느낌을 준다.

H&M은 대형 리테일 브랜드이고 디지털 매거진 하나가 브랜드 성공을 결정짓는 유일한 요소는 아닐 것이다. 그러나 이 매거진에 덕분에 에너지 넘치는 오디언스를 계속해서 육성할 수 있었다.

⑤ 미세스 마이어스(Mrs. Meyer's)

미세스 마이어스의 콘텐츠 플랫폼은 무척 명확한 오디언스를 대상으로 하며 제공하는 콘텐츠 역시 단순히 자사가 판매하는 가정용 청소 세제가 얼마나 좋은지를 설명하는 것에 그치지 않는다. 미세스 마이어스의 콘텐츠는 독자들에게 직접 무언가 만들 것을 권유한다. 이를 위해 DIY 프로젝트, 청소 팁, 레시피를 공유한다.

최대한 많은 사람에게 제품을 판매하길 원하는 대다수의 브랜드와 달리 미세스 마이어스는 의도적으로 콘텐츠의 타깃을 좁혀 '직접 만들기를 좋아하는 사람'에게 집중했다. 예를 들어 로프램프 만드는 방법을 소개한 아래의 기사는 대중의 관심을 얻지는 못하겠지만 DIY를 좋아하는 사람에게는 좋은 아이디어 자료가 될 것이다.

⑥ 보디빌딩 닷컴(Bodybuilding.com)

다양한 피트니스 관련 포럼을 주최하는 보디빌딩닷컴은 스포츠 영양 및 건강 산업에서 권위 있는 정보 출처이다. 보디빌딩닷컴은 보디빌더들을 위한 보조제와 제품을 판매하는 회사지만 웹사이트에서는 트레이닝 방법과 운동 플랜, 영양, 건강, 라이프스타일까지 훨씬 더 풍부한 콘텐츠를 제공한다.

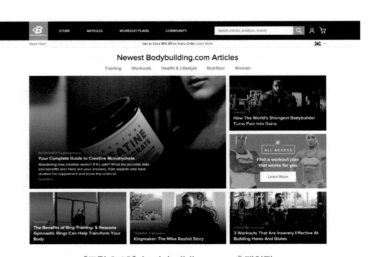

[그림 2.12] bodybuilding.com 홈페이지

이 사이트의 기반을 이루는 것은 판매하는 보조제도, 운동도, 레시피도 아닌 커뮤니티이다. 이 브랜드의 콘텐츠 전략과 비즈니스 전략은 한 끗 차이이다. 보디빌딩닷컴 커뮤니티에 가입하면 '건강 증진'이라는 공통의 관심사를 가진 사람들이 모인 곳에서 지식을 공유하고 배울 수 있다. 사용자 제작 콘텐츠인 '핏 보드', 회원 찾기 등의 여러 섹션과 포럼 또한 사람들을 연결하는 역할을 한다. 이를 통해 역동적인 콘텐츠 마케팅이 가능하다.

⑦ 로우스(Lowe's Home Improvement)

로우스는 63만 명이 넘는 유튜브 구독자를 보유하고 있다. 경쟁사들과 비교할 때 월등한 수이다. 경쟁사인 홈디포(Home Depot)의 유튜브 구독자 수는 19만 5천 명, 메너즈(Menards)는 6만 5천 명이며, 세계 최대 리테일 회사인 월마트조차도 유튜브 구독자가 34만 8천명이나 된다. 로우스는 비디오 마케팅에 많은 자원을 투입하고 주로 유튜브를 이용해 비디오를 배포한다. 유튜브 채널을 통해 구독자들을 웹사이트로 안내해 구매를 성사시키고 이를 통해 수입을 창출해내기도 한다.

로우스의 고품질 콘텐츠는 미국의 홈 디자인 및 데코레이션 채널인 HGTV의 프로그램들을 방불케 한다. 이들은 사용 방법을 알려주는 영상부터 기초 DIY, 시즌별 데코레이션 등의 영상 시리즈를 만들었는데 그 중에서도 가장 인기가 많은 "더 위크엔더(The Weekender)"는 시즌4까지 만들어졌다. 이 프로그램은 리얼 라이프 메이크오버 시리즈로 DIY 전문가인 모니카 맨긴이 인테리어 디자인에 애를 먹고 있는 가정에 방문해 문제가 되고 있는 공간을 변신시켜준다. 영상들은 대부분 15분에서 25분 분량이다. 로우스는 유튜브 채널 하나만으로는 다양한 오디언스의 관심과 니즈를 충족시켜주지 못할 것이라는 것을 알아차리고 틈새 오디언스들을 위해 채널 라인업도 만들었다.

- Lowe's Open House (로우스 오픈 하우스)
- Lowe's Product Guides (로우스 제품 가이드)
- LowesForPros (전문가를 위한 로우스)
- Iris by Lowe's (아이리스 바이 로우스)
- Lowe's Canada (로우스 캐나다)
- DIY Guy (DIY 가이)

지금까지 살펴본 브랜드를 비롯하여 성공적인 콘텐츠 마케팅을 진행하는 브랜드를 고찰해 보면 다음과 같다.

- 오디언스에게 자사 제품이 필요한 이유를 홍보하기보다는 오디언스가 알기 원하고 배우길 원하며 아이디어를 얻을 만한 콘텐츠를 제공
- 인플루언서, 팬, 전문가 등이 나오는 콘텐츠를 만들어 콘텐츠 도달 범위를 확장
- 지역사회를 돕고 그 안에서 연결된 모습을 보여주며 브랜드가 운영되는 스토리를 이야기
- 특정한 오디언스를 선정해 가치 있고 그들과 관련성과 높은 콘텐츠를 전달
- 글, 영상 등 다양한 유형의 콘텐츠를 제공해 오디언스가 콘텐츠를 선택

- 단순히 콘텐츠를 제공하는 것을 넘어 온라인 포럼, 사용자 제작 콘텐츠 등을 통해 커뮤니티를 제공

이 이외에도 다음과 같은 사이트에서 마케팅 활용 비법을 제시하고 있다.

- B2C 비즈니스 제품 온라인 마케팅 7원칙, '나의 책을 마케팅 하며 스스로 배우다' <슈퍼 업무력 ARTS 작가 김재성>
- https://blog.naver.com/msp3441

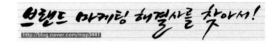

마이데이터 시대가 온다!

2020년도 8월 개인정보보호법, 신용정보법, 정보통신망법을 담은 '데이터3법'이 시행됐다. 금융위원회는 마이데이터 예비허가사업자로 금융사 21곳을 선정했다. 은행권 4곳(KB국민, NH농협, 신한, 우리은행), 여신전문금융사(KB국민, 신한, 우리, 현대, 비씨카드, 현대캐피탈), 핀테크 부문(네이버파이낸셜, 레이니스트(뱅크샐러드), 보맵, 핀다, 팀윙크, 한국금융솔루션, 한국신용데이터, NHN페이코)이 선정되었다. 농협상호금융, 웰컴저축은행, 미래에셋대우도 출사표를 던졌고, 상호금융 중에서 농협이 첫째로 허가를 받았다.

마이데이터 사업 분야는 금융, 의료, 유통 등으로 확대되고 있다. 정부는 기업과 개인이 다양한 목적에 맞춰 개인정보를 활용할 수 있도록 공공 데이터를 오픈 API 형태로 제공한다. 금융위원회는 마이데이터 사업자에 대해 개인정보 수집 방식을 오픈 API로 결정하고 스크린 스크래핑에 제한을 하였다.

마이데이터 주요 허가요인 6가지
① 최소자본금 5억 원 이상
② 해킹방지, 망 분리수행 등을 위한 충분한 보안설비
③ 서비스 경쟁력 및 혁신성, 소비자 보호체계 마련
④ 충분한 출자능력
⑤ 신청인의 임원적격성(벌금, 제재여부)
⑥ 데이터 처리경험

비금융사도 금융사를 포함한 가히 고객에 대한 모든 정보를 고객의 동의하에 조회/수집/활용 등이 가능하기에 21년도는 마이데이터가 핫이슈가 될 것임에 틀림없다. 대출금리와 한도 등을 제공하는 금융상품은 물론이고, 투자성향 분석을 통한 투자 및 부동산 매물 추천 등 다양한 서비스가 제공될 예정이다. 마이데이터 콘텐츠의 다양성과 용이한 접근성을 누가 먼저 갖출 지가 관건인 셈이다.

마이데이터 플랫폼은 HTTP 기반의 오픈 API 형태로 서비스를 제공하기 때문에 보안 취약점에 대한 대비가 필요하다. 또 개인정보 제공과 요청, 포털 화면, 관리 기능, 과금 정책, 제3자 인증, 라우팅, 코드 생성 기능을 비롯해 원활한 데이터 수집·분석 및 시각화 수행을 위한 빅데이터 플랫폼 연동도 고려해야 한다. 이를 위해 대내

외 기업 연계, 오픈 API 운영·관리 모두를 아우를 수 있는 올인원(All-In-One) 플랫폼이 필요하다.

이미 시작된 마이데이터 시대에 각광받고 있는 분산신원증명 'DID(Decentralized Identify)'는 무엇이며, DID 시장동향에 대해 알아보자. 기존의 신원확인 방식과 달리 개인의 기기에 신원 정보를 분산시켜 관리하는 전자 신분증 시스템이라 할 수 있다. DID는 블록체인 기술에 기반하고 있으며 지갑에서 주민등록증을 꺼내듯 필요한 상황에만 블록체인 지갑에서 DID를 제출해 신원을 증명할 수 있다. 마이데이터는 은행 계좌와 신용카드 이용내역 등 금융데이터의 주인을 금융회사가 아닌 개인이 통제하는 시스템이다. 마이데이터 시대에 본인임을 입증해주기 위해 DID 시스템이 필요하다.

DID는 신원확인 과정에서 개개인이 자기 정보에 완전한 통제권을 행사하는 것이 특징이다.

개인 스마트폰, 테블릿 등 개인 스마트 기기에 분산시켜서 관리할 수 있다. 위·변조가 불가능한 블록체인 상에는 해당 정보의 진위 여부만 기록하며 정보를 매개하는 중개자 없이 본인 스스로 신분을 증명할 수 있다.

05_SNS에서의 상생협력과 기업가정신

5.1 디지털 콘텐츠 상생협력

한국모바일산업연합회(MOIBA)는 스마트콘텐츠 신흥시장 개척 및 글로벌 경쟁력 강화를 비롯하여, 인프라 구축 및 유망기업 육성 프로그램을 통한 스마트콘텐츠 산업 경쟁력강화 지원을 하고 있다.

또한, 중소 디지털콘텐츠 사업자 보호 및 공정한 거래환경 조성에 애쓰고 있다. 스마트폰 중독 예방 및 사이버 언어폭력으로부터 청소년 보호를 비롯하여, 앱마켓 모바일 콘텐츠 이용자 피해 예방과 건전한 시장 환경 조성 및 이용자 권익 보호에 앞장서고 있다.

과기정통부는 가상융합기술의 확산을 촉진하고 산업 전반의 비대면·디지털화에 대응하기 위한 '가상융합경제 발전 전략'을 발표한 바 있다.

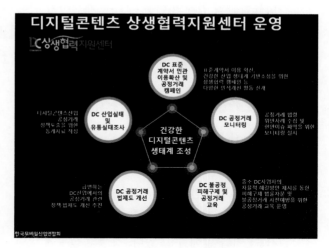

[그림 2.13] 디지털 콘텐츠 상생협력지원센터 역할
출처 : 한국모바일산업연합회(MOIBA), 2021

2021년 초에 가상융합경제의 공공·산업 중심의 선도형 가상융합산업 생태계 조성, XR 연합체 구축 및 활용, 대국민 XR 저변 확산 등을 핵심 추진방향으로 설정하고, 이를 위해 ▲가상융합기술 활용 확산 ▲디지털콘텐츠 인프라 강화 ▲핵심기술 확보(R&D) ▲전문 인력양성 ▲제도·규제 정비 등 총 2,024억원을 투입해 5대 기능을 중심으로 지원할 계획을 발표했다.

- XR 플래그십 프로젝트 200억 원, 국민체감형 XR 서비스 개발보급 250억원, 총 450억 원 투입
- 디지털콘텐츠코리아펀드 확대(정부투자 280억 원, 총 400억 원)
- VR·AR 디바이스 기술개발(115억원), 홀로그램 기술개발(226억원)
- XR 소재·부품·장비 개발지원 센터 신규 구축·XR지역 센터 지원 강화.
  부산에 구축한 한-아세안 ICT 융합 빌리지를 지역 가상융합 전문기업의 해외시장 진출과 교류의 접점으로 활용하고, 전국 14곳에 구축되어 있는 XR 지역 센터에 총 96억원을 지원한다.
- 비대면·몰입형 실감콘텐츠 핵심기술 개발 및 상용화 지원
  가상융합기술 생태계 조성을 위해 VR·AR 디바이스(115억 원), 홀로그램(226억 원) 등 핵심기술 개발에 올해 총 535억 원을 투입한다. 특히, 일상과 산업의 디지털 전환이 가속화됨에 따라 R&D 사업구조 개편을 통해 비대면·몰입형 실감콘텐츠 핵심기술 개발 및 상용화 지원에 165억원을 지원한다.
- XR 랩 확대 운영(10개, 35억원), 청년 대상 XR 미래인재 육성 프로젝트 신규 추진.
  가상융합경제 시대에 필수적인 전문 인력의 확보를 위해 'XR 랩'을 확대하여 서비스 개발과 사업화를 연계하는 석·박사급 인재를 적극 양성(200명)하고, 청년 대상 챌린지 방식의 미래인재 육성(500명), 재직자 대상 현장수요 기반 프로젝트형 실무교육(600명) 등 가상융합 인력양성에 총 107억 원을 투입할 계획이다.
- 디지털콘텐츠 기업들이 콘텐츠 개발과 사업 과정에서 보호받을 수 있도록 적극 지원
  가상융합산업 업계의 현장 애로를 개선하기 위해 'VR·AR 선제적 규제혁신 로드맵'의 이행을 관계부처와의 협력을 통해 추진하며, 디지털콘텐츠 상생협력센터를 중심으로 디지털콘텐츠 기업들이 콘텐츠 개발과 사업 과정에서 보호받을 수 있도록 적극 지원을 추진하게 된다.

5.2 인터넷에서의 기업가정신

인터넷이 인류 앞에 그 모습을 본격적으로 드러내기 시작하던 시기는 1990년대 중반이었다. 당시 세계 각국은 인터넷 도메인 루트를 선점하기 위한 치열한 경쟁에 돌입했다. 여기에 넷피아 이판정대표 '인터넷 난중일기'가 이를 말해 주고 있다. 경쟁의 선두에 섰던 미국은 정부까지 나서 총력 지원을 펼친 결과 인터넷 영문 도메인을 확보하는데 성공했다. 오늘날의 일반적인 도메인 URL이 이를 말해 주고 있다.

 도전, 그 멈출 수 없는 소명

하지만 영어 이외의 다른 언어로도 인터넷에 접근할 수 있는 여지는 아직도 많이 남았다. 문제는 다국어로 인터넷 루트에 다가갈 수 있는 표준을 누가 어떻게 만들 것인가가 관건이었다.

이는 인터넷 주소창에 www.president.go.kr 대신 한글로 '청와대'라고 치면 바로 청와대 홈페이지로 연결되

[그림 2.14] 영문 인터넷 도메인

출처:모닝선데이, MorningSunday.com

[그림 2.15] 2424-2424 : 택배, 이사. 물류, 지불PG, 050 활용 전문기업

는 매우 편리한 방식이었다. 넷피아의 한글 인터넷 주소 서비스는 영어권 이외의 국가로부터 폭발적인 호응을 이끌어 냈으며 넷피아는 당시 95개국에 '자국어 인터넷 주소' 체계와 기술을 수출하는 성과를 올렸다.

하지만 이후 견제와 공격이 시작됐다. 한 뼘도 안 되는 인터넷 주소창의 표준을 빼앗기 위해 브라우저 보급사인 다국적 기업과 국내 통신사, 대형 포털 등이 뛰어들었다. 그들은 인터넷 이용자가 주소창에 한글 키워드를 치면 자사의 검색 페이지로 해당 키워드를 빼돌리는 방법을 이용했다.

인터넷 주소창은 무법천지였다. 대한민국의 이름 없는 한 벤처기업이 개발한 자국어 인터넷 주소 체계는 이렇게 시련에 부딪쳤다.

이즈음 한국의 한 벤처 기업가의 머릿속에 '한글로 인터넷 루트에 접속할 수 없을까'라는 세기적인 질문이 떠올랐다. 이 순간이 바로 세계 인터넷 역사에 커다란 족적을 남긴 '한글 인터넷 주소'의 탄생이었다. 이분이 바로 ㈜넷피아의 설립자인 이판정 대표였다.

그는 당시 영문 도메인 루트에 대응하는 또 다른 인터넷 루트 체계로 '한글 인터넷 주소' 체계를 창안해 개발하는데 성공했다. 이어 전세계 95개의 언어를 대상으로 '자국어 인터넷 주소' 체계로 발전시켜 나갔다.

O2O 비즈니스 플랫폼과 물류 플랫폼

2424-2424 전국 물류통합 Platform 회사에서는, 단일 번호를 이용, 전국 물류(택배, 퀵서비스, 배달 등)를 공유 통폐합하는 서비스를 제공하고 있다. 특히, ① 이사(청소), ② 물류, ③ 결제, ④ 콜센터를 운영하고 있다. 이 플랫폼이 이사업계에서 O2O 비즈니스 플랫폼 신개척지라 할 수 있다.

국내 포장이사가 1.5조 시장으로 소비자 트렌드가 변화하고 있다. 최근 이사서비스는 '완전포장이사'가 대세가 되고 있다. 과거에는 주로 짐을 직접 정리하여 배치하고, 업체에서는 단순히 운반만 해주는 일반이사 서비스를 이용하였다. 그러나 가정 내 가전제품 및 물건이 많아지고 이사서비스의 보관 및 운반서비스가 향상되면서, 소비자들은 이사 전반을 전적으로 이사업체에 맡기는 완전포장이사를 선호하게 된 것이다.

2015년 LG경제연구원에서 발표된 보고서에 따르면 수요자 및 공급자가 많을수록 영향력이 커지는 O2O 비즈니스 플랫폼 속성상 B2C 서비스 중에서도 각 사업 규모는 작지만 동종 사업자가 많아 전체 시장 규모가 큰 다른 산업군에도 충분히 발전할 것으로 예상된다.

오프라인 소규모 사업자들은 규모의 경제가 형성되지 않은 O2O 플랫폼을 구축하기에는 무리가 따른다. 하지만 이런 사업자들이 수요를 묶어 공용 플랫폼으로 제공하는 O2O 비즈니스 플랫폼을 사용할 경우 규모의 경제가 가능하다. 몇몇 대형 업체를 제외한 업체 대부분이 영세하기 때문에 O2O 플랫폼이 도입되면 지금까지 고민해오던 인력 수급 문제 및 마케팅 비용을 한꺼번에 해결할 수 있을 것으로 보인다. 이사 산업은 과거 일반 이사에서 현재 포장이사로 발전해왔고 앞으로 O2O 서비스로 진화를 거듭할 것으로 보인다.

글로벌 IT업체들이 블루오션으로 평가하는 배달 시장에서의 글로벌 경쟁력이 증대되고 있다. 배달산업은 국내뿐만 아니라 해외에서도 치열한 경쟁과 함께 크게 확장 중인 메가 트렌드로, 세계적으로 1인 가구의 증가 및 빠른 발전을 이룬 간편 결제시스템의 기술적 편리성이 이러한 트렌드의 배경이라고 할 수 있다.

이에 따라 글로벌 IT업체들이 배달 산업을 블루오션으로 평가하며 잇따라 시장에 진입하려는 상황임. 스위스 투자은행 UBS는 '이제 부엌은 사라졌나?(Is the Kitchen Dead?)'라는 제목의 리포트에서 2018년 글로벌 음식 배달 시장규모가 매출액 기준 약 350억달러(39조2000억원)에 달하며, 연 20%씩 성장해 2030년에는 3650억달러 (401조5000억) 규모가 될 것으로 전망된다.

라스트 마일을 중심으로 다양한 사업영역에의 확대가 예상된다. 글로벌 메가 트렌드로 자리 잡은 배달산업은 인구가 밀집되고 스마트폰이 보급된 곳이라면 어디든 비슷한 모습으로 대규모 시장이 열릴 수 있으며, 모빌리티와 연계된 커머스로의 발전이 가능함. 특히 신선식품 배송이나 당일배송 등의 단거리 물류 부분에서 기존의 전자상거래가 접근성이 떨어져 배달 오토바이 등으로 각 가정까지 이어지는 이른바 '라스트 마일'을 확보할 수 있는 배달 사업자들에게 유리하다.

LBS(위치기반) 서비스를 통한 AI(인공지능)종합 콜센터를 구축, 운영한다. 코로나로 인한 언택 마켓의 성장으로 비대면 콜센터 업무의 비중이 폭증하였고 콜센터 통합관리 체계의 중요성 대두되고 있는 상황으로 2424-2424번호는 전국민 누구든지 쉽게 홍보되고 기억되는 강점으로 광고 및 홍보 마케팅에 주력하면 단기간에 대한민국 이사짐센터의 대표브랜드로 자리매김 할 수 있는 경쟁력을 갖추고 있다.

[그림 2.16] 2424-2424 서비스 협력기업

[그림 2.17] 2424-2424 주력서비스

배민·DH·바로고·배달 플랫폼 기업, 코로나로 1년간 몸값 3배로 되었다. (자료 : 매경이코노미 노승욱 기자, 2021. 02.23) 코로나19 사태 이후 1년여간 음식배달 시장이 급성장하면서 배달앱, 배달대행 업체 등 관련 기업 가치가 3배 가까이 치솟은 것으로 나타났다. 근거리 물류 IT 플랫폼을 운영하는 스타트업 바로고는 최근 11번 가와 250억원의 투자합의서를 체결하며 3000억원대 중후반의 기업가치를 인정받았다. 코로나19 사태 이전인 2019년 6월 시리즈B 투자 당시 1000억원대로 평가됐던 기업가치와 비교해 3배 이상 상승한 수준이다. 코로나 19 사태로 지난해 비대면소비가 증가하며 실적이 급성장한 덕분이다. 연간 거래액(배달한 상품 가격의 총합)은 2019년 1조960억원에서 지난해 2조9165억원 으로 1년 만에 3배 가까이 급증했다.

배달앱 업체들도 몸값이 급등했다. 요기요를 운영하는 딜리버리 히어로의 독일 본사 주가는 2019년 연중 50 유로 안팎에 그쳤지만 올 초 150유로 가까이 상승했다. 딜리버리 히어로가 인수를 추진 중인 배달의 민족도 덩 달아 몸값이 2~3배 상승, 기업가치가 10조~15조원에 달할 것이다. 2019년 12월 약 5조원에 배민을 인수하기로 한 딜리버리 히어로가 공정위 승인을 받으면 1년 만에 최대 10조원의 시세차익을 누릴 수 있게 되는 셈이다.

단, 최근 쿠팡이츠가 무서운 속도로 점유율을 늘리고 있어 배민과 요기요에 상당한 위협 요인이 되고 있는 것으로 평가된다. 업계에 따르면 쿠팡이츠 배달앱 점유율은 전국 기준 약 20%, 서울 기준 약 50%에 근접한 것으로 알려진다.

업계 관계자는 "쿠팡이츠는 '쿠리어'라는 라이더 인력을 자체 운용한다. 배달앱과 배달 대행 업체가 합쳐진 모델이다. 타사와 제휴하기보다는 음식배달 생태계를 독차지하는 모델이어서 관련 업계 위기의식이 상당하다고 알려져 있다.

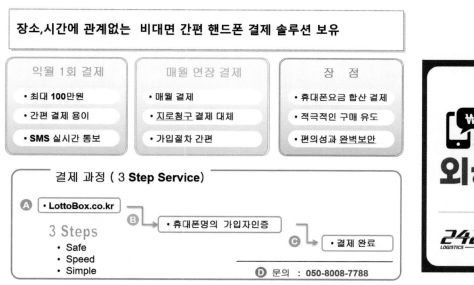

[그림 2.18] 2424-2424 결제 서비스

5.3 강소기업의 컨설팅 방안과 가치관경영 및 진단

경영진단은 인사, 노무, 마케팅, 재무, 기술력, 동업계 현황 분석, 유통구조 등 전반적인 (comprehensive) 내용을 바탕으로 처방과 설계를 하는 것이 효과적이다.

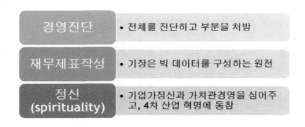

경영진단	• 전체를 진단하고 부문을 처방
재무제표작성	• 기장은 빅 데이터를 구성하는 원천
정신 (spirituality)	• 기업가정신과 가치관경영을 심어주고, 4차 산업 혁명에 동참

■ 소상공인 기업가정신과 가치관경영

• 소상공인, 농업 역시 사업이다. 새로운 부가가치를 창출하기 위해서 기업가정신을 강조한다.

• 변화를 받아드리고 혁신을 통해 창조해가는 자세를 견지해야 향후 10년을 이겨낼 수 있다.

• 소상공인, 농업인의 가치관은 소중하다. 인간의 가장 기본적인 먹거리를 다루기 때문이다.

• 가치관을 어떻게 갖느냐에 따라 개인의 인격과 농업의 생산성 향상은 물론 이웃과 함께하는 공동체의식 등에 막대한 영향을 미친다.

• 개인의 가치관은 사회에 영향을 미치고 사회는 다시 개인에게 영향을 주면서 상호 발전한다.

• 가치관경영은 또 다른 경영기법으로 작용하여 농업의 발전에도 영향을 미친다. 즉 새로운 경영 기법이나 수단이 될 수 있다.

> 가치란 인간의 욕구를 만족시키는 목적물이나 성질이고, 내가 추구하고 바라는 것이며, 이는 결국 가치와 욕구는 같은 개념으로 해석된다.

■ 가치관의 시대별 변천

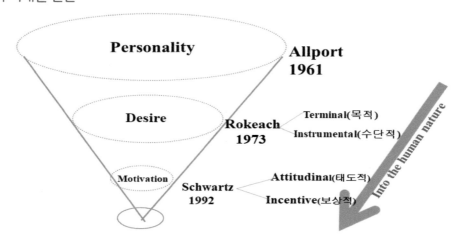

■ 적극적인 SNS 마케팅 활용

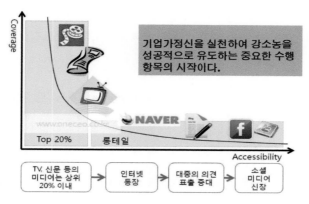

기업가정신을 실천하여 강소농을 성공적으로 유도하는 중요한 수행 항목의 시작이다.

[그림 2.19] 롱테일로 본 소셜 미디어

가치관의 문헌연구는 올포트의 6가지 가치관 차원에서 시작되어 로키츠를 거쳐 슈왈츠교수의 연구에서 완성되었다.

Allport(1961)의 가치관- spranger(1928)의 가치관의 측정을 통해 정리하면 아래와 같다. 출처 : 이치우 박사

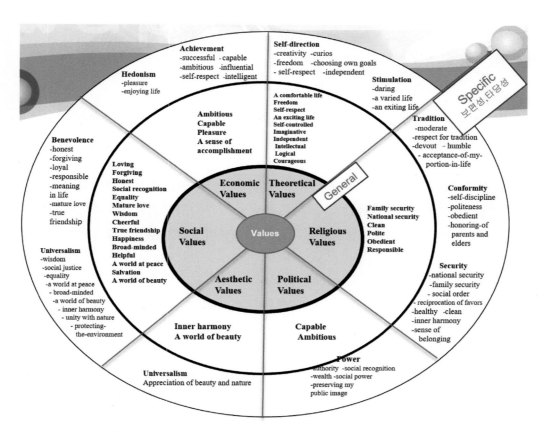

[그림 2.20] 가치관의 통합적 고찰

자료제공 : 최고경영자의 가치관이 기업성과에 미치는 영향에 관한연구, 이치우 박사학위 논문, 지도교수 김흥규

① 이론적 가치관

이론적 가치관 개인의 주요 관심은 지적인 수단에 의해 진리(truth)를 탐구하려는 활동에 있다. 즉 지식을 정리하고 체계화하는데 있다. (선별된 변수 : 자유, 용기, 독립, 창조, 도전)

② 경제적 가치관

경제적 가치관 개인의 주요 관심은 무엇이 유용(useful)한 것인가에 관심을 갖고 있다. (선별된 변수 : 성공, 영향력, 즐거움, 자기존중, 욕구만족)

③ 심미적 가치관

심미적 가치관 개인의 주요 관심은 형태(form)와 조화(harmony)에 가장 높은 가치를 부여한다. (선별된 변수:조화, 균형, 미적추구)

④ 사회적 가치관

사회적 가치관 개인의 주요 관심은 인간에 대한 사랑(love)을 최고의 가치에 두고 사랑은 이타적이고 박애주의적인 것을 추구한다. (선별된 변수 : 사랑, 정직, 지혜, 사회적인지, 평등)

⑤ 정치적 가치관

정치적 가치관 개인의 주요 관심은 주로 파워(power)에 있다. 개인적 또는 집단적 파워 형성을 추구한다. (선별된 변수 : 능력, 권위, 부와 돈, 체면, 야망)

⑥ 종교적 가치관

종교적 가치관 개인의 주요관심은 통합(unity)에 높은 가치를 두고 있으며 전 세계를 하나로 보는 우주관을 이해하고 경험하는 것을 추구한다. (선별된 변수 : 겸손, 전통존중, 안전, 복종, 책임감)

가치관경영은 기업에 용기와 긍지를 심어주고 능력과 창조를 통해 이윤을 창출 하며 기업의 이해 관계자와 지역사회를 위한 봉사활동에 사랑을 실천 하고, 조화롭고 균형 있는 기업 발전을 도모하며, 늘 겸손하고 지속적으로 성장할 수 있게 하는 기업의 정신이고 기업 문화를 통한 자율적인 경영 의사 결정의 근본이 된다.

참고문헌

- 양재수, 권희춘, 조경래, 매일경제신문사, "스마트 모바일이 미래를 바꾼다" 저서 중에서
- 윤종록, "호모디지쿠스로 진화하라", 생각의나무, 2007
- 양재수, "여보세요 인터넷", 한국통신출판부, 1995.8
- 양재수, "내가 본 한국의 인터넷", 보도자료 중심, 한국통신출판부, 1997
- 한국모바일산업연합회(MOIBA), 경영전략보고서, 2021
- 경기테크노파크, 비전 보고서 중에서, https://www.gtp.or.kr
- 'Slideshare', Rapid UX 교육 '위메프', 'Rightbrain UX1 Consulting group'
- "미래사회 Tele-Experience Life는.." (재)기가코리아사업단
- 김성태, 미국의 스마트폰 서비스 제공 사례, 디지털타임즈
- 삼성전자 뉴스룸, "클라우드 컴퓨팅과 에지 컴퓨팅 구조와 특징 비교"
- "시스코 UCS B 시리즈 블레이드 서버", CISCO 코리아
- 남정민, 단국대학교 정보융합기술창업대학원, '기업가정신과 창업'

1. 소셜 미디어의 정의, 기능과 역할에 대해 기술하시오.

2. 디지털시대의 신인류 노매드와 호모디지쿠스에 대해 논하시오.

3. E-Commerce란 무엇이며, e-커머스의 스트락쳐와 이의 주요 요소들에 대해 개념을 설명하시오.

4. 인터넷과 ICT 기술의 발전에 따라 N스크린 서비스가 활성화되고 있는데, 이의 개념과 특징을 구성도와 함께 기술하시오.

5. 클라우드 컴퓨팅, 엣지 컴퓨팅에 대해 구분하여 개념과 특징을 설명하시오.

6. 실감형 컨텐츠와 Immersive Media (몰입형 미디어)에 대해 개념과 특징을 설명하고, 이를 실현하기 위한 요소 기술들을 설명하시오.

7. 기업가정신의 핵심가치가 무엇인지 구분하여 각각 설명하시오.

8. SNS에서의 마케팅 비법에 대해 처계적으로 설명하고, 하나의 사례를 들어서 설명하시오.

9. '데이터3법'이란 무엇이며, 마이데이터 시대에 대해 체계적으로 기술하시오.

10. 디지털 콘텐츠란 무엇이며, 이의 범주에 헤당하는 분야와 각 분야에 소요되는 요소기술들을 체계적으로 설명하시오.

11. O2O 비즈니스 플랫폼과 물류 플랫폼에 대해 설명하시오.

12. 기업 가치관경영이란 무엇이며 가치관이 기업 성과에 미치는 영향을 설명하시오.

CHAPTER 3
컴퓨터 네트워킹과 기업가정신

- 컴퓨터 네트워크 : 컴퓨터 네트워크(computer network)란 컴퓨터들 간에 정보 또는 데이터를 전달하기 위해 컴퓨터들을 서로 연결한 것. WAN의 시스템 구성은 주로 LAN이 몇 개 모여 그들이 고속 전송 가능한 기간 회선으로 호스트 컴퓨터에 접속되는 형태가 취해진다. LAN과 WAN 사이에 위치하는 중간 정도 크기의 네트워크는 특히 MAN(metropolitan area network)이라고 부름.

- 프로토콜(Protocol) : 통신 시스템이 데이터를 교환하기 위해 사용하는 통신 규칙. OSI 7계층 모델에서는 각 계층에서 수행되는 프로토콜이 서로 독립적이라고 간주한다. 따라서 계층 1에는 계층 1끼리 통신할 수 있는 프로토콜이 존재하고, 각 계층 간에는 peer-to-peer 통신을 수행.

- 해킹(hacking) : 컴퓨터 네트워크의 취약한 보안망에 불법적으로 접근하거나 정보 시스템에 유해한 영향을 끼치는 행위. 정보를 빼내서 이익을 취하거나 파일을 없애버리거나 전산망을 마비시키는 악의적 행위에 의한 이런 파괴적 행위를 하는 자들은 크래커(cracker)라고 하여 해커와 구별하기도 함.

01__컴퓨터 네트워크와 인터넷의 이해

컴퓨터 네트워크(computer network)란 컴퓨터들 간에 정보 또는 데이터를 전달하기 위해 컴퓨터들을 서로 연결한 것을 말하면서 동시에 그러한 연결에 대해 연구하는 분야를 일컫는 용어이다. 여러 곳의 PC들을 서로 연결하여 통신할 수 있는데 이렇게 제한된 지역의 컴퓨터들을 서로 연결하여 통신이 가능하도록 구성한 통신망을 LAN(Local Area Network) 또는 구내정보통신망이라고 한다. LAN의 특징은 하나의 동일한 관리주체에 의해서 관리되는 네트워크라는 것이다. 기술적으로는 두 네트워크가 라우터(router)라는 장치로 연결되어 있는 경우 두 네트워크는 서로 별개의 LAN이 된다. 그런데 통상적으로는 두 LAN을 관리하는 주체가 같고 두 네트워크의 연결에 개입된 설비 및 선로들도 같은 관리주체에 의해 관리되는 경우 일반적으로 이들을 하나의 LAN이라고 지칭하기도 한다.

WAN(Wide Area Network)은 LAN에 대해 상대적인 개념의 의미로 광역통신망이라고도 한다. LAN으로 연결하기에는 서로 너무 멀리 떨어진 지점 간을 연결하거나 관리주체가 다른 LAN들을 연결하는데 이용된다. WAN은 지리적으로 사적 소유권이 미칠 수 없는 영역을 점유해야 하는 문제가 있으므로 주로 통신망사업자가 서비스를 제공하게 된다.

컴퓨터 네트워크에서는 데이터를 패킷(packet)이라는 단위로 묶어서 보낸다. 패킷은 보통 헤더(header)와 페이로드(payload)로 이루어져 있다. 헤더에는 송신자 및 수신자의 주소, 에러 검출을 위한 정보 등 통신의 절차를 처리하기 위해 프로토콜이 요구하는 값들이 들어가고 페이로드에는 전달하고자 하는 데이터가 들어간다.

이제 AICBM(인공지능, 사물인터넷, 클라우드, 빅데이터, 모바일)의 시대에 살고 있다 해도 과언이 아니다. 이러한 융합기술이 4차산업혁명의 핵심 기술이자 근간이 되고 있다. 모든 기술의 기반이 되는 것은 컴퓨터 네트워킹 기술과 인터넷이다. 1969년에 처음 선보인 인터넷은 현재의 4차산업혁명 이전 '3차 산업혁명'의 원동력이었다. 인터넷과 AICBM의 관계는 자동차 도로와 4차산업혁명 주요 응용 중 하나인 자율주행의 관계에 비유할 수 있다.

컴퓨터 네트워킹 파워의 관점에서 보면, 자율주행차, 드론, 인공지능로봇, 인공지능 알고리즘, 빅데이터 분석기술, 클라우드 서비스가 아무리 발달하더라도 인터넷을 통해 데이터를 전달하고 수집할 수 없다면 무용지물이다. 인터넷과는 별도의 독립적인 기술로 보이는 사물인터넷이나 이동통신 기술조차도 인터넷 백본망(backbone network)에 전적으로 의존하고 있다. 마치 그 중요성을 종종 간과하는 공기나 물처럼 우리 주변에 항상 존재하고 있기에 인터넷의 중요성을 가끔 잊기도 하지만, 인터넷이 없다면 현대 사회의 모든 시스템은 마비된다고 할 수 있다.

02_컴퓨터 네트워크 및 인터넷의 주요기술과 활용

2.1 스위칭이란?

스위칭 허브(switching hub)를 줄여서 통상 스위치라고도 한다. LAN에 연결되는 컴퓨터들이 다른 컴퓨터와 충돌하지 않고 데이터를 송수신할 수 있도록 연결해 주는 장치이다. 한마디로 Switching 은 전송 중 패킷 충돌을 방지하는 기술이라고 볼 수 있다. 허브의 확장된 개념으로 기본 기능은 허브와 동일하지만 전송 중 패킷의 충돌이 일어나지 않도록 패킷의 목적지로 지정할 포트를 직접 전송한다.

스위치에서 패킷의 목적지 주소를 기준으로 보내는 곳과 받는 곳을 계산하여 해당 포트로 1:1로 연결한다. 스위칭은 정보전달의 수단과 회선의 효율적 운용을 위해 입/출력 상태를 감시하며 송로의 장애 발생 시 현재 상태에서 예비 상태로 전환한다.

2.2 스위칭 종류와 기능

(1) L2 스위치

Layer 2 스위치의 준말이다. OSI 7 Layer의 "Layer 2" 프로토콜을 이해하고 처리 할 수 있다. 즉, L2 Switch 는 이더넷의 MAC 어드레스를 읽고 처리한다.

프로세서, 메모리, 펌웨어가 담겨있는 Flash ROM으로 이뤄져 있다. 부팅이 되면 각 포트 별로 연결되어 있는 각 노드의 MAC주소를 알아내서 메모리에 적재하고, 패킷이 전달될 때 이 정보를 바탕으로 스위칭하게 된다.

- 한계 : 패킷이 도착하면 그것의 목적지가 어디인가를 보고 그 목적지로 보내 주는 역할만을 한다. Layer 2 에서 동작하므로 Ethernet 레벨에서 동작할 뿐 그 상위 레이어인 네트워크 레이어에서 동작하는 IP 등을 이해하지 못한다.

(2) L3 스위치

이는 Layer 3 스위치의 준말이다. 패킷의 IP나 IPX 주소를 읽어서 스위칭을 하는데 IP와 IPX주소가 OSI 3계층에 해당하여 L3 스위치라 한다. 자신에게 온 패킷의 destination이 외부에 존재하는 IP 일 경우 그 패킷을 외부에 연결된 라우터로 보내줄 수 있다. L2 스위치에 라우팅 기능을 추가하고, 하드웨어의 성능이 더 좋아진 것을 L3 스위치라 보면 된다.

(3) L4 스위치

TCP와 UDP 등의 헤더를 보고 그것이 FTP인가 HTTP인지를 판별해서 우선순위를 두어 스위칭 한다. L3와 같이 프로토콜을 기반으로 하지만 여러 대의 서버를 1대처럼 묶을 수 있는 부하 분산(Load Balancing) 기능을 제공하는 등 더 강화된 기능을 갖고 있다.

(4) L7 스위치

L7 스위치는 이메일의 제목이나 문자열을 보고 내용을 파악한다거나 HTTP의 URL, 또는 FTP의 파일명, 쿠키 정보, 특정 바이러스의 패턴 등을 분석해서 보안에 더 유리하고 더 정교한 로드 밸런싱이 가능해진다. 즉, L7 스위치는 단지 패킷의 내용을 더 참조하여 좀 더 정교한 결정을 내릴 수 있게 된 것뿐이다.

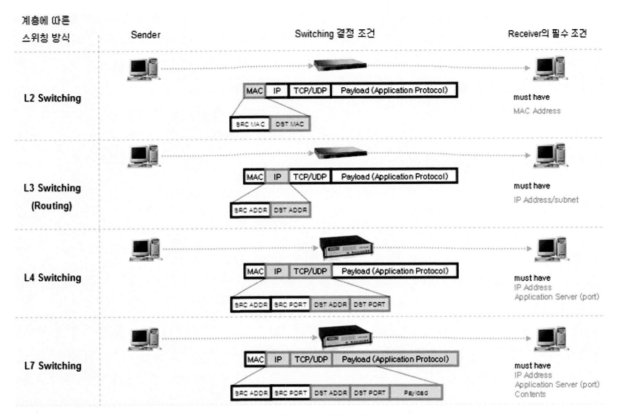

[그림 3.1] 계층별 스위치의 포맷과 기능

2.3 컴퓨터 네트워크 계층의 종류와 기능

■ OSI 7 Layer

OSI는 국제표준기구(ISO)에서 규정한 컴퓨터 사이의 통신을 위한 프로토콜이며 OSI 7계층은 이 규격의 7가지 층위를 의미한다.

*Layer 1

물리 계층(Physical Layer). 물리적인 접속에 대한 정의. 최하위층으로 하드웨어와 연결되는 물리적인 접속을 처리하며 전송매체와 전달방식, 그리고 랜카드 등에 관련된 부분을 처리하기 위한 계층.

*Layer 2

데이터 링크 계층(Data Link Layer). 데이터 전송을 위해 전송 방식, 에러 검출 및 처리, 상황에 따른 데이터 흐름의 조절 등을 처리하기 위한 계층으로 데이터를 패킷으로 나누는 역할을 담당. ex)이더넷(frame의 MAC주소).

*Layer 3

네트워크 계층(Network Layer). 네트워크 내에 복잡하게 연결되어 있는 장치 간의 경로배정 및 중계기능을 수행하고 장치들을 연결하여 데이터 전송을 하는데 필요한 절차들을 처리하기 위한 계층. 패킷이 순서대로 전달될 수 있도록 보장. ex) IP

*Layer 4

전송 계층(Transport Layer). 연결된 두 장치 간의 신뢰성 있는 데이터 전송을 위한 계층. ex) TCP(데이터 검증 및 응답).

*Layer 5

세션 계층(Session Layer). 응용 프로세스 간의 회선 형성 및 동기화.

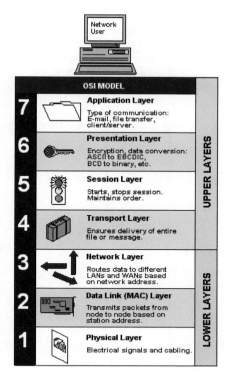

[그림 3.2] OSI 7 계층

*Layer 6

표현 계층(Presentation Layer). 운영체계의 한 부분으로 입력 또는 출력되는 데이터를 하나의 표현 형태로 변환.

*Layer 7

응용 계층(Application Layer). 네트워크상의 소프트웨어 사용자에게 사용자 인터페이스 제공과 서비스 지원.

03_인터넷과 주요 프로토콜

3.1 프로토콜이란?

프로토콜 본래의 의미는 외교에서 의례 또는 의정서를 나타내는 말이지만, 네트웍 구조에서는 표준화된 통신 규약으로서 네트웍 기능을 효율적으로 발휘하기 위한 협정이다. 즉, 통신을 원하는 두 개체간에 무엇을, 어떻게, 언제 통신할 것인가를 서로 약속한 규약이다.

컴퓨터 네트웍의 규모가 증가되고 네트웍을 이용한 정보전송 수요가 다양화되며, 소프트웨어와 하드웨어 장비가 계속 증가되는 최근의 환경에서, 효율적인 정보전달을 하기 위해서는 프로토콜의 기능이 분화되고 복잡해질 수밖에 없다. 따라서 이러한 환경적인 요구를 만족하기 위해서는 프로토콜 계층화의 개념이 필요하게 되었다.

인터넷이 동작하기 위한 TCP/IP 프로토콜은 이미 표준화되어 사용되고 있지만 새로운 기능이 추가되어야 할 필요가 있거나 보안상의 문제를 보완해야 한다거나 또는 새로운 서비스가 제공될 필요가 있을 경우에는 프로토콜의 변경 또는 개발이 필수적이다. 나아가 연구자들은 자원을 더 효율적으로 활용해 전송능력을 증가시킬 수 있도록 프로토콜을 개선하는 방안을 끊임없이 연구한다.

또한 프로토콜에 조그만 오류라도 있다면 통신과정에서 큰 문제가 발생할 수 있으므로 그 설계는 매우 신중하고 전문적인 지식에 의해 이루어져야 한다. 따라서 프로토콜의 설계 및 검증 방법도 중요한 연구대상이 되고 있다.

프로토콜 계층화의 개념은 마치 구조적 프로그래밍 개념과 비슷한데, 각 계층은 모듈과 같으며 각 계층의 수직적 상하관계는 top-down 구조와 같다. 이러한 프로토콜 계층화 개념을 받아들여 상품화한 것이, IBM사가 1974년에 내놓은 SNA 이다.

SNA의 목적은 IBM사 제품뿐만 아니라 다른 회사 제품과의 컴퓨터 기기 상호 접속시 발생되는 여러 종류의 호환성 문제를 해결하는 것이었다. SNA(systems netowk architecture) 이후 다른 회사들도 각자의 네트웍 구조를 내놓았는데, 이들의 목적 또한 네트웍간의 호환성 유지와 정보 전송 최소화에 있다.

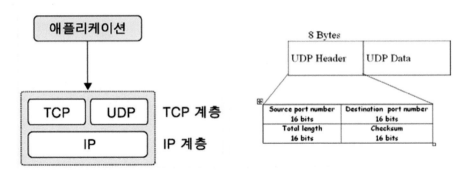

[그림 3.3] 인터넷 계층구조와 프레임 구조

3.2 인터넷 라우팅

인터넷은 LAN들이 연결된 네트워크로서 네트워크 중의 네트워크이다. 이때 LAN과 LAN들은 라우터로 연결된다. 라우터에는 여러 개의 포트(port)가 있어서 여러 LAN과 연결될 수 있다. 또한 하나의 LAN은 여러 개의 라우터를 통해 여러 개의 LAN과 연결될 수도 있다. 따라서 인터넷에서 어떤 컴퓨터로부터 또 다른 컴퓨터로 통하는 길은 다양하며 복잡하다. 이런 상황에서 통신은 가장 효율적인 길을 찾아 주어야 한다.

라우팅 알고리즘이 정해지게 되면, 라우터들 간에 주고받아야 할 정보가 다시 정해지므로 라우팅 프로토콜은 알고리즘에 의해 정해지게 된다. 현재 라우팅 알고리즘은 크게 거리 벡터(distance-vector) 알고리즘과 링크상태(link-state) 알고리즘의 두 종류로 나누어 볼 수 있다. 연구자들은 라우팅이 보다 신속하고도 정확하게 이루어지게 하기 위한 알고리즘 개발 및 기존 라우팅 알고리즘의 개선에 초점을 맞추어 연구하고 있다.

LAN을 구성하는 방법은 이론적으로는 매우 다양하다. 하지만 현재는 스위치(switch) 또는 스위칭 허브(switching hub)라는 장치와 연결하여 하나의 LAN에 속한 컴퓨터들 사이에 통신이 가능하도록 네트워크를 구성한다. 보통 하나의 기관 또는 회사의 컴퓨터들을 숫자나 기능 등을 생각해 볼 때 하나의 LAN으로 구성하는 것은 적절하지 않다. 어느 범위의 컴퓨터들을 하나의 LAN으로 연결할 것인지를 통신량과 업무의 특성 등을 파악하여 결정되어진다. 이렇게 구성된 LAN들은 보통 백본망(backbone network)이라 불리는 망을 통해 서로 통신망이 연결된다.

3.3 인터넷 프로토콜의 핵심 내용

인터넷 프로토콜의 종류를 들면 아래와 같다. 상세한 내역은 별도의 인터넷 프로토콜에 관한 전공 서적을 참조하길 바란다.

- anonymous FTP (anonymous File Transfer Protocol) : 익명의 FTP
- ARP (Address Resolution Protocol) ; 주소결정 프로토콜
- BGP (Border Gateway Protocol)
- BOOTP (Bootstrap Protocol) ; 초기 적재 통신 규약
- CBCP(Callback Control Protocol)
- CMIP (Common Management Information Protocol) ; 공통 관리 정보 프로토콜
- CORBA (Common Object Request Broker Architecture)
- CLNP (Connectionless Network Protocol)
- DHCP (Dynamic Host Configuration Protocol)
- EGP (Exterior Gateway Protocol)
- FTP (File Transfer Protocol) ; 파일 전송 프로토콜
- HTTPD (Hypertext Transfer Protocol daemon)
- HTTP (Hypertext Transfer Protocol) ; 하이퍼텍스트 전송 규약
- IGMP (Internet Group Management Protocol) ; 인터넷 그룹 관리 프로토콜
- IGRP (Internet Gateway Routing Protocol)
- IIOP (Internet Inter-ORB Protocol)
- IMAP (Internet Message Access Protocol)
- IP (Internet Protocol)
- IPP(Internet Printing Protocol)
- IPX (Internetwork Packet Exchange)

- IPv6 (Internet Protocol Version 6)
- ICP (Internet Cache Protocol)
- IPSec (Internet Protocol Security protocol)
- ICMP (Internet Control Message Protocol)
- IGP (Interior Gateway Protocol)
- LDAP (Lightweight Directory Access Protocol)
- MVIP (Multi-Vendor Integration Protocol)
- NNTP (Network News Transfer Protocol)
- PAP (Password Authentication Protocol)
- POP (Point-Of-Presence) ; 상호접속 위치
- POP3 (Post Office Protocol 3)
- PDU (Protocol data unit) ; 프로토콜 데이터 단위
- PPTP (Point-to-Point Tunneling Protocol)
- PPP (Point-to-Point Protocol)
- Port 80 ; 80번 포트
- RIP (Routing Information Protocol)
- RTSP (real time streaming protocol)
- RARP (Reverse Address Resolution Protocol)
- RTCP (real-time transport control protocol)
- RTP (real-time transport protocol) ; 실시간 전송 프로토콜
- SOAP (Symbolic Optimal Assembly Program, or Simple Object Access Protocol)
- SNMP (Simple Network Management Protocol) ; 간이 망 관리 프로토콜
- SIP (session initiation protocol) ; 접속 설정 프로토콜
- SLIP (Serial Line Internet Protocol)
- SMTP (Simple Mail Transfer Protocol) ; 단순 우편전송 규약
- TFTP (Trivial File Transfer Protocol)
- TCP/IP (Transmission Control Protocol/Internet Protocol)

TCP/IP는 인터넷의 기본적인 통신프로토콜로서, 인트라넷이나 엑스트라넷과 같은 사설망에서도 사용된다. 사용자가 인터넷에 접속하기 위해 자신의 컴퓨터를 설정할 때 TCP/IP 프로그램이 설치되며, 이를 통하여 역시 같은 TCP/IP 프로토콜을 쓰고 있는 다른 컴퓨터 사용자와 메시지를 주고받거나, 또는 정보를 얻을 수 있게 된다. TCP/IP는 2개의 계층으로 이루어진 프로그램이다. 상위계층인 TCP는 메시지나 파일들을 좀 더 작은 패킷으로 나누어 인터넷을 통해 전송하는 일과, 수신된 패킷들을 원래의 메시지로 재조립하는 일을 담당한다.

하위계층, 즉 IP는 각 패킷의 주소 부분을 처리함으로써, 패킷들이 목적지에 정확하게 도달할 수 있게 한다.

네트웍상의 각 게이트웨이는 메시지를 어느 곳으로 전달해야 할지를 알기 위해 메시지의 주소를 확인한다. 한 메시지가 여러 개의 패킷으로 나뉘어진 경우 각 패킷들은 서로 다른 경로를 통해 전달될 수 있으며 그것들은 최종 목적지에서 재조립된다.

TCP/IP는 통신하는데 있어 클라이언트/서버 모델을 사용하는데, 컴퓨터 사용자(클라이언트)의 요구에 대응하여 네트웍 상의 다른 컴퓨터(서버)가 웹 페이지를 보내는 식의 서비스를 제공한다. TCP/IP는 본래 점대점(点對点) 통신을 하는데 이는 각 통신이 네트웍 상의 한 점(또는 호스트 컴퓨터)으로부터 시작되어 다른 점 또는 호스트 컴퓨터로 전달된다는 것을 의미한다. TCP/IP를 이용하는 상위계층의 응용프로그램들은 모두 "커넥션리스 (connectionless)"라고 불리는데, 이는 각 클라이언트의 요구가 이전에 했던 어떠한 요구와도 무관한 새로운 요구로 간주된다는 것을 의미한다.

커넥션리스 연결은 네트웍을 독점하지 않으므로 모든 사람들이 그 경로를 끊임없이 공동으로 사용할 수 있게 한다(사실 TCP 계층 그 자체는 어떤 한 메시지가 관계되어 있는 한 커넥션리스가 아니라는데 유의해야 한다. TCP 접속은 어떤 한 메시지에 속하는 모든 패킷들이 수신될 때까지 계속 유지된다). 많은 인터넷 사용자들이 TCP/IP를 이용하는 상위계층 응용프로토콜에 대해서는 잘 알고 있다. 이러한 상위계층 프로토콜에는 웹서비스에 사용되는 HTTP를 비롯하여 멀리 떨어져 있는 원격지의 컴퓨터에 로그온 할 수 있게 해주는 Telnet, 그리고 파일전송에 사용되는 FTP 와 메일 전송에 사용되는 SMTP 등이 있다. 이러한 프로토콜들은 종종 TCP/IP와 함께 패키지로 일괄 판매된다.

TCP/IP와 관련이 있는 프로토콜로 UDP가 있는데 이것은 특별한 목적을 위해 TCP 대신에 사용되는 것이다. 라우팅 정보를 교환하기 위해 네트웍 호스트 컴퓨터에 의해 사용되는 프로토콜에는 ICMP, IGP, EGP, 그리고 BGP 등이 있다.

(1) 컴퓨터네트워크 | 인터넷 계층 구조

- 응용계층 : TELNET - FTP - SMTP - HTTP - DNS - SNMP - NNTP - NFS
- 전송 계층 : TCP : UDP
- 인터넷 계층 : ICMP-IP-ARP-RARP
- 네트워크 계층 : 1 Ethernet-X.25-Token-TokenBus- PPP
- 데이터 링크 계층
- 물리계층

(2) TCP/UDP의 기능비교

■ TCP (Transmission Control Protocol)

TCP는 인터넷상의 컴퓨터들 사이에서 데이터를 메시지의 형태로 보내기 위해 IP와 함께 사용되는 프로토콜이다. IP가 실제로 데이터의 배달처리를 관장하는 동안 TCP는 데이터 패킷을 추적 관리한다. 메시지는 인터넷 내에서 효율적인 라우팅을 하기 위해 여러 개의 작은 조각으로 나뉘어지는데 이것을 패킷이라고 부른다. 예를 들면, HTML 파일이 웹 서버로부터 사용자에게 보내질 때 서버 내에 있는 TCP 프로그램 계층은 파일을 여러 개의 패킷들로 나누고 패킷 번호를 붙인 다음 IP 프로그램 계층으로 보낸다. 각 패킷이 동일한 수신지 주소(IP주소)를 가지고 있더라도 패킷들은 네트워크의 서로 다른 경로를 통해 전송될 수 있다. 다른 한쪽 편(사용자 컴퓨터 내의 클라이언트 프로그램)에 있는 TCP는, 각 패킷들을 재조립하고 사용자에게 하나의 완전한 파일로 보낼 수 있을 때까지 기다린다.

TCP는 연결지향 프로토콜이라고 알려져 있는데 이것은 메시지들이 각단의 응용 프로그램들에 의해 교환되는 시간동안 연결이 확립되고 유지되는 것을 의미한다. TCP는 IP가 처리할 수 있도록 메시지를 여러 개의 패킷들로 확실히 나누고 반대편에서는 완전한 메시지로 패킷들을 재조립할 책임이 있다.

- 특징 : OSI 통신모델에서 4계층인 트랜스포트 계층에 속한다.

Function	Description (TCP)	Description (UDP)
Data transfer	Continuous stream of ordered data	Message (datagram) delivery
Multiplexing	Receiving hosts decide the correct application for which the data is destined, based on port number	Receiving hosts decide the correct application for which the data is destined, based on port number
Reliable transfer	Acknowledgment of data using the sequence and acknowledgment fields in the TCP header	Not a feature of UDP
Flow control	Process used to protect buffer space and routing devices	Not a feature of UDP
Connections	Process used to initialize port numbers and other TCP header fields	UDP is connectionless

[그림 3.4] TCP와 UDP 의 기능 비교

■ UDP(User Datagram Protocol)

UDP는 IP를 사용하는 네트웍 내에서 컴퓨터들 간에 메시지들이 교환될 때 제한된 서비스만을 제공하는 통신 프로토콜이다. UDP는 TCP의 대안이며 IP와 함께 쓰일 때에는 UDP/IP라고 표현하기도 한다. TCP와 마찬가지로 UDP도 한 컴퓨터에서 다른 컴퓨터로 데이터그램이라고 불리는 실제 데이터 단위를 받기 위해 IP를 사용한다.

그러나 UDP는 TCP와는 달리, 메시지를 패킷(데이터그램)으로 나누고 반대편에서 재조립하는 등의 서비스는 제공하지 않으며 특히 도착하는 데이터 패킷들의 순서를 제공하지 않는다. 이 말은 UDP를 사용하는 응용프로그램은 전체 메시지가 올바른 순서로 도착했는지에 대해 확인할 수 있어야한다는 것을 의미한다. 교환해야할 데이터가 매우 적은(그러므로 재조립해야할 메시지도 매우 적은) 네트워크 응용 프로그램들은 처리시간 단축을 위해 TCP 보다 UDP를 더 좋아할 수 있다. 일례로 TFTP는 TCP 대신에 UDP를 사용한다. UDP는 IP 계층에서 제공되지 않는 두 개의 서비스를 제공하는데 하나는 다른 사용자 요청을 구분하기 위한 포트 번호와 도착한 데이터의 손상여부를 확인하기 위한 체크섬 기능이 있다.

- 특징 : OSI 계층에서 TCP와 마찬가지로 4계층인 트랜스포트 계층에 속한다.

이외에도 아래와 같은 프로토콜이 있다.

- UUCP (UNIX-to-UNIX Copy Protocol)
- VoIP (voice over IP [Internet Protocol])
- WAP (Wireless Application Protocol) ; 무선 응용 통신규약
  ‣ Wireless Application Environment (WAE)
  ‣ WirelessSessionLayer(WSL)
  ‣ WirelessTransportLayerSecurity(WTLS)
  ‣ WirelessTransportLayer(WTP)

WAP은 에릭슨, 모토로라, 노키아 그리고 Unwired Planet (후에 Phone.com이 됨) 등의 회사에 의해 제시되었다.

04_차세대 이동통신과 단말기 무선통신

4.1 LTE와 5G 이동통신 비교

4G 같은 경우에는 10ms의 속도로 지연이 되었다면 5G 통신망을 사용할 경우에는 1ms로 현저히 줄어드는 모습을 확인할 수 있다. 또한 최대 기기의 연결 수를 늘려 빠르게 데이터를 옮길 수 있는 역할을 하기도 한다. 이전 LTE 서비스는 10만개를 기준으로 제곱키로 미터를 갈 수 있었다, 5G 서비스는 100만개를 기준으로 같은 거리를 갈 수 있게 되었다.

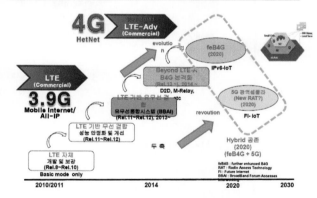

[그림 3.5] LTE 이동통신 표준 발전 방향

출처 : ETRI, 차세대미래기술연구부 방승찬, 한국정보통신설비학회 발표자료 중에서

이의 5G 기술의 특징을 요약하면 아래와 같다.

- 10배 x Low Latency (초저지연) : 4G LTE 대비 10분의 1 수준의 지연시간. 초저지연성은 4차혁명에서 필요로 하는 기술 중에 하나이다. AI와 자율주행, 그리고 실감형 콘텐츠 서비스에 있어서 꼭 필요한 기능이라고 할 수 있다.
- 20 x Throughput (전송속도) : 4G LTE 대비 20배 빠른 전송속도로 많은 data를 빠른 시간 안에 전달 할 수 있다. 더 좋은 품질의 영상과 VR, AR, 홀로그램 등 서비스를 즐기기 위해서는 필요한 핵심 기술이다.
- 10 x Connectivity (연결성) : 10배 많은 기기 연결성은 자율주행, IoT 서비스 등을 위해서 더 많은 기기들을 동시에 연결, 서비스 할 수 있다.

다음 [그림 3.6]은 5G 이동통신기술의 활용 용도와 시나리오를 나타낸다.

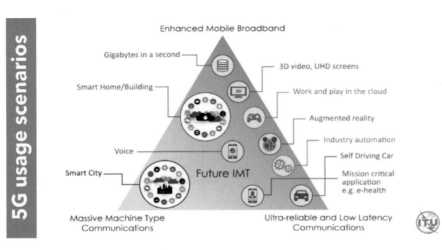

[그림 3.6] 5G 이동통신기술 활용 시나리오
출처 : ITU 싸이트

4G LTE와 5G이동통신 상호간의 특징을 비교하면 다음 <표 3.1>과 같이 요약 할 수 있다.

<표 3.1> 4G LTE와 5G 이동통신 특징 비교

항목	4G LTE	5G	항목	4G LTE	5G
지연시간	10 ms	1 ms 이하	주파수 효율성	-	4G 대비 3배
최대 전송 속도	75Mbps ~ 1Gbps	20Gbps	에너지 효율성	-	4G 대비 100 배
최대 기기 연결 수	10만개/km2	100만개/km2	주파수 대역	900MHz (10MHz 대역폭) 1.8GHz (30MHz) 2.1GHz (10MHz)	3.5GHz ()100MHz) 28FGHz (80-0-MHz)
고속 이동성	350Km/h	500Km/h			
면적당 데이터 처리용량	0.1Mbps/m2	10Mbps/m2			

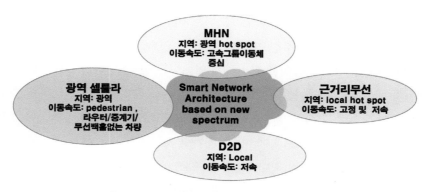

[그림 3.7] 차세대 이동통신-5G 주요 구성요소

출처 : ETRI, 차세대미래기술연구부 방승찬, 한국정보통신설비학회 발표자료 중에서

[그림 3.7]에서와 같이 차세대 이동통신, 5G의 주요 구성 요소를 살펴보면 아래와 같다.

- MHN(Mobile Hot spot Network) 도입 : 고속그룹 이동체에게 수십 Gbps 이상
  - 그룹 이동체(열차, 버스, 자동차, 연안선박) 내에서는 WLAN 혹은 Femto cell(Gbps/user 가능)
  - Licensed 혹은 unlicensed 대역 모두 고려
- D2D 활성화 : 기기간 직접통신으로 distributed unbiquitous 통신 실현
- 셀룰라 : 보행자에게는 수백Mbps, 소형차(15~120km/h)에게는 수십 Mbps 제공
- 근거리무선 : unlicensed 대역사용으로 고속전송데이터를 저렴하게 이용 가능

4.2 초고속이동통신 서비스 활성화와 미래 5G 활용 전망

LG이노텍은 와이파이 6E 기반 '차량용 근거리 무선 통신 모듈'을 세계 최초 개발하였다고 발표했다. 이 제품은 차량 내·외부의 근거리 무선통신을 가능하게 하는 부품으로, 기존 대비 통신성능, 내구성, 적용편의성을 한층 높였다고 제시했다. 더 나아가, 자율주행 기술 확산으로 자동차가 오락과 휴식 공간으로 진화하며 핵심부품인 차량용 와이파이 모듈 기술 경쟁이 갈수록 치열해지고 있다. 특히 기존 와이파이5 대비 3배가량 빠른 데이터 전송 속도를 가진 무선통신 기술인 와이파이 6E 기반 차량용 통신 모듈 개발에 나서고 있지만, 자동차 내부는 밀집도가 높고 차량시트 등 구조물로 인해 성능구현이 쉽지 않다. 이러한 가운데 LG이노텍이 앞선 RF 및 안테나 기술력으로 세계 처음으로 '차량용 와이파이 6E 모듈' 개발에 성공해 주목된다.

또 이 모듈 제품은, 국내는 물론 북미·유럽·일본·중국지역 글로벌 차량 부품사 대상의 프로모션을 활발히 펼치는 등 글로벌 차량 통신부품 시장 공략에 적극 나서고 있다. 세계 시장 점유율 1, 2위를 차지하고 있는 일본 기업을 빠르게 추격해 선두 지위를 확보한다는 전략이다. 차량용 와이파이 6E 칩 공급업체인 독일 인피니온 테크놀로지스와 공동 마케팅도 적극 추진할 계획이다. 차세대 와이파이 6E는 6GHz 고주파 대역을 사용한다.

'차량용 와이파이 6E 모듈'은 운행정보, 멀티미디어 콘텐츠 등을 제어하는 인포테인먼트(IVI, in vehicle infortainment)시스템과 내부 스마트 기기 및 외부 공유기를 연결하는 근거리 무선통신부품이다. 이 제품은 통

신칩, RF(무선주파수)회로 등을 결합한 모듈형태로 오디오·비디오·네비게이션(AVN), 스마트 안테나 등 자동차 내·외부에 여러개 장착한다. 탑승자는 무선으로 스마트폰의 영화, 게임 등을 자동차 디스플레이 및 오디오에 연결해 즐기거나 네비게이션 등 소프트웨어를 편리하게 업데이트 할 수 있다. '차량용 와이파이 6E 모듈'을 적용하면 탑승자는 자동차 내부 디스플레이를 통해 고화질 영화나 AR·VR 게임을 편리하게 즐길 수 있다.

현재 상용화된 와이파이 모듈은 고화질 영상전송 시 속도가 느려지거나 끊기는 현상이 종종 발생했다. 이 제품의 데이터 전송속도는 기존 와이파이5 모듈에 비해 3배가량 빠른 1.2Gbps이다. 네트워크 접속에 걸리는 시간도 2ms(1ms는 1000분의 1초)로 기존 대비 최대 7분의1 수준으로 짧다. 고화질 영상전송 시 속도저하나 끊김이 발생하지 않는 이유다. 데이터 속도 향상은 와이파이 6E 기술이 기존 2GHz, 5GHz 주파수뿐 아니라 6GHz 대역을 사용할 수 있기 때문이다.

주파수가 높을수록 데이터 전송량은 커진다. 사용할 수 있는 대역폭(전파가 이동하는 길의 넓이)도 2GHz, 5GHz에 비해 두 배 넓어진다. 한번에 전송할 수 있는 데이터양이 많아지고, 데이터가 이동하는 길이 넓어지니 속도가 빨라질 수밖에 없다. 뿐만 아니라 '차량용 와이파이 6E 모듈'은 여러 사람이 동시 접속해도 버퍼링이나 끊김 현상이 없다. 독자적인 RF 및 안테나 설계 기술을 적용해 밀집도가 높은 자동차 안에서 통신간섭이 발생하지 않는다.

LG이노텍은 고집적·초정밀·모듈화 기술로 신용카드 6분의1 크기 제품에 통신칩, RF회로 등 200여개 부품을 모두 담았다. 기존 와이파이 모듈과 호환할 수 있어 시스템설계 변경 없이 기존 부품 위치에 갈아 끼우기만 하면 된다. LG이노텍 전장부품사업부에서는 차세대 모빌리티 시대의 자동차 인포테인먼트 중요성은 갈수록 커질 것이며, 차량용 와이파이 6E 모듈이 인포테인먼트의 진화를 한층 앞당길 수 있을 것으로 보인다. 글로벌 시장조사기관인 TSR(Techno Systems Research)에 따르면 글로벌 차량용 와이파이 통신 모듈 수요는 2020년 5120만대에서 2025년 8730만대로 70%가량 확대될 전망이라고 발표했다.

자료발췌 : 조선비즈 박진우 기자, 2021.03.02., https://biz.chosun.com

05_컴퓨터망에서의 서버 해킹과 컴퓨터 데이터 조작은 가능한가?

5.1 컴퓨터망에서의 정보 해킹과 공격 유형

네트워크는 사용자나 데이터 간에 이동할 수 있도록 하는 기술인데, 이 컴퓨터 통신망을 통하여, 정보를 탈취하거나, 정보를 위변조하거나 통신망을 무력화 하는 해킹이 일어나고 있다. 이에 네트워크 보안이 필요하다. 네트워크 공격을 당하게 되면 보안의 3요소인 기밀성, 가용성, 무결성을 해치게 되어 네트워크 보안은 매우 중요한 과제이다.

ISO에서는 다양한 네트워크 간 호환을 위해 OSI 7 Layer이라는 표준 네트워크 모델을 만들었고, 각 Layer 마다 지속적으로 보안 유지보수를 해야 한다. 특히 4 Layer(전송 계층)의 대표적인 프로토콜인 TCP는 수신 측이 데이터를 흘려버리지 않게 데이터 흐름 제어와 전송 중 에러가 발생할 경우 자동으로 재전송하는 에러 제어기능을 하여 데이터의 확실한 전송을 보장하지만, 완전하지는 않아 많은 해커들에게 공격의 대상이 되기도 한다.

5.1.1 네트워크 보안 공격

(1) 서비스 거부 공격(DoS)

① 취약점 공격형

- Land 공격 : 패킷을 전송할 때 출발지 IP 주소와 목적지 IP 주소의 값을 똑같이 만들어 공격 대상에게 보내는 것으로 이때 조작된 IP 주소의 값은 공격 대상의 IP 주소여야 한다. Land 공격의 보안 대책은 운영 체제의 패치 관리나 방화벽 같은 보안 솔루션이 필요하다.

② 자원 고갈 공격형

- SYN 플러딩(Syn Flooding) 공격 : 네트워크에서 서비스를 제공하는 시스템에 걸려있는 사용자 수 제한을 이용한 공격으로 존재하지 않는 클라이언트가 서비스 별로 한정된 접속 가능 공간에 접속한 것처럼 속여 다른 사용자가 서비스를 제공받지 못하게 하는 것이다.

이는 TCP의 연결 과정인 3-Way 핸드쉐이킹의 문제점을 악용한 공격이다.

오른쪽 그림에서 클라이언트가 ACK(응답)을 보내지 않고 버티고, 다른 사용자는 서버와 통신 불가하게 만든다.

공격 대응책으로는 SYN Received의 대기시간을 줄이거나, 침입방지 시스템과 같은 보안시스템으로도 공격을 쉽게 차단할 수 있다.

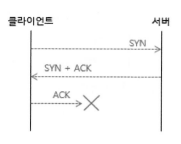

- 스머프 공격(smurf attack) : ICMP 패킷과 네트워크에 존재하는 임의의 시스템으로 패킷을 확장해 서비스 거부 공격을 수행하는 것으로 네트워크 공격에 많이 사용된다.

  공격 대상의 IP 주소를 위조한 ICMP 패킷을 목적지 주소로써 브로드캐스트 주소로 하여 보내면, ICMP Request를 받은 에이전트들은 위조된 IP로 ICMP Reply를 다시 보낸다. 결국 공격 대상은 대량의 IMCP Reply를 받게 되어 죽음의 핑 공격처럼 수많은 패킷에 의해 시스템이 과부하 상태로 만들게 된다.

③ 분산 서비스 거부(DDoS ; Distributed Denial of Service) 공격

  공격자가 한 지점에서 서비스 거부 공격을 수행하는 형태를 넘어 광범위한 네트워크를 이용하여 다수의 공격 지점에서 동시에 한 곳을 공격하도록 하는 형태의 서비스 거부 공격이다.

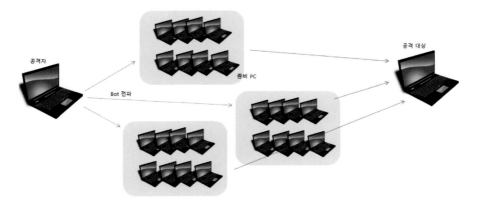

[그림 3.8] DDOS 공격

[그림 3.8]에서 보다시피 봇넷으로 형성된 좀비 PC들이 일제히 공격 명령 수행을 수행한다.

(2) 스니핑(sniffing) 공격

일반적으로 작동하는 IP 필터링과 MAC 주소 필터링을 수행하지 않고 랜 카드로 들어오는 전기적 신호를 모두 읽은 뒤 다른 이의 패킷을 관찰하여 정보를 유출하는 공격 방법이다. 공격자는 가지지 말아야 할 정보까지 모두 볼 수 있어야 하므로 랜 카드의 Promiscuous 모드를 이용해 데이터 링크 계층과 네트워크 계층(2~3 Layer)의 정보를 이용해 필터링을 해제한다.

① 공격으로는 스위치가 MAC 주소 테이블을 기반으로 포트에 패킷을 스위칭 할 때 정상적인 스위칭 기능을 마비시키는 스위치 재밍 공격과 스위치의 포트 미러링 기능을 이용한 SPAN 포트 태핑 공격 등이 있다.

② 스니핑 공격의 탐지

• ping을 이용한 스니퍼 탐지 : 의심 가는 호스트에 네트워크에 존재하지 않는 MAC 주소를 위장해서 ping을 보내면 스니퍼 탐지 가능

• ARP를 이용한 스니퍼 탐지 : 위조된 ARP Request를 보냈을 때 ARP response가 오면 Promiscuous 모드로 설정된 것이므로 탐지 가능

(3) 스푸핑(spoofing) 공격

네트워크에서 스푸핑 대상은 MAC 주소, IP 주소, 포트 등 네트워크 통신과 관련된 모든 것이 될 수 있다. 스푸핑 공격은 시스템 권한 얻기, 암호화된 세션복호화하기, 네트워크 트래픽 흐름 바꾸기 등 다양하게 사용된다.

① IP 스푸핑 공격

신뢰 관계를 맺고 있는 서버와 클라이언트를 확인한 후 클라이언트에 서비스 거부 공격을 하여 연결을 끊은 뒤 클라이언트의 IP 주소를 확보한 공격자는 실제 클라이언트처럼 패스워드 없이 서버에 접근하는 기법이다. 대응책은 신뢰 관계 기능을 이용하지 않는 것이며, 이 기능을 이용하려면 취약한 패스워드가 없어야 한다.

② ICMP Redirect 공격

네트워크 계층에서 스니핑 시스템을 네트워크에 존재하는 또 다른 라우터라고 알려, 패킷의 흐름을 바꾸는 공격이다.

[그림 3.9]에서와 같이 공격자가 라우터로 잘못 인지하도록 만든다.

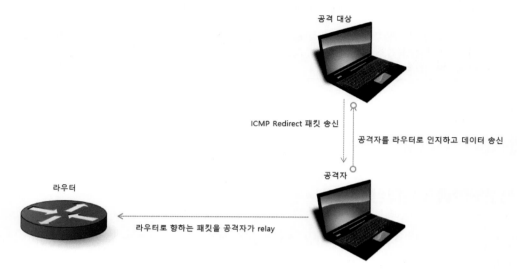

[그림 3.9] ICMP Redirect 공격

5.1.2 기타 요소(구간)에 해당되는 보안 대책

(1) 외부공격대응(Detection)
- 급변하는 해킹 기술진화에 따른 실시간 대응체계
- 해킹 등의 결과에 따른 즉각적인 처리
- 외부 Threat Intelligence 정보체계 강화

(2) 내부정보유출(Prevention)
- 매체제어, 내부통제 및 관리시스템 강화
- 인적, 물적, 시설물 관리 시스템 강화
- 핵심자료의 관리방안 체계 마련
- 스마트 디바이스 등 신규채널에 대한 통제 강화

시스템 보안과 네트워크 보안 그리고 SW보안의 3대 보안의 구분과 보안 방안을 다음 <표 3.2>에 요약정리를 했다.

종류	정의	공격방법
시스템 보안	공격자의 허가되지 않는 불법적인 시스템 접근을 막아 시스템에 저장된 정보와 시스템의 정상적인 운용을 보호하는 활동	패스워드 크래킹, 백도어, 버퍼 오버플로우 등
네트워크 보안	일반적으로 근거리전산망 즉, 랜의 조직 경계에서 블랙해커, 스크립트키드 등의 침입자로부터 근거리 전산망을 보호하는 기능 즉, 권한을 갖지 않은 사용자 혹은 네트워크가 자신의 네트워크로 불법 접속하여 자원에 접근하려할 때 네트워크 관리자가 사용하는 보안 방식	디도스 공격
SW보안	SW개발과정에서 개발자의 실수, 논리적 오류 등으로 인해 발생될 수 있는 보안 취약점, 보안약점들을 최소화하여 사이버 보안 위협에 대응할 수 있는 안전한 SW를 개발하기 위한 일련의 보안 활동	SQL Injection, 인증 및 세션 관리 취약점, 크로스 사이트 스크립팅 등

5.2 컴퓨터 보안과 방지기술

5.2.1 정보보안과 보안대상 기술

- 정보의 수집, 가공, 저장, 검색, 송신, 수신 도중에 정보의 훼손, 변조, 유출 등을 방지하기 위한 관리·물리·기술적 방법을 의미

구분		내용
물리적	물리적	침입자는 정보시스템이 설치되어 있는 건물이나 서버 또는 개인용 컴퓨터가 설치되어 있는 특정장소에 침입할 수 있으며, 일단 침입에 성공하면 시스템 파괴, 부품 탈취와 같은 다양한 수단의 불법 행위를 수행할 수 있음
	자연적	화재, 홍수, 지진, 번개 등의 자연재해에 취약함
	환경적	먼지, 습도, 온도 등의 주변 환경에 취약함
관리적	인적·관리적	정보시스템을 사용하거나 관리하는 직원은 가장 취약한 요소로써, 관리자가 적절한 교육을 받지 않았거나 보안 의식이 부족한 경우 운영자 및 기타 직원들의 기밀정보 누설, 시설물 주요 출입구를 열어두는 등의 행동 등을 할 수 있음
기술적	하드웨어	하드웨어 오류나 오동작이 전체 정보시스템에 손상을 입힐 수 있음
	소프트웨어	소프트웨어의 오동작으로 보안을 취약하게 만들거나 시스템을 불안정하게 만들 수 있음
	매체 취약점	자기디스크, 자기테이프, 출력물 등이 손실되거나 손상을 입을 수 있음
	전자파	모든 전자장치는 전자파를 방출하기 때문에 도청자는 정보시스템, 네트워크, 모바일로부터 발생하는 신호를 가로 챌 수 있음
	통신	컴퓨터가 네트워크나 모뎀등에 연결된 경우 인가 받지 않은 사람이 침입할 위험성이 증가함

- 공급자 측면 : 내·외부의 위협요인들로부터 정보자산을 안전하게 보호·운영하기 위한 일련의 행위(네트워크, 시스템 등의 H/W, 데이터베이스, 통신 및 전산시설 등)
- 사용자 측면 : 개인정보 유출, 남용을 방지하기 위한 일련의 행위

5.2.2 정보보안의 목표

- CIA(Confidentiality, Integrity, Availability) 3대 요소
- 정보 및 정보 시스템을 허가되지 않은 접근·사용·공개·손상·변경·파괴 등으로부터 보호함으로써 정보의 기밀성, 무결성, 가용성을 보장

[그림 3.10] 정보보안의 특성

구분	내용
기밀성(confidentiality)	인가된 사용자에게만 정보 자산에 접근 허용을 보장 • 프라이버시 이슈와 직접적으로 연계 • 정보의 저장, 전송, 보관의 모든 프로세스 과정에서 보장
무결성 (integrity)	비 인가자에 의한 정보변경을 허용하지 않음 • 정보의 생애주기 동안 일관성, 정확성 및 신뢰성을 보장
가용성(availabilty)	정보에 대한 접근과 사용을 적시에 확실하게 보장 • 적절한 대역폭 제공과 병목현상을 제거 • H/W와 S/W의 정상 가동 유지와 그에 필요한 업그레이드

5.2.3 세션 하이재킹 공격

TCP Session Hijacking은 세션 가로채기라는 뜻으로 세션은 사용자와 컴퓨터 또는 두 컴퓨터 간의 활성화된 상태이므로 세션 하이재킹은 두 시스템 간의 연결이 활성화된 상태, 즉 로그인 된 상태를 가로채는 것이다.

(1) TCP 세션 하이재킹

TCP 고유한 취약점을 이용해 정상적인 접속을 뺏는 방법으로, 서버와 클라이언트에 각각 잘못된 시퀀스 넘버를 사용해서 연결된 세션에 잠시 혼란을 준 뒤 공격자가 끼어들어가는 방식이다.

① 클라이언트와 서버 사이의 패킷을 통제한다. ARP 스푸핑 등을 통해 클라이언트와 서버 사이의 통신 패킷 모두가 공격자를 지나가지 않게 한다.
② 서버에 클라이언트 주소로 연결을 재설정하기 위한 RST(Reset) 패킷을 보낸다. 서버는 해당 패킷을 받고, 클라이언트의 시퀀스 넘버가 재설정된 것으로 판단하고, 다시 TCP 3-웨이 핸드셰이킹을 수행한다.

③ 공격자는 클라이언트 대신 연결되어 있던 TCP 연결을 그대로 물려받는다.

(2) TCP 세션 하이재킹 보안대책

① 텔넷과 같은 취약한 프로토콜을 이용하지 않고 SSL와 같이 세션 인증 수준이 높은 프로토콜로 서버에 접속해야 한다.

② SSH, SSL, VPN 등과 같이 암호화된 망 연결을 사용한다.

③ 정보보호 구간별 취약점(Vulnerability)을 분석하여, 보안대책을 강구한다. 또는 암호화된 응용계층의 사용이나 패킷의 암호화를 사용하여 통신하는 방법이 있다.

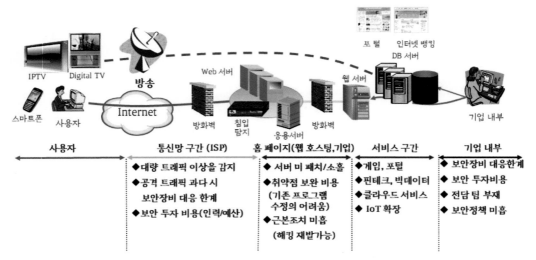

[그림 3.11] 통신과 방송에서의 정보보호 구간별 취약점

자료 및 그림제공 : 경기도청 정보통신담당관실

5.3 컴퓨터 데이터 조작은 가능한가?

前 IBM 임베디드(Embedded) CPU 설계자인 V. W. 박사에 의하면, 아래와 같은 사유로 컴퓨터 조작이 얼마든지 가능하다고 한다. 다시 말해 아래와 같은 컴퓨터의 HW, SW,OS 설치와 내외부 통신망 연결로 충분히 조작이나 해킹이 가능하다. 아래 내용은 일반적인 내용으로서 왜 컴퓨터 조작이나 해킹이 가능한가를 명시해 준다.

- Embedded CPU, Wireless Network, System On Chip(SoC)
- 임시 데이터저장 RAM, 명령어 ROM 메모리
- Input/Output 인터페이스, 다수의 외부 포트
- ARM Micro Computer, ARM 자이어링크 Programmable
- ASIC 애플리케이션, Field Programmable Gate Array, Logic Gate, FirmWare 사용

- 순간순간 보드(Board) 교체 가능
- HDL(Hardware Description Language) 메모리가 맞으면 변칙적 동작도 허용 가능
- 프린트 운용장치 = 윈도우 10, 인켈코어, 64비트 운용체제, 8G 메모리 사용
- 보안카드 투입구 설치
- 특정 제품 활용 = 특정 시스템 → 컴퓨터 코드사용을 특정인에게 허용, HW기능을 SW기능으로 변환 사용 가능, 소스코드(Source Code) 공개 여부
- 특정 제품 시스템은 보드를 분류기 바깥에 설치, SW를 넣을 수 있도록 바깥에 설치 (Old Version 2014), New 버전은 이중으로 조작 가능
- 재 부팅 기능이 쉽게 노출, 버튼이 있음 → OS 즉, 오퍼레이팅 시스템 동작 가능토록 노출
- Programmable Program 운용으로 프로그램 바꿔치기 가능
- 초기정상 동작에서 → 도중에 프로그램 작동 중에도 순간적으로 교체 가능
  초기에는 정상동작, 특정한 조건의 이벤트 확인시 재 동작
- QR코드 받는 순간 바꿔치기도 가능
- 전 세계 어디에서든지 시스템에 접속, 중앙서버로 데이터 이전, 빅데이터 분석 가능
  ‣ 밤늦은 시간 등 보안 취약시간 활용, 지연 누적된 데이터를 순식간에 카운트 가능
  ‣ 필요한 조작된 데이터 통계 표출 가능

자료 제공 : BEXUS Network Battle with Deep State 및 V. W. 박사

더 나아가, '왜 컴퓨터 조작이 가능한가?'를, V. W. 박사가 말하는 아래와 같은 세부 의미 내용을 잘 파악해 보면 이의 가능성을 알 수 있다. ① 한국전자전기기기 인증제품이라고 하는 것이 다른 한편에서는 컴퓨터조작을 인정 확정하는 의미이기도 한다고 주장한다. ② 또, 컴퓨터 속에 사전 SW 변경을 해놓고 특정 시간이나 조건이 맞으면 작동하도록 설정해 놓으면, 이를 일반인은 알 수 없이 작동이 가능하다는 것이다. ③ 더 나아가 설치 후에도 외부와의 연결 인터페이스-USB 등을 통해 해킹, 조작이 가능하다는 컴퓨터 해킹기술이다.

- 컴퓨터 구성, 설치, 조작은 가능한가?, 즉 Configuration은 통신망상에서 껐다가 켰다가 마음대로 재작동이 가능한 Configuration Manager를 사용하여 기존 컴퓨터에 파티션을 만들고, 포맷하고, 새 운영체제를 설치하면 가능하다고 한다. 또한, 상태 마이그레이션 지점을 사용하여 설정을 저장한 다음 새 OS로 복원할 수도 있다. 이 프로세스를 '이미지로 다시 설치' 또는 '초기화 및 로드'라고도 한다. 이 시나리오에서는 PXE, 부팅 가능한 미디어 또는 소프트웨어 센터와 같은 여러 다양한 배포 방법 중에서 선택할 수 있다.

부팅은 Windows PE 환경에서 컴퓨터를 시작한다. Windows PE는 제한된 구성 요소 및 서비스를 포함하는 최소 OS이다. 그런 다음 Windows PE에서 Configuration Manager가 컴퓨터에 전체 Windows OS를 설치할 수 있다. 또한, 멀티캐스트를 사용하여 네트워크를 통해 윈도우를 배포 할 수 있다. 멀티캐스트는 여러 클라이언트 가 동시에 동일한 OS 이미지를 다운로드할 가능성이 있는 경우 사용할 수 있는 네트워크 활용 방법이라 할 수

있다. 멀티캐스트를 사용하는 경우 여러 컴퓨터가 동시에 OS 이미지를 다운로드한다. 이는 배포 지점에서 OS 이미지를 멀티캐스트하기 때문이다.

　ARM 기반의 7 Zip 프로그램(App)이라도 실행을 하면 에러가 뜨면서 실행이 되지 않는다. 토렌트의 경우 MS 스토어에서 다운받은 프로그램(App) 들은 백그라운드로 돌리면 토렌트 다운로드가 일시중지 되어 버린다. 물론 창을 나누어 한쪽 편에서 계속 프로그램(App)을 실행시키면 다운로드가 일시중지 되지 않지만, 불편한 부분이 있다. 이와 같은 경우 FDM(Free Download Manager) ARM 기반의 프로그램(App)을 이용하면 백그라운드에서 토렌트 다운로드가 정지되지 않고 지속적으로 받을 수 있다. 위와 같이 MS 스토어를 통하지 않고 프로그램, 즉 App을 받고 실행시키기 위해서는 먼저 MS에서 하지 못하도록 막아 놓은 부분을 탈옥(Jailbreak)하는 작업이 필요하다. 탈옥 하니까 꼭 아이폰 같이 용이하게 가능하다고 한다.

출처 : https://jaebok.tistory.com/55 [발자취]

06_정보통신 정책과 기업가정신

6.1 여성이 일하기 좋은 기업

　'대한민국 여성 워킹맘이 일하기 좋은 기업' 선정은 여성 인력의 중요성을 인식하고 여성의 사회 진출 기회 확산과 수평적 조직 문화 구축을 통하여 조직의 성과 창출과 기업의 선진화에 기여하고 있다. 이에 대한 제도 안내는 아래의 URL에 접속하면 상세히 알 수 있다.

출처 : "Great Place to Work" https://www.greatplacetowork.co.kr/kr/

　세계 여성이 일하기 좋은 기업 선정은 2011년 세계 최초로 대한민국에서 선정하기 시작해 브라질, 맥시코, 캐나다, 미국 등 세계 10여 개 국가에서 동일하게 운영되고 있는 선정제도이다. 세계적으로 여성인력 활용의 중요성을 각인시키고 여성의 사회적 지위 향상, 일과 가정의 양립을 위한 제도적 기반 구축, 수평적인 조직문화 조성 등을 구현하기 위하여 제정되었다.

　'대한민국 여성 워킹맘이 일하기 좋은 기업'은 여성 인력 활용의 중요성을 인식하고 여성의 일과 가정의 양립을 위한 제도적 기반과 신뢰 관계의 조직 문화를 구축하여 성과를 창출한 기업을 선정하는 제도이다.

　선정 배경과 취지는, 최근 급성장하는 많은 회사들은 여성 인력의 비중이 월등히 높음에 따라,

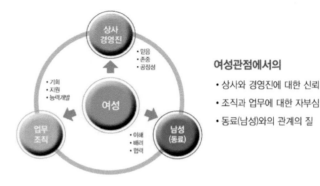

[그림 3.12] 여성 인력의 역할과 관계

출처 : "Great Place to Work", www.greatplacetowork.co.kr/kr

여성이 일하기 좋은 기업에 선정된다는 것은 수평적 조직문화를 구축하고 조직 내 활발한 창의적 커뮤니케이션을 이루고자 함에 있다. '대한민국 여성 워킹맘이 일하기 좋은 기업' 선정제도는 기업의 선진화를 이루는 미래 지표이다.

선정 체계는,

① Trust Index© 진단 : 조직의 신뢰수준을 측정하는 도구로서 조직의 구성원들이 업무 수행에 대해 만족할 수 있는 일터의 환경 및 신뢰, 자부심, 동료애를 평가

② Employee comment 조사 :
  • 조직 구성원의 GPTW에 대한 자유로운 서술평가 (2문항)
  • GPTW 특장점 1문항 / 개선 사항 1문항

③ Culture Audit© 평가 : 기업 문화 경영의 9 Practice & 각 제도 및 특화된 조직문화 활동 평가 등으로 이루어져 있다.

심사구분		평가항목	진단문항 수	비중(배점)
1차 심사	Trust Index© 진단 (조직문화 진단)	믿음 (Credibility)	7	67% (120점)
		존중 (Respect)	7	
		공정성 (Fairness)	7	
		자부심 (Pride)	5	
		동료애 (Camaraderie)	4	
		Overall Statement	1	
	Employee Comment (구성원 기술 평가)		2	참고자료 제공
2차 심사	Culture Audit© (기업문화 경영 평가)		9 Practice	33%(60점)
합	계			100%(180점)

6.2 한국전파기지국과 리더십

■ 5G와 C-ITS

WIABLE - (주)와이어블은 前 한국전파기지국에서 상호를 새롭게 바꾸었다. 지난 26년간 이동통신사 비용 절감에 이바지하였고, 김문환 대표는 투철한 기업가 정신으로  자연 친화적인 구축을 통해 공용화 사업을 성장시켰으며, 고객들의 성원과 지원으로 지상기지국 투자사업 이외에도 지하철, 철도, 도로 등 특수지역에서의 무선망 구축 등 많은 사업을 수행하였다.

이런 다양한 경험을 기반으로 국가재난안전통신망인 LTE-M과 LTE-R 구축에 적극적으로 진출하여, C-ITS, IOT, 자율주행 사업 등 모빌리티 분야로 사업을 확장하고 있다.

㈜와이어블은,

- 교통 정보 통신망 기지국 시설
- 실시간 교통 정보 수집 장비 설치
- 차량용 교통 정보 송수신 단말기 공급
- LTE-X Long Term Evolution-Railway / Maritime
  - ▸ 초고속 LTE 기술로 연결하는 철도 / 해상 무선 통신 네트워크 구축 사업
  - ▸ 고속 열차와 인근 해상에서의 고속 데이터 통신 이용을 위한 LTE-R(철도통합무선통신)/ LTE-M(해상무선통신) 통신망 구축 사업을 수행한다.

무선 통신 운용에 필수적인 지상기지국 인프라 건설과 기지국 공용화 사업을 통해 다양한 무선 통신 서비스를 위한 최상의 통신망 인프라를 제공하고 있다.

또한, CCTV 설치로 방범 및 산악지역 화재 감시 등 재난 대비용으로 활용할 수 있도록 시설을 구축, 지원한다. 무선 통신망 구축을 통한 다양한 이동통신 시스템(WCDMA, LTE, 5G)의 이용 환경을 제공하며, 지하철에서 DMB 서비스를 통해 지상파 방송 시청이 가능한 시설 구축과 지하철 역사 및 열차 안에서도 이동중 Wi-Fi 사용이 가능한 통신망을 구축한다.

더 나아가, 무선 통신 특수공사(지하철, 터널) 전문 시공과 이동통신 및 방송(DMB) 시스템의 설계, 시공에서 유지보수까지 총괄 지원하는 인력을 양성, 종사원들 간의 소통과 리더십으로 조직의 시너지 효과를 최대한 지양하고 있다.

[그림 3.13] 지하철내 전파 기지국

출처 : ㈜와이어블 (前 한국전파기지국) 홈페이지, http://www.wiable.co.kr/

6.3 커뮤니케이션과 리더십

커뮤니케이션의 의의는 송신자가 수신자로부터 원하는 행동을 유발시키기 위해 어떤 의미를 전달하는 과정이라 할 수 있다.

- Communis : 라틴어에서 공통, 공유를 의미
- Community : 공동체

그리고, 이의 중요성은 조직의 3대 핵심요소인, Barnard(1938)/ 공통목표, 공헌의욕, 커뮤니케이션에서도 알 수 있다.

■ 브라질 룰라 대통령 (https://www.youtube.com/watch?v=CGEQDwFGGAk)

① 언행일치의 리더십

② 소통의 리더십

③ 결단의 리더십

④ 국민 기를 살리는 리더십

■ 커뮤니케이션의 기본 지침

① 진실된 마음의 자세

당장의 성과는 없더라도 진실이 전달되는 커뮤니케이션은 진정한 인간관계를 맺도록 해주는 중요한 단초
https://www.youtube.com/watch?v=gIkoNz0sQ0U

② 기다림

말은 당장에 할 수 있으나 나의 감정이 상대의 마음에와 닿도록 전달하는 것은 시간이 걸릴 수도 있음

③ 믿음

신뢰(Trust) ⟹ 4C : 관심갖기(Caring) + 약속(Commitment),
　　　　　　　명확성(Clarity) + 일관성(Consistency)

대화 ?	카운슬링 ?
교육 ?	판매 ?
설교 ?	

효과적인 커뮤니케이션 방법_**20**가지 사례

1. 목표설정 시에는 직원들과 함께 설정

2. 일을 훌륭하게 끝냈을 때 의미있는 포상

3. 개인적인 시간을 함께 함

4. 직원들의 일터에서 직원들을 직접 만나라

5. Open mind, 직원들의 논점을 이해하도록 노력

6.기밀이 아닌 정보는 직원들과 공유

7. 잘못된 점을 잘된 점으로 상쇄하고, 그 기회를 통하여 경험 습득

8. 80%의 시간을 듣고 **20%**의 시간을 말한다

9. 루머에 대해서 물어보고, 그것에 대해서 이야기 하도록 한다.

10. 직원들이 효율성을 높일 수 있는 기회를 이해하고, 그 기회를 살펴라

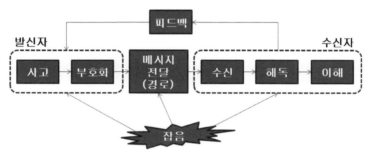

[그림 3.14] 커뮤니케이션 경로

출처 : 율리우스 카이사르

커뮤니케이션의 장애요인

1) 준거틀(**Frame of reference**) : 경험을 바탕으로 그 내에서 해독

2) 매체 : 어려운 전문용어, 애매한 제스처, 어의선택

3) 여과 : 미리 조작, 변형

4) 선택적 지각 : 수신자가 개인적 특성에 따라 받아들이는 것 다름

5) 감정 상태 : 놀람, 기쁨, 슬픔...

6) 시간적 제약

7) 정보량 과다

8) 매체 간 불일치 : 말, 제스처, 도표 등 매체간 불일치로 인하 혼동

07_창업경영과 기업가정신

7.1 창업경영에서 성공하려면

신설기업을 창업하는 기업가나 혁신적인 경영방식을 도입하는 기업가는 기존기업을 경영하는 일반경영자들에 비해 경영관리상 남다른 시각과 입장을 지닌다. 창업경영(Entrepreneurial Management)의 핵심적인 특징은 현재 갖고 있는 자원의 유무에 상관없이 사업기회를 적극적으로 추구하려는 경영방식이라고 할 수 있다. 스티븐슨은 기존기업의 관리적 경영(Administrative Management)과 창업경영을 비교하기 위해서 전략적 관점, 기회에의 대처, 자원의 투입 과정, 자원통제의 개념, 경영관리 구조 및 보상정책 등 여섯 가지의 차원을 제시하고 있다.

① 전략적 관점

전략적 관점은 기업의 전략설정을 추진하는 요인들을 말한다. 기존기업의 일반적인 경영자는 주어진 자원의 한계 내에서만 사업기회를 찾으려는 경향을 보인다. 기존의 기업이라도 과거의 사업기회가 급격히 사라지고 있다든지 기술, 소비자 기호, 사회적 가치, 정치적 환경 등이 급속히 변화하는 상황에서는 기업 내에 이러한 창업기업가의 경영마인드가 요구된다.

② 기회에 대처

일반경영자는 일단 설정된 사업기회에 대해서 매우 장기적으로 대처하고 형태상의 변화를 거의 보이지 않는 경향이 있다. 반면 창업기업가는 단기적인 관점을 가지고 기회를 재빠르게 추적하는 혁명적 행동지향성을 지닌다. 이러한 창업기업가의 성패는 그가 얼마나 자신의 사업 분야를 잘 아느냐에 달려있다. 왜냐하면 사업기회와 분야의 변화패턴이 완성되기 이전에 이미 남들보다 이를 빨리 인식하고 신속하게 추구해야 하기 때문이다.

③ 자원의 투입

자원의 투입에 있어서 창업기업가는 주요 의사결정단계에 따라 다단계로 자원을 투입함으로써 단계별로 최소한의 투입을 하고자 한다. 주변상황이 매우 유동적일 때에는 창업경영방식으로 다단계 자원투입을 하는 것이 시장, 경쟁 환경 및 기술 등의 변화에 적응할 때 결정적인 우위를 창출할 수 있다.

④ 자원의 통제

자원의 통제에 있어서 창업기업가에게 필요한 것은 자원의 소유보다는 자원을 실제로 활용할 수 있는 능력이 중요하다. 관리적 경영을 하는 일반경영자는 기업이 직접적으로 소유하는 자원의 한계 내에서만 경영활동을 고수하려는 경향을 보인다. 반면 창업기업가는 자신의 자원뿐만 아니라 남의 자원도 마치 자신의 것인 양 활용하는 방식을 습득하며, 필요에 따라 어느 시점에서 필요자원을 사내에 유치할 것인가를 결정하는 능력을 갖는다. 즉, 특히 한정된 자원을 활용해야 하는 창업기업의 경우 무엇을 직접 생산하고 무엇을 외주할 것인가 하는 의사결정(Maker or Buy Decision)을 효과적으로 해야 할 뿐만 아니라 기술, 아이디어 및 인맥 등을 외부 조달할 경우도 이에 대해 직접적인 금전적인 대가를 치르지 않고서도 얻을 수 있는 융통성과 능력이 요구된다는 것이다.

⑤ 경영관리구조

경영관리구조에 있어서 일반경영관리자는 공식적이고 수직적인 위계구조 하에서 주어진 권한을 행사하고 책무를 수행하며 필요에 따라서 의사결정을 하부에 위임하게 된다. 창업가는 이에 반해서 다양한 비공식망을 접촉하기 위해 수평적인 구조를 창출하고 탄력적인 경영을 유도한다. 이를 통해 기업이 직접적으로 통제하지 못하는 자원을 원활히 조달하고 조정한다.

⑥ 보상 정책

보상 정책에 있어서는 창업경영방식은 한마디로 가치 지향적이라고 할 수 있으며 가치의 창출과 수확에 초점을 맞추고 성과에 따른 보상을 추구한다. 이는 창업기업에서 일하는 종업원들의 개인적 기대에 부응할 뿐만 아니라 투자재원의 조속한 회수를 바라는 투자자의 요구에도 걸맞은 것이다. 또한 많은 경우 성과가 팀워크에 의해 결정되기 때문에 창업기업가는 팀중심의 경영을 지원한다. 반면 관리적 경영방식은 가치창조보다는 지위와 신분보장을 위한 의사결정을 하는 경향이 있다.

자료제공 : 경희대학교 연승호교수/경기정보산업협회 정보산업융합기술원 부원장

7.2 성공 창업기업의 기업가정신

과연 신생 창업기업의 성공요건은 무엇인가? 로자베스 캔터(Rosabeth Kanter)는 이에 대해 9F를 제시하였다. 변화의 속도는 계속 빨라지고 있다. 첨단 산업경제는 지식기반이다. 제품수명이 갈수록 짧아지고 있다. 기술혁신의 속도는 정신이 없을 정도이다. 정부규제와 정책도 계속 바뀐다. 국가간 통신과 여행도 갈수록 쉬워지고 저렴해지고 있다. 소비자는 점점 똑똑해지고 있다. 성공은 고사하고 살아남기라도 하려면 민첩하고 재빠르게 움직여야 한다. 경영전략분야의 권위자인 톰 피터슨(Tom Peters)는 월마트가 시어스를 미국 최고의 백화점 체인 지위에서 밀어낼 당시 월마트에는 관리조직이 3단이었고 시어스는 10단이었다고 지적한다. 10개 계층의 두껍고 복잡한 관리조직을 가진 기업이 3개 계층으로 간소화된 기업을 이기기는 힘들지 않을까? 조직을 얇고 평평하게 유지해야 한다. 빠른 결정, 유연성, 낮은 간접비를 가질 수 있을 것이다.

작은 규모의 기업가적 기업은 혁신을 주도한다. 어떤 사업을 하든지 소비자, 직원, 공급자들이 행복하지 않다면 성공할 수 없다. 이는 친절한 기업을 만들어야 한다는 뜻이다. 기업의 모든 구성원, 고객을 직접 대면하는 직원들은 친절해야 한다. 빌게이츠도 창업한지 20여 년이 흐른 1990년대 중반 새로운 인터넷 기업들로 인해 도전을 받는다. 그 중 대표적인 것이 네스케이프의 네비게이터 웹브라우저였는데 마이크로소프트는 6개월이 채 안되는 기간에 이에 필적할만한 제품을 만들어 냈다. 일을 즐기는 것은 기업을 혁신적으로 유지하는데 필수적인 요소 중 하나이다. 마이크로소프트 직원들은 자신들이 일을 즐기지 못했다면 날을 새가며 네스케이프를 따라잡으려고 하지 않았을 것이다. 이미 거대기업이 된 마이크로소프트는 아직도 혁신마인드를 가지고 있다. 대부분의 신생기업들이 9개의 F를 가지고 시작한다. 중요한 것은 이를 유지하는 것이다. 성공하는 기업들은 그것들을

유지하고 키우기 위해 노력한다. 창업초기의 도전정신, 혁신 마인드, 그리고 민첩성을 유지하는 것이 성공하는 비결이다.

출처 : 단국대학교 정보융합기술창업대학원, '기업가정신과 창업' 저자 남정민 교수

■ N3N 엔쓰리엔 / (주)netKTI(www.kti.co.kr)

엔쓰리엔은 회사를 1999년 6월 설립하여, 사무실을 한국(HQ), 미국, 일본, 베트남에 두고 있다. 자회사로는 N3NUS, N3N Global, N3N Clou 등이 있다. N3N은 고객이 보고 싶어 하는 현장의 모든 데이터(영상, 센서, DB, 로그 등)를 종류에 상관없이 수집해, 가장 직관적인 방식으로 표현하여 인사이트를 제공하는 것을 목표로 하는 글로벌 데이터 기업이다.

N3N은 고객이 보고 싶어 하는 모든 데이터를 모아, 가장 이해하기 쉬운 형태로 표현하고자 한다. (주)netKTI (넷테이티아이)의 김성용 대표는 이러한 기술로 클라우드 센터를 운영하고 있으며, 또한 현재 KT의 1차 클라우드 벤더 사업자로 솔루션을 공급하고 있다.

[그림 3.15] 영상 및 IoT 빅데이터 플랫폼
출처 : ㈜N3N/(주)netKTI 김성용 대표

1999년 설립 이래 독보적인 영상 특허를 바탕으로 Video Intelligence 기술을 개발해 오고 있다. 스마트팩토리, 스마트시티, 고객경험 등 모든 산업에 걸쳐 축적한 다양한 경험과 우수한 연구개발 인력을 토대로 Digital Transformation 시대 혁신적인 Intelligence 플랫폼을 고객사에 제공한다. 그 결과 글로벌 기업들로부터 기술력을 인정받아 다수의 프로젝트를 진행했고, 시스코로부터 기술투자도 유치하였다.

5G, 인공지능 서비스를 운용하기 위한 필수 인프라는 클라우드 기술이다. 엔쓰리엔은 엔쓰리엔

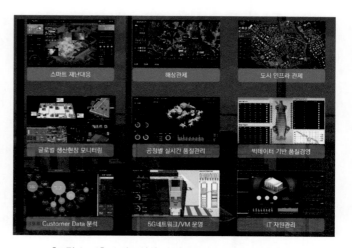

[그림 3.16] 스마트시티, 스마트공장 등 빅데이터 플랫폼
출처 : ㈜N3N/(주)넷케이티아이

클라우드를 통해 GPU 기반의 클라우드 및 네트워크 기능 가상화 기술을 확보하고 있다. 이를 통해 인공지능 기술(머신러닝 플랫폼 등) 활용의 가장 큰 장벽인 구축 및 운영비용을 줄이는 노력을 기울이고 있다.

■ 윌토피아 지윤정 대표와 기업가정신

윌토피아 지윤정 대표는 10년간 오프라인 중심의 기업 교육 컨설팅 사업을 해왔다. 거래고객사도 500여개가 넘고 강의를 맡겨온 파트너 컨설턴트도 20여명이 되었다. 그 상태로도 사업을 유지하는데 큰 어려움이 없다. 큰돈을 버는 일은 아니지만 자금이 많이 드는 일도 아니고 리스크를 짊어질 이유가 없었다. 하지만 코로나 이후 오프라인 프로젝트가 대폭 축소되면서 과감한 트랜스포메이션을 실행했다. 잃을게 없는 자가 무에서 무언가를 만드는 것도 대단한 용기지만 이미 가진 자가 기득권을 포기하고 새로움을 시도하는 것도 대단한 용기다. 지윤정 대표는 CXon(www.cxon.co.kr) 이라는 콘텐츠 큐레이션 구독형 서비스를 준비했다.

고객접점 분야 종사자의 넷플릭스!! 고객접점 분야의 TED!!라는 모토를 걸고 10분 이내 교육영상 200개를 업로드한 교육용 영상 플랫폼이다. 지대표는 "온택트시대를 맞아 20세기는 노동하지 않는 사람이 가난했다면 21세기는 공부하지 않는 사람이 가난해질 것이다"라고 말한다. 고객은 점점 까다로워지고 있고, 인공지능 기술은 점점 똑똑해지고, 회사는 점점 난이도 높은 업무성과를 요구하는 실정에 누구보다 교육과 학습이 중요한 고객접점 분야의 종사자들을 위해 기업가 정신을 발휘했다. 기업가정신에서 말하는 기회란 때를 기다리는 것이 아니라 가능성을 창조하고 기회를 스스로 개발하는 사람이다.

지 대표는 CXon을 개발하게 된 동기가 "강단에서 변하라고 외치지만 말고, 실제 업무중에 부스 곁에서 늘 기억하게 하고 싶었다. 고객접점 분야의 센터장, 수퍼바이저, 교육강사, 품질코칭QA 담당자 등 중간관리자들이 △조회 들어가기 전 △면담 들어가기 전 △신입 교육하기 전 △팀 미팅하기 전 △고객 불만처리 전화하기 전 스스로 학습하고 활용하는데 중점을 뒀다."고 말한다.

네트워킹 세상에 ICT 기술과 10년간의 경험 콘텐츠를 결합하여 지대표는 앞으로의 계획을 세 가지로 피력했다.

첫 번째, 컨택센터 구성원을 위한 하이브리드 러닝을 전개할 것이다.

CXon에 수록된 200여개의 교육영상을 통해 지식을 습득한 구독자들이 적용하고 발견한 것을 나누는 집단지성이 결합되어야 한다. 바로 하이브리드 방식으로 온라인 영상 수업 + 오프라인&실시간 라이브 세미나를 결합하는 것이다.

두 번째, 실무자들의 경험 공유 플랫폼으로 확장할 것이다.

현재는 전문 강사들의 콘텐츠가 많지만 궁극적으로는 각 분야별 컨택센터 실무자들의 노하우와 현장 사례를 더 확장해 나갈 것이다. 혜안 있는 논객의 식견도 중요하지만 바로 앞 선배의 길라잡이가 더 자극이 될 때가 있기 때문이다.

현장 실무자들이 실제 업무를 하면서 맞닥뜨리고 헤쳐 나갔던 경험과 케이스들을 나누면서 업계와 업종을 넘나들며 소통하는 컨택센터를 만들고 싶다. 고객은 인터넷을 통해 기차와 병원 서비스를 비교하고, 카드사와 게임 서비스를 비교한다. 우리도 내 업무와 회사 안에 갇혀서 힘들어할 때가 아니다. 은행 컨택센터와 병원 컨택센터는 어떻게 다른지, 대기업 컨택센터와 스타트업 컨택센터는 서로에게 무엇을 배워야 할지 나누고 공유하는 장이 되겠다.

세 번째, 액션러닝 콘테스트 플랫폼으로 확대할 것이다.

인풋은 아웃풋이 있을 때 그 빛을 발한다. 학습으로 인풋한 것은 아웃풋으로 나타날 때 동력이 생기고 가속이 붙는다. CXon은 학습으로 끝나는 것이 아니라 학습한 것의 결과를 공유하고 선보이고 인정받는 기회를 만들 것이다. 학습 우수자를 발굴하여 박수치고 축하할 것이다.

일례로 CXon이 5월부터 오픈하는 "마이콘(MYCon : Make your Contents)" 과정은 자신만의 콘텐츠를 만들 수 있도록 교육영상과 원격 코칭을 병행하여 궁극적으로는 자신의 콘텐츠 발표회를 가질 것이다. 이처럼 각 콘텐츠들에 대한 경험과 적용 결과를 공유하는 다양한 콘테스트를 개최하여 업계의 지식을 발굴하고 나누는 장이 될 것이다.

■ "인터넷난중일기"와 기업가정신

이 책은 믿기 어려운 인터넷의 대서사시다. 이 책은 인터넷에서 자신의 모국어를 사용하기 위해 비전을 지니고 싸우고 있는 기업인의 생생한 이야기를 담고 있다. 그는 자신의 꿈을 실현하기 위해 기만적인 정의, DNS(도메인네임 체계)의 결함을 이용하는 약탈자들 그리고 초국가적인 독점 세력들과의 싸움을 견뎌내야만 했다.

인터넷난중일기 저자 이판정 대표는 95개국 자국어도메인(한국은 한글도메인)을 개발하여 세계화하고 있는 넷피아 대표이사를 맡고 있다. 모바일 시대를 맞아 넷피아 창립 26년의 글로벌 노하우를 기반으로 확장된 모든 기기에 가장 적합한 인터넷 도메인 네임 Realname Domain을 개발하고 있다.

본 저자인 단국대학교 양재수 교수는 이때 한국통신(KT)의 인터넷시설부장, 인터넷사업국장을 역임하고 있었고, 아시아 8개국통신사업자 연합통신조정위원회 MAC(Meeting of Asain Carriers)의 동남아 인터넷분과위원장을 맡아 Asia Internet eXchanger Gateway(AIX) 의장을 맡고 있어서 이 내용을 잘 이해하고 있다.

■ 모바일 음성입력 최적합 도메인

[이판정] 모바일은 휴대성과 이동성이 특징이라 입력방식 중 음성입력이 가장 편한 방식이다. 음성입력 시대이기에 음성으로 인식하는 도메인네임은 자연어도메인 이거나 넷피아가 23년 전에 개발한 자국어도메인네임이 그나마 가장 적합한 음성공학적 메카니즘이라 인류의 음성입력 패턴구조에 의한 자연적으로 구현된 표준적 방식이다. (기존 도메인은 .(닷)으로 구분하고, 다양한 gTLD 및 ccTLD, 2LD 등 이기에 음성에는 적합도가 떨어짐) (삼성.회사.한국) (삼성.한국) VS <삼성>

참고문헌

- 강현국, 고려대학교 전자 및 정보공학과 교수, TTA 자료마당
- ETRI, 차세대미래기술연구부 방승찬, 한국정보통신설비학회 발표자료 중에서
- 양재수, 주대준, "광대역 통합 네트워크 서비스", 전자신문사, 2006
- 조선비즈 박진우 기자, 2021.03.02., https://biz.chosun.com>
- BEXUS Network Battle with Deep State 및 벤자민 월커슨 박사
- https://jaebok.tistory.com/55 [발자취]>
- "Great Place to Work" https://www.greatplacetowork.co.kr/kr/
- 양재수, 전호인, "유비쿼터스 홈 네트워킹 서비스" 전자신문사, 2004

EXERCISE

1. 컴퓨터 네트워크에서의 스위칭 종류와 기능에 대해 기술하시오.

2. 컴퓨터 네트워크 계층의 종류와 기능에 대해 설명하시오.

3. 인터넷 계층구조와 프레임 구조에 대해 구조 그림과 함께 설명하시오.

4. 인터넷 TCP/IP 프로토콜의 기능과 역할에 대해 설명하시오.

5. 인터넷 라우팅과 관련 주요 프로토콜에 대해 체계적으로 구분하여 약술하시오.

6. 인터넷에서 HTTP(Hypertext Transfer Protocol)와 SIP(session initiation protocol)의 정의와 역할에 대해 설명하시오.

7. 컴퓨터 네트워크와 연관하여 인터넷 계층 구조에 대해 구분하고, 각각의 기능에 대해 설명하시오.

8. 인터넷 TCP와 UDP에 대해 기능과 특징을 비교 설명하시오.

9. 차세대 이동통신에 있어서 LTE와 5G 이동통신 개념과 특징을 비교 설명하시오.

10. 컴퓨터망에서의 서버 해킹과 컴퓨터 데이터 조작은 어떻게 가능한지 설명하시오.

11. 네트워크 보안 공격에 어떤 종류가 있는지 구분 나열하고, 각각 동작이나 기능에 대해 기술하시오.

12. 컴퓨터 정보보안과 보안대상 기술에 대해 설명하시오.

13. 정보보안의 3대 보안 구분과 각각에 대한 특징 및 각 취약 공격 유형에 대해 설명하시오.

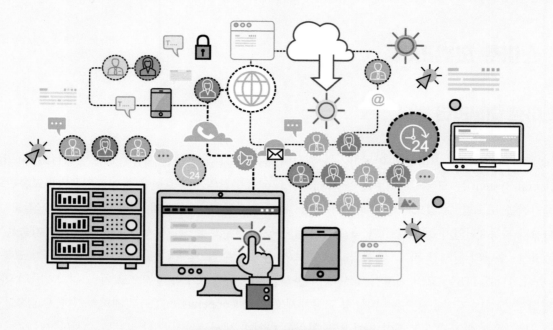

CHAPTER 4
스마트 모빌리티 및
미래융합기술과 액셀러레이팅

- 스마트 모빌리티(Smart Mobility) : 스마트 모빌리티란 최첨단 충전, 동력 기술이 융합된 소형 개인 이동 수단을 의미한다.
- 지능형교통체계(ITS, Intelligent Transport System) : 지능형교통체계는 교통시설의 이용을 극대화하고 교통수단의 수송효율을 높이는 한편, 국민의 교통편의 증진과 교통안전을 도모할 수 있도록 교통체계의 운영·관리를 자동화·과학화하는 체계로서 도로·철도·공항 등 교통시설과 자동차·열차 등 교통수단 등 교통체계 구성요소에 교통·전자·통신·제어 등 첨단기술을 적용하여 교통시설·수단의 실시간 관리·제어와 교통정보의 실시간 수집·활용하는 환경 친화적 미래형 교통체계이다.
- 액셀러레이팅(accelerating) : 초기 단계의 기업이 빠르게 성장할 수 있도록 도와주는 즉, 기업의 성장을 가속화 해준다는 의미이다.
- 스타트업 회사(startup company) : 혁신적 기술과 아이디어를 가진 기업을 말한다. 미국 실리콘 밸리에서 생겨난 용어로 고위험, 고수익, 고성장 가능성을 지닌 인터넷과 기술 기반의 혁신 기업을 지칭한다.
- 벤처(Venture) 기업 : 고도의 전문 능력, 창조적 재능, 기업가정신을 살려 대기업에서 착수하기 힘든 분야에 도전하는 기술 기반 신규 기업을 지칭하는 용어이다.

01__스마트 모빌리티

1.1 스마트 모빌리티 정의

사람들은 보다 안전하고 편리하게 이동하기를 원하며, 첨단 ICT와 접목된 지능형교통체계(ITS, Intelligent Transportation System)는 교통시설의 이용을 극대화하고 교통수단의 수송효율을 높이고, 국민의 교통편의 증진과 교통안전을 도모할 수 있도록 교통체계의 운영·관리를 자동화·과학화하는 체계이다. 도로·철도·공항 등 교통시설과 자동차·열차 등 교통수단 등 교통체계 구성요소에 교통·전자·통신·제어 등 첨단기술을 적용하여 교통시설·수단의 실시간 관리·제어와 교통정보의 실시간 수집·활용하는 환경 친화적 미래형 교통체계라 할 수 있다. 1세대 ITS는 고정식 검지 및 단방향 통신을 활용하며 ICT의 발전으로 차량 위치기반의 이동형 검지 및 양방향 통신에 기반을 둔 협력 지능형 교통체계(C-ITS, Cooperatvie ITS)로 진화하였다. C-ITS의 등장으로 도로, 차량, 운전자 간의 연관성이 높아졌고, 차량은 다양한 센서로부터 직접 정보를 수신하거나 노변의 기지국이나 CCTV를 통하여 교통 상황을 확인할 수 있다.

[그림 4.1] 스마트 모빌리티의 새로운 변화

출처 : 서울시립대 이동민, 2020

스마트 모빌리티는 기존의 이동수단에서 AI, IoT, BigData 등 ICT 혁신 기술이 융합되어 편의성, 자동화, 맞춤화, 개인화된 서비스를 제공하는 체계이다. [그림 4.1]에서 산업혁명에 따른 스마트 모빌리티의 새로운 변화를 나타내었다. 스마트 모빌리티는 실시간 데이터 수집 및 데이터 흐름 관리, 메타 관리, 분석 등의 데이터 통합관리를 위한 스마트시티 데이터 허브 시스템이 구축될 것이고, 다양한 이동수단이 연계된 통합 플랫폼을 도입하여 실현 가능한 통합 모빌리티가 구현될 것이다. 그리고, V2X에 관련된 업체들은 켐트로닉스, 이씨스, 아이티 텔레콤, 세스트 그리고 성우 모바일 등이 있다.

1.2 스마트 모빌리티 서비스

스마트 모빌리티 서비스는 스마트시티의 추진, 공유경제의 부상, 개인형 이동수단의 다양화, 자율주행 기술의 발달로 인하여 성장 단계로 진입하고 있는 상황이다. 스마트 모빌리티를 구성하는 핵심요소인 이동수단은 통행자와 결합되어 교통정보를 수집, 개인의 환경에 맞는 주변상황 파악하는 역할을 수행한다. 즉, 스마트 기기를 활용하여 이용대상인 사용자와 차량이 요구하는 교통관련 정보와 차량 제어 및 관리에 필요한 정보와 물리적 환경에 따라서 차량 간, 차량과 인간, 차량과의 인프라 간의 인터페이스에 의하여 전달되는 모든 정보를 수집하는 것이다.[1]

<표 4.1> 스마트 모빌리티 서비스 분류

출처 : 서울연구원 보고서, 2020

구분	서비스명	구분	서비스명
스마트 도로운영	스마트 횡단보도	친환경	Vehicle3Grid
	긴급차량 우선신호 시스템		전기버스 도입
	스쿨존/실버존안전 서비스	통합 모빌리티	통합교통 정보 · 예약 · 결제앱
	스마트교차로 신호		게이트프리
	영상분석 기반 우회도로 안내		교통약자 최적 경로안내
스마트 대중교통	수요응답형교통 서비스	공유 모빌리티	승차공유 서비스
	자율주행 셔틀버스		공공 PM 도입
	대중교통 보행자 검지 및 우선 멈춤 알림 서비스	스마트 물류	도심 수하물 이동서비스
스마트 주차	주차장 위치 · 여유공간 안내 및 예약		소형 물류로봇 도입
	스마트 단속 시스템		트럭 군집운행

02_C-ITS 기술과 서비스

2.1 C-ITS 개요

정보 · 통신 기술발전으로 인해 '고정식 검지 및 단방향 통신'을 활용하는 1세대 ITS에서 '차량 위치기반의 이동형 검지 및 양방향 통신'을 통해 사전 대응과 예방이 가능한 교통안전 중심 기반을 둔 C-ITS[2](Cooperative-

---

[1] 서울시 스마트모빌리티 서비스 도입방안, 서울연구원 2020.2
[2] 김광호, "지능형교통체계의 패러다임 변화를 고려한 첨단도로 인프라 관리방안," 국토정책 Brief, 2016.11

Intelligent Transport System)인 지능형교통체계로 진화하였다.

C -ITS의 도입으로 인해 '자료의 수집 주체'와 '정보를 표출하는 주체'의 불일치가 빈번하게 발생할 수 있으며, 각 운영 주체의 독립성과 주체 간 상호 신뢰가 중요해졌다. 운전자의 안전 향상을 위한 첨단운전지원시스템을 통해 차량 간 간격 유지, 차로 유지, 비상 제동 등 낮은 수준의 자동화 서비스가 이미 상용화되었다. 관련 업체들은 차량 자동화의 핵심기술요소인 센서, 제어기, 소프트웨어 알고리즘, 전자 정밀지도 등의 고도화를 위한 연구 개발 및 검증을 추진 중이다.

주요 선진국들은 C-ITS와 차량 자동화를 접목한 협력형 자율주행시스템인 '차량-도로 자동화'를 구현하기 위한 연구개발 및 시범사업을 추진하고 있다. 차량 자동화에만 의존하는 독립형 자율주행차량은 그 인지 범위가 시·공간적으로 제한되기 때문에 안전 측면의 보완이 필요하다.

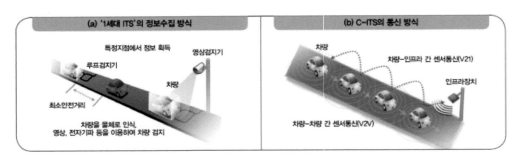

[그림 4.2] 1세대 ITS와 C-ITS의 주요기술방식
출처 : 국가경쟁력강화위원회 2012, ITS 발전전략

C-ITS 및 '차량-도로 자동화'의 활성화를 위해 대상 서비스에 적합한 통신기술이 선택되어야 하며, 다양한 통신매체를 수용할 수 있는 개방형 기술 프로토콜이 적용되어야 한다. 정적인 기하구조 정보와 교통정보, 노면 기상 등의 동적 정보에 관한 데이터베이스들을 연계하여 지도 관련 정보들을 통합적으로 수집 및 가공할 수 있는 시스템을 구축·운영할 필요가 있다. 교통관리센터의 성능개선 및 용량확충이 요구되며, 안전 위협요인에 대한 신속한 대응을 위해서 차량 간 또는 차량과 노변 인프라 간 국지적 통신도 가능해야 한다. 개별 차량으로부터의 정보 수집이 확대됨에 따라 해킹 또는 개인정보 침해에 대응하기 위한 정보·통신 보안 인증 및 네트워크 관리의 강화가 필요하다.

2.2 5G 기반 C-ITS

최근 이동통신을 기반으로 C-ITS를 구현하기 위한 움직임이 활발하다. C-ITS의 경우 실시간 데이터 송수신을 위해 많은 양의 데이터를 필요로 하고 있어 초고속, 초연결, 초저지연을 특성으로 하는 5G가 솔루션으로 주목받고 있다. 인텔의 분석에 따르면 자율주행 차량이 발생시킬 데이터양은 하루 동안 4,000GB가 될 것으로 예상되는데 전자파로 거리를 인식하는 레이더와 초음파로 주변사물을 보는 소나만 해도 매초 10~100KB의 데이터를, 차량의 위치를 알려주는 GPS는 초당 50KB, 안개 등 시야가 확보되지 않은 장소에서 유용하게 쓰이는 레이저빔인 라이다가 초당 10~70MB의 데이터를 발생시키고 있다.

전문가들 역시 완전 자율주행차가 방출하는 데이터가 시간당 4TB에 이를 것으로 예상하고 있으며 5G의 이론적 최고 속도는 20Gbps로 초당 약 2GB, 시간당 약 8,300GB의 데이터를 내려 받을 수 있어 3~4TB의 데이터 중 클라우드로 꼭 보내야하는 정보를 잘 선별한다면 5G 통신만으로도 클라우드 내에서 완전한 분석과 안전조치를 취할 수 있을 것으로 판단하고 있다.[3]

5G 기반 C-ITS 시장에서 각광 받는 Critical IoT[4]는 전기차, 유비쿼터스, 무선환경, 차량공유 등으로 표현되는 무인 자동차 기술은 최근 성숙 단계로 접어들면서 자율성이라는 개념으로 재정립되고 있다. 5G에서 가장 각광 받는 분야인 Critical IoT 시장은 원격 주행에서 99.999%의 연결성과 1ms의 저지연성을 만족시키기 위해 네트워크 단계에서 에지 컴퓨팅 기술을 적용하는 기술을 개발 중이다.

C-ITS를 위한 무선네트워킹은 차량-차량 간(Vehicle to Vehicle : V2V), 차량-인프라간(Vehicle to Infrastructure : V2I), 차량-보행자 간(Vehicle to Pedestrian : V2P) 등으로 구분할 수 있으나 이들을 통칭하여 V2X(Vehicle to Everything)라고 부른다. V2X 통신기술은 고속 주행 상황에서도 실시간 통신이 가능하고 충돌 직전

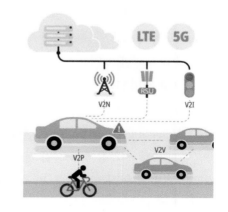

[그림 4.3] C-ITS 의 실시간 데이터 전송을 위한
5G 기반 네트워크 활용
출처 : TTA

에 차량 간 직접 통신으로 상황을 전파할 수 있는 성능조건을 요구하는데, 현재 대부분 국가에서 IEEE 802.11p 무선통신 기술 기반의 WAVE(Wireless Access Vehicle Environment), ITS-G5 등과, 3GPP 셀룰러 무선통신 기술 기반의 C-V2X(Cellular-V2X)를 가장 많이 고려하고 있다.

WAVE와 ITS-G5는 차량 환경에 적합하도록 무선랜 기술을 수정한 것으로 현재 유일하게 상용화가 가능한 통신기술이다. 셀룰러 기반의 C-V2X는 LTE 기술을 활용하는 차량용 통신 시스템으로 2014년 말부터 표준화 작업이 시행되어 2017년 6월 Release 14를 통해 첫 표준화가 완료되었고, 현재 5G 기반의 NR-V2X에 대한 논의가 진행되고 있다.[5]

향후 V2X 서비스와 관련한 주요기술들은 C-ITS뿐만 아니라 자율주행을 위한 기술의 고도화까지 이어질 것이며 이 과정에서 5G 통신이 중요한 역할을 하게 될 것이다. 그러므로 5G 통신 기반의 5G-V2X OBU(On Board Unit, 차량단말기), 5G-V2X 차량용 통합안테나, 노변통신장치(RSU, Road Side Unit) 등의 단말·장비의 개발이 필요하며, 정밀지도와 정밀 측위를 바탕으로 하는 디지털 인프라 조성, 그리고 정보보호와 보안에 대한 준비가 필요하다. 궁극적으로는 도로교통 체계의 지능화는 V2X를 통한 빅데이터를 인공지능(AI)이 얼마나 잘 활용하느냐가 핵심이 될 것이다.

---

3) 최인영, "60년 만에 현실된 자율주행, 5G 기반 C-ITS로 완성될까?", e4dsnews, 2019.12
4) 박동주, 박병성, "5G 네트워크 기술 현황 및 진화 방안, ICT 신기술, 2019
5) 유영상, "도로교통 체계의 지능화," ETRI insight 국가지능화 특집, 2019

03_자율주행차의 요소기술과 미래전망

3.1 자율주행차 개요

자율주행차는 첨단 센서와 알고리즘을 사용하여 안전한 주행을 약속하는 기술이다.[6] 따라서 자율주행차의 도입으로 교통사고로 인한 사상자 수는 급격하게 줄어들 것으로 기대할 수 있다. 또한, 전기자동차 기술을 차용하여 환경에 유해한 매연을 발생시키지 않고, 크린 에너지를 효율적으로 사용하는 환경보호 기술의 대표 사례가 될 것으로 전망된다. 매년 천문학적인 재정이 소모되는 교통 인프라 유지보수 비용도 극적으로 줄어들 것으로 예상되고, 주차에 필요한 도심의 공간 부족 문제도 해결할 수 있을 것이다. 지능형교통시스템(ITS)과 연계되고 V2X(Vehicle to Everything) 통신을 적극적으로 활용하여 차량 간 안전거리 감소 및 질서 있는 흐름을 통해 교통혼잡과 주행 시간을 감소시킬 것이다.

새로운 기술의 변화는 새로운 편익을 제공하는 것과 동시에 다양하고 예상하기 어려운 문제점들도 발생시킨다. 자율주행차는 기존 교통 환경과 교통 산업의 생태계를 근본적으로 변화시켜 효용을 극대화 시키려고 한다. 먼저 바퀴 달린 컴퓨터라 할 수 있는 자율주행차의 데이터 보안과 개인정보보호 문제가 사회적 이슈로 떠오를 것이다. 자율주행차의 핵심인 인공지능 시스템과 소프트웨어가 안전성을 충분히 확보하지 못하거나, 교통 인프라 등과의 통신 과정에서 오류가 발생할 경우 군집주행을 특징으로 하는 자율주행차들 간의 대형 교통사고 발생 가능성도 무시할 수 없다. 이러한 사고 발생 시 법적 책임 소재의 문제는 현재 자율주행차 발전의 발목을 잡고있는 주요 현안이기도 하다. 또한, 교통사고 발생 시 운전자를 우선적으로 보호할지 어린이를 우선적으로 보호할지 등의 윤리적인 이슈도 발생한다.

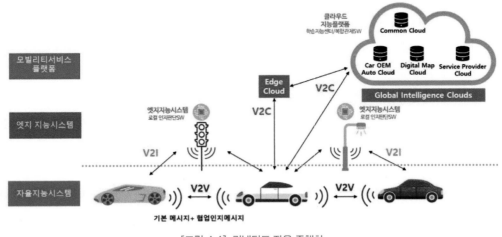

[그림 4.4] 커넥티드 자율 주행차

출처 : ETRI

---

6) 자율주행차의 최신 기술 동향 및 상용화, 2018

또한, 자율주행차를 이용하는 모든 개인의 이동 정보가 클라우드에 저장 및 공유되므로 기관을 통한 모니터링으로 강력한 사회통제의 수단으로 이용할 수 있다. 이는 현대 사회의 분리와 차별 문제를 더욱 심각하게 만드는 요인으로 작용할 수 있을 것이다.

3.2 자율주행 기술 레벨 단계 및 주요기술

(1) 자율주행차의 자동화 수준의 단계

2004년 3월에 미국 국방연구소(America's main military-research agency, DARPA)의 주관으로 모하비 사막에서 개최된 무인자동차 경주대회를 시작으로 자율주행차가 본격적으로 개발되었다. 이 경주에 참여한 스탠퍼드, 카네기멜론 대학교 등의 연구진들이 2009년 구글이 설립한 자율주행차 연구소를 비롯한 우버, 테슬라, 그리고 스타트업 기업들의 자율주행차 프로젝트를 주도하고 있다. 컴퓨팅 파워의 증가와 2005년 센서 분야에서 기술혁신이 이루어지면서 이를 바탕으로 컴퓨터비전 능력이 급속하게 향상되었다. 또한 빅데이터를 활용한 딥러닝을 통해 인공지능 시스템 분야에서도 큰 성과를 거두었다.

현재 프로토타입 자율주행차들은 개선된 센서 프로세싱 기술, 적응 알고리즘, 고해상도 맵, V2V(Ve-hicle to Vehicle) 및 V2I(Vehicle to Infrastructure) 간 통신 기술의 발전과 함께 빠른 속도로 성능이 개선되고 있다. 기술적인 측면에 있어서 통제된 환경에서의 자율주행은 이미 완성기에 접어든 상황으로 보인다.

미국 자동차공학회(Society of Automotive Engineers, SAE)는 2014년 자율주행차의 자동화 수준에 대한 여섯 단계의 가이드를 제공하였다. 이러한 구분은 현재 자율주행차 산업 전반의 관계자들에게 폭넓게 활용되고 있다.

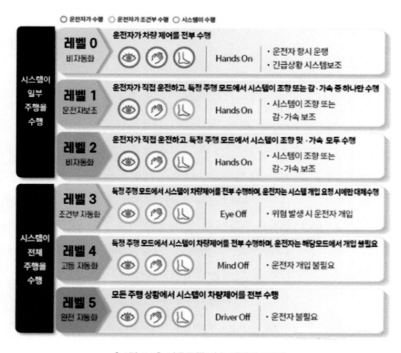

[그림 4.5] 자율주행 기술 레벨의 6단계

자율주행 기술에는 자동화 수준에 따라 정해진 단계가 있다.[7] 0단계는 자동화 관련 어떤 기술도 적용되지 않은 자동차들이 속하는 수준이다. 1단계는 현재 대부분의 차에 적용되고 있는 운전자 보조 기술들이 적용된 자동차 수준을 의미한다. 2단계는 부분적 자동화의 단계로, 첨단 운전자 보조 시스템(Auto Driver Assistant System, ADAS) 기술이 적용된 자동차 수준이다. 3단계는 제한된 조건하에서의 자율주행의 단계로, 운전자는 돌발 상황에 대비해 항상 대기하고 있어야 한다. 4단계는 인간의 운전에 필요한 어떠한 장치도 필요하지 않은 최고 자동화 단계로, 특정 지역과 특정 속도로만 주행이 가능한 한계가 있다. 5단계는 완전 자동화 단계로, 인간이 자동차의 주행에 대해 전혀 신경을 쓸 필요가 없으면서 지역과 속도의 한계도 벗어난 자동화를 의미한다.

현재 자율주행차의 기술 수준은 3단계에서 4단계로 넘어가는 과정에 있으며, 4단계와 5단계의 자동화가 이루어져야 앞서 언급한 편익을 우리에게 제공할 수 있는 기술 수준에 접어들 것으로 판단된다. 자율주행차는 인간과 마찬가지로 역동적인 주행 환경에 반응하여 정보를 수집하고 각종 알고리즘을 수행하여 상황에 대한 판단을 내리고 전략을 수립한다. 이러한 전략은 신속하게 주행 환경의 변화에 적응하여 조향 및 가속, 감속 등의 차량 제어를 통해 수행하게 된다. 따라서 자율주행차의 기술은 인지, 판단, 제어 기능을 중심으로 분류될 수 있으며, 이 모든 기능이 오류 없이 작동하여 안정적인 주행을 가능케 하는 데 인공지능 시스템과 소프트웨어가 중추적 역할을 수행한다.

⑵ 주행 환경 인지 기술

자율주행차는 다양한 센서들이 만들어내는 데이터에 매우 정확한 고해상도 지도와 GPS 정보를 결합하여 교통신호와 혼잡 및 장애 요소 등을 고려한 최적의 경로를 판단한다. 첨단 센서 기반 기술과 통신 기반 기술의 융합은 자율운행차의 주행 환경 인지 기술의 핵심이다. 이러한 기술들을 효과적으로 융합하기 위해 첨단 운전자 보조 시스템(Auto Driver Assistant System, ADAS)이 폭넓게 활용된다.

가. 센서 기반 솔루션

주행 환경을 인지하고 차량 주변의 사물을 인식하며 분류하고 추적 및 분석하는 기능을 구현하기 위해서는 라이다(Lidar), 레이더(Radar), 초음파 그리고 카메라 등의 첨단 센서들의 조합이 필수적이다. 이러한 센서들로부터 얻은 정보를 바탕으로 주행 환경의 고해상도 3D 맵을 구성하게 된다. 카메라는 저렴하면서도 도로표지 등을 인식할 수 있는 장점이 있지만 거리를 측정하지 못한다. 레이더는 거리와 속도 측정은 가능하지만 결과물의 디테일이 떨어진다. 라이다는 훌륭한 디테일을 제공하지만 매우 비싸고 눈과 같은 기상 환경을 구분하지 못한다는 단점이 있다. 따라서 자율주행차의 안정성과 신뢰도를 확보하기 위해서는 이들 센서의 조합이 필수적이다. 최첨단 라이다 시스템은 현재 수천만 원에 달하는 고가 장비로 테슬라의 자율운행차는 이 부품을 채용하지 않았다. 그러나 현재 실리콘밸리의 스타트업 기업이 몇백 달러에 불과한 솔리드스테이트 라이다 장비를 개발 중이고, 개발이 성공적으로 완료될 경우 자율주행차의 상용화에 절대적으로

---

7) 자율중행에도 단계가 있다. 과학기술, 과학기술정보통신부, 2021

필요한 원가 절감에 크게 기여할 것으로 보인다.

나. 통신 기반 솔루션

각 센서들이 인지한 방대한 데이터는 차량 측위와 GPS 정보와 결합되어 현재 위치를 오차 없이 파악하고 차량 주변의 고해상도 360도 3D 맵을 구현하는 데 사용된다. 이를 위해 인공위성, 주변 자동차, 교통 인프라, 클라우드 서버, 지능형 교통 시스템 등과의 빠르고 안정적인 통신이 필수적이다. 자율주행차는 V2V(Vehicle to Vehicle) 통신을 통해 다른 차들과 교통정보를 공유한다. 주행 과정에서 인지된 물체가 장애물인지 아닌지 소위 군집학습(Fleet learning)으로 불리는 과정을 통해 판단하는 것이다. 라디오파를 이용하는 근거리 전용 패킷통신(DSRC, Dedicated Short-Range Communication)은 현재 차량 간 통신 분야에서 주된 기술로 활용되는 기술이다.[8]

차량과 교통 인프라와의 통신을 의미하는 V2I(Vehicle to Infrastructure) 기술은 지능형 교통 시스템과 결합하여 교통정보를 주고받는 역할을 수행한다. 이를 위해서는 정부와 자동차 제조기업 간의 협업이 필요할 것으로 예상되며 이에 필요한 V2V, V2I에 관련된 통신 부품을 개인 차량에 의무적으로 장착하게 만들기 위한 시도는 비교적 빠른 시일 안에 법제화될 것으로 예상된다. 자율주행차의 통신 기반 솔루션은 차량 간 통신은 물론 각종 교통신호, 교통혼잡 정보, 안전운행 지역 등에 대한 인식을 바탕으로 효율적인 주행과 안정성을 제고하는 V2X(Vehicle to Everything) 통신으로 발전하고 있다.

(3) 자율주행차의 주요 요소 기술

자율주행자동차를 구성하는 주요 요소기술은 크게 환경인식 센서, 위치인식 및 맵핑, 판단, 제어, HCI 5개로 구성된다.

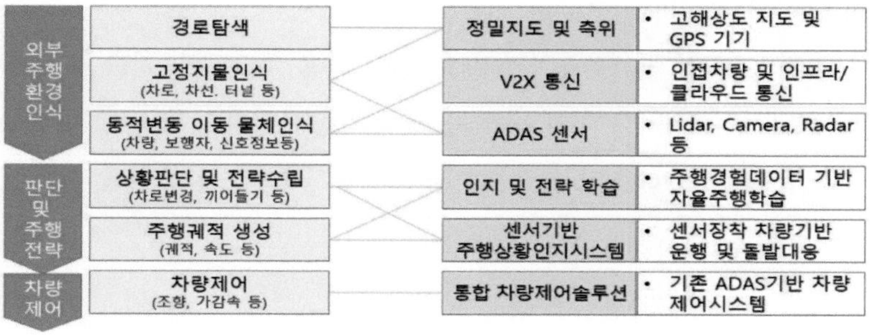

환경 인식 기술 영역에는 레이더, 카메라 등의 센서 기술 등이 포함되며 정적 장애물(가로등, 전봇대 등), 동적 장애물(차량, 보행자 등), 도로 표식(차선, 정지선, 횡단보도 등) 신호를 인식하도록 한다. 일반적으로, 인공지능 및 디지털 트윈(Digital Twin) 기술을 활용하여 공간정보를 인지하는 기술까지를 포괄하는 개념으로 사용된다. 위

[그림 4.6] 자율주행 프로세스 단계별 주요 기술
출처 : 위치정보산업 동향보고서, KISA, 2020

치 인식 및 맵핑 기술 영역에는 GPS(Global Positioning System, 글로벌 위치결정 시스템), INS(Inertial Navigation System, 관성 항법 장치), 인코더 센서, 기타 맵핑을 위한 센서 등이 포함되며, 이들은 자동차의 절대·상대적 위치 추정을 가능하도록 한다.

---

8) 김미영, "자율주행차의 최신기술 동향 및 상용화," KOSEN Report 2018

제어 기술 영역에는 운전자가 지정한 경로를 따라 주행하기 위한 조향, 속도 변경, 기어 등 액츄에이터 제어 기술 등이 포함되며, HCI 기술은 HVI(Human-Vehicle Interface)를 통한 경고 및 정보 제공 기술, 운전자의 명령 입력 기술, 인프라 및 주변차량과 주행정보를 교환하는 V2X 기술 등이 해당된다. 자율주행 자동차 산업은 시장과 정책의 성숙도에 비해 기술발전 속도가 매우 빠른 산업으로 기업들은 자율주행기술에 대해서 지속적인 관심을 가지고 변화를 수용하려는 노력이 필요하다.

3.3 자율주행차 산업 동향

IT 기업과 부품업체들의 역할이 점차 증대되면서 자동차 산업구조도 제조·판매 중심의 수직형에서 서비스 제공 중심의 수평적 구조로 변화하고 있다. 자동차 산업이 완성차 중심에서 자동차의 스마트화 진전에 따라 자율주행 시스템 등에 IT 기업과 부품업체들의 역할이 점차 증대되고 완성차와 부품공급 업체들이 수평적 협력 관계로 산업 생태계 구조 변화하고 있으며, 완성차 업체는 ICT 업체와의 협업 및 M&A 등을 적극적으로 추진하고, 이를 통해 스마트 자동차를 활용하는 비즈니스 모델을 개발 중에 있다.[9]

GM, Ford 등 기존 차량 제조사와 Google(Waymo), Mobileye, Uber 등 비제조사가 자율주행 분야에서 경쟁을 하고 있다. 기존의 완성차 제조업체는 자율주행차의 점진적 개발 전략을, Big Tech 기업들은 소프트웨어 기술을 기반으로 한 급진적인 주도권 확보 전략을 구사하면서 협업과 경쟁 관계를 유지하고 있다.

완성차 제조업체인 Daimler, BMW, VW, Toyota, Nissan, 현대, GM 등은 자율주행 초기부터 점진적인 기술 개발을 통해 기존 자동차 산업의 주도권을 유지하는 전략을 추구하고, 구글, 애플, 아마존, 우버 등 타 산업군 기업들은 전통적 자동차 제조 기술이 아닌 인공지능과 소프트웨어 기술을 기반으로 단숨에 Level 3 이상의 단계를 구현하는 전략을 추구하고 있다.

Google(IT업체), GM(차량 제조사)이 자율주행 관련 기술을 선도하는 가운데 글로벌 업체들은 2021년 전후 Level 4 수준의 자율차 개발을 목표 국내는 현대차가 2019년 미국 Aptiv와 5조원 규모의 합작회사를 설립하고 2022년까지 Level 4 이상 자율주행차 개발, 2024년 상용화를 계획하고 있다.

<표 4.2> 주요 업체 자율주행차 개발 동향   출처 : Maklines

업체명	진행 내용
Google Waymo	• 아리조나주에서 1년간 자율주행 택시 서비스 1,500건 진행하였으며 LA, 플로리다로 서비스확대 추진 중 • Waymo는 1천만 마일 주행과 100억번의 시뮬레이션을 진행
GM Cruise	• 운전대화, 가속제동 페달이 없는 Level 5 자율주행차 개발을 개발 중이며 관련 연구개발 인력을 1,000명에서 2,000명으로 증원 • 일본의 혼다는 GM Cruise 개발의 투자 파트너로서 관계 유지 중

---

9) 백장균, "자율주행차 국내외 개발 현황," 산업은행 조사월보, 2020

업체명	진행 내용
ZOOX	• 캘리포니아주 보고서에 따르면 Google, GM에 이어 3번째로 우수한 자율주행차를 개발 중 • 2019년 9억 달러의 자금을 유치, 2년내 Robo-Taxi 서비스를 시작할 계획
Tesla	• 지속적으로 Autopilot의 자동주행 기능을 개선 중으로 자동차선변경, 자동주차, 스마트 호출 기능 등이 부가된 상태 • 2019년 Computer Vision 스타트업 Deepscale을 인수
Ford	• Ford는 2017년 투자한 Argo AI를 통해 자율주행차 개발 중이며, Volkswagen사가 2019년 7월 Ford가 보유한 지분 50%를 26억 달러에 인수하면서 파트너로 참여 • 2021년 텍사스, 마이애미, Washington DC에서 자율주행차 운행 예정 • 개발 중인 자율주행차에는 Velodyne사의 Lidar, FLIR사의 열화상 카메라, Veoneer사의 부품들이 탑재될 예정
Volkswagen	• ECU를 줄이고 Car.Software에 모든 소프트웨어를 집중화시키는 전략을 최근에 발표 • 소프트웨어 자체개발 비중을 현재 10% 미만에서 2025년 최소 60% 수준으로 올릴 계획
Uber	• Toyota, Denso, Softbank Vision Fund는 Uber의 Advanced Technologies Group(Uber ATG)에 자율주행 개발을 위해 10억달러 투자 • 2018년 Uber 자율주행차 사고 이후 보수적으로 자율주행차 개발 중이며 구체적 개발 일정은 발표되지 않음
Daimler Mercedes-Benz	• 2020년 고속도로 등 특정 환경에서 자율주행되는 Level 3 수준의 DRIVE PILOT 시스템 출시 예정 • 자율주행차 개발을 위하여 부품사 Bosch와 협업하고 있으며 완성차 회사 BMW, Audi와 파트너쉽을 맺음 • Level 4의 Robo-Taxi 사업보다 자율주행 트럭 기술에 집중할 계획
Honda	• 2020년 최초로 Level 3의 자율주행차 Honda Legend를 출시할 계획이며 우선 일본 지역에만 한정
현대 기아차	• 2019년 Level 4 자율주행차 개발을 위해 Aptiv와 합작회사 설립 발표 • 현대차는 2025년까지 자율주행 기술 등 개발을 위해 41조원 투자 계획 • 현대모비스는 Level 3에 사용되는 Lidar 개발을 위해 Velodyne사에 5천만달러 투자 예정
Intel Mobiley	• Computer Vision 인식 분야에 선두를 지키기 위하여 2021년까지 후속제품군을 지속 출시할 예정 • Mobileye REM 시스템으로 유럽과 미국의 고정밀지도 Update 중임

자율주행차 관련 개별 기술개발은 기업 중심으로 이루어지나, 인프라 등 투자비가 높은 분야, 제도 정비 등은 각국 정부가 적극 지원 중이다. 한국 정부는 2019년 10월 미래자동차 산업 발전전략에서 2027년까지 완전자율주행 도로 세계 최초 상용화를 목표로 자율주행 시장을 선점할 계획 2020년 1월 세계 최초로 Level 3 기준을 마련, 2024년까지 제도, 통신, 정밀지도, 교통관제, 도로 등 주요 인프라를 완비 계획 등 적극적으로 지원 중이다.

미국은 연방교통부 중심으로 대규모 투자가 필요한 부분과 관련 법제도 정비, 인프라 구축 지원하고, 2016년 향후 10년간 교통인프라, 커넥티드 차량 테스트 지원 등에 약 40억 달러를 투자하겠다고 발표하였으며, 미시간 대학 내 M-city 조성 및 운영하고, 주정부는 매년 자율주행차 관련 법안 제정 및 개정에 적극적으로 참여하여 2017년까지 33개 주에서 관련 법안 발표하였다. 2018년 10월 연방교통부는 'Automated Vechicle 3.0'를 발표, 안전 최우선, 자율주행 생태계 조성, 파일럿 프로그램을 통한 대응 등 정책 수립의 원칙 제시하였다. 2020년 1월 38개 주정부 부처 등이 참여한 'Automated Vehicle 4.0'에서는 자율주행차 기술 진흥을 위한 첨단제조, 인공지능, STEM 교육 및 인력 배양과 협업과제인 기초연구, 관련 인프라, 규제, 세제, 지적재산권, 환경 등 광범위한 분야에 대한 방향성을 제시하였다.

EU는 ETSC(유럽교통안전위원회), ERTRAC(유럽도로교통연구자문위원회) 중심으로 표준화 추진하고 있으며, ERTRAC는 공동의 로드맵(Automated DrivingRoadmap)을 마련하였다. 미국 등과의 기술격차를 좁히고 현재 Level 3 ~ 4 수준을 달성하기 위하여 법제 정비와 테스트 인프라 구축에 집중하고 있다. GEAR 2030에서는 자율주행차 전환에 따른 노동시장 및 Value Chain 변화에 대한 대처 방안 등을 제시하였다. 2018년 5월 제3차 'Europe on the move'에서 2020년까지 고속도로 자율주행화, 2030년까지 완전 자율주행화를 로드맵으로 제시하였다.

일본은 2020년 도쿄올림픽을 실용화 목표 시점으로 삼고 기존법 재정비, 정부, 기업, 학계가 참여하는 대규모 프로젝트 추진하였다. Toyota(전반적 기술), Nissan(카메라기술기반의 자율주행), Denso(ADAS 연구)등 주요 프로젝트는 기업 주도로 진행하였다. 또한, 노령화 문제를 해결하는 수단으로 무인자동운전 이동서비스, 트럭 대열 주행 시스템 실증실험을 수행 중이다. 2025년까지 한정지역에서 무인자동차 서비스를 확대 실행하고, 2022년 이후 도쿄-오사카 구간에서 무인대열주행 사업화를 실현할 계획이다.

중국은 2016년 전동자동차 과학기술계획 5개년 계획에서 신에너지 차량, 인공지능분야 기술개발을 추진 전략을 발표하였다. 2018년 1월에는 국가발전개혁위원회는 자율주행차 3단계 발전 전략을 제시하였다. 2020년까지 관련 제도 수립, 주요지역 및 도로의 LTE 기반 V2X 차량 통신네트워크를 확보, 2025년 5G 기반 V2X 기술을 보급, 2030년 자율주행 선도 국가로의 도약을 목표하고 있다. 중국 지방정부들은 자율주행차 테스트 허가에 적극적이며 이러한 지원을 바탕으로 바이두는 중국 내 23개 도시에서 테스트를 진행 중이다.

<표 4.3> 자동차 판매 및 시나리오별 자율주행차 판매 전망(단위 : 천대) 출처 : CATAPULT Transport Sytems

구분	Car and Van			트럭			버스		
	2025	2030	2035	2025	2030	2035	2025	2030	2035
전체 판매량	110,000	120,000	130,000	4,000	4,300	4,600	900	1,400	2,200
Level 3 ~ Level 5 판매량									
공격적 전망	11,940	44,600	108,930	470	1,680	4,050	90	470	1740
중립 전망	11,880	25,200	32,340	429	900	1150	90	290	560
소극적 전망	220	3840	10,400	8	140	370	2	40	180

3.4 자율주행차 사례

(1) 해외 사례

GM 자회사인 크루즈(Cruise)가 최근 미국 샌프란시스코에서 완전 자율주행 차량을 시험 주행하기 시작했다. 크루즈가 테스트하는 자율주행차는 4단계로, 제한된 조건에서 주행과 관련된 모든 판단과 행동을 자동차가 알아서 할 수 있다. 현재 상용화된 자율주행 기술은 2단계 수준이며, 3단계 자율주행 기술을 탑재한 양산차는 2021~2022년부터 출시될 것으로 보인다. GM이 테스트를 시작한 4단계 자율주행은 스티어링 휠, 액셀, 브레이크 페달 등 운전자가 주행을 통제할 수 있는 장치들이 달려 있지만 실제로는 사용할 필요가 없다. 2019년 10월 크루즈는 캘리포니아 주정부로부터 사람이 운전대를 잡지 않은 상태에서 자율주행차를 운행하는 시험을 해도 좋다는 허가를 받았으며, 캘리포니아주에서 이 면허를 받은 업체는 구글의 웨이모, 중국 알리바바그룹이 투자한 오토X, 배송전용 자율주행차 업체 뉴로, 아마존의 죽스에 이어 크루즈가 네 번째다.

[그림 4.7] GM 크루즈 자율주행자동차
출처 : 노컷뉴스

구글의 웨이모는 2009년 처음으로 자율주행차 연구에 뛰어들어 올해로 12년째를 맞았다. 지금까지 주행 시험 누적 거리가 1,600만km가 넘는 것으로 알려졌다. 지구를 400번 돌 수 있는 거리다. 웨이모는 2020년 12월부터 미국 애리조나주에서 자율 주행 택시도 서비스 하고 있다. 자율 주행의 핵심 기술인 인공지능(AI) 알고리즘은 빅데이터에 기반해 만들어진다. 따라서 시험 주행 거리가 길수록 더 정교한 알고리즘을 만들 수 있다. 2018년도 자율 주행 차량 통계에 따르면, 웨이모는 총 111대의 자율 주행차로 총 127만1587마일(204만 6,420km)을 운행해, 캘리포니아주 내에서 자율주행을 시험 중인 전체 48개 업체 중 가장 긴 거리를 운행했다. 웨이모는 자율 주행의 기술 수준을 드러내는 '자율 주행 해제(disengagement)' 빈도가 경쟁사들에 비해 압도적으로 낮았다.

테슬라는 'Autopilot'이라 불리는 반자율주행(Semi-Autonomous Driving) 기능을 시장에 가장 안정적으로 상용화시키며 관련 기술을 빠르게 발전시켜 나가고 있다. 테슬라의 Autopilot 기능은 일반적인 차선 유지, 차간 거리 조정 등과 같은 기능 보다 더욱 진화된 차선 변경, 자동 차고 입·출입 등과 같은 기능들을 포함하고 있다. 무엇보다 테슬라의 Autopilot은 차량에서 발생하는 거의 모든 데이터를 수집하고 분석해 인공지능으로 구현했다는 점에서 향후 더욱 큰 혁신이 예상된다. 테슬라의 모든 차량은 3G, LTE와 같은 통신망으로 연결되어 차량에서 발생하는 모든 정보가 익명화되어 수집된다.

약 8만여 대에 이르는 자동차에서 발생한 정보가 모두 수집되면서 다양한 환경의 주행 정보를 Tesla의 인공지능이 학습하게 된다. 테슬라는 최근 딥러닝 기반의 인공지능 역량 확보를 위해 더욱 노력하고 있다. 기존 모빌아이에서 NVIDIA로 Autopilot 전용 하드웨어를 교체하며 딥러닝 기반으로 자율주행 기능을 고도화하고 있다. 애플의 자율주행차는 '프로젝트 타이탄'으로 알려진 지난 2014년부터 시작된 것으로 알려졌다.

[그림 4.8] 테슬라 오토파일럿
출처 : 블룸버그

(2) 국내 사례

국내 자율주행 서비스와 개발 되고 있는 자율주행차에 대한 특성별 구조와 기능 및 특성을 분석하면 아래와 같이 요약할 수 있다.

■ SK telecom

자율주행 자동차는 주변 상황을 인지하는
센서와 카메라는 야간 등 특수 환경에서 성능
이 저하될 우려가 있다. 3D HD맵, 5G V2X
기술은 센서·카메라 사각지대 정보를 차량
에 전달해, 자율주행차의 상황인지·주행판
단 능력을 높여준다.

3D HD맵 (초정밀 지도)는 도로 주변 지형
지물·신호등·교통표지판 등을 25cm 이하로
정밀하게 담아, 자율주행차의 인공지능 컴퓨
터가 가장 안전하고 빠른 경로를 탐색할 수
있도록   한다.   자율주행차에는   반응속도
0.001초 이하의 5G 차량 소통 기술 (V2X,

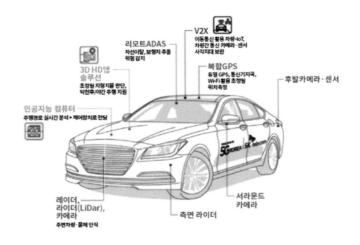

[그림 4.9] 자율주행차 주요 구성 요소

출처 : SK telecom

Vehicle to Everything)이 접목될 예정이다. 5G V2X는 이동통신망을 통해 차량-차량/관제센터/IoT (신호등 등)
간 실시간으로 교통 정보를 주고 받아, 전방 사고 등에 대해 차량이 미리 대응할 수 있도록 한다. 주행 빅데이터
월 1천 만대의 T맵 이용 차량에서 쌓인 빅데이터도 자율주행 알고리즘에 반영해, 자율주행차가 실시간 교통량
등을 파악해 정확하고 신속히 주행 경로를 설정할 수 있도록 할 계획이다. 주행을 많이 할수록 스스로 판단 능력
을 높일 수 있는 구조로 인공지능 소프트웨어 업그레이드도 추진하고 있다.

■ KT

45인승 대형버스의 자율주행운행 허가를 국내 최초로 취득하였으며, 이 대형 자율주행버스는 자동차 전용도
로와 도심 일반도로를 모두 운행할 수 있다. 이 버스는 2018년 1월에 서울 강남대로, 테헤란로 일대에서 4시간

[그림 4.10] 자율 주행 버스

출처 : KT

시범 운행을 마친 바 있다. 차체 길이기 12m, 차량 폭이 2.5m에 달하는 대형 버스의 운행 제어를 위해 5G와 LTE 네트워크 기반 V2X (Vehicle to Everything) 자율주행 방식을 도입했다.

이 방식을 사용하면 라이다, 카메라 등 기존 센서들 외에 무선망을 활용한 정밀 위치측정 기술과 V2X 차량 통신 인프라를 통한 상황 판단 능력, 신호등 인지 거리, 사각 지대 위험 예측 기능을 통해 운행 안전성이 개선된다. 이 자율주행버스가 데이터를 통해 시속 70km 이상의 고속 주행뿐 아니라, 곡선 및 좌·우회전 주행, 보행자 탐지, 신호등 연동까지 안정적으로 수행할 수 있다.

■ 판교 제로 셔틀 버스

경기도와 차세대융합기술연구원이 도내 교통문제 해결을 위해 제작한 국내최초 공공 자율주행차이다. 판교 제로시티에서 판교역까지 같은 구간을 운전자없이 스스로 반복주행하는 자율주행 무인셔틀 버스이다. 정형화된 주행이지만 일반 자동차들과 혼재된 일반 도로를 달린다는 점에서 큰 의미가 있다. ZERO셔틀은 경기도가 미래교통수단으로 도민에게 편리하고 안전한 이동 서비스를 제공하고자 개발되었습니다. ZERO셔틀에서 ZERO는 규제,사고위험, 미아, 환경오염, 탄소배출이 없는 도시를 만들겠다는 의지를 반영한 것이다.

[그림 4.11] 판교 제로 셔틀 버스

출처 : 중앙일보, 2017

■ 엔디엠

넥센테크의 자회사인 엔디엠은 카메라의 MMS 장비를 국내에 도입해 제주국제자유도시개발센터(JDC)를 중심으로 도로 데이터 수집작업을 진행하고 있다. 이번에 엠디엠이 수집한 도로의 거리는 약 20km이며, 데이터 스캔 용량으로는 30GB 규모다. 엔디엠은 1차로 수집된 데이터를 기반으로 2018년 5월 2일 제주국제컨벤션센터에서 개최되는 '제5회 전기자동차엑스포'에서 자율주행 차량에 정밀지도를 탑재해 선보였다. 이를 기점으로 제주도 내 정밀지도 구축 사업에도 박차를 가할 방침이다.

자율주행차는 센서, 통신 등 다양한 기술이 적용되지만, 차량이 가야하는 길을 알려주는 지도 콘텐츠는 특히 중요하다. 고정밀 지도 기술력이 핵심이며 이를 위해서는 'MMS(Mobile Mapping System)'이라고 불리는 매핑 시스템을 통해 도로 및 주변 시설물을 스캔해야 한다. MMS는 고성능 레이저 스캐너 장치인 라이다(LiDAR) 센서를 활용해 주변 정보를 면밀히 취득하는 최첨단 3차원 공간정보 조사 시스템이다. 고정밀 지도 사양과 기술

개발을 선도하는 엔디엠이 확보한 카메라(CARMERA)의 정밀지도 기술력은 통상 경쟁업체들의 맵핑 오차범위가 10~15cm인 것에 비해 카메라의 오차범위는 3cm 안팎에 불과해 경쟁력이 있는 것으로 보인다.

■ 성우모바일 자동차 자율주행 연구 개발

성우모바일은 멀티센서 통합 스마트 카의 능동제어시스템을 위한 Heterogeneous Multi core System 원천 기술 개발에 대한 국책과제를 수행하였다. 이에 대한 주요 내용을 요약하면 다음과 같다.

- Automotive ECU와 Heterogeneous Soc 통합 설계 기술
- AEC-Q100을 만족하는 프로세서 기반의 Heterogeneous SoC 프레임워크 설계 기술
- Automotive ECU Logic 검증 지원 환경 - Automotive ECU multi logic 통합 지원 환경 - Heterogeneous Multicore System 통합 IDE1)환경
  ‣ Heterogeneous SoC의 알고리즘과 logic의 연동 알고리즘 및 실시간 ICC2)구현 및
  ‣ 기업 맞춤형 IP 적용 기술

■ 성우모바일 자동차 성능 목표

- fault tolerant를 만족하는 자동차 네트워크 응답 시간 : 최대 10msec
- 멀티 센서 알고리즘 데이터와 제어 데이터 동기 시간의 지터 크기 : 최대 40msec
- 멀티 센서 성능 : 영상, 1280 x 720, 30 fps(최대 1,769 Mbps)
- 멀티 센서 채널 : 영상 센서 최대 4 채널

따라서, ㈜성우모바일은 자동차 규격을 만족하는 Heterogeneous Multicore System 플랫폼 개발과 Automotive ECU 디버깅 및 플랫폼 개발, 멀티 센서를 위한 자동차 고속 네트워크 Heterogeneous SoC 플랫폼 개발을 비롯하여, 자동차의 제어에 적합한 Heterogeneous Multicore System 실시간 운영 알고리즘 개발, 그리고 Eco System에서 활용 가능한 HMS 지원 소프트웨어를 개발하였다.

세부 내역을 살펴보면 아래와 같다.

- Smart car의 능동제어시스템을 위한 고성능 Heterogeneous Multicore System 플랫폼 원천기술 개발
  ‣ Automotive ECU와 Heterogeneous SoC 통합 설계 기술 개발
  ‣ AEC-Q100을 만족하는 프로세서 기반의 Heterogeneous SoC Framework 설계 개발

- Automotive ECU 디버깅 및 플랫폼 개발
  ‣ Automotive ECU Logic의 디버깅 및 실시간 업로드 환경 개발
  ‣ Automotive ECU Logic의 입출력 데이터 실시간 로깅 환경 개발
  ‣ 실시간 적재 가능한 Logic Wrapper 시스템 개발
  ‣ 특정 상황 재현을 위한 로깅 데이터 리플레이 기능 저장 시스템 개발

- 멀티 센서를 위한 자동차 고속 네트워크 Heterogeneous SoC 플랫폼 개발
  - Heterogeneous SoC 알고리즘의 입출력 데이터 실시간 로깅 환경 개발
  - 멀티 센서의 메가 데이터와 네트워크의 메타 데이터의 실시간 로깅 환경 개발

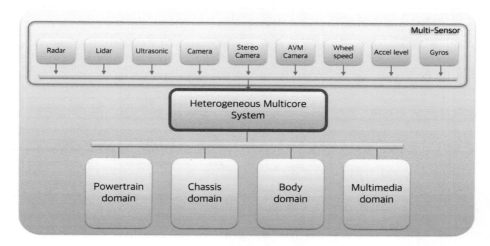

[그림 4.12] 자동차 Heterogeneous Multicore System 플랫폼 Structure

출처 : ㈜성우모바일

- 자동차의 제어에 적합한 Heterogeneous Multicore System 실시간 운영 알고리즘 개발
  - Automotive ECU 의 Timing Synchronizer 모듈 개발
  - Heterogenious SoC 의 Timing Synchronizer 모듈 개발
  - Automotive ECU 의 ICC 용 AUTOSAR SWC 모듈 개발
  - Dual processor 동시 액세스 Inter Communicatoin Channel 모듈 개발
  - 데이터 중요도에 따른 효율적인 Load Balancing 알고리즘 개발
  - 알고리즘(Heterogenenous SoC)과 logic(Automotive ECU) 연동 알고리즘 개발
  - Heterogeneous SoC의 알고리즘과 logic의 연동 알고리즘 및 실시간 ICC3 구현 및 기업맞춤형 IP 적용기술

- Eco System에서 활용 가능한 HMS 지원 소프트웨어 개발
  - Automotive ECU 의 ADAS3) Logic 통합 및 설계 검증을 위한 디버깅 환경 개발
  - 이벤트 기반의 Smart Debugging 시스템 개발
  - MBD(Model Based Development) 개발 툴 연동 연계 애플리케이션 개발
  - IDE(Integrated Development Environment)환경에 Plug-in 모듈 개발 등

㈜성우모바일이 제시한 우수기술연구센터의 중장기 VISION 2025 전략 발전방안을 살펴보면 아래와 같다. 자동차가 스마트카화 되면서 전장부품의 중요성이 대두 되고 있으며, 이에 발 맞춰 우수기술연구센터의 중장기 전략을 계획 수립하였다. 스마트카는 자율주행 자동차를 목표로 진화 하고 있기 때문에 전장부품 분야에서는

각종 센서 처리 기술과 이를 응용한 HMS 플랫폼 기술을 포함 시켰다. 영상 센서를 활용한 무인주차 기술을 확보하였으며, 본 과제의 HMS 기술을 접목하여 자율주행에서 필요로 하는 각종 플랫폼 개발 및 상용화를 계획하고 있다.

개발과제의 성공적 수행을 통해 차세대 ADAS와 MBD(Model Based Development) 기반의 logic 개발 플랫폼을 선점하여 관련분야에서 기술적으로 선도적 지위를 확보하기 위해 노력하고 있다. 또한, 국내 일류의 자동차 임베디드SW 솔루션 제공 업체로 성장하여 세계적 경쟁력 확보에 기여하고자 한다. 다음 [그림]은 이러한 목표를 달성하기 위한 비전 및 로드맵을 제시하였다.[10]

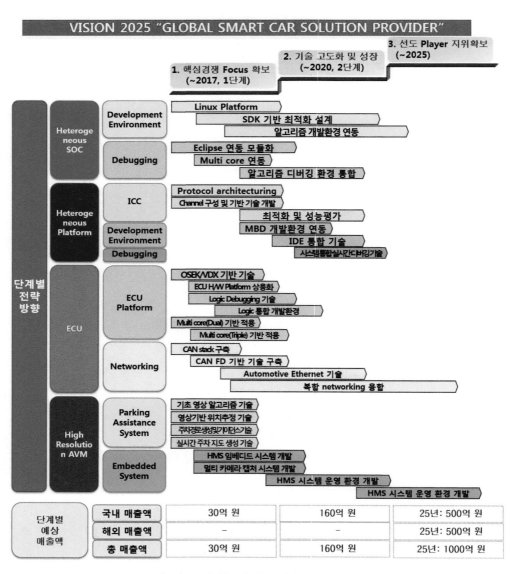

[그림 4.13] 글로벌 자율주행차 비전 2025

---

10) ㈜ 성우모바일 연구개발 보고서

3.5 자율주행차 전망

자율주행차는 수년 내로 자율주행차 시대 도래를 전망하고 있다. 레벨 4는 2025년 전후 상용화 개시 전망하고 있다. 레벨 3 이상 자율주행차의 경우, 기술의 미성숙, 각국 규제/제도 미비, 소비자 신뢰 부족, 비싼 가격 등의 이유로 지금까지 상용화가 지연되고 있다. 최근 이러한 한계점들이 하나씩 해결되기 시작하면서 2021년부터 레벨 3 자율주행차가 시장에 보급되기 시작할 것이며, 레벨 4 자율주행차는 빠르면 2025년 전후 상용화가 시작될 것으로 예상하고 있다.

그러나 전체 자동차 시장에서 자율주행차가 차지하는 비중은 2024년에도 고작 1% 수준에 그칠 것으로 예상되는데, 시장조사기관 Gartner·IDC의 전망을 살펴보면, 2024-2025년경 두 기관 모두 100만 대내외의 시장을 형성할 것으로 전망하고 있고, 2024년 세계 자동차 생산대수를 약 1억 대라고 가정하면 자율주행차 100만 대는 1% 수준이고, 두 기관 모두 자율주행차 정의는 레벨 3~5로 동일하다. 또 다른 시장조사기관 IHS 마킷은 2030년 레벨 4 이상 세계 자율주행차 시장 규모가 400만 대에 이를 것으로 전망한다.[11]

법·제도, 높은 가격, 기술적 완성도, 비즈니스 모델 개발과 같은 문제 해결 여부가 자율주행차 상용화 시기를 결정할 것이다. 자율주행차 준비도 수준이 높은 주요 선진국에서도 관련 법·제도 정비는 빨라도 2023~2025년경에나 가능할 것이다. 시장조사기관 가트너는 2028년까지 전 세계 국가 중 약 1/5이 자율주행차 법·제도를 정비할 것이라고 예상하고 있다. 독일 정부는 세계 최초로 국가 차원의 완전자율주행차 법안을 2021년 상반기까지 마련하겠다고 발표하였다. 레벨 3 자율주행차는 역시 비싼 가격이 도입 확산에 장애요인이 될 것이며, 시장 초기 고가 차량에서 채택되기 시작할 것이다. 시장조사기관 가트너는 2027년 레벨 3 이상 자율주행차용 센서 원가는 2020년 대비 약 12% 저렴해질 것으로 예상한다.

04_드론 기술과 서비스 활용

4.1 드론의 정의

무인 항공기(Unmanned Aerial Vehicle, UAV) 또는 단순히 드론(drone)이라 불린다. 조종사를 탑승하지 않고 지정된 임무를 수행할 수 있도록 제작한 비행체로 최근 '벌이 윙윙거린다'는 것에서 유래되었다. 각 국에서 정의하는 무인항공기의 기준이 다르지만 최근 미국방장관실(OSD)이 발간한 UAV로드맵에서의 정의는 다음과 같다. "조종사를 태우지 않고, 공기역학적 힘에 의해 부양하여 자율적으로 또는 원격조종으로 비행을 하며, 무기 또는 일반화물을 실을 수 있는 일회용 또는 재사용할 수 있는 동력 비행체를 말한다. 탄도비행체, 준탄도비

---

11) 최근 자율주행차 산업 동향과 시사점, 이슈분석 157호, 2021

행체, 순항미사일, 포, 발사체 등은 무인항공기로 간주되지 않는다."[12]

이 정의에 따르면 무인기구, 무인비행선, 미사일 등은 무인항공기 범주에 포함되지 않는다. 미 FAA(Federal Aviation Administration, 미국 연방항공청)에서는 무인항공기를 "원격조종 또는 자율조종으로 시계 밖 비행이 가능한 민간용 비행기로서 스포츠 또는 취미 목적으로 운용되지 않으며, 또한 승객이나 승무원을 운송하지 않는다."라고 정의하고 있다. 이

[그림 4.14] MQ-9 리퍼
출처 : 위키피디아

정의에 따르면 취미로 날리는 무선조종 모형항공기(model aircraft)는 무인항공기에 포함되지 않는다.

예를 들어 구글, 페이스북, 아마존 같은 IT 강대기업들은 최근 몇 년 새 드론 기술 개발에 많은 투자를 하며 큰 관심을 보이고 있다. 특히 아마존은 2013년 12월 '프라임에어'라는 새로운 배송 시스템을 공개하였다. 이것은 기존에 택배직원이 했던 일을 드론이 대신하는 유통 서비스이다. 아마존은 이를 위해 드론을 개발하는 연구원을 다수 고용하였고 미국 연방항공청(FAA)의 허가를 기다리는 중이며, 법적인 규제가 풀리는대로 드론 배달 서비스를 내놓을 예정이다.

페이스북은 또다른 드론 업체인 어센타를 인수하였다. 구글은 열기구와 드론을 이용해서 전 세계에 무선인터넷을 공급하는 야심찬 '프로젝트 룬' 사업을 진행하고 있다. 페이스북도 '인터넷닷오알지' 프로젝트로 저개발국가에 인터넷 기술을 보급하고 있다. 이를 위해 페이스북은 1만1천여대의 드론을 띄워서 중계기로 활용할 방법을 시도하고 있다. 드론의 활용으로, 언론, 방송계, 자연재난현장, 전쟁의 현장, 극한 오지 등에 사용되고 있다. 개인을 위한 드론은 주로 RC마니아나 키덜트족을 공략한 제품으로, 스마트폰으로 조종할 수 있는 게 특징이다. 앞으로 일반 소비자를 공략한 드론은 꾸준히 늘어날 전망이다.[13]

4.2 드론의 종류

드론은 용도에 따라 표적드론(target drone), 정찰드론(reconnaissance drone, RQ) 또는 감시드론(surveillance drone), 다목적 드론(multi-roles drone, MQ) 등으로 구분된다. 대표적으로 표적드론에는 1950년대 제작된 라이언 파이어비(Ryan Firebee), 감시드론에는 핵무기활동 감시용으로 1998년 도입인 글로벌 호크(Global Hawk, RQ-4), 정찰과 공격이 가능한 드론(MQ)에는 중형급인 프레데터(Predator, MQ-1)와 대형급인 리퍼(Reaper, MQ-9) 등이 있다.

---

12) 김지윤, 드론의 모든 것, Techworld News, 2019
13) 차세대 데이터 수집도구 드론 기업 활용 현황과 미래, IT World, 2015

쿼드콥터

헥사콥터

옥토콥터

[그림 4.15] 프로펠러 개수에 따른 드론 분류

드론은 프로펠러의 개수에 따라 바이콥터(2개), 쿼드콥터(4개), 헥사콥터(6개), 옥토콥터(8개) 등으로 구분한다. 프로펠러 개수가 3개인 드론도 있으나 이는 바이콥터와 유사한 방식으로 공중에 뜬다. 드론에 부착되는 프로펠러가 짝수인 것은 뉴턴의 제3법칙인 작용 반작용 법칙을 활용하기 때문이다. 프로펠러가 4개 달려 있는 쿼트콥터를 기준으로, 마주보는 프로펠러 1쌍은 시계 방향으로 돌고 다른 1쌍은 반시계 방향으로 회전해 작용 반작용의 원리에 의해 일정 고도를 유지하며 떠 있는 호버링(hovering)을 할 수 있게 된다. 앞쪽 프로펠러보다 뒤쪽 프로펠러를 빠른 속도로 회전시키면 드론은 앞으로 나아갈 수 있다. 프로펠러가 느리게 도는 쪽의 양력, 즉 들어 올리는 힘이 작아지고 빠르게 도는 쪽의 양력이 커지면서 드론이 앞쪽으로 기울어지게 되고, 이때 양력이 뒤쪽을 향하면서 전진하게 되는 원리이다. 왼쪽 프로펠러 2개보다 오른쪽 프로펠러 2개를 더 빠른 속도로 회전시키면 오른쪽 양력이 더 커지면서 드론이 왼쪽으로 이동하게 된다. 반대로 왼쪽 프로펠러를 더 빠르게 회전시켜 양력을 오른쪽보다 크게 만들면 오른쪽으로 이동하게 된다.

[그림 4.16] 덕트팬 드론
출처 : 덕트를 가진 드론들, 민연기, 2019

4.3 드론 시장 전망

세계 드론 시장의 규모는 나날이 커지고 있다. 국토부에 따르면, 2013년 193대에 불과했던 정부에 신고된 드론 기체 수는 2019년 9342대로 40배 이상 증가했다. 드론 업체는 2013년에 131곳에 불과했으나 2019년 2500곳을 넘겼으며, 같은 기간에 50명대였던 드론 조종 자격 취득자 수는 지난해 2만 명을 넘겼다. 대통령 직속 4차 산업혁명위원회에 따르면 향후 10년간 드론 산업은 17만 명 규모의 고용을 창출하고, 29조원에 달하는 부가 가치를 생산할 것으로 예상하고 있다. 드론 산업에 진출하는 대기업이 늘면서 국내 드론 산업 성장세에 더욱 탄력이 붙을 것으로 보인다. 도시락 배달, 드론 배송, 드론택시 등 상용화를 목표로 노력 중이다.[14]

정부는 2017년부터 드론 '규제 샌드박스 사업(규제 혁신을 위해 신사업 분야의 새로운 제품과 서비스를 내놓

---

14) 2026년 90조원 드론시장, 조선비즈, 2020

을 때 일정 기간 기존 규제를 면제·유예해주는 제도)'을 하며 기업이 드론 사업에 뛰어들도록 유도했다. 정부는 '드론 활용의 촉진 및 기반 조성에 관한 법률(이하 드론법)'을 제정해 드론 관련 규제 완화 및 면제 조항을 법제화했다. 선정된 도시의 특정 사업에 한해 규제를 풀어주는 '드론 실증도시'와 선정된 지역 내 규제를 전체적으로 면제해주는 '드론 특별자유화구역' 모두 2020년 5월부터 드론법이 시행되면서 처음으로 드론 규제 완화가 법제화한 사업이 됐다.

4.4 드론 기술

(1) 드론 공통기술 분야

드론의 핵심기술은 [그림 4.17]에서 보는 것과 같이 무인화와 이동성이라는 특성이 결합된 다수다종의 육·해·공 드론에 공통적으로 적용이 가능한 6대 공통핵심 기능기술 위주로 개발이 진행되고 있다.[15]

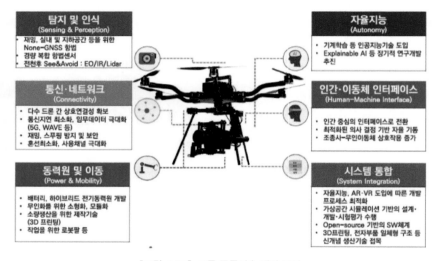

[그림 4.17] 드론 공통기술 개발 분야

(2) 모터·프로펠러·슈라우드 기술

모터와 프로펠러에 관해서는 앞으로 제3자 상공 비행 등 도시 지역의 물류 드론이나 승객용 드론을 염두에 둔다면, 프로펠러 가드를 발전시킨 슈라우드 또는 덕트팬이라고 불리는 안전 설계와 소음 저감 설계가 시급하다. 이 경우 고출력·저소음의 최적화 설계에 의한 모터, 프로펠러, 슈라우드의 일체 설계가 요구된다.

이와 같은 수직 이착륙을 갖춘 덕트팬형 드론은 동등한 고정날개 및 개방날개 드론에 비해 많은 장점이 있다. 그들은 큰 안전성 향상, 대폭의 퍼포먼스 향상, 그리고 프로펠러 소음 억제 효과 등이 기대된다. 슈라우드는 둥그스름한 '전연'과 매끄러운 '후연'을 갖고 있으며, 난류를 층류로 바꾸는 기능이 있기 때문에 도시 지역 상공

---

15) 드론 최신 기술 동향과 전망, HelloT산업경제, 2020

등에서 소음 저감화에 효과를 발휘한다. 또한, 슈라우드 설계에 따라 다르지만 파워와 직경을 동일 조건으로 가정하면, 개방날개 드론의 페이로드를 94% 증가시킬 수 있는 효과가 있다고 보고되어 있다.

(3) 배터리 기술

배터리는 현재 리튬이온 전지가 사용되고 있다. 이 전지는 정식으로는 리튬이온 이차전지(lithium-ion rechargeable battery)라고 부르며, 양극과 음극 사이를 리튬이온이 이동하면서 충전과 방전을 하는 이차전지이다. 양극, 음극, 전해질 각각의 재료는 용도나 메이커에 따라 다양하지만, 대표적인 구성은 양극에 리튬 전이 금속 복합 산화물, 음극에 탄소 재료, 전해질에 유기 용매 등의 비수전해질을 이용한다. 리튬 폴리머 전지는 리튬이온 전지의 일종으로, 전해질로 겔 상태의 폴리머(고분자)를 이용하고 있다.

한편, 리튬이온 전지를 넘는 차세대 전지로 기대되고 있는 것이 '리튬 유황 전지'로, 내구성 향상과 대형화로 이어지는 성과가 나와 있다. 이 전지는 양극에 유황, 음극에 리튬 금속 화합물을 사용하고, 단위 중량당 용량인 에너지 밀도는 리튬이온 전지의 4배 이상이 된다. 그리고 미래에는 고체의 전해질을 사용하는 전고체 전지, 나트륨이온 전지, 공기 중의 산소를 끌어들여 화학 반응을 하는 공기 전지 등이 기대되고 있다.

(4) 전자 스피드 컨트롤러

전자 속도 제어기(Electronic Speed Controller, ESC)는 속도 기준 신호(스로틀 레버, 조이스틱)에 따라, 전계 효과 트랜지스터(FET)의 스위칭 레이트를 변화시킨다. 듀티 사이클 또는 스위칭 주파수를 조정해 모터의 속도를 바꾼다. 브러시리스 DC 모터는 기존의 브러시드 DC 모터에 비해 고효율, 전력 절감, 장수명, 경량이기 때문에 무선 조정 비행기나 드론에 많이 이용된다. ESC는 현재의 용량에 관해 3가지의 카테고리가 있다. ① 저레이트(최대 25A) : 거의 모든 민생용 드론은 이 타입을 사용하고 있다, ② 중레이트(최대 60A) : 대형의 민생용 드론, ③ 고레이트(60A 이상, 최대 150A) : 이들은 주로 승객 드론(비행 자동차)에 사용된다.

ESC의 새로운 동향으로는 드론의 대형화에 따른 ESC의 개조로, 저사이즈 및 저전류 드론의 MOSFET 스위치에서 중형 드론용 중~고전류 ESC의 IGBT로 변경되고 있다. 또한, 초고전류 애플리케이션에서는 ESC에 실리콘 카바이드 등의 와이드 밴드갭 파워 스위치 기술이 사용된다. 게다가 최근에는 PWM의 대형파 구동에서 정현파 구동으로 변경이 이루어져, 이것에 의해 효율이 향상되고 손실이 감소되고 있다.

(5) 드론의 일반적인 충돌 방지 기술

드론의 일반적인 충돌 방지 기술에 대해서는 카메라에 의한 비전 베이스, 초음파 센서, 적외선, 레이저 라이더, 소형 레이더 등에 의한 방법이 일반적이다.

■ 비전 베이스 (Vision based)

근접한 물체의 정확한 식별법으로서 이미지 처리(비전 베이스)법이 일반적이다. 예를 들면, Mavic Pro는 양호한 조명 조건에서 15m 떨어진 장애물을 인식할 수 있다. 비전 베이스에서는 한층 더 긴 거리, 예를 들면 100m 앞의 장애물에도 유효하다. 단, 그것은 고분해능 카메라가 필요하기 때문에 보다 고가가 되는 것을 의미한다. 이미지 처리에는 색이 들어 있으며, 오브젝트 형상을 프레임만으로 캡처할 수 있다. 그러므로 카메라를 사용한 오브젝트의 인식은 다른 센서를 사용한 경우보다 훨씬 간단하다. 단, 이미지 처리 성능은 날씨나 빛의 조건에 좌우된다. DJI Phantom 4 등은 비전 베이스의 충돌 방지 기능이 실장되어 있다.

■ 초음파(Ultrasound)

초음파에 의한 충돌 방지법은 경제적이지만, 한정된 검출 범위(20cm에서 5m)라는 단점이 있다. 단, 조명 조건이나 대상물의 투명도에 의존하지 않는다. 그러나 대상물에 의존하고, 초음파가 유리나 물에 닿으면 잘 기능하지 않게 된다. 또한, 거의 모든 DJI 제품은 물체의 충돌 방지에 초음파를 사용하고 있다.

■ 적외선(Infrared, IR)

최단 검지 범위로 가격이 저렴하지만, 안개나 비 등의 기상 조건 및 직접 고휘도광의 영향을 받기 쉬운 단점이 있다. 샤프 모델은 적외선 반사 빔을 사용해 6~60인치(20~150cm) 범위의 거리를 측정할 수 있다. 무게가 불과 130g인 Vu8 Lidar 센서는 최대 700피트(215m)의 범위에서 장애물을 검출할 수 있다. IR은 LIDAR의 소스이다.

■ 라이다(Lidar)

Lidar는 Light Detection and Ranging 또는 Laser Imaging Detection and Ranging의 약어이다. '광검출과 거리 측정' 내지 Lidar는 빛을 이용한 리모트 센싱 기술의 하나로, 펄스 모양으로 발광하는 레이저 조사에 대한 산란광을 측정, 원거리에 있는 대상까지의 거리와 그 대상의 성질을 분석하는 것이다. 이 기법은 레이더와 유사하며, 레이더의 전파를 빛으로 대체한 것이다. 대상까지의 거리는 발광 후 반사광을 수광할 때까지의 시간 차이로 구할 수 있다. 그러므로 레이저 레이더(Laser radar)라는 말이 이용되기도 하지만, 전파를 이용하는 레이더와 혼동되기 쉬우므로 피해야 한다. 라이더는 레이더보다 훨씬 짧은 전자파의 파장을 이용하고 있다.

■ Radar(레이더)

Radar는 Radio Detecting and Ranging(전파 탐지 거리 측정)의 약어이다. 속도위반 자동단속장치(통칭 : 오비스(ORBIS))로도 친숙하며, 순식간에 속도를 측정할 수 있는 레이더 탐지기는 유명하다. 전파를 발사해 원거리에 있는 물체를 탐지, 거기까지의 거리와 방위를 측정하는 장치이다. 인간의 눈이 보고 있는 가시광선보다 훨씬 파장이 긴 전파를 사용하기 때문에 구름이나 안개를 통해 훨씬 먼 목표를 탐지할 수 있다. 가장 기본적인 레이더는 펄스 레이더이다. 또한, 밀리파 Radar도 있다.

드론에서 활용되고 있는 거리 측정 센서, 충돌 방지 센서의

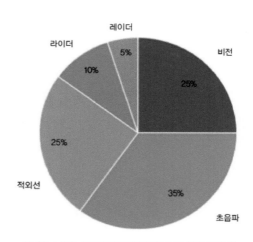

[그림 4.18] 드론의 거리센서 기술의 시장 점유율
출처 : 드론의 최신기술 동향과 전망, 2020

점유율을 나타낸 것이 [그림 4.18]에 나타내었다. 비전 베이스가 25%, 초음파 센서가 35%, 적외선이 25%, 라이더가 10%, 레이더가 5%로 되어 있다. 초음파 센서와 적외선 센서가 가장 잘 이용되고 있는데, 이것은 취미용으로 널리 이용되고 있기 때문으로, 저렴하다는 것이 큰 이유이다.

(6) 드론 탑재 센서와 자율 비행의 고도화

드론은 본질적으로 비행하고 있는 센서라고 할 수 있다. 가장 일반적인 센서는 항공 사진을 찍는 RGB 카메라이다. 이 RGB 카메라는 적외선 카메라와 멀티 스펙트럼 카메라 또는 하이퍼 스펙트럼 카메라, 더 나아가서는 Lidar로 대체할 수 있다. 이로 인해 드론은 다양한 장소에서 다양한 정보를 얻을 수 있다. 또한, 자율 비행 드론에는 보다 전문적인 센서를 탑재할 수 있다. 이들 센서는 경량이고, 저전력이어야 한다.

드론의 자기 위치를 아는 구조는 GPS 위성 등 GNSS(Global Navigation Satellite System)의 위치 정보가 기본이지만, GNSS만으로는 오차가 있고 고층 건축물이나 산그늘에서는 상공의 전파를 제대로 수신할 수 없거나 혹은 실내나 동굴, 다리 밑이나 터널 내 등 비GPS 환경 하에서 자기 위치를 알기 위해서는 다른 항법 센서가 필요하다. 그것은 비주얼 SLAM에 의한 내비게이션이다. 라이더 센서는 항법과 3차원 측량 등의 양쪽에 이용할 수 있고, 멀티 스펙트럼 센서는 생육 조사, 대기 오염 조사, 해양 오염 조사 등에 이용된다. 내비게이션의 자율성을 위해 몇 가지 센서를 조합해 활용하는 센서 퓨전이 중요해지고 있다.

여러 가지 센서를 중복해 활용하고, AI의 적용에 의해 드론의 비행이 완전한 육안 외의 BVLOS(Beyond Visual Line of Sight) 자율 비행으로 진화할 수 있다. 예를 들면 BVLOS에 대해서는, 센서에 관해 통신 링크＋자이로와 가속도·방위계＋GNSS＋적외선, 초음파, 카메라＋AI와 심층학습 기술을 다용한 로버스트한 제어계를 구축하고, 또한 내공성을 향상시켜 자율성을 높인다고 하는 것이다. 더구나 스테이터스에서는 무인기의 자기 위치를 GNSS에 의해 특정해 리모트 ID에 의해 운항 관리 센터에 알리고, 운항 관리 센터는 BVLOS 비행 하의 안전한 관제를 실현한다.

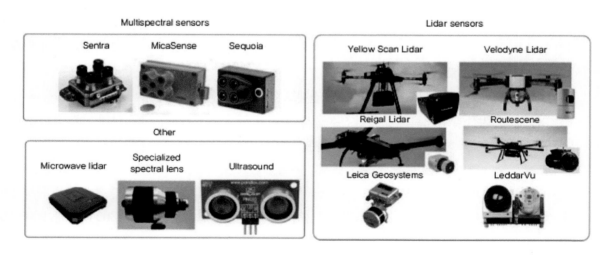

[그림 4.19] 내비게이션 및 애플리케이션 고유의 센서
출처 : 드론의 최신기술 동향과 전망, 2020

현재 세계 최첨단 수준은 AI나 심층학습을 구사해 장애물을 순식간에 인식·회피하고 원래의 경로로 되돌아가는 수준이다. 드론의 자세 추정은 3축 자이로, 3축 가속도, 3축 방향의 각 센서, 관성측정유닛(IMU), 자세 및 방향 참조시스템(AHRS, Attitude Heading Reference System)를 이용해 확장 칼만 필터로 동작하고 있다. 고도의 추정에 기압계, 2차원적 자기 위치 추정에 GPS 수신기, 앞에서 언급한 장애물의 접근 금지 센서, 장애물과의 충돌 방지 등에는 전방, 후방, 하방에 카메라를 설치하고 있다. 미래형 드론은 기존형에 추가해 충돌 방지에 라이더, RTK형 GPS, 5G 네트워크, 대상인식용 AI에 의한 딥러닝, 드론용 리모트 ID 등이 이용될 것이다.

관성 측정 유닛(IMU, Inertial Measurement Unit)은 X, Y 및 Z축의 3개의 가속도, X, Y 및 Z축의 3개의 레이트 자이로(각속도)를 취득하는 유닛이다. 이들 데이터는 드론의 플라이트 컨트롤러(FC)에 모인다. 또한, X, Y 및 Z축의 자기 방위 신호를 FC를 모아, 드론의 자세 추정 연산을 할 수 있다.

(7) 5G와 드론

제5세대 이동통신 시스템(5G)은 4G를 잇는 무선통신 시스템이다. 5G의 인터페이스는 6GHz 이하의 주파수대를 사용해 LTE/LTE-Advanced와 호환성을 유지하면서 6GHz를 넘는 센티파(마이크로파)에 보다 가까운 28GHz 대역도 사용하는, 새로운 무선통신 방식이다. 5G 통신으로 인하여 방대한 데이터에 기초해 드론의 보급 가속화, 완전 자동 운전의 실현, IoT에 의한 스마트시티 등이 기대된다. 또한, 5G의 보급에 따라 VR, AI, 동시 다수 기체 드론의 자율 비행 등 관련 기술의 개발이 추진되어, 이들의 이노베이션에 의해 경제 성장과 산업이 발전되고, 또한 2025년에는 5G의 접속 수가 12억에 달할 것으로 예측되고 있다. 5G는 고속·대용량·저지연·다접속의 특징이 있다. 4G의 통신 속도는 이론적으로는 1Gbit/s이지만 5G는 20Gbit/s가 되며, 5G는 이론상의 최고 속도로 현재 4G보다 10배 고속화된다. 또한, 5G는 지연을 크게 줄일 수 있기 때문에 응답성이 향상된다. 4G에서 10ms 정도의 지연은 5G에서는 1ms의 지연으로 약 1/10 정도가 된다.

또한, 기지국 1대에서 동시에 접속할 수 있는 단말을 4G에 비해 비약적으로 늘릴 수 있다. 커버하는 영역으로 비교하면 1Km²당 4G는 10만대의 동시 접속인 것에 대해, 5G는 100만대 동시 접속이 가능해진다. 무인항공기는 항공법에 의하면 지표에서 고도가 150m 이하이고, 또한 인구 집중 지역이나 공항 등 주변 이외의 공역이면 특별한 신청 등을 하지 않아도 비행하는 것이 가능하게 되었으며, 농업 분야와 물류 분야로 대표되는 여러 가지 분야에서 이용이 확대될 것으로 기대된다.

한편, 휴대전화 시스템은 지상에서 이용하는 것을 전제로 구축되어 있기 때문에 휴대전화를 드론 등에 탑재해 상공에서 이용하면, 지상의 휴대전화에 대해 혼신을 줄 우려가 있다. 일본에서는 총무성에 의한 검토 결과와 휴대사업자의 희망을 근거로 해 800MHz대, 900MHz대, 1.7GHz대, 2GHz대(모든 FDD 밴드)에 대해, 상공 이용의 기술적 조건을 규정하기로 했다. 드론 등에 탑재하는 휴대전화는 지상에 이용하는 휴대전화와 동등한 규격이기 때문에 기존의 FDD-LTE의 기술적 조건에 상공 이용에 필요한 사항을 추가해 기술적 조건을 규정하게 됐다. 또한, 상공 이용 시에 적용되는 기술적 조건으로는 상공에서 이용 가능한 주파수는 800MHz대, 900MHz대, 1.7GHz대, 2GHz대로 제한, 상공에서 이용하는 경우에는 지표에서 고도 150m 이하로 제한, 상공에서 이용되는 이동국은 상공 이용에 최적인 송신 전력 제어 기능이 있을 것 등을 새롭게 추가했다.

드론 서비스 응용 분야는 시설 인프라 관리, 재난재해대응 및 감시, 치안, 환경탐사, 공간 정보 구축 및 관리,

정밀 농·임업, 정밀 수산업 등이다. 서비스 사례로 교통인프라 관리, 통신 인프라 관리, 자연재해 감지 및 예측, 화재 감시, 범인 차량 탐지, 미세먼지 데이터 수집, 환경 오염 감지, 3D 맵 생성, 시계열 3D 맵 데이터 관리 및 분석, 농작물 작황 모니터링, 해상 상태 오염 지도 제작, 양식장 관리 등 적용할 서비스 분야가 다양하다.

05_ 스마트 로봇과 미래의 발전전망

5.1 로봇의 정의

로봇은 인간과 유사한 모습과 기능을 가진 기계 또는 한 개의 컴퓨터 프로그램으로 작동할 수 있고, 자동적으로 복잡한 일련의 작업을 수행하는 기계적 장치를 말한다. 인공의 동력을 사용하는 로봇은 사람 대신, 또는 사람과 함께 일을 하기도 한다. 통상 로봇은 제작자가 계획한 일을 하도록 설계된다. '로봇'이란 용어는 체코슬로바키아의 극작가 카렐 차페크(Carel Čapek)가 1920년에 발표한 희곡 "R.U.R"에 쓴 것이 퍼져 일반적으로 사용되게 되었다. 또한, 로봇의 어원은 체코어로 "노동"을 의미하는 Robota이다.[16]

제조공장에서 조립, 용접, 핸들링 등을 수행하는 자동화된 로봇을 산업용 로봇이라 하고, 환경을 인식하고 스스로 판단하는 기능을 가진 로봇을 지능형 로봇이라 부른다. 산업용 로봇은 자동제어 되고, 재프로그램이 가능하며, 다목적인 3축 이상의 축을 가진 자동 조정장치로 산업 자동화 분야에 이용되는 로봇이다. 제조에 주로 많이 사용된다. 제조 로봇과 함께 협동 로봇은 사람과 함께 같은 공간에서 일할 수 있는 로봇이다. 주변 상황을 인식하고 사람과 같은 공간에서 일할 수 있기 때문이다. 협동 로봇의 형태는 로봇 팔 하나만 붙어 있는 산업용 로봇 형태인 경우가 많다.

지능형 로봇 즉, intelligent Robots은 외부환경을 인식(Perception)하고, 스스로 상황을 판단(Cognition)하여, 자율적으로 동작(Manipulation)하는 로봇을 의미한다. 기존의 로봇과 차별화되는 것은 상황판단 기능과 자율동작 기능이 추가 된 것이다. 상황판단 기능은 다시 환경인식 기능과 위치인식 기능으로 나뉘고. 자율동작 기능은 조작제어 기능과 자율이동 기능으로 나눌 수 있다.

[그림 4.20] 제조로봇, 협동로봇, 지능형로봇

---

16) 로봇, 위키백과, 2021

5.2 로봇의 시장 전망

세계 로봇시장은 '17년 기준 제조용 로봇과 서비스용 로봇이 함께 성장하여 전년대비 25.8% 증가한 248억불 규모로 성장하였다. '17년 산업 현장용 로봇은 38.1만대가 새롭게 설치되어 누적 설치는 209.8만대를 기록하였고, '21년에는 378.8만대에 이를 전망이다. 제조용 로봇 투자는 로봇 적용분야에 따라 장기적으로 발전 수준이 각각 달라질 것으로 전망되며, 공통적으로 모든 분야별로 긍정적으로 전망된다.[17]

<표 4.4> 세계 로봇 시장 매출액(백만불)   출처 : International Federation of Robotics 2018

연도	2011년	2012년	2013년	2014년	2015년	2016년	2017년
전체	12,483	13,356	14,172	15,537	18,039	19,743	24,838
제조용 로봇	8,278	8,496	8,806	9,362	11,213	13,392	16,714
서비스용 로봇	4,205	4,860	5,366	6,175	6,826	6,351	8,637

차량제조 분야에서는 주로 생산라인 유연화와 안전한 차량 조립 현장 적용, 전자제품은 품질 향상, 첨단제약업은 로봇 성능 개선 등에 투자를 추진할 것이다. 로봇산업 내 협동로봇의 비중도 급격히 증가하여 2025년 협업로봇이 전체 산업(제조)용 로봇의 37.4%를 차지할 것으로 예측하고 있다.

협동로봇은 스마트공장 시스템 도입에 있어 핵심적인 장비로 간주되며, 타 시스템에 비해 비교적 적은 비용으로 기존 공장의 스마트화 추진이 가능하다. 글로벌 자동차 그룹 폭스바겐은 사람이 작업하기 어려운 제품 조립 과정에 세계 최초('13년)로 협동로봇(6축 탁상형 UR5)을 도입하여 업무 효율성이 증대하였다. 협동로봇 시장은 AI 로봇제어 고도화 및 비제조업 현장 등의 기술도입으로 인해 '18년 1조 5,623억원 규모에서 '22년 6조 5,725억원 규모로 지속 성장할 전망이다.   출처, 협동로봇 산업동향, 이남우, 2018

5.3 로봇의 기술

제조 로봇은 형태와 기능 및 현장 용도에 따라 다양하게 구분하고 있으며, 제조 산업현장에서 사용 가능한 모든 로봇에서 같은 공간에서 함께 작업하기 위한 협동 운용 조건을 충족하는 로봇이다. 사용자의 안전을 고려하기 위해 로봇이 작동하는 동안 로봇의 작업 영역에 인간이 접근하는 것을 다양한 수단을 이용하는 로봇인 협동로봇에 기술 분류는 <표 4.5>와 같다.

산업사회에서 정보화 사회를 거쳐 지능기반사회로의 발전에 따라 로봇의 패러다임은 노동 대체 수단으로서의 전통적 로봇에서 인간 친화적인 IT 기반 지능형 서비스 로봇으로 변화하고 있다. `향후 BT, NT 등 첨단 기술의 진전에 따라 또 다른 개념의 새로운 로봇이 출현할 수 있다. 지능형 로봇은 유비쿼터스 네트워크 기술을 바탕

---

17) 유형정, 김홍범, 제조용 협동로봇, KISTEP 기술동향 브리프, 2019

으로 언제 어디서나 인간에게 다양한 서비스를 제공하는 로봇으로 복합적인 하드웨어 기술로 구성된 로봇요소에 소프트웨어인 지능을 부여하여 서비스를 제공하는 기계, 전자, 정보, 생체공학의 복합체로 정의하고 있다.

지능형 로봇 자체 구현에 필요한 로봇 내부의 표준으로서 지능형 로봇 시스템 기술을 표준화 대상항목은 지능형 로봇이 서비스를 제공하기 위해서는 로봇 사이, 또는 로봇과 인간, 네트워크를 포함한 환경 간의 다양한 인터렉션이 요구된다. 이와 같이 기능 및 서비스를 제공하기 위한 대상 또는 환경에 관련된 표준으로서 로봇-인간-환경 상호 작용 기술에 대한 표준이고 지능형 로봇의 기능 및 사용과 관련하여 로봇에 의해 주어지는 부가적인 서비스 또는 파생되는 제반 사항에 대한 표준이 필요하다.

지능형 로봇에 사용되는 주요 기술로는 감지 기술, 시각센서 제작 기술, 청각센서 제작 기술, 거리(적외선, 초음파 레이저) 센서 제작 기술, 기타 센서(후각, 미각 등) 제작 기술인 감지 기술과 시각 인식 기술, 청각 인식 기술, 촉각 인식 기술, 후각 인식 기술인, 인지 기술이 있다.

<표 4.5> 협동로봇 기술분류 　　　　　　　　　　　　　　출처 : 인간로봇 공동 생산용 로봇기술 개발 기획보고서, 2020

기술분류	세부 기술	예시(기존 자료를 참고하여 예시 재구성)
HW 및 시스템	모바일 양팔로봇 동작 및 제어	• 협동작업용 작업로봇과 모바일 플랫폼 기술 • 안전한 모바일 양팔 협동로봇 개발 • 모바일 양팔로봇 제어 기초 알고리즘 • 하드웨어 특성 극복을 통한 제어성 확보
	고난도 작업용 인간형 로봇핸드	• 인간 손과 동등수준의 파지능력을 갖는 로봇핸드 기술 • 파지 솔루션
	모바일 양팔로봇 핵심 기술 통합 및 운용	• 모바일 양팔 협동로봇 운용을 위한 핵심기술 단위 통합 기술 • 핵심기술 통합 운용을 바탕으로 한 공정
SW 및 서비스	실시간 행동 인지	• 직업 대상을 식별하고 로봇의 작업공정이나 작업자의 행동을 인식하는 기술 • 사람과 공존하는 환경에서의 충돌 예측 기술
	인식기반 작업계획	• 물체에 대한 인식을 기반으로 작업을 통한 학습을 통해 작업 계획을 수립
	작업환경 공간인지 및 주행	• 위치를 추정하고, 의미기반으로 공간을 추론 • 비정형화된 작업환경에서 정확하고 안전한 공간 인지
	SW 프레임워크 및 시뮬레이션	• 다중 로봇의 협업을 위한 실시간 분산 통신 미들웨어를 통한 SW 실시간 동기화 및 시뮬레이션 기술
	직관적 교사용 인터페이스 및 능력 전이	• 작업자가 로봇에게 직접 교시를 통해 작업을 지시 및 작업 전이 기술 • Human-robot Interaction 기술
	멀티모달 작업자 의도 파악	• 멀티 모달을 기반으로 작업자의 의도를 파악하는 기술 • 다공정 작업자 개개인별 멀티모달 의도 파악
	클라우드 기반 iRaaS 및 AI 서비스	• 클라우드 기반으로, iRaaS 및 AI 서비스 기술
기반	실증·테스트베드	• 협동로봇 안전인증을 위한 테스트베드 및 실증을 위한 기반기술 등

또한 인간과 로봇 상호작용으로 사용자 인식, 명령인식, 의도 인식, 음성 인터페이스가 있다. 제어 기술로는 자기위치 추정, 지도작성, 경로계획, 보행제어, 매니퓰레이터 제어 기술이 있다. 로봇 지능 기술로는 논리기반 지식표현, 추론 엔진, 지식 학습 기술이 있다. 초소형 모터, 인공피부/근육 등 다양한 소재와 기계공학을 통해 움직임을 제어하는 액추에이터 기술이 있다.

5.4 지능형 로봇 서비스

외부환경을 인식하고 상황을 판단해 스스로 행동하는 지능형 로봇이 등장하고 있으며, 온습도, 소리, 영상, 위치 등 물리적인 환경정보 감지 센서와 물리적인 센서 값들을 조합한 가상센서 기술을 접목하여 외부정보를 인식하고 외부인식 정보와 미리 학습한 정보를 바탕으로 상대를 인식하거나 명령을 해석하여 어떤 반응을 보여야 할지 결정한다.[18][19] 결정 후 정지하거나 자율적으로 원하는 장소로 이동한 후, 기계조작 음성 송출 등 해석 결과에 따라 행동한다.

(1) 협동 로봇 서비스

제조업 현장에서도 용접, 물건이송 등 단순 활용 단계를 넘어 사람과 로봇이 협업하는 '코봇(CoBot, Collaboration Robot)' 활용이 증가하고 있다.

- 가와사키 로보틱스의 duAro : 바퀴가 있어 원하는 위치로 자유롭게 이동할 수 있고 저출력 모터를 탑재했으며 동작이 부드러워 인간과 함께 현장에서 작업이 가능하다. 충돌감지 기능이 있어 작업자 부근에서는 로봇이 저속으로 동작하고 로봇이 멈춘 상태에서 사용자가 원하는 대로 로봇을 교육할 수 있다.
- 리싱크 로보틱스의 Sawyer와 Baxter : 누구든지 쉽게 학습시킬 수 있으며 주변 환경 변화에 자율적으로 적응해 동작을 바꿀 수 있다. 사람의 얼굴을 닮은 LCD 화면을 통해 다양한 상태 및 동작, 방향 표시가 가능하다.
- ABB의 YuMi : 양팔, 유연한 손, 카메라 장착, 쉬운 프로그래밍, 최첨단 정밀 모션 제어가 가능하여 가전제품 및 전자 산업 등에서 소형 부품을 조립하는데 용이하다.
- KUKA의 LBR iiwa : 정교함과 섬세함을 필요로 하는 조립 공정에서 활용되는 산업용 로봇으로 자체적으로 최적의 조립 위치를 탐색하여 지능적으로 작동한다. 또한, 쉽게 프로그래밍이 가능하며 간편한 조작만으로 기존의 로봇이 상상할 수 없었던 정교하고 복잡한 자동화 작업을 수행한다.
- 화낙의 CR-35iA : 매우 민감한 안전센서를 장착하고 있으며 로봇의 모든 방향에서 일어나는 미세한 접촉을 감지한다. 부드러운 고무 표면으로 덮여 있으며 날카로운 모서리가 없다.

---

18) 정은주, 지능형 IoT 기반 서비스 로봇 활용사례와 시사점, 이슈리포트, 2020
19) 권웅기, 김훈태, 지능형 로봇 활용, 어디까지 왔나?, POSRI 이슈리포트, 2017

⑵ 방역 로봇 서비스

5G, AI 등 첨단 ICT 기술과 로봇 자율주행 및 사물인터넷 센싱 등 자동화 제어기술을 본격 적용하여 자율주행과 원격제어로 비대면 서비스에 최적화, 상황인지 및 분석데이터를 실시간 제공하고 영상 통화 기능을 탑재하여 관제 및 모니터링 가능하다. 원격제어 뿐 아니라 로봇 스스로 경로 이동계획·탐색을 통한 장애물 회피가 가능하며 예보, 경보 기능이 존재한다. 장기간 진행 중인 코로나19에 대응하기 위하여 다양한 분야에 적용·확산 중이다.

소독 및 살균, 발열감지, 검체채취, 의료용품 및 폐기물 운송분야 등에서 주로 활용되며, 기존의 로봇 역할에 방역기능을 추가한 멀티형 로봇 상용화 사례 증가하고 있다. 의료진의 바이러스 노출 위험성 감소 및 개인 보호구 공급 부족 상황 타개가 기대된다.

⑶ 안내 로봇 서비스

AI기반 안면인식, 음성인식, 다국어 지원, 감정인식 등이 가능한 소셜로봇이 활용되고 있으며, IoT 센싱, 5G 등으로 데이터기반 서비스도 가능해지는 추세이다. 시설이용방법 등 정보 제공 이외에도 주문·예약·결제 및 재고 관리 등이 동시처리가 가능하고 청소·경비 업무를 겸하는 멀티형 로봇으로 진화 중이다. 공항 안내 로봇, 매장 안내 로봇, 호텔 접객 로봇 등 실생활에서 접할 수 있는 다양한 지능형 로봇 서비스 이루어지고 있다.

⑷ 돌봄 로봇 서비스

돌봄 로봇은 노인이나 어린이 등 사회적 약자, 장애인 또는 환자 등 돌봄이 필요한 사람을 지원하기 위한 로봇을 통칭하며 기능에 따라 신체지원로봇, 생활지원로봇, 정서지원로봇, 반려로봇(컴패니언로봇) 등 다양하게 분류할 수 있다. 공공부문에서는 재활 치료 목적인 노인돌봄로봇 수요 증가 추세이다. 정부는 4대 유망 서비스 로봇으로 돌봄로봇을 선정하고 지원 중이다.

돌봄, 의료, 물류, 웨어러블 AI와 IoT기반 기술 융합으로 감정을 공유하는 휴머노이드 소셜 로봇이 대세이며 5G기반 클라우드 서비스로 진행 중이다. 돌봄 로봇은 긴급 상황에 대한 대비가 중요하므로 로봇간 통신 뿐 아니라 IoT 기술이 탑재된 홈 디바이스, 가전제품 등 다양한 사물 등과의 통신기술이 요구된다.

로봇은 지금보다 더 정확하고 민첩하며 혁신적인 AI와 IoT 기반의 로봇으로 진화 전망이다. 오늘날의 로봇 산업은 방대하게 집적된 데이터를 정밀하게 가공·활용하기 위하여 인공지능 클라우드 5G 등과의 융합으로 고도화 중이다. 이에 따라 로봇 기술을 보유한 전문 로봇 기업 외에도 아마존, 구글, 알리바바 등 글로벌 ICT 기업과 스타트업의 진출이 활발해지고 있다.

06_퍼스널 모빌리티 기술과 미래

6.1 퍼스널 모빌리티의 정의

자동차 분야에서는 녹색성장의 중요성과 함께 다양한 형태의 친환경 차량 개발에 막대한 투자가 이루어지고 있으며, 기술 경쟁 또한 심화되고 있다. 이 결과로 하이브리드, 전기, 연료전지 등의 에너지원을 사용하는 친환경 차량이 개발되었고, 실용화에 성공하였거나 실용화를 위해 개발하고 있다. 환경에 대한 문제와 더불어 주차 공간의 부족은 자동차 분야에서 해결되어야 할 심각한 문제 중 하나이다. 차량의 수는 지속적으로 증가해 왔고, 이에 따라 주차 공간의 부족이 심각한 수에 이르렀기 때문이다.

특히, 서울과 같은 인구가 밀집된 대도시에서는 차

[그림 4.21] 전형적인 PM 수단
출처 : 한국교통연구원, 자전거정책담당 공무원 워크숍, 2017

량의 수 대비 주차 간이 절대적으로 부족한 실정이다. 이를 해결하기 위해, 정부에서는 차량 10부제 등과 같은 책들을 시행하였지만, 주차공간의 부족은 여전히 계속되고 있다. 즉 보다 근본적인 해결방안 마련이 시급함을 의미한다. 이러한 문제점에 대해 초소형 개인 이동수단(Personal Mobility Vehicle : PMV)이 대안으로서 전 세계적으로 주목받고 있다. 개인 이동수단을 도입할 경우, 환경 문제해결, 물류 효율 증대, 관광 지역 진흥 등의 다양한 사회편익을 얻을 수 있는 효과를 이룰 수 있을 것으로 전망된다. 세그웨이가 등장한 이후 한때 나인봇과 같은 자이로스코프 장치들이 많이 등장하였다. 여기에는 원휠(나인봇원)과 호버보드 등이 포함되는데 이제 개인형 이동수단으로 전동킥보드가 대세가 되었다.

개인형 이동수단이라고 부르고 있는 이 기계(장치)는 보통 퍼스널 모빌리티 또는 PM이라고 부른다. 한국어로는 개인형 이동수단이라는 말 이외에 개인형 교통수단 개인교통수단으로도 불린다. 그런데 최근 통과한「도로교통법」개정안을 보면 '개인형 이동장치'라는 용어를 쓰고 있다.[20]

6.2 진화하는 개인이동수단 시장

스마트폰 애플리케이션을 설치하고 주차 위치를 지도에서 파악한 후 가까운 전기자전거, 전동킥보드를 찾아 대여하면 되는 공유서비스가 최근 주목받으며 급부상하고 있다. 1인 가구 증가와 도시 인구 집중화로 인한 교통

---

20) 신희철, "미래 개인형 이동수단의 활성화 방안," KOTI Special Edition, 2020

체중 문제로 사용자가 늘어나고 있기 때문이다. 급격한 도시화에 따른 문제의 솔루션으로 최근 스마트시티가 전 세계적으로 빠르게 확산되며 퍼스널 모빌리티에 대한 중요성도 부각되고 있다. 전동휠과 더불어 전기자전거, 전동킥보드 등 '퍼스널 모빌리티(Personal Mobility)'의미로 사용된다. 퍼스널 모빌리티는 전기를 동력으로 움직이기에 배기가스가 발생하지 않는 친환경적 성격을 가지고 있다. 스마트폰이 전자제품의 개인화를 이끌어 냈다면 퍼스널 모빌리티는 이동수단의 개인화를 열어가고 있다.[21]

퍼스널 모빌리티는 관련 규제가 문제가 되어 대기업이 뛰어들기에는 적합하지 않은 상태이지만 관련 법령이 정비되면 대기업을 비롯한 많은 자본투자로 관련 산업도 성장할 것으로 보인다.

6.3 퍼스널 모빌리티가 사회에 미치는 영향과 법제도 개선

퍼스널 모빌리티는 검색·예약·결제 기능 등의 통합을 통해서 각 교통수단의 이용이 편리해지는 것이다. 아울러 신체적 약자 및 고령자의 차세대 이동수단으로 적합하다. 관절을 움직이기 힘든 고령자는 퍼스널 모빌리티를 이용하여 그 위에 서서 이동할 수 있다. 사업자 입장에서는 데이터를 축적·분석하여 이용자에게 정확도와 효용이 높은 행동 제안을 할 수 있다.

퍼스널 모빌리티가 개인의 이동서비스 선호나 목적 등 모빌리티 관련 거의 모든 데이터가 누적됨으로써 이용자의 상황에 맞는 맞춤형 서비스도 가능하고 이를 통해 경제적인 이동서비스를 제공할 수 있다. 수집한 사람의 흐름 데이터와 교통데이터의 활용·연계가 가능하게 되면 스마트시티의 추진이 가능해진다.

시장조사 업체에 따르면 2020년 10월 기준 '공유 전동킥보드' 이용자는 115만 명으로, '전동킥보드 보유자 수'를 합치면 개인형 이동장치 이용자 규모는 더욱 클 것으로 예상된다.[22] 이와 같은 편리성과 장점이 있지만 법적인 제도 개선이 필요하다. 도로교통법이 개정된 2021년 5월13일부터는 개인형 이동장치의 이용자격 및 연령이 강화됐다. 만 16세 이상부터 취득할 수 있는 '제2종 원동기 장치자전거 면허(원동기면허)' 이상의 운전면허증 보유자만 운전이 가능해져 기존 만 13세 이상에서 상향됐다. 동승자 탑승 금지, 안전모 착용, 등화장치 작동 등 운전자 주의의무 불이행시 처벌규정도 강화돼 이용자들은 사전에 반드시 관련 법규를 숙지하는 것이 필요하다.

자전거도로가 있는 경우 '자전거도로'로 통행이 가능하며, 만약 자전거도로가 없는 경우'차도'의 우측 가장자리에 붙어서 통행해야 한다. 전동킥보드 등 개인형 이동장치는 자전거도로 통행을 우선으로 하되 자전거도로가 없다면 도로 우측 가장자리에서 통행해야 하며, 교차로에서 좌회전을 할 때는 자전거처럼 교차로 직진 신호 때 직진하여 교차로를 건넌 후 잠시 대기하다가 다시 직진 신호에 맞춰 도로를 건너는 '훅턴(Hook Turn)'을 하거나 전동킥보드에서 내려 횡단보도를 이용하는 것이 안전하다.

출처 : 서울시 퍼스널모빌리티 현황 및 쟁점사항, 2019

---

21) 공유 전동킥보드 국내 동향과 그 기대효과, KISO Journal, 2019
22) 닐슨코리안클릭 홈페이지 200만 이용자 목전에 둔 퍼스널모빌리티, 대안 교통수단으로 자리잡나? (koreanclick.com)

6.4 퍼스널 모빌리티의 전망

국내외 퍼스널 모빌리티 관련 업체 및 연구소는 1~2인용 소형 이동수단에 자율주행 기술을 활용한 연구를 수행하고 있다. 해외의 경우, 오토바이나 킥보드/차량/카트 등 다양한 형태의 퍼스널 모빌리티에 자율주행 기술을 적용하려는 연구가 진행되고 있다. 한국은 1~2인이 이용하는 소형 자동차를 대상으로 연구하고 있다. 특히 퍼스널 모빌리티는 세계시장에서 급속한 성장이 예측되고, 이동의 편리성 및 도심화, 환경오염, 주차 공간의 부족 등 사회문제의 해결책을 제공하고 있기 때문에 향후 전망이 밝다.

그러므로 도시의 인구 증가 및 미세먼지 저감 등 사회적 문제에 적극적으로 대응하고, 국내 자율주행 자동차의 도입과 확산을 위해서는 이동성의 장점이 있는 다양한 형태의 1~2인용 퍼스널 모빌리티를 대상으로 단계적으로 자율주행기술을 적용하고 이를 점차 확대 적용하는 방향도 하나의 대안이 될 수 있다.[23]

07_액셀러레이팅과 신산업창출

7.1 액셀러레이팅의 정의

2000년대 중반 미국 실리콘밸리를 중심으로 창업가와 밀착 관계를 형성하여 멘토링, 교육, 네트워킹 등을 전문적으로 지원하는 새로운 지원 체계가 등장하였다. 경쟁적 과정을 통해 선발된 소수의 창업 기업을 대상으로 멘토링, 네트워킹 및 (지분)투자 등을 체계화시킨 단기 프로그램을 제공하는 촉진자로서 액셀러레이터가 시장에서 주목받기 시작했다. 액셀러레이팅(accelerating)은 초기 창업자를 선발하여 짧은 기간 안에 집중적으로 보육하는 프로그램을 말하며, 이러한 역할을 하는 기관이나 사람을 액셀러레이터라고 한다.[24]

액셀러레이팅은 아이디어를 현실로 끌어내어 사업화가 될 수 있도록 하는 일이다. 물론 아이디어가 현실이 될 때까지 구체적인 실행을 하는 것은 창업팀의 몫이다. 이때 액셀러레이터는 창업팀이 더 빠르고 정확하게 실행할 수 있도록 전방위적으로 돕는다. 비즈니스 모델이 작동할 수 있는지 데이터를 검토하고, 현 상황에서 가장 중요한 가설이 무엇인지 설정해 다음 전략을 고민한다. 때때로 제품과 서비스를 더 많은 사람들에게 알리는 일을 돕기도 하고, 이 후 시제품 혹은 서비스가 만들어지고 시장에 초기 진입을 돕기도 하고, 일정 부분 사업의 가능성을 보이면 투자를 하거나 투자를 받을 수 있는 기회를 만들어 주기도 한다.

국내 창업 활성화 정책에 부합하는 창업에 필요한 유·무형 자원을 전문적으로 지원하는 새로운 형태의 창업 지원 시스템의 필요성 증가하였고, 창업에 필요한 자금지원과 함께 창업에 대한 컨설팅, 경영 관련 교육 프로그램, 인적 네트워크 연결 등 창업기업의 전체적인 지원 시스템에 대한 수요 증가하였다. 성공적인 액셀러레이터

---

23) 서영희, 개인 이동수단을 위한 자율주행에 관련한 연구 동향 및 전망, SPRI 산업동향, 2019
24) 김용재, 염수현, 벤처 액셀러레이터의 이해와 정책방향, KISDI Premium Report, 2014

의 특징은 개별 프로그램의 차별화된 비즈니스 모델의 창출, 높은 수준의 선발과정(high-quality filter), 광범위한 포트폴리오(broad portfolio), 높은 수준의 기술력(high-quality tech founder), 끊임없는 새로운 아이디어로의 전환(constant pivot) 이다.[25]

7.2 액셀러레이터 프로그램

액셀러레이터 서비스 프로그램은 크게 6단계를 거쳐 스타트업과의 관계를 형성하는 비즈니스 구조를 갖는 특징이 있다. 즉 액셀러레이터는 사업의 주체 및 성격에 따라 약간씩 프로그램의 차이는 있지만 공통적으로 크게 6개의 서비스 프로그램에 의해 스타트업을 집중 육성하고 있다.[26]

⑴ 경쟁적 선발

스타트업을 선정하는 일은 모든 액셀러레이터의 성공에 있어 가장 중요한 요소 중 하나이다. 액셀러레이터가 지원을 제공할 수단이나 네트워크가 없거나, 확장 잠재력이 없는 잘못된 유형의 벤처를 선정하면 실패를 면할 수 없다. 액셀러레이터 서비스를 기업의 필요에 맞추는 것이 특히 중요하다. 새로운 벤처활동 및 비즈니스 지원 요구는 지역, 산업, 이전 기업 경험 등으로 다양하기 때문에 액셀러레이터도 그에 따라 달라져야 한다.

⑵ 집중화된 교육

액셀러레이터의 교육방식은 스타트업이 유년기에서 청년기(Adolescence)에 다가갈 수 있도록 도와주고, 더 나아가 미래의 기업운영에 필요한 마인드 셋팅과 창업에 필요한 전략을 제시해줌으로써 성년기(Adulthood)로 넘어갈 수 있도록 준비시키는 과정으로 요약할 수 있다. 모든 액셀러레이터는 시장에 준비된 기업으로 스타트업을 성장시키는 데 필요한 창업 지원과 교육을 제공하는 것을 목표로 한다.

스타트업이 데스밸리를 넘을 수 있도록 이론적 창업교육이 아닌 스타트업의 아이디어를 구체화시키고, 정기적인 토론과 회의를 통해 스타트업의 비즈니스모델을 완성시키는 교육이다.

액셀러레이터는 집합식 교육이 아닌 모둠식 토론 교육을 선호하며, 스타트업 개개인의 사업 아이템과 비즈니스 모델에 맞는 개별화되고 맞춤화된 교육 프로그램을 실행한다.

⑶ 전문가 멘토링

액셀러레이터의 가장 차별화된 창업지원 서비스는 경험 많은 전문가의 밀착 멘토링이다. 프로그램은 보통 3~6개월 동안 진행되는데 이때 창업가와 투자자, 그리고 여러 분야의 창업 관련 전문가들이 다수 참여하여 창업팀과 1:1 멘토링을 실시함으로써 아이디어에 대한 조언뿐만 아니라 사업진행 과정과 투자유치 방법 등에 대해 집중적으로 지원한다. 멘토의 자질과 헌신은 액셀러레이터 성공의 가장 중요한 요인 중 하나이다.

---

25) 배영임, 액셀러레이터의 성과와 핵심요인, KSBI 중소기업포커스, 2014
26) 최종빈, 액셀러레이터의 출현과 액셀러레이터 서비스 단계 연구, 한국IT학회지, 2019

⑷ 네트워킹

네트워크를 둘 이상의 기업들이 경영성과를 강화할 목적으로 핵심자원을 공유, 교환하는 기업들 간의 협력적 합의로 Dollinger이 정의하였으며, Wickham은 기업들 간의 관계와 경쟁우위 창출 및 유지를 위한 다양한 관계활동의 상호간 관계로 정의하였다.

액셀러레이터의 네트워킹은 크게 3가지 그룹으로 분류할 수 있다.

첫 번째 그룹은 액셀러레이터가 보유한 전문가 풀을 활용한 네트워킹으로서, 스타트업이 성공한 창업가나 투자자, 마케터 등을 만날 수 있도록 주선해 주는 방식이다. 이러한 네트워킹은 스타트업이 가장 선호하는 네트워킹 방식으로 네트워킹의 성공여부는 액셀러레이터가 얼마나 훌륭하고 전문적인 네트워크 인재풀을 보유하고 있느냐에 달려 있다.

두 번째 네트워킹 방식은 나의 창업에 필요한 파트너를 찾는 네트워킹 방식이 있다. 개발자의 경우는 일반적으로 디자이너나 마케팅을 할 수 있는 사람들과의 만남을 선호하고, 기획자의 경우는 개발자나 디자이너를 찾아 협업하기를 원한다. 또한, 자신과는 다른 분야의 창업자를 만나 이종 분야의 협업을 진행하는 경우도 있다.

세 번째 네트워킹 방식은 액셀러레이터 서비스를 졸업한 기수와의 네트워킹이다. 이러한 네트워킹의 가장 큰 특징은 졸업한 선배들이 창업을 준비하는 후배들에게 창업에 필요한 실무는 물론 실질적인 창업 준비를 도울 수 있다는 것이다.

⑸ 데모데이

데모데이는 스타트업이 개발한 제품 혹은 서비스와 사업 모델을 선별된 투자자들에게 공개하는 행사로, 주로 액셀러레이터에서 투자-육성한 스타트업들이 자신들의 사업 모델을 평가받고 후속투자를 유치하기 위한 최종 관문으로 활용해 왔다. 액셀러레이터는 자신들이 보육하고 투자한 스타트업을 투자자들과 일반대중에게 적극적으로 알리고 홍보하기 위해 데모데이를 적극적으로 활용하게 되었다.

⑹ 투자/회수

액셀러레이터는 엔젤이나 벤처캐피탈과 달리 공개적으로 투자 대상을 모집하고 사전에 정해진 기간 동안 집중적인 지원을 제공한다. 이러한 기간은 대부분 3개월 정도이며 지원기간이 끝난 뒤 액셀러레이터는 데모데이를 거쳐 후속 투자를 유치한 뒤 졸업을 시킨다. 액셀러레이터는 일반적으로 엔젤과 벤처캐피탈의 중간에서 투자를 진행하고 엔젤과 유사하게 이익보다는 투자 대상 기업의 성장에 관심이 높은 것으로 알려져 왔다. 액셀러레이터는 VC(Venture Capital)와 달리 보다 '초기'스타트업에 투자를 집중하고 있다.

이는 스타트업 생태계의 순환구조를 위해 산업계와 학계에서 필요한 VC(Venture Capital) 이전의 새로운 투자 모델로서 액셀러레이터가 중요한 역할을 하고 있다는 것을 의미한다. 액셀러레이터의 통상적인 투자 금액은 VC(Venture Capital)에 비교해 작은 규모지만 기존 투자자 보다 신속한 후속 투자를 단행하기 때문에, 스타트업의 생존율을 높이는데 기여한다.

출처 : 남정민 교수외, '기업가정신과 창업', 단국대학교 정보융합기술 · 창업대학원, 2021

참고문헌

- 서울시 스마트모빌리티 서비스 도입방안, 서울연구원 2020.2
- 김광호, "지능형교통체계의 패러다임 변화를 고려한 첨단도로 인프라 관리방안," 국토정책 Brief, 2016.11
- 최인영, "60년 만에 현실된 자율주행, 5G 기반 C-ITS로 완성될까?", e4dsnews, 2019.12
- 유영상, "도로교통 체계의 지능화," ETRI insight 국가지능화 특집, 2019
- 최종찬, 자율주행자동차 V2X 통신 표준화 현황, 2019
- 정아름, 유럽의 C-ITS 정책 추진 현황 : 차량용 통신 시스템(V2X)을 중심으로, 2018
- 자율주행차의 최신 기술 동향 및 상용화, 2018
- 백장균, "자율주행차 국내외 개발 현황," 산업은행 조사월보, 2020
- 최근 자율주행차 산업 동향과 시사점, 이슈분석 157호, 2021
- 김지윤, 드론의 모든 것, Techworld News, 2019
- 차세대 데이터 수집도구 드론 기업 활용 현황과 미래, IT World, 2015
- 2026년 90조원 드론시장, 조선비즈, 2020
- 드론 최신 기술 동향과 전망, HelloT산업경제, 2020
- 로봇, 위키백과, 2021
- 유형정, 김홍범, 제조용 협동로봇, KISTEP 기술동향 브리프, 2019
- 정은주, 지능형 IoT 기반 서비스 로봇 활용사례와 시사점, 이슈리포트, 2020
- 권웅기, 김훈태, 지능형 로봇 활용, 어디까지 왔나?, POSRI 이슈리포트, 2017
- 신희철, "미래 개인형 이동수단의 활성화 방안," KOTI Special Edition, 2020
- 공유 전동킥보드 국내 동향과 그 기대효과, KISO Journal, 2019
- 닐슨코리안, "퍼스널모빌리티, 대안 교통수단으로 자리잡나?", koreanclick.com
- 서영희, 개인 이동수단을 위한 자율주행에 관련한 연구 동향 및 전망, SPRI 산업동향, 2019
- 김용재, 염수현, 벤처 액셀러레이터의 이해와 정책방향, KISDI Premium Report, 2014
- 배영임, 액셀러레이터의 성과와 핵심요인, KSBI 중소기업포커스, 2014
- 서태훈, 주요국 스타트업 지원방식과 시사점, 이슈분석, 2019
- 최중빈, 액셀러레이터의 출현과 액셀러레이터 서비스 단계 연구, 한국IT학회지, 2019
- 국가경쟁력강화위원회 2012, ITS 발전전략
- 커넥티드 자율 주행차, ETRI
- 자율주행 프로세스 단계별 주요 기술, 위치정보산업 동향보고서, KISA, 2020
- 주요 업체 자율주행차 개발 동향, Maklines
- 자동차 판매 및 시나리오별 자율주행차 판매 전망, CATAPULT Transport Sytems
- 김기혁, 자동차 ECU와 요소들간의 상관 관계, ㈜성우모바일
- 민연기, 덕트를 가진 드론들, 2019

- 이남우, 글로벌 산업(제조)용 및 협동로봇 시장 전망, 협동로봇 산업동향, 2018
- 정은주, "방역 로봇 서비스", 이슈리포트, 2020
- 서울시 퍼스널모빌리티 현황 및 쟁점사항, 2019
- "MoneyTree Report Q4 2018", PWC/CB Insights, 2019
- 이수향, 중국의 창업 활성화 배경과 시사점, 2018
- 남정민 교수외, '기업가정신과 창업', 단국대학교 정보융합기술·창업대학원, 2021
- 한승희 "선전시 벤처금융 동향과 활용 방안", 한국산업기술진흥협회, 2018

1. 스마트모빌리티란 무엇이며, 미래 전망에 대하여 기술하시오.

2. 스마트모빌리티 서비스를 분류하고, 각 서비스를 간략하게 기술하시오.

3. ITS를 세대별로 구분하여 설명하시오.

4. 5G 기반의 C-ITS를 설명하고, 특징을 요약하시오.

5. 자율주행차에서 자동화 수준에 따른 특징을 기술하시오.

6. 주행환경 인지기술에 따른 2가지 솔루션이 무엇이며 각 솔루션의 특징에 대하여 간략하게 기술하시오.

7. 다음 중 자율주행 프로세스 단계별 주요 기술에서 외부 주행환경 인식 기술에 대하여 기술 하시오.

8. 드론의 정의는 무엇이며, 드론의 용도에 따른 분류를 하시오.

9. 드론의 공통기술에 대하여 기술하고, 각 기술의 특징을 쓰시오.

10. 지능형 로봇에 사용되는 주요 기술에 대하여 기술하시오.

11. 대표적인 지능형 로봇 서비스를 설명하고, 생각하는 서비스 아이디어를 기술하시오.

12. 퍼스널 모빌리티는 무엇이고, 향 후 전망에 대하여 간략하게 기술하시오.

13. 액셀러레이터 프로그램이 무엇이며 각 프로그램의 내용에 대하여 설명하시오.

CHAPTER 5
IoT · 센서와 글로벌 진출방안 및 국제협력

- 사물인터넷(Internet of Things, IoT) : 많은 수의 사물 또는 개체가 인터넷에 연결되는 통신망의 의미. 시간, 장소, 사물이 제약 없이 모든 사물에 인터넷 주소를 부여하고 모바일로 각각의 정보를 인터넷을 통해 공유, 통신하는 시점과 그 환경을 의미하고 있다. 기존의 USN(Ubiquitous Sensor Network), M2M(Machine to Machine)에서 발전된 개념으로, 사물지능통신, 만물인터넷(IoE, Internet of Everything)으로도 확장되어 인식되고 있다.
- 센서(感知器, sensor) : 열, 빛, 온도, 압력, 소리 등의 물리적인 양이나 그 변화를 감지하거나 구분 및 계측하여 일정한 신호로 알려주는 부품이나 기구, 또는 계측기. 인간이 보고 듣고 하는 오감을 기계적 · 전자적으로 감지하는 것을 의미한다.
- ICBM : 기본적으로 사물인터넷(Internet of Things, IoT) 센서가 수집한 데이터를 클라우드(Cloud)에 저장하고, 빅데이터(Big data) 분석기술로 이를 분석해서, 적절한 서비스를 모바일기기 서비스(Mobile) 형태로 제공하는 서비스를 의미한다.
- M2M(Machine to Machine) 사물통신 : 사물 간 센싱, 제어, 정보교환 및 처리가 가능한 기술을 말한다. M2M은 '기계' 중심의 연결을 의미하나 사물인터넷은 '환경' 중심의 연결을 의미. M2M에서는 기계가 사물 간의 연결을 매개하나, 사물인터넷에서는 사람과 사물을 둘러싼 환경이 그 연결 주체가 됨으로써 확장된 의미를 갖는다.

01__사물인터넷(IoT)의 이해

1.1 IoT 개요

'사물인터넷(IoT)'는 "Internet of Things" 라는 약자로 우리말로 쉽게 해석하자면 "사물이 인터넷으로 연결되어 있는 서비스"라고 할 수 있다. 최근 우리 주변에서도 IoT의 예를 쉽게 찾아볼 수 있다. 바로 스마트 기기를 통해 제어할 수 있는 전자가전 제품들이 대표적인 실생활에서 접할 수 있는 예이다. 냉장고를 음식을 보관하는 목적으로, 세탁기를 세탁을 하는 목적으로만 사용했던 이전과 달리 스마트 기기와 이러한 가전제품들이 연결되면서 외부에서도 냉장고 안에 무엇이 들어있는지, 유통기한이 지난 음식은 없는지 체크해 볼 수 있고 기기의 버튼을 누르지 않고도 밖에서 세탁기를 작동할 수 있게 되었다. 이전에는 오직 스마트폰과 PC만이 인터넷과 연결된 기기였다면 이제는 모든 생활 기기가 점차 인터넷이라는 '옷'을 입고 있다는 것, 이것이 바로 IoT라고 할 수 있다.

사물인터넷(IoT)은 초연결시대(hyper connected society)를 앞당기고 선도할 수 있는 핵심기술이자 서비스이다. ICT의 급속한 발전을 통해 만물이 모바일과 인터넷을 통해 연결되어 서로 소통하는 사회, 즉 사물과 사람이 네트워크로 연결되는 Hyper Connected Society로의 패러다임의 변화에 따른 중심에 서있다. 방송, 통신, 인터넷 등 개별 미디어 간 융합을 기반으로 사람뿐만 아니라 사람과 사물, 사물과 사물까지 통신의 영역이 확장되고 있으며, 이를 활용한 다양한 능동적, 지능형 융합 서비스들이 출현하고 있다.

사물인터넷은 모든 사물을 인터넷으로 연결하는 것을 의미하며, 4차산업혁명의 핵심 기술들 중 하나이다. 사물인터넷은 광의적으로 사물 간 네트워킹, 센싱, 정보처리 등을 자율적으로 상호 협력하며 지능적인 서비스를 제공해 주는 '사물공간 연결망'이라 할 수 있다. 지능정보사회 실현을 위한 토대가 되는 기술 영역으로 USN으로 통칭된 바 있으며, RFID 활용 모델에서 M2M에 이르기 까지 다양한 형태가 존재할 수 있다.

사물인터넷 구현을 위한 스마트센서 기술 경쟁력을 강화하기 위해 컴퓨팅, 엑츄에이터, 네트워킹, 센싱 등의 다양한 기술적 혁신이 필요하며, 특히, 매우 높은 기술수준을 요구하고 있는 센서에 대한 원천기술 확보가 무엇보다 중요하다. 초연결시대의 글로벌 경쟁력을 제고하기 위해서는 센서기술 특히, 소형화, 지능화, 복합화, 저전력화 추세에 따른 스마트센서에 대한 기술 확보가 시급한 실정이다. 국내 산업은 기술수준이 낮아 대부분 소자를 수입하여 모듈화하는 업체가 대부분으로 첨단센서에 대한 기술력은 더욱 떨어지고 있는 등 센서 산업의 경쟁력은 여전히 취약하다. 사물 인터넷의 핵심부품인 센서는 거의 전량 수입에 의존하다시피 하고 있는 실정이다.

IoT는 인간과 사물, 서비스 등 분산된 구성 요소들 간에 인위적인 개입 없이 상호 협력적으로 센싱, 네트워킹, 정보처리 등 지능적 관계를 형성하는 사물 공간 연결망을 의미하는데, IoT 시대에는 대부분의 기기에 정보 획득 및 네트워크 연결 기능이 탑재되고 이를 바탕으로 다양한 새로운 제품과 서비스가 출현할 것으로 기대된다. 따라서 IoT의 발전은 스마트홈, 스마트가전, 스마트카, 스마트그리드, 헬스케어, 웨어러블기기 등 다양한 분야에서 과거 공상과학이나 미래 영화 등에서 접할 수 있었던 전혀 새로운 제품과 서비스가 범람하는 미래사회로의 진입을 가능케 한다.

사물인터넷은 웨어러블 디바이스를 이용하여 거주민들의 생체 정보를 실시간으로 수집하여 클라우드 데이터 저장소에 저장한다. 다양한 농축산에서도 다양한 사물인터넷 디바이스와 네트워크 기술을 이용해서 가축들 관련 생체정보 및 질병정보를 수집하여 클라우드 서버에 저장하고 주변 환경에서 발생 가능한 다양한 환경요인에 대한 정보를 실시간으로 수집하여 클라우드 데이터 저장소에 저장, 필요한 정보를 확인할 수 있다.

1.2 ICBM 기술과 이의 활용

4차산업혁명은 한마디로 지능형 환경+유비쿼터스 공간이라 할 수 있다. 여기에 추가로 ICBM(IoT/Cloud/Big Data[1])/Mobile)이 4차산업혁명을 실현시켜 나아가고 있으며, 향후 5차산업혁명의 견인차 역할을 AI 인공지능 기술과 서비스가 이를 뒷받침 해 주게 될 것이다. ICBMS는 ICBM에 Security가 추가된다.

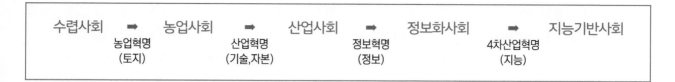

이러한 유의미한 정보를 획득하기 위해 정보처리기술이 필요하며 ICBM 융합기술이 적용된다. 정보처리기술 - 데이터를 의미 있는 정보로 변환하거나 발전하여 데이터를 지능 또는 지식으로 변환하기 위해 컴퓨터를 이용하여 처리하는 것

- 1단계 : 데이터 발생
- 2단계 : 데이터 수집
- 3단계 : 데이터 분석
- 4단계 : 데이터 처리
- 5단계 : 데이터 저장 및 활용

'클라우드(Cloud)'는, PC대신 온라인에 데이터와 소프트웨어를 저장해두고 필요시에 데이터를 빌려서 사용하는 서비스를 말한다. 즉, 인터넷을 통해 IT자원을 서비스 형태로 제공하는 방식을 뜻한다. 우리가 매일 사용하는 인터넷서비스 중에서도 이러한 '클라우드' 서비스가 있다. 바로 '이메일'이다. 개인적으로 소프트웨어나 서버를 구매하지 않고 '이메일'이라는 서비스를 빌려 데이터를 축적하는 것처럼 서버 및 회선, 플랫폼, 소프트웨어를 구매하지 않고 빌려서 사용하는 것이 클라우드 서비스라고 할 수 있다. 클라우드는 다양한 무선으로 연결된 기기에서 수집된 데이터를 고속컴퓨팅 파워의 클라우드 저장소에 저장, 이를 필요한 형태로 추출해 낼 수 있다.

---

1) 빅데이터 : 디지털 환경에서 생성되는 데이터로 그 규모가 방대하고 생성주기가 짧으며 수치 형태 뿐만 아니라 문자와 영상 등 다양한 형태의 데이터를 포함하는 대규모 데이터를 말함.

'빅데이터(Bigdata)'는, ICBM에서 'B(Bigdata)'는 빅데이터를 말하며, 무선기기에서 수집된 데이터를 클라우드 저장소에 저장하고, 저장된 데이터를 빅데이터 분석기술을 통해 분석하는 과정을 뜻한다. 빅데이터 분석은 사용자에게 좀 더 편리한 서비스를 제공할 수 있는 업데이트 기술을 개발하기 위해 필요한 정보를 시각화하여 화면으로 하나의 대시보드 형태로 확인할 수 있다.

빅데이터 분석은, 수집된 각종 정보, 정형 비정형화된 데이터, 수집된 시간과 지역에 대한 정보들의 입체적으로 분석되어 다양한 정보를 도출해낸다. 필요한 정보를 지역별로 분석하여 해당정보에 대한 지도정보를 생성할 수 있으며, 건설 중인 지역에 대한 정보,질병 발생 지역에 대한 정보를 분석해 낼 수도 있다. 또한 교통 혼잡 지역과 교통 상황, 개인이나 거주민들의 건강 상태를 연관하여 분석할 수도 있다.

'모바일(Mobile)'은, 최근에는 빅데이터로 분석된 결과를 새로운 서비스 개발에 적용하여 모바일로 제공하는 과정을 말한다. 모바일은 '실시간 교통정보' 서비스 등을 예로 들 수 있다. 무선네트워크가 연결된 기기를 통해 실시간 도로정보가 수집되고 수집된 데이터를 분석하여 스마트폰으로 최적의 경로를 안내하는 것이 ICBM융합 서비스가 적용된 예이다. TBN 대구교통방송에서도 이러한 ICBM융합 기술을 적용하여 대구의 교통정보를 웹사이트를 통해 실시간으로 전달하고 있으며 빅데이터 분석을 통해 교통정보 예측서비스까지 제공하고 있다.

모바일 단말기를 통해 빅데이터 분석 도구에 의해 분석된 다양한 생활 밀착형 정보나 지도 서비스를 비롯, 건강정보 등의 제공 서비스를 매시간 업그레이드하여 사용자 모바일 디바이스를 통해서 제공 받을 수 있다.

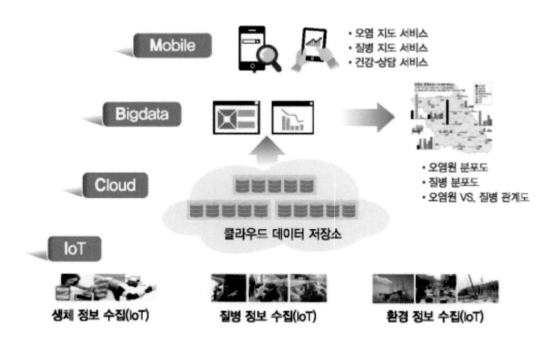

[그림 5.1] IoT 중심의 Cloud · Bigdate · Mobile 연계 서비스 활용

출처 : '사물인터넷의 미래' ICBM을 활용한 서비스 모델, 2014. 11. 28. 박종현외 8인, 자료 제공처
한국전자통신연구원(ETRI), 전자신문사, 네이버

사물인터넷과 빅데이터·인공지능의 연관성을 살펴보면, 사물인터넷 환경은 필연적으로 빅데이터를 생성한다. 사물인터넷의 수많은 ▶ 센서 네트워크에서 수집되는 데이터들은 결국 빅데이터의 특징을 가진다고 할 수 있다. 사물인터넷 환경의 데이터들은 빠르고 지속적으로 생성되며, 수집한 데이터는 방대한 양의 비정형 데이터일 것이다. ▶ 센서 네트워크로부터 수집된 빅데이터의 분석과 가공이다. 수집된 비정형 데이터 자체만으로는 가치를 살릴 수 없고, 사물인터넷 환경이 목적에 맞게 제대로 동작하기 위해서는 빅데이터에 대한 분석과 가공이 필요하다. 빅데이터처리 기술이 지향하는 모델은 인공지능 딥러닝(Deep Learning)으로, 수많은 데이터를 학습하고 해당 데이터가 의미하는 바를 스스로 해독하여 목적에 맞는 최적의 결과물을 찾는 것이다. ▶ 모든 사물이 지능을 갖는 '사물지능 환경'의 가속화이다.

ICBM을 활용한 서비스 모델은 매우 다양하게 도출될 수 있다. 크라우드 소싱을 활용하는 모델도 가능하며, 서로 다른 산업 분야 간 클라우드를 통한 정보 연계 서비스 모델도 가능하다. 이러한 ICBM 융합서비스 모델들은 기본적으로 유비쿼터스 지능형 서비스 제공을 위한 것들로, 현재까지 개발된 다양한 ICT 기술의 유기적 연계를 통해 현실화가 가능하다.

02_IoT의 활용 시스템과 응용 서비스

2.1 Home IoT 서비스

LGU+는 스마트폰 및 통신망과 연결된 IoT 서비스를, 6가지의 홈 IoT 서비스를 제공하고 있다. 이미 기존에 서비스하던 홈 IoT 서비스 가스락, 맘카2 외에 스위치, 플러그, 에너지미터, 온도조절기, 도어락, 열림 감지센서를 출시하여 서비스 제공을 하고 있다. 이에는 특히 ㈜그립이 참여하여 많은 솔루션을 공급하고 있다.

가스락은 깜빡하고 가스를 잠그지 않고 나오거나 혹은 잠궜는지 정확히 기억이 나지 않는 분들을 위해 외부에서 가스를 차단할 수 있는 홈 IoT 서비스를, 맘카는 외부에서도 집에 있는 아이들이나 애견의 모습을 확인하고 의사소통이 가능 홈 CCTV 서비스를 제공하고 있다.

플러그는 기존의 플러그 위에 한번더 꽂는 모듈형태의 플러그. 이 플러그를 통해 외부에서 스마트폰 앱으로 쉽게 전원을 끄고 켤 수 있다. 그냥 꽂기만 하면 되는 만큼 설치가 쉽다는 것이 매력적인 점이다.

TV, 에어컨, 냉장고, 세탁기 등 모든 가전에 사용가능하고 유플러스 플러그를 통해 끄고 켜거나 사용한 전력량과 누적 사용량을 체크할 수 있고, 타이머 설정도 가능하다.

출처 : https://blog.naver.com/ishine75/22041420239

■ 열림감지센서

유플러스의 또 다른 홈 IoT 서비스 열림 감지센서는 집안에 낯선 사람의 침입을 감시해주는 보안기능을 가진 IoT 기기이다. 창문에 부착하여 설치하면 창문이 열리거나 닫히는 것을 확인할 수 있다, 집안에 아무도 없는 시간에 창문에 열리면 알람을 주고 추후 홈CCTV 맘카2 서비스와 연동되면 침입감지시 자동으로 영상촬영 및 전송으로 더욱 편리하게 사용할 수 있을 것으로 예상된다.

■ 에너지 미터

에너지미터는 두꺼비집처럼 생겼다. 이름에서도 알 수 있듯이 집안에서 사용하는 전력량을 실시간으로 확인할 수 있고, 전기요금도 알아볼 수 있음. 전기사용량을 시간 혹은 월 단위로 알 수 있기 때문에 전기를 절약하는데 도움이 되는 홈 IoT 서비스이다. 플러그와 연동하면 대기전력이 높은 제품의 전원 차단이나 타이머 설정도 가능하다.

■ 스위치

스위치는 집안의 조명을 스마트폰으로 제어하는 서비스. 집안의 형광등이나 다른 조명의 경우 콘텐츠를 따로 꽂아서 쓰는 것이 아니라 스위치로 제어하게 된다. 이때 스위치로 교체하면 스마트폰에서 집안 어디서든 조명 ON/OFF가 가능하고 물론 통신망을 이용하는 서비스인 만큼 외부에서도 터치 한번으로 컨트롤할 수 있다. 이 외에도 도어락도 있다.

■ '외부에서 확인 및 컨트롤이 가능한 홈 IoT 서비스들'

집안의 가전이나 조명, 도어락 등과 연계된 스마트홈 관련 서비스에 대한 제조사와 통신사의 관심은 모두 크다. 그리고 '취침모드 설정시 창문, 가스락, 출입금 모두 잠금' 형태로 홈 오토메이션 서비스를 누릴 수 있다.

2.2 IoT 적용 서비스

각 산업 부문별 IoT의 적용 서비스를 살펴보면 아래와 표와 같이 정리할 수 있다.

<표 5.1> IoT 적용 서비스

분야	세부 분류	주요 내용
자동차/교통/ 항공/우주/조선	자동차	• 차량진단서비스(DTG, 커넥티드카, 무인자율주행서비스 등
	교통/인프라	• 대중교통운영정보관리(버스사령관제등)서비스, 스마트파킹 서비스,주차위치 제공서비스,주변 주차장 안내서비스,아파트 차량 출입통제 및 주차관리서비스,철도시설관리서비스등
	조선/선박	• 선박위치 모니터링,선박내부 모니터링,선박원격 점검서비스등
	항공/우주	• 비행기 내부 모니터링서비스,실시간 항공기 원격점검서비스등
헬스케어/의료/ 복지	헬스케어	• 운동량관리서비스,수면관리서비스 등
	의료	• 의약품 및 의료기기 관리 서비스, 환자상태 모니터링서비스, 원격검진 서비스등
	복지	• 취약계층(독거 · 치매노인, 여성, 장애인 등) 서비스, 사회복지시설 (요양원등)서비스, 미아방지서비스, 여성안심서비스 등
에너지/제조	에너지 관리	• 에너지모니터링서비스, 건물에너지관리서비스, 전력/전원 모니터링 및 제어서비스, 신재생에너지(태양광등)관리서비스 등
	검침	• 전기 · 가스 · 수도 등 원격검침서비스, 실시간 과금서비스 등
	제조/스마트홈	• 생산공정관리서비스, 기계진단서비스, 공장자동화서비스, 제조 설비실시간 모니터링서비스 등 • 스마트홈 가전 · 기기 원격제어서비스, 홈CCTV
농림/축산/수산	농업/농림	• 재배환경모니터링 및 관리서비스, 생장육 · 성장관리서비스, 농산물유통관리서비스, 생산이력 관리서비스, 농림이력추적서비스, 과실수 이력 · 추적관리서비스 등
	축산	• 축산환경모니터링 및 관리서비스, 사육관리서비스, 사료자동급이서비스, 축산물유통관리서비스, 생산이력관리서비스, 가축이력추적서비스, 가축전염병(구제역등) 관리서비스 등
	수산	• 양식장 환경정보 수집서비스, 수산물 이력관리서비스 등
건설 · 도로 · 교통 시설물 관리/안전/환경	건설 · 시설물	• IBS/BIM/SCADA/BEMS관리서비스, 시설물안전관리서비스, 공공시설물제어서비스 ,빌딩관리서비스, 출입통제 · 관리서비스, 시설물감시서비스, 도로/교량상태모니터링서비스 등 건물 및 빌딩에너지관리서비스, 건물내주차장관리 및

분야	세부 분류	주요 내용
	도로 · 교통	• 터널교량모니터링서비스, 도로표면관리서비스 등 • C-ITS, BIS/BIT 등 • 철도시설관리서비스 등
	산업 안전	• 산업 · 보건 · 안전 현장관리서비스, 유해 화학물관리서비스, 산업재해 · 자연재해 모니터링, 위험물감지 · 경보서비스 등
	환경/재난/재해	• 환경시설관리서비스, 수질관리, 기상정보수집/제공, 음식물쓰레기관리, 스마트환경 정보제공, 재난재해감시(홍수, 지진 등) 서비스
기타		소매고객, 관광, e스포츠/레저/오락, 조선/선박, 항공/우주, K-방역

자료제공 및 자료 참조 : 한국지능형사물인터넷협회 (www.kiot.or.kr)

그리고, 스마트 센서에 대한, 산업현황조사 결과분석, 기업수요조사 등을 통한 사물인터넷 서비스별 핵심 요구에 대한 사물인터넷의 대표적 서비스 유형 사례를 살펴보면 아래와 같다.

• 예 : 재난안전 · 보안, 교통 · 물류, 에너지 · 환경, 스마트 홈 등

<표 5.2> 사물인터넷의 대표적 서비스 유형 사례

대분류	중분류	서비스
개인	스마트헬스	IoBT용 웨어러블 바이오 컴퓨팅을 위한 스마트센서 플랫폼 서비스
		IoBT용 일회용 피부 부착형 스마트 센서 플랫폼 서비스
		개인용 스마트 라이프 케어용 모바일 서비스
		Life style monitoring and guide service
		baby care service
		IoBT (Internet of Bio Things) 서비스 플랫폼 서비스
		스마트 마우스 건강체크 서비스
		EMS notification 서비스
		모바일 헬스케어를 위한 고감도/저전력 HEMT 나노바이오센서 기반 서비스
		개인용 헬스케어 및 생체인식을 위한 초소형/고성능의 이미지 센싱시스템 기반 서비스
		노인 돌봄 서비스
		생활 밀착형 개인용 스마트 헬스케어 서비스
		생활환경 및 감성인지 기반의 개인 맞춤형 스마트 헬스 서비스
	스마트홈	맞춤형 개인 도우미 서비스
		밀착형 개인 건강 서비스

대분류	중분류	서비스
		쾌적한 환경 조성을 위한 스마트홈 서비스
		Home secretary service
		층간소음 알림 서비스, 로봇 제습기, 벌레감지 서비스
		냉장고 내용물 확인 서비스
		독거노인 재실감지 서비스
		정밀위치 인식방법을 이용한 전자펜기반의 대형 디스플레이 판서 서비스
		청소로봇 IoT 서비스
		무자각 자동 건강관리 스마트홈 서비스
	자동차	자동차내 실내 공기질 제어 서비스
		지하철 분산 탑승 서비스, 이륜차 사고예방 서비스
		접촉사고 발생 추적 서비스
		야간 주행용 사물 나이트비전 서비스
		스마트센서 음주/졸음 운전 감시 서비스
산업	공장	스마트 물체운반 및 작업자 안전 서비스
		가혹한 환경 위험가스를 감지 서비스
		고감도 적외선 아발란치(APD) 센서 기반 공장 자동화 서비스
		고온 환경에서의 고감도 GaN기반 홀 센서기반 공정 제어 서비스
		IoT 기반의 smart sensor cluster 가 적용된 smart factory 서비스
	농어업	해충번식 억제 서비스
		IoT 기반 지능형 농자 관제 서비스
		동물 가임기간 정밀인식 서비스
		온실 시설농업의 IoT 서비스
		고급 어종 양식 어업 스마트 관리 서비스
		온배수 활용 IoT 경제적 농사관리 서비스
	물류	무인운송 서비스
		과적 차량 추적 서비스
공공	재난/안전	무인, 주야, 전방향 침입 탐지 서비스 (IDS, Intrusion Detection Systems)
		침수 알림 서비스
		탑승객 위치 파악 서비스

대분류	중분류	서비스
		재해/재난용 안전배낭 보급 서비스
		지하 싱크홀 감지/예방 서비스
		적설에 의한 구조물 안전 모니터링 서비스
		폭발성 수소 가스 누출 실시간 모니터링 서비스
		스마트 도심 대형 화재 대응 서비스
	환경	스마트 라이프 구현을 위한 공공 환경 정보 제공 서비스
		모바일 자동기상정보시스템(AWS) 서비스
		Air Pollution 방지 서비스
		공공장소 스마트 청소 서비스, 스마트 수질오염 원인분석 서비스
		층간 소음 조정 서비스
	에너지	벡스케터를 통한 배터리프리 리모컨 서비스
		교통량 및 차량속도 감응기반의 스마트교차로 제어서비스

구분	적용분야
위치 추적	• 위치 추적 시스템을 통한 사물 및 사람 추적, 주문관리, 물류 추적, 친구 찾기 등
자동차	• 차량제어, 자동비상 콜, 차량도난방지, 운임지불 등의 텔레매틱스 • 차량관리, 차량 및 운전자 안전, 내비게이션, 교통정보, 통행료, 주행거리 연계보험, 원격차량진단 등 • ITS, 커넥트 카, 운전자 없는 주행, 신호등 시스템 등 • 고속버스 차량관제 사업, 콜택시 사업, 시내버스 관제 및 도착안내 사업 등
원격관리 제어	• 가스, 물, 전기 등 사용량의 원격 검침 • 고객관리, 수요관리, 실시간 과금, 센서, 조명, 펌프, 자판기제어 등
보안/공공안전	• 무선보안 시스템, CCTV보안, 감시 시스템, 빌딩 관리, 자연재해 모니터링 등
환경감시	• 대기오염 모니터링, 하천오염도 측정, 해수측정 등

출처 : 산업연구원

2.3 IoT 서비스 활용분야

한국연구재단의 "사물인터넷 원천기술 확보를 위한 스마트센서 연구기획"에 관한 연구의 최종보고서와 한국지능형사물인터넷협회(www.kiot.or.kr)의 자료에 근거한 IoT 서비스의 각 산업분야 적용방안을 정리하면 아래와 같다.

(1) 원격 의료

• 기존 의료인들과 IoT 역량 보유한 ICT 사업자들은 의료와 IoT가 결합한 스마트 헬스케어를 개발. 독거노인 등 1인 가족의 증가로 집 내부 및 외부에서 발생할 수 있는 리스크를 예방/조치하는 서비스에 주목

• 출동보다는 無출동 서비스 중심으로 환자의 상태를 실시간으로 측정해서 고객 및 병원, 119 등에 긴급 통보

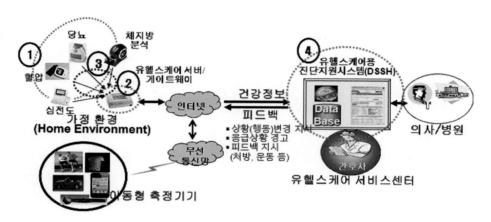

[그림 5.2] 마트 헬스케어 의료기기 시스템의 구성도

출처 : 식품의약품안전처

• 혈당계, 혈압계 등 헬스케어 기기들이 건강 정보를 수집 홈허브를 통해 의료진에 전달. 의료진은 건강 상태를 실시간으로 모니터링하고 진단

• 고객의 상태를 측정하고 예방하는 기본 속성은 유지하면서, ICT 활용으로 부가가치를 창출

• 의료인, ICT사업자, 플랫폼/단말 제조사들은 건강진단을 메인으로 한 상품을 내세워 각자의 영역에서 스마트 헬스케어 시장에 접근

■ 건강 지표 및 생활 패턴 관리

• 무자각 건강지표 모니터링 : non-invasive blood glucose monitoring, 교감(ECG HRV)/부교감신경(GSR) 활성화 기반 stress 모니터링, PTT 혈압, 체수분 분석 및 수분 섭취 권고, 체지방 분석

• 의자에 앉아 있는 자세 교정 및 시간 모니터링

• 걷기 빈도 및 보수

• 신생아, 독거노인 등 건강 약자 모니터링.

(2) 스마트 안전

■ 화재 감지 IoT

무선네트워크 기능이 융합된 MEMS 가시광/적외선 복합 영상센서를 통하여 인구밀접 건물이나 지하철에서 안전한 대피를 위해 화재 초기에 발화 원점의 초고속 감지를 통한 실시간 화재 및 대피 방향을 대피자와 소방대에 모바일로 전송하는 서비스(나노와이어 Mid IR 센서, 가시광/적외성 복합센서 등)

■ 폭발/유해가스 감지 IoT

무선네트워크 기능이 융합된 저전력 MEMS 가스센서를 통하여 재해/재난 발생 전 후에 유출될 수 있는 폭발가스(CH_4, H_2) 및 유해가스(CO, CO_2, NO_2)를 감지하여 경보 및 119신고 서비스 제공 (MEMS NDIR 가스 센서, NEMS/섬유형 가스 센서 등)

■ 휴대용 안전배낭 IoT

지진, 건물붕괴 등의 사고로 지하 및 건물에 갇혔을 때 안전배낭에 장착되어 유해가스감지, 산소 여부감지, 탈출 방향제시(10축센서) 및 외부로의 구호신호 전송(RF) 등을 통한 생존시간 연장 및 현장탈출 용이성을 제공하는 서비스 (휴대용 안전센서 개발 등).

• 영국의 위험설비 위치정보시스템 (HSE Map) : 화학물질 취급사업장, 가스배관 및 지하매설물 등의 위치와 화학물질의 사용량 등 관리하고, 위험 설비에서 화재, 폭발 또는 독성 물질누출 사고가 발생할 경우 그 피해범위(위험 등고선 : Risk Contour)를 사전에 예측하고 즉각 조치가 가능하다. 적외선 카메라 시장을 선도하고 있는 FLIR(미국)는 'Seek Thermal' 이라는 슬로건으로 가정용, 산업용 등의 보급형 적외선 카메라 시장 진입, 2014년 세계 최초로 가시/적외선 복합 영상센서를 출시하였으며, 스마트 폰에 장착하는 타입으로 Apple의 IPhone에 국한되었던 기종에서 Android에도 장착 가능하다.

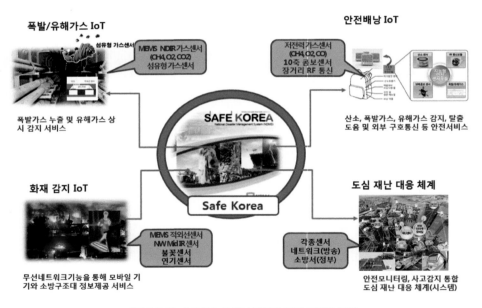

[그림 5.3] 스마트 IoT 센서 기반의 안전 코리아 구현

출처 : "사물인터넷 원천기술 확보를 위한 스마트센서 연구기획"에 관한 연구의 최종보고서, 한국연구재단

■ 재해 방지 IoT

빅데이터 분석을 통한 자연재해 사전대응으로 DisasterAWARE 플랫폼, NASA, 미해양 대기청(미국) 등에서 수집된 정보 분석을 통해 지진, 쓰나미, 태풍, 홍수, 화산 등의 재난 발생상황을 모니터링 하여 세계위험 지도를

통해 관련자에게 제공하고 재난경보 앱을 통해 모바일로 실시간 재난정보 전달이 가능하다.

인도 지하 광산 모니터링 시스템은 지하 광산에서 자주 발생하는 광산붕괴에 대비하여 지하의 환경 상태를 모니터링 하여 지상으로 전송함으로써 광산붕괴를 예측하고 인명 손실을 최소화하기 위한 시스템이다. 구체적으로 지하 석탄 광산사고의 주요 원인으로 메탄가스에 있다고 보고 메탄가스의 폭발을 탐지하는데 초점을 두고 있다.

■ 기타 초소형 IR 카메라 FLIR

미국의 F社는 2011년 초소형 IR 카메라에 탑재를 목적으로 WLVP기술 개발에 성공하여 출시 하였고, 2014년 CES 전시회에 Iphone 후면에 부착하여 가시-열 영상을 볼 수 있는 FLIR ONE을 선보였다. 라스베가스 CES 전시회에서는 Iphone 뿐만 아니라 Android 기반의 스마트폰에도 장착 가능한 제품 등을 출시하여 적외선 영상 해상도의 시인성을 확보함으로 세계 시장의 주목 받고 있는 실정이다. 그러나 복합영상 처리 속도 문제로 동영상 프레임은 낮은 수준이었지만, 현재 상당한 수분으로 제공하고 있다.

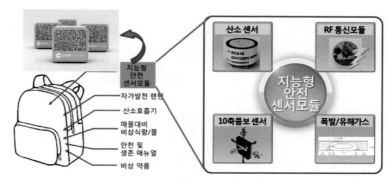

[그림 5.4] 산소센서, 콤보센서, 가스센서, 통신모듈이 일체화된 휴대용 안전센서 모듈
출처 : "사물인터넷 원천기술 확보를 위한 스마트센서 연구기획"에 관한 연구 최종보고서, 한국연구재단

<표 5.3> IoT 구성 분류와 상호 밸류체인

구분	활용 분야	제품 용도	세부 내용
플랫폼	S/W 플랫폼	연결/기기관리 S/W플랫폼	• IoT서비스 제공을 위한 센서 및 단말의 연결과 관리기능을 수행하는 서버용 S/W 플랫폼
		응용/운영지원 S/W플랫폼	• IoT서비스 응용 SW개발을 위한 인프라 서버용 S/W 플랫폼 ※ 데이터분석, 어플리케이션관리, 서비스개발도구(DevOps등), 보안, 과금 등
	플랫폼장비(H/W)		• IoT플랫폼을 제공하기 위해 필요한 H/W장비(스토리지, 서버 등) 및 H/W장비에 필요한 시스템 S/W(DBMS, OS, 이중화 솔루션, 동기화 솔루션, 보안솔루션 등
제품 기기	스마트 기기용 칩셋	RF	• IoT용으로 개발 및 이용되는 통신전용칩셋 ※ 5G이상, 2.4G,800~900MHz,400MHz대역,13.56MHz,134kHz이하
		MCU	• IoT용으로 개 및 이용되는 마이크로 프로세서 ※ 8bitcore,16bitcore,32bitcore,64bitcore 이상
		SoC	• IoT용으로 개발 및 이용되는 통신칩과 MCU가 포함된 칩셋 ※ RF+MCU, 센서+RF+MCU

구분	활용 분야	제품 용도	세부 내용
제품기기	스마트기기용 모듈	센서모듈	• 센싱(온습도, 환경, 압력 등) 기능이 포함되어, 독립적으로 설치/교체/사용될 수 있도록 설계된 IoT에 이용되는 하드웨어
		통신모듈	• 통신(BLE, Z-Wave, Zigbee, WiFi, LTE, LPWA 등) 기능이 포함되어, 독립적으로 설치/교체/사용될 수있도록 설계된 IoT에 이용되는 하드웨어
		복합모듈 (센서,통신)	• 센싱 및 통신기능이 복합적으로 포함되어, 독립적으로 설치/교체/사용될 수 있도록 설계된 IoT에 이용되는하드웨어
	스마트카드/태그		• IoT서비스에서 NFC, RFID를 이용해 근거리 사물인식을 지원해 주는 제품기기
	스마트 단말기기	생체인식단말기기	• 맥박, 체온, 혈압, 운동량측정단말, 수면관리단말, 환자상태모니터링단말, 지정맥인식단말, 얼굴인식기 등
		원격검침단말기기	• 전기, 가스, 수도 AMI검침기, 에너지 모니터링 단말 등
		위치측위단말기기	• 차량위치관제용 단말, 치매환자/어린이위치 측정단말, 애완동물위치 추적단말, 상품위치정보 측위단말 등
		환경감시단말기기	• 온습도/미세먼지/유해가스측정용 단말, 재해/재난감시단말, 위험물감지 단말 등
		장비·시설모니터링 단말기기	• 차량진단(DTG,OBD)단말, 건설물 안전진단 단말, 창문 열림 감지단말 등
		영상감시단말기기	• 홈캠, CCTV 등
		경보/알람단말기기	• 화재, 도난, 가스 경보 단말, 경광등, 비상벨 등
		자동(원격)제어 단말기기	• 스마트도어락, 가스밸브, 출입통제단말, 전력차단기, 스마트전구, 스마트 콘센트,스마트 가로등 등
		스마트결제단말기기	• 카드결제단말, 카드조회기, 자동주차료결제기, 자동발권기 등
		스마트홈월패드	• 스마트홈, 홈네트워킹에 활용되는 월패드 등
		기타응용단말기기	• 스마트교탁, 전자칠판 등
	게이트웨이	무선통신게이트웨이	• 스마트단말과 무선통신(BLE,Z-Wave,Zigbee,LoRa,UWB 등)으로 연결되어 수집된 정보를 통신망에 연결하는 네트워크 장비 등
		유선통신게이트웨이	• 스마트 단말과 유선통신(PLC, RS-485, USB등)으로 연결되어 수집된 정보를 통신망에 연결하는 네트워크 장비
		음성인식게이트웨이	• 사용자와 음성으로 연결되어 수집된 정보를 기반으로 통신망에 연결하여 서비스를 제공하는 네트워크장비 ※NUGU,GIGAGenie등
	교육용 장비		• 아두이노, 라즈베리파이 등 오픈소스 하드웨어 플랫폼(OSHW)
	태그 프린터		• NFC, RFID 태그 프린터 등
	리더		• 스마트카드/ 태그와 연결되어 수집된 정보를 통신망에 연결하는 제품기기 ※ RFID리더, NFC리더 등
보안	서비스		• IoT 관련 보안제품 및 서비스 경량·저전력암호화 솔루션, 디바이스 위변조 방지 솔루션, SecureOS, 보안 게이트웨이, 네트워크 암호화 솔루션, 침입탐지 및 대응 솔루션, 원격 보안관리 및 관제서비스
	기기		
	플랫폼		• 스마트 디바이스 인증솔루션, 서비스보안 솔루션, 프라이버시 보호(컨텐츠 보안) 솔루션, IoT 보안 컨설팅, IoT모의 해킹 및 취약점 진단서비스, 유지보수 등이 포함

자료제공 및 자료 참조 : 한국지능형사물인터넷협회 (www.kiot.or.kr)

2.4 IoT 기술 및 플랫폼 현황과 사업화 방향

하나의 Open IoT Platform이 Mobius이다. 500억개가 넘는 사물들이 인터넷에 연결 될 전망(IBM) → 위치 기반 직관적 등록/관리/접근 기술이 필요하다. 그리고 아래 <표 5.4>는 IoT 관련 표준화 동향과 M2M 관련 표준화 동향을 표시한다.

<표 5.4> 사물인터넷 기술 동향과 IoT 기술 표준화 동향

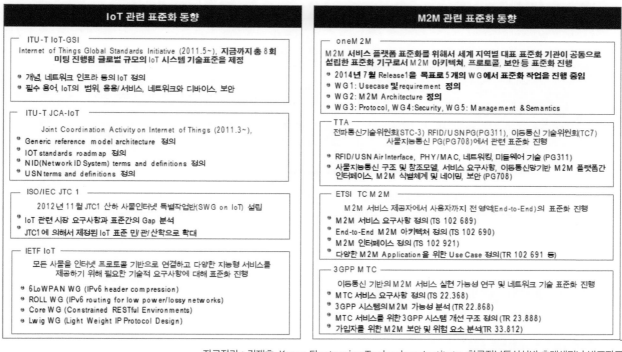

IoT 관련 표준화 동향	M2M 관련 표준화 동향
ITU-T IoT-GSI Internet of Things Global Standards Initiative (2011.5~), 지금까지 총 8회 미팅 진행됨 글로벌 규모의 IoT 시스템 기술표준을 제정 • 개념, 네트워크 인프라 등의 IoT 정의 • 필수 용어, IoT의 범위, 응용/서비스, 네트워크와 디바이스, 보안	**oneM2M** M2M 서비스 플랫폼 표준화를 위해서 세계 지역별 대표 표준화 기관이 공동으로 설립한 표준화 기구로서 M2M 아키텍쳐, 프로토콜, 보안 등 표준화 진행 • 2014년 7월 Release1을 목표로 5개의 WG에서 표준화 작업을 진행 중임 • WG1 : Usecase 및 requirement 정의 • WG2 : M2M Architecture 정의 • WG3 : Protocol, WG4 : Security, WG5 : Management & Semantics
ITU-T JCA-IoT Joint Coordination Activity on Internet of Things (2011.3~), • Generic reference model architecture 정의 • IoT standards roadmap 정의 • NID(Network ID System) terms and definitions 정의 • USN terms and definitions 정의	**TTA** 전파통신기술위원회(STC-3) RFID/USN PG(PG311), 이동통신 기술위원회(TC7) 사물지능통신 PG(PG708)에서 관련 표준화 진행 • RFID/USN Air Interface, PHY/MAC, 네트워킹, 미들웨어 기술 (PG311) • 사물지능통신 구조 및 참조모델, 서비스 요구사항, 이동통신망기반 M2M 플랫폼간 인터페이스, M2M 식별체계 및 네이밍, 보안 (PG708)
ISO/IEC JTC 1 2012년 11월 JTC1 산하 사물인터넷 특별작업반(SWG on IoT) 설립 • IoT 관련 시장 요구사항과 표준간의 Gap 분석 • JTC1에 의해서 제정된 IoT 표준 민/관/산학으로 확대	**ETSI TC M2M** M2M 서비스 제공자에서 사용자까지 전 영역(End-to-End)의 표준화 진행 • M2M 서비스 요구사항 정의 (TS 102 689) • End-to-End M2M 아키텍처 정의 (TS 102 690) • M2M 인터페이스 정의 (TS 102 921) • 다양한 M2M Application을 위한 Use Case 정의(TR 102 691 등)
IETF IoT 모든 사물을 인터넷 프로토콜 기반으로 연결하고 다양한 지능형 서비스를 제공하기 위해 필요한 기술적 요구사항에 대해 표준화 진행 • 6LoWPAN WG (IPv6 header compression) • ROLL WG (IPv6 routing for low power/lossy networks) • Core WG (Constrained RESTful Environments) • Lwig WG (Light Weight IP Protocol Design)	**3GPP MTC** 이동통신 기반의 M2M 서비스 실현 가능성 연구 및 네트워크 기술 표준화 진행 • MTC 서비스 요구사항 정의 (TS 22.368) • 3GPP 시스템의 M2M 가능성 분석 (TR 22.868) • MTC 서비스를 위한 3GPP 시스템 개선 구조 정의 (TR 23.888) • 가입자를 위한 M2M 보안 및 위험 요소 분석(TR 33.812)

자료정리 : 김재호, Korea Electronics Technology Institute, 한국정보통신설비 춘계세미나 발표자료

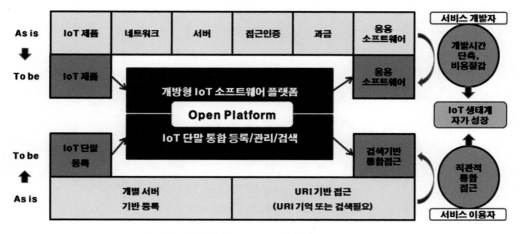

[그림 5.5] 개방형 IOT 소프트웨어 Open 플랫폼

출처 : 김재호, Korea Electronics Technology Institute, 한국정보통신설비 춘계세미나 발표자료

다음 그림은 M2M 중심의 각종 디바이스와 다양한 목적의 플랫폼 및 상호작용 도메인을 나타낸다.

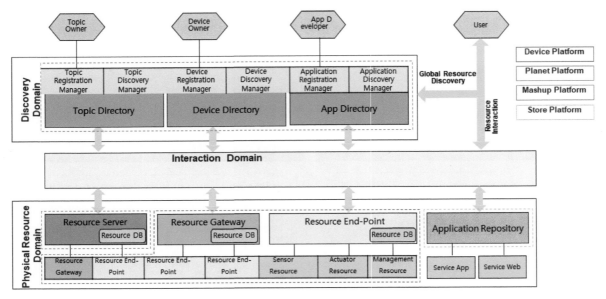

* TR 0002 - Part 1: Analysis of the architectures proposed for consideration by oneM2M

[그림 5.6] M2M 중심의 각종 디바이스와 다양한 목적의 플랫폼 및 상호작용 도메인
출처 : 김재호, Korea Electronics Technology Institute, 한국정보통신설비 춘계세미나 발표자료

03_센서의 종류와 센서 활용

3.1 센서의 종류 및 기술

3.1.1 센서 정의와 기능

센서란 물리/생물/화학적인 외부 정보를 검출하여 컴퓨터나 제어장치가 이해할 수 있는 전기 신호로 변환하는 소자(장치)이다. 그리고, 외부자극 (stimulus)을 받아 이것을 전기신호로 변환하는 소자도 있다. 외부자극이란 우리가 검출 또는 측정하고자 하는 양(quantity), 특성(property) 또는 상태(condition)을 의미한다.

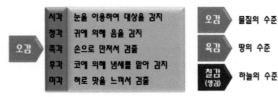

스마트 센서는 물리적·화학적 현상을 전기신호로 변환하는 기능 외에도 데이터처리능력, 자가진단기능, 의사결정기능, 통신기능 등과 결합하여 데이터의 통계처리 및 저장, 데이터의 자동교정 및 보상, 상황판단, 네트워

킹 등이 가능한 차세대 지능화된 센서라고 할 수 있다.

주요 특징 및 구조에 있어서는, 주변 환경(온도, 습도, 공정편차 등) 변화에 대한 자체보정, 보상·자기 진단, 통신, 데이터처리 등의 지능화기능이 센서 주변회로에 원칩화된 형태인 마이크로 시스템이나 개별 센서와 주변 회로 등을 모듈 형태로 조합한 하이브리드 또는 매크로 시스템의 형태를 포함한다.

[그림 5.7] 센서기술과 상관 요소

출처 : 센서기술 저자 김현후 외 5 공저, 내하출판사

현 시대는 정보가 실시간적으로 수집, 처리, 공유, 확산, 활용되는 스마트사회로 진입하고 있으며, 이러한 사회의 구현에는 고정밀 및 고성능 스마트센서, 시스템 관련 기술이 필요 하다. 또한, 미래기술은 제품과 제품, 제품과 서비스, 서비스와 서비스 등의 융복합 기술이 급성장할 것으로 예상되며, 이러한 미래기술의 구현에도 센싱 기술이 필수적이다.

3.1.2 4대 융합 기술 : Sensing, Networking, Computing, Actuating

(1) 센서의 진화과정 및 세대별 정의

센서기술은 신호처리, 디지털변환, MCU 내장을 기준으로 1세대부터 4세대까지 발전되었으며, 대표적인 기반기술로 반도체, Nano/MEMS, Optics, 네트워킹, 지능알고리즘 등으로 구성된다.

1세대 (Discrete Sensor) → 2세대 (Integrated Sensor) → 3세대 (Digital Sensor) → 4세대(Smart Sensor)

■ 센서 특성평가

① 정특성(static characteristics)
- 입력이 시간적으로 변하지 않을 때의 특성
- 예 : 감도(sensitivity), 직선성(linearity), 히스테리시스(hysteresis)

② 동특성(dynamic characteristics)
- 입력이 시간에 따라 변할 때의 특성
- 예 : 응답시간, 주파수 특성

③ 교정(calibration)

- 센서에 입력 값을 인가하여 출력을 측정하는 과정.
- 교정에 사용되는 입력 값을 표준(standard)이라고 함.
- 교정에 의해서 입력과 출력 사이에 관계가 수립되며, 이때 얻어지는 곡선을 교정곡선(calibration curve)이라고 함

④ 감도(sensitivity)

입력 변화량에 따른 출력 변화량의 비율

$$S = \frac{출력신호의\ 변화율}{입력신호의\ 변화율}$$

여기서 : S : 감도계수(센서의 감도를 의미)

감도는 입력에 대한 출력으로 직선성을 나타내며, 기울기를 의미한다.

다른 의미로 감도의 한계를 나타내며, 미세한 입력 변화에 대해 반응하는 척도를 나타낸다.

- 센서는 직선적인 변환특성이 가장 바람직함
- 센서로 전달되는 전력을 최대로 유지하기 위해 센서의 출력 임피던스를 부하 임피던스나 증폭기의 입력 임피던스와 정합하는 것이 바람직함.

■ 동작범위(operating range)와 풀스케일 출력

- 입력 동작범위 : 의미 있는 센서출력을 발생시키는 최대입력과 최소입력 사이의 차

$$x_{max} - x_{min}$$

- 입력 풀스케일(input full scale; FS) 또는 풀-스케일 범위(full-scale range)
- 출력동작범위 : 풀스케일 출력(full-scale output; FSO)으로 최대 입력시 출력과 최소 입력시 출력 사이의 대수적 차

$$y_{max} - y_{min}$$

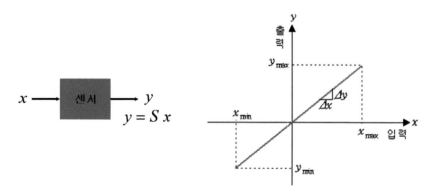

■ 감도오차와 오프셋 오차

감도오차(sensitivity error) 또는 감도변동(sensitivity drift) 센서의 입출력 특성의 기울기가 이상적인(정상적인) 직선의 기울기로부터 벗어나는 것을 의미.

■ 오프셋(offset) 또는 영점 변동(zero or null drift)
• 입력(x)이 0일 때 센서출력(y)이 0이 아님. 감도변동과 영점변동이 동시에 발생하면 그림과 같이 오차는 더 커짐.

■ 직선성

센서입력이 허용한계를 초과하면 출력이 포화(saturation)되기 시작하여 응답의 직선성을 상실하기 때문에 동작범위의 상한 또는 정격을 정함. 센서의 직선성을 측정하는 한 방법은 최소 자승법 (least squares method)을 사용해 가장 잘 일치하는 직선(best fit straight line)을 구하는 것.

■ 잡음(noise)
• 센서의 출력에서 나타나는 원하지 않는 불규칙적인 신호를 의미
• 센서소자나 변환회로로부터 불규칙적으로 변동하는 잡음이 발생
• 잡음은 원리적으로 제거할 수 없는 것이 있으며, 또한 전원의 리플(ripple)이나 진동 등 환경의 변동에 의한 것도 포함
• 센서의 입력변화에 대한 응답이 잡음레벨 이하로 되면 오차가 발생
• 센서의 감도가 높으면, 미소입력신호도 검지 가능
• 센서에 유입되는 잡음이 증대되면, 감도가 높더라도 미소입력신호의 검출이 불가능해져 측정 하한치는 커짐
• 센서의 신호 대 잡음비(signal to noise ratio ; S/N ratio)를 향상시킴으로써 검출 하한치를 작게 할 수 있음
• 신호 대 잡음비를 개선하기 위해서 필터(filter)등을 사용

■ 기타 환경 영향

센서가 사용되는 환경 조건, 특히 온도, 습도 등은 센서의 정·동특성에 매우 큰 영향을 미친다. 센서의 성능에 영향을 미치는 이러한 외부 변수들을 환경 파라미터(environmental parameter)라고 부른다.

• 온도 영점오차 : 센서입력을 0으로 했을 때, 온도변화에 기인한 센서의 출력 레벨 변화
• 온도 스팬오차 : 입력을 정격입력(100%FS)으로 설정했을 때 온도변화에 기인한 센서의 출력레벨 변화

이외에도 정확도/반복성, 재현성/선택성 등이 있다.

■ 열전효과

제벡효과(Seebeck Effect) : 1821년 독일의 물리학자 T.J.Seebeck이 발견한 열전현상이 있다. 서로 다른 2개의 전도물질로 이루어진 한 회로에서 그 2개의 전도물질 간의 접촉점들에 다른 온도를 가해주면 전류 또는 전압이 발생하는 것이다. 뜨거운 곳에서 차가운 곳으로 이동하는 열의 흐름이 전류를 발생시킨다.

열전대 온도센서에서는 제벡효과의 한쪽을 절단하여 접합된 2종의 금속접점에 가해지는 온도 변화에 의해, 절단점에서 발생되는 열기전력을 측정하는 열전대 방법을 통해 온도를 측정한다.

■ 펠티에 효과(Peltier Effect)

전류가 두 금속의 정점을 통과할 때 열을 방출하거나 흡수하는 현상이다. 서로 다른 금속을 접합하여 전압을 주면 양 접합점에서 열을 흡수하거나 방출하는 현상이 일어난다.

■ 톰슨 효과(Thomson Effect)

도체(금속 또는 반도체) 막대의 양 끝을 서로 다른 온도로 유지하면서 전류를 통할 때 줄열(Joule s heat) 이외에 발열이나 흡열이 일어나는 현상이다.

열전대(Thermo Couple) : 열에너지를 전기에너지로 변환한다.

3.2 센서의 분류와 센서 시스템화

센서의 분류와 센서 시스템화에 대한 설명에 앞서, 물질의 원자, 분자, 광자, 쿼크, 게이지에 대해 알아보자.

(1) 광자(photon, 光子)

파동의 성질로 본다면 빛은 전자기파에 해당하며, 입자의 성질로 볼 때 광자(광양자)로 명명한다. 광양자(light quantum)라고도 한다. 양자론(量子論)에서 빛을 특정의 에너지와 운동을 가지는 일종의 입자적인 것으로 취급할 경우에 생각하는 빛의 입자이다. 빛의 진동수가 v(Hz)일 때 1개의 광자가 가진 에너지 hv(J)로 주어진다. 여기서 $h(=6.626176 \times 10^{-34} J \cdot S)$는 플랑크 상수이다. 빛은 전자기파로서, 즉 파동으로서의 성질을 갖고 있지만 동시에 입자로서의 성질도 갖고 있다.

(2) 분자(分子, molecule)

분자는 화합물의 최소 단위이다. 보통 물질은 원자나 그것이 하전한 이온이라고 하는 미립자로 구성되어 있는데 그 원자나 이온이 화학결합에 의하여 몇 개가 모여 그 물질의 특성을 가진 최소단위로서 미립자를 만드는 일. 이 경우에 그 미립자를 분자라 한다.

물질을 그 상태로 분류하였을 때, 기체인 경우에는 그 대부분이 분자로 이

분자결합

수소원자
+
물(H_2O) = 수소원자
+
산소원자

H

루어지는데, 액체나 고체인 경우에는 이온성 화합물이나 거대분자로 이루어지는 물질을 제외한 것만이 분자로 이루어진다고 한다. 이것을 분자성 물질이라고도 한다. 분자는 같은 종류 원자가 결합된 분자와 서로 다른 원자들이 결합된 분자로 구분된다.

⑶ 원자(原子, atom)

원자는 일상적인 물질을 이루는 가장 작은 단위이다. 현재 100종 남짓한 각 원소에 대하여 각각 대응하는 원자가 존재한다. 용어의 본래의 뜻에서 말하면 물질의 궁극적 입자를 가리키는데, 원자를 뜻하는 atom이라는 말도 그리스어의 비분할(非分割)을 의미하는 atomos에서 유래했다.

따라서 원자가 단일하고 불가분(不可分)한 입자가 아니고 복잡한 구조를 가진다는 것이 밝혀진 오늘날에는, 원자라는 말이 가진 본래의 뜻은 없어 지고, 소립자(素粒子)라는 한 무리의 입자가 물질의 궁극입자로 연구되고 있다. 그러나 이런 사실은 원자 단계에 있어서의 물질 구조 연구의 중요성이 낮아진 것이 아니고 오히려 물리학의 주요 과제가 되었다.

모든 고체, 액체, 기체, 플라즈마가 전부 원자로 이루어져 있다. 현대 물리학의 관점에서 볼 때 원자는 원자핵과 전자로 이루어져 있으며, 원자핵은 중성자와 양성자로 구성된다. 또 핵반응을 통해서는 더 작은 단위로 나뉜다. 원자와 혼동하기 쉬운 개념으로 '원소'를 들 수 있는데, 원자가 물질을 구성하는 기본 입자라고 한다면, 원소는 물질을 이루는 성분의 종류라 할 수 있다.

⑷ 쿼크(quark)

양성자, 중성자와 같은 소립자를 구성하고 있다고 생각되는 기본적인 입자이다. 현재 6종(種) 3류(類)가 있다고 가정되어 있다.

6종의 쿼크는 업 ·다운 ㅣ 스트레인지·참 ㅣ 보텀·톱 ⇒ 게이지 대칭성

쿼크의 종은 향(香:flavor)으로, 유는 색(色:color)으로 각각 부른다. 즉, 한 향은 3색을 가지고 있다.

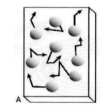

물질을 구성하는 최소단위의 구성자를 소립자라고 하는데, 이것은 자연관의 단위이기도 하다. 물질은 분자의 집합체이며, 분자는 원자의 복합입자(複合粒子)이고, 원자는 원자핵과 핵외전자(核外電子)의 복합입자이고, 원자핵은 중성자와 양성자의 복합 입자이다.

- 분자는 물질의 특성을 가지고 있는 최소의 단위인데 원자가 모여 이루어짐
- 쿼크는 원자핵에 있는 양성자와 중성자를 구성하는 물질인데, 양성자에는 UP쿼크 2개 Down 쿼크 1개, 중성자에는 UP쿼크가 1개, Down 쿼크가 2개 있음

센서에 대해 크게 분류하면 아래와 같다.

출처 : 센서기술 저자 김현후 외 5 공저, 내하출판사

구성에 의한 분류	기본센서, 조립센서, 응용센서	
측정대상에 의한 분류	광센서, 방사선센서, 역학량센서, 전자기센서, 온도센서, 습도센서	
출력형식에 의한 분류	아날로그센서, 디지털 센서	
감지기능에 의한 분류	공간량, 역학량, 열역학량, 전자기학량, 공학량, 화학량, 시각, 촉각	
기구에 의한 분류	구조형 센서, 물성형 센서	
재료에 의한 분류	세라믹센서, 반도체센서, 금속센서, 고분자센서, 미생물센서	
용도에 의한 분류	계측용, 감시용, 검사용, 제어용	
구성에 의한 분류	다차원센서, 다기능센서	
응용분야에 의한 분류	산업용, 민생용, 의료용, 화학실험용, 우주용, 군사용	

[재료에 따른 분류]는 아래와 같다.

금속	RTD, 스트레인게이지, 로드셀, 열전대, 자계센서
반도체	홀센서, MR 반도체, 압력센서, 속도센서, 가속도센서, 광센서, CCD 등
세라믹	습도센서, 서미스터, 가스센서, 압전형센서, 산소센서
파이버	온도센서, 레벨센서, 압력센서, 변형센서
유전체	초전형센서, 온도센서
고분자	습도센서, 감압센서, 플라스틱 서미스터
복합재료	PZT 압전센서

- RTD는 보통 백금온도센서.
- 홀로그램 프로세싱 유닛(HPU) 센서 : 기기 구조 중 한 층을 센서와 카메라 층
- 주변 환경과 상대편을 추적 · 인식하는 카메라, 센서를 이용해 가상과 현실을 연결

- 센서시스템(sensor system)
- 센서 및 관련된 신호처리 하드웨어 (signal processing hardware)이다.

- 트랜스듀서(Transducer)
- 에너지 형태(신호)를 다른 에너지 형태(신호)로 변환하는 소자
- 과거에는 센서의 의미로 정의되었음
- 센서의 감지부와 결합되어 1차 측정량을 2차 측정량으로 변환

- **액추에이터(Actuator)**
- 센서에서 나와 신호처리/제어부에서 변환된 정보에 의해 동작
- 마이크로센서와 집적되어 초소형 계측/분석/제어 시스템을 구성

- **센서 대상물의 정보**
- 주변 환경과 상대편을 추적·인식하는 카메라, 센서를 이용해 가상과 현실을 연결 대상들을 들 수 있다.

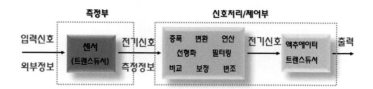

[그림 5.8] 센서 모듈 신호처리 프로세스

분류	대상물의 정보
역학	길이, 두께, 변위, 속도, 가속도, 풍속, 회전수, 회전력, 질량, 중량, 힘, 압력, 진동, 유속, 유량
전기	전압, 전류, 전위, 전력, 전하, 저항, 임피던스, 커패시턴스, 인덕턴스
온도	온도, 열량, 비열
빛	조도, 광도, 색, 자외선, 적외선, 광변위
음향	음압, 소음
주파수	주파수, 시간
습도	습도, 수분
화학	순도, 농도, 성분, pH, 점도, 입도, 밀도, 비중, 기체·액체·고체 분석
생체	심음, 혈압, 혈액, 맥박, 혈액 산소 포화도, 기류량 속도, 체온, 심전도, 뇌파, 근전도, 심자도
정보	아날로그, 디지털, 연산, 전송, 상관

센서의 화학적 성분에 따라 나누면 다음과 같이 구분할 수 있다.

- 세라믹 센서
- 고분자 센서
- 반도체 센서
- 생체 센서
- 금속 센서

세라믹 센서의 종류에는 아래와 같이 나눌 수 있다.

- 산화물 세라믹
- 붕소화물 세라믹
- 질화물 세라믹
- 탄화물 세라믹

그리고 센서 시스템의 동작 흐름도를 나타내면 다음 그림과 같다.

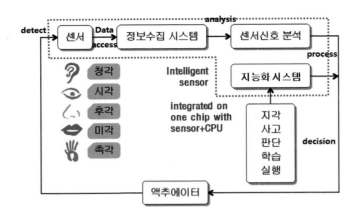

[그림 5.9] 센서 시스템의 동작 흐름도

출처 : 센서기술 저자 김현후 외 5 공저, 내하출판사

이들 중에서 많이 사용되는 반도체는, 도체와 부도체 사이의 중간 성질을 띠는 물질을 말하며, 실리콘(Si), 게르마늄(Ge) 등을 말한다. 순수한 규소나 게르마늄은 부도체보다 전기 저항이 작으므로 어느 정도 약한 전기를 통한다. 그러나 금속과 같은 도체보다도 저항이 매우 크기 때문에 전류의 세기는 적다. 즉, 도체에 비하여 매우 작은 수의 자유 전자를 포함하고 있는 물질을 말한다.

전기를 잘 통하는 도체와 통하기 어려운 절연체와의 중간에 위치하는 물질. 게르마늄이나 실리콘 그 자체가 반도체인 것과 이들에 불순물을 섞은 것이 있다. 이 불순물에는 2종류가 있는데, 전자를 지나치게 많이 주는 것과, 반대로 전자를 지나치게 뺏는 것이 있다. 앞의 것을 n형, 뒤의 것을 p형이라 한다.

반도체를 몇 개 조합한 트랜지스터나 다이오드, IC 등이 있지만 일반적으로는 트랜지스터나 IC를 반도체라고 한다. 페어차일드(Fairchild)·모토롤라(Motorola)·시그네틱스(Signetics) 등이 있다. 칩(chip)이란 펠릿(pellet) 또는 다이(die)라고도 하는데, 반도체 박판에 전기저항, 전기용량 (capacity)과 같은 전자 수동소자(受動素子), 트랜지스터, 다이오드와 같은 전자 능동소자 (能動素子) 및 소자간을 연결하는 배선 등을 불순물 확산·증착·화학적 퇴적(CVD) 등의 방법으로 붙인 것이다.

광전자공학(optoelectronics)의 주요 소자인 발광다이오드(LED)와 반도체레이저(LD)는 주로 주기율표의 제 Ⅲ족과 제 Ⅴ족에 속하는 가륨·비소·인 등이 포함된 화합물 반도체 소자이다. 이종(異種) 또는 동종(同種) 접합구조로 이루어지며, 표시용 광원이나 광통신용 광원(光源) 등으로 쓰인다.

1991년 청색광을 내는 레이저도 개발되었는데, 국내에서의 활발한 개발이 기대되는 분야이다. LED에는 가시영역의 빛을 내는 것과 주로 적외영역의 빛을 방출하는 것이 있다. 전자는 표시용의 소자로, 후자는 광통신용 소자로 쓰인다.

■ 반도체의 장점

응답속도가 빠르고, 단소경박이 용이하며, 고감도 실현이 가능하고, 경제적이며, 집적화 및 지능화가 가능하다는 점.

- 반도체의 재료

- 단결정(single crystal)　　　• 다결정(polycrystal)　　　• 비정질(amorphous)

반도체 세라믹은 다음과 같은 특성을 갖는다.

- 금속의 장점

전기 소자에 가장 널리 사용되는 보편적인 전도성 재료로서 Nb, Pb와 In 등은 조셉슨 (Josephson) 효과와 터널효과를 이용하여 전자파와 자속을 측정하는 센서로 응용되고 있고, 조셉슨 소자에 적용하여 초고속 집적회로, A/D 변환기, 증폭기 등의 소자에 응용.

- 고분자 : 보통 절연 재료와 유전체 재료로서 전기소자에서 많이 사용된다.
- 생체 : 선택적으로 분자를 인식하는 생체 고분자와 세포 등의 생체 관련 물질을 이용하여 바이오 센서의 검출부 역할을 하고, 막에 포함되거나 고정되어 분자를 식별하며 혹은 신호를 변환한다.

3.3 센서 기술의 활용

스마트센서 산업 가치사슬에 대해, ("센서산업 고도화를 위한 첨단센서 육성사업 기획보고서/자료제공 : 한국연구재단 보고서"를) 살펴보면 아래와 같다.

일반적인 센서의 Value Chain은 아래 그림과 같이 센서 설계 tool 및 서비스를 제공하는 공급자, 1단계 웨이퍼 칩 단계에서 센서요소 소자를 생산하는 반도체/MEMS 공정 제공자, 2단계에서 리드프레임 위에 칩과 와이어, 커버몰딩 작업을 거쳐 패키징한 소자형태로 생산자, 다음으로 3단계에서 여러 회로들과 함께 조립공정을 거쳐 센서모듈 또는 센서시스템을 생산하는 1차 사용자, 그리고, 자동차, 로봇 등 제품에 적용하는 2차 사용자로 구분할 수 있다. 예를 들어 국내 스마트폰용 센서의 Value Chain은 1단계의 Chip형 부품과 소자형부품의 국산화율은 매우 저조하고, 2단계의 component 부품에 생산이 집중되어 있다고 볼 수 있다.

- 센서의 활용 분야

- 가전제품　　　　　　　• 산업자동화　　　　　　　• 의료용 제어기기
- 방재 보안기기　　　　　• 자원 및 에너지 개발　　　• 식품가공
- 공해 방지　　　　　　　• 정보화 기기 및 통신 분야

- 스마트폰 센서 응용

반도체는 감소하고 센서는 증가하는 추세이다. 향후 스마트 모바일기기의 센서가 열자외선 감지센서, 방사능센서, 습도센서, 화학가스센서 등이 추가되고 있다.

[그림 5.10] 갤럭시 탑재 센서

출처 : 센서기술 (Sensor technology for semiconductor and display engineering)
내하출판사,
저자 : 김현후, 김병훈, 이재영, 박대희, 류부형, 임기조 공저

3.4 센서 공급 기업

센서 기업을 살펴보면, 산업·의료용 센서의 하마마츠 포토닉스(일본), 다양한 센서 솔루션을 보유하고 있는 센사타(네덜란드), 광학과 센서 컨트롤의 에놉티크(독일), 센서회로설계의 멜렉시스(벨기에) 등이 있다.

[그림 5.11] 스마트폰용 센서의 가치사슬

출처 : 센서산업 고도화를 위한 첨단센서 육성사업 기획보고서, 2012. 자료제공 : 한국연구재단 보고서

기존 휴대전화는 모든 개발자가 센서 기능을 이용한 애플리케이션 개발에 제한이 있었던 반면에, 최근 스마트 디바이스는 터치센서, 가속도센서, 카메라 GPS 등 각종 센서를 탑재하였다.

- 스마트 디바이스는 각종 센서 등의 API가 일반 개발자에게 모두 공개 되고 있어 기업은 스마트 기기의 센서를 통해 얻은 정보위치 등의 데이터를 바탕으로 한 서비스 제공이 용이

사물 및 사용자로부터 정보를 수집하는 센서는 소셜 네트워크를 통해 소비자와 기업을 연결하는 매개물이라 할 수 있다.

- 일본의 노무라연구소는 센서로부터 유입되는 데이터가 증폭되고 기업은 이를 활용하여 소비자 니즈에 부합하는 서비스를 제공할 것이라고 전망
- GPS 등의 센서가 탑재 된 스마트기기는 고객의 위치와 소비성향 등의 정보를 실시간으로 생산하고 기업은 이러한 정보를 마케팅이나 판촉활동에 활용, 물류 · 유통기반의 지식서비스산업 활성화
※ 스타벅스나 맥도널드가 이용하고 있는 'Foursquare', 베스트바이나 타깃이 이용하는 'Shopkick' 등이 위치정보 서비스의 대표적인 사례

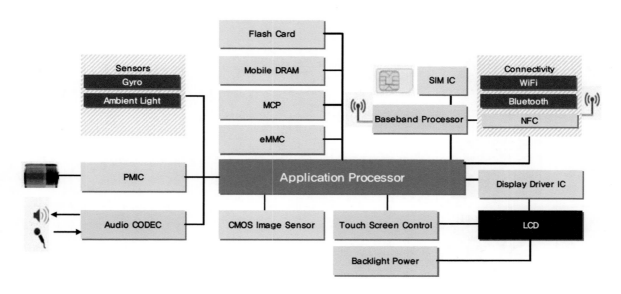

[그림 5.12] 스마트 폰의 구성도와 센서

출처 : 삼성전자, 메리츠증권 재인용

그 동안 수년간 통신사업자와 단말 업체는 다양한 스마트기기들이 네트워크 접속을 가지면서 스마트 홈, M2M 시장을 블루오션으로 인식되어 왔다.

- 스마트기기를 벗어나 네트워크에 접속된 자동차, 가전제품, 거리의 전자간판, 버스나 철도 등의 도시 인프라 등의 기기들이 서로 정보를 수 · 발신하는 M2M시대 도래 예상

- 기기간의 정보교환을 통해 대량의 데이터가 넘쳐나는 빅데이터(Big Data)에 대응상황에 직면

하드웨어와 소프트웨어는 더 이상 상이한 사업 영역에 존재하지 않고 통합 플랫폼내서 존재하여 시너지 효과를 발휘하여, 안드로이드 생태계와 동반성장을 이루어 왔다.

- 스마트기기의 센서와 연동되는 애플리케이션을 개발하는데 용이한 플랫폼을 제공하는 형태가 부품 단위에서도 가능
- 우수한 하드웨어를 구현하기 위한 최적의 소프트웨어 플랫폼을 함께 개발하여 제공

■ 국내 기업현황

국내 센서 생산업체는 대부분 MEMS 센서나 지능형센서가 아닌 단순센서를 생산하고 있으며, 첨단센서를 생산하는 업체는 극히 일부에 지나지 않는다. 첨단센서를 생산하는 업체도 대부분 핵심부품(소자)을 수입하여 단순 가공 또는 조립을 주력으로 하고 있는 실정이다.

기업명	생산 센서	설명	용도	매출액 (억원@2014)
삼성전자	CMOS 이미지센서	• 2000만 화소 이상급 모바일용 CMOS 이미지센서	스마트폰용 카메라모듈	13,557
하이닉스 (실리콘화일)	CMOS 이미지센서	• 1300만 화소급 CMOS 이미지센서 양산	스마트폰용 카메라모듈	3,784
동부하이텍	CMOS 이미지센서	• 카메라용 3,900만 화소 이미지 센서 양산	스마트폰용 카메라모듈	1,000
비에스이	ECM 마이크로폰 (음향센서)	• 스마트폰에 적용 초소형 마이크 (스마트폰 1대당 4개 적용) • ECM(콘덴서) 방식의 종래센서 생산 • MEMS 칩 수입하여 마이크로폰 모듈 생산 중	스마트폰용 마이크	2,391 (@2013)
삼영 에스엔씨	온습도센서	• 온도와 습도를 한 칩에서 동시에 측정 가능한 IC가 내장된 센서	가습기, 에어콘, 실내 공조기 등	97 (@2013)

기업명	생산 센서	설명	용도	매출액 (억원@2014)
마이크로 인피니티	MEMS 자이로센서 (25×20×3 mm)	• 자체생산 MEMS 자이로스코프 칩과 고정밀 회로/알고리즘이 적용된 정밀급 센서모듈	국방/항공기항법(무인기) 청소로봇 카네비게이션	89 (@2013)

I3System	적외선영상센서	• 비냉각형 적외선 검출기로, 384x288의
		  화소수와, 25㎛의 화소크기, 0.05 이하의
		  온도분해능을 특징
			열상관측기, 열상장비
			휴대용카메라, 열상조준경,
			주야 관측장비
				257
				(@2013)

유우 일렉트닉스	적외선영상센서	• array size 2x2, α-VWOx Micro-bolometer, 빠른 응답속도	비접촉 써모미터, 화재감지, IR 써모미터, 비접촉 온도계, NDIR 가스검사	1 (@2011)

신우전자	가스센서	• LPG/LNG용, 연간 50만개 생산규모, 20um
		  이상의 백금선의 피치와 균선외형의 균일성
		  구현
			경보기(단독형, 분리형),
			자동식 소화기 등,
			홈네트워킹시스템
				104 (@2011)

센텍코리아	알코올센서	• 유량 체크형 반도체식 알코올 센서, 측정자의
		  호흡이 알코올센서의 감지막과 흡착하여
		  히터저항 및 센서 감지 저항에 화학적 반응을
		  일으켜 측정
			음주측정기(휴대용, 자동차
			시동제어용, 자판기형 등)
				117(@2013)

암페놀센싱	MEMS 압력센서	• 소형 압력센서, 차압/절대압/게이지압/저압
		  가능, 증폭된 아날로그 신호 또는 디지털 출력,
		  온도센서 탑재
			혈압계
			수면무호흡(산소호흡기),
			압축공기 제어
				316
				(@2012)

	써모파일 적외선센서	• 비접촉식 온도센서, 소형센서(TO-14
		  package), 온도보상 탑재, 빠른 반응속도,
		  저가, 고감도
			귀체온계,
			비접촉 온도계
			난방,냉방, 환기	

광전자	광센서	• 적외선 수발광 소자, 광신호를 고효율로
		  전기신호로 변환하고 경시 변화도 없는 선형성
		  우수
			지폐검지/패턴인식의UV
			센서, 로봇의 추락방지/
			장애물 검지, 게임,
			자동차, 백색가전
				3,076
				(@2013)

나노스	자기센서	• Hall효과에 의해 외부 자계의 세기를 전기적 신호(전압)으로 변환	소형 정밀 모터, 스마트폰, 카메라 모듈에서 손떨림 보정, 백색가전, 컴퓨터	2,160 (@2013)

기업명	생산 센서	설명	용도	매출액 (억원@2014)
매그나칩	지자기센서	• 0.18um 공정기술 기반, 자기센서 소자 및 16비트 시그마 델타 아날로그 디지털 변환기 사용, 저전력 (제품모델명 : MXG1300,MXM120)	휴대폰(e-compass), 보행자용 네이게이션	개발완료
하기소닉	초음파센서	• 초음파센서/모듈, 이방성,일반형, 광지향각, 고지향각, 콤비형 ASIC	로봇, 무인운반기, 조명(에너지세이빙), 차량 후방, 공장 자동화, 보안경비, 가전제품	30 (@2013)
센서텍	초음파센서	• 압전 세라믹 이용, 방수 방진, 넓은 사용온도 범위, 원거리 측정 가능, 소형 및 장착이 쉬움.	물체감지, 거리 측정용, 수위측정, 모션제어, 보안, 로봇	210 (@2014)
아이에스 테크놀러지	초음파센서	• PAS(Parking Assistance system), BSD(Blind Spot Detection	주차가이드 시스템, 초음파 수위계, 초음파 계면계	136 (@2013)
아이센스	혈당 측정센서	• 0.5ul의 혈액으로 측정, 5초안에 측정, 컴퓨터와 스마트폰에 저장가능	헬스케어(혈당 측정)	825 (@2013)
센소니아	MEMS 가속도센서	• 신호처리 SoC가 내장된 3축 MEMS 가속도 센서 (x축, y축, z축)	스마트폰 모션감지, 자동차 자세제어, 충격감지, 카메라 손떨림 방지, 운동량 감지, 건물 진동진단	개발완료

출처 : 센서산업 고도화를 위한 첨단센서 육성사업 기획보고서, 2012. 자료제공 : 한국연구재단 보고서

㈜그립 시설관리 서비스 솔루션/IoT/플랫폼

가. IoT 기반 서비스 플랫폼 주요 기능

■ 시설 관리 서비스 솔루션/플랫폼

• 도시, 빌딩내 설치된 기계설비 및 운영 장비등의 시설물 점검을 위해 점검자가 현장을 직접 방문 상태 확인 및 점검하고, 점검 내역서 자동 작성을 위한 플랫폼

• 실시간 보고 및 업무지시(보고체계 간소화, 보고양식 표준화(맞춤형 템플릿))

- IoT융합으로 실시간 시설물 상태 모니터링 및 시설점검 이력수집 및 보관, 시설물 점검 등
- 시설물 점검자 편의 제공 (시설물 점검 편리성 및 간편 보고서 작성)
- IoT 요소를 융합(센서, 통신, 데이터저장 및 관리, 데이터 분석 기술) 실시간 상태정보 전송

■ 스마트 매장 관리 서비스 플랫폼
- 매장 공기질 측정 데이터 표출 및 실내외 공기질 비교 데이터 표출
- 공기청정기 또는 공기질 측정기 연동 Data 수집
- 매장 공조 및 가전(에어컨, 공기청정기) 연동 매장 공기질 제어 및 관리
- 매장 공기질 상태 표시 및 디스플레이를 통한 판촉 광고 시스템 및 Tool 제공

■ 스마트 매장 관리 서비스 플랫폼
- 디스플레이를 통한 판촉광고 및 자체 제작 Tool 제공으로 매장 Sales Event 실시 가능
- 실내 공기질 표출로 고객 유입 유도로 판매 증대 효과

■ IoT 서비스 플랫폼 제공으로 추가 IoT 서비스 도입 용이
- 보안 및 자산 관리
- 조명, 에너지 관리 및 화재 감지

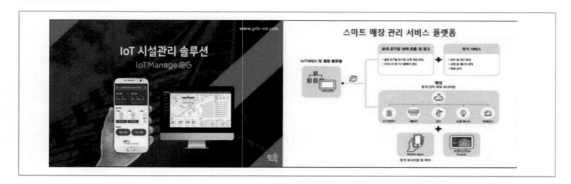

나. 특징 및 장점
■ 시설 관리 서비스 솔루션/플랫폼
- 관공서 및 공공기관
- 대형 시설물, 중공업 공장
- 대형빌딩, 위락시설, 쇼핑몰,

- 스마트 매장 관리 서비스 플랫폼
  - 프랜차이즈 및 유통 사업자
  - 대형 쇼핑몰, 매장 소유자 및 관리자

다. 활용 분야
- 시설 관리 서비스 솔루션/플랫폼
  - 관공서 및 공공기관
  - 대형 시설물, 중공업 공장
  - 대형빌딩, 위락시설, 쇼핑몰

- 스마트 매장 관리 서비스 플랫폼
  - 프랜차이즈 및 유통 사업자
  - 대형 쇼핑몰, 매장 소유자 및 관리자

- 국내시장
서울시 어린이 대공원 구축/운영 중

04_글로벌 진출과 기업의 수출 전략

4.1 미국 진출 전략

MD로럴 소재 IT 회사인 패스텍을 운영하는 이경석(미국명 매튜 리) 대표는 자신이 회장으로 있는 한인정부조달협회(이하 코비)에 3만달러를 기탁한 바 있는데, 코비는 현재 메릴랜드의 락빌, 로럴, 콜럼비아에서 창업지원센터를 운영하고 있다. 운영자금과 회원사들의 사업개발과 창업진흥을 목적으로 연방 국세청에 등록된 비영리 재단이다.

이 대표는 버지니아텍에서 학사(전자공학), 존스 홉킨스대학원 석사학위를 취득했다. '도전! 미국정부조달사업'을 저술했으며 메릴랜드 기술개발공사 이사회 사무총장으로도 있다. 이 분의 저술 내용을 포함하여, KOTRA (대한무역투자진흥공사)에서 'Global Issue Report 11-003'으로 보고한 목차를 참조하면 아래와 같은 내용을 포함하고 있다.

■ 미국 정부조달시장 진출가이드
- 출처1 : Publisher KOTRA (대한무역투자진흥공사), "한·미 FTA에 따른 美 정부조달시장 진출 기대효과 전망", Issue 이정선
- 출처2 : KOTRA자료 21-119, "미국 공공조달시장 진출 전략 보고서", 작성자 정라름 등

아래의 주요 내용을 포함하고 있다.

제1장 미국 연방정부 조달시장 동향
제2장 미국 연방정부 조달시장 개방성 분석
        01 미국 연방정부 조달 운영체계 및 정책
        02 무역협정에 따른 개방정도
        03 외국기업 및 외국산에 대한 일반규제
        04 코로나19 대응에 따른 정책적 제한조치
        05 바이든 행정부의 공공조달시장 개방성 전망
https://news.kotra.or.kr/user/reports/kotranews/20/usrReportsView.do
http://125.131.31.47/Solars7DMME/004/101879.PDFLanguage korSubject 조달 - 미국
사례 - 정부조달진출 - 한국/미국 – 세계/미국

https://www.google.co.kr/

4.2 조달청의 해외 진출 지원

조달청에 의하면, 해외조달 시장 진출의 안내 역할을 하는 해외조달 정보센터가 있다. 이 해외조달정보센터는 우리기업의 해외조달시장 진출의 초석을 다지고 생생한 정보와 시장동향을 전달 해 준다. 이 센터에는 아래와 같은 큰 흐름의 진출 전략이 제시되어 있다.
https://www.pps.go.kr/gpass/index.do

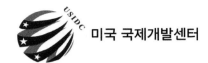

미국 국제개발센터

홈 소개 서비스 프로그램 **블로그** 문의 멤버쉽 English

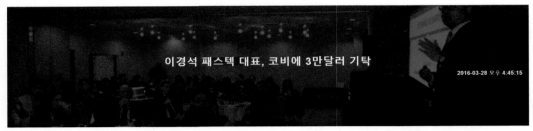

이경석 패스텍 대표, 코비에 3만달러 기탁

2016-03-28 오후 4:45:15

GLOBAL PROCUREMENT ASSISTANCE
해외조달정보센터

■ 미국 정부조달시장 진출전략

정부조달 부문으로의 진출 적합성에 대한 분석 및 꾸준한 진출 준비작업 기업의 기술력, 품질, 여타 차별성 및 시장 상황을 객관적으로 분석하여 제시하고 있다. 정부조달 관련 규정 및 절차의 복잡성, 계약담당 공무원의 보수적 성향 등을 감안하여 오랜 기간의 투자 노력 필요하다. 조달기회 파악, 서류 작성, 자격심사 등 절차진행에 1~2년의 기간 소요되는 경우가 보통이다.

https://www.pps.go.kr/gpass/jsp/advance/usa/tactic.gps

■ 문화의 차이 고려 및 변호사의 적극적 활용

계약담당 공무원의 경우 대부분 외국 업체와 거래한 경험이 없는 점을 고려, 현지 관행 및 관련 규정을 철저히 준수가 필요하다. 관련 법규정의 복잡성 및 미국의 변호사 검토 상거래 문화를 이해하고 첫 단계부터 변호사를 적극 활용할 필요가 있다.

■ 구매자인 정부를 위한 마케팅 활동

정부조달 수출도 구매자인 정부기관의 입장에서 낮은 가격 제시만이 아니라 정부기관의 요구를 파악, 기호에 맞는 물품 또는 서비스를 제공하는 마케팅이 필요하다.

■ 주한미군 납품을 미국 정부조달시장 진출의 계기로 활용

주한미군 조달의 경우 우리기업이 미국기업보다 유리할 수 있으며, 미국 본토와 같은 수준의 품질기준 등을 요구하므로 조달실적 축적 등 미국 정부조달시장 진출의 기회로 활용할 필요가 있다.

■ 미국교포 소기업 등 현지 업체와의 파트너쉽을 통한 미국 소기업 지원 프로그램 등 활용

'도전! 미국정부 조달사업'

미국정부의 조달사업과 진출 방안에 관해서는, '도전! 미국정부조달사업' 저자 이경석의 안내가이드와 "미국 정부조달협회" (박정원 총무 jpark@kobeusa.org, www.kobeusa.org)에 상세히 나와 있다. "Hunting Together!", "Cooking Together!", "Eating Together!".

■ 조달기관 활용

• FBO(Federal Business Opportunities) 연방정부 각 부처 및 기관의 입찰 공고를 확인할 수 있으며 웹사이트로 거의 모든 구매정보를 검색할 수 있음

• 간단한 등록 절차를 거친 후 로그인 할 수 있으며 등록 시 벤더, 바이어 여부를 선택해야 함

• 벤더 선택 시에는 사전에 SAM 등록을 마치는 것이 좋음

• 웹사이트 https://www.fbo.gov/ 방문 > 로그인 후 세번째 탭 Opportunities 클릭

• 초기 화면에는 각 부처 및 기관에서 구매하고자 하는 품목 및 서비스가 공고된 날짜 순서 대로 게시되어 있음.

4.3 중소벤처기업부의 해외 진출 지원

중소벤처기업부 중소기업수출지원센터를 활용할 수 있다. 해외조달시장정보와 미국 연방조달규정이 있다.

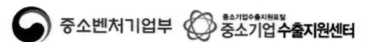

http://b2g.exportcenter.go.kr/service/market/us/us_market.jsp?screen=us_far

한국 조달연구원 김대식 연구위원의 조달가이드를 요약하면 아래와 같이 정리할 수 있다.

■ 미국연방조달 기본 법제

연방조달규정은 Federal Acquisition Regulation이라고 해서 FAR라고 있다. 연방조달규정은 물품, 용역, 공사를 포괄한 모든 법률적 사항을 규정하고 있다.

우리나라의 조달청과 유사한 GSA와 미 항공우주국 (NASA) 그 다음에 DOD 미 국방부 등이 기존에 가지고 있던 계약 법제가 별도로 있었던 것을 통합한 형태. FAR은 상당히 자주 개정. 그래서 일종의 Circular라로 해서 우리나라에 어떤 회람 형태로 계속해서 개정내용이 바뀌고 있는데 그 Circular는 연방관보에 내용이 실린다.

그런데 이 내용은 주로 구글에서 FAR을 치면 FAR 연방조달규정에 홈페이지 형태로 되어있는 정보에 접근할 수 있다. 그리고 각 연방기관들은 이러한 연방조달규정 FAR에 보완규정을 제정할 수가 있다. 그 다음에 연방조달규정과 상당히 밀접한 관련이 있는 연방조달간소화법 중에서 FASA라는 규정이 있다. 특히 이 소액구매에는 미국의 중소기업구매 의무조항이나 미국산 제품 우대 규정을 Buy American Act라고 하는 그런 법들이 적용되지 않도록 하고 있다.

그 다음에 미국산 제품 구매법이라고 해서 Buy American Act라는 것이 있는데 그것은 상당히 광범위한 범위로 미국산 제품의 연방정부 구매시 의무 구매를 부과하고 있는 내용이다. 그 다음에 상업구매, 상업적으로 재이

용하기 위해서 원재료를 구매하는 그런 경우에는 Buy American Act가 적용되지 않고, 또한 최근에 WTO 정부구매 협정이라든지, 자유무역협정을 체결한 국가들 간에는 Buy American Act가 적용되지 않도록 하고 있다.

다음, 계약상대자의 자격에 대해서 살펴보자. 먼저 FAR은 계약 담당공무원에게 상당한 재량을 부여한다. 특히, 적격결정에 관해서 상당히 재량을 부과하면서도 그것에 대해서 상당한 책임을 부과하고 있는 형태로 규정하고 있다. 특히, 중소기업과 관련한 발주 내용이 상당히 많은 규정을 가지고 있는데 이것은 우리나라와 상당히 많은 차이점이 있다. 우리나라에 공공조달을 규정하고 있는 국가계약법은 별도의 중소기업과 관련된 조문이 없다. 국가계약법에는 그러한 내용들이 없는데 미국은 우대와 관련된 중소기업 우대와 관련된 내용을 연방조달규정에서 자체로 규정하고 있다. 중소기업의 기준은 SBA라고 해서 미국에 우리나라의 중소기업청과 같은 그런 곳의 홈페이지에서 내용을 살펴볼 수 있다.

우리나라의 중소기업간 경쟁제도와 같은 유사한 경쟁제도를 미국에서 운용하고 있는데 그런 것과 관련해서는 우리나라 중소기업도 똑같이 미국의 중소기업과 같이 우대를 받을 수 있다고 할 수 있다. 미국의 계약 상대자 중에 중소기업과 관련해서는 특이한 제도를 하나 운영하고 있다. 계약 이행능력 증명제도라고 해서 이것은 일정하게 기업의 실적이라든지, 재무능력 등에 관해서 특별한 설득력을 제시할 수 있는 근거가 없는 기업들이 최저가로 연방조달 시장에 참여를 해서 낙찰을 받았을 때, 이것을 미국의 중소기업청에서 어느 정도 보증을 해주는 형태로 최종 계약을 할 수 있도록 해주는 제도이다. 그래서 계약 이행을 이행할 수 있는 능력을 증명을 해주는 그러한 제도가 COC라고 하는 제도이다.

그 다음에 중소기업 할당제도를 미국에서는 운영을 하고 있다. 약 3,000달러에서 100,000달러 사이에 조달 운영을 하고 있는데, 일정한 큰 금액 (총액) 계약건에 대해서 일정한 부분을 떼어서 중소기업 할당을 하는 경우가 있고, 분야별 할당을 해서 품목을 정해서 그 품목과 관련되어 중소기업이 계약을 따낼 수 있도록 할당하는 형태의 제도도 가지고 있다.

하도급과 관련해서는 상당히 큰 규모의 대기업들이 연방정부 계약시장에서도 존재하는데 그 기업들의 하도급 계약을 통해서 많은 중소기업들이 연방조달시장에 진출하고 있다. 이 부분은 우리나라 중소기업들이 눈여겨 볼 부분이 있는 것 같다. 특히, 직접적으로 입찰을 획득한다는 것은 현실적으론 상당한 어려움이 있기 때문에 원도급자, prime contractor와 하도급계약을 체결해서 미국의 연방조달시장에 진출하는 실적을 쌓는 것이 처음에는 유리할 수도 있다.

그 다음에 우리나라 조달청에서도 운용하고 있는 MAS프로그램, 다수공급자계약 프로그램이 있다.

더 나아가, 미국에 있는 GSA, 미국 조달청에서 운용하는데 이것은 일종의 쇼핑몰이다. 그래서 여기 등록되어 있는 기업의 약 80%가 중소기업이다. 그 이유는 상당히 소량의 물품을 수차례에 걸쳐서 구매할 수 있는 제도로 구성되어 있기 때문에 중소기업들이 상당히 많이 등재가 되어 있고, 이런 GSA 스케줄에 기재가 되면, 일정정도 마케팅에 대해서 상당한 기회 요인이 될 수 있는 것으로 생각된다.

그 다음에 우리나라의 공동도급계약이라고 할 수도 있는데 CTA라는 미국의 제도가 있다. 이것은 예를 들면 공공청사가 새로 입주를 하게 되면, 모든 가구부터 인터넷 기반시설이나 여러가지를 한꺼번에 입찰을 붙이면 그것과 관련된 업체들이 컨소시엄을 구성해서 같이 계약을 따내는 제도이다.

다음에 살펴볼 것은 분쟁해결제도이다. 연방조달규정 자체에서 상당히 많은 분쟁해결제도를 담고 있는데 그것은 별도의 조달경쟁법이나 계약분쟁법 등 다른 법들을 인용하면서 내용을 구성하고 있다. 그래서 미국은 계약자 선정단계의 분쟁과 계약자를 선정한 후 계약을 이행하면서 생기는 분쟁을 나눈다. 그래서 맨 처음 계약자를 선정할 때의 단계, 입찰할 때의 단계는 protest라고 하고, 계약이행과 관련된 분쟁은 dispute라고 하는 두 부분으로 나누어서 각각 내용을 규정하고 있다. 우리나라는 별도로 단계를 나누어서 분쟁해결 내용을 규율하고 있지는 않고 국제입찰과 관련된 계약이나 국내입찰과 관련된 계약 모두가 법원에서 관할하는 것으로 되어 있다.

4.4 기타 스타트업 기업의 해외 지원기관

스타트업 기업의 해외 전문 지원 미디어로서, (주)비즈뷰 "스타트업 전문미디어, 스타트업 투데이" 등을 들 수 있다.

미국 연방 정부 조달시장 사업참여와 규제

[스타트업투데이]에서 제공하는 내용을 살펴보면 다음과 같다. 미국 연방 정부 조달시장은 세계에서 가장 규모가 큰 공공조달시장이라고 한다. 2018년 기준으로 약 630조 원(5,454억 달러)이며 이중 미 국방부는 전체 조달금액의 65.8%인 3,590억 달러 규모이다. 미국정부 조달시장, 특히 미국 국방부 시장은 한국기업이 반드시 개척해야 하는 시장중 하나라고 한다. 한·미 간 자유무역협정(KORUS FTA) 체결로 한국기업은 미 연방 조달벤더 등록시스템인 SAM(System Award Management)에 등록해 사업에 참여할 수 있다. 이러한 단계를 거쳐 미국 연방 조달사업에 진출하기 전 미국 정부의 공공조달에 대한 규정과 규제에 대해 보다 정확하게 이해하는 것이 필요하다. 이러한 취지에서 미국 자국산업보호법(BAA), 통상교섭법(TAA), 그리고 미 국방부에 적용되는 베리수정법(The Berry Amendment)에 대해 알아보기로 한다. 아래의 내용은, 스타트업투데이 싸이트에서 제시한 내용을 인용하여, 필요한 내용을 요약한 가이드 라인이다.

미국의 가장 대표적인 자국산업보호규제는 BAA(Buy American Act 또는 Buy American Act of 1933)다. BAA는 1933년 후버 대통령 재임 기간에 통과된 미국 국내법으로, 경제 대공황 당시 미국의 불황 타개와 고용창출을 위해 도입된 연방법이다. BAA는 모든 연방 정부기관에서 국내 소비를 목적으로 재화 조달 시 미국산 제품을 우선 구매하도록 규정하고 있다. 미국 연방 조달규정(FAR)은 정부조달 입찰에서 미국산 제품에 가격 특혜를 주는 제도를 마련해 자국산업보호정책을 추구했다.

출처 : 스타트업투데이 (STARTUPTODAY) (https://www.startuptoday.kr), 미국 자국산업보호법(Buy American Act)

■ 통상협정법(Trade Agreements Act)

미국 연방 정부 조달의 중요한 역할을 하는 미국 조달청(General Service Administration)의 MAS(Multiple Award Schedule) 계약은 계약자가 반드시 미국 통상협정법(Trade Agreements Act or Trade Agreements Act of 1979)에 제시된 체결국(Designated Country)인 경우에만 벤더로 등록할 법적인 자격을 부여한다. 통상협정법은 미국 연방 조달규정(FAR) Subpart 25.4의 조항에 따라 미국 조달청 계약자에 대한 계약과 제품이 미국에서 생산됐거나, 미국과 통상협정을 체결한 국가에서 최종 생산된 제품임을 원산지증명(Certificate of Origin)의 발행을 통해 확인된 경우에 한정된다. 한국기업은 통상협정법(TAA) 체결국가의 자격으로 미국 조달청(GSA)의 MAS계약사업에 참여하고, 사업을 실질적으로 수행할 수 있다. 예를 들어 중국은 미국과 자유무역협정이나 통상협정국이 아니기 때문에 미국 연방 조달시장에 직접적인 진출이 어렵다. 다만 한국기업은 해당 품목이 한국에서 생산된 한국산이라는 원산지증명을 제출해야 한다. 한국기업이 중국공장에서 생산된 제품을 미국 연방 정부 조달계약에 공급할 경우에는 해당 품목의 대부분 가치(Significant Value)가 한국에서 발생해 한국산이라는 원산지증명을 취득해야 하고, 그렇지 못할 경우 조달계약이 취소되거나 납품한 물품이 반납되는 경우가 발생한다.

■ 베리 어멘드먼트(The Berry Amendment)

한국이 미국과 체결한 자유무역협정(FTA)과 통상협정법(TAA)의 법적인 효력에 따라 대부분의 미국 연방 정부와 일부 주 정부의 조달사업에 한국기업은 법적인 차별 없이 미국기업이나 미국과 동일한 협정을 맺은 국가들과 경쟁할 수 있다. 다만 미국 국방부와 몇 개의 미국 연방 정부기관에서는 자유무역협정과 통상협정에 포함되지 않은 미국 국방부에 적용되는 특별한 규제가 있다.

이러한 특별규제가 미국 국방부 조달규정(DFAR) 252.225-7002에 규정한 베리 어멘드먼트(BA : The Berry Amendment)다. 베리 어멘드먼트는 미국 산업보호를 위해서 미국 국방부가 조달을 통해 물자를 구매할 때 미국에서 생산되는 특정품목을 우선적으로 구매하는 미국 자국산업보호법의 일환이다. 한국기업이 미국 연방조달에 대한 사업개발을 하거나 입찰요청서(RFP)에 '베리 어멘드먼트 적용대상 품목(subject to the Berry Amendment)'이라는 내용이 포함돼 있다면 해당 입찰은 포기하거나 다른 우회적인 방법을 강구하는 것이 현명한 영업 전략이라 할 수 있다.

■ 4차산업혁명 시대의 군사 과학기술과 방위산업의 혁신

4차산업혁명 시대에는 인공 지능(AI), 사물 인터넷(IoT), 클라우드 컴퓨팅, 빅데이터, 모바일 등 지능정보기술이 기존 산업과 서비스에 융합되거나 3D 프린팅, 로봇공학, 생명공학, 나노기술 등 여러 분야의 신기술과 결합돼 모든 제품·서비스를 네트워크로 연결하고 사물을 지능화한다. 이른바 '초연결·초지능 사회'가 구현된다.

최첨단 기술과 소프트웨어의 복합체로 구성되는 첨단 무기체계나 장비를 개발하기 위해서는 이러한 첨단 신기술들을 신속히 방위산업에 접목시키는 혁신이 필요하다. 군사 과학기술의 혁신을 위해서는 첨단 신기술들을 핵심역량으로 가지고 있는 중소 스타트업들을 적극 발굴해 거국적으로 활용하는 협력체계를 갖춰야 한다.

■ 미 국방부의 국방과학기술 혁신

기술혁신을 위한 아이디어와 소프트웨어는 상당 부분 하드웨어 중심의 방산대기업보다는 히든 챔피언이라 불리는 중소기업과 스타트업에 존재한다고 볼 수 있다. 미국은 전략적 필요에 따라 이들의 혁신기술을 국방 분야로 끌어들이고자 필사적인 노력을 하고 있다.

이를 위해 미 국방부는 기존의 국방분야 진입 장벽을 제거할 수 있도록 혁신을 위한 조직과 제도, 절차를 만들고 있다. 과거 방산 계약실적이 없는 스타트업들도 기존 획득규정을 우회해 간편하고 신속하게 진입할 수 있도록 장치를 마련하는 중이다. 또한, 스타트업의 지속적인 수익 보장, 자본금 조달, 기업 및 상품가치 향상, 적절한 시장 확보도 지원한다. 최첨단 혁신에 더 효과적으로 접근하기 위함이다.

■ 미 국방부의 국방 스타트업 지원조직

미 국방부는 스타트업의 국방분야 진출을 돕기 위해 중소기업 프로그램실(OSBP : Office of Small Business Programs)을 두고 국방 중소기업 혁신연구(SBIR)와 중소기업 기술이전(STTR) 프로그램을 운영하고 있다. 미 국방부는 혁신을 적극 지원하기 위해 국방혁신지원단(DIU : Defense Innovation Unit)도 운영한다.

■ 이스라엘과 네덜란드의 첨단 방산기술 확보 노력

이스라엘은 하이테크 원천기술과 소프트웨어 개발 등에 강점을 보유하고 있고, 세계 그 어느 나라보다도 1인당 스타트업 기업의 숫자가 많다. 이렇게 독특한 스타트업 생태계가 있기 때문에 이스라엘 기업들은 사이버 안보, 국토안보 등 다양한 분야를 망라하는 최고 수준의 혁신을 이뤄냈다.

이스라엘은 방위산업 육성을 위해 90년대 초까지는 강력한 '정부통제형' 패러다임을 적용했다. 그러나 기업들의 경쟁력은 향상되지 않고 수출도 부진했다. 이에 기업에 자율권을 부여하는 '기업자율형' 패러다임으로 파괴적인 혁신을 했다. 그 결과 오늘날 이스라엘은 방산매출의 80%를 수출하는 방산강국이 됐다. 7%대에 머물고 있는 우리의 10배 수준이다.

네덜란드의 국토면적은 우리나라의 20%, 인구는 1,700만 명에 불과하지만 방산수출 규모는 우리의 2배를 넘는다. 첨단기술이 세계시장에서 확고한 위치를 차지하고 있기 때문이다. 첨단기술의 원천은 주로 연구소와 대학이다. 정부와 업체는 이를 기반으로 유기적으로 협력해 첨단기술을 확보하고 있다.

이러한 협력을 적극 권장하기 위해 정부와 기업이 컨소시엄을 구성하거나 예산 일부를 지원하고 연구기반을 제공할 뿐만 아니라 상용화와 양산에도 참여할 수 있도록 협력여건을 조성하고 있다. 즉 기업, 정부, 연구소의 활발한 3축 협력을 통해 첨단기술을 확보하는 체계를 갖추고 있다.

출처 : 스타트업투데이 (STARTUPTODAY) (https://www.startuptoday.kr),

■ 패러다임 혁신이 답이다

미국이나 이스라엘, 네덜란드처럼 과감한 혁신이 필요하다. 특히 우리는 70년대 방산 초창기에 적용했던 강력한 '정부통제형' 패러다임을 4차 산업시대에 맞게 '기업자율형'으로 전환해야 한다. 정부가 일일이 간섭하고 통제하는 시스템보다는 발전된 업체의 기술능력 및 관리능력을 최대한 민첩하게(Agile) 활용할 수 있는 방식으로 혁신해야 한다. 방위산업 업체에 보다 많은 자율권을 주고 기술력이 있는 스타트업들이 방위산업에 쉽게 진입할 수 있도록 제도를 단순화하고 규제를 철폐해 기업들이 자율적으로 경쟁력을 갖추도록 해야 한다.

4.5 국내의 해외진출 지원

아래 내용은 경기도 경제과학진흥원의 해외 지원 현황을 말해  준다.
https://www.gbsa.or.kr/pages/export_sos.do

■ 글로벌강소기업육성사업/글로벌통상본부

사업목적

혁신성과 잠재력을 갖춘 수출 유망중소기업을 선정하여 히든챔피언 육성

지원대상

매출액 100억원~1,000억원 & 직·간접수출 500만불 이상인 중소기업

(혁신형기업 : 매출액 50억원~1,000억원 직·간접수출 100만불 이상)

* 혁신형기업 : 벤처기업, 이노비즈기업, 메인비즈기업

신청방법

중소기업수출지원센터 홈페이지(www.exportcenter.go.kr) 온라인 신청

지원절차 : 해당 홈페이지 참조

지원내용

• 해외마케팅 지원 프로그램(4년간 2억원 한도 이내 지원)
• 지역자율 지원 프로그램(신규기업 15백만원 한도 이내 지원)
• 정부 기술개발사업 참여 시 우대

■ 통상촉진단(시장개척단)

사업목적

해외유망시장에 중소기업을 대상으로 세일즈단을 파견하여 현지 바이어와의 수출상담 지원

지원대상

전년도 수출액 2,000만불 이하 수출 중소기업

신청방법

통상촉진단 : 기업지원정보포털(www.egbiz.or.kr)에서 참가 신청

시장개척단 : 해당 시군으로 참가 신청

지원절차

참가신청 → 시장성평가 → 참가기업 선정 → 해외바이어 섭외 → 파견 및 상담

지원내용

현지 시장정보 제공 및 바이어 발굴, 통역원 및 상담장 제공

4.6 KOICA 국제협력사업

KOICA(Korea International Cooperation Agency)는 글로벌 사회적 가치를 실천하는 대한민국 개발협력 대표기관이라 할 수 있다. 한국국제협력단은, 개발도상국의 빈곤감소 및 삶의 질 향상, 여성, 아동, 장애인, 청소년의 인권향상, 성평등 실현, 지속가능한 발전 및 인도주의를 실현하고, 협력대상국과의 경제 협력 및 우호협력관계 증진, 국제사회의 평화와 번영에 기여함을 설립 목표로 두고 있다.

코이카의 중장기 경영목표(2021-2025)와 주요사업 내용을 살펴보면 아래와 같다.

(1) SDGs달성기여 및 정부정책 전략연계 강화

지속가능발전목표(SDGs, Sustainable Development Goals) 달성을 최우선 가치로 삼아, 유엔 회원국 193개국은 2016년부터 2030년의 15년간 글로벌 사회를 보다 발전시키기에 반드시 필요한 17가지 큰 목표, 구체적인 169가지의 타깃을 설정. 출처 : 유엔 지속가능발전목표 SDGs 자격증이란|작성자 월간유학생

- 사업 혁신 추진
- 선진 공여기관 수준의 프로그램형 사업관리 방식 체계 구축
  * 프로그램형 사업관리 : 목표한 특정성과를 달성하기 위해 다수의 프로젝트를 하나의 범주로 관리
- SDGs 기반 성과프레임워크 수립 및 SDGs 연계 성과지표 활용
- 44개 국가지원계획 수립 및 현장(해외사무소) 위임전결권 약 3배 확대를 통한 현장중심 사업추진
  ※ SDG 5 · 13 · 16이니셔티브 · 신남방 프로그램 추진

- SDGs 달성을 위한 다각적 활동 노력
- [SDG3-보건] 미국 질병통제예방센터(CDC)와 협력하여 가나 감염병 대응역량 강화 및 역학조사관 150명 양성
- [SDG5-젠더] OECD 권고에 따라 '모자보건' 외에 3대 중점분야로 아젠더 분야 포트폴리오 다각화
- [SDG11-도시개발] 기관 간 협업을 선도하여 베트남 3개 도시 대상으로 스마트시티 개발 추진
- [SDG13-기후환경] 대국민 공모로 사업 선정 후 기재부 - 녹색기후기금(GCF)과 공동 현지 조사를 통해 피지 태양광 발전사업 추진, GCF 및 민간 재원 연계로 사업규모 확대
- [SDG16-평화구축] '모두를 위한 평화 행동 이니셔티브' 수립, 메콩 4개국 평화마을 1,000개 조성 사업화

- 정부의 신남방/신북방정책의 성실한 이행을 통한 상생번영 기여
- 한-ASEAN 5개국 장관간 합의를 통해 신남방 5대 중점 프로그램 설정 및 기관역량 집중
- 신북방 4대 중점 프로그램을 포함한 신북방 ODA 이행계획을 범정부 기관 최초 수립
- 국내 ODA 기관 간 협력을 선도하여 더 많은 기관의 ODA 참여 유도

- 사회적 가치의 국내외 실현
- 인력 안전사고 예방노력 강화, 협력국 시설물 점검제도 도입 및 공사 안전관리비(0.5%) 책정 의무화
- 한국국제협력단법 시행령 개정을 통해 공모형 사업기획 도입, 사업 全단계에 국민 참여 강화
- 우수한 국내 기업의 해외진출을 위해 국제조달정보망 공개, UN 조달기구 교육 제공

(2) (파트너십 프로그램) 개발재원 유치 · 파트너십 다각화 · 국내외 파트너 연계

- (개발재원 유치) 기업 · 시민사회 · 국제기구 협력으로 재원유치 확대
- (민간기업) 기관장-대기업 경영진 면담 추진, 사업 수시 발굴 제도 도입 및 전국 설명회 확대
- (시민사회) 개발협력 재원의 매칭으로 시민사회의 아이디어 전문성을 활용한 사업화 지원
- (국제기구) 국제기구 재원유치 의무화 등 제도개선 및 찾아가는 서비스 4배 확대로 재원 신규 유치

- (파트너십 다각화) 신규파트너와의 접점 확대로 개발효과성 확대
- (협력국 소셜벤처까지 지원) 협력국 문제해결형 경진대회인 「킹세종 &장영실 PRIZE」 최초 개최
- (국제기구와 신규분야 협력) 인도적 지원(난민, 기후변화 등) 분야 전문 국제기구와 협력
- (시민사회-사회적기업과 동반 진출) '사회적 연대경제 프로그램'으로 협력국 사회적 기업 12개 설립

- (국내외 파트너 연계) 기업 · 국제기구 · 국내NGO사업연계 시너지 창출
- 국내기업(신풍제약) + 소셜벤처(노을) + 국제기구(MMV) 119억원대 말라리아 퇴치사업 참여
- 코이카 지원으로 국내 NGO의 국제기구 사업 참여 확대 및 해외사업 수행역량 강화

(3) (개발협력 인재양성 프로그램) 일자리 지원, 역량강화, 파견확대 도모

- (일자리지원) 활동을 마친 글로벌인재, 현장 아이디어 사업화 지원
- (사업화 지원) 귀국 글로벌인재의 창업을 지원하기 위한 교육 실시
- (솔루션 지원) 창업 준비단계에 진입한 인재에게 창업 공간, 컨설팅 및 기업 네트워킹 제공
- (성장 지원) 우수 창업팀 대상 코이카 시민사회협력사업 공모 출전 등 ODA 사업화 추진

- (역량강화) 글로벌인재의 현장참여 기회 확대로 전문역량 강화
- (일반봉사단) 수원국의 제출 수요 중심, 한국어 및 태권도 등 직종별 분야 중심 파견
    - (수혜기관 측면) 코이카 국제협력사업과의 연계 부족, 만족도 상승 한계
    - (글로벌인재 측면) 봉사단 활동을 통한 자기계발 기회 제한, 청년층 참여율 저조

- (프로젝트 봉사단) 코이카 국제개발협력사업 현장 투입, 사업의 전문분야를 고려한 적격 인재 파견
  - ‣ (수혜기관 측면) 전문성을 보유한 글로벌인재의 현장참여로 사업 효과성 제고
  - ‣ (글로벌인재 측면) 봉사단 활동을 통해 전공지식 활용기회 획득 및 실무경험 배양

- ■ (파견 확대) AI 챗봇 서비스 실시간 모집상담, 파견자 수 확대 견인
- (추진배경) 글로벌인재 모집·선발 상담방식 혁신을 통한 글로벌 인재 지원수요 제고
  - ‣ (모집상담에 대한 즉각적인 응답 제한) 일평균 60~80건문의 접수에 따라 응답대기 인원 발생
  - ‣ (청년층 선호 플랫폼 변경) 환경변화로 인해 유선상담보다 모바일/웹 기반 상담 선호
- (추진실적) 인공지능 기반 실시간 응답이 가능한 '챗봇 서비스' 도입 및 성공적 안착
  - ‣ 24시간 즉시 응답, 전원 동시 상담 가능 챗봇 서비스 도입
  - ‣ 기존 유선상담을 통해 누적된 데이터를 기반으로 효과적인 상담 서비스 제공

4.7 KIAT 국제공동 R&D 지원사업

한국산업기술진흥원(KIAT, Korea Institute for Advancement of Technology)는 글로벌 성과 확산 강화를 위해, 국내 중소·중견기업의 진출수요가 많은 해외 주요국 현지에 소재한 글로벌 기술사업화 협력센터를 통해 해외진출 시 필요한 종합적 컨설팅을 지원하여 국내 우수기술의 글로벌 사업화 및 R&D 성과 확산에 기여하고 있다.

- ■ 주요 내용
- (GCC) 해외 기술관련 컨설팅 기능과 역량이 강화된 글로벌기술사업화협력센터(GCC)를 구축하여 해외 기술수출 및 사업화 전략적 지원
  - ‣ 해외 기술·법률·마케팅 전문 기관을 활용, 기술 수출과 관련된 시장조사, 법률자문, 마케팅, 컨설팅 등을 종합적으로 지원
- (EEN) 對유럽 기술사업화(R&D·기술사업화·제품수출) 컨설팅 지원 및 EEN 주관 국내외 기술 중개 행사 참가지원
  - ‣ EEN 66개국 · 600여개 파트너기관과 협업을 통해, 온라인 기반 기술정보공유 및 협력파트너 발굴과 오프라인 기술 중개행사 개최

- ■ 추진체계
- GCC → 북경 상해 일본 베트남
- EEN → 델타텍, 이디리서치, 무역협회
- EEN Partners

■ 관계 관련 조직

유럽연합 집행위원회(European Commission)와 이의 산하에 EC 산하 중소기업 경쟁혁신 총괄기관 EASME (Executive Agency for Small and Medium sized Enterprises)가 있다.

뿐만 아니라, 기술시장 지속성장 기반구축 지원사업이 있다. 이는, 기술이전 및 사업화 과정에서 기술공급자, 중개자, 수요자 등 기술사업화 참여자가 국가기술 자산을 활용하여 실용화할 수 있도록 종합적인 지원체계를 구축·운영한다.

기술이전 및 사업화 지원 시스템인 '기술은행(NTB, National Tech-Bank)' 구축운영 등 기술시장 활성화 지원을 실시하고 있다. 다음 안내 내용은, 매년마다 지원하는 "Korea Eureka Day"라는 국제 공동 R&D 파트너 발굴 상담회 지원 내용이다.

대구에 위치하고 있는 ㈜위니텍은 "사람중심의 기술로 내일을 창조하는 아름다운 기업!"을 슬로건으로, 대표이사 추교관 사장은 주력제품으로, 통합관제시스템, 공공안전솔루션, 시스템 컨설팅, 시스템 유지보수, 모바일솔루션, 스마트시티 하드웨어 등을 공급하고 있다.

특히, 아래와 같이 소방 재난 안전관리, 스마트 시티 등의 분야에서 국제적인 협력사업과 수출을 진행하고 있다.

㈜위니텍은 40개 이상 국가에서 영업 진행, 인도네시아, 말레이시아, 모잠비크, 남아공, 태국, 방글라데시 등 6개국에 시스템 납품 했으며, 그 외 12개국에서 타당성조사 (사전 예비 설계) 및 컨설팅을 수행하고 있다.

행정안전부는 경제협력개발기구(OECD) 디지털정부 평가 1위를 달성하는 등 세계 최고 수준으로 인정받고 있고 있으며, 이러한 디지털정부를 세계로 전파, 정책개발 자문, 사업기획 및 시스템 설계, 시범구축 등 다양한 사업을 해외 정부 및 국내 관계기관과 함께 추진하고 있다.

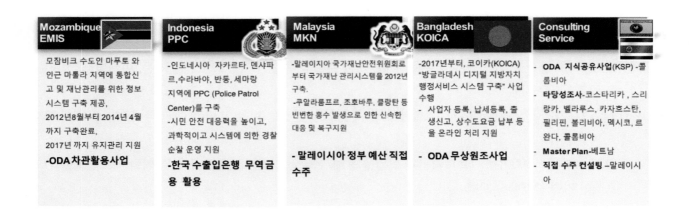

현재 지원의 대상이 되는 사업은 약 30억 원 규모로 △세르비아, 우즈베키스탄, 캄보디아, 튀니지, 페루 등 디지털정부 협력센터가 설치된 국가의 정부와 공동으로 추진하는 협력사업 21개와 △국내 공공기관의 해외 진출을 지원하는 컨설팅 사업 3개로 구성되어 있다. 또한, 공공데이터, 클라우드, 지능형 교통시스템, 정부 데이터센터 등 디지털정부 협력센터가 설치된 나라들이 앞으로 협력 확대를 희망하거나 사업 추진을 검토 중인 분야를 공유하고, 확대 방안을 검토하고 있다.

https://us02web.zoom.us/j/87261482416

행안부에서는, 2021년 디지털정부 국제협력 사업 설명회를 개최한 바 있다. 디지털정부 협력센터 공동협력 사업 (7개국 21개 사업)

■ 디지털정부 협력센터

중요 협력국가에 전문가를 파견하여 디지털정부 관련 정책연구, 타당성조사, 시범사업, 공무원 역량개발 등을 지원하는 현지 사무소

목적

① 협력국가 디지털정부 발전 ② 유무상 원조사업 등 협력사업 발굴 ③ 우리나라 기업 진출기회 확대 및 진출 지원

- (설립절차) 양국간 합의 → 양해각서 체결 → 인력파견 → 사업추진
- (운영방식) 운영기간은 기본 3년, 우리나라는 협력사업비를 지원하고 협력국은 사무 공간·집기 등 현물 제공
  ※ 협력사업비(총 100만불 = 1·2년차 33만불 + 3년차 34만불)/2021년

"AI교육, 과학기술 넘어 人性까지 포괄해야죠"

신윤식 스마트논어 회장
"인성 갖춰야 좋은 AI 만들어… / 정치 제기능 하지 못하는 건
타인에 대한 배려심 부족 때문 " / 논어 활용해 AI 윤리교육할 것

[서울경제] "좋은 인성을 가진 사람이 좋은 인공지능(AI) 로봇을 만들어야 앞으로 인간과 로봇이 공존할 수 있는 세상이 오지 않겠습니까. 우리나라가 좋은 인성을 가진 로봇에 대한 국제표준화를 선도하면 10년 내 노벨상도 받을 수 있다고 봅니다."

신윤식(84·사진) ㈜스마트논어 회장은 18일 서울경제와의 인터뷰에서 "AI 시대가 인류의 축복이 될지 재앙이 될지는 인간과 닮은 감성로봇에 대한 인성교육을 어떻게 시키느냐가 좌우할 것"이라며 이같이 강조했다. 서울대 사학과를 나온 그는 체신부 차관, 데이콤 사장, 하나로텔레콤 회장을 역임한 뒤 2년 전 스마트논어를 창업하고 한·중·일·베트남 등에서 논어를 통한 AI 윤리교육 보급 사업을 펼치고 있다.

그는 "동방예의지국이던 우리나라가 급속한 산업화와 정보화를 추진하는 과정에서 정신가치가 무너졌다"며 "AI 개발과 교육은 과학기술 측면뿐 아니라 인간에 대한 이해와 통찰, 도덕적 가치, 인성 함양까지를 포괄하는 개념이 돼야 한다"고 힘줘 말했다. 이를 위해 그는 동양고전의 핵심인 '논어'를 활용해 요즘 사람들이 손쉽게 접근할 수 있는 '스마트논어'를 발간하며 인성교육에 나서고 있다.

그는 "2,500년 전 공자의 언행을 담은 논어는 '사람이 사람답게 되는 도리'에 관한 것"이라며 "부모에 효도하고 어른을 공경하고 형제간에 우애하고 친구끼리 신의를 지키고 타인을 배려하는 것이 핵심정신"이라고 설명했다. 특히 요즘 세상에서 중요한 것이 타인에 대한 배려라고 지적하며 우리나라에서 정치가 제 기능을 다하지 못하는 것도 바로 배려심이 없기 때문이라고 일침을 가했다. 지금처럼 정신가치를 도외시하면 과학기술과 인문학의 융합이 중요한 4차산업혁명의 물결에서도 결국 도태될 우려가 있다고 했다.

신 회장은 "'왜 스마트논어냐'고 묻는데 원문을 중국의 고전 한자와 현대 간체자로 병기해 수록하고 우리말과 영어 번역을 함께 실었다"며 "저도 사학과를 나왔지만 논어를 완전히 이해하는 데 3년이 걸렸다. 스마트논어는 당시 역사적 배경이나 상황을 중학교 3학년생 정도면 6개월이면 마스터할 수 있게 만들었다"고 설명했다. 그는 스마트논어를 지난해 상편에 이어 최근 중편까지 펴냈고 내년에 하편을 내놓기로 했다. 자금 여력이 확보되면 공자의 아바타를 등장시킨 논어 게임 개발로까지 확대할 계획이다.

그는 "논어를 AI에 적용해 인성 빅데이터를 만들면서 점차 불경, 성경, 동서양 고전을 활용한 인성교육에도 나서겠다"며 "정부의 연구개발(R&D) 지원비가 내년에 27조원이나 되는데 그동안 R&D 지원기관에 7번이나 AI 인성 프로젝트에 관한 제안서를 냈지만 채택되지 못했다. 이는 국가가 나서야 할 일"이라고 아쉬움을 표하기도 했다.

그는 "IMF 경제위기를 극복하기 위해 김대중 대통령 시절 하나로통신에서 초고속인터넷서비스(ADSL)를 처음 상용화하는 등 인생의 황금기를 정보통신 분야에서 보냈다"며 "하지만 아무리 기술이 발전하고 세월이 변해도 근본 바탕은 인성과 윤리도덕이 돼야 한다"고 덧붙였다.

최근 미래학자인 레이이먼드 커즈와일이 오는 2030년이면 인간의 뇌를 AI와 연결하는 인터페이스 기술이 나올 것이라고 한 사례를 들며 기술발전으로 오히려 디스토피아(유토피아의 반대말)가 오는 상황을 막기 위해서는 도덕성이 뒷받침돼야 한다는 게 그의 소신이다. 그는 "사회지도층은 물론 젊은이들이 논어를 배우고 익혀서 체화해야 4차산업혁명 물결에서 선도국가가 될 수 있다"고 했다.

고광본 선임기자 kbgo@sedaily.com

참고문헌

- 한국지능형사물인터넷협회 (www.kiot.or.kr)
- "사물인터넷 서비스 유형", 산업연구원
- "스마트 헬스케어 의료기기", 식품의약품안전청
- "사물인터넷 원천기술 확보를 위한 스마트센서 연구기획"에 관한 연구의 최종보고서, 한국연구재단
- 김재호, 사물인터넷 기술 동향과 IoT 기술 표준화 동향, Korea Electronics Technology Institute, 한국정보통신설비 춘계세미나 발표자료 중에서
- 김현후, 김병훈, 이재영, 박대희, 류부형, 임기조, 센서기술 (Sensor technology for semiconductor and display engineering), 내하출판사
- Dong-Hahk Lee, "Fast Notification Architecture for Wireless Sensor Networks," International Journal of Electronics Vol.100, No.3, pp.371-383, Aug. 2012.
- 이동학, 박원형, "초고속 근거리 무선 전송 기술을 이용한 스마트폰 응용서비스," Telecommunications Review, 제21권, 제2호, pp.289-303, 2011년 4월.
- 이정선, Publisher KOTRA (대한무역투자진흥공사), "한·미 FTA에 따른 美 정부조달시장 진출 기대효과 전망"
- 정라름 외, KOTRA 자료 21-119, "미국 공공조달시장 진출 전략 보고서"
- 박정원, "미국정부조달협회" jpark@kobeusa.org, www.kobeusa.org, "Hunting Together!", "Cooking Together!", "Eating Together!".
- 센서산업 고도화를 위한 첨단센서 육성사업 기획보고서, 한국연구재단 보고서, 2012
- 남상엽, 강민구, 양재수, 안병구, 김호원, "사물인터넷 개론", 상학당, 2015.9

1.   '사물인터넷(IoT)'의 요소기술과 이의 특징을 설명하고, IoT의 활용 서비스에 대해 논하시오.

2.   ICBM(IoT/Cloud/Big Data/Mobile)이 4차산업혁명에 어떻게 영향을 미치는지 논리적으로 설명하시오.

3.   IoT 기반 홈 오토메이션 플랫폼을 그림과 함께 기술하시오.

4.   각 산업 부문별 IoT의 적용 기술을 분야별로 개략적 기술과 함께 활용 서비스를 상세히 기술하시오.

5.   IOT 구성 분류와 상호 밸류체인을 기술하시오.

6.   개방형 IOT 소프트웨어 Open 플랫폼에 관해 구성 아키텍쳐를 그리고, 주요 요소기술을 설명하시오.

7.   센서의 종류와 각각의 적용 센서기술 및 동작원리를 기술하시오.

8.   센서와 관련한 4대 융합 기술(SNCA)에 대해 개념과 특징을 설명하시오.

9.   센서의 적용 물질에 대해 논하시오.

10. 글로벌 진출 방안과 해외 진출을 돕는 대표적 기관 및 이의 주요지원 사업에 대해 설명하시오.

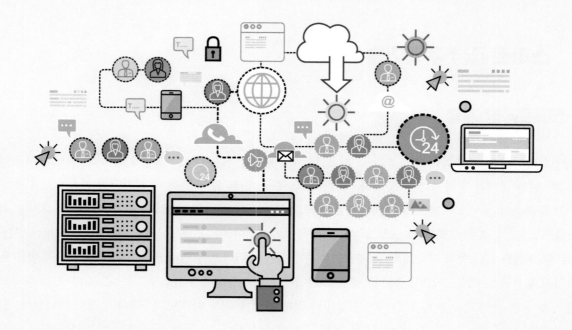

CHAPTER 6
스마트공장 및 스마트팜 기술과 창업

- 스마트공장(Smart Factory) : 설계·개발, 제조 및 유통·물류 등 생산과정에서부터 농·림·축·수산물의 생산, 가공, 유통 단계에까지 디지털 자동화 솔루션이 결합된 정보통신기술(ICT)을 적용하여 생산성, 품질, 고객만족도를 향상시키는 지능형 생산공장. 공장 내 설비와 기계에 사물인터넷(IoT)를 설치하여 공정 데이터를 실시간으로 수집하고, 이를 분석해 목적된 바에 따라 스스로 제어할 수 있는 공장을 말한다.
- 스마트팜(smart farm) : 사물인터넷(IoT) 등을 통해 수집한 빅데이터를 기반으로, 최적의 생육환경을 자동으로 제어하는 농장을 뜻한다. 스마트팜에서는 최적화된 생육환경이 유지되므로 단위 면적당 생산량이 높아지는 등 생산성이 향상된다. 스마트팜은 응용 분야에 따라 스마트 농장, 스마트 온실, 스마트 축사, 스마트 양식장 등의 이름으로 사용되고 있다.
- 엔젤투자(angel investment) : 개인들이 돈을 모아 창업하는 벤처기업에 필요한 자금을 대고 주식으로 그 대가를 받는 투자형태를 말한다. 통상 여럿의 돈을 모아 투자하는 투자클럽의 형태를 띤다. 자금 지원과 경영 자문 등으로 기업 가치를 올린 뒤 기업이 코스닥시장에 상장하거나 대기업에 인수합병(M&A)될 때 지분 매각 등으로 투자 이익을 회수한다. 직접투자와 간접투자 방식이 있다.

01__스마트공장 구축기술

1.1 스마트공장 개요

4차산업혁명과 함께 제조업이 다시 화두로 떠오르면서, 세계 각국은 글로벌 금융 위기 이후 침체된 제조업을 부흥시키기 위한 국가적 전략을 추진 중이다. 독일, 미국, 중국, 일본 등 전통적 제조 강국들은 생산효율 증대와 친환경 고객 맞춤형 생산으로 제조업 경쟁력을 강화하고 있다. 독일은 인더스트리 4.0이 포함된 미래기술 비전을 수립하고 2.5억 유로 규모의 국가 프로그램을 운영하고 있다. 미국은 2009년부터 'Remaking America'를 슬로건으로 국가 첨단 제조방식 전략계획 등 제조업 부흥정책을 강력하게 추진하고 있으며, ICT 기술우위를 토대로 제조업의 부흥을 도모하고 있다. 중국은 향후 30년을 3단계로 구분하여 산업구조를 고도화시키는 중국제조 2025 전략을 진행 중이고, 일본은 디플레이션 탈피와 경제 재건을 위해 아베노믹스 3대 전략의 하나로서 '산업 재흥플랜'(2013.6)에 기반을 둔 과학기술혁신 정책을 전개하고 있다. 이 같은 배경에는 제조업이 결국 생산성 향상과 일자리 창출에 긍정적인 효과를 냈기 때문이다. 유로존의 재정 위기 속에서도 제조업 강국인 독일은 유일하게 타격이 적었고, 제조업은 유통, 물류, 건설 등 다양한 분야에서 국가 경제 성장 유발 효과가 크다.[1]

국내 스마트제조의 개념은 독일의 차세대 제조업 혁신 전략인 인더스트리 4.0(Industry 4.0) 개념을 기반으로 한다. 독일의 인더스트리 4.0은 이중 전략(Dual Strategy)의 추진으로 볼 수 있다. 첫째, 제품의 가격보다는 개인이 원하는 제품을 요구하는 개인 맞춤형 제품 시장을 선도하는 것이고 둘째, 이러한 개인 맞춤형 제품을 제조할 수 있는 새로운 유형의 기계, 설비 시장을 선도하는 것이다. 이를 구현하기 위해 제조업에 ICT를 접목해 모든 공정, 조달, 물류, 서비스를 통합적으로 관리하는 스마트공장 기술을 개발 및 활용하는 것이 필요하다.

독일은 2015년부터 정부주도의 적극적인 정책추진을 위한 핵심기구인 플랫폼 인더스트리 4.0(Plattform Industrie 4.0)을 설립하였다. 독일은 인더스트리 4.0을 통해 단순한 공장 자동화를 넘어선 새로운 산업 혁신 플랫폼을 선보여 글로벌 시장을 장악하고자 했다. 또한, 제조업의 국제적 경쟁력을 기반으로 인더스트리 4.0 솔루션이 담긴 새로운 유형의 설비와 기계를 전 세계에 보다 더 많이 판매하여 독일 중심의 세계 제조 생산 시스템을 재편하려 하고 있다.

산업현장에선 흔히 생산(production)과 제조(manufacturing)라는 용어를 특별한 의미 차이를 두지 않고 언어 습관에 따라 혼용해서 쓰고 있다. 따라서 생산관리와 제조관리, 생산공정과 제조공정, 생산 지원 시스템과 제조 지원 시스템 등과 같이 각 용어들이 같은 뜻으로 사용되기도 하고, 현장에서 사용되는 습관에 따라 다른 의미로 사용되기도 한다.

스마트공장은 제품의 기획부터 판매까지 모든 생산과정을 ICT(정보통신) 기술로 통합해 최소 비용과 시간으로 고객 맞춤형 제품을 생산하는 사람 중심의 첨단 지능형 공장이다. 최소 비용 및 시간으로 고객 맞춤형 제품을

---

1) 스마트제조 기술 및 표준, ETRI Insight, 2018

생산하는 공장으로 공정 자동화 및 다품종 생산에 대응하는 유연 생산체계 등을 통해 생산성 향상, 에너지 절감, 인간 중심의 작업 환경 등을 지향한다. 스마트공장 솔루션으로 제조 애플리케이션(MES, ERP, PLM, SCM 등), 산업용 디바이스/네트워크(로봇, 센서, 3D프린팅 등), ICT 플랫폼(CPS, 빅데이터, 네트워크 등)으로 구분할 수 있다. 현장의 모든 정보는 품질 및 제품개발, 에너지 효율화, 협력사와의 쌍방향 정보체계로 연결되고, 공장 내 공급사슬 관리, 기업자원 관리, 공장운영과 현장 자동화 등의 각 시스템과 연결되고 공장 외부에서 전방과 후방에 위치한 유통망과 협력사와 연결된다.[2]

정부는 중소기업이 4차산업혁명의 기회 요인을 적극 활용해 도약할 수 있도록 뒷받침하고 우리 경제의 혁신성장을 가속화하기 위한 국가차원의 비전을 담은 「중소기업 스마트 제조 혁신전략(2018.12.)」을 발표해 추진하고 있다. 생산성 향상의 대안인 스마트공장의 성과를 점검하고 이를 제조업 전반의 혁신으로 확산·발전시킨다는 목표이다. 또한 2020년 7월에는 디지털 뉴딜의 제조업 디지털화 핵심 후속조치로서 기존 스마트공장 지원사업을 한 차원 높이는 「AI·데이터 기반 중소기업 제조혁신 고도화 전략」을 발표했다.[3]

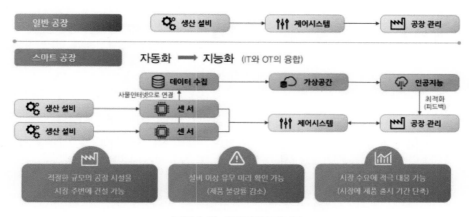

[그림 6.1] 스마트공장 개념도

출처 : 대한민국제조혁신 콘퍼런스(KMAC), 한국인더스트리4.0협회

스마트공장의 궁극적 목표는 고객 맞춤형 제품을 최고의 효율로 생산하여 제공하는 것으로 고객과 시장의 변화가 긴밀하게 연관되어 있다. 전통 제조공장 대비 스마트공장의 핵심 경쟁우위 중 하나가 '소비자 맞춤형 제품생산'으로 이에 대한 수요 수준에 따라 스마트공장의 수요가 결정된다.

4차산업혁명의 도래에 따라 스마트공장의 역할이 부각되고 있으며 최근 사물인터넷(IoT)를 통해 생산기기와 생산품 간 상호 소통 체계를 구축하고 전체 생산 과정의 최적화를 구축하는 4차산업혁명의 도래로 '스마트공장'의 역할이 부각되고 있다. 따라서 이전까지의 공장자동화는 미리 입력된 프로그램에 따라 생산시설이 수동적으로 움직이는 것을 의미하였으나 4차산업혁명에서의 공장자동화는 생산설비가 제품과 상황에 따라 능동적으로 작업 방식을 결정하는 것을 의미하게 되었다. 4차산업혁명의 핵심은 사이버물리시스템에 기반을 둔 유연

---

2) 중소기업 전략기술로드맵 스마트공장 2019-2021
3) 스마트공장, 대한민국 정책브리핑, 2020

한 생산 활동으로 사물 간 통신과 분산형 시스템으로 다양화된 고객 맞춤형 생산으로 변하는 것이다.

스마트공장의 제조 단계별 모습으로는 기획설계 단계에서는 가상공간에서 제품성능을 제작 전에 시뮬레이션 함으로써 제작기간 단축 및 소비자 요구 맞춤형 제품을 개발하는 것이다. 생산 단계에서는 설비-자재-관리시스템 간 실시간 정보교환으로 1개 공장에서 다양한 제품생산 및 에너지 설비효율을 고려하는 단계이다. 유통판매 단계에서는 생산 현황에 맞춘 실시간 자동 수·발주로 재고비용이 획기적으로 감소하고 품질, 물류 등 전 분야에서 협력이 가능하다.[4]

스마트공장은 공장자동화(Factory Automation)와는 다른 개념과 성격을 가진다. 공장자동화는 로봇 같은 장비를 이용해 공장 전체의 무인화를 이루고 생산 과정을 자동화하는 것이다. 반면에 스마트공장은 각각의 제조 프로세스에서 지능이 부여되고 이를 IoT로 연결하여 자율적으로 데이터를 연결, 수집, 분석하여 제조를 하는 것이다.

구분	스마트공장	공장자동화
개념	제조에 관련된 조달, 물류, 소비자 등의 객체가 존재하여 객체에 각각 지능을 부여하고, 이를 사물인터넷으로 연결해 자율적으로 데이터를 연결·수집·분석	컴퓨터와 로봇 같은 장비를 이용해 공장 전체의 무인화를 이루고, 생산 과정의 자동화를 만드는 시스템
특징	제조 전 과정을 ICT 기술로 통합해 최소 비용·시간으로 고객 맞춤형 제품 생산	컴퓨터를 이용한 설계 및 제조, 해석 시스템, 다품종 소량생산을 가능하게 하는 생산 시스템 등을 조합한 것
통합 방향	수평적 통합	수직적 통합
지원 기술	제품설계 도구인 CAD/CAE 등의 PLM 솔루션, 3D프린터, CPS, 공정 시뮬레이션 등을 포함	스마트 센서, 사물인터넷 기술, 생산현장 에너지절감 기술, 제조 빅데이터 기술 등을 포함

[그림 6.2] 스마트공장과 공장자동화

출처 : FA저널, 스마트팩토리, 공장자동화와 다른점 5가지, 2018.5

구분	현장자동화	공장운영	기업자원관리	제품개발	공급사슬관리
고도	IoT/IoS 기반의 CPS화				인터넷 공간 상의 비즈니스 CPS 네트워크 협업
	IoT/IoS화	IoT/IoS(모듈)화 빅데이터 기반의 진단 및 운영			
중간2	설비제어 자동화	실시간 공장제어	공장운영 통합	시뮬레이션과 일괄 프로세스 자동화	다품종 개발 협업
중간1	설비데이터 자동집계	실시간 의사결정	기능 간 통합	기술 정보 생성 자동화와 협업	다품종 생산 협업
기초	실적집계 자동화	공정물류 관리(POP)	관리 기능 중심 기능 개별 운용	서버를 통한 기술/납기 관리	단일 모기업 의존
ICT 미적용	수작업	수작업	수작업	수작업	전화와 이메일 협업

[그림 6.3] 스마트공장 단계별 수준

출처 : 스마트공장 소개, 스마트제조혁신추진단

---

4) 스마트공장의 글로벌 추진 동향과 한국의 표준화 대응 전략, 스마트공장 추진단

스마트공장은 빅데이터 기반 인공지능과 결합해 진화를 거듭하고 있다. 현재까지는 생산설비가 중앙 집중화된 시스템의 통제를 받았으나 4차산업혁명에서는 각 기기가 개별 공정에 알맞은 과업을 스스로 판단해 실행할 전망이다. 또한, 스마트공장 도입 이후 산업현장의 다양한 센서 및 기기들이 스스로 정보를 취합하고, 이 정보(빅데이터)를 바탕으로 생산성을 최대로 끌어 올릴 수 있는 인공지능이 결합된 생산시스템으로 더욱 진화될 것으로 기대한다. 스마트공장을 통해 공장의 생산성 향상, 에너지 절감, 인간 중심의 작업 환경, 개인 맞춤형 제조, 제조·서비스 융합 등의 구현이 가능해질 것으로 예상하고 있다.

스마트공장의 ICT 기술의 활용 정도 및 역량 등에 따라 '구축시스템 스마트화 수준(기초-중간1-중간2-고도)'을 구분하고 있다. 기업의 종합적인 스마트 역량을 측정하여 '기업제조혁신역량 수준(Level 1~5)'으로 구분하고 있다. 현재 많은 중소기업들이 비교적 적은 비용으로 쉽게 시작할 수 있는 기초 단계를 구축하고 있으며 기대 이상의 성과에 만족하고 있다. 기초 단계라 해도 실시간 만들어지는 제품을 바로 집계해 관리할 수 있고 자재 이력관리(lot-tracking)까지 가능하다.

스마트공장을 초기에 구축한 이후 스마트공장은 수준별로 발전이 이루어진다. 이를 위해서는 필요한 5가지 조건이 있다.[5]

- 4M+1E : 각 요소(Man, Machinery, Material, Method, Environment)들을 실시간으로 데이터 값을 인지하고 측정 가능한 정보를 제공해야 하며 통신을 통해 대화가 가능해야 함
- 지능화 : 알고리즘 또는 인공지능 등의 솔루션을 이용, 최적의 해결 또는 예측 가능한 해답을 제공해야 함
- 통합 : 사회망과 가치사슬을 통해 엔드투앤드(end-to-end)의 정보 교류가 이루어지도록 하는 수평적 통합과 최하위 수준인 기계장치부터 기업 비즈니스 수준까지 수직적 통합을 지향함
- 엔지니어링 지식의 창출 : 지속해서 정보를 확보하고 저장한 후 이를 바탕으로 자동화를 위한 제조 지식을 점진적으로 창출할 수 있어야 함
- 스마트 시스템과의 연결 : 향후에 발전할 스마트 제품들과 통신 표준에 의거해 연결이 가능해야 함.

1.2 스마트공장 주요기술

스마트공장은 기존의 공장자동화(Factory Automation, FA) 수준을 넘어 소비자 중심의 지능화된 공장을 의미한다. 각 공정을 모듈화하여 한 생산 라인에서도 소비자의 취향에 따라 유기적 및 능동적으로 다양한 맞춤형 제품 생산이 가능하다. 또한 기존의 공장과 비교하여 가상공간 등을 통해 실시간으로 현장 및 품질을 관리/제어하며 에너지, 인력 등 자원 활용 면에서 효율을 향상시켜 결과적으로 생산 원가 하락을 통한 제품 경쟁력 강화를 기대할 수 있다.

---

5) 스마트공장소개, 스마트제조혁신추진단

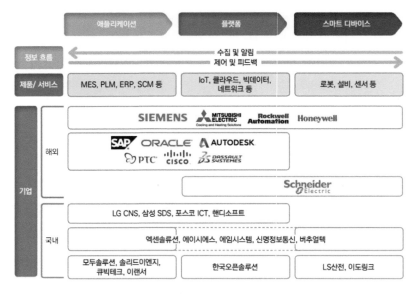

[그림 6.4] 스마트공장 요소기술별 기업 분류

출처 : 스마트제조국제표준화로드맵 2018, 국가기술표준원

스마트공장과 관련하여 시장을 주도하고 있는 기업들과 그 분야를 살펴보면 다음과 같다. 먼저 독일의 Siemens, 일본의 Mitsubishi, 미국의 Rockwell과 Honeywell은 로봇, 공작기계 등 하드웨어를 포함하여 공정의 전 영역에 걸친 통합 솔루션을 제공하는 기업들로 스마트공장의 기술시장을 선도하고 있다.

한국의 LG CNS, 삼성 SDS, 포스코 ICT, 핸디소프트 등과 프랑스의 Dassult, 미국의 PTC, Oracle, Cisco 및 Autodesk, 독일의 SAP 등은 SW 기반의 솔루션 제공 기업들로 스마트공장에 특화된 솔루션을 제공하며 글로벌 시장 선점을 위해 영역 다툼을 벌이고 있다.

스마트제조의 공정모델 기술 분야는 응용 애플리케이션 기술, 플랫폼 기술, 디바이스/네트워크 기술, 제조 보안 기술 등의 요소기술로 나눌 수 있다. 응용 애플리케이션 기술은 수집된 데이터를 가시화 하거나 분석하여 품질 및 설비 보전/고도화, 통합 운영/관리 등에 사용되는 스마트공장 ICT 솔루션의 최상위 소프트웨어 프로그램이다. 플랫폼 기술은 제품 정보, 소비자 요구사항, 공정 데이터 등 각종 데이터를 수집/저장/분석하는 빅데이터, AI 및 클라우드 등의 기술을 의미한다. 디바이스/네트워크 기술은 사물인터넷을 이용하여 생산정보를 실시간으로 수집하여 응용 애플리케이션으로 전송 또는 생태계의 각 가치사슬 및 디바이스와 공유하고 연동하며 응용 애플리케이션으로부터 계산/분석 결과를 받아 현장에 전달하는 기술이다. 이와 더불어 스마트제조 가치사슬의 전반에 걸쳐 데이터를 보호하는 제조 보안 기술이 요구된다.[6]

애플리케이션은 스마트팩토리 개선·혁신 효과 극대화를 위한 지능화·네트워크화된 제조현장의 시스템 요소와 실시간 연계하여 전 팩토리·가치사슬의 최적 운영을 지원하는 ICT 활용·응용기술이다. 플랫폼은 제조 머신·자원·데이터 관리를 위한 인프라 및 팩토리 내·외부 플랫폼을 연동하는 운영 제어 플랫폼의 개발로, 하

---

6) 스마트제조 기술 및 표준, ETRI Insight, 2018

위 스마트 디바이스와 상위 애플케이션에서 이를 활용하여 제품설계 및 가상생산이 실제 팩토리 라인에서 연결되게 하는 기술이다.

센서 및 디바이스는 다양한 제조환경을 고려한 다기능 센서, 제어기, 고신뢰 유무선통신 기술, 능동적 제조관리를 위한 스마트 메모리 등의 제조 특화 디바이스 모듈 및 운용 기술이다. 고도화 기술로 AI/보/상호 운용성은 스마트팩토리 주요 구성 요소 간 연동시 데이터·서비스 간의 상호 운용성 보장을 위한 통신·인터페이스·데이터·정보 연동 규격과 데이터·정보에 대한 지능화 처리를 통한 고부가가치 창출 AI 기술. 또한, 구성 요소 자체혹은 연동 시의 보안성 및 프라이버시 보호를 위한 보안 기술이다.

스마트공장 고도화 기반 기술은 다음과 같다. 혁신형 장비 기술은 3D프린터, 지능형로봇 등의 장비와 스마트센서를 제조 현장에 적용하여 사이버-물리 시스템(CPS, Cyber-Physical System)/사물인터넷(IoT, Internet of Things) 기반으로 자율 유연 생산체계를 지원하는 기술이고, 차세대 산업 네트워크는 센서, 액츄에이터, 제어기등을 인터넷에 연결하기 위한 저지연, 고신뢰, 실시간 요구사항을 만족하는 차세대 유무선 네트워크 기술이다.또한, 융합 플랫폼은 제조 전 과정을 수직적, 수평적으로 융합한 플랫폼 기술로써, 사이버-물리 제조 자원들 간의 수직적 융합, 제조-서비스 영역 간의 수평적 융합, 제조와 AI 융합을 통한 플랫폼을 제공하는 기술이고, ICT활용 제조응용은 플랫폼 기반으로 새로운 가치 창출이 가능하도록 ICT를 활용한 제품·제조 응용 기술이다.[7]

1.3 스마트공장 시장 전망

(1) 국내 시장 전망

코로나 바이러스 감염증-19(COVID-19)으로 인하여 글로벌 경제 불확실성이 국내 전이로 내수 경기 침체가심해짐에 따라, 적극적인 경기 부양책이 필요한 환경에 처해 있다. 국내 제조업은 출산율 감소에 따른 생산 가능인구 감소와 인건비 상승으로 개발도상국 대비 경쟁력이 낮아진 상황이다. 이러한 사회 구조적인 변화에 따른제조업의 경쟁력 확보를 위해 정부 차원의 지원정책이 확대되고 있으며, 제조업 부문의 대기업도 자체적인 생산성 확보 및 효율성 증대를 위한 스마트제조 도입이 가속화 되고 있다. 중소기업의 경우, 정부에서 2025년까지3만개 보급·확산사업(추정 시장 1조원, 중소기업 비중 98.1%, 중견기업 비중 1.9%)으로 자체적인 경쟁력 확보를 위한 스마트제조 도입이 확산되어 대기업의 협력업체들도 대기업의 변화에 대응하기 위한 투자가 지속적으로 확대될 것으로 전망되며, 스마트제조 시장이 커질 것으로 예상된다.[8]

7) 융합연구리뷰, 정종필, 신광섭, 융합연구정책센터, 2020
8) 스마트제조 기술 및 표준, ETRI Insight, 2018

기술 분류	핵심기술	기술정의
혁신형 장비	제조공정 환경 모니터링 지능형 센서	제조업에서의 다양한 정보를 감지하고, 필요시 데이터 처리, 자동보정, 자가보정을 수행하는 스마트 센서(범용 스마트 센서이외의 산업별 전용 센싱 디바이스의 개발도 필요)
	3D프린팅 제조융합 기술	다품종 소량생산 및 유연생산을 가능하게 하는 3D프린터 및 후가공 장비들을 제조 공정과 융합한 기술
	고난도 제조공정용 지능 로봇	자동화가 어려운 공정에 대응하고, 신속한 생산라인의 재구성과 변동성에 대응이 가능하며, 인간-로봇 협력 생산을 통해 공정 유연성을 극대화할 수 있는 지능형 로봇
	산업용 디바이스 정보 모델	이산/프로세서/휴먼머신 등 다양한 팩토리 디바이스를 객체화 하는 핵심 기술인 산업용 디바이스 정보 모델 기술
차세대 네트워크	5G 네트워크 및 지능형 네트워크	저지연, 고신뢰 요구사항을 만족하는 시간 민감형 네트워크(TSN, Time Sensitive Network) 기반의 차세대 유선 통신과 5G 및 B5G 이동통신, 비면허대역 무선통신을 기반으로 하는 저지연 고신뢰를 만족하는 무선 통신 기술이 융합된 차세대 산업용 네트워크 기술
융합 플랫폼	자율 지능 IoT 단말 플랫폼	팩토리 내의 다양한 개체(장비/설비 등)에 지능을 부여하여, 각 개체의 자율적 기능 수행을 위한 'IoT 지능화' 기술
	최적 자율 제조플랫폼	팩토리 내 지능화된 개체들이 빅데이터 분석 및 인공지능 기술 등을 통해 최적의 생산과정을 진화시켜가는 제조 공통 플랫폼 기술
	사이버-물리 시스템(CPS)	스마트팩토리의 물리적 자원들을 가상공간에 모사하고 실시간 연동 및 제어가 가능하며, 가상공간에서 생산 시뮬레이션을 지원하기 위한 IoT/CPS 기술
	클라우드 제조 서비스 플랫폼	제품의 가치를 높이기 위해 제품과 관련된 서비스를 연계하는 제품 서비스 및 제품생산을 서비스 형태로 제공하기 위한 클라우드 기반 제조 서비스 플랫폼 기술
ICT 활용 제조 응용	데이터기반 공정설계/시뮬레이션	해석기술의 고속화 및 취득 데이터 기반(생산현장 데이터의 자동입력) 해석기술을 활용한 웹기반 클라우드형 시뮬레이션 기술
	AI 예측 기반 제조 응용	설비 예지보전, 품질관리, 공정관리 등의 제조 산업 현장에 적용 가능한 데이터 분석 기반 예측 기술
	실시간 품질검사	X선/영상분석 등을 활용한 생산제품의 실시간 불량판정 자동화 기술 개발 및 불량판정 결과와 생산 조건간의 연계 기술
	AR/VR 기반 작업·안전 지원	가상, 증강 현실 기술을 바탕으로 업무환경을 지원하는 작업자 지원 기술과 작업자 이상, 유해상황 감지 및 사전 대응을 위한 안전 지원 기술
	맞춤형 제조서비스	기업이 주문하는 제품에 필요한 생산 자원을 동적으로 구성하는 맞춤형 제조 기술
	지능형 유통 및 조달물류	가치 사슬을 연계하여 물류 흐름을 추적 관리하고, 물류 운영을 최적화하기 위한 기술
보안 및 상호 운용성	지능 보안 및 통신 네트워크 보호	사이버위협을 포함한 다양한 보안 위협 상황에 대응하기 위한 정보 보안 기술
	스마트팩토리 표준화 기술	제조 주체 또는 시스템 간 상호연동성 보장을 통해 스마트팩토리에 개방성을 제공하고 팩토리 간의 상호운용성을 보장하기 위한 표준 기술

삼성 SDS, LG CNS, SK C&C 등 국내 SI 업체들의 MES(Manufacturing Execution System) 및 ERP (Enterprise Resource Planning) 솔루션은 글로벌 기업과의 경쟁에서 비슷한 수준을 유지하고 있으나, GE, 로크웰, 지멘스, Applied Materials 등의 해외 기업들이 다양한 산업 분야에서 강세를 보이고 있다. 또한, CAD,

SCADA, 이미지센싱 등의 솔루션은 지멘스와 로크웰과 같은 해외 제품 솔루션에 의존하고 있다.

⑵ 스마트공장 세계 시장전망

스마트제조는 제조경쟁력을 강화하며 4차산업혁명시대 각국의 첨단 산업을 주도할 것으로 기대되고 있다. 독일의 인더스트리 4.0 솔루션 시장은 2016년 전년 대비 19.6% 성장한 49억 5,000만 유로 규모에 달했고, 2018년에는 전년 대비 22.4% 성장한 71억 8,000만 유로에 도달했다. 스마트공장 세계시장은 연평균 9.3% 성장하고 있다.

<표 6.2> 스마트공장 세계시장 규모(단위 : 억 달러, %)　　　　　　　　출처 : Markets and Markets, 2017

구분	'17	'18	'19	'20	'21	'22	CAGR
세계시장	1,323	1,446	1,580	1,727	1,887	2,063	9.3

미주 지역 국가들은 스마트공장 세계 시장의 점유율은 2012년~2020년까지 매년 6.16% 성장하였고, MES 관련 시장이 가장 빠른 속도로 성장하고 있다. 미국, 캐나다, 멕시코 등 북미 국가들이 미주 스마트공장 시장의 87%를 차지하고 있다. 이 중 미국이 74%를 차지하고 있고, TI, GM, Ford 등과 같은 글로벌 기업들이 스마트공장 기술을 적용하고 있어 시장 규모는 더욱 커질 것으로 예상된다.

유럽 스마트공장 시장에서는 MES 관련 시장이 2014년에서 2020년까지 연평균 8.23%로 가장 높은 성장 속도를 보였으며, 자동차 응용 분야 시장은 2020년에는 61.7억 달러에 도달할 것으로 예상되었으나 COVID-19으로 인하여 예상치 만큼 달성되지 못했다.

아시아-태평양(APAC) 지역의 스마트공장 시장 규모는 2020년까지 358억 달러 규모를 형성할 것으로 예측되었으나 COVID-19으로 역시 달성되지 못했으며, 스마트공장 관련 주요 산업으로는 자동차, 전기 및 전자 산업으로 전체 스마트공장 시장의 41% 및 26%를 각각 점유하고 있다.

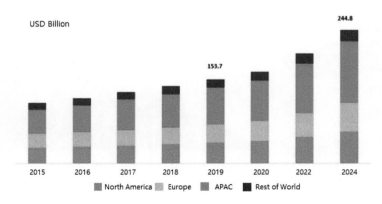

[그림 6.5] 스마트공장 지역별 시장전망
출처 : Markets and Markets, 2018

COVID-19 이후 글로벌 스마트 제조 시장 규모는 2020년 약 1,831 억 달러에서 2025년에는 4.0 %의 연평균 성장률로 2,204억 달러에 이를 것으로 예상된다. 스마트 제조 시장의 성장을 이끄는 요인에는 COVID-19에 의해 추진되는 스마트 제조 제품 및 솔루션에 대한 수요 증가, 제조 생태계 내에서 운영을 유지하는 데 디지털 트윈의 중요성, 의료 분야 및 제조 부문에서 협업 로봇의 역할이 늘어나고 확장되는 것도 포함된다.

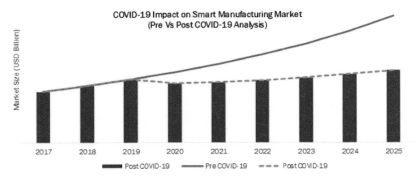

[그림 6.6] COVID-19 상황에서 스마트공장 시장전망

출처 : Markets and Markets, 2019

1.4 스마트 팩토리 발전방향과 과제

4차산업혁명 시대가 본격 도래하면서 스마트공장(smart factory)에 대한 관심이 커지고 있다.

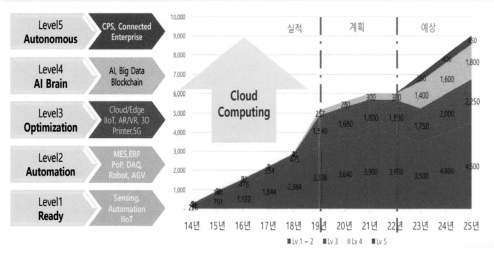

[그림 6.7] 중소제조기업 스마트공장 현황

출처 : 중소기업기술정보진흥원, 2020

정부는 스마트공장 활성화 및 보급 확대를 위해 다각적인 정책을 추진하고 있다. 오는 2022년까지 6만7000개 중소제조기업 중 3만 곳에 스마트공장을 보급하는 것이 정부의 정책 목표이다. 중소벤처기업부는 2020년 7월 23일 '인공지능(AI)·데이터 기반 중소기업 제조혁신 고도화 전략'을 발표했다. 이 전략은 한국판 디지털 뉴딜 정책에 포함된 제조업 디지털화의 후속조치라 할 수 있다. 이는 기존 디지털 저변 확대 차원에서 추진해 오던 스마트공장 지원사업을 한 차원 높이겠다는 강력한 의지를 담고 있다. 이에 앞서 정부는 중소기업의 스마트공장을 활성화하기 위해 9대 기술을 기반으로 맞춤형 표준모델을 개발한다는 정책 방향을 제시한 바 있다.

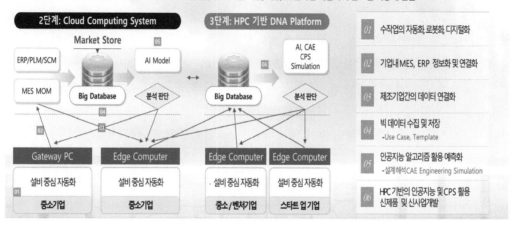

[그림 6.8] 2,3단계 스마트공장
출처:중소기업기술정보진흥원, 2020

스마트공장 활성화를 위한 9대 기반 기술은 산업용 사물인터넷(IIoT), 가상물리시스템(CPS), 클라우드 컴퓨팅, VR·AR(가상·증강현실), 빅데이터, AI, 5G, 스마트 머신, 3D 프린팅이다. 기존 제조업 공장의 스마트화를 위한 핵심요소는 우선 제조 현장의 자동화와 디지털화를 동시에 구현하는 것이다. 이를 통해 작업자의 과도한 업무부담을 완화하고 자율적인 생산체계를 갖출 수 있다. 더불어 자동화 설비와 공정상태를 측정하는 원천자료를 수집, 저장하는 인프라를 구축할 수 있게 된다. 또한 노후된 PLC(programmable logic controller)와 드라이브를 교체하면서 설비의 디지털화를 동시에 추진하는 것도 스마트공장 구현의 핵심요소라 할 수 있다.

02_ 스마트공장 구축 사례와 기업가정신

2.1 스마트공장 사례

스마트공장 플랫폼의 기본 기능은 실시간 자동 데이터 수집, 네트워크 연결, 데이터 통합 및 변환, 데이터 저장 및 분석, 데이터 시각화, 보안이 있다. 제품 기획설계, 유통판매 전과정을 자동화 하여 생산성을 향상할 수 있는 다양한 솔루션이 있다. 고객사/협력사 관리, 생산 정보 관리 등 기능의 MES, 제조공정 생산이력, 공정설비 상태모니터링을 위한 POP(Point of Production), SCM(Supply Chain Management), 자주검사 관리, Zig(RACK) 주기관리 시스템 등이 있다.[9] 이 솔루션과 플랫폼을 활용한 국내외 스마트공장 사례는 다음과 같다.

2.2 스마트공장 해외 사례

(1) 지멘스 암베르크 공장

이 공장은 설비 자동화 뿐 아니라 스마트공장 기술을 접목하여 생산성을 높이고, 품질관리 수준을 높였다. 디지털 트윈을 통하여 정보의 수집 및 활용을 하였다. 디지털 트윈은 자동차나 스마트폰 등 시제품을 만들기 전에 가상공간에서 시제품을 만들어 예상 가능한 모든 문제점을 테스트하는 것이다. 신제품 개발에 소요되는 비용과 시간을 획기적으로 단축할 수 있는 기술이다. 생산라인 곳곳에 대형 스크린이 설치돼 공정률·불량률 등 생산과정에 관한 모든 정보를 알 수 있다. 불량품이 발생하면 어느 협력사에서 납품한 부품인지, 어느 라인인지, 어느 작업자인지, 몇 시에 불량이 많이 발생하는지 등 세부 정보도 알 수 있다.

지멘스 암베르크 공장은 높은 생산성이 특징이다. 1,000종이 넘는 제품을 연 1,200만개 이상 생산하는데, 한 라인에서 동시에 여러 제품을 생산할 수 있다. 이 상황에서 불량품 발생률은 0.0009%(100만개 중 9개 결함)에 불과하며 꾸준히 낮아지고 있다. 또한, 기존 공장 대비 에너지 소비량이 30%에 불과하며, 부품 입고부터 제품 출하까지 걸리는 시간도 50% 줄였다.

출처 : 위키미디어, Rufus46, LG CNS/IT Solutrions, 2019.01.15

(2) 아디다스 스피드 팩토리

아디다스는 스피드 팩토리를 적용하여 다품종 소량 생산이 가능해졌으며, 제품 제조를 아웃 소싱하던 것을 독일 내에서 생산이 가능하게 되었다. 스피드 팩토리는 소프트웨어, 센서 등 관련 업체 20개 이상이 참여했으며, 최신기술 적용으로 소비자 주문부터 제작되는 전과정을 자동화하였다. 2016년 9월 최초로 고객 맞춤형 운동화인 퓨처크래프트 M.G.F(Futurecraft Made for Germany) 생산하여 본격적으로 가동되었다.

산업용 로봇 적용 등으로 생산 자동화, 소비자 맞춤형 신발 생산체계 구축하였다. 원단을 재단하고, 깔창을

---

9) 로드피아 스마트공장, 2021

붙이고, 뒷굽을 만드는 모든 작업을 지능화된 로봇이 수행하고 생산 직원은 소재를 기계가 인식할 수 있는 위치에 갖다 놓는 역할을 한다.

(3) GE 브릴리언트 팩토리

GE의 브릴리언트 팩토리는 첨단 제조, 3D 프린팅, 첨단 소프트웨어 분석 등 다양한 새로운 기법을 적용해 생산성을 향상하는 차세대 공장이다. 제품 설계, 제조, 그리고 서비스 등 모든 과정과 운영에 새로운 방식을 적용하고 있으며 하드웨어와 소프트웨어의 결합을 통해 모든 과정을 디지털화하고, 과거 공장보다 빠르고 효율적으로 운영된다. 산업인터넷 플랫폼인 프레딕스를 기반으로 디지털 스레드와 디지털 트윈 등의 개념을 도입해 제품 품질과 성능을 개선하였다. 프레딕스 플랫폼은 GE가 판매하는 항공기 엔진이나, 철도, 선박 제품에 센서를 부착하여 발생하는 데이터를 수집·분석하고 기계 고장에 대한 사전 예측을 통해 프로세스를 최적화 하는 스마트공장 솔루션이다.[10]

GE는 클라우드 기반의 개방형 소프트웨어 플랫폼 개발과 산업인터넷(IIoT), 빅데이터 기술을 통하여 사람-데이터-기계를 연결하는 시스템을 구축하였고, 이를 통해 제트엔진에서부터 기관차의 부품까지 항공, 전력, 가스, 운송 등 다양한 비즈니스 분야의 제품 생산과 가공을 지원할 수 있게 되었다. 2016년에는 물리적인 사물과 컴퓨터에 동일하게 표현되는 가상 모델의 디지털 트윈(Digital Twin) 개념을 만들어 개발하였다. 이를 기반으로 비행기 엔진, 기관차, 가스·풍력 터빈의 마모와 손상을 실제 센서 데이터를 통해 파악하며, 수리 시점을 예측하여 정비 스케줄을 결정하는 등의 서비스를 제공하고 있다.[11]

(4) 미쓰비시 전기 e-F@tory

미쓰비시 전기는 기업환경 변화에 대비할 필요성이 높아짐에 따라 스마트공장 통합 솔루션인 e-F@ctory 개발하였다. e-F@ctory개발 시, IT 분야를 보완하기 위해 인텔, MS 등과 기술연합을 하여 진행하였다. 대표적인 스마트공장은 나고야제작소 E4라인이며, 현장 데이터수집, 데이터베이스화를 통한 이력관리 및 시각화, 지능형 로봇 활용으로 자동화 기능을 향상한 시스템을 구축하였다.

AI 기술 적용에 있어 스피드와 편의성이 중요하며, 보다 현장의 수용성을 높이고 신뢰도를 가져갈 수 있도록 미쓰비시 전기의 공장에서는 이러한 AI기술을 우선 적용해 시장에 제공하고 있다. 더 나아가 미쓰비시 전기는 디바이스 단에서의 AI 기술 뿐만 아니라, 빅데이터 기반의 AI에 대한 중요성도 인지하고 오라클, IBM 등의 기업들과도 협업을 이루고 있다.[12]

---

10) GE, 브릴리언트 팩토리로 디지털 산업 기업 변모, FA저널, 2017
11) IoT 오픈 플랫폼 기반 스마트 팩토리 서비스 분야 도입 사례집, 2019
12) 미쓰비시전기, 스마트팩토리에 적용되는 'AI' 스피드·수용성이 관건, 인더스터리 뉴스, 2019

2.3 스마트공장 국내 사례

(1) LS 산전

제조공장 및 에너지 사업장을 스마트공장으로 고도화하였으며, 저압 차단기 및 개폐기를 생산하는 청주 제1 공장을 스마트공장으로 구축하였다. 이 공장을 위하여 자동화 조립라인 관련 제품 및 솔루션 개발, 시스템 구동 환경을 위한 네트워크망 RAPIEnet 개발, 국내 최초 IEC17에 표준화(IEC 61158-3-21, IEC 61158-4-21 등) 등록하였다. 구축된 스마트공장은 각 설비·장비·공정에 정보통신기술(ICT)을 적용해 서로 연결하고 생산 데이터, 정보를 실시간으로 공유한다. 이를 통해 최적화된 생산 운영을 한다. 평균 자동화율은 85%이다. 저압 차단기(MCCB)를 생산 라인 1개당 10.8초에 한 개꼴로, 2층에서는 개폐기를 생산하는 라인 1개당 5초마다 제품이 조립·생산되고 있었다. 작업자의 속도보다 월등히 빠르다.[13]

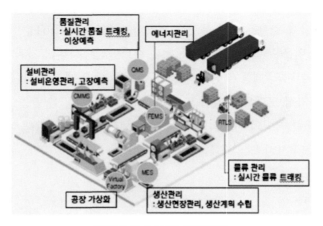

[그림 6.9] LS산전 스마트공장
출처 : LS산전 2015-2016지속가능보고서

(2) 동양 피스톤

동양피스톤 스마트공장은 중간 2단계 수준 이상 고도화 달성을 목표로, 제한적으로 자동화되던 공정라인을 유기적으로 연결하였다. 공정이력, 품질 등 현장 데이터를 연결하여, 전반적인 생산계획 수립이나 불량 검출 등에 활용하였다.[14] 모듈형 유연생산 라인, IoT, CPS, 인공지능, 빅데이터가 유기적 결합을 통해 다품종 유연생산이 가능한 자동화 라인을 구축하였다. 로봇을 통한 자동 주물 이송 및 주입의 주조공정, 공정물류 자동화, 자동 검사의 가공공정, 정밀품질 유지의 조립 공정을 구현하였다. 실제 환경과 가상 환경에서 수집된 정보는 빅데이터 분석을 거쳐 품질검사 및 공정 효율성을 예측하여 지능형 제어를 구현하였다.

IoT 기반 지능형 자동화를 통한 공정간 연계·최적화 자동화율이 87%이다. 솔트코어 삽입 공정을 포함한 全

---

13) LS산전 스마트공장 가보니...로봇이 운반부터 포장까지 '척척', 조선비즈, 2019
14) IoT 오픈 플랫폼 기반 스마트 팩토리 서비스 분야 도입 사례집, 2019

공정을 자동화하였고, 세부공정별 표준화를 통해 재구성이 용이한 자동화 라인(Plug&Play)을 구현하여 다품종 대량생산이 가능하게 되었다. 핵심성과는 시간당 생산 17.7개에서 19.4개로 증가하여 생산성이 10% 향상되었고, 불량률이 1.92개/백만개로 1.43개/백만개로 감소하여 26%가 감소되었다. 자동화율 9% 개선되었다. 또한 동양피스톤(안산공장) '16년에 전년대비 매출액 93억원으로 증가하여 3.6% 증가하였고, 수출은 119억원 증가하여 6.2% 향상되었다. 영업이익도 17억원 증가하여 14% 개선되었다.[15]

[그림 6.10] 동양피스톤 스마트공장 구축 전과 구축 후
출처 : 산업통상자원부 보도자료, 2017

(3) 포스코

최적의 제어를 가능하게 하는 생산 환경을 구현하며, 무장애 생산체계를 실현하고 품질결함 요인을 사전에 파악해 불량을 최소화하였다. IoT 센서를 적용해 제조현장의 데이터를 수집하고 빅데이터로 분석·예측할 뿐 아니라 AI를 통한 자기 학습을 구현하였다. 스마트공장 플랫폼(PosFrame)인 포스프레임은 철강제품 생산 과정에서 발생되는 대량의 데이터를 수집·정렬·저장하고 이를 고급 데이터 분석기술, 인공지능 등 스마트기술을 적용하여 품질 예측, 설비고장 예지모델을 만들어 철강 고유의 경쟁력을 높일 수 있는 포스코 고유의 플랫폼이다.

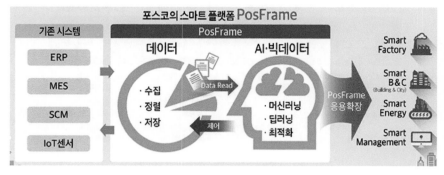

[그림 6.11] 포스코 스마트공장 플랫폼
출처 : 포스코뉴스룸 2018

---

15) 스마트공장 구축기업 현장방문 및 점검, 산업통상자원부 보도자료, 2017

열연 공정과 제강, 연주, 냉연, 스테인리스(STS) 냉연 등 전·후 공정을 모두 고려하는 포스프레임 구축하였다. 2016년 시작된 포스코의 스마트 제철소 구축은 단일 공장을 넘어 생산계획부터 출하까지 전 공정을 관통하는 수준으로 진화하고 있다. 주문투입 단계부터 제품 출하까지 각 공정마다 생산성과 효율성이 눈에 띄게 높아졌으며, 이 효율성으로 인하여 고객과 파트너사의 가치 창출로 이어졌다. 제철소의 위험 요소들은 사람 대신 드론과 기계가 감지하고 처리하며, 환경 유해 요소 역시 인공지능을 통해 저감시킬 수 있다.[16]

(4) 삼성 SDS

삼성SDS의 Intelligent Factory 개념은 신기술을 기반으로 공장의 설계/시공/운영 및 제조 현장의 모든 정보가 실시간 수집, 분석, 공유되어 최고의 품질과 생산성을 달성하기 위해 스스로 최적화 및 제어되고 안전하게 운영되는 공장이다. Nexplant 플랫폼과 25개 솔루션으로 3개 주요 영역에서 Intelligent Factory를 구현하였다. 공장 설계 단계부터 시공, 운영까지 모든 데이터를 연계하고 프로세스를 지능화하여 최적의 생산 환경 구축을 하여 플랫폼을 지능화하였다. 또한, 제품 설계/생산설비/공정/품질검사 및 실행 등 제조 전 단계를 지능화하였으며 SW/HW 융복합 솔루션을 통하여 물류/Facility 설비의 최적 운영을 통한 생산성 혁신 및 제조환경 안전을 확보하고, 물류/Facility 지능화를 통한 생산성 및 품질을 향상하였다.

넥스플랜트는 설비 단계에서 최적의 정비시점을 예측하고 실시간으로 이상을 감지해 설비 가동률을 높인다. AI를 활용해 공정 품질을 제어하고 분석해 공정 품질을 30%까지 끌어올렸다. 또 검사 과정에 AI 기반 검사 예측 모델을 적용해 불량 검출률을 32%까지 향상시켰다. 불량품의 유형을 딥러닝으로 학습시켜 불량 분류 정확도를 개선했다. 넥스플랜트의 코어는 제조 공정에서 만들어진 빅데이터를 분석하고 스스로 학습해서 예측하는 서비스를 개발하는 브라이틱스 AI가 적용되어 있다.[17]

[그림 6.12] 인텔리전트 팩토리 플랫폼 넥스플랜트
출처 : 아시아경제, 2018

---

16) 한눈에 보는 AI@POSCO, 포스코 뉴스룸, 2020
17) AI·IoT로 제조 '지능화'…삼성SDS, '넥스플랜트' 고도화, 아시아경제, 2018

(5) ㈜로드피아(MES, POP, SCM 등)

로드파아 이상덕 대표는 제품의 기획·설계, 생산(제조·공정), 유통·판매 등 전 과정을 ICT기술로 통합하여 최소비용·최소시간으로 고객맞춤형 제품을 생산하는 공장에 최적의 솔루션을 제공하고 있다. 스마트공장 솔루션과 제품공정 혁신화를 위해 AI 기반 정부 지원 사업과 함께 최적을 컨설팅을 병행하고 있다.

MES 시스템 기능 (Applications) 구성도

기준정보관리	시스템관리	영업관리	생산관리	자재관리	품질관리
사업부 등록	사용자등록관리	수주등록	제품 재고	소재 입고 등록	수입검사 등록
부서 등록	사용자권한관리	수주마감(진행)	제품 기타 출고	소재 출고 지시	수입검사 현황
품번 그룹 등록	프로그램 관리	수주현황 보기	제품입출고현황	소재 출고 등록	도금검사1 (공정#1)
품번 등록	Push서버관리	발주 등록	일일생산계획1(A)	소재 출고 수정	도금검사2 (공정#2)
품번 현황		발주등록상세	일일생산계획2(B)	소재 기타출고	도금검사3 (공정#3)
판매단가 관리		발주 승인	일일생산계획3(C)	부자재 입고등록	액분석결과/투입지시1
고객사 관리		발주수정/취소	생산 투입1(A)	부자재 출고등록	액분석결과/투입지시2
창고 등록/수정		발주 현황	생산 투입2(B)	부자재 재고현황	액분석결과/투입지시3
제품별 잠입수량		출하 등록	생산 투입3(C)	제품별 수불현황	약품투입일보1
소재별 잠입수량		출하 승인	생산 현황1(A)		약품투입일보2
구매처등록		출하 취소	생산 현황2(B)		약품투입일보3
부자재 등록		출하 현황	생산 현황3(C)		도금액관리기록1
구매단가 관리	KPI지표	반품 등록			도금액관리기록2
생산단가 관리	주요고객사별수주분석				도금액관리기록3
품질검사항목등록	라인별생산량분석				
공정 등록	월별매출분석			설비관리	
라인별 공정등록	라인별불량분석			설비점검내역 등록	
설비 등록	전산활용			설비이력등록	

[그림 6.13] ㈜로드피아 MES 시스템 기능

출처 : ㈜로드피아

스마트 공장 시스템	시스템 정의	로드피아 스마트공장 지원	참조
전사적자원관리 (Enterprise Resource Planning ; ERP)	기업 내 생산, 물류, 재무, 회계, 영업과 구매, 재고 등 경영 활동 프로세스들을 통합적으로 연계해 관리해 주며, 기업에서 발생하는 정보들을 서로 공유하고 새로운 정보의 생성과 빠른 의사결정을 도와주는 시스템	●○○	
생산관리시스템/제조실행시스템 (Manufacturing Execution System ; MES)	생산계획·작업지시·자재소요·생산추적·설비관리·생산성분석 등을 맡아 생산 관리의 효율성을 높이는 시스템	●●●	· 디지털 현황판을 이용한 관리효율 향상 · 스마트폰 실시간 현황 관리
생산시점관리시스템 (Point Of Production : POP)	공장의 생산과정에서 기계, 설비, 작업자, 작업 등으로부터 시시각각 발생하는 생산정보를 실시간으로 자동 수집, 처리하여 현장관리자에게 제공하는 시스템	●●●	· 디지털 현황판을 이용한 관리효율 향상 · 스마트폰 실시간 현황 관리
공급망관리시스템 (supply chain management : SCM)	기업에서 원재료의 생산유통 등 모든 공급망 단계를 최적화해 수요자가 원하는 제품을 원하는 시간과 장소에 제공하는 '공급망 관리'	●●●	
초, 중, 종물 관리 시스템 (자주검사 전산등록관리 시스템)	생산공정의 생산조건의 이상으로 예상되는 대량 불량 발생을 제품 생산 초기, 중간, 종단 검사를 통하여 원천 차단하고 검사결과 전산관리를 통하여 검사이력 추적 관리가 가능한 시스템	●●●	· 디지털 현황판을 이용한 관리효율 향상
RFID를 이용한 생산장비 주기관리 시스템 (표면처리, 금형, 주조, 소성가공, 열처리, 용접)	자동화 생산에 적합한 전산화된 생산관리, 품질관리를 위한 설비, JIG등의 생산투입이력 자동 모니터링 시스템	●●●	
공장 에너지관리 시스템 (Factory Energy Management System)	공장 곳곳에 센서를 설치하여 실시간으로 전력량을 분석한 뒤 전기 사용량을 가장 적당한 규모로 조절하는 시스템	●●●	

[그림 6.14] ㈜로드피아 스마트공장 솔루션

출처 : ㈜로드피아 이상덕 대표

㈜로드피아가 제공하는 제조실행시스템 (MES, Manufacturing Execution System)은 고객사/협력사 관리, 생산품목(품번) 관리, 생산정보(계획, 현황) 전산화, 품질 정보 및 제조설비 정보 전산화 기능을 가지고 있다.

생산시점관리시스템 (POP, Point Of Production)에 있어서는 다음과 같은 기능과 특징으로 제품을 공급한다. 주요 기능으로 제조 공정 생산이력 전산화, 공정 설비 상태정보 실시간 모니터링, 현황판을 이용한 생산현황 모니터링, MES연계를 통한 제품 생산이력 추적관리 기능이 있다.

- 시스템 활용

가. 생산 현황 관리
- 사무실에서 생산현장 생산조건을 현황판으로 실시간 보여주어 관리자의 제조현장 문제 해결 능력 향상
  ‣ 원격지 생산현황 모니터링 관리
  ‣ 생산현황 실시간 모니터링 확인
  ‣ 생산현황 그래프 추적으로 추이관리

나. LOT 생산이력 추적
- LOT 생산이력 추적을 위한 DB 추적 관리가 가능하여 고객사의 품질 문제에 대한 추적 및 내부 품질문제 해결 능력 향상
  ‣ 생산이력 정보 DB 기록 관리
  ‣ 제조설비 공정 상태정보 기록 관리

다. MES 연동
➢ 생산시점관리시스템(POP)과 연동하여 공정투입 시 제품 생산조건 데이터를 추적관리
  ‣ 생산계획, 품질 정보와 연계
  ‣ LOT추적 효율 향상

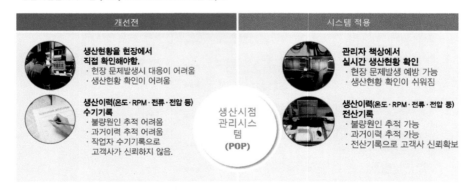

[그림 6.15] 생산시점관리시스템(POP) 적용한 개선 전과 후

출처 : ㈜로드피아

스마트공장 공급망 관리 시스템(SCM, Supply Chain Management)는 초중종물(자주검사) 관리시스템을 생산하여, 솔루션을 공급한다.

- 생산공정의 생산밸런스, 생산조건의 이상으로 예상되는 대량 불량 발생을 제품 생산초기, 중간, 종단 검사를 통하여 원천 차단.
- 검사 결과 입력을 전산화 하여 향후 전산관리를 통한 검사이력 추적 관리효율 향상.

[그림 6.16] 스마트공장 공급망 관리 시스템(SCM)

자료제공 : ㈜로드피아 이상덕 대표

또한 "RFID를 이용한 ZIG(RACK) 주기 관리시스템, RFID ZIG(RACK) Life Cycle Management System"을 공급한다.

- ZIG(RACK)의 입고부터 폐기까지 전산관리
- ZIG(RACK)의 공정투입 회수를 전산관리
- 현황판을 이용한 사용현황 모니터링 등

㈜로드피아는 아래와 같은 Mobile Solution도 공급하여 중소기업들이 필요한 서비스를 구축할 수 있다.

- Phone Navigation
- 위험지역 안내 서비스(앱스토어,Tstore)
- Mobile In Vehicle
- 전화통화음성 저장 서비스

- 차선인식 및 차선 이탈 안내 (앱스토어, Tstore)
- Tmap(Wipi, 바다 플랫폼)
- 차량진단 및 에코드라이빙 (안드로이드마켓)

또한, GIS/LBS Solution으로는 다음과 같은 솔루션을 개발하여 공급하고 있다.

- GIS엔진(OnMap)
- 버스노선 및 정류장 DB 구축 Solution
- 전자지도 편집툴
- GPS 동영상 영동 프로그램
- 건축물 대장 정비 시스템
- 도로시설물 조사/관리 시스템
- 위치 추적 시스템
- 로봇 관제 시스템

03 스마트팜 구축기술

3.1 스마트팜 개요

(1) 스마트팜 정의

농업은 토지, 자본, 노동력에 의존해 농사를 지었던 때부터 현재 첨단 디지털 기술이 접목된 스마트 농업에 이르기까지 급격한 발전을 거듭해왔다. 과거에서부터 오늘날까지 한국의 농업이 발전해 온 과정을 보면 농업 환경에 직간접적으로 영향을 미친 다양한 경제적·사회적·기술적 요인에 따라 변화하였다. 근대화 이전의 농업 1.0 시기에는 투입요소라고는 토지, 농업, 자본 등이 전부였던 탓에 노동집약적 특성이 강하게 나타났으며, 생산성 또한 저조했다. 전통적 농업은 각종 비료, 농약, 농기계 등이 도입되어 생산성이 점차 향상되기 시작했으며, 1970년대 새마을 운동과 함께 농업의 현대화가 진전되면서 농업 2.0 시기를 맞이하게 되었다.

농업 3.0 시기에 접어들면서 농업 환경의 패러다임 변화가 시작되었다. 이 시기의 도래로 정밀농업(Precision Farming), 신규 농법들이 발전해나갔다. 2000년대 들어서는 4차산업혁명의 핵심 기술이 적용되어 농작업의 무인화·지능화를 이루고, 농업에서 없어서는 안될 요소인 노동력, 지식, 경험 등을 데이터가 대신하는 새로운 시대에 접어들었다.

새로운 농업 4.0 시대로 데이터에 기반한 팜 인텔리전스(Farm Intelligence)가 농업에 적용되면서 농업 환경이 변화하고 있다. 기존에는 불가능했던 한 해 수확량을 계산할 수 있게 됐으며 병충해 진단, 토지의 수분량 측정, 지표 상태 측정, 수확 시기 진단, 작황 상태 모니터링 등이 가능하게 됐다. 농업 4.0은 스마트농업이 중심이며, 각종 스마트 시설과 장비에 데이터와 센서가 결합되어 농업의 첨단 산업화로 농업의 패러다임이 변화하고 있다. 이와 같이 농업 4.0 시대에서는 데이터에 기반한 농업이 가능해지면서 농업 생산성의 대폭적인 향상이 기대된다. 앞으로 농업과 ICT 및 생명공학기술 등의 융·복합으로 스마트한 농업으로의 발전이 가속화될 것이다.

스마트팜 운영원리는 작물 생육정보와 환경정보 등에 대한 정확한 데이터를 기반으로 언제 어디서나 작물, 가축의 생육환경을 점검하고, 적기 처방을 함으로써 노동력·에너지 양분 등을 종전보다 덜 투입하고도 농산물의 생산성과 품질 제고가 가능한 농업을 의미한다. 생육 환경 유지·관리 SW로 온실·축사의 온도, CO_2 수준 등 생육조건을 설정하고, 온습도, 일사량, CO_2, 생육환경 등을 자동으로 수집해 환경정보를 모니터링한다. 또한, 자동·원격으로 냉·난방기 구동, 창문개폐, CO_2, 영양분·사료 공급 등을 한다. 협의의 스마트팜은 ICT를 비닐하우스·축사·과수원 등에 접목하여 원격·자동으로 작물과 가축의 생육환경을 적정하게 유지·관리 할 수 있는 농장을 의미한다. 광의의 스마트팜은 농업과 ICT의 융합은 생산분야 이외에 유통·소비 및 농촌생활에 이르기까지 현장의 혁신을 꾀할 수 있도록 다양한 형태로 적용될 수 있으며, 이를 광의의 스마트팜이라 한다.

스마트팜의 범위 및 분류로 1세대는 농장 디지털화로 인터넷을 통해 원격 모니터링 및 제어가능, 전통 농업에 비해 편의성을 크게 향상 시켰으나 고령 농업인의 접근이 어렵다. 2세대는 인공지능과 동식물의 생체정보 등 빅데이터를 통해 최적생산을 위한 의사 결정을 지원함으로써 생산성을 향상하는 것이다. 3세대는 소재기술과 신재생에너지를 활용한 복합에너지 최적관리 및 로봇과 지능형 농기계를 활용한 스마트 농작업 구현을 통해 농산업을 성장 동력화하는 것이다.[18]

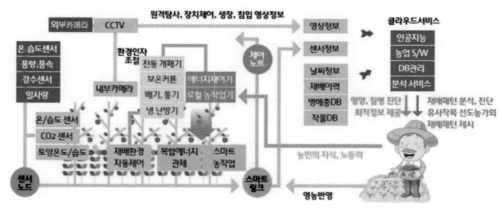

[그림 6.17] 스마트팜 (3세대 모델 : 복합에너지관리+스마트 농작업)
출처 : 인공지능이 농사짓는 시대, 농촌진흥청, 2019

(2) 스마트팜 국내외 정책 동향

스마트팜 국내외 정책동향을 살펴보면 다음과 같다. 유럽에서는 농민 기본소득제(Agrarian Basic Income, ABI)는 모든 농업인에게 허용된 권리의 하나로 이해할 수 있다. 개인 단위(individual basis)로 지급, 자동적으로

---

18) 스마트 농업, 다시 그리는 농업의 가치사슬, 삼정 이슈모니터, 2019

(automatically) 매달 수혜자들에게 현금으로 지급, 무조건적(unconditional) 지급하는 것을 원칙으로 하며 다른 사회보조와 중복하여(cumulated) 지급할 수 있다. 보편적 기본소득제(universal basic income)는 노동시장의 급격한 변화를 완화시키는 수단인 반면, 농민 기본소득제는 농업의 매력을 높이고 농촌의 경제적 활성화를 도모하는 수단이다. 또한 유럽연합의 농민들은 다음과 같은 사회·경제적 특수성을 지니고 있다.

유럽연합에서 농민 평균소득액은 전체 인구 평균소득액의 50%대에 불과하며 시장 압력으로 점점 감소하는 추세를 보이고 있다. 농민들은 생산의 다변화도 쉽지 않으며 농업 활동은 작업시간이 길고, 휴식일이 적으며, 기후변화나 시장가격 변동으로 인해 소득이 불안정하다. 옥스퍼드 대학의 최근 연구에 따르면 현재 미국 직업의 47%는 자동화 기계로 인해 사라질 위기에 처해 있다. 그러나 농업에서 기술 적용으로 최근 디지털화는 직거래 등을 통해 농업인들의 부가가치를 제고시키고 있다.[19]

일본은 정부 차원에서 고령화 사회 대비와 농업의 국제 경쟁력 강화를 도모하기 위하여 농업 ICT융합 기술 연구개발을 적극적으로 지원하고 있다. 농림수산성은 농업계와 경제계의 협력에 의한 첨단 농업모델 확립 실증 사업을 2014년에 착수하여 농업에 ICT 기술을 적용하여 저비용·고효율의 생산체계 구축을 위한 정부와 기업의 공동 프로젝트 대상으로 정부보조금을 지급하고 있다. 농림수산성에 따르면 2014년 기준 농업 종사자는 168만 명인데 이 중 65세 이상이 약 60%에 달하고 있으며 일본에서는 2009년 농지법이 개정되어 다른 업종의 농업 진출이 가능해지면서 일반 기업의 진출이 증가하는 추세이다. 스마트 농업에 참여하는 주요 기업으로는 NTT Facilities, NEC, 후지쯔, 규슈 시스템, 후지 전기 등이 있다.[20]

한국의 스마트팜 추진 방향으로는 개방화, 고령화 등 농업의 구조적 문제가 투자위축으로 이어져, 농업의 성장·소득·수출이 정체되는 등 성장 모멘텀이 약화 되었다. 농업에 4차산업혁명 기술을 접목한 스마트팜은 유능한 청년 유입, 농업과 전후방 산업의 투자를 이끌어낼 수 있는 효과적 대안으로 고려되고 있다.

또한 스마트팜의 빅데이터(온·습도 등 환경정보, 생육정보) 수집·분석 체계 개선, 기자재 표준화와 인공지능(AI)화가 가속화 되고 있다. 스마트팜 혁신밸리 조성으로 생산·교육·연구 기능이 집약된 첨단 융복합 지구(클러스터)로 경북 상주와 전북 김제, 전남 고흥과 경남 밀양이 선정되었다.[21]

3.2 스마트팜 핵심기술

⑴ 기술 개요

스마트팜은 4차산업혁명 기술인 IoT, 빅데이터, 인공지능 기술이 적용된 제품을 농가 및 농업 관련 종사자가 이용하는 것이다. 스마트팜의 실현으로 농업의 현안 문제인 노동력 부족, 생산성 저하, 농가소득 정체 등을 해결할 수 있다. 시설 원예분야에서는 IoT기술을 이용해 데이터를 수집하고, 수집된 정형데이터와 비정형데이터를 결합한 빅데이터를 딥러닝, 인공지능 등을 통해 분석한다. 분석된 결과를 실행 수단인 로봇, 드론, 자율주행농기

---

19) 중소기업 전략기술로드맵 2019-2021 스마트팜
20) 일본의 스마트 농업, IRS Global, 2018
21) 스마트팜 (지능형 농장), 대한민국 정책브리핑, 2020

계 등이 정보를 받아 자동으로 제어할 수 있다면 비로소 스마트팜이 한 차원 성장해 농가 경영성과 제고가 실현되고 시설원예 분야의 현안문제인 생산성 증대, 생산비 절감, 품질향상, 소득증대까지 꾀할 수 있을 것이다. 유통-가공분야 현안인 수급안정, 유통 효율화, 품질향상을 해결하기 위해서는 수급데이터, 물류데이터, 판매데이터의 통합 IoT 솔루션이 필요하며 데이터를 이용한 이미지 경매, 소비자 성향에 맞는 판촉, 판매처 선택 시스템, 수·발주 자동 시스템 등이 개발·보급돼야 한다.

[그림 6.18] 스마트팜 혁신밸리
출처; 스마트팜 확산방안, 2018

스마트팜에서 생성되는 정보는 환경, 제어, 생육, 경영 데이터 등 4개로 구분할 수 있다. 환경데이터는 온실·축사 내·외부의 기상 및 토양·배지·양액 등의 상태 등 생물(작물, 가축)을 둘러싼 환경조건과 관련된 데이터로 온도, 습도, 광량, CO_2, 풍향, 풍속, 토양/양액 EC, 토양/양액 pH 등을 의미한다. 제어데이터는 창/커튼 개폐, 양분/사료 투입 및 배출, 살수/급수, 팬 가동 등 환경 조건 변화와 재배·사육을 위한 시스템 및 기자재 작동과 관련된 데이터로 복합환경제어기, 양액기, 유동팬, 급수기, 착유기 등의 데이터를 의미한다.

생육데이터는 작물·가축의 키, 무게 등의 외적 생체 데이터와 흡수 및 배설, 생식, 병해충/질병 등 내적 생리 데이터로 시설원예에서는 작물키, 엽면적, 줄기 굵기, 착과량, 병해충 등을 의미하고, 축산분야에서는 키, 체중, 체온, 음수량, 사료 섭취량, 배설량/상태, 질병 등을 의미한다. 경영데이터는 농축산물을 생산하기 위한 기자재, 노동력, 비용 등의 투입, 농작업 활동, 생산물의 양과 품질, 매출/수익 등 일종의 경영실적 데이터로 인건비/자재비, 노동력 고용량, 수확량, 수확물 등급, 출하량, 매출/수익 등을 의미한다.

축산분야의 기술 중 계측분야 기술은 축사 환경정보 센싱 기술, 가축 사양 정보 센싱 기술, 가축 생체정보 센싱 기술이 있다. 재배/생산 관리 기술에는 축사 복합 환경 평가 및 관리 기술, 가축 사양, 경영 관리 기술, 가축 생체정보 활용 정밀 개체 관리 기술이 있다. 제어 및 관리 기술에는 축사 농작업 정보 모니터링 및 관리, 축사 관리 및 무인화 축사 실현을 위한 기계/로봇 기술이 있다. 환경관리 기술 분야에는 가축 분뇨 관리 및 제어 기술, 축산 냄새 관리 및 제어기술, 축사 에너지 최적화 및 관리 기술, 축산 부산물 에너지화 및 순환 기술이 있다.[22]

⑵ 국내외 기술 동향

국내외 기술 동향으로 해외 기술 동향을 살펴보면 다음과 같다. 미국은 종자(묘) 및 사료회사, 농기계 등 농산업 가치사슬 전(全)단계에 대한 점유율을 확대하고 있다. 몬산토(Mon santo)社와 듀폰(DuPont)社는 세계 종자산업의 1, 2위 업체들로서 특히, 몬산토는 세계 최대의 유전자변형농산물(GMO) 기업으로 전 세계 GMO특허권의 90%를 소유하고 곡물가격, 공급량 등에서 영향력을 확대하고 있다. 듀폰(DuPont)社는 '17년 8월, 농장 관

---

22) 스마트팜 다부처 패키지 혁신기술 개발, KISTEP, 2019

리 소프트웨어 벤처인 그래눌러(Granular)를 인수하고 농사에 큰 경험이 없는 농민들도 최적화된 의사결정을 내릴 수 있게끔 도움을 주는 서비스를 개발하고 있다. 그래눌러는 항공 촬영과 빅데이터 기술을 바탕으로 농장 운영을 최적화하는 솔루션을 가진 기업으로 농민들의 수익 경영을 도와주는 의사결정 지원 시스템을 개발하고 있고, 기후, 작물의 생장 상태, 농산물의 유통 실태 등을 종합적으로 모아 지주(地主)가 최적의 판단을 할 수 있도록 도와주고 있다.

미국의 존디어(John Deere)社는 최대 농기계 생산기업으로 자율주행 트랙터와 빅데이터 분석 모델을 개발하여 시장점유율을 확대하고 있다. 기기 작동 감지 센서, 날씨와 토양 등에 대한 데이터 수집, 작물의 종류와 토양 상태에 따라 씨앗을 심는 간격과 깊이, 씨앗의 양 등도 조절하는 소프트웨어(SeedStar mobile)를 장착한 자율주행 트랙터를 출시하여 미국에서 20만대 이상 판매하였다. 존디어는 농부들이 관리해야 하는 데이터를 업데이트해 제공하는 것이 새로운 수익원이다. 미국의 아그코(AGCO)社는 대표적인 농업 데이터 기업으로서 '16년 12월, 농업 소프트웨어 관련 회사인 아글리틱스(Aglytix) 및 파모바일(Farmobile)社와의 파트너십을 체결하고 농업 쓰레기를 줄이고 수확을 늘려 수익성을 개선하는 최적화된 농업 서비스를 제공하고 있다.

국내의 경우 농업은 ICT(정보통신), BT(바이오), ET(환경) 등 첨단 기술이 융합된 新산업으로 진화 중이며 고품질, 고효율화 지원이 가능한 지능정보기술 기반의 스마트팜 기술이 노동인구 및 농지 감소, 기상이변 등의 문제해결 방안으로 대두되고 있다. 향후 농업부문에 지능정보 및 ICT융합기술 도입 의향을 밝힌 농업인들의 비중이 높은 것으로 나타나 농업부문의 ICT융합기술 수요가 확대될 것으로 전망하고 있다. 전체 ICT융합기술 미도입 농가의 82.5%가 ICT융합기술의 유용성에 대해 긍정적으로 인식하였으며 70.6%가 향후 ICT 도입 의향에 긍정적으로 답변하였다. 생육환경 관리 기술은 생육환경관리를 위한 생육계측 및 복합환경 자동제어 시스템 기술은 스마트팜 기술의 가장 중요하고 기본적인 기술로 정부·민간 R&D의 가장 큰 비중을 차지한다.

복합환경 제어시스템에 있어서, 농업자동화 기술은 생육환경관리 기술의 발달로 스마트팜 기술이 상위 평준화를 이루었지만, 생산비에서 인건비 비중이 커지면서 농작업자동화의 중요성과 필요성이 증가하는 추세이다. 기존의 생육환경관리 기술의 개선을 통한 생산량 증대는 대략 5% 수준으로 보고 있다.

농장의 식재료를 식탁으로 가져온다는 팜 투 테이블(Farm to Table)에 대한 관심이 증가하고 있다. 기술로는 수급관리기술, 산지유통기술, 품질관리기술, 유해요소관리기술이 있다. 한국의 농촌진흥청에서 추진 중인 차세대 한국형 스마트팜 기술개발 프로젝트의 기술개발 시나리오에 따르면, 세계 최고 수준의 한국형 스마트팜 기술 확보를 목표로 단계별 시나리오를 제시하고 있다. 단계별로는 1세대(편리성 증진), 2세대(생산성 향상-네덜란드 추격형), 3세대(글로벌 산업화-플랜트 수출형)로 구분하고 최종적으로 비닐하우스에서 네덜란드 대비 80% 생산성을 확보하고, 중소규모 스마트 축사(돼지, 소, 닭) 시스템의 완전 국산화를 목표로 한다. 기술적 완성 단계인 3세대 스마트팜 모델은 1세대 편의성 향상과 2세대 생산성 향상 기술의 토대 위에 온실 및 축사에너지 시스템의 최적화와 다양한 로봇을 활용한 무인화 자동화시스템을 구현해 스마트팜 전 과정의 통합제어 및 생산관리를 가능하게 하는 수준으로 보고 있다.[23]

---

23) 중소기업 전략기술로드맵 2019-2021 스마트팜

3.3 스마트팜 시장 전망

세계 스마트팜 시장 전망 결과, 2022년 시장규모는 약 4,080억 달러로 2016년부터 2022년까지 연평균 약 16.4%정도 성장률로, 향후에도 지속적인 증가가 예상된다.[24]

<표 6.3> 세계 스마트팜 시장 규모 및 전망(단위 : 십억 달러, %)　　　　　　　　　　출처 : 중소기업기술전략로드맵

연도	2016	2017	2018	2019	2020	2021	2022	CAGR
세계시장	196	221	250	283	320	362	408	16.4

대표적인 스마트팜 국가인 네덜란드는 우리나라의 면적에 1/2에 불과하며 ICT활용 도입을 통해 세계 2위의 농산품 수출국이며, 축산물과 화훼가 농업 총생산 74%를 차지하고 있다. 일본의 시장 성장률을 전망하면, 2013년 약 66억 1,400만 엔 규모에서 2020년 약 308억 4,900만 엔으로 약 3.5배 정도 확대되었다. 중국의 스마트농업은 1980년대부터 시작해 국외 선진국에 비해 비교적 낙후됐으나, 발전 속도는 매우 빠른 편이다. 산업규모는 2013년 4,000억 위안, 2014년 4,807억 위안에서 2015년에는 6,000억 위안을 돌파하였다. 국내 스마트팜 시장은 2017년 4조 4,493억원에서 연평균 5%로 성장하여 2022년에는 5조 9,588억원 규모로, 앞으로 지속적인 성장이 전망된다.

<표 6.4> 국내 스마트팜 시장 규모 및 전망(단위 : 억 원, %)　　　　　　　　　　출처 : 중소기업기술전략로드맵

연도	2017	2018	2019	2020	2021	2022	CAGR
국내시장	44,493	47,474	50,655	54,048	56,780	59,588	5.0

스마트팜을 도입한 농가들의 생산량은 25% 증가되고 고용 노동비는 9.5% 감소되어 농가 총 수입이 31% 향상되는 효과를 볼 수 있었고, 생산량이 증가하면서 가격경쟁력, 농산물 품질 및 균일성 제고로 수출 경쟁력을 향상되었다. 스마트팜을 사용하여 농가의 총수입이 증가되었지만, 아직까지 스마트 농가의 수는 미미한 실정이다.

스마트팜 분야는 기자재, 기타, 시설, 재배, 지원서비스 등 5개 세부 분야로 구성되어 있으며 재배에 49.7%로 다수의 중소기업이 영위하고 있다. 재배의 중소기업 수는 5,869개로 전체의 19.6%를 차지하고 있으며, 매출액과 수출액의 평균은 낮은 편이다. 시설의 중소기업 수는 3,011개로 전체의 25.5%를 차지하고 있으며 매출액이 비교적 높은 편이다.[25]

스마트팜의 기술 수준은 미국을 100% 수준이라 할 때, 네덜란드(99.1%), 일본(97.5%), 독일(93.3%), 영국(89.5%), 호주(83.4%) 등의 순이다. 미국, 네덜란드, 일본의 기술 수준은 0.5년 이내로 이외 국가들에 비해 격차

---

24) 스마트팜 기술 및 시장 동향 보고서, 과학기술일자리진흥원, 2019
25) 중소기업 전략기술로드맵 2019-2021 스마트팜

가 작다. 현재, 한국의 스마트팜 수준은 각국의 최고기술 보유국 대비 약 70%의 수준으로 기간을 설정하면 약 5년 정도의 격차가 있는 것으로 분석 제시되고 있다.[26]

<표 6.6> 세계 스마트팜 국가간 기술수준 및 격차(수준(%), 격차(년))　　㈜비피기술거래 국내외 스마트농업 산업동향 분석보고서, 2017

구분	한국	미국	일본	영국	네덜란드	독일	호주	중국
기술 수준	75.0	100	97.5	89.5	99.1	93.3	83.4	61.0
기술 격차	5.2	0	0.5	2.3	0	1.2	3.6	7.2

04_ 스마트팜 구축 사례와 가치관경영

4.1 스마트팜 국내 사례

(1) SK텔레콤

SK텔레콤은 '18년 노지 스마트팜 분야 4차산업혁명 선도를 위한 오픈콜라보 협약식을 통해 스마트팜 사업에 참여하였고, '대기업-스타트업-농가'의 상생활동으로 연결되는 이 사업은 농민, 기업이 혜택을 공유하는 사례가 되었다. 이 사업에서 오리온은 지능형 관수·관비 솔루션 설치를 위한 재배농가를 선정하여 기술자문은 물론 씨감자와 데이터를 제공하며, SK텔레콤은 솔루션 운영에 필요한 플랫폼 및 LoRa 네트워크는 물론 솔루션 구축비용을 지원하였다.

국내 유일의 지능형 관수·관비 솔루션을 개발하는 스타트업 스마프㈜는 솔루션 및 최적 알고리즘을 개발하고 농가를 대상으로 교육을 담당하며, 경북 구미 및 전북 정읍의 계약 재배 농가는 각 기업의 지원을 바탕으로 계약재배 및 공급을 담당하였다. SK텔레콤은 과거에도 농림부의 ICT 융복합 확산사업에 참여하여 세종, 홍천, 성주 등에 스마트팜 실증단지를 운영하였고, 원격온도조절, 양액관리설비 등을 설치하여 생산성을 20% 향상시키고 노동력을 재배치할 수 있는 성과를 도출하였다.[27]

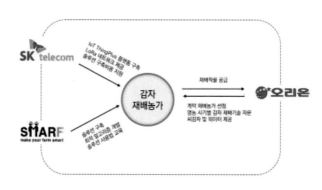

[그림 6.19] SK telecom 스마트팜 솔루션 구축
출처 : STEP, 2018

---

26) 스마트팜 기술 및 시장 동향 보고서, 과학기술일자리진흥원, 2019
27) 스마트팜 다부처 패키지 혁신기술 개발, KISTEP, 2019

(2) KT

KT는 '16년 IoT 통신망, 빅데이터, 양액기, 유동팬, 모터 등이 결합된 'KT 기가 스마트팜 2.0' 솔루션을 개발하여 기존 솔루션 대비 구축비의 40%를 절감할 수 있었다. 서울, 용인, 담양, 부여, 성주에 스마트팜 실습 교육장을 두며 용인, 김제, 논산, 성주, 춘천 등에 현장지원 센터를 설치하여 교육과 지원을 동시에 진행하였다. 경남 진주 이슬송이버섯 농장인 농업회사법인 지엔바이오와 함께 경남 진주에 구축한 국내 최대 규모의 이슬송이버섯 스마트팜은 스마트팜 솔루션을 적용하여 온도, 습도, CO_2 등 생육 환경 자동제어가 가능하다. 제주도 표고버섯 농장인 농업회사법인 스마트파머스와 함께 제주도에 표고버섯 스마트팜 구축사업을 진행하였으며, '제주 스마트팜 인큐베이팅 센터'를 설치하여 청년 농민을 육성하는데 노력하고 있다. 전남 보성군에 중소기업청의 상생프로그램을 이용하여 전남 보성 표고버섯 농장으로 버섯재배 돔하우스 스마트팜 실증단지를 개소하였다.

KT는 IoT·빅데이터 기술을 활용한 기가 스마트팜 솔루션을 제공하고, 그린마리타임은 스마트팜 하드웨어 기술을 솔루션에 결합시킴으로써 최적의 재배조건을 도출하고자 하였다. KT는 과기정통부의 '5G/LTE와 IoT를 활용한 실증환경 구축사업'을 수행하고 있으며, 브라질에 스마트팜 실증단지를 운영하는 과제를 추진하고 있다. 국내 5G 선도 기술이 남미에 진출한 최초의 사례이며, 전 세계 경작지 20% 이상을 차지하는 농산물 수출국인 브라질을 대상으로 한다는 점에서 큰 의미가 있다.

(3) 그린생명(주)

시설원예 환경관리 스마트팜의 전문 농업 법인회사인 그린생명(주)는 농림수산식품교육문화정보원 등록제품으로 아래와 같은 스마트팜 제품을 갖고 직접 시설 재배 및 솔루션을 공급하고 있다.

[그림 6.20] 그린생명(주) 스마트팜과 제품
출처 : 그린생명(주) 한용환 회장

무농약, 무비료, 무양액 3무 재배방법과 온도/빛/습도/염분/통풍 자동조절시스템, 유기농 그린 상토/배지, 은나노 코일 물분자 변환기를 사용하고 있다. 그린 스마트팜 재배와 다른 재배 방식을 비교하면 생산성이 노지재배 대비 약 10배의 향상이 있다. 평단 노지의 경우 2Kg이며 그린 스마트팜은 19Kg 생산된다. 그린 스마트팜으로 재배할 경우 노지 재배시 농약 때문에 버리고 있는 인삼 잎, 줄기, 꽃을 이용하여 물질 생산의 원료로 사용할 수 있으며, 인삼생산량 증대, 노동력 절감으로 인하여 노지 대비 약 17배의 소득향상 효과가 있다.

<표 6.7> 그린스마트팜 재배와 다른 재배 방식의 비교 출처 : 농업회사법인 그린생명(주)

구분	Green Smart Farm	일반 수경재배	노지재배
농약, 비료, 양액	사용하지 않음	(종묘) 농약 10회	100~120회/6년
토양	유기물 그린배지	상토	흙
사포닌 성분	노지대비 최대 132배 많음	노지보다 적음	평균치
유지관리비(년)	80만원	1억원(2회 생산)	170만원
재배방식	2단	2~3단	1단
시설비(104평)	1억7천만원	4억원	7백만원
인삼 인정 여부	인정(토양에서 3년 이상 재배)	불인정(3년 미만)	인정
성장속도	노지의 2배	3개월 미만	1배
생산량(kg/104평)	1,316	400	130
사용관수	물	양액	물
년간노동력(명)	1	400	20

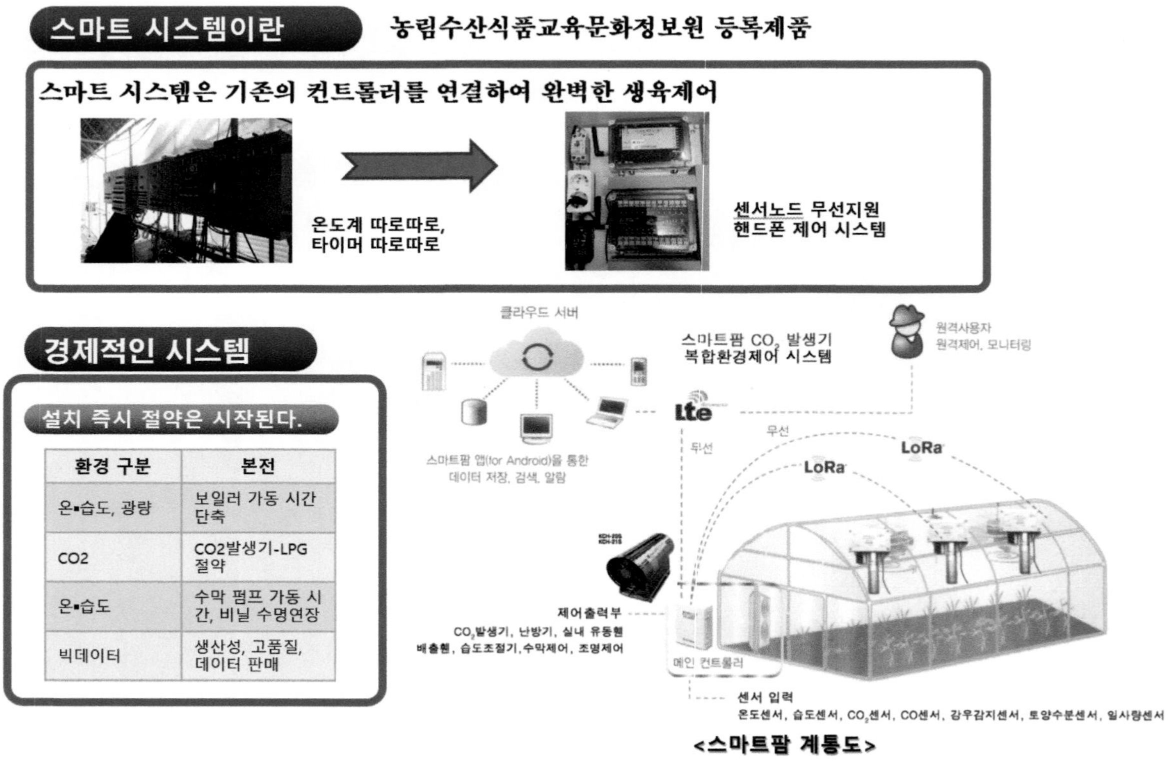

[그림 6.21] 그린생명(주) 스마트팜 시스템

출처 : 그린생명(주)

(4) ㈜아이티컨버젼

㈜아이티컨버젼은 시설원예 농작업 인공지능 플랫폼 및 로봇시스템에 대한 솔루션을 제공하며, 다음과 같은 시스템를 제공하고 있다. 또한, 시설원예 농작업 인공지능 SW 플랫폼은 작물 측정 부위 딥러닝 알고리즘으로 주변 환경, 생육, 발육 상태를 관찰하고 모니터링 하여 과일 상태를 파악할 수 있다.

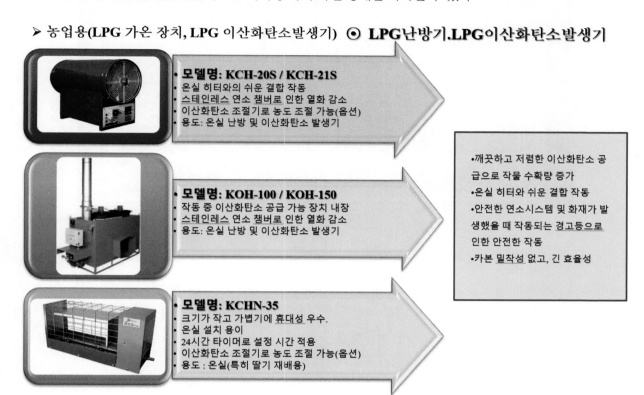

➤ **농업용(LPG 가온 장치, LPG 이산화탄소발생기)** ⊙ **LPG난방기.LPG이산화탄소발생기**

모델명: KCH-20S / KCH-21S
• 온실 히터와의 쉬운 결합 작동
• 스테인레스 연소 챔버로 인한 열화 감소
• 이산화탄소 조절기로 농도 조절 가능(옵션)
• 용도: 온실 난방 및 이산화탄소 발생기

모델명: KOH-100 / KOH-150
• 작동 중 이산화탄소 공급 가능 장치 내장
• 스테인레스 연소 챔버로 인한 열화 감소
• 용도: 온실 난방 및 이산화탄소 발생기

모델명: KCHN-35
• 크기가 작고 가볍기에 휴대성 우수.
• 온실 설치 용이
• 24시간 타이머로 설정 시간 적용
• 이산화탄소 조절기로 농도 조절 가능(옵션)
• 용도 : 온실(특히 딸기 재배용)

• 깨끗하고 저렴한 이산화탄소 공급으로 작물 수확량 증가
• 온실 히터와 쉬운 결합 작동
• 안전한 연소시스템 및 화재가 발생했을 때 작동되는 경고등으로 인한 안전한 작동
• 카본 밀착성 없고, 긴 효율성

[그림 6.22] ㈜아이티컨버젼의 스마트팜 시스템
자료제공 : ㈜아이티컨버젼, 이영호 대표

• 대상작물 : 토마토, 파프리카, 멜론, 오이, 양파
• 작물측정 오브젝트 : 엽, 마디, 화방, 과일, 생장 점
• 딥러닝 알고리즘 : 텐서플로우기반의 Faster R-CNN
• 영상이미지에서 작물기관 분리를 위한 딥러닝 알고리즘 모델 설계
• 딥러닝 학습 후 로봇제어 PC로 학습모델 다운로드 하여 실시간 생육분석
• 로봇촬영과 동시에 실시간 작물 분석을 위해 로봇제어 PC에 GPU장착
• 오픈 소스 활용하여 딥러닝 알고리즘의 레이어별 네트워크 프로그래밍 개발

[그림 6.23] 딥러닝기반 작물생육 자동측정진단 시스템

출처 : ㈜아이티컨버젼

텐서 플로우에 의한 딥러닝 모델학습으로 텐서 보드에서 모델학습과정 모니터링 및 이미지 오류를 수정하여 모델을 구현하였다. 생육 엽, 마디, 과일, 화방 라벨링 후 딥러닝 학습 테스트데이터를 이용한 모델 검증(추론 정확도 및 군락에서 객체 인식 검증)도 가능한 시스템을 구축하였다.

작물생육 자동측정진단은 스마트팜의 생육 데이터 관리를 통한 생산성 및 품질 향상을 할 수 있도록 작물별 생육의 객관적인 자동측정을 위한 이동형 생육자동측정 주행로봇을 개발 보급하고 있다.

농작물 이미지 자동측정 분석 자율주행로봇 시스템은,

- 작물의 유인으로 인한 대상작물 좌표변경에 따른 측정부위 트레킹기술 적용
- 로봇 운용의 원격지원을 위해 모니터링 CCTV를 로봇에 설치, 로봇의 실시간 위치, 자세 모니터링 원격지원하며, 작물 생육 자동측정진단을 통하여, 측정된 생육량은 로봇 제어 PC의 로컬 데이터베이스에 저장된다.
- 작업 완료 후 측정결과와 영상 이미지, 로봇 좌표를 서버의 통합 데이터베이스로 전송 및 저장되어 외부에서도 로봇 측정결과 조회 가능
- 인공지능 딥러닝 알고리즘 적용으로 작물식별 인식율 제고와 추후 작물 추가 시 생산성 향상

작물 생육 자동측정진단 시스템은, 온실 내 작물 측정 부위 트레킹 및 자동 좌표설정이 가능하도록 SW를 개발하였다.

- 작물생육측정, 로봇이동경로, 영상이미지, 로봇좌표 등 데이터베이스
- 오픈 소스 데이터 베이스인 MySQL 데이터 베이스 설계

- 스키마 구조설계, DB 데이터 요소 및 각 필드 설계
- 데이터 실증 및 검증을 위한 데이터 시각화 도구 개발 등

그리고, 병해충 진단 인공지능 플랫폼도 개발하여, 필요한 스마트 농장에 보급이 가능하다.

- 병해 : 흰 가루 병, 궤양병
- 해충 : 담배거세미나방, 담배나방, 온실가루이, 총체벌레
- 대상작물 : 토마토, 파프리카, 오이, 딸기 등

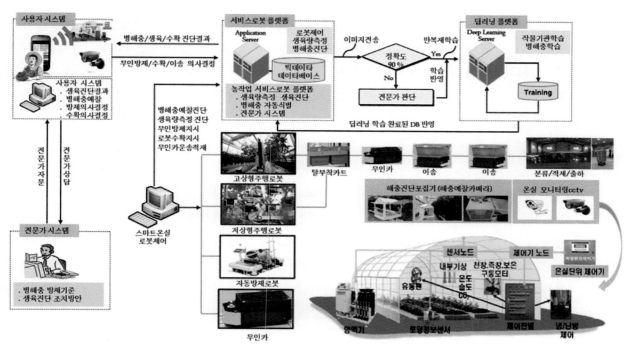

[그림 6.23] 시설원예 농작업 인공지능 플랫폼 및 로봇시스템

출처 : ㈜아이티컨버젼

(5) 그린씨에스(주)

그린씨에스(주)는 원예작물 재배 토탈 솔루션을 제공하는 업체로 온실용 복합환경제어기와 양액공급기를 전문으로 제조하며, 온실용 복합환경제어기는 외부 환경(풍향,풍속, 습도 등)의 값을 모니터링 하여 온실 내 설치되어 있는 각종 시설물을 자동제어하여 최적의 작물재배가 이루어지도록 하는 시스템이다. 관수 방법을 일자별, 주기별 등 상세설정이 가능하며, 2017년 ICT 시설원예 융복합확산사업에 참여하여 누적 농가수 35개의 농가에 설치하였다.

(6) 동양물산(주)

동양물산(주)의 주요 생산품은 트랙터, 콤바인, 이앙기이며, 최근 자율주행시스템 관련하여 기술개발을 하고 있으며, 글로벌 전문 기술개발 지원사업을 통해 한국생산기술연구원 ㈜언맨드솔루션(무인기술기반 업체), 서울대학교와 공동으로 국내 최초 자율주행트랙터를 개발하였다. 동양물산은 농림축산식품부와 공동으로 제품 상용화를 위한 운영단을 구성하여 상용화 기술을 개발하였으며 추후 자율주행 기술 단계로는 경로주행, 비정형 주행, 작업기 동시 제어가 있는데 현재 경로 주행까지는 개발이 완료되었고 비정형 주행 개발도 완료되었다.

(7) 대동공업

대동공업의 주요 생산품은 농용트랙터, 콤바인, 이앙기, 경운기, 다목적운반차이며, 방제용 드론이나 작업기, 엔진도 생산하고 있다. 산업통상자원부의 1톤급 경상용 전기자동차 기술개발 사업 주관으로 선정되어 8개의 산학연 기관(르노삼성자동차, LG전자, 자동차부품연구원, 포항공대 등) 컨소시엄을 통해 전기트럭을 개발하였다. 전기트랙터는 국내에서 최초 개발된 제품으로 2개의 전기모터를 이용해 작업과 이동이 독립적으로 가능한 35마력 급으로 무선조정이 가능하여 매연과 소음이 적기 때문에 하우스 작물 농가나 축산 농가에 적합하다.

(8) ㈜그린맥스

㈜그린맥스의 주요 생산품은 로터베이터이며 주요 R&D성과로는 (1)사전고장진단 모니터링시스템 (2)역·정회전 로터베이터 (3)자율주행운반차가 있다. 사전고장진단 모니터링시스템은 로터베이터의 기름 잔량이나 문제 발생 시 앱을 통해 알람을 제공하며 추후 농기계도난사고 예방, 날씨 등 영농정보를 제공한다. 역·정회전 로터베이터는 경운기작업 시에 적용되는 기술로 경운기 앞부분은 정회전, 뒷부분은 역회전함으로써 흙 배수 및 통기성을 높여준다. 자율주행운반차는 RFID칩을 시설바닥에 심어 주행경로를 설계하여 과수원 하우스에서 운반 시 스마트폰을 활용하여 조작이 가능하며 편의성을 고려하여 개발되었다.

4.2 스마트팜 해외 사례

(1) 네델란드

네델란드의 스마트농업으로 푸드밸리(Food Valley) 2030 전략이 있다. 세계적인 농식품 산업 클러스터인 푸드밸리는 지속가능한 네가지 전략 하에 지속가능한 스마트농업 에코시스템(Eco-system)을 구축 중이다. 4대 스마트농업 추진전략은 단백질원 다양화(식물 기반 생산) 순환 농업(자원 및 쓰레기 최소화) 건강하고 안전한 식품 생산, 디지털 기술을 통한 생산 효율화이다. 이 4대 추진전략 하에 EU 및 네델란드 정부-농식품 다국적기업 및 중소기업-와게닝헌 대학 등 연구기관-NGO 등을 유기적으로 연결하며 농식품 에코시스템 혁신을 주도하고 있다.

주요 사업은 과일 재배용 정밀 주사기, 센서 및 모니터링 시스템, 개방작물(Open crops)에서의 로봇 적용, 현장별 잡초 방제 등이 있다.

NPPL 4단계 프로젝트는

1단계(정밀농업 1.0) : 주로 위치 설정 기술과 응용분야에 초점을 두며, 현재 표준 관행이 되었다.

2단계(정밀농업 2.0) : 영상변동(토양 스캔, 가변투약 기법) 및 가변 투자약 기법 사용 등 토지 및 작물내 변화
　　　　　　　　　에 대응하는 것이다.

3단계(정밀농업 3.0) : 스마트기계와 연결기계(Connected machine) 혹은 복합 모델 기계의 센서와 정밀도, 로
　　　　　　　　　보틱스 활용하는 것이다.

4단계(정밀농업 4.0) : 2019~2022년까지 진행되는 데이터기반 농업 프로젝트로 스마트 산업과 데이터 경영
　　　　　　　　　을 전략적으로 연결하는 것이다.[28]

(2) 미국

미국 살리나스 벨리의 채소재배지에는 파종, 정식, 제초, 수확, 관수 등 기계화가 가능한 모든 농작업에 자동화된 기계를 활용하고 있다. 생육환경이 센서를 통해 자동 모니터링 되며, 무인 농업로봇(드론)을 개발해 농사에 활용한다. 농약 살포량을 조절하는 스마트 스프레이 시스템, 자동으로 수분을 관리하는 마이크로 워터 센서, 무인 농업로봇(드론) 등 스마트팜 기술을 적극 적용했다. 수확한 농산물은 대부분 현장에서 포장까지 이루어지고 있다.[29]

(3) 벨기에

벨기에의 '홀티플란(Hortiplan)' 기업은 재배 베드자동이송시스템(MGS : Mobile Gully System)을 중심으로 모 자동이식로봇, 자동재식거리조정방식을 통해 재배 베드가 수확 장소로 이송될 수 있도록 하면서 최소한의 인력으로 농장을 관리할 수 있는 '스마트팜' 시스템을 구축하고 있다. 최근에는 홀티플란사에서 자체적으로 개발한 재배 베드 자동이송 시스템으로 자동화 된 채소류 식물공장 시스템을 저가로 설치해 운영하는 회사가 늘어나고 있다.[30]

이와 같이 전 세계적으로 대규모 농가, 식물공장 형태 혹은 기업형 영농의 형태로 지속적인 발전이 이루어질 전망이다.

4.3 농업인의 가치관경영

(1) 농업인의 기업가정신이란?

건강한 경제와 성장의 핵심이며 새로운 가치를 창출하여 사회와 경제에 기여하려는 사람을 기업가로 정의하고 그들이 추구하는 혁신적 사고와 태도를 기업가정신이라 한다.

---

28) COVID-19 속 네델란드 스마트팜 및 식량안보 동향, Global Market Report, 2020
29) 캘리포니아 살리나스 샐러드 채소 생산지, 농업인신문, 2018
30) 첨단 기술 집약하는 해외기업들, 아시아타임즈, 2017

(2) 기업가정신 부족사례 1

■ 진공관과 트랜지스터

진공관에 비해 트랜지스터의 무게는 1/5이며, 가격은 1/3이다.
⇒ 진공관 장인은 소비자를 원망

(3) 기업가정신 부족사례 2

■ 미국동부의 대학

대학은 학문의 전당 고수하고, 직장인 대학생수 감원과 함께
평생교육기관을 거부하였고, 지적 오만으로 시대변화 거부하
였다. ⇒ 대학 폐쇄

(4) 기업가정신 부족사례 3

■ 후르시초프

1956년 미국방문 → 소련인은 결코 자동차를 사지 않을 것이
다. 왜냐하면 택시를 타기 때문이다. 그러나 자동차는 자유,
이동, 낭만의 상징 새로운 문화 아이콘으로 발전하였다.[31]
⇒ 자동차 암시장 발생

드럭커 vs 슘페터

피터 드럭커	슘페터
1.신중하게 계획하고	1.창조적 파괴
2.철저하게 설계하며	2.새로운 결합
3.사려 깊게 실천해서	3.남다른 지혜와 눈
실패한다면 이것은	4.새로운 생산기술
변화를 통해 또 다른	5.혁신과 실천
기회가 될 수 있다.	이윤추구 + 사회적 책임

(5) 기업가정신의 실천 - 창업

창업은 사회/경제/문화의 산물이다. 창업은 언제나 실패 가능성과 그에 따른 어려움의 관계에 있다. 높은 수
준의 복지를 통해서 실패자의 생계가 위협받지 않을 때 모험적인 기업가정신을 발휘할 수 있는 환경이 된다. 우
리 농업도 이제 창업인이 도전할 수 있도록 제도적 정책적인 지원이 필요한 시기이다.

(6) 농업에서의 빅데이터란?

향후 10년간 세계 농업구조는 과거 50여년간의 발전보다 더 크게 변화할 것으로 예상하고 있다. 농업은 인간
의 생존에 가장 중요한 산업이며 다른 분야와의 연계 및 융합 가능성이 높기 때문에 청년 창업자가 도전해 볼 만
한 분야이고 특히 ICT 기반의 데이터 수집은 필수적이고, 이 빅데이터를 활용한 스마트팜의 발전으로 스마트
농업의 지속적인 성장이 전망된다.

6차 산업으로 가는 배경에는 농촌인구 감소와 고령화, 안전한 먹거리에 대한 수요증가, 첨단기술과 농업의
융합 등이 원인이다. 4차산업혁명과 함께 스마트팜의 발전, 청년 농업인의 진입은 농업을 한 단계 업그레이드
할 기회가 될 것이다.[32]

---

31) 자료제공 : 강원농업기술센터 이치우 박사

[그림 6.24] 농업과 로봇의 만남

⑺ 현재 농업인의 포지션은?

인디언은 달리던 말을 멈추고 뒤를 돌아본다. 자신이 달려온 코스를 보고 앞으로 나아갈 방향을 재설정하기 때문이다. 우리 농업도 현재 이러한 시점이다.

[그림 6.25] 농업이 나아가야할 방향 설정

05_스타트업의 자금조달

창업을 위한 첫 번째 자금원은 창업자 자신과 그의 사업 파트너로부터 나온다. 저축과 신용카드를 사용하게 될 것이다. GEM연구에 의하면 미국에서의 평균 창업자금 규모는 15만 달러이고 이 중 70%는 창업자 스스로가 준비하는 자금이다. 현금 외에도 소프트웨어나 특허 같은 지적자산과 컴퓨터 장비 같은 물적 자산도 투자하게

---

32) 자료제공 : 강원농업기술센터 이치우 박사

된다. 사업을 시작하면서 직장에서 통상 받는 것보다 훨씬 적은 급여를 받으며 긴 시간 일하며 회사에 재무적으로 기여하기도 한다.[33] 창업단계에 주7일, 매일 12시간씩 일하는 것이 드문 일이 아니다. 창업자는 가족이나 친구에게 손을 벌리기 전에 조달 가능한 모든 외부자원을 찾아보아야 한다. 이러한 외부자원의 예에는 다음과 같은 것들이 있다.

- 할인된 가격의 서비스(회계법인이나 법률회사에서 신규 고객유치를 위해 저렴한 가격에 서비스를 제공하는 경우가 있다.)
- 공급자로부터 얻는 유리한 대금 지불조건
- 소비자로부터 선금 수금
- 부동산 임대업자로부터의 임대료 할인 또는 지불유예 혜택
- 시세보다 저렴한 임대료와 업무 서비스를 제공하는 창업 보육센터
- 장비를 구매하는 대신 임대
- 정부지원 프로그램

5.1 비공식 투자자

가능한 모든 외부 자금원을 동원하였다면 이제는 비공식 투자자들을 찾아봐야 한다. 창업자 자신 외에 큰 창업 자금원이 바로 비공식 투자자들이다. 미국에서는 비공식 투자자들이 연간 1천억 달러 이상의 자금을 신생기업들에 투자하고 있다고 한다. 투자경험이 없는 비공식 투자자들과 상대적으로 비즈니스 경험이 많은 엔젤투자자들도 있다. GEM연구에 의하면 미국 내 비공식 투자자들의 절반가량은 2년 이내에 자신의 투자금을 회수하기를 희망한다고 한다. 이는 투자에 대해 장기적인 지분투자의 개념보다는 단기 대출의 개념으로 접근한다는 것을 의미한다. 자금의 경우 대출이냐 정식투자냐를 따지지 않고 일반적인 투자라는 개념으로 간주하기로 한다.

5.2 엔젤 투자자

엔젤(angel)이란 주로 창업회사만을 골라 투자하여 돈을 벌고자 하는 전문성을 가진 개인투자자를 의미한다. 이들의 특징은 매우 유망한 사업만을 골라서 투자하려하고 공식적으로 알려지는 것을 좋아하지 않는다. 또한, 언제라도 좋은 기회만 오면 다른 투자자들과 연대하려하고 창업자가 찾아오길 기다리는 것보다 스스로 창업자를 찾아나서는 경향이 있다.

엔젤과의 만남이 창업자의 자본 조달에 있어 행운이 되는 반면, 위험을 가져올 수 있다는 점을 간과하여서는 안된다. 잘못된 사람을 투자자로 불러들이면 나중에 골칫거리가 될 수 있기 때문이다. 비공식적이기 때문에 막상 필요할 때는 믿을 수 없게 돌변하기도 하고 약속을 지키지 않고, 원하는 시점에 투자를 하지 않는 경우도 있

---

33) 남정민 교수외, '기업가정신과 창업', 단국대학교 정보융합기술·창업대학원

다. 또한, 투자를 이유로 지나치게 경영에 간섭하려는 경우도 있다. 투자를 미끼로 접근하여 회사의 경영기밀이나 기술을 훔치려는 사기성 투자자(black angel)도 있기 때문에 투자를 받는다고 무턱대고 좋아할 것이 아니라 투자자에 대하여 신중히 알아보는 것이 바람직할 것이다.

5.3 엔젤투자자 찾기

엔젤투자 그룹이 투자 대상 회사를 선택하는 데에는 다양한 방법이 있다. 어떤 투자자 그룹은 프레젠테이션을 원하는 기업가에게 수수료를 부과하기도 하고 심지어 사업계획서를 검토하는 데에도 수수료를 부과하는 경우도 있다. 이들의 통상적인 투자규모는 10만 달러에서 2백만 달러 정도이다. 이보다 훨씬 많은 투자가 이루어지기도 한다. 개별적으로 투자하는 엔젤투자자는 수십만 명임에 비해 그룹 투자자는 수천 명에 불과하다.

기존기업가들이 어떻게 엔젤투자자를 찾았는지 살펴보자. 스티브 잡스와 스티븐 워즈니악은 한 벤처캐피탈리스트가 자신이 직접 투자하기에는 너무 이르다고 판단하여 마이크 마쿨라는 엔젤투자자를 소개하여 주었다. 세르게이 브린과 래리페이지는 이들의 모교인 스탠포드대학의 교직원이 앤디 베히톨스하임을 소개시켜 주었다. 짐 포스는 스파이어주식회사에서 일하다가 창업자이자 CEO인 로저 리틀(Roger Little)을 알게 되었다. 짐 포스는 풍력에너지 컨퍼런스에서 또 다른 엔젤투자자를 만나게 된다. 신생기업이 들어가려는 산업의 리더격인 인물이 엔젤투자자로 참여한다면 이는 다른 잠재적인 투자자들에게도 매력적인 요소가 된다. 앤디 베히톨스하임이 구글에 투자하자 추가적인 1백만달러가 조달되었다. 짐 포스의 부모는 로저리틀이 투자하는 경우에만 자신들도 투자하겠다고 하였다.

마쿨라는 페어차일드 반도체와 인텔을 통해 부(富)를 일군 엔젤투자자로 유명하다. 스티브 잡스와 스티븐 워즈니악을 소개 받았을 당시 그는 38세의 나이로 "은퇴"한 상태였다. 그는 애플에 돈을 투자하고 스티브 잡스와 함께 애플의 첫 사업계획서를 작성하고, 애플을 위한 은행 신용구좌를 개설하고, 벤처캐피탈 자금을 유치하였으며, 애플의 초대 사장인 마이클 스캇(Michael Scott)을 영입하고, 1981년부터 1983년까지는 자신이 직접 애플의 사장으로 근무하기도 하였다. 스티븐 워즈 니악은 다음과 같은 말을 한 적도 있다. "애플을 통해 스티브 잡스와 내가 유명해졌지만, 실제로 애플의 초창기 성공에 있어서 잘 알려지지 않은 마쿨라의 공이 매우 컸다."

전문가형 엔젤투자자는 투자자금을 가진 의사, 변호사, 회계사, 컨설턴트, 교수 등이다. 일반적으로는 자금만을 지원하며 지켜보는 형태의 투자자이지만 그 중 일부는 컨설턴트 등으로 경영에 자문을 제공하기도 한다. 열정가형 엔젤투자자는 주로 은퇴한 기업가들인데 여유자금으로 취미 삼아 투자하는 이들이다. 경영에 대한 책임 없이 비즈니스에 대한 열정을 이어가는 것이다. 이들은 주로 소액을 여러 회사에 나누어 투자한다. 상세관리형 엔젤투자자는 자신이 직접 기업을 성공적으로 운영해 본 경험을 바탕으로 투자대상 회사가 어떻게 경영되는지에 관여하는 투자자들이다.[34]

---

34) 남정민 교수외, '기업가정신과 창업', 단국대학교 정보융합기술·창업대학원

5.4 벤처 캐피털

벤처캐피탈은 일반적으로 기술력과 장래성은 있으나 자본이 부족한 벤처기업에 창업초기부터 자본과 경영자원을 지원하여 육성한 후 투자자본을 회수하는 금융기관을 말한다. 이러한 벤처캐피탈과 일반 금융기관과는 지원형태나 회수방법 등에 있어 차이점이 있다.

벤처캐피탈을 이용하면 경영자문이나 벤처팀의 구성 등 자금 이외의 경영지원을 받을 수 있고 벤처캐피탈의 투자를 유치한 벤처기업은 사회적인 신뢰나 평가의 측면에서도 높은 점수를 받을 수 있다는 장점이 있다. 그러나 벤처캐피탈의 지원을 받은 창업자는 벤처캐피탈의 감독을 어느 정도 감수하여야 한다. 그들은 보통 이사회의 일원으로 참여하여 의결권을 행사하거나 회사의 경영보고를 정기적으로 받기를 요구하며 사업이 부진할 시에는 경영자를 교체해 버리는 경우도 있다.

벤처캐피탈은 자신들의 투자심사기준을 가지고 벤처기업을 평가하여 투자의사결정을 한다. 일반적으로 사업기회, 경쟁관계, 경영진, 기술적 타당성, 재무계획 타당성, 투자회수 가능성, 투자수익률 등이 평가기준이다. 벤처캐피탈이 가장 이상적인 투자대상으로 보는 구체적인 조건으로 경영자 측면에서는 ① 산업의 슈퍼스타가 리드, ② 해당산업에서 기업가적, 경영자적 업적이 입증된 경력을 소유, ③ 선도적인 혁신자 또는 기술 마케팅 능력 소유, ④ 상호보완적이며 양립할 수 있는 기술의 소유, ⑤ 특유의 끈기, 상상력, 몰입능력을 가짐, ⑥ 높은 성실성을 인정받고 있는 사람 등이다.

제품측면에서는 ① 상당한 경쟁우위를 가지고, ② 고도의 부가가치적 속성을 지닌 제품이나 서비스이며, ③ 독점적 계약 또는 법적 권한을 가진 경우이다.

참고문헌

- 스마트제조 기술 및 표준, ETRI Insight, 2018
- 중소기업 전략기술로드맵 스마트공장 2019-2021
- 스마트공장, 대한민국 정책브리핑, 2020
- 스마트공장 개념도, 대한민국제조혁신 콘퍼런스(KMAC), 한국인더스트리4.0협회
- 스마트공장과 공장자동화, FA저널, 2018.5
- "스마트공장의 글로벌 추진 동향과 한국의 표준화 대응전략", 스마트공장 소개, 스마트제조혁신추진단
- "스마트공장 요소기술별 기업 분류",스마트제조 국제표준화 로드맵, 국가기술표준원, 2018
- 융합연구리뷰, 정종필,신광섭, 융합연구정책센터, 2020
- "스마트제조 기술 및 표준", ETRI Insight, 2018
- "스마트공장 기술 및 표준화 동향", KATS 기술보고서, 2015
- "대한상의 브리프, 기계에 눈이 달린다, 센서 산업을 주목하라", 2017.8
- 이상덕, ㈜로드피아, "스마트공장", 2021
- 지멘스, 헬로우티(http://www.hellot.net)
- "GE의 브릴리언트 팩토리", http://www.greports.com
- "LS산전 스마트공장 가보니..로봇이 운반부터 포장까지 '척척'", 조선비즈, 2019
- IoT 오픈 플랫폼 기반 스마트 팩토리 서비스 분야 도입 사례집, 2019
- 한눈에 보는 AI@POSCO, 포스코 뉴스룸, 2020
- AI·IoT로 제조 '지능화'···삼성SDS, '넥스플랜트' 고도화, 아시아경제, 2018
- 스마트팜 (지능형 농장), 대한민국 정책브리핑, 2020
- 4차산업혁명 대응하는 스마트팜 기술은?, 공학저널, 2019
- 스마트팜 다부처 패키지 혁신기술 개발, KISTEP, 2019
- "국내 스마트팜 시장 규모 및 전망", 중소기업 전략 로드맵
- ㈜비피기술거래, "국내외 스마트농업 산업동향 분석보고서", 2017
- 스마트팜, STEP, 2018
- 스마트팜 다부처 패키지 혁신기술 개발, KISTEP, 2019
- "스마트팜 기술 및 시장 동향 보고서", 과학기술일자리진흥원, 2019
- 양재수, 한용환, "B-TOX를 이용한 오염수 측정 및 통합관리시스템 구현에 관한 연구", 한국인터넷방송통신학회 논문지, 04.01, 2010
- 양재수, 홍유식, 안병익, "지능을 이용한 온실 제어 시스템", 대한전자공학회 논문지, PP. 29~37, 03.31, 2012

- 이영호, "시설원예 농 작업 인공지능 플랫폼 및 로봇시스템", ㈜아이티컨버젼, 2021
- 원달수, 배화여대 교수/경기정보산업협회(GIIA) 스마트팩토리위원회 위원장(GILA), "SW IoT 기반의 포스트 코로나 대응 기술과 스마트팜/팩토리 서비스 활성화" 발표자료, GIIA, 2020.7.6.
- 남정민 교수외, '기업가정신과 창업', 단국대학교 정보융합기술·창업대학원
- 이치우, "농업인의 기업가정신과 가치관경영" 발표자료, 강원농업기술센터

1. 스마트공장이 무엇인지 간략하게 기술하시오.

2. 스마트공장과 공장자동화를 비교하여 설명하시오.

3. 스마트공장을 초기에 구축한 이후 수준별로 발전이 이루어진다. 이를 위해 필요한 5가지 조건에 대하여 기술하시오.

4. 스마트제조의 공정모델 기술 분야에는 어떤 것이 있으며, 이에 대하여 간략하게 기술하시오.

5. 스마트공장 고도화 기반 기술에 대하여 기술하시오.

6. 스마트공장 활성화를 위한 9대 기반 기술은 무엇인지 기술하시오.

7. 맞춤형 인텔리전트 팩토리 넥스플랜트(Nexplant)의 주요 특징에 대하여 설명하시오.

8. 스마트팜이란 무엇이며, 운영원리에 대하여 간략하게 기술하시오.

9. 스마트팜에서 생성되는 정보를 4가지로 구분하고, 각각에 대하여 기술하시오.

10. 스타트업의 자금조달 방법에 대하여 간략하게 기술하시오.

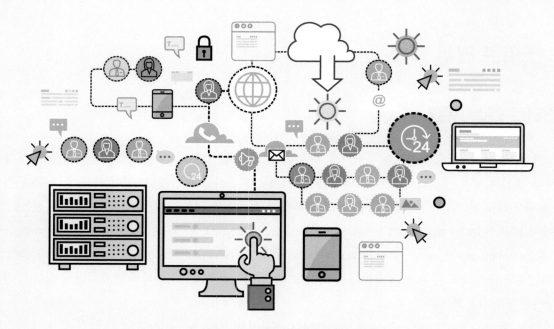

CHAPTER 7
ICT기반 스마트건설과 기업가정신

- BIM(빌딩정보모델, Building Information Modeling) : 3차원 정보모델을 기반으로 시설물의 생애주기에 걸쳐 발생하는 모든 정보를 통합하여 활용이 가능하도록 시설물의 설계, 형상, 속성 등의 정보를 표현한 디지털 모형을 의미한다. 기획, 설계, 시공, 유지관리 단계의 사업정보 통합관리를 통해, 설계 품질 및 생산성 향상, 시공오차 최소화, 체계적 유지관리 등을 포함한다. 대부분의 BIM용 프로그램들은 국제 표준 데이터 모델인 IFC(Industry Foundation Classes) 데이터를 읽고 저장하는 기능을 지원한다.

- HMD(Head Mounted Display) : 안경처럼 머리에 쓰고 대형 영상을 즐길 수 있는 영상표시장치다. 휴대하면서 영상물을 대형화면으로 즐기거나 수술이나 진단에 사용하는 의료기기에 적용할 수 있는 차세대 영상표시 장치다.

- 홀로렌즈 : 마이크로소프트 HoloLens는 머리에 쓰는 디스플레이 장치(Head Mounted Display, HMD)다. 오큘러스 리프트나 HTC 바이브와 같은 가상현실(VR) 기기가 시야를 완전히 차단하는 별도의 디스플레이를 통해 가상현실(VR)을 구현하는 방식이라면, 홀로렌즈는 반투명한 디스플레이를 통해 사용자의 주변 환경을 볼 수 있도록 했다는 점이 다르다. 특히, 손짓으로 증강현실(AR) 영상을 조작할 수 있다는 점이 홀로 증강현실 게임을 즐길 수 있다는 점도 홀로렌즈의 특징이다. MS가 개발자 버전과 함께 공개한 '로보레이드(Roboraid)'나 '프래그먼츠(Fragments)' 등이 대표적인 홀로렌즈용 게임이다.

- 디지털 트윈(Digital Twin) 기술 : "현실 세계를 3D 모델로 가상화하고 다양한 데이터를 연계·시각화하여 실시간 자동관제 및 시뮬레이션 기반 분석·예측·최적화 등을 구현하는 기술"이다. 제너럴 일렉트릭(GE)에서 처음 만든 개념으로 물리적인 사물을 디지털화해 가상의모델로 변환, 가시화, 분석, 관리하기 위한 기술이다.

- 사이버 물리 시스템(CPS) : CPS는 컴퓨터와 네트워크 상의 가상세계와 현실의 다양한 물리, 화학 및 기계공학적 시스템을 치밀하게 결합시킨 시스템이다. 이러한 체계가 적용된 공장인 '스마트 팩토리'는 자체적으로 정보를 교환하고, 독립적으로 작동할 수 있다.

- 4차산업혁명 지능화사회 : 초연결성(Hyper-Connected) 초지능화(Hyper-Intelligent)의 특성을 가지고 있으며, 사물인터넷(IoT), 클라우드 등 정보통신기술(ICT)을 통해 인간과 인간, 사물과 사물, 인간과 사물이 상호 연결되고 빅데이터와 인공지능 보다 지능화를 말한다.

01__스마트 건설 개요

1.1 스마트 건설이란?

스마트 건설(smart construction)이란 주택·건축·토목·플랜트 등 각종 건설 현장에 사물인터넷(IoT·사물에 각종 센서와 통신 기능을 내장해 인터넷에 연결하는 기술)을 도입하고 모바일·웨어러블 기기, 드론(무인비행장치) 등을 활용해 공정(工程) 전반을 실시간으로 관리하는 시스템을 말한다. 스마트 건설 기술은 전통적인 건설 기술에 정보통신(Information and Communication Technologies), 인공지능(Artificial Intelligence), 드론(Drone), 로봇(Robotics), 빅 데이터(Big Data), BIM(Building Information Modeling) 등의 신기술을 융합한 것이다. 이러한 4차 산업의 모든 요소 기술들은 따로 있는 것이 아니라 통합 또는 서로 연계되면서 함께 발전하는 밀접한 상관관계를 가지고 있다.

한편, 스마트 빌딩은 건물의 주요 설비에 IoT 센서를 적용하여 냉방 및 난방에서부터 조명 및 보안시스템에 이르기까지 건물 내 모든 상황을 모니터링하고 제어하며, 이를 기반으로 스스로 상태를 판단해 최적의 운영을 지원한다. 따라서 BIM, 드론, 로보틱스, 가상현실 등의 첨단기술을 접목해 "스마트건설"로 산업의 체질 자체를 바꿔야만 다른 산업에 비해 취약한 건설산업의 안전성도 개선될 것이다. 따라서 생산성, 안전성까지 개선된다면 자연히 건설 산업의 경쟁력도 나아질 거라는 기대를 할 수 있다. 또한 기술의 혁신을 통해 신시장과 새로운 가치 창출도 꿈꿀 수 있다.

위와 같이 기존 건설의 패러다임에서 벗어나 진정한 의미의 스마트 건설로 발전하려면, 첨단 기술들이 적재적소의 건설단계에 적용되는 것도 매우 중요하다. 그럼 "무슨" 첨단기술을 "어느" 단계에 적용하여야 스마트건설이 될 수 있을까? 먼저 스마트 건설을 만드는 주요 기술은 4차 산업의 혁명 기술들로 BIM, 드론, DATA, IoT, 로봇, 인공지능 등의 개념이 도입된다. 건설의 전 단계를 설계 → 시공 → 유지관리 등 총 3단계로 구분할 수 있다. 일단, 설계는 건축물을 만들기 위해 필요한 기능과 형태 그리고 구조를 결정하고 그 물리적 모양을 구체화하는 과정을 뜻한다.

전통적인 건설(토목, 건축)기술에 BIM, IoT, Big Data, 드론, Robot 등 첨단 기술을 융합한 기술을 말하며, 현재의 인력·경험 의존적인 산업에서 지식·첨단 산업으로 건설 산업의 패러다임을 전환하는 신기술로서 다양한 첨단기술의 융합, 정보의 공유, BIM 등으로 건설 단계별로 통합이 가능한 기술을 적용하여 영역간·단계간 정보의 단절을 해소하여 새로운 가치 창출을 목적으로 한다. 또한 2차원 설계도면에서 3차원 정보모델로, 2차원 기반의 반복 작업에서 3차원 데이터 기반 시뮬레이션으로 변환이 가능해야 한다. 전통산업에서 첨단산업으로 도약하기 위해 건설 전 과정에 ICT 등 첨단기술 적용의 혁신으로 인력의 한계를 극복하여 생산성과 안전성을 획기적으로 개선할 수 있는 새로운 건설 기술이다.

스마트 건설의 핵심 분야 중 하나가 위치 기반 서비스이다. 건설현장을 무선통신망으로 연결해 근로자 위치 등 현장 상황을 실시간으로 파악, 관리할 수 있는 서비스다. 아파트 공사 현장을 예로 들면 현장 근로자 작업모나 출입 차량 등에 개인 신상 정보 등이 담긴 스마트 태그(tag·꼬리표)를 부착한다. 건설현장에서 가장 중요한 공정 중 하나인 콘크리트 양생이 제대로 됐는지를 확인하는 데도 스마트 건설기술이 활용된다. 하나의 예로써, 타설된 콘크리트는 추운 날씨 등으로 내부 수분이 얼었다 녹았다를 반복하면서 갈라지는 현상이 나타날 수 있는데 이를 스마트 태그를 활용하여 사전에 인지해 방지할 수 있다.

■ 현대건설, 6년내 산업용로봇 현장투입…'스마트 건설기술' 강화

건설 안전사고를 예방하고 품질관리를 효율적으로 하기 위한 방안으로 스마트 건설이 주목받고 있다. 2015년 건설현장에서 사고로 목숨을 잃은 근로자가 437명에 달한다. 경제적 손실은 4조8,000억원(2013년 기준)으로 추산된다. 김지영 대우건설 기술개발팀 수석 연구원은 "스마트 건설기술을 활용하면 품질검사에 걸리는 시간을 절반 정도로 줄일 수 있어 업무 효율이 40% 정도 높아진다고 말했다.

출처 : 뉴데일리경제 박지영 기자, 2020.09.14

현대건설은 오는 2026년까지 산업용 로봇을 건설현장에 투입하기 위해 스마트 건설기술 확보에 총력을 기울이기로 했다고 한다. 현대건설이 주력하고 있는 부문은 △사전제작, OSC(Off-Site Construction) 기술, △건설 자동화, △스마트 현장관리, △디지털 사업관리 등이다.

OSC기술은 건물 구조물과 설비 등을 사전제작한 뒤 건설현장에서 조립하는 것으로 시공생산성 향상 및 작업안정성을 확보하는데 효과가 크다. 현대건설은 최근 사내 TFT를 구성해 OSC기술을 차별화하는데 힘쓰고 있다. 이와 함께 아파트 지하구조물에 주로 사용됐던 PC(공장서 제조된 콘크리트제품) 공법을 지상구조물에 확대 적용하기 위한 연구를 진행 중이며, 교각 및 방파제 공사에 PC 패널을 적용하기도 했다. 또 주택공사에도 공장에서 제작한 자재를 조립해 시스템욕실을 시공하는 '건식공법'을 확대해 나가고 있다. 특히 현대건설은 2026년까지 산업용 로봇을 건설현장에 투입하는 것을 목표로 건설 로보틱스 분야 개척에 속도를 내고 있다.

현대건설은 사람 손과 팔 만큼 정밀한 작업이 가능한 '다관절산업용 로봇' 활용기술을 개발중이며, 올해부터는 현장관리용 '무인순찰 로봇'을 비롯해 용접·페인팅등 반복 작업 효율성을 향상시킬 '시공작업용 로봇'을 국내 현장에 시범 적용한다. 아울러 굴삭기에 부착된 센서를 통해 작업위치, 깊이, 기울기 등을 운전자에게 제공하는 MG(Machine Guidance)·MC(Machine Control) 시스템을 도입해 토목공사 중장비시공 생산성을 향상시키고 있다. 현대건설은 MG, MC 시스템을 서산 한국타이어 주행시험장 공사현장에 시범 적용 중이며, 점차 확대해 나갈 예정이다.

현대건설은 3D 프린팅 기술을 활용한 비정형 시공기술도 개발한다. 해당기술은 앞서 '힐스테이트 레이크 송도2차' 현장 조경구조물 제작에 적용돼 활용성을 인정 받은바 있다. 현대건설은 향후 3D 프린팅 재료를 다양화하고 적용 분야를 보다 확대할 방침이다.

스마트 현장관리 분야에서는 정보통신기술을 활용해 안전관리를 강화할 계획이다. 현대건설은 드론·레이저를 비롯, 스캐너, 건설장비 부착 카메라 등을 활용해 수집한 데이터를 GPS와 결합해 현장을 3D 형상으로 구현하고, 이를 3차원 설계방식인 BIM과 연동해 공사 현황을 효율적으로 관리하게 된다.

또 IoT기반 현장안전관리 시스템인 '하이오스(HIoS)'를 구축해 업계 최초로 자체 통합플랫폼을 개발하여 안전관리 기능을 각 현장여건에 맞출 수 있도록 운용하고 있다. 현재까지 근로자 위치확인, 장비충돌방지, 가스농

도 및 풍속감지기술 등이 탑재돼 있으며, 근로자 체온 및 동선체크, AI기반 출입관리기술 등을 추가 탑재하여 운영하고 있다. "스마트 건설기술을 통한 생산성과 품질향상, 디지털 전환을 통한 수행체계 및 작업환경 변화가 건설업계에 큰 변화를 일으킬 것으로 보인다.

[그림 7.1] 중장비 운전자가 MC시스템을 이용해 작업중인 모습

출처 : 현대건설

1.2 스마트 건설에서의 BIM(빌딩정보모델)

- BIM(Building Information Modeling)은 건설사업 전 단계에서 사업의 물리적 측면과 기능적 측면을 디지털화하여 발주자를 포함한 건설사업 수행 주체들에게 더 많은 가시성과 정보를 관리, 제공함. 이를 통한 사업수행과정의 협업을 촉진하고 의사결정 과정의 합리성을 제공해주는 도구임
- BIM은 기본적인 3D 모델링(너비, 높이 및 깊이)외에도 4D(시간), 5D(비용), 6D(지속가능성) 및 7D(시설관리 응용프로그램)와 같은 다차원으로 구성될 수 있음.
- 최근 AI, AR/VR, 클라우드, 빅데이터 및 IoT 기술 등과 결합하여 활용성을 높임에 따라 플랫폼의 역할이 강조
- BIM은 건설 산업에서 디지털 트랜스포메이션 전략의 핵심이며, 초기 설계부터 스마트 건설기술 단계별 적용

<표 7.1> 스마트건설 단계별 목표　　　　　　　　　　　　　　　　　자료제공 : 스마트 건설기술 로드맵 / 국토교통부

단계	현재	2025년	2030년
설계	현장측량/2D 설계	드론측량/BIM 설계 정착	설계 자동화
시공	수동장비, 검측 현장타설 현장 안전관리	자동시공·검측 공동제작·정밀제어 가상시공 → 리스크 관리	AI 기반 통합관제 로봇 활용한 자동시공 예방적 통합 안전관리
유지관리	육안 점검 개발 시스템 운영	드론·로봇 활용 점검 빅 데이터 구축	로보틱·드론 자율진단 디지털 트윈 기반 관리

가. 설계단계

① 드론기반 지형·지반 모델링 자동화 기술

- 융복합 드론(카메라 레이저 스캔, 비파괴 조사 장비, 센서 등과 결합)이 다양한 경로로 습득한 정보(사진촬영, 스캐닝)로부터 지형의 3차원 디지털 모델을 자동 도출
- 공사부지의 지반조사 정보를 BIM에 연계하기 위한 측량, 시추 결과를 바탕으로 지반강도, 지질상태 등을 보간 예측

- AI를 활용한 형상·속성정보 통합 BIM 모델링

② BIM 적용 표준
- 다른 사용자 간 디지털 정보를 원활하게 인지·교환할 수 있도록 BIM 설계 객체의 분류 및 속성정보에 대한 표준을 구축
- 시간의 경과, 소프트웨어의 종류(버전)등에 관계없이 동일한 데이터를 저장하고 불러올 수 있는 공통의 파일 형식을 마련
- 축적된 BIM 데이터를 바탕으로 새로운 정보와 지식을 창출할 수 있는 빅데이터 활용 표준구축

③ BIM 설계 자동화 기술
- 라이브러리를 활용해 속성정보를 포함한 3D모델을 구축(BIM 설계 : 건축 분야는 이미 활성화 vs 토목분야는 현재 도입 단계)
- 완료된 프로젝트에서 BIM 라이브러리를 자동생성

나. 시공단계

① 건설기계 자동화 기술
- 건설기계에 탑재한 각종 센서·제어기·GPS 등을 통해 기계의 위치·자세·작업범위 정보를 운전자에게 제공

② 건설기계 통합운영 및 관제 기술
- 건설현장 내 다수의 건설기계를 실시간으로 통합 관리·운영
- 센서 및 IoT를 통해 현장의 실시간 공사정보를 관제에 반영
- AI를 활용하여 최적 공사계획 수립 및 건설기계 통합 운영

③ 시공 정밀제어 및 자동화 기술
- 공장 사전제작·현장 조립(Modular or Prefabrication) 공법 확대 적용
- 조립 시공 시 부재위치를 정밀 제어하고, 접합부를 자동 시공
- 로봇 등을 활용하여 조립 시공(양중·제어·접합 등 일련 과정) 자동화

④ ICT 기반 현장 안전사고 예방 기술
- 가시설, 지반 등의 취약 공종과 근로자 위험요인에 대한 정보를 센서, 스마트 착용장비 등으로 취득하고 실시간 모니터링
- 축적된 작업패턴, 사례(빅 데이터) 분석을 통해 얻은 지식과 실시간 정보를 연계하여 위험요인을 사전에 도출하는 예방형 안전관리

⑤ BIM 기반 공정 및 품질 관리
- BIM 기반 공사관리를 통해 주요 공정의 시공 간섭을 확인하고, 드론·로봇 등 취득 정보와 연계해 공정 진

행 상황을 정확히 체크
- 가상시공을 적극 활용하여 조건·환경 변화에 따라 공사관리 최적화
- AI를 활용해 사업목적·제약조건에 따라 맞춤형 공사관리 방법 도출

다. 유지관리단계

① IoT 센서 기반 시설물 모니터링 기술

- 특정 상황이 발생하였을 때에만 수집된 정보를 전송함으로써 무선 IoT 센서의 전력소모를 줄이는 상황 감지형 정보 수집
- 대규모 구조물의 신속·정밀한 정보 수집을 위한 대용량 통신 N/W
- 다양한 객체가 상호작용하는 초연결 Iot로 연결성·안정성 강화

② 드론·로보틱스 기반 시설물 상태 진단 기술

- 카메라와 물리적 실험 장비를 장착한 다기능 드론(접촉+비접촉 정보수집)을 통해 시설물을 진단
- 드론·로봇 결합체가 시설물을 자율적으로 탐색하고 진단

아래 <표 7.2>의 스마트 건설기술 로드맵은 국토교통부/국가과학기술자문회의 심의회의 운영위원회를 거쳐 발표한 내용을 발췌하였다.

<표 7.2> 스마트건설 기술을 활용한 건설자동화

자료제공 : 스마트 건설기술 로드맵/국토교통부, "25년 스마트 건설기술 활용기반 구축", "30년 건설 자동화 완성"

단계	중점분야	핵심기술	추진 목표			
			현재	2020	2025	2030
설계	BIM기반 스마트 설계	· 지형·지반 모델링 자동화	· **현장측량** 중심 지형정보 수집 · 지형·지반정보 **2D 도면** 관리	· **융복합 드론** 활용 형상정보 수집 및 모델링	· **형상** 모델 및 **지반속성** 정보 연계	· AI 기반 BIM연계 지반 **모델링 자동화**
		· BIM 적용 표준	· BIM S/W 자체표준이나 **2D 도면** 표준 적용	· 교량·터널·하천 등 **목적물** 중심 국제수준 **BIM 표준** 구축	· **데이터 교환·공유**를 위한 **BIM 표준** 구축	· 축적된 BIM **빅데이터**의 **활용**을 위한 표준 구축
		· BIM 설계 자동화	· **기초** 수준 BIM **라이브러리** 활용	· BIM 라이브러리 기반 설계 **부분 자동화**	· 건설 **全단계**를 고려한 BIM **설계 최적화**	· AI 기반 BIM 설계 **자동화**
시공	건설기계 자동화 및 관제	· 건설기계 자동화	· 굴삭기·도저·롤러 **머신 가이던스** 기술 **시범 적용**	· 굴삭기·도저·롤러 머신 가이던스 기술 **확대 적용**	· **실시간** 머신 가이던스, 건설기계 **자율이동**(+크레인, 포장·천공기계)	· **건설기계 자동화** (AI를 활용한 건설기계 통합 운영 및 관제)
		· 건설기계 통합 운영 및 관제	· 굴삭기·도저·롤러 **통합운영** 및 **관제기술** 시범적용(소규모 현장)	· 굴삭기·도저·롤러 **통합운영** 및 **관제기술** 상용화(대규모 현장)	· 센서·IoT 기반 **정보 실시간 수집**을 통한 건설기계 통합 운영	
	공정 및 현장관리 고도화	· 시공 정밀제어 및 자동화	· **현장타설** 방식 중심(습식 공법), 모듈·Prefab, 방식(조립)도 활용	· 조립시공을 위한 **위치 자동제어**	· 조립시공 **정밀제어, 부분 자동화**(정밀제어, 이음부 타설 등)	· 로봇 등을 활용한 **조립시공 자동화**
		· ICT 기반 현장 안전사고 예방	· 안전관리자의 작업자 관리, 육안점검 등 **인력중심** 안전관리	· **ICT** 기술을 활용한 안전관리(드론, 3D Scanner, VR 등)	· 실시간 **센싱** 기반 안전관리(Smart Wearable, 센서 등)	· 예방적 **통합 안전관리**(위험 예측, 장비·인력 통합관제)
		· BIM기반 공사관리	· **경험**에 따른 공사관리	· 주요 공종 **BIM** 기반 **공사관리**(드론·로봇 실시간 **공정체크** 등)	· **가상시공**을 통한 리스크 분석·공사관리 효율화	· **AI** 기반 **공사관리 최적화**(조건에 맞는 최적 공법 검토)
유지 관리	시설물 점검·진단 자동화	· IoT 센서 기반 시설물 모니터링	· 단일 센서를 활용한 **단순** 정보 수집	· **지능형**(상황감지) IoT 정보수집	· **대규모·대용량** IoT 정보수집·분석	· **초연결형** IoT 정보수집·분석
		· 드론·로봇 기반 시설물 진단	· **인력 기반**의 시설물 점검(드론 일부 활용)	· **다중** 드론을 활용한 대형 시설물의 신속한 **점검**	· **다기능** 드론 및 로봇을 활용한 시설물 상태 **진단**	· **로보틱드론**을 활용한 시설물 자율 점검 및 진단
	디지털트윈 기반 기반 유지관리	· 시설물 정보 통합 및 표준화	· 개별 정보시스템 및 DB 구축	· 시설물 **정보 표준화** 및 **통합 관리** 시스템	· 건설 **全단계 개방형 통합 DB** 및 **빅데이터** 구축	· **디지털트윈** 기반 스마트 시설물 유지 관리
		· AI 기반 최적 유지관리	· 육안점검 및 단순 계측 정보 기반 유지관리 의사결정	· 데이터 기반 **의사결정 지원** 시스템	· 빅데이터·AI 기반 **예측형** 유지관리	

③ 시설물 정보 빅데이터 통합 및 표준화 기술
- 시설관리자 판단에 의한 비정형 데이터를 정형 데이터로 표준화
- 산재되어 있는 건설관련 데이터들을 통합하여 빅데이터 구축

④ AI 기반 유지관리 최적 의사결정 기술
- 구축된 빅데이터를 바탕으로 AI가 유지관리 최적 의사결정 지원
- 시설물의 3D 모델(디지털 트윈)을 구축해 유지 관리 기본 틀로 활용

02_건설과 ICT기술과의 융합

2.1 BIM(빌딩정보모델) 개요

BIM은 다차원 가상공간에 기획, 설계, 엔지니어링(구조, 설비, 전기 등), 시공 및 유지관리, 폐기까지 가상으로 시설물을 모델링 하는 과정을 의미한다. 최근 이슈가 되는 디자인 및 친환경 에너지 저감형 건축물을 설계 및 시공할 수 있게 한다. 다차원 가상설계건설(Virtual Design Construction, VDC)과 유사한 개념을 볼 수 있다. BIM은 대상의 의미로 사용할 수 있고, '짓는 정보 모델'로 해석할 수도 있다.

- PIM(Project Information Model) : 프로젝트 수행에 따라 Capital Expenditure 중에 발생되며, 프로젝트의 정보를 포함한다. PIM은 프로젝트의 종료 시 발주자의 정보요건에 따라 AIM으로 이전된다.
- AIM(Asset Information Model) : Operating Expenditure 동안 관리되고 유지되는 정보 모델이며 자산 정보를 포함한다.

2010년에 발간한 국토교통부 BIM 적용 가이드에서는 BIM을 '건축, 토목, 플랜트를 포함한 건설 전 분야에서 시설물 객체의 물리적 혹은 기능적 특성에 의하여 시설물 수명주기 동안 의사결정을 하는데 신뢰할 수 있는 근거를 제공하는 디지털 모델과 그의 작성을 위한 업무절차를 포함하여 지칭한다.'라고 정의하고 있다. BIM을 적용하여 얻고자 하는 결과물은 토목, 건축, 플랜트 등이 다르지는 않으나 각 분야에서 BIM을 적용하는 대상은 상이할 수 있고, 또한 전 생애주기인 설계, 시공, 유지관리단계에서 적용할 수 있는 BIM 기술도 상이하여 해당 분야에 BIM을 활용하기 위해서는 적용 분야와 단계를 구분하여 BIM Data를 구성하여야 한다.

[그림 7.2]에서 보여주는 Gartner Hype Cycle은 특정 기술의 성숙도, 채용도, 적용도 등을 표시한 그래프로 1995년 Gartner Group이 처음 제시한 개념으로 신기술은 5단계의 순서를 거쳐 최종적으로 기술 안착 된다는 이론이다.

- 1단계 : Technology Trigger(기술촉발 : 여명기)
- 2단계 : Peak of Inflated Expectations(부풀려진 기대의 정점 : 유행기)
- 3단계 : Trough of Disillusionment(환멸단계 : 환멸기)
- 4단계 : Slope of Enlightenment(계몽단계 : 회복기)
- 5단계 : Plateau of Productivity(생산성 안정단계 : 안정기//Wikipedia)

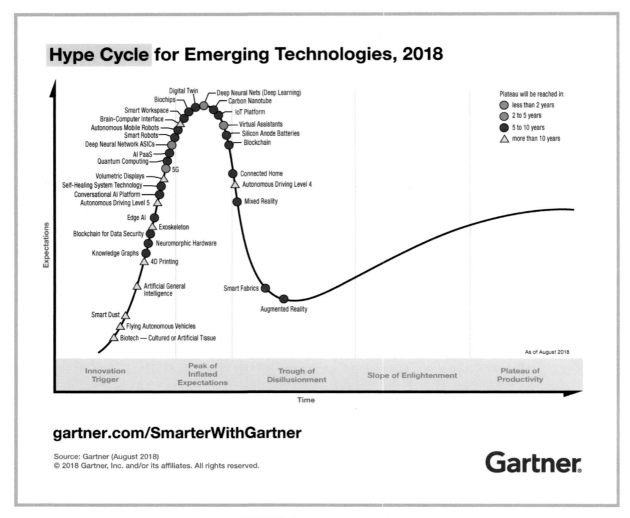

[그림 7.2] Gartner Hyper Cycle

Hype Cycle을 통해 본 BIM(한국 BIM학회/KIBIM)의 기술회보 26호 내용을 요약하면 아래와 같이 정리할 수 있다. 모델링은 기하학적 형상의 3D 모델은 매우 중요하지만 3D 모델의 엔지니어링 적용 및 3D 모델의 구성과 운영 등 다양한 측면에서의 시뮬레이션이 가능한 확장 형태이어야 한다.

BIM의 개별적인 단어의 의미를 거쳐 실무적으로 활용되는 토목분야 BIM Data의 구성은 Geometry Data, Information Data, Simulation Data로 분류할 수 있다.

가. Geometry Data(형상정보)

3차원 형상으로 표현되는 유형별 분류와 엔지니어링 적용에 따른 적용별 분류로 나눈다.

① 유형별 분류

- Line (Alignment) : 선형적인 요소로 이루어진 Data / Roadway & Railway Alignment 등으로 작성되며, Meter 값으로 표현되는 Data.
- Shape(Surface) : 면의 형태로 이루어진 Data/주로 DTM(Digital Terrain Model) 형식의 지형 Data로 작성되며, ㎡ 값으로 표현되는 Data.
- Solid(Structure) : 부피를 갖고 있는 Data / 3차원 형상의 구조물 작성에 사용하며, Geometry Data의 많은 부분을 차지한다. ㎥ 값으로 표현되는 Data.

② 적용별 분류

- Application of Engineering : 주로 비선형적인 요소로 이루어진 객체로서 엔지어링 기법을 적용해야만 결과를 도출할 수 있는 Data(토목분야의 많은 Geometry 요소)
- Application of Not Engineering : 표준화, 모듈화 또는 기성화된 객체로서 세팅된 값들인 매개변수 또는 개별치수를 변경하여 반복, 재사용이 가능한 Data.

나. Information Data(속성정보)

BIM의 중추적인 요소로서 건설단계별로 요구되는 정보를 포함한다.

① Design Phase Information

설계와 관련된 정보로서 대상의 분야정보, 명칭정보, 공종정보, 규칙정보, 좌표정보, 물량정보, 코드정보, 사진, 관련문서 등

② Construction Phase Information

시공에 관련된 정보로서 대상의 분야정보, 명칭정보, 공종정보, 자재정보, 물량정보, 코드정보, 시공정보, 사진, 관련문서 등

③ Maintenance Phase Information

유지 관리를 위한 정보로서 대상의 분야정보, 기본.

다. Simulation Data

Geometry Data와 Information Data를 운영하여 활용 가능한 항목으로 추가적인 확장이 가능한 부분이다.

① 3D(Visualization)

3D를 통한 시각화로 형상의 이해도를 증진시킬 수 있으며, 여러 대안의 3D를 이용한 시뮬레이션으로 최

적 안을 도출할 수 있다.

② 4D(3D+Time Schedule)

3D Model과 공정표를 연계하여 일정에 따른 공사 진행 및 공종별 상호 관계를 시각화를 통해 검토 및 관리할 수 있다.

③ 5D(4D+Cost)

4D의 단계별 공정에 맞춰 분할 된 객체에 비용을 적용하여 공사 진행에 따른 자재 및 설치 등 원가 관리를 할 수 있다.

일반 3D(Graphic) Model만으로는 BIM 개념의 일부분에 불과하기 때문에 BIM 3D Model로서의 자격이 주어지지 않는다. BIM Data에서 중요한 요소인 Information Data가 포함되어 있지 않기 때문이다.

Information Data는 시설물의 생애주기 단계에서 생성된 물리적, 기능적 특성을 분류하여 서로 공유하기 위한 Digital Data로서 협업상태에서의 공유할 수 있는 지식기반 역할을 담당한다. Information Data의 적용에 따라 Geometry의 활용 범위는 확대될 수도 또는 축소될 수도 있다. 이렇듯 Information Data는 BIM Data에서 매우 중요한 부분이다.

Geometry Data의 작성수준은 3D 형상의 상세 표현으로 'LOD'라는 용어를 사용한다. LOD는 "Level Of Development"의 약어로서 AIA에서 빌딩정보모델링 프로토콜 양식의 작성을 위해 개발되었다.

※ LOD / AIA Document E202TM-2008, Building Information Modeling Protocol Exhibit AIA Updated E203TM-2013, Building Information Modeling and Digital Data Exhibit

※ AIA / American Institute of Architects / https://www.aia.org

2.2 BIM 설계시 고려사항과 연계 활용 기술

BIM은 건축, 엔지니어링 및 건설(AEC) 전문가에게 빌딩 및 인프라를 보다 효율적으로 계획, 설계, 시공 및 관리할 수 있는 통찰력과 도구를 제공하는 지능형 3D 모델 기반 프로세스이기 때문에, BIM 활용의 효과는 많은 프로젝트 사례와 연구를 통해 검증되었다. 물리적인 형상 정보와 관련 속성 정보들을 호환 가능한 방법으로 생성하고 관리하기 때문에 효과적인 정보의 관리 및 전달을 가능케 하며, 특히 설계 단계에서 추가적인 도면생성 등 불필요한 작업을 줄이고, 간섭 체크 등의 기술을 통해 설계검토 업무에서 큰 생산성 향상을 보여준다.

■ BIM 이점

① 건축주

• 개념, 타당성, 설계에서 이점 : 개략적 건물 모델을 비용 데이터베이스에 연결하여 초기에 개산 견적을 할 수 있고, 발주자에게 큰 가치가 있고 도움이 된다.

• 증가된 건물 성능과 품질

② 설계사

- 신속하고, 정확한 설계 시각화
- 설계 변경 발생 시 낮은 수준에서의 자동 수정
- 정확하고 일정한 2D 설계도 생성
- 다양한 설계 분야의 조기 협업
- 설계 의도의 쉬운 검토
- 설계단계에서 공사비 견적 추출
- 에너지 효율성과 지속 가능성 향상

③ 시공사 및 제조사

- 설계와 시공 계획 일치 : 4D 공정 시뮬레이션을 진행하고 원하는 공사 시점에서 건물을 확인할 수 있다.
- 설계 오류 및 누락 발견
- 설계 및 시공 문제에 대한 신속한 대응
- 부품들을 제작하기 위한 기초로서 설계 모델 활용
- 설계와 시공 동시 진행 : 완성된 BIM 모델은 설계에 포함된 모든 자재 및 객체의 물량 정보를 제공한다.

④ 유지관리

- 시설물 유지 관리 : BIM 모델은 하나의 건축물에서 사용되는 모든 시스템들의 그래픽과 비그래픽 시방서 정보를 가지고 있다.
- 시설물 운영관리 시스템과 통합

2.3 BIM 적용분야와 활용사례

BIM은 파라메트릭 기술을 적용하여 지능적인 빌딩 객체들(벽, 슬래브, 창, 문, 지붕, 계단 등)이 각각의 속성 (기능, 구조, 용도)을 표현하며, 서로의 관계를 인지하여 건물의 변경 요소들을 즉시 반영한다. 따라서 BIM은 모든 빌딩 객체들 내에 특성, 관계, 정보가 모델 데이터를 이용한 시뮬레이션 또는 계산에 의해 얻어질 수 있기 때문에 건설 산업의 프로젝트 진행에 있어 신속한 의사결정을 돕기 위해 물량, 비용, 일정 및 자재 목록에 관한 정보를 제공할 뿐만 아니라 구조 및 환경을 고려한 데이터 분석을 가능하게 한다.

건물을 세우기 전 설계나 시공을 하거나, 이미 지어진 건물의 유지보수 또는 복원을 하기 위해서는 실측 도면을 작성하는 것은 필수적이다. 기술의 발달로 3D형태 컴퓨터를 이용해 디지털 모델화하여 이를 화면상에 정교하게 모사하거나 3D 공작기기 등을 이용해 이를 실제 축소 모형으로 정교하게 만들어 내는 것이 가능해졌다. 이러한 기술의 기반이 되는 3D 형상 정보 획득 기술인 레이저 스캔기술은 기본적으로 물체에 레이저를 주사한 후 반사된 레이저를 수신하여 이를 해석하고 처리함으로써 이루어지는 특징이 있다.

이처럼 컴퓨팅 및 디스플레이 기술의 발전과 함께 건물 정보를 공유하는 방식은 2D도면에서 3D로 시각화한 건물 모델을 활용하는 방식으로 건설 산업 전반에 걸쳐 빠르게 바뀌어 왔으며, 최근에는 VR(가상현실, Virtual Reality), AR(증강현실, Augmented Reality), MR(혼합현실, Mixed Reality) 등의 새로운 시각화 기술이 개발되어 건설 분야에 활용성이 높아지고 있다.

VR은 컴퓨터 그래픽으로 이루어진 공간을 구현하는 기술을 말하며, 그 중 몰입형 가상현실(Immersive VR; IVR)는 사용자가 그 속에 있는 것처럼 체험하게 하는 기술로 사용자는 가상의 공간을 다양한 각도 위치에서 공간감 있게 체험할 수 있다. 기존의 BIM 모델로 구현한 건물정보를 모니터로 확인하는 것은 비몰입형 가상현실(Non-immersive VR)이라 부를 수 있으며, CAVE(Cave Automatic Virtual Environment), HMD(Head Mounted Display) 등의 장비를 활용하는 가상현실 기술을 몰입형 가상현실(IVR)이라 부른다.

VR이 이미지, 주변 배경, 객체 등 가상의 정보 전체를 그래픽으로 만들어 보여 주는 반면, AR은 현실 공간속에 가상의 사물이나 정보를 컴퓨터그래픽으로 합성하는 기술을 말한다. AR의 경우 일반적으로 Microsoft 사의 홀로렌즈 등의 HMD 또는 스마트폰 카메라 등의 장비를 활용하여 현실 공간에 구현된 가상의 객체를 마치 원래의 환경에 존재하는 사물처럼 확인할 수 있다. VR 및 AR 기술은 건설 프로젝트 참여자가 가상의 건물 정보를 보다 현실감 있게 체험할 수 있게 하여 3차원 건물정보에 대한 정확한 이해를 도울 수 있을 것으로 기대되고 있다. 이에 건축설계, 시공 현장관리뿐만 아니라 안전교육, 사용자 에너지 소비패턴 분석 등 건설 산업 전반에 걸쳐 VR 및 AR 기술을 활용하려는 다양한 연구가 진행되고 있으며, 해당 기술의 활용 가능성과 기대효과를 높이 평가하고 있다.

활용 사례

■ 레이저 스캔을 이용한 정밀 시공

국내의 경우 최근 G사가 고속철도 건설현장에 레이저 스캔을 시공 전 가상 시뮬레이션에 적용하였다. 기존 국내에서 이루어진 가상 건설 시뮬레이션의 대부분 사례는 현장에서 넘겨 받은 2D 도면을 기준으로 상세 모델을 제작하였으나 해당 현장의 경우 레이저 스캔을 통해 2D 도면상에 반영되지 못한 실제 현장의 상세한 시설들의 배치를 조정하였다. 이를 기반으로 가상 건설 시뮬레이션을 수행하여 안전성 확보 가능성 여부를 사전에 검토가 가능하다.

한편, 해외의 경우 건축분야나 토목분야에서 레이저 스캔을 이용하는 사례가 점차 증가되는 추세이다. 미국 McGraw-Hill Construction (2012)이 소개한 토론토 지역의 Viva Next Bus Rapid Transit System 프로젝트가 있다. 이 프로젝트는 기존 도로를 확장하는 프로젝트로서 초기 레이저 스캔 데이터는 실제의 현장 현황과 설계 데이터 간의 불일치성을 해결하는데 이용되었다.

■ VR 기술을 이용한 설계

설계 오차를 줄이고 잦은 설계 변경안을 원활히 적용할 수 있도록 VR을 활용하고 있다. 싱가포르 우드랜드 헬스 캠퍼스 현장은 지하4층~ 지상7층, 8개 동 총 1,800병상 규모의 초대형 병원으로 건축물 대부분을 사전 제작하였다. 이렇게 한 다음에 레고 블록을 맞추듯 조립하는 방식인 PMU(Prefabricated Modular Unit) 방식이 싱가포르에서 처음으로 적용되었다. 프로젝트의 성공적 수행, 발주처 및 사용자의 만족도를 높이기 위해 각 Room 별 마감 등을 반영한 VR을 적용하여 설계에 대한 이해도를 최대화하고 있으며, 이를 통해 설계 변경 최소화를 도출하고 있다.

■ AR 기술을 이용한 설계

AR 기술을 이용하면 실제 환경에 가상의 사물이나 정보를 합성하여 건설 중인 현장에서 완공된 구조물을 미리 확인할 수 있다. BIM 모델을 기반으로 공간 데이터를 결합하여 완공 및 검토 필요 단계를 구현해 확인할 수 있는 AR 시스템을 일부 현장에 적용하고 있다. 기존 구조물과 신규 부재가 복잡하게 얽혀 있는 리모델링 현장이나 도로현장 등에 적용하여 시공 전 설계의 적정성, 시공위치 및 간섭 확인 등에 활용하고 있다.

■ 로보틱스와 BIM

호주회사인 Fastbrick Robotics의 로봇 Hadrian X는 3일 만에 180제곱미터, 3 베드룸 주택의 벽돌을 건축할 수 있었으며, 지역 건축법규에 부합함을 증명했다. 미국 펜실베이니아 Advanced Construction Robotics는 철근 타이핑 로봇인 TyBot을 발표했다. TyBot은 약 6~8 명의 현장 작업자 속도를 감독하는 한 명의 작업자만 필요할 뿐이다(Stephen Coursines, 2019). Sarcos가 출시한 Guardian XO Max는 착용자가 무게 90kg 자재를 오랫동안 들어 올릴 수 있게 해주는 전신 외골격 로봇을 발표했다. 이런 로보틱스 기술은 건설 환경을 인지하고, 필요한 자료의 지원을 받기 위해 BIM 데이터를 필요로 한다.

■ 디지털 트윈

디지털 트윈은 내장된 사물인터넷(IoT) 센서 실시간 데이터와 연결된 BIM을 통해 빠른 의사결정과 문제 분석을 가능하게 한다. 컴퓨터에 현실 속 사물의 쌍둥이를 만들고, 현실에서 발생할 수 있는 상황을 컴퓨터로 시뮬레이션함으로써 결과를 미리 예측하는 기술이다. 싱가포르 도시 및 영국 크로스레일(Crossrail) 같은 곳에서는 건설 자산의 실시간 성능측정과 서비스 테스트를 오피스에서 수행할 할 수 있다.

영국 정부가 후원하고 있는 디지털 프레임워크 태스크 그룹(Digital Framework Task Group)은 데이터 공유로 연결된 디지털 트윈 생태계를 만드는 계획을 발표했다. 이에 따라 관련 기술에 대한 관심이 2018년 급상승했다(Stephen Cousins, 2019).

스캐너를 사용하여 BIM 설계와의 편차를 자동 체크하기 위해 현장에서 Scan-to-BIM 기술이 사용되고 있다. Kier는 자동로봇을 이용해 매일 밤 건설현장에서 3D 스캔 데이터를 수집한다. 이는 공정관리 및 시설물 관리를 자동화할 수 있는 데이터를 공급한다. 이 데이터는 컴퓨터비전 기술을 사용하여 스캔정보를 원본 BIM과 비교해, 비정상 또는 누락요소를 자동으로 인식해, 결과를 일일 보고서에 출력한다.

이 이외에도, 사물인터넷과 BIM, 가상증강현실과 BIM, GeoBIM 등을 들 수 있다. GeoBIM은 GIS와 BIM이 연동을 의미한다. 건설 및 인프라 프로젝트는 전체 지구 및 도시에 대한 전망을 보다 전체론적 디자인관점에서 끌어 올릴 수 있다. BIM에 지형 공간을 추가하면 지형, 수자원, 해안, 대기 품질, 항공기 소음, 태양 에너지 및 기타 다른 유틸리티 환경에 대한 넓은 맥락을 고려해, 건물을 디자인하고 관리할 수 있다.

BIM to VR · AR 핵심기술

■ BIM 모델 시각화를 위한 경량화 알고리즘

• Mesh Decimation : 미리 정의한 Mesh 유형에 따라 우선순위 도출하여 각각의 방법을 통해 객체 원형의 모습을 유지하며 삼각형의 개수를 줄임

■ 증강 · 가상현실 디스플레이 디바이스 주요기술

• 디스플레이 기술 : 증강·가상현실 콘텐츠에 사용자를 시각적으로 몰입시키기 위한 핵심 기술. 디스플레이 기술은 시야각(FOV: Field of View)과 해상도, 재생빈도로 구분할 수 있음

• 트래킹 기술 : 디바이스를 착용한 사용자의 신체 위치, 눈동자의 움직임, 기타 생체 데이터 등을 추적하는 기술. 각종 센서 및 처리기술을 통해 사용자를 추적하고, 이를 콘텐츠에 반영한다. 대표적으로 Microsoft는 추적 대상이 시야에서 벗어나거나 장애물에 가려져도 트래킹을 유지할 수 있는 인사이드-아웃 트래킹 기술을 개발하여 증강·가상현실 기술의 활용 편의성을 향상

[그림 7.3] 증강현실 이용한 공사현장 관리
출처 : GenieBelt, 2018

• 렌더링 기술 : 최종 출력되는 콘텐츠를 고해상도로 구현하는데 필요한 하드웨어 및 소프트웨어 기술. 사용자에게 고품질 콘텐츠를 실시간으로 제공하기 위해 지연시간 단축(20ms 이하), 이미지 생성속도 향상 등의 기술 연구개발이 NVIDIA, AMD, intel 등 기업들에 의해 진행

• 인터렉션 및 사용자 인터페이스 기술 : 음성이나 동작, 생체신호 등을 인식해 증강·가상현실 환경에 반영하는 기술. 아마존은 인공지능 음성 인터페이스 Alexa를 Smart glass에 적용하는 것을 추진하고 있고, Leap motion은 적외선 카메라 트래킹 기술을 바탕으로 사용자의 손바닥 및 손가락 정보를 추적하고 있으며, 이를 가상현실 속에서 반영할 수 있는동작 인터페이스 기술을 개발

■ VR 환경에서의 BIM 데이터 최적화

• Ray Casting : 픽셀마다 하나의 광선(Ray)을 투사하여 이 빛이 물체에 닿거나 보이는 영역에서 벗어날 때까지 따라감으로써 해당 픽셀의 색을 결정해 렌더링 이미지 생성

• Z-Buffering : 컴퓨터 그래픽에서 숨겨진 표면을 찾는 방법의 일종으로 Depth-Buffering으로도 알려져 있으며 상황에 따라 객체 또는 객체의 일부분의 가시화 여부를 결정

• Culling : 실시간 렌더링 방식의 가상현실 환경에서 렌더링 할 필요가 없는 객체들을 선별하여 이를 제외한 렌더링을 통해 하드웨어에 부하 및 버퍼링 줄임

※ Unity Reflect는 설계자와 엔지니어가 AR과 VR 환경에서 실시간 3D 경험을 통해 모델을 확인할 수 있도

록 업계 최고의 BIM 소프트웨어인 Revit을 지원했다. Unity Reflect 사용자는 BIM 360 모델과 BIM 360 에서 지원하는 모든 형식(예: IFC, FBX, Civil 3D, Infraworks 등)을 AR 및 VR로 볼 수 있도록 했다.

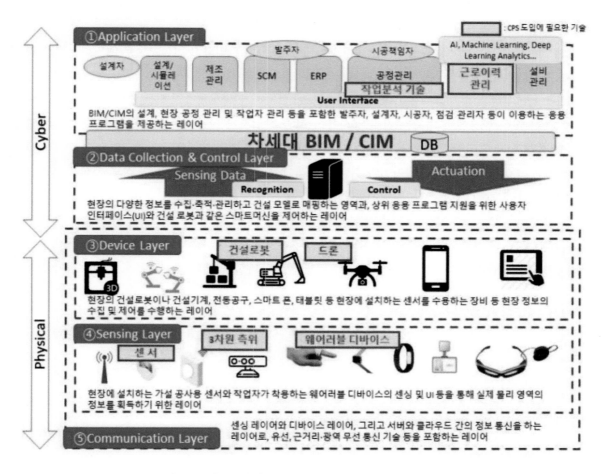

[그림 7.4] 가상/증강 현실 기반의 스마트건설 가상물리 시스템

출처 : 한국건설기술연구원 가상/증강현실 기반의 스마트 건설 가상화 시뮬레이션 기술 개발

- 사이버 물리 시스템(CPS) 기술
- CPS : 기술을 활용하여, 발주자 (컨설턴트, 설계자), 원청회사 (기자재 메이커, 원료메이커), 물류회사, 검사기관, 입주자, 유지관리회사가 차세대 BIM/CIM/IoT/데이터 등과 연관하여, 센서, 무선, 클라우드 기술을 활용한 스마트 건설 생산 시스템을 만들어 낼수 있다.

■ CPS 기반 스마트 건설생산 시스템 적용 기술

한국건설기술연구원의 가상/증강현실 기반의 스마트 건설 가상화 시뮬레이션 기술개발 보고서에 따르면, Application Layer, Data Collection&Control Layer, Device Layer, Sensing Layer, Communication Layer 계층으로 나누어서, 역할과 기능을 제시하고자 모델을 형상화하였다.

- Application Layer : 차세대 BIM/CIM의 설계, 현장 공정관리 등을 포함한 발주자, 설계자, 시공자 등이 이용하는 응용프로그램 제공
  * 설계, 시공, 유지 등 전반에 걸쳐 필요한 데이터를 3차원 모델과 함께 수집 통합하여 IoT 데이터를 효율적으로 활용
- Data Collection&Control Layer : 현장의 다양한 정보를 수집 관리하고 건설모델로 매핑하는 영역과 상위 응용프로그램 지원을 위한 사용자 인터페이스와 스마트머신을 제어
- Device Layer : 현장의 건설 로봇이나 기계 등 현장에 설치하는 센서를 수용하는 장비를 제어
- Sensing Layer : 현장에 설치하는 가설 공사용 센서와 작업자가 착용하는 웨어러블 디바이스의 센싱 및 UI등을 통해 실제 물리 영역의 정보를 획득
- Communication Layer : 센싱 레이어와 디바이스 레이어, 서버와 클라우드 간의 정보 통신을 하는 레이어로 유선, 근거리, 광역 무선통신 기술 등 포함.

■ 국내외 현황

미국의 연방 조달청(GSA)의 경우는 납품 시 표준 포멧인 IFC 파일을 필수 제출 항목으로 지정되어 있다.

① COBIE (Construction to Operations Building Information Exchange)
- 시설물의 생애주기 단계에 따른 총 잠재적 투자수익을 파악하기 위해 필수적으로 예상되는 정보의 흐름을 정의
- 실제 제품이 생산 과정이 아닌 디자인에서부터 건설 및 운영에 이르기까지의 정보흐름에 초점

② ICC (International Code Council) - SMARTcodes
- I-Codes와 연방정부, 주(State)와 현지에서 채택하고 있는 코드 간의 적합성을 자동으로 검토
- 모든 건물에 관련된 계획, 도면, 시방서 등과 건물에 관련된 법규 사항의 상호 운용성을 유지하기 위해 자동적인 법규 검토와 승인 프로세스를 ICC에서 개발

③ 싱가포르 : CORENET e-Plan Checker

CORENET (Construction and Real Estate NETwork)시스템은 싱가포르 건설청 주관으로 건축과 IT분야를 연계하기 위해 13개 정부 기관이 연계된 웹 기반의 건설행정 처리시스템으로 상용 CAD 시스템에서 작성된 모델을 IFC파일로 저장한 후에 e-Plan Check System의 FORNAX를 통해 자동 법규 체크가 되고, 결과가 웹을 통해 제공되고 있다.

■ 국내외 건설 AR/VR 적용 사례

BIM은 파라메트릭 기술을 적용하여 지능적인 빌딩 객체들(벽, 슬래브, 창, 문, 지붕, 계단 등)이 각각의 속성(기능, 구조, 용도)을 표현한다.

구 분	내용
기획 및 설계단계	지반에 대한 정보, 지장물 등의 정보표시를 가능하게 하고 모형 자료를 같이 활용하여 좋은 자료의 프레젠테이션을 통한 발주자의 만족을 향상
	입체적인 설계도 및 도면에 시공 및 안전관련 정보를 표시하여 설계 안전성 검토를 실시
	3차원 모델하우스 및 각종 전시관을 통해 VR/AR 기술 시뮬레이션을 실시하여 도면에 이해도가 높지 않은 고객들의 만족 및 서비스 부가가치를 향상
시공 및 유지관리	시공 과정의 모습과 완공된 모습을 직접적으로 비교를 통해 공정의 진행과정 및 시공관리의 활용함으로써 공사의 전체적인 진행상황을 파악
	공사 현장에서 직접적으로 작업내용 및 피드백에 대한 정보를 받을 수 있고, 오류 및 실패 등의 문제점을 줄여 재시공, 공기지연 등의 문제를 방지
	문제 발생 시 본사와 현장간의 즉각적인 소통을 통해 불필요한 시간을 방지하고 신속한 대처를 통해 피해 손실을 최소화
	가상 공간을 통해 효율적인 시공기술을 적용하여 공사비 절감 및 공기단축의 효과를 얻을 수 있으며, 육안으로 검수가 곤란한 시설의 유지관리를 지원
	건설현장의 안전관리 중 하나로써 위험이 예상되는 구간의 작업 시 가상 모의훈련을 실시하여 안전사고에 대한 경각심을 되새기고 사고발생률을 낮추는데 활용

서로의 관계를 인지하여 건물의 변경 요소들을 즉시 반영한다. 따라서 BIM은 모든 빌딩 객체들 내에 특성, 관계, 정보가 모델 데이터를 이용한 시뮬레이션 또는 계산에 의해 얻어질 수 있기 때문에 건설 산업의 프로젝트 진행에 있어 신속한 의사결정을 돕기 위해 물량, 비용, 일정 및 자재 목록에 관한 정보를 제공할 뿐만 아니라 구조 및 환경을 고려한 데이터 분석을 가능하게 한다.

BIM의 활용이 설계에서 시공, 유지 관리로 진행되는 가운데 주목을 받고 있는 것이 "Microsoft HoloLens"이다 VR(가상현실) 고글과 같은 형태를 하고 있지만, 내용은 Windows10에서 동작하는 PC이다. HoloLens에는 CPU와 플래시 스토리지 외에도 IMU 등의 센서, 카메라 등 스마트폰처럼 다양한 기기를 탑재하고 있다. MR과 AR/VR컨텐츠를 만드는 데 세계에서 가장 많이 사용되고 있는 것이 Unity라는 게임 개발을 위한 플랫폼이다. 3D와 2D 그리기 및 사운드 재생 기능이 충실하고 Windows, Mac iOS, Android 등 다양한 OS를 지원하고 있다. HoloLens용으로 개발된 3D컨텐츠의 90% 이상이 Unity로 개발된 것으로 볼 수 있다.

[그림 7.5] HoloLens 사용 예시

<표 7.3> BIM Tools

구분	내용
Revit Architecture	현재 가장 많이 알려지고, 건축 설계 BIM 도구 시장을 주도하고 있는 프로그램
Sketchup	건축, 인테리어, 조경, 건설, 설비, 건물관리에 필요한 3차원 컨셉모델링 도구
Lumion	건축, 도시 계획 및 디자이너를 위한 실시간 3D 렌더링 툴
Navisworks	건축 엔지니어링
MEP	복잡한 현상이 3차원 모델링이 되기 때문에 시공자가 설계안을 보다 정밀하게 이해하고 구조 및 기계, 전기 설비 등의 요소간 간접 체크에도 활용하는 프로그램
Vasari	건물의 개념을 만들기 위한 사용하기 쉬운 표현 디자인 도구

<표 7.4> BIM 툴 적용사례   출처 : ITFIND 기획시리즈 융합기술, 경희대학교 김인환 건축학과 교수외 1, "건설산업의 BIM 적용 기술 동향 및 전망"

적용 도구	건설사	적용내용
ArchiCAD	D 건설	건축 수주에 활용 (시공 오류 체크로 공기 단축)
	D 중공업	시공 방법 및 도면 수정 작업을 공사에 진행
	P 산업	시공상의 오류 체크에 활용
Revit	H 개발	아파트 단위세대 개발에 활용 (자동 물량, 면적 비교)

벤틀리시스템즈가 마이크로소프트의 MR솔루션 "HoloLens" 기반의 몰입형 빌딩정보 모델링 디지털 트윈 솔루션 싱크로XR을 공개했다. MS 애저 기반의 커넥티드 환경에서 구동되는 홀로렌즈2로 시공관리자, 프로젝트 일정 관리자 및 기타 프로젝트 관계자는 몰입형 시각화 기능을 통해 계획된 작업과 시공 진행상황, 잠재적 현장 위험과 안전 요구사항 등 다양한 정보를 제공받을 수 있는 점이 특징이다.

03_스마트 건설 활용 방안

3.1 스마트건설에서의 디지털 트윈

시설물의 설계와 시공에 중점을 둔 BIM 모델을 활용하여 사물인터넷(IoT) 센서의 실시간 데이터와 연결된 디지털 트윈 환경을 조성하여 시설물 건설과정 및 운영환경과 상호 작용하는 방식을 모델링하여 빠른 의사결정과 최적화를 가능하게 하고, 레이저 스캐너를 활용한 3D 스캔, 플랫폼화를 위한 클라우드 컴퓨팅, 3D 프린팅, 실시간 데이터 수집을 위한 사물인터넷, 모듈러 공법, 드론 등 다양한 기술과 결합하여 활용이 가능하다. 또한,

디지털 전환을 도모하여 건설 생산성과 안전성을 획기적으로 향상 시키는 스마트 융복합화하는 건설방식으로 건설의 혁신을 이루고 있다.

출처 :'ITFIND 기획시리즈 융합기술,경희대학교 김인환 건축학과 교수외1, "건설산업의 BIM 적용 기술 동향 및 전망"

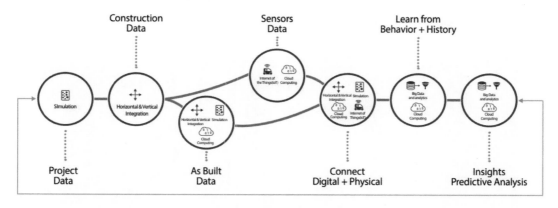

[그림 7.6] 디지털 트윈의 구축 방법

출처 : Tiago Ricotta, 2019

3.2 스마트건설의 요소기술

■ 홀로렌즈

홀로렌즈는 579g, 완충 시 3시간 작업이 가능하고 2GB RAM과 WiFi 및 블루투스 인터넷이 지원되는 '컴퓨터'이다. 마이크로소프트사는 건축, 게임, 여행, 영상통화 등의 애플리케이션과 연계해 활용하고 있다. 트림블 사의 '트림블커넥트'도 애플리케이션 중 하나다. 기존 트림블 사의 설계, 스케치, 디테일한 사항을 수정하는 프로그램들을 트림블커넥트라는 클라우드를 통해 홀로 렌즈로 연결해 보여주는 것이다.

[그림 7.7] 스마트건설 제어 시스템 구성도

출처 : 삼일CTS

■ BIM 기반 홀로렌즈, AR.VR.MR, 3D 및 SCADA 적용기술

스마트 건설(Smart Constructions)은 최신의 다양한 디지털 혁신기술(BIM, IoT, BigData, 드론, 로봇, AR, VR, MR, HoloLens)들을 융합한다. 이는 플랫폼/디지털트윈을 활용한 데이터 기반의 통합적 엔지니어링을 통해 프리맵, 건설장비, 시공 자동화, 가상건설, 안전규제 등을 구현함으로써 건설 모든 단계(설계 → 제작 → 시공 → 유지관리)의 형상 관리가 가능하게 한다.

[그림 7.7] 공사 현장에 홀로렌즈를 착용하고 벽 뒤에 철근 위치를 확인하는 모습

■ samilCTS/스마트 건설 안전기술

삼일CTS는 자동제어 시스템 Total Solution 제공하는 회사이다. 컨설팅에서는 대상 빌딩의 역할을 분석하고 최적의 자동제어시스템 구현을 위한 제안 및 견적을 제공한다. 설계에 있어서는, 기본 건축도를 중심으로 자동제어시스템 설치 및 시공을 위한 구체적 자동제어 설계도를 제공한다. 시공에 있어서는, 자동제어 설계도를 바탕으로 제어기기 및 계측기기류를 설치하고, 통신/제어라인 설치와 운영 환경을 조성한다.

빌딩 내 설비의 효율적인 에너지 관리가 가능한 빌딩자동화 시스템(BA) 구축과 에너지 절감과 생산성 및 품질 향상 등을 목표로 지능화·최적화한 공장자동화 시스템(FA)의 구축, 그리고 공장을 비롯하여 상·하수도 종말 처리장 등의 수처리 자동제어 시스템 부문에서 사업역량을 다지고, 모바일 결제 단말기와 모듈(Module), 오토메이션 솔루션, 스마트 안전 장비, 교통서비스 기기 등 최첨단의 IT사업과 연계함으로써, 한계를 극복하고 불가능에 도전하며 글로벌 기업으로 힘차게 도약하고 있다.

스마트건설기술 로드맵(국토교통부, 2018)

[그림 7.8] 스마트건설 단계별 적용 기술

출처 : ITFIND 기획시리즈 융합기술, 경희대학교 김인환 건축학과 교수외 1, "건설산업의 BIM 적용 기술 동향 및 전망"

■ 자동제어 시스템 Total Solution 활용방안

• 기획·설계 단계 : VR기반 도시설계, AR기반 건물 디자인 검토, VR기반 시공성 검토 등

• 시공·유지관리 단계 : 공정정보와 연계한 AR기반 현장공정관리, GPS 기반 AR기술을 활용한 지하상하수
도 관리, VR기반 가상건설 시뮬레이션 등

• 재난·재해 대응 분야 : 쓰나미 발생 시 건물의 영향도 분석 시뮬레이션, 화산재 및 지진 시뮬레이션 등

• 교육·협업 분야 : AR기반 원격 프로젝트 협업 기술, AR기반 현장 교육 기술 등

04_ 스마트 건설과 창업

4.1 기업가정신과 트렌드 분석

기업을 성공적으로 리드하여 나아가고, 기업내에서의 종사원도 지속가능한 기업을 발전시키기 위해서는 트렌드를 읽고, 이에 대해 현명한 대처를 하는 것이 대단히 중요하다.

> "트렌드는 현재에 일어나는 변화과정이다."

'미래, 진화의 코드를 읽어라'의 저자 마티아스 호르크스는 말하고 있다.

트렌드는 일시적 유행보다 과거, 현재, 미래를 바라보는 눈이다. 아무도 트렌드를 창조하거나 변화시킬 수 없다. 다만 관찰할 수 있을 뿐이다. 그러나 우리는 트렌드를 믿는 사람들의 마음을 변화 시킬 수 있으며, 트랜드 분석은 곧 사람들의 마음을 읽는 것이다.

출처 : '클릭! 미래속으로'의 저자, 페이스 팝콘

트렌드는 이미 시작됐기 때문에 결코 피할 수 없는 필연적인 것이다. 그럼에도 불구하고 트렌드는 우리를 놀라게 할 것이다. 왜냐하면 트렌드가 만들어낼 사건들은 미리 정해져 있지만, 그 사건이 실제로 일어나는 시간이나 상태를 예측한다는 것은 매우 중요하고, 회사의 승패를 좌우한다 해도 과언이 아닐 것이다.

- 미래를 예측하고 창업한다는 것이 얼마나 어려운 일인가?
- 축음기는 상업적 가치가 전혀 없다(축음기 발명가, 1880년경)
- 공기보다 무거운 기계가 하늘을 나는 것은 불가능하다(대영왕립과학회 회장, 1895년)
- 컴퓨터에 대한 수요는 전 세계적으로 5대 정도에 불과할 것이다(IBM 회장, 1943년)
- 어느 누구라도 개인이 자기 집에 컴퓨터를 사놓을 이유는 없다(DELL 컴퓨터 사장, 1977년)
- 스마트폰을 굳이 개발하고 또 스마트폰 시장에 뛰어들지 않아도 충분히 휴대폰업체 1등을 유지할 수 있다 (노키아 사장, 2007년)

- 트렌드에 영향을 미치는 요인

트렌드는 개별제품이나 개별영역에 국한되어 나타나는 현상이 아니고, 소비자를 둘러싸고 있는 광의의 환경과 상호작용하는 가운데 형성된다. 그러므로 트렌드를 읽고 이해하고 또 그것을 활용하기 위해서는 소비자를 둘러싼 환경을 함께 이해하는 것이 필수적이다. 창업자의 입장에서 비록 이들 요인들이 통제하기가 어려우나, 능동적으로 이들 환경 요인들을 세심하게 파악하고 관찰함으로써 기회를 사업화할 수 있으며, 자신에게 닥칠 위협을 미리 예측하여 적절하게 대응할 수 있어야 한다.

출처 : 단국대학교 정보융합기술·창업대학원, '기업가정신과 창업' 남정민 교수저

(1) 인구통계학적 환경요인

기업의 외부환경 요인 중 첫 번째인 인구통계적 요인은 통계청에서 주기적으로 발간하는 통계연보에 수록되어 있는 인구 수, 가구 수, 연령, 성별, 결혼통계, 직업 및 소득 같은 변수들이 포함된다. 이는 향후 고령층 근로자들이 은퇴 등으로 노동시장을 떠나고 청년층의 노동 유입이 둔화하면, 기업이 적정 인력을 확보하고 유지해 나가는데 더 많은 비용이 필요하게 됨을 의미한다. 또한 숙련 노동력이 부족해지면서 기업의 노동생산성을 떨어뜨리는 위험요인으로 작용할 여지도 있다.

(2) 사회문화적 환경요인

중요하면서도 파악하기 어려운 환경요인은 사회문화적 환경요인이라고 할 수 있다. 사회문화적 요인은 사회 전반에 걸친 가치관과 밀접한 관련을 갖고 있다. 이러한 사회문화적 가치관의 변화는 새로운 시장을 탄생시키기도 하는데 다음에 몇 가지를 살펴보기로 한다.

① 맞벌이 부부의 증가
② 장보는 남자들의 증가
③ 건강 및 체형에 관한 관심의 증가

(3) 경제적 환경요인

국민총생산, 이자율, 인플레같은 경제적 요인은 기업의 수익성에 큰 영향을 준다. 이러한 경제적 요인은 산업별로 주는 충격이 다를 수 있는데 경제여건이 어려워지면 자동차, 전자제품 등의 내구재산업, 관광산업, 그리고 주택건설업과 같은 분야가 가장 큰 타격을 받게 된다. 많은 경제지표 중에 국민총생산, 소득수준, 소비성향, 인플레이션 등은 소비트랜드를 예측하는데 중요한 지표라고 할 수 있다. 최근의 한 연구에서는 민간소비가 GDP에 비해 지속적으로 낮은 증가율을 보임에 따라 민간소비가 구조적으로 둔화되고 있을 가능성에 대한 우려를 제기하고 있다.

은퇴 후 생존기간이 길어짐에 따라 노후대책에 필요한 소요자금이 증가하고 있으며, 이를 예상한 대부분의 연령계층에서 노후대비를 위해 소비성향을 낮추고 있는 것으로 판단된다. 아울러 배우자의 경제활동 참가율이 높아지고 있다. 경제이론에 따르면 미래소득에 대한 불확실성이 커질 경우 예비적 동기에 의한 저축(Precautionary Saving)이 증가하여 경제활동에 참여하고 있는 가구의 소비성향이 낮아지고, 배우자의 경제활동참가율은 높아지는 것으로 알려져 있다.

(4) 법적·정치적 환경요인

기업에 대한 법적·정치적 환경의 영향은 정부뿐만이 아니라 정부가 아닌 각종 정당, 사회단체, 시민단체 등에서 올 수 있다. 더군다나 요즘은 시민단체의 활동이 매우 활발하여 창업자의 입장에서는 이들 모두를 세심히 모니터링하고 필요에 따라서 신속하고도 적절히 대응을 하여야 기업활동에 지장이 없을 수 있다.

최근 들어 특허 등 지식재산이 국가 경쟁력뿐만 아니라 기업경쟁력의 척도가 되고 있다. 동시에 지식재산권을 기반으로 한 글로벌 기업들 간의 분쟁도 점차 심화되고 있으며, 더 나아가 지식재산이 자본화되는 경향이 증대될 것이다. 지식경쟁력을 갖추기 위하여 세계의 수많은 기업과 연구소에서는 기술의 개발뿐만 아니라, 지식재산권을 확보하는 일에도 힘을 쏟고 있다. 우리기업이 경제적, 기술적, 글로벌 경쟁력을 갖춘 히든 챔피언이 되기 위해서는 지식재산을 어떻게 만들고 활용할 것이냐에 달려있다고 해도 과언이 아닐 것이다.

① 불공정거래 및 독점에 대한 규제
② 총성 없는 전쟁 특허소송
③ 이산화탄소배출 규제
④ 안전에 대한 의식 증대

(5) 기술 환경요인

기술의 진보는 한 기업 또는 한 산업을 부흥시킬 수도 몰락시킬 수도 있다. 지난 20년 동안에 포춘지(Fortune)가 선정한 500대 기업에는 기술의 진보로 새롭게 가입한 기업들이 다 수를 차지한다. SAS, Google, Zappos, Apple, 베올리아워터 등 이들 기업들은 주로 IT기술과 바이오기술의 혁신에 힘입어 성장한 기업들이 주를 이루고 있다.

억만장자 창업가 벌론 머스크는 IT 및 바이오기술 중심으로 창업을 이어가고 있는데 인터넷에서 시작해, 청정에너지, 우주항공사업으로 사업을 확장하고 있다. 기술의 변화 및 발전은 새로운 사업의 생성과 발전에 결정적 역할을 한다.

(6) 경쟁환경요인

한 업체가 시장점유율 100%를 가지고 있는 독점상황에서는 시장진입이 매우 어렵다. 소수의 업체가 높은 점유율을 획득하고 있는 과점상황도 이들 기존업체들이 가격 이외에 마케팅 요인들에서 차별적 우위를 지니고 있기 때문에 신규업체가 진입하기는 매우 어렵다. 그러나 경쟁자가 여러 업체이며 각 업체들이 낮은 점유율을 가지고 있는 독점적 경쟁시장에서는 시장진입이 쉬운 편이며, 경쟁자가 아주 많은 순수경쟁시장도 시장진입이 용이하다.

■ 트렌드를 분석하기 위한 자세
• 직접 경험한다.
• 소비문화에 대한 선입관을 버린다.
• 되풀이하여 수집, 발견, 분석한다.
• 전체의 심층적 의미를 해석한다.
• 체계적·구조적으로 예측한다.

- 머릿속에 폭풍을 일으켜라.
- 선행지표를 주시한다.
- 상호연관성을 분석한다.

4.2 스마트건설 창업사례

건설에 정보통신기술을 접목한 아이디어를 발굴하고, 건설·시설 안전 문화를 확산하기 위한 경연의 장이 운영되고 있다. 국토교통부는 한국시설안전공단, 한국건설기술연구원과 함께 매년 '스마트건설 창업 아이디어 공모전'과 '건설·시설안전 경진대회'를 개최한다. 건설에 IoT, 빅데이터, 드론, 로봇 등 4차산업혁명 기술을 융합한 기술이 핵심이다. 건축 정보 모델(BIM) 설계와 정보통신기술(ICT) 기반 안전관리, 모듈화, 자동화 장비 시공·관제 등이 포함된다.

건설 현장을 위한 드론 솔루션을 개발, 서비스 하는 ㈜엔젤스윙은 드론을 통한 건설현장 가상화로 스마트한 시공 관리를 돕는 '드론 데이터 솔루션'을 개발, 서비스 하고 있는 콘테크 기업이다. 국토교통부가 건설기술 분야 새싹기업 창업지원과 산업생태계 조성을 위해 설립한 '스마트건설 지원센터'의 '2단계 개소'를 통해 지원확대 방안을 내놓았다. 창업초기 단계에 대한 지원책 위주의 1단계에서 개발한 기술·제품을 현장에 직접 적용해 보는 2단계 현장실증사업도 지원해 준다.

창업 등 공모의 주제는 대략 다음과 같다.

① 새로운 벤처창업으로 연계될 수 있는 스마트 건설기술 아이디어
- 전통적인 건설기술에 4차산업혁명 첨단기술 (ICBM, BIM, 드론, 로봇 등)을 융합, 활용하는 기술,
② 건설(연) 보유 유망기술(특허 등) 활용 사업화 아이디어 중 스마트 건설기술,
③ 기타 창업이 유망한 건설, 국토, 교통 분야의 기술창업 아이템으로 "2020 스마트건설 창업 아이디어 공모전" 등

한국건설기술연구원, 국토교통 스타트업의 미래와 함께하다

http://www.woodkorea.co.kr/news/articleView.html?idxno=48088

2020.12.15. 19:44

■ 창업 활성화 영향요인

창업과정에 영향을 주는 개인적 특질로는 개인의 위험선호 성향, 통제의 위치, 성취욕구, 자율욕구, 경력지향성 등이 대표적인 것이다. 이러한 창업자의 개인적 특성은 중소기업의 창업뿐만 아니라 생존 및 성장에도 중요한 의미를 갖는 것으로 받아들여지고 있으며 이러한 관계를 증명하기 위한 후속연구들도 다양하게 이루어져 왔다.

반면 환경적 요인으로는 흔히 정부정책, 사회경제적 조건, 창업 및 경영기술, 재무적 자원, 비재무적 지원, 사회적 인식들의 요인들이 제시되고 있다. 나아가 인구 통계적 특성의 차이에 따라 창업의 정도가 달라진다는 결과를 보여주는 다양한 연구들도 있는데 흔히 조사된 인구통계적 변수들은 성별, 교육수준, 재산상태 등을 들 수 있다.

한편, 미국의 Babson대학과 영국의 London Business School은 공동으로 주요 각국의 기업가적 활동의 정도와 내역을 상호간에 비교분석하는 국제기업가활동조사(GEM : Global Entrepreneurship Monitor)를 1999년 이후 매년 실시하여 총 창업활동지수(TEA : Total Entrepreneurial Activity)

[그림 7.9] 스마트건설 창업사례
출처 : 국토교통부/국가과학기술자문회의 심의회의 운영위원회 발표자료

를 조사 발표하고 있다. 여기서는 창업활동이 경제성장에 미치는 영향, 경제활동이 경제안정에 영향을 미치는 경로, 국내 환경적 배경의 창업활동에 대한 영향, 창업활동을 활성화시키는 요인 등에 대한 내용을 중심으로 여러 국가 간에 기업가활동의 실태를 비교분석하고 있다.

[그림 7.9]는 스마트 건설 분야에서의 창업 사례를 보여 준다. 2020년 6월, 국토교통부는, "국토 교통 10대 분야 혁신기업 스케일업(Scale-up) 전략 발표"를 하였다.

■ 10대 중점육성 분야

① 스마트시티, ② 자율주행차, ③ 드론, ④ 스마트건설, ⑤ 녹색건축, ⑥ 스마트물류, ⑦ 공간정보, ⑧ 철도부품, ⑨ 자동차 애프터마켓, ⑩ 프롭테크

■ 발굴 중인 우수 혁신기술 예시

① 추락사고 방지를 위한 스마트건설 안전기술

　　안전고리 미체결 시 근로자에게 경보를 주는 기술로 철도건설현장 추락을 방지

② 스마트 음식물 처리시스템

　　음식물 쓰레기를 싱크대에서 바로 분쇄하여 지하처리시설에 보내는 기술로 쾌적한 주거환경조성 가능

③ 드론을 활용한 포트홀 및 비탈면 변위 관리

　　드론영상을 활용하여 비탈면 변위, 포트홀 등을 자동파악하는 기술로 조사의 사각 지대해소, 기간단축 및 인력감소 등

■ ㈜벡터시스

㈜벡터시스 강태훈 대표는 BIM 데이터를 입력한 Hololens 기반의 혼합현실 SCADA 구현기술 및 BEMS 기능이 포함된 BAS 솔루션 개발 전문기업이다. BIM 데이터를 활용한 MR SCADA 시작품 개발을 위해,

- 실시간 렌더링에 BIM 데이터 활용이 가능하도록 하는 Geometry Batching 알고리즘을 개발하고, 최적화된 구조로 BIM 데이터를 변환하기 위한 컨버터(Converter) 프로그램 개발
- NVIDIA RTX 2080 Ti 급 GPU 장착 PC에서 폴리곤 50만개 BIM 데이터를 실시간 렌더링하는 기술 개발
- BIM 데이터가 렌더링된 VR 공간에서 3D 모델링 디바이스를 배치하고 편집하는 VR HMI 설계 기능 개발
- CCTV 카메라 영상을 스트리밍 방식으로 수신하여 VR 공간에 표출하는 기술 개발
- CCTV 카메라 영상을 VR 공간에 표출하기 위한 UI의 연구 및 디자인
- VR 환경에서 HMI를 활용하기 위한 UI/UX에 대한 연구 및 시각적·기능적 디자인
- 건물 제어 표준 프로토콜인 Modbus를 분석하여 DDC로부터 아날로그 및 디지털 디바이스를 모니터링하고 제어하는 기능을 개발하여 시작품에 적용하고자 한다.

현재, 대형 빌딩이나 관공서 및 업무용 시설에서는 각종 냉·난방 및 공조 장치의 상태를 원격으로 모니터링하고 제어하는 BAS(Building Automation System)를 운용하고 있다. BAS는 각종 디바이스들이 연결되어 있는 DDC(Direct Digital Controllers)를 통해 원격으로 장치들을 감시하고 제어하는 SCADA(Supervisory Control And Data Acquisitoin) 시스템이 핵심 요소이다.

SCADA는 디바이스의 모니터링 및 제어를 위해 사용되는 사용자 인터페이스인 HMI(Human Machine Interface)를 설계하고 이를 활용하여 제어 기능을 수행하는 시스템으로서 HMI 및 제어 프로토콜(Protocol)이 핵심 기술이다.

[그림 7.10] 2D HMI 수치 모니터링

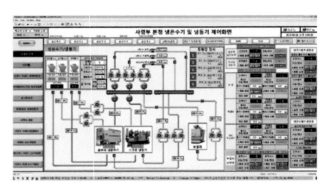

[그림 7.11] 2D HMI 시설제어

자료제공:벡터시스 강태훈

20년 이상 자동제어설비를 납품해 온 C사는 아래와 같이 기존 SCADA의 한계를 지적하며, 기술적인 해결방안을 ㈜벡터시스에 요청하였다.

① 수치 값을 모니터링 하는 용도로는 2D HMI가 직관적이고 편리하지만[그림 7.10], 건물 전체의 장치들을 2D 심벌(Symbol)로 표현할 경우 화면상의 디바이스와 실제 현장에 배치된 디바이스를 직관적으로 연관시키기 어려우며, 디바이스들의 실제 위치 및 간섭 현상의 확인이 어려움.

② HMI에만 의존할 경우 실제 현장에서의 화재, 도난, 사고 등의 돌발 상황을 인지하기가 불가능하며, 실제 디바이스의 상태와 HMI 상의 디바이스 움직임 간의 일치 여부를 확인할 수 없고, 네트워크 송/수신간의 지연(Latency)으로 인하여 발생할 수 있는 오동작 상황을 확인하기가 불가능하므로 현장에 직접 가지 않고도 동작 상태를 검증할 수 있는 보완책이 필요함.

2D HMI의 공간 파악 한계를 해결하기 위해서는 건물의 BIM 데이터를 3D로 렌더링하여 가상현실 시각화를 적용하는 것이 효과적이며, 이 가상공간에서 장치들을 선택하여 제어하는 VR HMI 구현 기술이 필요하다. 실제 현장에 설치된 디바이스의 동작 상태를 확인하기 위해서 필요한 장치를 영상으로 확인할 수 있도록 카메라를 설치하고, 여기서 전송된 영상을 가상공간의 해당 장치에 오버레이(Overlay)하여 출력하는 새로운 방식의 혼합현실(MR) SCADA 시스템 개발이 요구된다.

VR HMI 구현을 위해서는 가장 먼저 건물의 BIM 데이터를 화면에 출력해야 하는데 그 크기가 방대하여 로딩 타임이 오래 걸릴 뿐만 아니라 실시간으로 렌더링하기가 불가능한 경우가 많으므로 파일 구조를 분석하여 기본 도형 단위로 기하정보(Geometric Information)를 배칭(Batching)하여 렌더링을 최적화하는 기술 개발을 예비연구의 첫 번째 목표로 한다.

[그림 7.12] 증강현실 스마트팩토리

[그림 7.13] 가상현실 스마트시티
자료제공 : 벡터시스

SCADA의 제어 기능 구현을 위해서는 제어 프로토콜에 대한 연구 및 통합 API 정의 및 구현이 필수이며, 이를 위해 BACnet 및 Modbus 등의 표준 제어 프로토콜을 분석하여 적용하여야 한다. 미국에서는 이미 VR 및 AR 방식의 스마트팩토리와 스마트시티에 대한 연구 개발이 활발하게 진행되고 있다. ㈜벡터시스는 MR SCADA를 개발함으로써 향후 선진국과의 기술 경쟁력을 확보할 뿐만 아니라, MR SCADA를 기반으로 한 BAS(Building Automation System) 솔루션 개발 및 스마트팩토리와 스마트시티 분야로의 확장을 하려 한다.

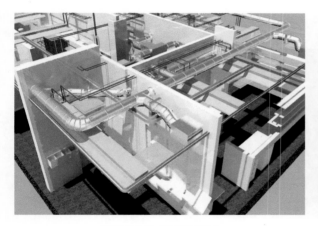

[그림 7.14] BIM 렌더링 1

[그림 7.15] BIM 렌더링 2
자료제공 : 벡터시스 강태훈 대표

㈜벡터시스는 평면적인 2D 심벌의 편집 방식에서 탈피하여 VR 공간에 표출된 사실적인 건물을 확인하며 디바이스의 3D 모델을 직접 배치하고 편집하는 VR HMI 기술을 접목함으로써 획기적이고 몰입감이 극대화된 HMI 설계 기능을 제공할 수 있도록 심혈을 기울이고 있다. BIM 데이터 렌더링 시 건물구조물 이외에도 배관, 환기구 등 부가적인 레이어(Layer)를 선택적으로 렌더링하게 함으로써 HMI 설계 시 디바이스와 기타 시설물 간의 안전거리 확보 및 간섭 가능성을 확인할 수 있다.

05_기업가정신과 가치관경영

- **8조2천억원의 기업가치, 토스(TOSS)**
- 우리나라에서 유니콘이라고 부를 수 있는 기업은 쿠팡, 옐로모바일, L&P코스메틱의 단 3곳이었는데, 여기에 4번째 기업이 2018년 12월 새롭게 합류했으며, 2021년 6월 데카콘을 눈앞에 두고 있다.
- 국내 핀테크 업체 중에서는 첫 유니콘 기업이다.
- 은행 이용시 보안카드와 공인인증서를 찾아야 하고, 또 수많은 액티브X를 설치해야 한다는 불편함을 어떻게 개선할 것인지가 이들의 주된 화두였다.
- 국가 차원에서의 규제 철폐와 간편 결제에 대한 규제 개혁 주문, '핀테크'의 개념 전파가 빠르게 이뤄지게 된다.
- 핀테크 분야 최초의 유니콘 기업이자 시중은행들과 어깨를 나란히 하고 있는 비바리퍼블리카는 국내 금융 산업의 '태풍의 핵'으로 전망된다.

- **4차 산업 혁명 : 스위스 다보스포럼에서 유래**
- 초 연결성(IOT), 예측가능성 (빅 데이터), 초 지능성 (AI)
- SNS, IOT 등을 통해 모여진 방대한 데이터는 인공지능(AI)에 의해 세밀하게 분석

- **알파고의 은퇴?**
- 이세돌을 이긴지 2년 만에 바둑계 평정 후 은퇴선언
- 인공지능은 독립된 150대 이상의 장치가 연결된 조직화된 유기체이다
- 책, 노래, 이미지, 영화, 동영상, 웹사이트 ... 등
- 하루 인터넷 검색횟수 1천억번 가능
- "과거의 잣대를 가지고 현재를 보는 것은 위험하다"
- "미래의 잣대를 가지고 현재를 보는 것이 중요하다"

- 영화 "머니 볼

메이저리그 빌리 빈 단장의 성공 신화

- 통계분석자료 이용 → 저비용 고효율 선수 발굴

- 가치관경영이란?

기업에 용기와 긍지를 심어주고 창조를 통해 이윤을 창출하며, 기업의 이해 관계자와 지역사회를 위한 봉사 활동에 사랑을 실천하고 조화롭고 균형 있는 기업발전을 도모하며, 늘 겸손하고 지속적으로 성장할 수 있게 하는 기업의 정신이고 기업 문화를 통한 자율적인 경영 의사결정의 근본이 된다.

출처 : 중소기업 최고경영자의 가치관이 기업의 경영성과에 미치는 영향에 관한 연구, 2018 이치우

자료제공 : 이치우, 강원농업기술센터

- 가치관경영의 실증사례

공기업의 사례 → 가치관 변수와 90% 이상 동일

기관명	내용
국민건강보험공단	사랑과 봉사, 배려와 화합, 열정과 창의, 최고의 전문성
국민연금공단	신뢰, 소통, 열정, 행복
축산물품질평가원	공정, 전문성, 소통, 도전
한국가스공사	신뢰, 도전, 변화, 책임
한국토지주택공사	신뢰, 감동, 도전
중소기업청	개방, 공유, 소통,. 협력
한국고용정보원	변화, 혁신, 열정, 전문성, 창의, 협업, 소통, 투명, 고객감동
KBS 한국방송	공정, 혁신, 열정, 소통

참고문헌

- 스마트 건설기술 로드맵 / 국토교통부
- 스마트 건설기술 로드맵, 국가과학기술자문회의 심의회의 운영위원회 발표 자료, "Cycle Hype Cycle을 통해 본 BIM", 한국BIM학회(KIBIM) 기술회보 26호
- 한국건설기술연구원 "가상/증강현실 기반의 스마트 건설 가상화 시뮬레이션 기술 개발"
- 증강현실 이용한 공사현장 관리, GenieBelt, 2018
- ITFIND 기획시리즈 융합기술, 경희대학교 김인환 건축학과 교수외 1, "건설산업의 BIM 적용 기술 동향 및 전망" https://www.itfind.or.kr/
- "디지털 트윈의 구축 방법", Tiago Ricotta, 2019
- '클릭! 미래속으로'의 저자, 페이스 팝콘
- "스마트건설 창업사례", 국토교통부/국가과학기술자문회의 심의회의 운영위원회 발표자료
- 이치우, "농업인의 기업가정신과 가치관경영" 발표자료, 강원농업기술센터
- 강태훈, 양재수, "BIM 데이터를 입력한 Hololens 기반의 혼합현실 SCADA 구현기술 및 BEMS 기능이 포함된 BAS 솔루션 개발", 산학연 Collabo R&D사업 예비연구 계획서 보고서, 중소벤처기업부, 03, 2021

EXERCISE

1. 스마트 건설(smart construction)이란 무엇이며, 적용되는 기술과 각 기술이 어떻게 적용되는지 설명하시오.

2. 스마트 건설에 있어서, BIM(Building Information Modeling)은 무엇이며 어떻게 적용되는지 기술하시오.

3. 스마트건설 기술을 활용한 건설 자동화에 대해 3단계에 대해 설명하고 각각의 핵심 내용을 기술하시오.

4. Simulation Data를 처리하기 위해, Geometry Data와 Information Data를 활용할 Dimention(차원)에 대해 논하시오.

5. BIM 설계시 고려해야 할 사항과 연계 활용 방안에 대해 기술하시오.

6. 스마트 건설에 적용할 디지털 트윈에 대해 논하시오.

7. BIM 기술을 VR · AR에 적용하기 위한 핵심기술을 설명하시오.

8. VR 환경에서의 BIM 데이터 최적화 방안에 대해 기술하시오.

9. 스마트건설의 요소기술중 하나인 홀로렌즈에 대해 기술하시오.

10. 미래 기술 변천의 트렌드에 영향을 미치는 요인을 설명하시오.

11. BIM 데이터를 입력한 Hololens 기반의 혼합현실 SCADA 구현기술에 대해 논하시오.

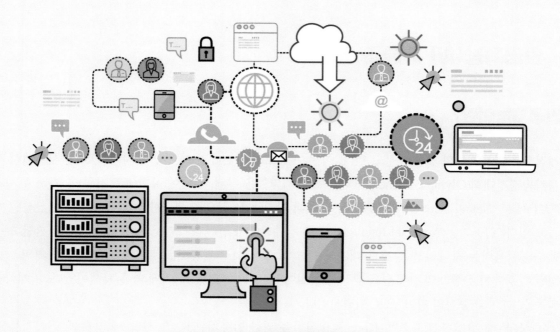

CHAPTER 8
AI · 빅데이터 · 딥러닝 기반 네트워크 플랫폼과 기업가정신

01 인공지능(AI) 기술과 활용
02 딥러닝(Deep Learning) 기술과 활용
03 빅데이터 분석과 활용
04 AI · 빅데이터 구축사례
05 4차산업혁명과 클라우드 컴퓨팅
06 AI · 빅데이터 구축사례와 일하기 좋은 기업

- **AI** : 사람의 지능을 흉내 내는 소프트웨어, 프로그램, 인공적인 장치 모두를 일컬어 '인공지능'이라고 함. 인공지능(AI)은 동적 컴퓨팅 환경에 내장된 알고리즘을 생성하고 적용하여 인간의 지능을 모방하는 컴퓨팅 파워 지능.

- **머신러닝** : 머신러닝 또는 기계학습은 컴퓨터 과학 중 인공지능의 한 분야로, 패턴인식과 컴퓨터 학습 이론의 연구로부터 진화한 분야. 머신러닝은 경험적 데이터를 기반으로 학습을 하고 예측을 수행하고 스스로의 성능을 향상시키는 시스템과 이를 위한 알고리즘을 연구하고 구축하는 기술.

- **딥러닝** : 딥러닝은 음성 인식, 이미지 식별 또는 예측 등 사람의 작업을 대신 수행하도록 컴퓨터를 학습시키는 일종의 머신러닝. 딥러닝은 데이터에 대한 기본 파라미터를 설정하고 컴퓨터가 여러 처리 계층을 이용해 패턴을 인식함으로써 스스로 학습하도록 훈련시키는 기술.

- **빅데이터** : 데이터뿐 아니라 문자와 영상 데이터를 포함하는 대규모 데이터를 말함. 빅데이터의 특징은 3V로 즉 데이터의 양(Volume), 데이터 생성 속도(Velocity), 형태의 다양성(Variety)이 있음.

- **데이터 마이닝** : 기업들이 보유한 대용량 데이터(빅데이터) 속에서 체계적이고 자동으로 통계적 규칙이나 상호 연관성, 패턴 등을 찾아내는 방법론. 데이터 마이닝은 흔히 고객관련 정보를 토대로 미래의 구매 행태를 예측하는데 많이 사용되므로, 새로운 마케팅 기법으로 주목받음.

- **데이터 시각화** : 데이터 시각화(Data Visualization)란 추상적인 정보를 인간이 효과적으로 인지, 이해할 수 있도록 시각화하는 것. 또한, 데이터 시각화를 통해 데이터분석 결과 및 정보를 타인과 쉽게 공유할 수 있음.

- **데이터 마이닝 기법** : 마이닝 기법에는 크게 ① 연관성 탐사(Association Analysis), ② 연속성 탐사, ③ 분류 규칙 탐사(Classification)와 군집 구분(Clustering), ④ 사회 연결망 분석(Social Network Analysis), ⑤ 예측(Forecasting), ⑥ 텍스트 마이닝(Text Mining)이 있음.

01__인공지능(AI) 기술과 활용

1.1 인공지능이란?

전 세계적으로 인공지능의 열풍이 불고 있다. 이는 어제 오늘의 이슈가 아니다. 저자가 1988년 서울에서 제24회 하계올림픽경기대회(Olympic Games)가 한국에 개최되었을 무렵, 미국에 유학(KT 지원)을 가서 뉴저지공과대학(NJIT)에서 'Neural Network" 과목을 공부할 때 이 과목은 참으로 생소하였는데, 이제는 일상생활 속으로 파고들고 있다. 인공지능(Artificial Intelligence)은 컴퓨터에서 인간과 같이 생각하고 학습하고 판단하는 논리적인 방식을 사용하는 하나의 많은 정보(데이터)를 갖고 있는 고급 컴퓨터 프로그램을 말한다. 과거의 인공지능은 확정된 환경에서 유한개의 솔루션을 탐색하는 일이었고, 곧 논리였고, 이에 따른 탐색이었다. 기계학습은 이런 문제들을 "데이터 중심의 판단"으로 귀결시킨다.

과학기술정통부가 2018년 발표한 "I-Korea 4.0 실현을 위한 인공지능 R&D 전략"에 따르면, 인공지능은 단순 신기술이 아닌 4차산업혁명을 촉발하는 핵심 동력으로써, 파괴적 기술혁신을 통해 산업·사회구조의 변화를 야기 시킬 것이라고 하였다. 아래 내용은 과기정통부가 발표한 요지의 내용을 근간으로 핵심 내용을 정리하였다.

네이버, 구글 등과 같은 검색 엔진 등을 통해 방대한 데이터를 수집할 수 있게 되었다. 이를 활용한 기계학습을 함으로써, 수많은 데이터를 분석하고 인공지능 스스로 학습하는 방식으로 진화할 수 있게 되었다. 더 나아가 인간의 뇌를 모방한 신경망 네트워크(neural networks) 구조로 이루어진 딥러닝(Deep learning) 알고리즘으로 발전하면서 그 한계를 뛰어넘을 수 있었다.

인공지능 AI는 인간의 학습능력과 추론능력, 지각능력, 자연언어의 이해능력 등을 컴퓨터 프로그램으로 실현한 기술이다. 인간의 지능으로 할 수 있는 학습, 사고, 자기개발 등을 컴퓨터가 할 수 있도록 하는 방법을 연구하는 컴퓨터 공학과 정보기술 결합의 한 분야로서, 컴퓨터가 인간의 지능적인 행동과 생각을 모방할 수 있도록 하는 일종의 프로세스를 인공지능이라고 일컫고 있다. 더 나아가, 인공지능이란 곧 X와 Y의 관계 추정 또는 전반적인 패턴을 인식하는 것을 의미한다.

'딥러닝'(deep learning 또는 representation learning) 입장에서 이해란 기계학습하기 좋은 표현법을 찾는 것이라 할 수 있다. 이런 딥(deep)한 표현법 찾기의 마지막에 최종적인 기계학습 방법을 덧붙이는 것이다. 빅 데이터의 시대가 도래 하고 있다. 딥러닝의 뛰어난 점은 역시 "빅데이터에 가장 최적화된 알고리즘"이란 점이다. 그리고 목표에 적합한 특징을 스스로 추출한다는 점에서 "이해"에 접근해 나아가는 과정이라 할 수 있다. AI와 딥러닝 프로그램을 통해 특정 업무의 지리정보, GIS 운영 의사결정을 도울 수도 있다. 인공지능은 거대한 공간정보의 효율적 관리를 위한 전문가 체계기법을 제공하고, 지도의 특성을 일반화시키며 지도 자동설계의 기능을 제공하기도 한다.

또한, 인공지능은 그 자체로 존재하는 것이 아니라, 컴퓨터 과학의 다른 분야와 직간접으로 많은 관련을 맺고 있다. 컴퓨터 /인공지능은 크게 도형인식, 언어인식, 문제해결, 그리고 지식 데이터 4개로 구분할 수 있다. 최근

정보기술이 여러 분야에서 인공지능적 요소를 도입하여 그 분야의 문제풀이에 활용하려는 시도가 활발하게 이루어지고 있다.

① 자연언어 처리(natural language processing) : 이 분야에서는 언어 자동번역과 같은 시스템을 활용하여 사람이 컴퓨터와 대화하며 정보를 교환할 수 있게 되므로 컴퓨터 사용에 혁신적인 변화가 오게 될 것이다. 현재 한국판 뉴딜정책의 일환으로도 이 분야에 많은 예산을 투입하고 있다.

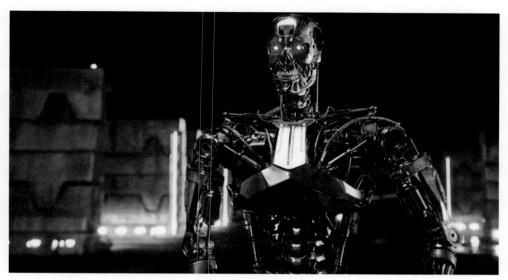

[그림 8.1] 인공지능 로봇의 한 모습

출처 : 용어로 보는 IT

② 전문가 시스템(expert system) : 이 분야에서는 컴퓨터가 현재 인간이 하고 있는 여러 가지 전문적인 작업들(분야별 업무처리, 의사의 진단, 매장량 확인 및 평가, 소재·부품의의 구조 추정 및 분석, 각종 손해 배상과 보험료의 판정 등)을 시스템이 대신할 수 있도록 하는 것이다.

③ 영상분석 및 인식 컴퓨터 : 이 분야는 TV 카메라를 통해 잡은 영상을 분석하여 그것이 무엇인지를 알아내거나 사람의 목소리를 듣고 그것을 문장으로 변환하는 것 등의 일은 매우 복잡하다. 이를 해결하자면 인공지능적인 이론의 도입 없이는 불가능하다. 이러한 영상 및 음성 인식 기술은 문자인식, 로봇공학 등에 핵심적인 기술이다.

④ 이론증명(theorem proving) : 이는 수학적인 정리를 이미 알려진 사실로부터 논리적으로 추론하여 증명하는 과정으로서 인공지능의 여러 분야에서 사용되는 필수적인 기술이며 그 자체로도 많은 가치를 지니고 있다. 통계학 등 수학적인 기법은 AI도입의 필수 조건이다.

⑤ 신경망(neural net) : 이는 비교적 근래에 등장한 것으로서 수학적 논리학이 아닌, 인간의 두뇌를 모방하여 수많은 간단한 처리기들의 네트워크로 구성된 신경망 구조를 상징하는 것이다.

알파고를 통해 인공지능의 관심이 전세계의 확대되게 되었다. 2016년 3월 12일, 이세돌 9단과 알파고의 3번째 대국에서 인간의 승리로 끝났지만, 이세돌 9단은 초반부터 공격적으로 판을 풀어나가며 분전했으나, 알파고의 큰 그림을 그리는 계산을 넘어서지는 못했다. 3국까지 0대3의 스코어를 기록하면서 나머지 대국 결과와 상관없이 알파고의 승리가 확정됐다. 가까이 다가온 '인공지능'(Artificial Intelligence, AI)의 시대를 체감하고 있다. 생각보다 큰 차이로 이세돌 9단이 패배하면서, 알파고를 개발한 구글이 사실은 '스카이넷'을 개발하고 있는 게 아니냐는 우스갯소리도 나온다. 스카이넷(Skynet)은 영화 '터미네이터' 시리즈에 등장하는 가상의 시스템으로, 스스로 학습하고 생각하는 인공지능이다. 영화속 스카이넷은 자신의 발전을 두려워한 인간이 자신을 멈추려고 하자 인류를 적으로 간주하고 공격을 감행했다.

참조 : [네이버 지식백과] 인공지능 - '스카이넷'의 시대가 올까? (용어로 보는 IT, 채반석)

인공지능은 오랜 침체기를 거쳐 클라우드컴퓨팅 환경의 급속한 발전과 빅데이터가 뒷받침되어 Deep Learning이 구현되는 극적인 돌파구가 열렸다. 이제 인공지능은 4차산업혁명의 핵심 요소로 떠올랐다. 아마도 2016년을 대표하는 중요한 사건의 리스트에는 반드시 알파고(AlphaGo)와 이세돌 기사의 대국과 인공지능이 포함될 것이다. 알파고를 통해 인공지능이 전 국민이 관심을 갖는 분야로 떠올랐다. 덕분에 인공지능에 대한 교육이나 홍보가 단숨에 이루어졌다.

[그림 8.2] AI로봇과 인간간의 체스
출처 : TOPIC/corbis

인공지능에 있어서 기업가정신 측면에서 보면, 세계적인 인공지능 연구자이자 구글의 엔지니어링 이사인 레이 커즈와일은 인공지능이 인류의 위협이 되지 않다고 강조하고 있다. 커즈와일 이사는 인공지능의 위험을 제거할 수 있는 대안은 인류 스스로 도덕적이고 윤리적인 사회를 건설하는 것이라고 말한다. 그는 "미래에 있을지도 모를 파괴적 갈등을 피할 수 있는 최선의 방법은 폭력을 감소시켜왔던 우리 사회적 이상을 계속 진보시키는 것"이라며 "그것이 궁극적으로 인공지능을 안전하게 관리할 방법"이라고 주장했다. 커즈와일은 생물학자들이 '재조합 DNA'가 인류에 끼칠 위험성을 경계해 제정한 '아실로마 가이드라인'의 예를 들어 인공지능을 통제할 수 있다고 강조하고 있다.

한편, 인공지능을 반대하는 잠재적인 위험성을 가지고 있는 인공지능에 윤리적 제어가 필요하다는 목소리도 제기되고 있다. 그렇다고, 인공지능의 활용 자체를 부정하는 주장은 아니다. 2015년 7월28일 아르헨티나 부에노스아이레스에서 열린 '국제 인공지능 컨퍼런스'에서는 인공지능 무기 군비경쟁을 경고하는 성명서가 발표되기도 했다.

인공지능은 인지, 학습 등 인간의 지적능력(지능)의 일부 또는 전체를 '컴퓨터를 이용해 구현하는 지능' 컴퓨팅 능력이라 할 수 있다. 과거에 설계자가 직접 모델링하는 것을 현재 머신러닝 발전으로 스스로 데이터 반복 학습하여 인공지능적으로 자율적인 판단을 하는 능력이라 볼 수 있다.

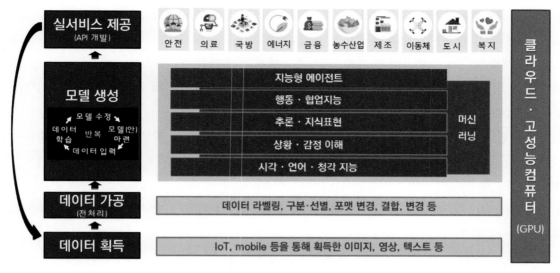

[그림 8.3] AI 협업 요소 모델
출처 : 과학기술정통부, 2018.5 발표요지

1.2 인공지능 정책과 AI기술의 현주소

I-Korea 4.0 실현을 위한 인공지능 R&D 전략 <과학기술정통부, 2018.5 발표요지>

■ 추진배경

인공지능(AI) 기술의 비약적인 발전으로 국내외적으로 경제성장과 사회난제 해결의 돌파구가 마련될 것으로 기대한다.

- AI는 단순 신기술이 아닌 경제·사회 대변혁의 핵심 동력으로 작용하여 각국 경제 성장에 비약적인 파급효과를 실현할 전망
  ※ 인공지능 유무에 따른 경제적 부가가치(美, '35) : (無) 2.6% → (有) 4.6%m (엑센추어, '16.12)
- 미국·일본·중국 등 선도국은 AI의 높은 잠재력에 앞서 주목하고 AI 기술력을 선점하기 위한 국가 차원의 대책을 추진 중
  * (美) 국가 AI R&D 전략계획('16.10), (日) AI 산업화 로드맵('17.4), (中) 차세대 AI 발전규획('17.7)
  우리도 국가적 대응 전략을 마련, 역량을 집중해 왔으나 기술격차는 심화되고, 전문인력 확보와 역동적 기술혁신 생태계 구축은 미진하다고 과기정통부는 분석하고 있다.
  * 알파고 대국 후 국내외 AI기술격차 체감도(IITP, '17.10) : (심화) 61.5% vs. (해소) 19.3%
- 다만, 국내 AI기술력은 美·中 대비 취약하나 AI를 개발·활용할 수 있는 여건이 양호하여 여타 국가들과 비교시 상대적으로 유리
  * 세계 최고수준(美) 대비 78.1%, 기술격차 1.8년 (IITP, '17)

- 특히 많은 산업분야가 AI적용을 시작하는 단계이므로 전략적 접근시 경쟁력 확보 가능
  * AI는 데이터 학습을 근간으로 하는 바, 특정 분야 데이터를 확보·학습시킨 AI는 해당 산업 영역에서 충분한 경쟁력을 가질 수 있으며 타 기술·산업 혁신에도 적용 가능
- AI가 향후 경제·사회 전반을 혁신할 근본 기술임을 고려, 국민 삶의 질과 국가 경쟁력 제고를 위해 AI 기술력 확보는 필수
- AI 기술혁신 투자전략을 정립하고 국내 연구역량을 결집하여 기술력을 확보할 수 있는 체계 구축 시급

■ 혁신원천

학습 가능한 양질의 데이터와 고성능 컴퓨팅 및 차별화된 알고리즘 확보가 AI서비스의 경쟁력을 결정하는 핵심 요소로 부각되고 있다.

- 데이터 : 인공지능을 학습시키기 위해서는 일정량 이상의 데이터가 필요하고 데이터 품질에 따라 성능이 결정되며 분야별 데이터 필요
  * 중국은 영상인식 등 대량의 데이터를 생성·활용하는 분야를 중심으로 미국을 빠르게 추격 중
  ** 미국인 일상 데이터로 학습한 AI 제품·서비스를 한국인에게 적용시 오류발생 가능성 증가
- 컴퓨팅 : AI서비스개발의 선결조건인 대량의 데이터를 학습하기 위해서는 고속 병렬처리가 가능한 고성능 컴퓨팅 자원이 필수적
  * GPU(Graphic Processing Unit) 등 컴퓨팅 파워가 기하급수적으로 발전하여 과거 수개월 소요되었던 딥러닝이 수시간, 몇 분만에 처리 가능(12개 GPU가 2,000개 CPU와 동등한 성능 구현)
- 알고리즘 : 데이터 학습으로 성능이 지속 향상되며 차별화된 AI 서비스 제공을 위해 서비스에 특화된 알고리즘 확보 중요
  * AI플랫폼 : 아마존 '알렉사', 구글 '어시스턴트', 네이버 '클로버', 카카오 '카카오 i' 등
  * 문제를 해결하기 위해 정의된 규칙과 절차의 모임으로 프로그램 언어로 구현

■ 기술

그동안 두 번의 AI암흑기에도 불구, 데이터 축적·컴퓨팅 파워 진전·알고리즘(딥러닝) 진화 등으로 최근 AI 부흥기에 진입
  * 메모리·처리속도 문제('70년대), 전문가시스템의 고비용·성능 한계('00년대)로 연구개발 침체

- 향후에는 AI 칩 상용화, 원시데이터 자체로 학습이 가능한 비지도 학습 등으로 제2의 인공지능 부흥기 도래가 예상
- AI 기술이 실험실 연구단계를 지나 상용화 수준으로 발전하며 他산업·기술 전반의 혁신을 촉발함으로써 AI 시장의 성장 견인
  * 인공지능 세계 시장 규모(IDC, '17.11) : ('17년) 124억$ → ('21년) 522억$, CAGR 44%

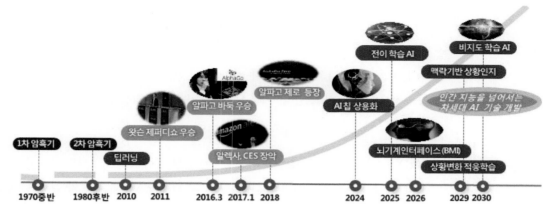

[그림 8.4] 인공지능 기술의 발전 전망

출처 : 과학기술정통부, 2018.5

■ 시장과 활용

우수인력 및 데이터의 양·질적 차이에 따른 범용 플랫폼의 핵심적인 기술력은 시간 흐름에 따라 가속화(자가학습)되어, 후발주자가 따라가기 어려운 구조로 진화될 것으로 내다보았다. 그러나 의료, 유통, 금융 등 응용산업(Vertical Industries) 분야에서는 분야별 데이터와 공통활용(범용) AI플랫폼을 이용, 응용산업별 특화 AI 서비스를 개발, 신시장 창출 본격화될 것으로 보인다.

• 급속한 기술변화 대응과 핵심인재 선점을 위해 글로벌 기업은 기술력을 확보한 대학·연구소와 협력을 적극 추진

    * (페이스북) 프랑스(파리)에 인공지능 연구실 설치, (구글) 몬트리올 대학에 머신러닝 연구실 설치, (NVIDIA) 국립 대만대학교에 인공지능 실험실 설치, (네이버) 홍콩과기대와 공동 AI 연구소 설립

범용 AI 플랫폼 분야에서는 미국 기업들이 월등한 수준을 보이는 가운데, 중국이 정부 주도하에 얼굴 인식 등 일부 분야에서 세계 최고 수준의 AI 서비스를 제공하는 중이다. 의료·법률 등 일부 응용산업 분야에서 분야별 특화 AI 기술과 데이터를 바탕으로 글로벌 AI 혁신 기업이 등장하고 있다.　　　　　　출처 : 과학기술정통부, 2018.5 발표요지

진단에 있어서는 그간 정부는 AI 요소기술 개발에 집중, 일부 성과창출에도 불구하고, 시장을 주도하는 기술력 확보로의 연결에는 한계가 있을 것으로 보인다.

공공 AI R&D 주요 성과로, 과기정통부에서는 아래 내용을 발표하였다.

• 방대한 지식 학습을 통한 Q&A(엑소브레인)로, 퀴즈 우승자(인간)와 대결, 우승(ETRI, '16.11)

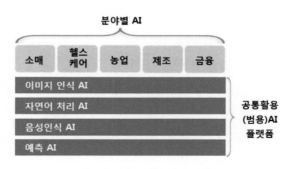

[그림 8.5] AI 활용 주요시장

자료 : 골드만삭스 투자 보고서('16)

- 국제학회에서 세계 최고 성능의 딥러닝 프로세서 개발 성능 입증(KAIST, '18.2)

■ 해외 주요 정책

주요국은 선제적 연구결과의 민간이양(美), 대규모 투자 기반의 시장창출(中), AI연구거점 조성(日·佛) 등 자국 상황을 고려한 정책을 공격적으로 추진하고 있다. 세부 내역은 <과학기술정보통신부, 2018.5 발표요지> 참조.

■ AI R&D 로드맵

과기정통부가 제시한 **AI R&D** 로드맵은 아래와 같다. 정부에서는 대형 공공특화프로젝트 추진을 통해, 언어 이해, 비전인식, 상황판단 등 AI 핵심기술을 조기에 확보하기 위해, 美 DARPA 프로젝트와 같이 특정 분야 대상으로 핵심기술부터 응용기술까지 Full Scale로 개발을 추진하고 있다.

<표 8.1> 정부 AI 대형 공공 특화 프로젝트 추진내용   출처 : 과학기술정보통신부, 2018.5

분야	AI 대형 공공특화프로젝트 (예시)
(안전) 공항 범죄·테러 위험인물 및 위험물 식별 추적 시스템	(목표) 국제공항에서 범죄·테러 위험인물/물체를 식별 및 감시·추적 • (AS-IS) 사람이 수동으로 감시(와일드 CCTV 환경의 안면 인식 77%) → (TO-BE) 안면인식 정확도 97%이상 제고(국제 공항의 범죄율 20% 감소)
	(R&D) ①움직이는 특정인의 안면을 97%이상 정확도로 인식하고, 1만명 이상의 인물 동시 식별(시각), ②위험 및 이상 상황 탐지 및 추적(행동이해) • 특징정보(목소리, 신체비율), 행동특성(걸음걸이), 이상행동(배회, 군집) 등 활용
(국방) AI 기반 작전지휘통제 의사결정 지원 체계	(목표) 전장 데이터 기반, 최적의 작전지휘통제 의사결정 지원 • (AS-IS) 수집된 대규모의 정보를 단순 참고로 활용 → (TO-BE) 지휘결심판단에 활용하여 오판율 30% 감소
	(R&D) ①비정형 데이터(음성명령, 훈련정보, 편대전술 등)를 통합 분석한 지휘통제 의사결정(판단), ②인터랙션을 통한 맞춤형 최종 결심 지원(강화학습)
(의료) 실시간 응급 상황 대응이 가능한 AI 의료 시스템	(목표) 응급상황 전단계에 걸쳐 환자 맞춤형으로 보조·대응 • (AS-IS) 의료진과 구조사 간의 통화를 통한 병원 섭외 및 응급 처치 → (TO-BE) 응급구조시간 단축(2시간 이내 35% → 90%)으로 골든 타임 확보
	(R&D) ①환자의 기존 의료 데이터 및 현장의 비정형데이터(대화, 생체데이터 등)를 종합한 초기 처치 방법을 신속 도출(언어·음성·판단), ②의료·구조기관 정보기반, 신고→이송→치료 전 단계에 걸친 최적의 의료자원 배치(판단)

* 예시 : 음성인식(Siri) '00년대 군인들의 정보습득을 지원하기 위해 만든 DARPA 기술개발 결과물을 애플이 인수, iPhone 4S에 탑재
• 국가안보와 국민 사생활에 직결되는 데이터를 활용한 국방, 의료, 안전 분야를 중심으로 우선 시작하되 향후 환경, 에너지 등으로 확대

■ 기초과학 : 차세대 AI 기술 확보 추진

① 뇌과학 연구

뇌신경회로망 작동원리 규명을 통해 현 인공지능의 한계를 돌파하는 뇌과학 연구 강화

* 차세대 AI 개발 내용을 포함하여 제3차 뇌 연구촉진 기본계획('18~'27) 수립('18.5월 예정)
- 차세대 AI : 인간 뇌신경망 정보를 이용한 차세대 AI 알고리즘을 개발하기 위한 계산 수학적 기반의 인간 뇌 모델링 연구 지원
  * 미래 뇌 융합 기술개발사업 內 내역사업(초 융합AI원천기술개발) 신설
  * (주요내용) 뇌 작동원리와 정보처리 기전의 수학모델링, 감각기관 모방 인지회로 등
- 뇌-기계 인터페이스(BMI) : 다양한 신경세포와 전자 칩을 연결하여 뇌의 기능을 모사하는 인공뇌회로망 등 인간-기계 양방향 고등인지 초 연결 기술 개발
  * 미래 뇌 융합기술개발 사업 內 내역사업(인간-기계 양방향 초 연결BMI) 신설

② 기술 탐색형 연구

초장기·모험적 연구가 필요한 AI 기초 분야를 대상으로 최고 과학자 집단의 도전적인 집단 연구를 지원하기 위해 '20년까지 인공지능 관련 연구단 개설
  * 예시 : 심층학습 알고리즘(데이터 사이언스), 비정형 데이터 모델링 방법론(물리), 기계학습을 위한 이론(수학) 등 차세대 AI 기술 분야의 초기 연구수행지원

③ 국제공동연구 지원

미국, 중국, 프랑스 등 해외 AI 우수 기관과의 긴밀한 협력연구를 지원하여 국내 고급 AI 인재의 역량 향상
- 미국, 중국, 프랑스 등에 국내 대학들이 AI 관련 공공연구센터 또는 교육프로그램을 마련할 경우 우선지원

④ 대학연구센터 활용 고급인재 양성

'22년까지 석박사급 고급인력 870여명 양성하기 위해 대학연구센터의 인공지능 분야 지원확대
- ITRC : 석·박사 고급인력 양성 및 산학협력 촉진을 위한 대학 ICT 연구센터(ITRC)에 인공지능 분야 확대('17년 2개 → '18년 5개, 일몰·재기획을 거쳐 '20년 이후 매년 2개 이상 신규 지정)
  * 지원 기간 : 6년(4+2) → 10년(3+3+2+2), 지원 규모 : 연 8억 → 연 10억 내외
- SW 스타랩 : 중장기 SW 연구와 전문인력 양성을 지원하는 SW스타랩에 인공지능 분야 지원 강화('17년 4개 → '19년 7개, 이후 1개 이상 신규 지정)
  * 지원 기간 : 최대 8년(4+4), 지원 규모 : 연간 3억원 수준
- 선도연구센터 : 우수한 연구그룹 육성을 지원하는 선도연구센터에 인공지능 분야 신규 지원 및 확대('18년 2개소 신규지정, 이후 격년마다 1개소 신규지정)
  * 지원 기간 : 최대 7년, 지원 규모 : 연간 15억원 이내

출처 : 과학기술정통부, 2018.5 발표요지

■ 기반 : 개방·협력형 연구기반 조성
- AI 혁신 자원의 통합제공환경 및 AI 연구거점을 마련하고, 개방·협력형 AI 기술혁신 인프라를 조성하여 민간의 AI기술혁신 역량 제고

- '22년까지 데이터 154억건 구축, 400개 기관에 컴퓨팅자원 제공, 5개의 지역별 연구거점 마련

■ AI 자원 제공(AI 허브 구축)

데이터·컴퓨팅 파워·알고리즘 등 AI 개발 핵심 인프라를 온라인으로 원스톱 지원하는 'AI 오픈 이노베이션 허브('18.1월)'를 확대, 全산업으로의 AI 활용 확산

* 지능정보산업인프라 조성사업 투자 확대 추진

① 데이터

기계학습용 데이터를 '22년까지 약 1.6억건 구축 및 변환 지원(바우처 600건)하고, 한국어 말뭉치 152.7억 어절 구축·개방

- 범용 데이터(이미지, 말뭉치, 일반상식 등), 산업별 특화데이터(법률, 의료, 농업, 금융, 교통, 복지 등) 등 민간 수요가 높은 분야 중점 구축

학습용 데이터 구축 방안
① 기업 수요에 맞춰 기계학습용 등으로 변환할 수 있도록 '데이터 바우처'를 3년간('19~'21) 총 600건 제공하여 가공비용 일부 지원
② 수요조사를 통해 산업별로 필요한 기계학습용 데이터를 직접 구축하여 개방('22년까지 약 8.9백만건)하고, 한국어 말뭉치 구축(국립국어원, 152.7억 어절) 추진
③ 인공지능 공공 R&D 과정에서 축적된 기계학습 데이터를 AI 허브에 집적하여 공개('22년까지 약 8.9천만건 개방)

② 컴퓨팅

산학연의 AI 연구 및 AI 제품·서비스 개발에 필요한 컴퓨팅 자원을 슈퍼컴, GPU 기반 전용시스템 등을 활용하여 지원('18년 20개 기관 → '22년 400개 기관)

* 슈퍼컴 5호기(세계 10위권 성능) 서비스 개시('18.3분기) 및 AI분야 우선 자원 할당(10% 목표)

③ 알고리즘

공공 AI R&D 결과물을 민간이 시제품 개발에 자유롭게 활용하도록 '22년까지 Open API 형태로 28종 제공('18년 언어·음성 14종)

■ AI 연구거점 조성

인공지능을 에너지, 기계 등 지역 전략산업에 접목한 분야를 집중 지원하기 위해 AI 산학협력이 활성화되어 있는 지역 거점대학을 중심으로 5대 권역별로 연구거점을 지정·운영(총 5개소)

- 거점당 최대 7년간(5+2년) 기술개발을 지원(연간 20억원)하여 AI 기술 축적·활용 및 우수인재 육성(~'22년까지 680명)

■ AI 기술혁신 플랫폼 구축

AI 분야 기술혁신을 민간의 자율적인 경쟁을 기반으로 도전적·창의적 문제해결의 장이 마련될 수 있도록 온라인 플랫폼('(가칭) challenge.kr') 구축('19)

 * 미국은 Challenge.gov 플랫폼을 이용해 주요 정책에 대한 민간의 다양한 아이디어를 공모하고 지역 및 글로벌 문제 해결(100개 이상의 기관, 823개 과제에 대해 25만명 이상 참가 중)

 • 민간 또는 지자체, 他 정부 부처도 과제를 직접 등록하고, 우수 연구팀에게 직접 포상할 수 있도록 개방형 챌린지 플랫폼으로 운영

■ 제도 개선

① 오픈소스SW 확산

　개방·협력형 R&D 생태계 조성을 위해 연구 단계별로 오픈소스 프로젝트가 가능토록 개선

 • 현행 : 연구종료 후 소스코드 단순 공개 → (변경) 연구 시작단계부터 오픈소스SW 방식을 적용하도록 개선

 　* '18년 AI 차세대 원천기술개발 과제에 시범적용 후, '19년 AI R&D에 전면 확대

 　* 다만, 데이터, 소스 공개에 따른 민감 정보, 기술 유출 위험도가 높은 과제는 제외

② 관리규정 개정

　챌린지를 통한 기술혁신 성과제고를 위해 포상금 수여 등 새로운 R&D 방식이 적용 가능토록 포상금 제도 도입 추진('19년~)

 　* (예시) 국가연구개발 사업관리 규정에 포상급 형태로 지급 가능함을 특례규정으로 포함

③ 윤리적 AI 기술 연구

　인공지능의 설계 단계부터 사회적 편견 배제, 인간 존엄성 존중 등 도덕적 기준을 알고리즘 화하는 방식의 '윤리적 AI를 위한 아키텍처의 설계'에 관한 연구 추진('20~)

 　* 지능정보사회 윤리가이드라인 개발과 연계·추진

자료제공 : 과학기술정통부 "I-Korea 4.0 실현을 위한 인공지능 R&D 전략", 2018.5

AI는 Data 학습을 근간으로, 특정 분야 Data를 확보하여 반복 학습시킨 인공지능으로, AI는 해당 산업 영역에서 충분한 경쟁력을 가질 수 있으며, 타 기술과 산업의 혁신에도 크게 영향을 끼친다.

1.3 인공지능 활용과 전망

ICBM 기술은 결과적으로 인공지능, 즉 AI와 밀접한 연관이 있다. 2016년 '이세돌'과 구글 딥 마인드 바둑 소프트 '알파고'가 세기의 바둑 대결을 펼치면서 AI에 관한 세계적인 관심을 끌었다. 또한 튜링 AI 그룹은 다양한 산업 분야에 AI를 적용하고자 국제적으로 활동하고 있다.

앞으로 AI는 기계 및 로봇과 결합되어 인간 생활 및 산업구조에 큰 영향을 가져 올 것이라고 예상하고 있으며, 지능정보 융합기술의 발전을 위해 ICBM과의 시너지가 절대적으로 커가고 있다.

ICBM은 기본적으로 IoT 센서가 수집한 데이터를 Cloud에 저장하고, 빅데이터(Big data) 분석 기술로 이를 분석해서, 적절한 서비스를 모바일기기 서비스 형태로 제공하는 서비스이다. 5G와 GiGa네트워크, 유선 혹은 무선으로 연결된 사물들로

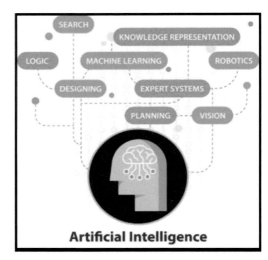

[그림 8.6] 인공지능의 로직 구조
출처 : IT용어사전

부터 Data들이 수집이 된다. 수집된 데이터는 클라우드 스토리지에 분산 저장되고, 분산 저장된 클라우드 서버의 데이터를 빅데이터분석 기술들에 의해 분석한다. 분석된 결과는 다양한 모바일 사용자 기기에 의해서 소비되고, 이를 기반으로 서비스가 제공된다.

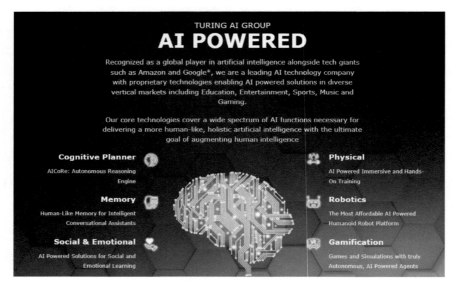

[그림 8.7] 튜링 AI 그룹

■ SK텔레콤·삼성전자·카카오, AI 개발 협력키로, 2021 '팬데믹 극복 AI' 추진

삼성전자, SK텔레콤, 카카오 등 3사는 'AI R&D 협의체' 결성하여, AI가 코로나 위험 지역 및 이용자 행동 예측·분석이 가능하도록 추진하여, 사회안전을 위한 AI 기술을 함께 개발키로 했다. 3사는 ▲미래 AI 기술개발 ▲사회적 난제를 해결하기 위한 AI 활용 방안 연구 ▲AI 기술 저변 확대 등을 공동으로 추진할 계획이라고 SK텔레콤이 전했다. 특히 신종 코로나바이러스 감염증코로나19 이후 국가경제와 사회에 심각한 영향을 끼치는 시점임을 고려해 우선 코로나19 조기 극복과 공공 이익을 위한 AI 기술 개발에 초점을 맞추기로 했다.

이를 위해 3사는 'AI 연구개발 R&D 협의체'를 결성했다. 협의체에는 각 사 최고기술경영자CTO 또는 AI 전문 임원급이 참석해 공동개발을 추진한다고 전했다. 향후 국내 다른 사업자를 참여시켜 글로벌 AI 얼라이언스 수준으로 규모를 확대한다는 구상이다.

3사의 협력은 미국 라스베이거스에서 열린 CES 2020에서 SK텔레콤 박정호 CEO가 삼성전자 등 국내 정보통신 기업들을 향해 '글로벌 AI 전쟁에서 한국이 주도권을 잡기 위해서는 국내 기업 간 경쟁보다는 협력이 필요한 시기'라며 AI 분야에서 협력의 필요성을 강조했다고 알려져 있다. 3사는 이동통신서비스, 스마트 디바이스, 메신저 플랫폼 등 각 사가 갖춘 강점을 바탕으로 수년간 고도화해 온 AI 기술역량을 결합하면 단기간 내에 국내 AI 기술력을 글로벌 최고 수준으로 높일 수 있다고 결의한 후 속도를 내서 핵심 협력과제를 협의하고 개발방향을 구체적으로 논의해 왔다고 SK텔레콤은 전했다.

자료인용 : 'ZDNet Korea, 백봉삼 기자 : 2020/12/22

■ (주)그리드원

㈜그리드원이 제공하고 있는 AI InspectorOne은 사람이 수행하던 종이 문서 기반의 검증/정보추출 등의 작업을 인공지능으로 대체하여 많은 건수의 업무를 자동으로 처리할 수 있도록 지원하는 머신러닝 프레임워크이다.

AutomateOne 솔루션은 다양한 인공지능 기술과 접목하여 규칙적인 단순 반복 업무 외에 어려운 업무도 자동화가 가능한 지능형 RPA 솔루션이다. 이는 GS인증 1등급 소프트웨어이다

TestOne은 다양한 종류의 장치에서 동작하는 서비스 어플리케이션에 대한 자동 테스트 실행 환경을 제공하는 테스트 자동화 솔루션이다. WatchOne

은 현재 제공되고 있는 서비스를 실시간으로 모니터링하고 품질을 분석하여 서비스 품질 향상을 도와주는 서비스 모니터링 솔루션이다.

자료제공 및 출처 : 현대인의 두피 노화 현상과 두피 노화진단 AI 서비스 개발 방향 - 한국로봇산업협회 전한구 박사

현대인의 두피 유형은 탈모를 비롯하여 정상, 건성, 지성, 민감성, 비듬성, 염증성, 지루성 등으로 구분하고 있다. 이러한 두피 유형을 정확하게 진단하여 그 유형에 맞는 샴푸나 세럼을 사용하여 정상 두피로 개선시키는 것은 매우 중요하다.

그러나 앞서 살펴본 바와 같이, 현재는 전 세계적으로 두피 유형을 육안으로 영영별 기준 이미지 대비 일일이 확인 및 수준을 결정하는 상황이며, ICT 기반의 두피 진단 서비스의 경우에도 기업별 데이터베이스를 기반으로 하기 때문에 유형 판단이 느리고 정확도가 매우 떨어진다는 단점을 가지고 있다. 또한 두피 노화의 경우 나이와 직접적인 문제로 이어지기도 하지만, 나이와 상관없이 환경오염, 과중한 업무 스트레스, 식생활 변화에 따른 호르몬 분비 이상 등 후천적 요인의 영향도 큰 것으로 나타나고 있다.

이러한 시점에서 AI학습용 두피데이터 구축 및 두피 AI 진단 서비스는 노화와 두피 상태간의 인과관계에 대해 과학적 접근이 가능하도록 기반을 마련했다는 의미를 가지며, 또한 동 사업을 통해 개발된 두피진단 AI 서비스는 사람마다 다른 두피상태를 확인하고 두피노화에 대한 정확한 진단을 가능하게 할 것으로 기대한다.

두피 진단 AI 서비스는 대량의 학습데이터를 기반으로 정확한 두피 상태 및 두피 노화를 진단함으로, 그에 따른 두피 상태의 개선이 가능하다. 두피 진단 AI 서비스는 첨단 알고리즘과 빅데이터를 활용하여, 다양한 플랫폼에서 다양한 항목에 대한 정확한 진단과 분석을 수행하고, AI 기술 등 최첨단 기술을 통해 정확도 높은 진단 결과를 제공하여 고객의 만족도를 향상시킬 수 있다.

또한, 앞서 살펴본 바와 같이 최근에는 레이저, 적외선, 안마 등의 기능을 추가한 기능성 탈모 케어 의료보조기구 제품이 다양하게 출시되고 있다. 두피 진단 AI 서비스를 통해 보다 정확한 두피 상태의 진단 결과를 탈모 케어 의료보조기구가 클라우드 서비스를 기반으로 활용할 수 있다면, 탈모 케어 의료보조기구 역시 더욱 효과적으로 활용될 수 있을 것으로 보이며, 상호 시너지 효과를 통해 두피관리 및 탈모 케어 시장에서 경쟁력을 확보할 수 있을 것으로 판단된다.

국내 탈모 인구의 증가로 탈모시장은 급팽창하고 있으면 탈모관련 산업은 성장기에 들어섰다. 본 사업의 결과는 나이와 상관없이 잘못된 관리로 발생할 수 있는 두피노화, 탈모를 두피 진단 AI 서비스를 통하여 예방하고 적절히 준비 및 관리가 가능하도록 하는데 기여할 수 있을 것이다. 본 연구를 통해 구축된 두피관련 데이터와 서비스는 탈모환자의 초기 진단 및 치료 과정 중 모발의 상태를 두피 혈관의 상태와 더불어 관찰할 수 있게 해줌으로서 환자에게 탈모 치료 과정과 효과를 좀 더 명확하게 전할 할 수 있을 것으로 예상된다. 또한, 다양한 탈모치료 기술들을 정량적으로 검증함으로써 국내·외 많은 기업과 연구소에서 본 연구의 방법을 활용할 수 있을 것으로 판단된다.

현대사회에서 헬스케어로 인해 사람들의 평균 수명 나이가 증가하고 있어, 이에 따라 불가피한 노화에 따른 두피노화 문제에 대해, 본 사업은 두피 진단 AI 서비스를 통해 이를 직관적으로 개선해 나가기기 위해 일조할 수 있을 것으로 기대한다.

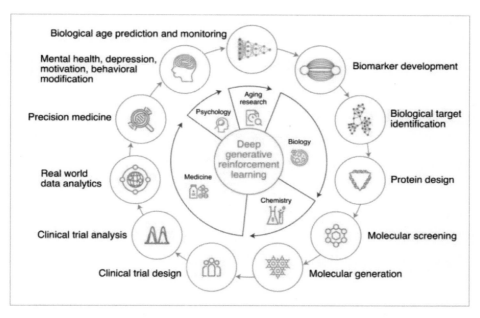

[그림 8.8] Applications of AI in longevity medicine

출처 : https://deeplongevity.com

1.4 인공지능 시대를 준비하는 법·제도·규제

인공지능 기술을 활용해 새로운 부가가치를 창출하고 기존 산업을 혁신하는 등의 혜택과 효과는 높이면서도 데이터 및 알고리즘의 불공정, 계층 간 격차 확대, 고용구조의 급격한 변화 등 역기능을 최소화할 수 있도록 하는 법·제도·규제 정비 로드맵이 확정됐다.

과학기술정보통신부와 국무조정실은 국무총리가 주재하는 회의에서 AI 산업을 진흥하고 활용 기반을 강화하고 역기능을 방지하기 위해 관계부처 합동으로 11개 분야에서 총 30개의 과제를 도출했다. 과기정통부는 'AI 법·제도·규제 정비 로드맵' 수립에서 AI의 고유한 기술 특성과 빠른 발전 속도로 인한 신기술과 구(舊)제도와의 간극을 극복하기 위해 종합적이고 선제적인 정비를 추진하고자 한다. 또한 국내 법 체계와 해외입법 동향을 분석한 결과를 반영해 글로벌 동향과 조화를 이루면서 우리 실정에 맞도록 법제 정비(안)을 마련했다. 더불어 사회적 합의에 기초한 민간 자율을 우선하는 로드맵을 마련했다.

다음은 이번에 확정된 AI 관련 법·제도·규제를 위한 11개 분야 30개 과제이다.

(1) 데이터 경제 활성화 기반 조성
- 데이터의 개념과 참여 주체를 명확화하고 정부 책무를 규정하는 '데이터기본법' 제정
- 개별 산업별 데이터 활용을 위한 입법(산업 디지털전환 촉진법 및 중소기업 스마트 제조혁신법) 추진(2021년 상반기 중)

- 자동화된 개인정보 처리에 의존한 의사결정에 대한 설명 요구권 및 이의 제기권 도입을 위한 개인정보보호법 개정(2021년 상반기 중)
- 대량의 데이터 분석 및 인공지능 학습이 가능하도록 저작권법 개정 추진

(2) 알고리즘 투명성·공정성 확보

기업의 알고리즘 개발이 위축되지 않도록 기업 자율적으로 알고리즘 편향성과 오류를 평가, 관리하는 체계를 우선 유도(2021년부터)

(3) 인공지능 법인격

인공지능 창작물 투자자 및 개발자 등의 지식재산권 인정 여부(2021년부터) 및 민법·형법 개정 검토를 통해 인공지능 법인격 관련 법체계 개편 논의를 장기 과제로 추진

(4) 인공지능 책임 체계 정립

인공지능이 계약을 체결한 경우, 이를 대리인에 의한 행위로 간주할 수 있는지 여부와 인공지능이 발생시킨 손해배상·범죄에 대해 권리 구제가 가능하도록 민법 개정·행정처분 신설 여부에 대해 검토(2023년부터)

(5) 인공지능 윤리 정립

인공지능 윤리기준 마련에 따라, 윤리교육 커리큘럼 연구 및 개발과 함께 학교 윤리 교육 강화

(6) 의료

인공지능 의료기기의 국제기준 마련을 선도(2022년 상반기)하는 한편, 인공지능 의료기술 효과성 재평가 등을 통한 건강보험 적용범위 확대(2023년부터)

(7) 금융

사설인증서의 신뢰성을 판단할 수 있는 '전자서명 평가·인정제도'를 운영하고, 금융기관 간 이상 금융거래 정보를 공유할 수 있는 지침 마련과 정보공유 확대를 통해 금융 관련 안전성 강화(2021년 하반기)

(8) 행정

인공지능 등을 활용한 자동화 행정 행위의 법적근거 마련을 위해 행정기본법을 제정하고, 오류 발생에 대비한 권리구제 절차(이의신청절차 및 행정심판) 마련

(9) 고용·노동

대면·디지털 전환 가속화 등으로 출현한 플랫폼 종사자 고용보험 적용을 위한 법령 개정(고용보험법 시행령,

플랫폼 종사자 보호법 제정, 2021년) 및 산업안전보건 개선 방안을 연구(2023년부터)하는 등 플랫폼 종사자를 위해 지속적으로 관련 대책 추진

⑩ 포용·복지

안정적이고 지속적인 디지털 포용정책 추진을 위한 법적 근거를 마련하기 위해 디지털포용법 제정을 추진(2021년 상반기)하고, 장기적으로는 인공지능이 야기한 사고 처리를 위한 보험제도 개편 방안 마련(2023년부터)

⑪ 교통

자율주행차 분야에서는 기 수립된 로드맵에 따라 개별 과제를 추진해나가는 한편, 자율운항 선박 분야는 규제 혁신 로드맵을 수립한다는 계획(2021년).

하이테크정보 AI 비즈니스

자료제공 : 하이테크정보

■ 소니 AI, 미식으로 세계를 잇는다. '가스트로노미 플래그십 프로젝트'

'인류의 상상력과 창의력을 해방시키는 인공지능AI의 창출'이라는 목표로 지난 2019년 소니의 사업 부문으로 출발, 2020년 4월 독립한 소니 AI가 미식 분야에 초점을 맞춘 '가스트로노미(Gastronomy) 플래그십 프로젝트'를 최근 공개했다. 소니 AI는 소니의 기존 사업 영역인 '게임'과 '이미징 및 센싱'에 더해 신규 영역으로 '가스트로노미'를 AI 연구 개발의 테마로 설정한 바 있다.

이번 '가스트로노미 플래그십 프로젝트'를 통해 소니 AI는 셰프(Chef)의 창조력과 조리 능력을 향상하는데 도움을 주는 레시피 창작 지원 AI 애플리케이션, 조리 지원 로보틱스에 관한 연구 개발, 그리고 이러한 활동의 기초가 되는 커뮤니티에 의한 공동 가치창조 활동을 본격적으로 시작한다고 회사측은 말했다. 소니 AI는 게임이나 음악, 영화 등과 마찬가지로 가스트로노미 역시 셰프인 크리에이터와 사람을 연결하는 글로벌 크리에이티브 엔터테인먼트 영역으로 보고 있으며, 그 기회를 잡기 위해 연구 개발과 각종 파트너십을 추진하고 있다.

소니 AI의 CEO인 기타노 히로아키는 "신종 코로나바이러스 감염증코로나19은 지속 가능성과 건강의 중요성, 그리고 우리가 지키고자 하는 음식 문화와 예술 등 무형의 가치를 더욱 부각시켰다"며 "AI와 로봇의 힘으로 창조적인 가스트로노미를 가능하게 하고, 이를 통해 건강과 지속 가능성에 도움을 주는 것이 '가스트로노미 플래그십 프로젝트'의 목적"이라고 말했다.

■ 레시피 창작 지원 AI 앱

식재료의 조합에는 무한한 가능성이 있고, 토지나 풍토, 계절, 사람의 건강상태나 음식에 대한 취향 등의 제약 조건도 고려해야 하기 때문에 AI의 연구 주제로 매우 난이도가 높다고 소니 AI는 말했다. 소니 AI는 음식 레시피나 식재료에 관한 다양한 데이터, 예를 들어 맛과 향, 풍미, 분자 구조, 영양소 등을 바탕으로 독자적인 분석 알고리즘과 세계 최정상의 셰프도 납득할 만한 새로운 식재료의 조합 및 레시피, 메뉴 창작 등을 지원하는 앱을 개발한다고 소개했다. 요리의 맛에 더해 사람의 건강상태에 도움을 주며, 환경의 지속 가능성에 공헌하는 레시피를 제안하는 것을 목적으로 한다고 전했다. 이를 위해 세계 최고의 셰프와 대화함으로써 얻는 지식 및 식재료

에 관한 다양한 데이터를 제공해 줄 파트너와의 협력 관계를 구축해 나가고 있다.

■ 조리 지원 로보틱스

소니 AI는 세계 최고 수준의 셰프의 오른팔 역할을 하거나 때로는 셰프의 능력을 뛰어넘는 조리를 지원할 수 있는 로봇을 연구 개발하고 있다. 조리과정에는 모양과 특성이 다른 식재료를 준비하는 것은 물론이고 다양한 도구를 사용해 식재료에 물리적 변화를 주는 조리작업 그리고 그 이후 플레이팅(Plating) 등이 포함된다. 세계 최고 수준의 셰프와의 협업을 통해 셰프의 기술을 센싱 및 AI를 활용해 로봇에게 학습시켜 조리부터 플레이팅 까지의 모든 과정에서 셰프를 지원하는 것을 목표로 하고 있다. 또한 원격으로 로봇을 조작해 멀리 떨어져 있는 더많은 사람들에게도 셰프의 요리를 제공하는 방안도 개발하고 있다고 전했다. 이같은 모든 목표는 AI 로보틱스 분야에 있어 큰 도전이 될 것이라고 회사 측은 말했다.

■ 커뮤니티에 의한 공동 가치 창조

새로운 레시피와 메뉴 창작, 조리 과정에는 셰프가 지닌 지식이나 경험, 창의성에 기반하고 있다고 소니 AI는 전했다. 코로나19의 대유행으로 인해 영향을 받은 가스트로노미 커뮤니티의 지속 가능성에 공헌하는 것을 목적 으로 소니 AI는 전 세계의 셰프 커뮤니티와의 관계를 강화하는 한편 해당 영역에서 최첨단 연구를 실시하는 대 학 및 연구기관, 기업과 함께 다방면으로 연구개발을 추진할 방침이라고 밝혔다.

셰프와의 관계를 구축하는 첫 번째 단계로 '셰프 인터뷰 시 리즈'를 소니 AI 홈페이지에 공개했다. 총 18명의 셰프와 요리 전문가의 원격 인터뷰를 통해 새로운 메뉴를 개발할 때 발상

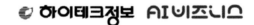

자료제공 : 하이테크정보

의 시작점과 과정, 기술 활용, 지속 가능성 등 다양한 주제를 담았다. 앞으로도 음식에 관한 폭넓은 장르의 크리 에이터 및 지식인과의 대담을 지속하고, 이를 통해 얻는 식견을 AI 앱과 로봇을 개발하는데 반영할 계획이라고 발표했다.

■ 정부, '인간성을 위한' AI 윤리 기준 마련 3대 원칙·10대 요건 제시

우리나라 실정에 맞는 '인공지능AI 윤리기준'이 마련됐다. 과학기술정보통신부와 정보통신정책연구원은 대 통령 직속 4차산업혁명위원회 전체 회의에서 AI 시대의 바람직한 AI 개발과 활용 방향을 제시하기 위한 '사람 이 중심이 되는 AI 윤리 기준'을 마련했다.

'AI 윤리기준'은 윤리적 AI를 실현하기 위해 정부·공공기관, 기업, 이용자 등 모든 사회 구성원이 AI 개발부 터 활용 전 단계에서 함께 지켜야 할 주요 원칙과 핵심 요건을 제시하는 기준이라고 과학기술정통부는 밝혔다.

지난해 우리나라가 주도적으로 참여한 경제협력개발기구(OECD) AI 권고안을 비롯해 유럽연합 등 세계 각 국과 국제기구, 기업, 연구기관 등 여러 주체로부터 다양한 AI 윤리 원칙이 발표했다. '인간성 Humanity'을 구 현하기 위해 인공지능의 개발 및 활용 과정에서 지켜야 할 3대 기본 원칙은,

첫째, 인간의 존엄성 원칙

둘째, 사회의 공공선 원칙

셋째, 기술의 합목적성이다.

3대 기본원칙을 실천하고 이행할 수 있도록 AI 개발부터 활용 전 과정에서 갖춰야 할 10대 핵심 요건은 ① 인권 보장 ② 프라이버시 보호 ③ 다양성 존중 ④ 침해금지 ⑤ 공공성 ⑥ 연대성 ⑦ 데이터 관리 ⑧ 책임성 ⑨ 안전성 ⑩ 투명성 이다.

- 인공지능 윤리기준 : 3대 기본원칙, 10대 핵심요건
- 3대 기본원칙 : 인공지능 개발 및 활용 과정에서 고려될 원칙

출처:과학기술정보통신부/정보통신정책연구원

AI, 음성인식 및 자연어처리 전문기업
자료 : ㈜넥타르소프트 박성호 대표

'인간성을 위한 인공지능AI for Humanity'을 위해 인공지능개발에서 활용에 이르는 전 과정에서 고려되어야 할 기준으로 3대 기본원칙을 제시한다.

① 인간 존엄성 원칙

인간은 신체와 이성이 있는 생명체로 인공지능을 포함하여 인간을 위해 개발된 기계제품과는 교환 불가능한 가치가 있다.

② 사회의 공공선 원칙

공동체로서 사회는 가능한 한 많은 사람의 안녕과 행복이라는 가치를 추구한다.

③ 기술의 합목적성 원칙

인공지능 기술은 인류의 삶에 필요한 도구라는 목적과 의도에 부합되게 개발 및 활용되어야 하며 그 과정도 윤리적이어야 한다.

■ 10대 핵심요건 – 기본원칙을 실현할 수 있는 세부 요건

3대 기본원칙을 실천하고 이행할 수 있도록 인공지능 전체 생명주기에 걸쳐 충족되어야 하는 10가지 핵심 요건을 제시한다.

① 인권보장

인공지능의 개발과 활용은 모든 인간에게 동등하게 부여된 권리를 존중하고 다양한 민주적 가치와 국제

인권법 등에 명시된 권리를 보장하여야 한다.

② 프라이버시 보호

인공지능을 개발하고 활용하는 전 과정에서 개인의 프라이버시를 보호해야 한다.

③ 다양성 존중

인공지능 개발 및 활용 전 단계에서 사용자의 다양성과 대표성을 반영해야 하며, 성별·연령·장애·지역·인종·종교·국가 등 개인 특성에 따른 편향과 차별을 최소화하고, 상용화된 인공지능은 모든 사람에게 공정하게 적용되어야 한다.

④ 침해금지

인공지능을 인간에게 직간접적인 해를 입히는 목적으로 활용해서는 안 된다.

⑤ 공공성

인공지능은 개인적 행복추구뿐만 아니라 사회적 공공성 증진과 인류의 공동 이익을 위해 활용해야 한다.

⑥ 연대성

다양한 집단 간의 관계 연대성을 유지하고, 미래세대를 충분히 배려하여 인공지능을 활용해야 한다.

⑦ 데이터 관리

- 개인정보 등 각각의 데이터를 그 목적에 부합하도록 활용하고, 목적 외 용도로 활용하지 않아야 한다.
- 데이터 수집과 활용의 전 과정에서 데이터 편향성이 최소화되도록 데이터 품질과 위험을 관리해야 한다.

⑧ 책임성

인공지능 개발 및 활용과정에서 책임주체를 설정함으로써 발생할 수 있는 피해를 최소화하도록 노력해야 한다.

⑨ 안전성

인공지능 개발 및 활용 전 과정에 걸쳐 잠재적 위험을 방지하고 안전을 보장할 수 있도록 노력해야 한다.

⑩ 투명성

사회적 신뢰 형성을 위해 타 원칙과의 상충관계를 고려하여 인공지능 활용 상황에 적합한 수준의 투명성과 설명 가능성을 높이려는 노력을 기울여야 한다.

하이테크정보 AI 비즈니스

자료제공 : 과기정통부, 자료정리 : 하이테크정보 김영실 주간

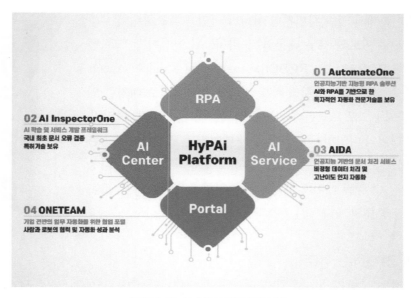

[그림 8.9] AI 솔루션 구조 포지셔닝
출처 : 인공지능 솔루션 전문기업 그리드원

1.5 인공지능 혁명 2030

■ "인공지능 혁명 2030", 제4차산업혁명과 정치혁명의 부상

저자 : 박영숙, 벤 고르첼 책의 핵심내용

세계적인 미래학자들과 교류하며 해외의 미래예측을 가장 빠르게 소개하며 베스트셀러 《유엔미래보고서》 시리즈를 펴내고 있는 <유엔미래포럼>의 박영숙 대표는 인간처럼 생각하고 말하고 표정 짓도록 만든 로봇 '소피아', '한', '필립'을 만들었으며 인공일반지능(AGI)협회장을 맡고 있는 벤 고르첼 박사와 공저로 《인공지능 혁명 2030》을 펴냈다. 책은 알파고 충격 이후 인공지능 혁명으로 새로운 부와 기회를 잡을 절호의 시기에 한국 독자들에게 인공지능에 대한 이해와 제4차산업혁명이라는 새로운 도전에서 '기회'를 선점할 수 있는 '통찰'을 제시하고 인공지능이 완전히 바꿔놓을 새로운 세상의 모습을 상세하게 그리고 있다.

저자들은 인공지능 발전이 단순히 자율주행차나 산업용 로봇, 의료로봇 같은 산업 분야에만 영향을 미치는 것이 아니라 인간 사회의 복잡한 의사결정을 대신함으로써 정치혁명과 사법혁명을 가져오고 가르치는 행위를 변화시켜 교육혁명을 촉발하며 실업에 대한 사회안전망으로 '기본소득제' 도래로 일자리 혁명을 창출하는 등 기존 사회시스템을 바꾸어 놓는다고 말한다. 특히나 벤 고르첼 박사는 알파고, IBM 왓슨처럼 한 가지 분야에만 특화된 인공지능(AI)을 넘어 다양한 분야의 온갖 일을 처리할 수 있는 인간의 뇌를 닮은 인공일반지능(AGI)의 기술변화와 혁신으로 지식 폭발의 시대와 인간수명 연장 혁명이 급부상할 것이라고 내다본다.

정치인을 대체할 로봇 대통령 '로바마' AI 엔진이 나왔다
인공지능의 의사결정 보강으로 '정치혁명'이 도래한다.

이러한 급격한 변화 속에서 일반 시민뿐만 아니라 국민을 대표하여 정부와 의회를 구성하여 도울 수 있도록 로봇 대통령 '로바마' AI 엔진이 벤 고르첼 박사에 의해 개발됐다. ROBAMA는 ROBOtic Analysis of Multiple Agents 의 약어로 세상의 복잡성과 사회·정치적 빠른 변화에 효과적으로 대처할 인간의 의사결정을 인공지능으로 보강한다. AI에게 모든 법, 뉴스, 정책 브리핑, 전문가 분석, 소셜 미디어와 다양한 종류의 정량적 데이터를 포함하여 폭넓은 정보를 입력해 내부적으로 유연한 방법으로 모두 상호 연관되도록 하고, 다양한 패턴 및 추론을 이끌 수 있는 데이터 유형으로 주입하고 학습시키면 '로바마'는 인간에게 다양한 종류의 '편견 없는' 결과물들을 생성해 준다.

■ 인공지능 혁명이 급부상하는 이유

① 자본유입 : 인공지능 분야의 투자유치가 대규모로 진행된다. 2015년에는 24억 달러(약 2조 8천억 원), 2016년 상반기에만 15억 달러, 즉 2조 원가량의 막대한 자금이 유입되었다.

② 알고리즘 개발 증가 : 딥 러닝을 비롯하여 딥 러닝의 수직 계층적 패턴 인식과 같은 알고리즘에 돈이 몰리고 있다.

③ 하드웨어 개발 증가 : 구글 알파벳이 최근에 발표한 하드웨어 유닛인 텐서처리장치(TPU : Tensor Processing Unit), 퀄컴(Qualcomm)의 새로운 신경처리장치(NPU : Neural Processing Unit), 엔비디아의 딥 러닝 칩, 또는 IBM의 TrueNorth neuromorphic 컴퓨팅 플랫폼 등의 하드웨어가 출시되었다.

④ 데이터 세트 개발 증가 : 대규모 데이터 세트 개발이 증가되었다. 종전에 없던 더 많은 툴이 나와 일반 공공 데이터 세트를 수집, 통합하고 분석함으로써 인공지능 능력이 보강된다.

⑤ 인재의 집중 : 튜리(Turi), 네르바나 (Nervana), 딥마인드(DeepMind) 같이 이름이 있는 스타트업들이 최근에 주목을 받고 있는데, 이처럼 이런 작은 기업들에 인공지능 인재들이 모여들고 있다.

⑥ 응용프로그램의 대거 출현 : 응용프로그램들이 대거에 출현하고 있다. 증강인간을 만들고 인간의 스킬을 향상시키고 인간의 능력을 확장시켜 준다.

⑦ 책임감과 신뢰감 증가 : 인공지능 응용이 급속도로 발전하는 이유는 인공지능의 책임감, 신뢰도가 증가하기 때문이다.

■ 일할 필요 없는 인간을 위한 일자리 혁명

유엔미래포럼(Millennium Project 한국대표 박영숙)은 60여 개 글로벌 지부를 둔 미래예측 싱크탱크로 2015년부터 2050 미래일자리 연구를 진행 중에 있으며, 책에서는 '일자리 혁명 2050' 시나리오를 소개한다.

우선 '일자리경제 Job Economy'에서 '자아 실현경제Self-actualization Economy'로의 전환이 시작된다. 그러나 2050년경에 경제의 패러다임이 바뀌어 일할 필요가 없는 경제, 즉 자아실현경제가 되어 사람들은 기본소득을 받으며 하고 싶은 일을 하는 부유하고 풍요로운 사회에서 살게 된다는 시나리오가 그것이다. '자아실현경제'를 뒷받침할 새로운 세입원은 △조세피난처 감소(20%) △부가가치세 증세(12%) △탄소세와 기타 오염세 증세(11%) △새로운 기술개발로 인한 부유세(11%) △로봇 소유주 세금 증세(11%) △국가 자원의 임대 또는 세금 부과(10%) △국제외환거래에 대한 세금 증세(9%) △최소 법인세 증세(9%) △국영기업 비율 증가와 증세 등으로 증가한다.

■ 인공일반지능이 제4차산업혁명의 부와 기회를 이끈다.

인공지능은 제4차산업혁명의 주체다. 안드로이드 개발자 앤디 루빈이나 GE의 제프 이멜트 회장 등 전문가들은 인공지능이 증기기관, 전자기기와 컴퓨터에 이어 제4차산업혁명을 이끈다고 말한다.

인공지능개발에 대한 찬사만큼 그에 대한 우려도 만만치 않다. 영국의 우주물리학자 스티븐 호킹 박사가 처음으로 우려를 표명했고 뒤를 이어 많은 경고가 나왔다. 테슬라 자동차의 CEO 일론머스크도 인공지능은 인류에게 핵무기보다 더 큰 위협이 될 수 있으므로 인류를 구하는 이로운 방향으로 발전시키는 기술만 개발하라고 인공지능연구기금(OpenAI)을 내놓았다.

곧 다가올 2030년 인공지능이 가져올 주요한 변화는 다음과 같다.

- 입법·행정·사법 기능을 대체할 인공지능에 의해 정부나 국가의 기본제도가 바뀐다.
- 인간의 언어를 인지하고 이해하는 '생각하는 기계'에 의한 초지능 시대가 도래 한다.
- 인공지능이 병을 진단하고 새로운 치료법을 찾아냄으로써 의사들은 대부분 로봇을 운행하는 기술자로 변한다.
- 인공일반지능 변호사, 판사 시스템이 개발된다.
- 인공지능이 수많은 일자리를 대체하며 생산단가, 노동력무료화로 제품이나 서비스 가격이 저렴해진다. 실업으로 인한 사회안전망 대안으로 '기본소득제도'가 도래한다.
- 금융서비스의 개혁이 일어난다. 재무관련 서비스, 금융투자 서비스, 보험 설계 등이 인공지능으로 대체된다.
- 스포츠서비스업, 스포츠시설업, 스포츠용품업 등 스포츠 산업에서 획기적인 변화가 일어난다.
- 지식 폭발시대로 교사가 사라지고 지식 암기로 능력을 평가하는 교육 과정은 소멸한다.
- 참여적이고 개인화된 쌍방향 미디어가 꽃피운다. 인공지능을 결합한 새로운 엔터테인먼트들이 등장한다.
- 가정용 로봇, 짐을 배달하고 사무실을 청소하고 보안을 담당하는 전문 로봇들이 보편화된다. 고령사회를 대비한 다양한 인공지능 서비스가 출현한다.
- 개인적인 취향을 알아서 가정이나 사무실, 연구소의 가장 쾌적한 상황과 분위기를 만들어 주는 인공지능 서비스가 각광을 받는다.

■ 인간의 수명 연장에 인공일반지능이 도전한다.

책에서 벤 고르첼 박사는 인간과 기존 통계 툴로는 알아낼 수 없는 생물학 데이터 내의 모든 패턴들을 인공지능과 인공일반지능이 알아낼 수 있어 인간의 수명을 획기적으로 늘릴 수 있다고 말한다. 벤 고르첼 박사의 연구팀에 의하면 미토콘드리아 DNA에 대한 데이터 세트에 적용된 인공지능 기술(맞춤형 유전자 알고리즘)은 파킨

스병과 알츠하이머병에 관여하는 미토콘드리아 DNA의 위치들을 정확히 집어냈으며 만성피로증후군의 유전자 정보에 대한 최초의 확실한 증거를 찾아내기도 했다.

1.6 인공지능 솔루션 및 활용 우수사례

T3Q.ai Cloud 사례 : 범 부처 인공지능 산업플랫폼 (과학기술정보통신부-NIPA, 2020)

서비스형 인공지능 (AIaaS) 플랫폼은, 1) 클라우드 IaaS 위에, 2) 인공지능을 위한 PaaS, 3) 인공지능 서비스로 구성되며, 응용 애플리케이션은 인공지능 서비스를 활용한다. 이에 형상화한 구조는 다음 그림과 같다.

빅데이터 분석과 인공지능을 기반으로 하는 스마트 팩토리(서비스)는 [그림 8.10]과 같이 나타낼 수 있다.

■ 범용 인공지능 산업플랫폼 구성도

인공지능 산업플랫폼은 제조, 금융, 법률, 에너지, 의료/헬스케어 등의 산업 전반에 걸쳐 활용성이 있는 클라우드 기반 서비스형 AI 플랫폼으로, 빅데이터/인공지능 플랫폼을 포함하고 있으며, IoT플랫폼, 블록체인 및 엣지의 인공지능화까지 확장하고 있다.

■ T3Q 빅데이터 플랫폼의 기능과 구성
• 대용량 분산 클러스터
• 실시간 수집
• 분산 큐(Queue) 적용
• 정형/비정형 실시간 전처리
• 실시간 분석 및 인공지능 실시간 탐지
• 다양한 분산 저장소·성능과 가용성 예측 및 선제적 관리
• 다양한 UI/UX 및 대시보드

■ T3Q 인공지능 플랫폼 기능과 구성
• 전처리, 모델설계, 학습, 결과관리 및 배포, 추론 전체 학습 파이프라인 지원
• 다양한 머신 및 딥러닝 알고리즘 지원
• 분산학습 지원
• 강력한 학습과정 및 결과 시각화
• 실시간 학습 전처리 지원
• 학습데이터에서 동적인 변수 선택 지원
• 앙상블 지원 등

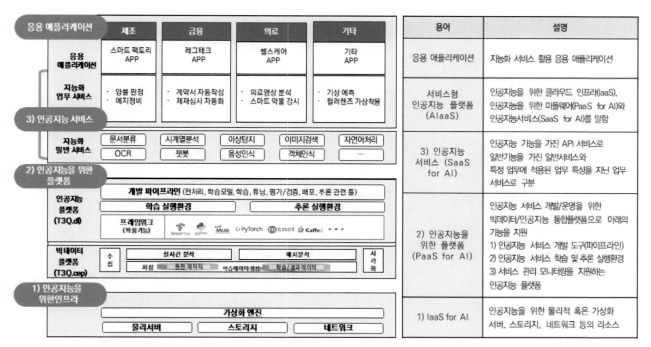

응용 애플리케이션	제조	금융	의료	기타
응용 애플리케이션	스마트 팩토리 APP	레그테크 APP	헬스케어 APP	기타 APP
지능화 업무 서비스	· 양불 판정 · 예지정비	· 계약서 자동작성 · 제재심사 자동화	· 의료영상 분석 · 스마트 약물 감시	· 기상 예측 · 컬러렌즈 가상착용

3) 인공지능 서비스

지능화 일반 서비스	문서분류	시계열분석	이상탐지	이미지검색	자연어처리
	OCR	챗봇	음성인식	객체인식	...

2) 인공지능을 위한 플랫폼

인공지능 플랫폼 (T3Q.dl)
개발 파이프라인 (전처리, 학습모델, 학습, 튜닝, 평가/검증, 배포, 추론 관련 틀)
학습 실행환경 / 추론 실행환경
프레임워크 (확장가능) TensorFlow python MLlib ◇PyTorch mxnet Caffe2 ● ● ●

빅데이터 플랫폼 (T3Q.cep)
수집 / 실시간 분석 / 배치분석 / 시각화
저장 / 원천 데이터 / 학습예측데이터생성 / 학습/결과 데이터

1) 인공지능을 위한 인프라

가상화 엔진
물리서버 / 스토리지 / 네트워크

용어	설명
응용 애플리케이션	지능화 서비스 활용 응용 애플리케이션
서비스형 인공지능 플랫폼 (AIaaS)	인공지능을 위한 클라우드 인프라(IaaS), 인공지능을 위한 미들웨어(PaaS for AI)와 인공지능서비스(SaaS for AI)를 말함
3) 인공지능 서비스 (SaaS for AI)	인공지능 기능을 가진 API 서비스로 일반기능을 가진 일반서비스와 특정 업무에 적용된 업무 특성을 지닌 업무 서비스로 구분
2) 인공지능을 위한 플랫폼 (PaaS for AI)	인공지능 서비스 개발/운영을 위한 빅데이터/인공지능 통합플랫폼으로 아래의 기능을 지원 1) 인공지능 서비스 개발 도구(파이프라인) 2) 인공지능 서비스 학습 및 추론 실행환경 3) 서비스 관리 모니터링을 지원하는 인공지능 플랫폼
1) IaaS for AI	인공지능을 위한 물리적 혹은 가상화 서버, 스토리지, 네트워크 등의 리소스

[그림 8.10] 서비스형 인공지능(AI as a Service)플랫폼 구성

출처 : ㈜T3Q, 박병훈 대표

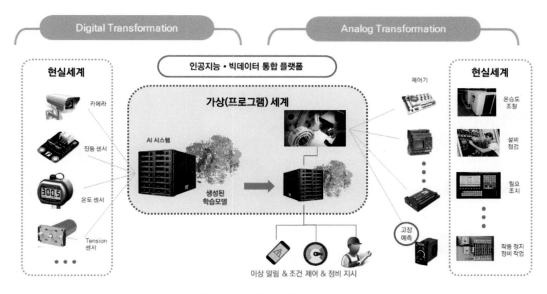

[그림 8.11] 가상 (프로그램) 세계

자료제공 : ㈜T3Q, 박병훈 대표

인공지능을 위한 빅데이터·인공지능 통합플랫폼인 PaaS for AI를 클라우드로 전환하고, 지능화 서비스인 Saas for AI를 확보하며, 최종의 인공지능 산업플랫폼은 실시간 지능화, 엣지의 지능화를 지향하고 쉬운 인공지능 비즈니스를 지원하는 방향으로 ㈜T3Q는 솔루션을 개발, 보급 확산하고 있다.

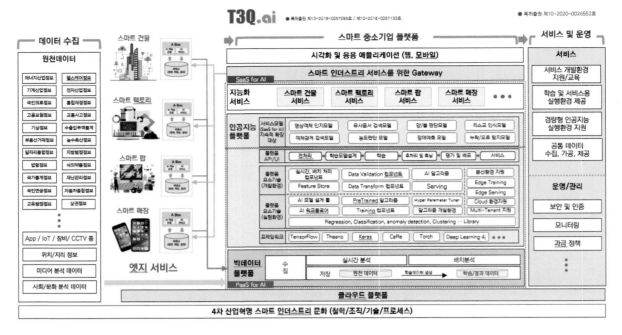

[그림 8.12] T3Q AI 플래폼

출처 : ㈜T3Q

02_딥러닝(Deep Learning) 기술과 활용

2.1 딥러닝이란?

딥러닝은 인공지능(AI)의 전단계라 해도 과언이 아닐 것이다. AI는 학습, 추론, 인지, 이해와 같은 인간의 지적능력을 기계로 구현하는 기술이다. 1950년 영국 수학자 앨런 튜링이 기계가 지능을 가질 수 있다는 것을 증명한 이후 서서히 진화했다. 2000년대 들어 머신러닝과 딥러닝이 발전하면서 급격한 기술진보를 이뤘다. 낮은 수준의 AI을 구현할 때는 머신러닝(기계학습)을 사용한다고 해도 좋을 것 같다. 딥러닝에 비해 머신러닝이 좀 더 큰 개념이다. 딥러닝은 머신러닝 방법론 중 가장 많이 쓰이는 것이기도 하다.

머신러닝은 크게 알고리즘, 데이터, 하드웨어 인프라로 구성된다. 사실 머신러닝과 관련된 알고리즘은 수십년 전에 나왔고, 관련된 기술들도 오픈소스로 많이 공개됐다. 머신러닝의 핵심은 데이터의 양이다. 데이터의 양이 많을수록 품질이 올라간다.

데이터가 많으면 수많은 데이터를 처리할 인프라를 구축해 놓아야 한다. 과거에는 머신러닝 방법을 알지만 인프라가 따라오지 못해 머신러닝 실험을 하지 못하곤 했다. 현재는 기술과 하드웨어 수준이 높아져 실험 기반은 마련됐고, 누가 더 빨리할 수 있느냐에 집중하고 있다. 머신러닝은 대규모 데이터와 인프라가 뒷받침돼야 하기 때문에 스타트업이 시도하기 어려운 분야이기도 하다. 이 때문에 머신러닝의 활용은 규모의 경제가 되고 있다. 거대 IT 기업정도가 돼야 도전할 수 있다는 의미다.

현존하는 머신러닝 기술들의 수준은 꿀벌, 개미, 거머리 등의 뇌 수준 정도이다. 다만 해당 문제풀이에 특화했기 때문에 특정 영역에서는 인간의 능력을 넘어설 수도 있다. 흔히 사용하는 번역기나 음성인식도 머신러닝을 응용한 사례의 일종이다.

딥러닝은 다계층 인공신경망 기반의 기계학습 기술로서 최근 컴퓨터 비전, 음성인식, 자연어 처리 분야에서 인식 성능을 높이는데 중요한 역할을 하고 있다. 다수의 고성능 컴퓨터는 딥러닝 기술을 이용하여 기계가 수천만장의 이미지를 학습하여 객체를 인식하게 하고, 수천 시간의 음성데이터를 학습하여 사람의 말을 알아듣게 처리해 준다. 따라서 딥러닝에는 다수의 컴퓨터를 효율적으로 이용하기 위한 분산처리 기술이 필수적이며 관련 연구들이 활발히 진행되고 있다.

2.2 딥러닝 기술과 활용

딥러닝은 음성 인식, 영상 분류, 사물 감지, 콘텐츠 설명 등 인간과 유사한 작업을 수행할 수 있도록 컴퓨터를 교육하는 머신러닝 기술의 일종이다. 실제로 존재하는 예로 Siri와 Cortana 같은 가상비서를 들 수 있다. 이러한 애플리케이션은 딥러닝을 통해 성능이 향상된다.

최근 알파고로 인해 인공지능 기술에 전 세계의 이목이 집중되었다. 알파고는 Convolutional Neural Net (CNN)이라는 딥러닝 기법과 몬테카를로 탐색기법을 이용한 바둑게임 프로그램으로 프로기사 이세돌 9단과의 대국 시 1,920개의 CPU와 280개의 General-Purpose computing on Graphics Processing Units (GPGPU)를 이용한 분산시스템에서 실행되었다. 알파고의 승리는 뛰어난 인공지능 알고리즘뿐만 아니라 빠른 시간 내에 계산을 하는 천대가 넘는 분산처리 컴퓨팅 파워 덕분이다. [그림 8.13]은 대량 입력 딥러닝 모델을 나타낸다.

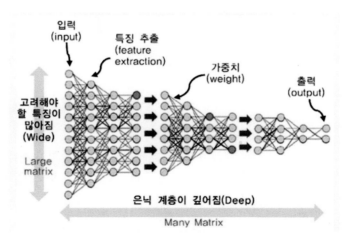

[그림 8.13] 대량 입력 딥러닝 모델

출처 : 전자통신동향분석/ETRI, "딥러닝 분산처리 기술동향",
안신영 (Ahn S.Y.) 고성능컴퓨팅시스템연구실 선임연구원외 3명 미래창조과학부 연구개발지원 발표자료

딥러닝은 매개변수를 설정하고 처리 계층을 사용하여 패턴을 인식함으로써 스스로 학습하도록 컴퓨터를 교육한다. 알고리즘, 신경망, 휴먼 머신 인터페이스 및 컴퓨팅 성능이 빠르게 개발됨에 따라 딥러닝 애플리케이션이 새로운 차원으로 발전하고 있다.

딥러닝은 보안 업계에도 막대한 영향을 미쳐 다양한 솔루션이 더욱 강화된 사이트 보안과 운영 효율성을 지원할 수 있게 되었다. 특성 인식 및 이미지 분류와 관련된 심층적인 학습의 이점은 보안 분야에서 매우 중요하다. 얼굴 및 차량 감지부터 행동 분석에 이르기까지 보안 산업의 모든 측면을 다루고 있다.

■ ㈜페르소나, 대화엔진 원천기술 보유, 인공지능 챗봇 솔루션 'RoCHA.AI'

RoCHA.AI는 스스로 학습하는 채팅 기반 고객 상담 시스템이다. "AI Chatbot, 누구나 쉽고 빠르게! AI 챗봇." 빅데이터가 없어도, 최소한의 데이터로 효율적인 모델 생성이 가능한 엔진이다. 문장의 텍스트와 의도 데이터를 유사한 의미로 증강(증폭)학습하여 다양한 문장으로 테스트를 할 수 있는 엔진을 개발했다. 유사한 의미의 다양한 문장과 반복적인 증강 학습은 곧 사용자의 의도를 정확히 파악할 수 있는 좋은 모델의 성능으로 이어진다. 여러 개의 챗봇을 그룹으로 관리하여 운영/관리 효율성을 높일 수 있다.

자연어 생성기술
빅데이터기술을 활용한
인공지능기반 자연어생성기(NLG)로
단시간에 데이터 생성 및 수집 가능

엔진까지 설치 가능
기업 사내 서버에 엔진까지
설치 가능한 유일한 솔루션

ROCHA.AI

쌍방향 대화 기술
머신러닝과 딥러닝 기술로
컨텍스트(문맥)를 유지 및
대화 뎁스에 상관없이 답변 가능

AI연계 하이브리드 상담 시스템
인공지능과 사람이 협력한
하이브리드 상담 기능으로
상황별 고객별 맞춤 케어 가능

[그림 8.14] AI챗봇 특성과 활용
출처 : ㈜페르소나AI, 대표 유승재 http://www.bottalks.ai/

■ RoCHA.AI 활용사례

RoCHA.AI는 엔진까지 설치되는 유일한 제품이다. 외부 엔진 사용 없이 기업 사내 서버에 설치가 가능해 보안에 강점이 있으며 다양한 커스터 마이징이 가능하다. RoCHA.AI는 한 번의 구축으로 PC/ MOBILE 웹, 앱, SNS (페이스북, 카카오톡, 라인, 네이버톡톡 등) 까지 고객이 이용하기 가장 편한 방법으로 접근할 수 있도록 다양한 채널을 통해 제공이 가능하다.

RoCHA.AI는 페르소나AI가 자체 개발한 한국어 대화 엔진을 적용한 챗봇이라 할 수 있다. 페르소나AI의 대화엔진은 KOLAS 국제공인 테스트 결과 한국어 인식률 100%의 결과를 획득했다고 한다.

금융권에서의 고객 상담용AI 챗봇 사용은, 피싱 공격에 이용될 우려가 있다고 본다. (연합뉴스 2018. 05.01) 금융보안원은 "금융회사는 챗봇에 대한 식별 기능을 제공하고, 챗봇을 통해 입력되는 중요정보를 사용자 단말기에 저장하지 않거나 불가피한 경우 암호화해야 한다"며 "챗봇 서버 보안 및 접근제어, 네트워크 보안, 웹서버 보안 등도 챙겨야 한다"고 강조한 바 있다.

■ 딥러닝 엔진

㈜페르소나에이아이는 빅데이터가 없어도, 최소한의 데이터로 효율적인 모델 생성이 가능한 엔진을 갖고 있다. 유사한 의미의 다양한 문장과 반복적인 증강 학습은 곧 사용자의 의도를 정확히 파악할 수 있는 좋은 모델의 성능으로 이어진다. 텍스트 데이터를 다양한 딥러닝모듈에서 사용하기 위해 필요한 형태의 벡터 단위로 변환한다.

빅데이터를 통해 학습된 분류기로 임베딩 결과의 연관성을 파악하며, 전체 학습 품질을 높이는데 핵심적인 역할을 하는 데이터 전처리 모듈이다. RoCHA.AI 대화상자를 통해 문맥을 유지한 대화 체계를 설정하거나 단순 대화를 구성할 수 있다. 텍스트는 물론 이미지, 링크, 전화연결 등 다양한 방식의 답변 설정이 가능하다. 일일이 문장을 입력하며 테스트하지 않아도, 엑셀 형태로 문장을 업로드하여 대량 테스트가 가능한 시스템이다.

대화검증 시스템은 대량의 문장을 개별적으로 분리하여 문장의도에 맞는 대화상자를 추출하고, 인텐트와 엔티티, 감지 단어, 답변 내용 등을 확인하며 대화엔진시스템의 성능을 손쉽게 검증할 수 있는 시스템이다.

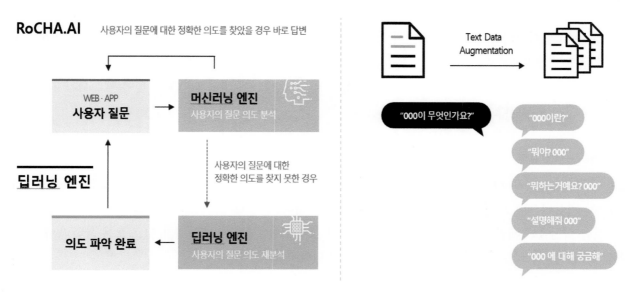

[그림 8.15] RoCHA.AI 서비스 흐름도

출처 : ㈜RoCHA

2.3 딥러닝 서비스 전망

딥 러닝은 아마존 추천 시스템, 구글 검색과 번역 툴, 마이크로소프트 코타나 개인 비서를 비롯해 폭넓게 애플리케이션과 서비스로 사용되고 있다. 서비스로서의 머신러닝(Machine learning as a service) 또는 클라우드 AI는 현재 마이크로소프트 애저, AWS, 구글 클라우드, IBM 클라우드와 같은 클라우드 플랫폼의 중요한 구성요소다. 기본적으로 이들 주요 클라우드 서비스 업체가 제안하는 것은 비즈니스 애플리케이션에 AI를 추가하는데 수반되는 까다로운 작업을 해결해 준다. 이를 위해 고객이 사전에 이미지 인식 등 학습된 딥러닝 모델을 이용할 수 있도록 하고, 클라우드에서 맞춤형 모델을 구축, 학습, 배치 등을 맞춤형으로 구성하는 프로세스를 간소화하는 툴로 제공한다.

세계 대다수 사람을 위한 AI 툴로서, 마이크로소프트 애저 ML 스튜디오(Azure ML Studio), 아마존 세이지메이커(SageMaker), 구글 클라우드 ML 엔진 등이 비슷하게 하나의 플랫폼으로 사용된다. 주요 클라우드 업체의 AI 범용화에 경쟁이 치열 해지고 있다.

다수의 선도 AI, 딥러닝 기업들은 컴퓨터 비전이나 자연어 이해, 딥러닝 모델 같은 복잡하고 강력한 AI 기술을 단순화 하여 개발자를 자사의 생태계에 묶어두고, 자사 클라우드 인프라와 서비스 이용을 장려하도록 개발방향을 잡고 있다.

■ 대화형(Conversation) AI platform

RoCHA.AI는 빅데이터 기반 딥러닝 엔진과 머신러닝 엔진으로 구성된다.

■ 구글

구글은 AI와 머신러닝 전문성 측면에서 강력한 역량을 보유하고 있으며, 그 역사는 텐서플로우(TensorFlow) 프레임워크의 오픈소스화까지 거슬러 올라간다. 구글은 연구 사업부의 브랜드를 아예 구글 AI(Google AI)로 바꿨다. 구글 CEO 순다 피차이는 "정보의 유용성과 접근성, 사회에 대한 기여도를 높이는데 AI가 기반이 된다."고 확고히 주장한다.

■ 마이크로소프트

마이크로소프트 CEO 사티야 나델라는 "인텔리전트 코어, 인텔리전트 에지(intelligent core, intelligent edge)라는 AI 기반의 개념을 강조했다. 나델라는 현재 목표에 대해 마이크로소프트 개발자를 위한 "AI의 일용품화"와 "기술 혁신을 프레임워크와 툴, 서비스로 변환해서 개발자에게 제공해 개발자가 AI로 모든 산업과 애플리케이션에 영향을 미치도록 하겠다."는 강한 의지를 갖고 있다.

03_빅데이터 분석과 활용

3.1 빅데이터 분석이란?

전 세계적으로 데이터의 양이 급증하고 있다. 대규모, 빠른 생성 속도, 다양한 형태라는 특징을 가진, 기존의 정보관리 기술로는 빅데이터(big data)를 저장/관리/분석하기 어려울 정도의 큰 규모의 정형 또는 비정형 데이터를 폭증하고 있다. 또한 그러한 데이터를 저장/관리/분석하는 기술도 빅데이터라는 개념에 포괄된다. 빅데이터 현상은 기업들의 고객 데이터 수집 활동 및 멀티미디어 콘텐츠의 폭발적 증가와 스마트폰 보급, SNS 활성화 및 사물 통신망의 저변 확대로 빠르게 확산되고 있는 시점에 빅데이터 분석기술은 일상생활이 되었다.

특히 기업들은 온라인/오프라인 사용자 정보, 소비자 행태에 대한 정보 수집, 적극적 고객 관련 정보 수집의 증가로 더 많은 데이터 스토리지와 정교한 분석 능력을 필요로 한다. UN에서 제공하는 데이터 또는 미국 정부의 공공데이터 사이트인 data.gov에 들어가면 월 단위의 데이터 통계자료들을 구할 수 있는데, 그 자료를 살펴보면 SNS의 급격한 확산으로 비정형 데이터의 양이 폭증하고 있다. 페이스북(Facebook)에서만 매월 이용자 한 명당 평균 90개 이상의 콘텐츠를 업로드하고 있으며, 유튜브(YouTube)에서는 1분마다 24시간 분량의 비디오가 업로드 되고 있다. 즉 SNS 미디어 데이터가 폭증하고 있다. 2011년 전 세계 데이터는 1.8 제타바이트 (Zettabytes)인데, 매 2년마다 2배씩의 증가가 예상되며, 2025년에는 175제타바이트로 증가할 수 있다.

또한, 사물통신(M2M) 확산에 따른 센서의 저변 확대로 엄청난 속도로 증가하고 있다. 원격 헬스 모니터링을 통한 헬스케어, RFID를 이용한 소매업, 유틸리티 사업에서도 데이터 발생량이 증가할 것으로 전망하고 있다. CT 스캔, CCTV 카메라 등 다양한 부분에서의 대용량 멀티미디어 콘텐츠도 증가하고 있다. 고화질 동영상은 이미 인터넷 전체 트래픽의 50% 이상을 차지하고 있다.

■ 분야별 빅데이터 활용
각 분야별로 빅데이터를 어떻게 활용할 수 있는지 살펴보자.

* 의료 : 의료 정보(R&D, 치료, 진료비)와 환자의 일반 정보(생활 습관, 기호품 등)를 통해 신약을 개발하거나, 질병을 조기 진단한다. 개인의 게놈(Genome) 데이터를 분석하여 개인별 맞춤 약품을 개발하고 처방한다.
* 유통, 마케팅 : 소비자의 과거 구매 이력, SNS 메시지, 현재 위치 등의 정보를 통해 최적 상품 및 구매 조건을 실시간으로 제시한다. 또는 광고, 이벤트 등의 마케팅 활동에 대한 소비자 반응을 실시간으로 평가하여 대응한다.
* 제품 A/S, 품질 개선 : 제품에 부착된 원격 센서로 제품 상태를 모니터링 하여 원격 수리를 하거나, 또는 담당자를 파견하여 수리 조치한다. 제품 사용 패턴, 고장 이력 등의 정보를 차기제품 개발에 반영한다.
* 인프라 : 교통, 전력 : 스마트폰, 차량 내비게이션 위치 등을 활용하여 실시간 최적 경로를 제시한다. 과거의 기후/날씨 정보, 전력사용 패턴 등의 정보를 활용하여 실시간 전력요금을 설계하고, 발전설비 건설 계획을

수립한다.

- 이상 금융거래 탐지 : 이상 금융거래 탐지시스템(Fraud Detection)은 금융거래 이용자의 전자 금융거래 정보를 분석하여 이상 유무를 분석하고, 이상이 있을 시에는 계정을 차단하는 시스템이다. 도이치 은행(Deutsche Bank), 아메리카 은행(Bank of America), 체이스 은행(Chase Bank) 등의 은행들은 신용카드의 과거 트랜잭션 데이터들을 바탕으로 금융사기 감지 및 방지, 신용 위험 감소를 위한 신용 등급 설정 및 분석 모델을 구축하였다. 모든 트랜잭션이 이 모델을 거치는데, 이러한 모델의 구축은 빅데이터 시스템의 도움 없이는 불가능하다.

- 트루리아, 부동산 가격 및 예측 : 트루리아(Trulia)는 미국 부동산 기업으로 현재 Google Maps API를 사용하여 각 지역의 부동산 판매가/임대가, 거주 주민의 개인 자산, 이전 범죄 발생 건수, 학교 수, 도로 교통 상황, 식당, 은행, 주유소, 마트 등의 위치 정보, 지역 날씨 및 지형 정보 등 다양한 거주 관련 관심 정보를 제공하여 매달 약 3천만 명의 웹 사용자와 1천만 명의 모바일 앱 사용자들을 보유하고 있다.

- 구글, 독감 증상 예보 : 홈페이지에서 독감 증상이 있는 사람들이 늘어나면, 기침, 발열, 몸살, 감기약 등 관련 어휘를 검색하는 빈도가 늘어난다는 사실이 발견되었다. 이를 통해 시간별, 지역별 독감 관련 검색어 빈도를 지도에 표시함으로써 독감을 예보할 수 있다. 이 방식으로 구글은 2009년 2월 '구글 독감 동향(Google Flu Trends)'이라는 독감 확산 조기경보 체계를 미국 보건 당국보다 앞서 마련하였다.

실제로 미국 질병통제예방센터의 데이터와 비교해본 결과, 검색 빈도 및 실제 독감증세를 보인 환자 숫자 사이에 매우 밀접한 상관관계가 있음이 확인되었다. 이는 빅데이터를 통해 실시간으로 사용자 의도를 분석할 수 있으며, 그로부터 더 빠르고 정확한 통계를 확보할 수 있음을 잘 보여준다.

출처 : 빅데이터 (창의융합 프로젝트 아이디어북, 2015. 6. 10, 조준동)

■ 빅데이터 플랫폼

기업들은 빅데이터 플랫폼을 사용하여 빅데이터를 수집, 저장, 처리 및 관리 할 수 있다. 빅데이터 플랫폼은 빅데이터를 분석하거나 활용하는데 필요한 일종의 인프라(Infrastructure)로서 생성된 데이터에서 데이터 시각화까지 빅데이터 분석 결과를 보여줄 수 있는 플랫폼이다. 빅데이터 플랫폼은 빅데이터라는 원석을 발굴하고, 보관, 가공하는 일련의 과정을 이음새 없이(Seamless) 통합적으로 보여 주어야 한다. 이러한 안정적 기반 위에서 전 처리된 데이터를 분석하고 이를 다시 각종 업무에 맞게 가공하여 활용한다면 사용자가 원하는 가치를 정확하게 얻을 수 있을 것이다.

■ 빅데이터 핵심 기술

빅데이터를 다루는 처리 프로세스로서 병렬처리의 핵심은 분할 점령(Divide and Conquer)이다. 즉 데이터를 독립된 형태로 나누고 이를 병렬적으로 처리하는 것을 말한다. 빅데이터의 데이터 처리란 이렇게 문제를 여러 개의 작은 연산으로 나누고 이를 취합하여 하나의 결과로 만드는 것을 뜻한다. 대용량의 데이터를 처리하는 기술 중 가장 널리 알려진 것은 아파치 하둡(Apache Hadoop)과 같은 Map-Reduce 방식의 분산데이터 처리 프레임 워크이다.

■ 빅데이터 시각화

- 시각화 방법 : 앞서 언급한 바와 같이 빅데이터 시각화는 정보 구조화, 정보 시각화, 정보 시각 표현의 3단계로 진행된다. 시각화의 정의 시각화 프로세스 시각화 방법 빅데이터와 시각화 디자인 정보 구조화라 할 수 있다. 앞서 기술한 바와 같이 양적 데이터를 다루는 빅데이터의 정보디자인의 성패는 빅데이터에서 다루는 데이터를 어떻게 통합했는지, 데이터 고유의 특성이 훼손되지 않으면서 비교되는 통계 품질이 어떠한지, 의도한 정보 디자인을 위한 통계 데이터의 도출이 적절하게 됐는지 등에 의해 시각화의 성패가 좌우된다고 할 수 있다.

- 정보의 조직화 : 데이터를 수집하는 과정을 거쳐 혼돈의 상태로 존재하는 데이터를 분류(Classifying)하고 배열(arranging)하고 조직화(Organizing)해 질서를 부여하는 작업을 의미한다고 할 수 있다. 시각화의 정의 시각화 프로세스 시각화 방법 빅데이터와 시각화 디자인 배열이 중요하다. 리처드 솔 워먼의 저서인 『정보욕구(Information Anxiety)』에서는 정보의 조직화를 위한 래치 (LATCH) 방법 제시

- 위치(Location), 알파벳(Alphabet), 시간(Time), 카테고리(Category), 위계(Hierarchy) 이상 5가지가 정보를 정리 또는 조직화하는 기준이 된다고 하였다.

3.2 빅데이터 분석기술

빅데이터 분석이란 소셜 빅데이터, 실시간 사물지능통신(M2M), 센서 데이터, 기업 고객관계 데이터 등 도처에 존재하는 다양한 성격의 빅데이터를 효과적으로 컴퓨팅 기술을 활용하여 분석하는 것을 말한다. 빅데이터 시대에는 단순히 데이터베이스에 잘 정리된 정형 데이터뿐 아니라 인터넷, 소셜 네트워크 서비스, 모바일 환경에서 폭발적으로 생성되는 웹 문서, 이메일, 소셜 데이터(소셜 네트워크 서비스 텍스트 데이터, 유튜브 비디오 데이터 등) 등 비정형 빅데이터를 효과적으로 분석하는 것이 무엇보다 중요해졌다.

빅 데이터를 이렇게 다양하게 활용할 수 있는 것은 [그림 8.16]과 같은 저장 기술, 분석 기술, 표현 기술이 존재하기 때문이다. 빅 데이터 시대에 크게 주목받고 있는 대표적인 기술로 하둡(Hadoop)과 NoSQL(Not Only SQL)이 있다. 이 두 기술은 특히 비정형 데이터를 관리하는데 기존 데이터베이스보다 뛰어나다는 평가를 받고 있다.

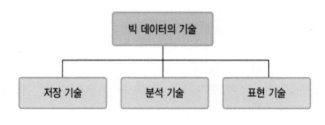

[그림 8.16] 빅데이터 기술

하둡은 대용량 데이터를 분산 처리할 수 있는 자바기반의 오픈소스 프레임워크이다. 하둡은 분산 파일 시스템인 HDFS(Hadoop Distributed File System)에 데이터를 저장하고, 분산 처리 시스템인 맵리듀스(MapReduce)를 이용해 데이터를 처리한다. 오픈 소스이기 때문에 기존 데이터베이스 시스템보다 비용이 적게 들고, 여러 대의 서버에 데이터를 분산해서 저장해두기 때문에 처리 속도가 빠르다는 장점이 있다.

NoSQL은 관계 데이터 모델과 SQL을 사용하지 않는 데이터베이스 시스템으로, 기존 관계 데이터베이스의

일관성보다는 가용성과 확장성에 중점을 두고 있다. 비정형 데이터의 저장을 위해 유연한 데이터 모델을 지원하고, 관계 데이터베이스와 동일한 데이터 처리가 가능하면서도 더 저렴한 비용으로 분산 처리와 병렬 처리가 가능하다. NoSQL 제품으로는 Hbase, 카산드라(Casandra), 몽고 DB(Mongo DB), Cough DB 등이 있다.

출처 : 네이버 지식백과, "빅 데이터의 기술" (데이터베이스 개론, 2013. 6. 30, 저자 김연희)

빅 데이터는 다양한 유형의 데이터를 포함하고, 특히 반정형 데이터나 비정형 데이터가 크게 증가하는 추세이므로 이를 정확히 분석하기 위한 다음의 기술이 크게 주목을 받고 있다.

- 텍스트 마이닝(text mining) : 반정형 또는 비정형 텍스트에서 자연어 처리 기술을 기반으로 가치 있는 정보를 추출하고 가공한다.
- 오피니언 마이닝(opinion mining) : SNS, 블로그, 게시판 등에 기록된 사용자들의 의견을 수집하고 분석하여, 제품이나 서비스에 대한 긍정, 부정, 중립 등의 선호도를 추출한다.
- 소셜 네트워크 분석(social network analysis) : 소셜 네트워크의 연결 구조나 강도 등을 바탕으로 소셜 네트워크에서의 영향력, 관심사, 성향, 행동 패턴 등을 추출한다.
- 군집 분석(cluster analysis) : 데이터 간의 유사도를 측정한 후 이를 바탕으로 특성이 비슷한 데이터를 합쳐가면서 최종적으로 유사 특성의 데이터 집합을 추출한다.

표현 기술에 있어서는, 빅 데이터에서는 데이터 분석을 통해 추출한 의미와 가치를 시각적으로 표현하기 위해서 R 언어를 주로 사용한다. 오픈 소스인 R은 통계 계산과 다양한 시각화를 위한 언어와 개발 환경을 제공한다. R 언어를 이용해 기본 통계 기법부터 최신 데이터 마이닝 기법까지 구현이 가능하다. 특히 R 언어는 다양한 프로그래밍 언어와 연동이 가능하고 다양한 운영체제를 지원하며, 하둡 환경에서 분산 처리를 지원하는 라이브러리를 제공하기 때문에 빅 데이터의 분석과 시각화를 위해 주로 사용되고 있다.

출처 : 네이버 지식백과, "빅 데이터의 기술"   출처 : 데이터베이스 개론, 2013. 6. 30, 저자 김연희)

■ 에지 컴퓨팅(Edge Computing)

아이티데일리 : 최근 스마트팩토리를 비롯해 스마트홈까지, '스마트 X'가 주목받고 있다. 스마트 X가 떠오르면서 이를 구현하는 핵심 기술인 '에지(Edge) 컴퓨팅'에 관심이 모아지고 있다. 에지 컴퓨팅은 클라우드 컴퓨팅과 함께 미  래 사회를 변화시킬 신기술이라는 평가를 받고 있다. 클라우드 서비스 제공사(CSP)를 비롯해 클라우드 매니지드 서비스 제공사(MSP), 이동통신사, 콘텐츠 네트워크(CDN) 제공사 등 수많은 기업들이 이 시장에 뛰어들고 있는 것만 봐도 에지 컴퓨팅에 대한 기업들의 관심이 얼마나 많은지를 알 수 있다.

클라우드 컴퓨팅이 중앙집중형 구조를 갖는 이유는 데이터센터에서 동작하는 다수의 서버를 하나의 플랫폼처럼 구동하고자 하는 방식에서 비롯됐다. 이러한 방식은 필연적으로 사용자 증가에 따른 데이터 송·수신 지연이 발생하게 된다.

에지 컴퓨팅이 최근 주목받는 이유는 데이터 폭증과 컨테이너(Container) 환경의 확산 때문이다. 사물인터넷

(IoT) 시대를 맞이하면서 네트워크로 연결된 디바이스의 개수가 폭발적으로 증가하고 있다. 실제 수백 억 개에 달하는 디바이스에서 생성해 내는 데이터의 양은 실로 가늠하기 어려울 정도다. 이들 데이터를 전송하고 인사이트를 도출, 다시금 전달 받는 일련의 과정에서 데이터 전송 지연(레이턴시) 문제가 발생했다. 클라우드 만으로 엄청난 양의 데이터를 처리하는데 한계점에 도달한 것이다.

이 문제를 해결할 수 있는 대안이 에지 컴퓨팅이다. 에지 컴퓨팅은 말단 디바이스(에지단)와 가까운 곳에 컴퓨팅 자원을 배치해 중앙 데이터센터에 집중되는 네트워크 트래픽 부담을 덜어준다. 즉, '중앙 데이터센터-디바이스'라는 기존의 클라우드 컴퓨팅 구조에서 '중앙 데이터센터-에지 데이터센터(퍼블릭, 프라이빗 클라우드)-디바이스' 방식으로 바뀌고 있다는 것이다. 이를 통해 중앙집중형 아키텍처라는 특성을 가진 클라우드 컴퓨팅의 한계를 극복할 수 있다. 데이터 전송과 가공, 이를 통해 얻은 AI 알고리즘을 수신하는데 발생하던 데이터 병목 현상을 해결할 수 있다는 것이다.

에지 컴퓨팅은 가까운 곳에 에지 데이터 센터를 두고 데이터를 실시간으로 처리할 수 있다는 점이 핵심으로 시장 특성을 감안할 때 이동통신사와 MSP, CDN 기업들이 모두 관여할 수 있다.

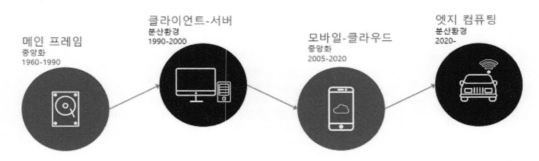

[그림 8.17] 컴퓨팅 트렌드의 변화
출처 : IDC

이동통신사(SKT, KT, LG 유플러스)와 아마존웹서비스(AWS), MS 등 CSP, 메가존과 베스핀글로벌과 같은 MSP, 라임라이트와 아카마이와 같은 CDN 기업들이 모두 이 시장에 뛰어들고 있는 이유이기도 하다.

출처 : IT데일리 김용석 주간

■ 데이터마이닝/마이데이터

한국지능정보사회진흥원(NIA)의 「D.gov Issue Report, 2020-4호」 보고 자료에 의하면, 지능형 정부로의 패러다임 전환에 따라 디지털정부가 직면한 다양한 이슈를 분석함으로써 향후 디지털정부가 나아가야 할 방향을 모색하기 위해 한국정보화진흥원에서 보고서를 기획·발간하였다. 대한민국 정부는 새로운 정책을 발굴하고 시행할 시 데이터를 활용한 '데이터기반 행정체계'를 구축, 보급할 시금석을 마련하였다 해도 과언이 아닐 것이다. 이의 보고서에 의하면,경제협력개발기구(OECD)에서 실시한 디지털정부평가(The OECD 2019 Digital Government Index)에 따르면 대한민국은 종합 1위를 차지하였으나, '선제적 정부(Proactiveness)' 항목에서 12위로 평가되었다고 보고했다.

4차산업혁명에서 발생한 데이터는 빅데이터 기술을 활용하여 디지털정부 혁신에 이바지하고자 하며, 아래 내용은 위의 보고서를 근간으로 요약 발췌하였다.

3차 산업혁명의 '소품종 대량생산'의 한계점을 극복하기 위해 정보통신기술(ICT)의 융합으로 이뤄진 '다품종 소량생산'의 시대로 진입하기 위한 '4차산업혁명'이 발생하였다. 이는 인공지능(AI), 사물인터넷(IoT), 클라우드 컴퓨팅 등 여러 ICT 기술을 활용·조합하여 발생한 빅데이터를 이용하여 '초연결(Hyperconnectivity)·초지능(Superintelligence) 사회로 발전을 의미한다.

4차산업혁명 관련 기술에서 발생한 빅데이터를 수집·정제·분석기술을 활용하여 사용자·고객 등 맞춤형 데이터를 제공할 수 있으며, 빅데이터의 가치는 데이터의 자체뿐만 아니라 데이터 분석을 통한 인사이트 도출 시 실현 가능하다.

- 빅데이터 분석 기술은 기존에 사용하던 관계형 데이터베이스의 데이터 처리 능력을 넘어서는 대량(수십 테라바이트)의 정형 또는 비정형 데이터로부터 가치를 추출하고 결과를 분석·예측

<표 8.2> 빅데이터 특징, 5V　　　　　출처 : 「D.gov Issue Report, 2020-4호」, NIA(한국지능정보사회진흥원), www.nia.or.kr

구분	내용
규모(Volume)	• 인터넷의 발달로 디지털 정보량이 기하급수적으로 폭증 • 사람이 수동적으로 처리하기 불가능한 데이터 크기
다양성(Variety)	• 구조화되지 않은 셀 수 없는 데이터가 존재(사진, 영상,소셜 미디어 등) • 예전에는 필요없다고 생각했던 데이터들이 새로운 인과관계 파악을 위해 필요
속도(Velocity)	• 디지털화된 데이터의 생성 속도와 비율이 기하급수적으로 급증 • 데이터 '수집, 처리, 결과 도출' 과정이 신속
정확성(Veractiy)	• 데이터의 형태 다양화에도 불구하고 신뢰성이 보장된 데이터
가치(Value)	• 새로운 가치를 창출할 수 있는 데이터를 의미 • 조직이 당면한 문제해결을 위한 정보 도축

■ 데이터 3법의 효과로 개인정보 비식별화가 가능하여 공공부문의 빅데이터 활용 가능성

가명의 데이터 활용이 가능한 데이터 3법의 통과로 새로운 분석 결과가 기대되지만, 데이터의 조작·재식별 등을 통한 개인정보 악용의 가능성이 존재하고 빅데이터를 활용한 분석의 결과 값은 항상 참일 수 없으므로 모든 문제를 해결할 수 없다.

① 데이터 3법 : 데이터 이용의 활성화를 목적으로『△ 개인정보 보호법 △ 정보통신망 이용촉진 및 정보보호 등에 관한 법률(정보통신망법) △ 신용정보의 이용 및 보호에 관한 법률(신용정보법)』세 가지 법률을 통칭

② 개인정보 보호법 : 개인정보의 개념을 명확히 정의하여 안전하게 데이터를 활용하는 방법과 기준 등을 새롭게 정의하며, 개인정보가 들어간 데이터는 비식별화 데이터로 치환한 '가명 정보' 개념을 도입하여 통

계 작성 및 연구 등 목적에 활용 가능

개정 목적을 살펴보면, 세계적인 수준의『EU GDPR 적정성 평가의 필수 조건인 감독기구의 독립성 확보』에도 맞춰서 있음을 알 수 있다.

* 유럽 시민들의 개인정보보호 강화를 위한 통합 규정

즉, 데이터 3법은 개인정보 비식별화를 활용하여 안전한 빅데이터 선용으로 신산업 육성 및 공공부문의 활용 가능성이 증가할 것으로 예상된다.

* 개인정보가 포함된 데이터의 일부 혹은 전부를 삭제·변형을 통해 개인을 식별할 수 없게 만드는 조치

데이터 마이닝이라는 용어가 등장한 시기는 20년이 되지 않았으나, 실제 기술의 이론은 1950년대 패턴 인식, 규칙기반 추론 등의 인공지능(AI) 연구에서 이미 언급된 분야이며 유사한 방법으로 KDD(Knowledge Discovery in Databases), '데이터베이스 속의 지식 발견'으로 표현되었다. 데이터 마이닝은 기업 경영활동에서 발생한 데이터를 처리·분석하기 위한 목적으로 개발되어 '데이터 마이닝 표준 처리 과정(CRISP-DM, Cross Industry Standard Process for Data Mining)'의 방법론도 존재한다.

• 『△ 비즈니스 이해 △ 데이터 이해 △ 데이터 준비 △ 모형 △ 평가 △ 적용』으로 구성되며 데이터 마이닝의 특성상 학제 간 연구(Interdisciplinary Study) 필수

* 기존에 연구하던 방법론의 경계선을 허물며 관련된 여러 학문이 협력하는 연구 방법(예. 컴퓨터 공학 + 언론학)

마이닝(Mining)은 채굴을 뜻하며, 데이터 마이닝은 자원 채굴(석유, 가스)의 형태와 유사하며 데이터 마이닝은 데이터를 채굴하여 상품화시키는 것을 의미한다.

• 『△ 목표 데이터 선택 △ 전처리 및 수치화 △ 해석과 평가』 3단계로 분류

데이터는 형태, 특징에 따라『△ 정형, 비정형, 반정형 △ 내부, 외부 △ 질적, 양적』으로 구분할 수 있다.

<표 8.3> 데이터 마이닝 분석단계 및 주요 이슈 출처:「D.gov Issue Report, 2020-4호」, NIA(한국지능정보사회진흥원), www.nia.or.kr

분석단계	세부 설명
목표 데이터 선택	• 텍스트, 이미지, 비디오, 오디오 등 최종 목표에 맞는 데이터를 선택
전처리 및 수치화	• 데이터 분석에 쓸모없는 데이터를 버리거나 알맞은 형태로 변환 • 계산이 가능한 수치화 데이터로 변환 작업
해석과 평가	• 전문가의 검증을 바탕으로 의미 있는 결과를 도출

데이터 마이닝 기법을 활용하여 최종적인 결과 값을 분류할 수 있어야 하며, 의미 있는 결과를 얻기 위해서는 2개의 카테고리(△ 지도학습 △ 비지도 학습)로 나뉘며 4개의 기법(△ 예측 △ 분류 △ 군집 △ 연관규칙)으로 분류된다.

<표 8.4> 데이터 형태 및 특징에 따른 분류

종류	설명	예시
정형	미리 정해놓은 고정된 필드에 저장된 데이터를 의미	스프레드시트 등
비정형	형태와 구조가 정리되지 않은 데이터	소셜 미디어, 음성 등
반정형	메타데이터 등 일반적으로 스토리지에 저장되는 데이터 파일	XML, JSon 등
내부	사기업, 공공기관 등에 저장된 데이터를 의미	고객정보, 사원정보 등
외부	온라인상 등에 존재하는 데이터를 의미	소셜 미디어, 음성 등
질적	원칙적으로 숫자 표시가 불가능한 자료 ※ 주민번호, 전화번호는 계산할 수 없으므로 문자형	전화번호, 주민번호 등
양적	숫자로 표현이 가능한 자료를 의미하며, 계산이 가능한 자료	키, 몸무게 등

■ 텍스트 마이닝

텍스트 마이닝은 텍스트 형태로 존재하는 데이터를 처리하는 방법으로 여러 데이터 분석방법 중 기본적인 방법론이다. 텍스트 마이닝은 데이터 마이닝의 하부 개념으로 일반적으로 많은 양의 구조화되지 않는 자연어에서 정보를 수집하고 자연어처리(NLP)를 활용하여 원하는 데이터를 추출하여 이전에 알려지지 않았던 새로운 인사이트를 발견하는 것을 의미한다.

> **자연어**
> 자연어는 사람들이 대화·글쓰기 등 일상적으로 사용하는 언어를 의미하며, 한 사람 또는 여러 사람의 특정 의도와 목적에 따라 만들어진 인공어와 대척되는 언어, 인공어는 인위적으로 만들어진 언어로 문법의 모호함이 없도록 만들어진 언어이며 대표적인 예로 프로그래밍 언어
>
> • 비정형 또는 반정형 텍스트 데이터를 자연어처리 기술을 기반으로 처리하여 의미 있는 정보를 찾아내는 방법론을 의미하며, 수작업으로 하던 작업을 텍스트 마이닝 기법을 활용하여, 대량의 데이터를 분석하여 사용자에게 원하는 정보를 제공하는 것이 텍스트 마이닝의 목표

• 주요 연구 분야는 『△ 문서 분류(Document Classification) △ 정보검색 (Information Retrieval) △ 문서 군집(Document Clustering) △ 정보 추출(Information Extraction)』 구분

출처 : 「D.gov Issue Report, 2020-4호」, NIA(한국지능정보사회진흥원), www.nia.or.kr

• 문서분류 : 문서의 내용을 분석 후 이전에 정의된 카테고리로 분류하며, 이러한 유형의 문제는 책의 색인화 분석으로 간주

　※ ① 뉴스 카테고리 분류 ② 스팸 이메일 분류 등에 활용

• 정보검색 : 수집된 데이터를 바탕으로 새로운 문서가 발생 시 문서의 매치 도를 확인하여 높은 일치 도를 보이는 유사한 문서를 도출

※ 주요 활용 분야로 검색엔진(예. 네이버, 구글 등)
- 문서군집 : 문서 분류와 비슷한 의미로 보이지만 이전 데이터 결과를 활용하지 않음
  - 문서들 사이의 유사도를 정의하고, 그 유사도에 가까운 순서대로 합쳐가는 방법
  - 정보추출 : 특정 문서에서만 사용되는 단어 등을 파악하여 중요한 의미를 포함하는 정보를 추출
  - 자주 사용되는 키워드, 감정이 담긴 문장 또는 단어 등 원하는 특정 정보 추출에 활용

출처 : Text Mining : Predictive Methods for Analyzing Unstructured Information 등을 참고하여 재구성

04_AI · 빅데이터 구축사례

4.1 전자도서관과 교육시스템

㈜퓨처누리의 TULIP/ILUS는 통합형 전자도서관시스템 사상과 기능을 충족하는 시스템으로 도서관 규모, 성격, 환경에 맞추어 최적의 시스템을 구현할 수 있는 최신 솔루션이다.

전자도서관 부가/확장 솔루션으로는,

- 전자자원관리시스템 (ERMS)
- KERIS 종합목록 연계시스템
- KERIS 상호대차연계시스템
- KERIS 원문복사 연계시스템
- KERIS d-Collection 연계시스템
- KERIS EDDS 연계시스템
- 국립중앙도서관 공동목록 연계 시스템
- 해외학술저널 다운로드 관리시스템
- 온라인 희망도서 신청

시스템 및 국가전거 연계시스템,
그리고 레거시시스템 연동 솔루션으로는,

- 학적/인사정보 연동시스템&캠퍼스/기관포털 연계시스템
- 온라인 결재시스템&기증기부 관리 시스템
- RFID/바코드 기반 무인 시스템 연동 등의 솔루션을 갖고 있다.

자체 개발한 유니코드 기반 검색엔진을 활용하여 전자도서관에 최적화된 색인 추출/관리, 검색 서비스를 안정적으로 제공한다.

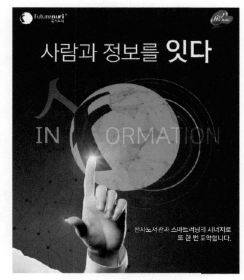

■ Neo TEST

국내 최대 규모의 자격시험 출제 시스템 운영을 통해 안정성을 검증 받은 문제은행 관리 솔루션이다. 대용량 문제은행과 자격검정에 필요한 모든 솔루션을 제공한다.

- 다양한 유형의 출제환경 제공
  ‣ Web 기반/ HWP기반 Editor 제공
- 다양한 편집기능 및 문항유형 지원
- 시험별 표준화된 출제 프로세스 제공
  (출제 → 검토 → 선정 → 감수)
- 결과에 따른 문항 통계/분석 기능을 제공한다.

구성	내용	주요실적
SW개발	전자도서관SW 개발/보급 이러닝SW 개발/보급 문제은행평가SW 개발/보급 글로벌 솔루션 라이선스 개발/보급	고려대, 연세대, 이화여대, 서울시 등 POSCO, 폴리텍대학34개 캠퍼스 등 인사혁신처, 한국방송통신대학교 등 한양대, UNIST, DGIST, 아주대 등
SI사업	유관기관 시스템 개발	KERIS, 한국교육과정평가원, 국립중앙도서관, 국회도서관, 한국산업인력공단, 한국해양수산연수원 등
DB구축	메타, 원문 DB 구축	국립중앙도서관, 국회도서관
기타	ISP, 컨설팅	대법원, 한국교육학술정보원, 한국산업인력공단, 한국통신, KOPEC 등

■ Blackboard / KALTURA

글로벌 수준의 온라인학습 플랫폼 제공을 위해 글로벌 시장 표준에 맞춰 개발된 교육 통합 플랫폼인 Blackboard와 글로벌 비디오 플랫폼 전문기업인 KALTURA의 솔루션을 공급한다.

전 세계 표준 학습관리시스템(LMS)으로 강력한 교육 및 학습경험 제공 솔루션

- 온/오프라인 학습관리시스템 지원
  ‣ 강의설계/토론/과제/시험/설문
- 단순화 한 워크플로우, 뛰어난 접근성, 반응형 디자인
- To-dolist기능 제공 (커뮤니티/캘린더/메시지/출석)
- 학사/SSO/외부 콘텐츠 연동, LTI 표준 지원 및 준수
- 클라우드 SaaS 환경 - 초기 인프라 비용 절감

교육적 설계에 입각한 학습에 최적화된 첨단 가상강의 솔루션

- 최첨단 가상교실 구현
  ‣ 브라우저 기반 (WebRTC) 화상강의
- 화이트보드, 퀴즈, 화면공유 등 다양한 협력 도구 제공
- AI 기반 자동 캡션 및 고급 메타 데이터를 사용한 지능형 VOD 검색
- 파일, 비디오, 프리젠테이션등을 위한 공유 컨텐츠 재생 목록 제공
- 클라우드 기반 녹화 및 배포 (자동 녹화 기록, 트렌스코딩)

자료제공 : 퓨처누리, 대표이사 추정호, 2021

■ 콘텐츠 개발/구축 사업

실제 서비스에서 검증된 다양한 추천기법의 최적화된 엔진

- 이용자 기반 엔진
- 아이템 기반 엔진
- 내용 기반 엔진
- 통계 기반 엔진

METIS를 이용하여 도서관에 산재해 있는 여러 운영시스템 및 인터넷 등 외부자원으로 부터 의사 결정에 유의미한 데이터를 수집하여 LAS, 홈페이지, ERMS, 좌석배정, 출입관리, 외부통계, 블로그, 주제 가이드, SNS, BSC의 10개 부문에 대한 분석 데이터를 구축하고, 다양한 분석도구를 통한 종합분석환경을 제공하는 시스템 구축 솔루션을 제공한다.

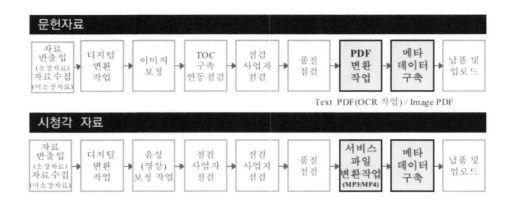

디지털화 작업 공정도

문헌자료

자료 반출입 (소장자료) 자료수집 (미소장자료) → 디지털 변환 작업 → 이미지 보정 → TOC 구축 연동점검 → 점검 사업자 점검 → 품질 점검 → **PDF 변환 작업** → **메타 데이터 구축** → 납품 및 업로드

Text PDF(OCR 작업) / Image PDF

시청각 자료

자료 반출입 (소장자료) 자료수집 (미소장자료) → 디지털 변환 작업 → 음성 (영상) 보정 작업 → 점검 사업자 점검 → 점검 사업자 점검 → 품질 점검 → **서비스 파일 변환작업 (MP3/MP4)** → **메타 데이터 구축** → 납품 및 업로드

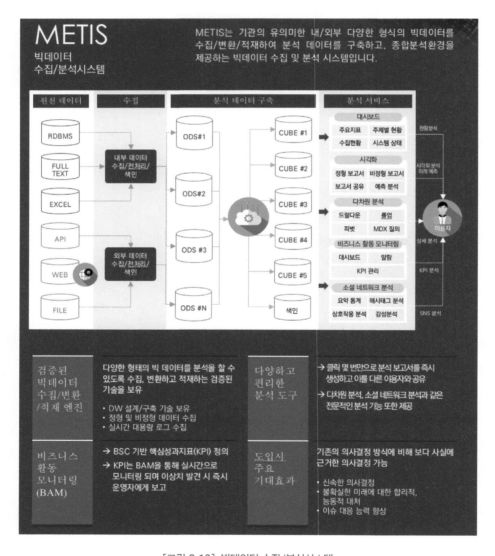

[그림 8.18] 빅데이터 수집/분석시스템

출처 : 퓨처누리, 대표이사 추정호, 2021

4.2 일본 은행들

일본의 미츠비시UFJ(三菱), 미쓰이 스미토모(三井住友), 미즈호 3대 은행그룹이 고객들의 방대한 데이터를 기반으로 한 인공지능AI를 이용, 대출 업무 등의 효율화와 영업 지원이라는 사업 범위 확장을 가속화시키고 있다. 코로나19 피해를 입어 이용이 늘어난 '스피드 대출'로 거래처 자금 조달 문제에 대응하겠다는 계획이다. 위성영상을 활용한 고객 유치 지원도 개시하고, 초저금리 상황에서 실적 부진에 대한 타개책과 수익원을 다변화하기 위해 빅데이터 활용이 핵심이 될 것 같다.

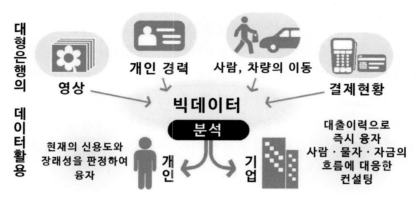

[그림 8.19] 은행에서의 빅데이터 분석과 활용

출처 : 하이테크정보

미즈비시UFJ나 미즈호는 2019년부터 인터넷으로 해결하는 법인대출을 진행해왔다. 지금까지 해당 은행에서 대출하지 않은 고객을 대상으로, 인공지능이 방대한 법인자금의 입출금을 바탕으로 금리를 설정한다. 신청 후 최단 2일이내로 최대 1000만엔을 대출한다. 미즈비시UFJ의 1월 대출금액은 작년 동월 대비 70% 증가했다. 개인 대상으로는 미즈호가 소프트뱅크(Softbank)와 설립한 새로운 회사에서 성격이나 생활습관의 보고를 토대로 상환능력을 판정하여 금리를 우대하는 서비스를 시작했다.

미쓰이 스미토모의 빅데이터 활용에서는 위성영상을 분석하여 잠재고객을 발굴하려는 시도가 눈에 띈다. 작년, 위치확인시스템 GPS와 조합하여 포착한 사람이나 차량의 움직임으로부터 거래처에 대한 고객 유치를 지원하는 사업을 시작했다. 그룹 산하의 SMBC클라우드사인 에서는 비대면으로 계약이 가능한 전자서명 서비스의 매출이 급증하고 있어, 은행과 제휴하면서 '데이터 비즈니스의 확장'(미시마 히데키(三嶋英城) 사장)을 내다보고 있다.

전통적인 은행 업무는 금융과 IT를 융합한 핀테크 기업이 침식하여, 인터넷 거래 이력 등의 분석결과에 의한 융자를 확대하고 있다. 초저금리의 장기화 등으로 인해 3대은행의 순이익은 침체되었다.

자료제공 : 하이터크정보, 출처 : www.jiji.com

4.3 차세대 빅데이터 플랫폼

㈜데이터스트림즈(대표 이영상)는 2001년 9월 19일 창립된 차세대 빅데이터 플랫폼 전문 회사이다. 20년간 축적된 데이터 통합, 데이터거버넌스 기술과 경험을 기반으로 차세대 빅데이터 플랫폼 시장을 주도하고 이를 바탕으로 4차산업혁명 시대의 데이터 플랫폼 전문기업으로 성장하고 있다. 임직원수 211명(2021년 3월 기준)이 재직 중이며 5개 본부와 기술연구소, 해외법인 및 지사를 운영하고 있다.

빅데이터 및 사물인터넷 분야를 포함하여 데이터 관리 전 영역에서의 통합, 분석, 거버넌스에 대한 SW제품과 컨설팅, 그리고 핀테크, 스마트 리테일과 같은 ICT 산업융합형 서비스를 위한 데이터 플랫폼을 제공하고 있다. 데이터 통합과 메타데이터 관리 솔루션 분야 시장 점유율 1위 유지하여 기술기반 및 캐쉬카우를 확보하고 이를 바탕으로 실시간 데이터처리, 빅데이터, 인공지능 등 지속적인 신기술 및 미래지향적 제품 개발 진행 중이다.

최근에는 데이터의 수집 처리, 저장, 서비스 활용은 물론 데이터 가상화 및 데이터거버넌스 기능을 제공해 원스톱의 데이터 활용 기반을 제공하는 차세대 빅데이터 플랫폼 (Big Data Fabric) 기술로 빅데이터 시장을 선도하고 있다. 아래 그림은 데이터 수집처리, 저장, 분석, 서비스 활용은 물론 실시간, 페더레이션기반의 가상화 및 데이터 거버넌스 기능을 제공하여 One-Stop의 데이터 활용 기반을 제공하는 차세대 빅데이터 플랫폼 (Big Data Fabric)을 보여준다.

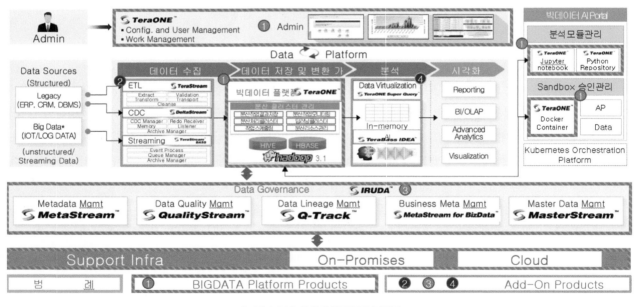

[그림 8.20] 차세대 빅데이터 플랫폼
출처 : ㈜데이터스트림즈, 이영상 대표, 2021

■ 차세대 빅데이터 플랫폼 구성

① 빅데이터 : 핵심기술

　　Apache Hadoop 3.1 기반의 플랫폼관리기능은 제공하는 빅데이터 저장·분석·활용 환경의 Matrix(모체)

이며 핵심기술

② 수집기술 : 요소기술

운영 시스템의 DB, File, ERP, CRM, IoT 센서 데이터, LOG 데이터 등 배치/실시간 데이터 통합 솔루션
으로 수집/전처리/적재 기능 제공

③ 데이터 관리 : 핵심기술

정형/반정형/비정형 데이터 거버넌스 관리 제품군을 Add-On 하여 국내 최초 빅데이터 거버넌스 관리 기
능 제공

④ 분석환경 : 요소기술

데이터 가상화기반 인공지능(AI) 분석 (ML, DL)과 SandBox 환경 구성을 위해 JupyterNotebook, Docker
Container를 Add-On 하여 분석 환경을 제공

또한 ㈜데이터스트림즈의 차세대 빅데이터 플랫폼은 인공지능(AI) 딥러닝 분석 기술까지 확장하고 데이터
레이크(Data Lake), 데이터웨어하우스, 클라우드 플랫폼 내의 거대한 데이터를 자동으로 정확하게 분석해 낼
수 있는 기반으로 기능 및 성능을 확대 중이다.

빅데이터 솔루션을 제공하기 위해서, (주)데이터스트림즈는 사물인터넷 분야를 포함하여 데이터 관리 전 영
역에서의 통합, 분석, 거버넌스에 대한 SW 제품과 컨설팅, 그리고 핀테크, 스마트 리테일과 같은 ICT 산업융합
형 서비스를 위한 데이터 플랫폼에 대한 솔루션을 제공하고 있다.

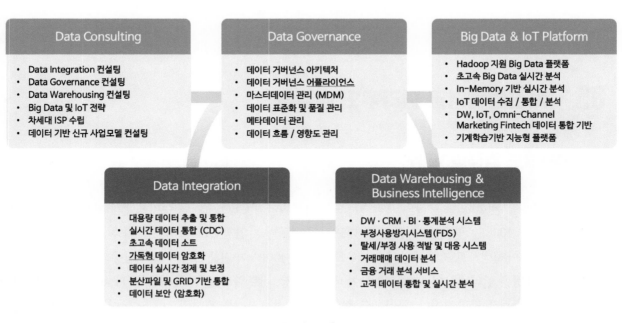

[그림 8.21]

자료제공 : ㈜데이터스트림즈, 이영상 대표, 2021

㈜데이터스트림즈는 미래 스마트 시티의 데이터 허브 구축을 위한 맞춤형 통합 플랫폼을 제공한다. 스마트시티와 관련된 다양한 데이터를 수집/가공/분석/융합해 다양한 데이터 분석과 연구 활동이 가능하다.

그리고, 다양한 고객의 빅데이터 요구를 반영하여 고도화 중인 당사 빅데이터 플랫폼, 데이터 거버넌스 역량을 기반으로 블록체인/클라우드와 연계한 데이터 거래 서비스 모델을 개발 하여 제공한다.

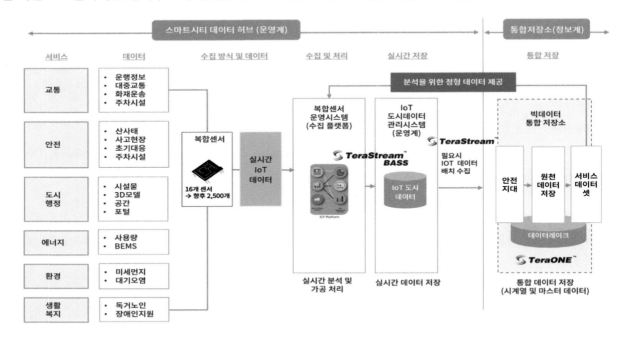

[그림 8.22] 스마트시티 데이터 허브 구축을 위한 통합 플랫폼

출처 : ㈜데이터스트림즈, 이영상 대표, 2021

05_4차산업혁명과 클라우드 컴퓨팅

5.1 클라우드 컴퓨팅이란?

'클라우드 컴퓨팅'은 2006년 구글의 크리스토프 비시글리아가 CEO인 에릭 슈미츠에게 처음 제안한 것으로 알려져 있다. 이후 2008년 IT, 경제 전문지 및 대표적인 글로벌 기업의 CEO들이 잇달아 클라우드 컴퓨팅을 차기 주력 비즈니스 아이템으로 지목하면서 클라우드 컴퓨팅에 대하여 전세계의 이목이 집중되었다.

클라우드 컴퓨팅은 인터넷상의 서버를 통하여 데이터저장, 네트워크, 콘텐츠 사용 등 IT 관련 서비스를 한 번에 사용할 수 있는 컴퓨팅 환경이다. 클라우드 컴퓨팅이란 정보처리를 자신의 컴퓨터가 아닌 인터넷으로 연결된 다른 컴퓨터로 처리하는 기술을 말한다. 빅데이터를 처리하기 위해서는 다수의 서버를 통한 분산처리가 필수적이다. 분산처리는 클라우드의 핵심 기술이므로 빅데이터와 클라우드는 밀접한 관계를 맺고 있다. 빅데이터 선도 기업인 구글과 아마존이 클라우드 서비스를 주도하고 있는 이유도 여기에 있다.

정보가 인터넷상의 서버에 영구적으로 저장되고, PC, 태블릿컴퓨터, 노트북, 넷북, 아이폰·스마트폰 등의 IT 기기 등과 같은 클라이언트 디바이스에는 일시적으로 보관된다. 클라우드 컴퓨팅 환경에서는 이용자의 모든 정보를 인터넷상의 서버에 저장하고, 이 정보를 각종 IT 기기를 통하여 언제 어디서든 이용할 수 있다.

PC에 자료를 보관할 경우 하드디스크 장애 등으로 인하여 자료가 손실될 수도 있지만 클라우드 컴퓨팅 환경에서는 외부 서버에 자료들이 저장되기 때문에 안전하게 자료를 보관할 수 있고, 저장 공간의 제약도 극복할 수 있으며, 언제 어디서든 자신이 작업한 문서 등을 열람·수정할 수 있다. 하지만 서버가 해킹 당할 경우에는 개인정보가 유출될 수 있고, 서버 장애가 발생하면 자료 이용이 불가능하다는 단점도 있다. 물론 개인 PC나 사무실 공간의 서버에는 더 해킹의 노출이 심할 수 있다.

클라우드를 가능하게 해주는 핵심 기술은 가상화(virtualization)와 분산처리(distributed processing) 기술이다. 가상화란 실질적으로는 정보를 처리하는 서버(server)가 한 대지만 여러 개의 작은 서버로 분할해 동시에 여러 작업을 가능하게 만드는 기술이다. 이를 이용하면 서버의 효용률(utilization rate)을 높일 수 있다. 분산처리는 여러 대의 컴퓨터에 작업을 나누어 처리하고 그 결과를 통신망을 통해 다시 모으는 방식이다. 분산시스템은 다수의 컴퓨터로 구성되어 있는 시스템을 마치 한 대의 컴퓨터 시스템인 것처럼 작동시켜 규모가 큰 작업도 빠르게 처리할 수 있다.

클라우드 컴퓨팅은 하드웨어나 소프트웨어와 같은 컴퓨터 자산을 구매하는 대신 빌려 쓰는 개념이다. 어떠한 요소를 빌리느냐에 따라 소프트웨어 서비스(SaaS, software as a service), 플랫폼 서비스(PaaS, platform as a service), 인프라 서비스(IaaS, infrastructure as a service) 등으로 구분한다.

플랫폼 서비스는 마이크로소프트의 윈도즈(Windows)처럼 컴퓨터 시스템의 기반이 되는 하드웨어 또는 소프트웨어와 응용 프로그램이 실행되는 기반이라 할수 있다. 구글의 앱엔진(App Engine), 마이크로소프트의 윈도 어주어(Window Azure) , 아마존의 EC2 등이 대표적인 플랫폼 서비스 상품이다.

5.2 클라우드 컴퓨팅 서비스와 구축사례

클라우드 컴퓨팅 서비스는 서비스로서의 인프라(Infrastructure-as-a-Service, IaaS), 서비스로서의 플랫폼 (Platforms-as-a-Service, PaaS), 서비스로서의 소프트웨어(Software-as-a-Service, SaaS)의 3가지 기본 유형에 해당하는 서비스가 있다.

사용자는 운영 체제 및 데이터, 애플리케이션, 미들웨어 및 런타임을 담당하고 제공업체는 사용자가 필요로 하는 네트워크, 서버, 가상화 및 스토리지의 관리와 액세스를 담당한다. 제공업체가 사용자를 대신해 온사이트 데이터센터를 유지관리하거나 업데이트한다. 대신, 사용자는 애플리케이션 프로그래밍 인터페이스(API) 또는 대시보드를 통해 인프라에 액세스하고 이를 제어하게 된다.

■ IaaS

IaaS는 필요한 구성 요소만 구매하고 필요에 따라 확장 또는 축소할 수 있는 유연성을 제공한다. IaaS는 간접비가 낮고 유지관리 비용이 들지 않는 매우 경제적인 옵션이다. IaaS는 개발 및 테스트 환경의 구축 및 제거가 빠르고 유연하다는 장점이 있다. 사용자는 개발 환경에서 구축해야 할 인프라만 사용하고 필요에 따라 확장 또는 축소하며, 개발이 완료되면 사용을 중단하고 사용량에 대한 비용만 지불하면 된다. IaaS의 주요 단점은 제공업체의 보안 문제 가능성, 제공업체가 여러 클라이언트와 인프라 리소스를 공유해야 하는 멀티 테넌트 시스템 및 서비스 신뢰성이다. AWS, Microsoft Azure, Google Cloud와 같은 퍼블릭 클라우드 공급업체가 IaaS의 사용 예이다.

Infrastructure as a Service(IaaS)에는 클라우드 IT를 위한 기본 빌딩 블록이 포함되어 있으며, 일반적으로 네트워킹 기능, 컴퓨터(가상 또는 전용 하드웨어) 및 데이터 스토리지 공간에 대한 액세스를 제공한다. IaaS는 IT 리소스에 대한 최고 수준의 유연성과 관리제어 기능을 제공한다. 이는 많은 IT 부서 및 개발자에게 익숙한 기존 IT 리소스와 가장 유사하다고 할 수 있다.

IaaS는 서버 인프라를 서비스로 제공하는 것으로 클라우드를 통하여 저장 장치(storage) 또는 컴퓨팅 능력(compute)을 인터넷을 통한 서비스 형태로 제공하는 서비스이다. 사용자에게 서버나 스토리지 같은 하드웨어 자체를 판매하는 것이 아니라 하드웨어가 지닌 '컴퓨팅 능력'만을 서비스하는 것이다. 클라우드 컴퓨팅 서비스의 대표적인 사례로 알려진 아마존 웹 서비스(AWS)의 스토리지 서비스S3 및 EC2가 IaaS에 해당한다. ㈜인프라닉스는 IaaS 개발 구축과 보급에 앞장서고 있다.

■ PaaS

서비스로서의 플랫폼(PaaS)는 제공업체가 자체 인프라에서 하드웨어와 소프트웨어를 호스팅하고 이러한 플랫폼을 사용자에게 통합 솔루션, 솔루션 스택 또는 인터넷을 통한 서비스로 제공한다. 주로 개발자와 프로그래머에게 유용한 PaaS는 보통 해당 프로세스와 관련된 인프라 또는 플랫폼을 구축하고 유지 관리할 필요 없이 사용자가 자체 애플리케이션을 개발, 실행 및 관리할 수 있도록 해 준다. 사용자는 애플리케이션 코드를 작성, 빌드, 관리하지만 소프트웨어 업데이트 또는 하드웨어 유지관리와 같은 번거로움은 없어진다. 빌드 및 배포를 위한 환경이 사용자에게 제공되어 진다.

PaaS는 개발자가 프레임워크를 개발하여 지속적으로 웹 기반 애플리케이션을 빌드 및 커스터마이징할 수 있는 방법이다. 개발자는 기본 소프트웨어 구성 요소를 활용하여 자체 애플리케이션을 개발할 수 있으므로 자체적으로 작성해야 하는 코드의 양을 줄일 수 있다. PaaS의 몇 가지 예로는 AWS Elastic Beanstalk, Heroku 및 Red Hat OpenShift 등이 있다.

PaaS를 사용하면 기본 인프라(일반적으로 하드웨어와 운영 체제)를 관리할 필요가 없어 애플리케이션 개발과 관리에 집중할 수 있다. 즉, 애플리케이션 실행과 관련된 리소스 구매, 용량 계획, 소프트웨어 유지 관리, 패치 작업 또는 다른 모든 획일적인 작업에 대한 부담 없이 더욱 효율적으로 운영할 수 있다.

클라우드 서비스 사업자는 PaaS를 통해 서비스 구성 컴포넌트 및 호환성 제공 서비스를 지원한다. 컴파일언어, 웹 프로그램, 제작 툴, 데이터베이스 인터페이스, 과금모듈, 사용자관리모듈 등을 포함한다. 응용서비스 개발자들은 클라우드 서비스 사업자가 마련해 놓은 플랫폼 상에서 데이터 베이스와 애플리케이션 서버, 파일 시스템과 관련한 솔루션 등 미들웨어까지 확장된 IT 자원을 활용하여 새로운 애플리케이션을 만들어 사용할 수 있다. 구글의 AppEngine 서비스가 대표적인 예가 될 수 있다.

■ SaaS

Software as a Service(SaaS)는 서비스 공급자에 의해 실행되고 관리되는 완전한 제품을 제공한다. 대부분의 경우 SaaS라고 하면 웹 기반 이메일과 같은 최종 사용자 애플리케이션을 말한다. SaaS 오퍼링의 경우 서비스를 유지 관리하는 방법이나 기본 인프라를 관리하는 방법에 대해 생각할 필요가 없다. 특정 소프트웨어를 어떻게 사용할지만 생각하면 된다.

애플리케이션을 서비스 대상으로 하는 SaaS는 클라우드 컴퓨팅 서비스 사업자가 인터넷을 통해 소프트웨어를 제공하고, 사용자가 인터넷상에서 이에 원격 접속해 해당 소프트웨어를 활용하는 모델이다. 클라우드 컴퓨팅의 최상위 계층에 해당하는 것으로 다양한 애플리케이션을 다중 임대방식을 통해 온디맨드 서비스 형태로 제공한다. 여기서 다중 임대방식은 공급업체 인프라에서 구동되는 단일 소프트웨어 인스턴스를 여러 클라이언트 조직에 제공하는 것을 말한다. 즉, 우리가 흔히 사용하는 이메일 관리 프로그램이나 문서관련 소프트웨어에서 기업의 핵심 애플리케이션인 전사적 자원관리(ERP), 고객 관계관리(CRM) 솔루션 등에 이르는 모든 소프트웨어를 클라우드 서비스를 통해 제공 받는다. 그러나 SaasS는 클라우드 컴퓨팅이 IT 업계의 화두로 부상하기 이전에 독립적인 영역으로 이미 사용화 된 기술로 다른 서비스에 비해 인지도가 높다.

[그림 8.23] 클라우드 서비스 유형
자료: Microsoft, 교보증권 리서치센터

SaaS 서비스로서의 소프트웨어(SaaS) 또는 클라우드 애플리케이션 서비스는 가장 포괄적인 형식의 클라우드 컴퓨팅 서비스로, 모든 애플리케이션은 제공업체가 관리하며 웹브라우저를 통해 제공된다. 제공업체가 소프트웨어 업데이트, 버그 수정 및 기타 일반 소프트웨어 유지관리 작업을 처리하며, 사용자는 대시보드 또는 API를 통해 애플리케이션에 연결한다. 개별 시스템에 소프트웨어를 설치할 필요가 없으며 프로그램에 대한 그룹 액세스가 더욱 원활하고 안정적이다.

Outlook이나 Gmail과 같은 웹 기반 서비스가 지원되는 이메일 계정이 있다면 어디서든 컴퓨터에서 계정에 로그인하고 이메일을 수신할 수 있다는 점에서 SaaS라는 형태가 이미 익숙할 것이다. SaaS는 소프트웨어 설치 및 업데이트를 처리할 인력이나 대역폭이 없으며 최적화가 그다지 필요하지 않거나 주기적으로 사용되는 애플리케이션이 있는 소기업에 매우 유용한 옵션이다. SaaS로 시간과 유지관리를 줄일 수 있지만 제어, 보안 및 성능과 관련한 비용이 소요되므로 신뢰할 수 있는 제공업체를 선택하는 것이 중요하다.

아래 자료는 그리드 컴퓨팅과 유틸리티 컴퓨팅, 서버 기반 컴퓨팅, 그리고 네트워크 컴퓨팅을 클라우드 컴퓨팅과 비교 요약한 내용이다.

	유사점	차이점
Grid Computing	분산 컴퓨팅 구조를 사용하고, 가상화된 컴퓨팅 자원을 제공한다는 점에서 유사	Grid는 인터넷 상의 모든 컴퓨팅 자원을 사용하지만, 클라우드는 사어밧 사유 클러스터 사용
Utility Computing	과금 방식 동일	기술적인 문제 연관 없음
Server Based	데이터 및 응용을 아웃소싱 형태로 운용한다는 측면에서 동일	SBC는 클라이언트에서 입출력만 처리, 클라우드는 데이터 자체를 제공할 경우, 클라이언트 자원 활용 가능
Network Computing	SBC와 같은 점이 동일	NC는 항상 이용자의 컴퓨팅 자원 사용, 클라우드 컴퓨팅은 서버가 컴퓨팅 능력 제공

이밖에도 XaaS라는 큰 틀 아래 다음과 같은 서비스 모델들이 등장하고 있다.

- AaaS : 가상화 기술(virtualization technology)과 같은 아키텍처 구성을 위한 기술들을 제공하는 서비스
- BaaS : 비즈니스(경영, 마케팅, 제조, 인사, 프로세스, 재무등) 전반에 걸친 기능들을 서비스로 제공
- DaaS : 전체 수명 주기에 걸쳐 고객 데이터를 관리할 수 있는 포괄적인 기능 제공
- FaaS : 서비스 개발에 필요한 프레임워크들을 사용법, 실체 등을 제공하여 서비스 구성을 도와줌
- HaaS : 컴퓨팅 능력(compute)이나 저장 장치, 데이터베이스 등과 같은 것을 총괄적으로 제공하여 신생업체들이 온디맨드 컴퓨팅 서비스를 런칭 할 수 있도록 제공하는 것. IaaS와 동일 개념
- IDaaS : Identity 관련 서비스 제공
- CaaS : IT 망을 기반한 음성 기반 전화로 기간 통신이 아닌 별정 통신과 같은 부가통신 사업자가 제공하는 서비스

■ Cloud Computing의 헬스케어·금융에서의 클라우드 컴퓨팅 활용

클라우드 컴퓨팅은 IoT 기반의 센서로 수집한 정보를 빅데이터를 통해 분석할 수 있는 공간이자 인프라가 된다는 점에서 4차산업혁명의 큰 축을 담당한다. 클라우드 컴퓨팅은 따로 떨어진 것들을 하나의 네트워크로 연결

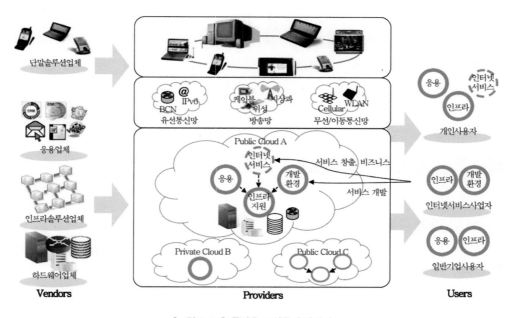

[그림 8.24] 클라우드 컴퓨팅 생태계

출처 : ETRI, "클라우드 컴퓨팅 기술 동향", 전자통신동향분석 제24권 제4호, 민옥기, 김학영, 남궁한

하고 원격으로 필요한 작업을 실행할 수 있는 기술이다.

국내에서 클라우드 서비스에 가장 앞서 있는 곳은 네이버. 네이버는 구글의 '드라이브 포토'나 애플의 '아이클라우드'와 같은 '네이버 클라우드'를 운영 중이다. 이동통신사와 시스템통합(SI) 업체들도 클라우드 시장에 성큼 다가서는 분위기다. KT는 공공기관용 자사 클라우드 서비스인 'G-클라우드'를 내세워 경쟁력 강화에 나섰다. LG CNS는 부산 글로벌 클라우드 데이터센터, 서울 상암IT센터 등에 데이터센터를 운영하는 중이다.

틸론테크놀러지, 소프트온넷, 이나루티앤티, 소프트센, 인프라닉스 등 많은 중소 소프트웨어 업체들은 '데스크톱 가상화' 사업에 주목한다. 데스크톱 가상화란 클라우드 컴퓨팅 종류의 하나로 자신이 사용하는 PC나 스마트기기에 프로그램이 없어도, 원격으로 클라우드 속에 깔려 있는 프로그램을 이용할 수 있게 하는 것이다.

클라우드 컴퓨팅은 핀테크 기술과도 시너지를 발휘한다. 특히 '디지털 거래장부'라고도 불리는 블록체인 기술과 맞닿아 있어 성장 가능성이 높다. 블록체인은 네트워크 내에서 일어나는 거래 내용을 안전하게 기록, 저장하는 기술이다. 클라우드 기술이 블록체인과 결합하면 클라우드 공간 내 정보유통의 보안성을 높일 수 있게 된다. 국내 클라우드 기술 업체인 블로코는 블록체인상에서 원하는 애플리케이션을 만들 수 있는 클라우드 플랫폼 '코인스택' 서비스를 만들어 눈길을 끌었다.

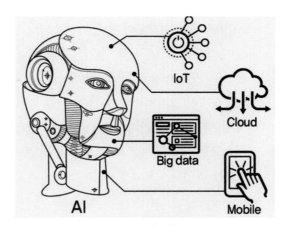

[그림 8.25] ICBM 상관도

출처 : 매일경제, 류지민·서은내·나건웅 기자

헬스케어 산업에서의 활용 가능성도 무궁무진하다. 클라우드 컴퓨팅을 활용하면 의사가 환자의 의료기록을 실시간으로 활용할 수 있어 맞춤형 진료서비스가 이뤄질 수 있다. 그뿐 아니라 의료기관은 저비용으로 보건의료 빅데이터를 효율적으로 관리하는게 가능하다.

출처 및 자료제공 : 매일경제, 류지민·서은내·나건웅 기자, https://www.mk.co.kr

06 AI · 빅데이터 구축사례와 일하기 좋은 기업

6.1 AI 구축사례와 기업가정신

■ AI ㈜알스피릿 → ㈜스피랩

알 SPIRIT(RealSpiritforA.IService,알스피릿) 이혜영 대표는 AI분야 벤처·창업의 기업가 정신으로 아래와 같은 기업을 창의·혁신적으로 운영하고 있으며, 최근 상호를 ㈜스피랩으로 변경하였다.

2018	**2017**
2018 K-Global 300 선정 / 기업부설 연구소 등록 NowMoment Company 1차 / MyPetLog 1차 버전 개발 정부 연구개발과제 수행(빅데이터, 인공지능) : 대전테크노파크, 중소기업벤처부, IITP, 기상산업기술원 등 인공지능 교육 기획/수행(한국경제아카데미, IITP)	벤처기업 인증 / SW사업자-기상사업자-여성기업 인증 충남대 창업선도대학 지원기업 선정 강원 빅데이터신산업공모전 최우수상(에너지공단) 제 4회 코리아빅데이터어워드 과학기술정보통신부장관상 한국정보화진흥원 K-ICT 빅데이터 센터 BOLP 선정

2019~ 우리은행 핀테크 스타트업 선정 / 나이스디앤비 기업신용평가(B0)등급(2021년)
미디어 스타트업 공모당선 (한국언론진흥재단) / 데이터바우처지원사업 공급기업
창업성장개발과제(감성분석 기반 AI 추천 시스템)및 R&D 특허설계 지원사업 선정
경기스타트업캠퍼스 2020년 성장기업 선정 입주 / 데이터바우처 공급기업(AI 가공, 2019~ 현재)

• 2019년 재무/비재무데이터 기반 상장기업 성장성 예측데이터서비스 NowMomentCompany(우리 핀테크센터 스타트업) 연구 및 개발
• 2020년 PetitRobotSilver/Kids 앱 : 실버세대 등 정서취약 계층 위한 AI 감성분석/콘텐츠 추천
  ‣ 치매케어/조기영어학습 앱 등 개발 및 구축
• 자체 AI모듈 프레임워크 플랫폼(예지보전/이상감지/감성분석 멀티모달) 기반 온톨로지 결합 딥러닝 모델 선도모델 제시와 제조/에너지 등 산학연네트워크 컨소시엄 구성으로 B2B 사업화
  ‣ 공동 라이센싱 BM 공급 등

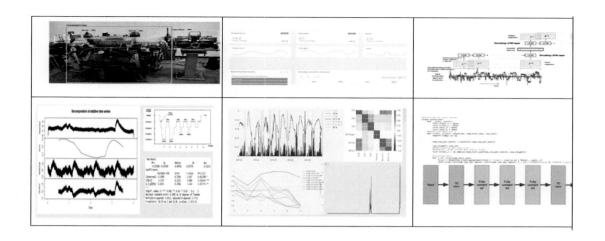

6.2 클라우드 컴퓨팅 구축사례와 기업가정신

■ (주)인프라닉스

인프라닉스(주) 송영선 대표는 클라우드 컴퓨팅 인프라 사업에 대해 창업하여, 제 9 대 한국상용SW협회 회장 (現), 삼성SDS 기술연구소 (前), 2020 중소기업 기술경영인상 (산업기술진흥협회), 2018 국무총리 포상 (SW산업)을 수상하리 만치 기업활동을 왕성히 하고 있다. 인프라닉스는 기술과 고객을 중시하며, 다음과 같은 솔루션을 공급하고 있다.

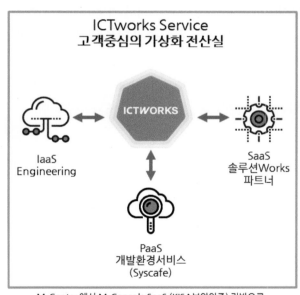

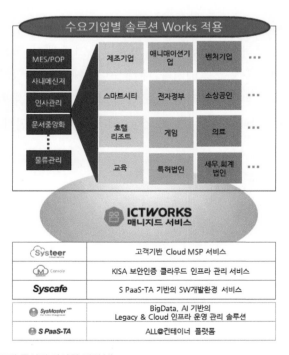

[그림 8.26] ICTWorks 서비스 (고객 중심의 가상화 전산실)

출처 : 인프라닉스(주) 대표이사 송영선

인프라닉스의 시스티어 G-클라우드는 KT G-클라우드를 기반으로 한 공공기관 전용 통합 클라우드 서비스다. 인프라 운영, 관리, 보안관제 및 KT PaaS-TA 등의 서비스를 제공한다.

■ 견디면 이긴다: ㈜월토피아 지윤정 대표와 기업가정신

인공지능과 인간의 차이에 대해 진지하게 성찰해야 한다. 시키는 일만 하는 것은 인간이 할 일이 아니다 그건 인공지능이 더 잘한다. 무슨 일을 해야 하고 그 일을 왜 해야 하며 그 일에서 가장 중요한 것이 무엇인지를 결정하는 일을 인간이 해야 한다.

상사만 쳐다보고 있다. 상사가 일을 시키기 전에는 움직일 수 없고 움직이지도 않고 움직이고 싶지도 않다. 상사의 의중에 안테나를 곤두세우고 그저 윗사람과 코드를 맞추는 데에만 심혈을 기울인다. 스스로 무엇을 만들고자 하는 의욕은 온데간데 없고 윗사람이 쳐놓은 틀 안에 맞추어 일하려 한다. 그것이 제일 편하고 제일 안전하다.

인간은 본래 자발적이다. 자발적으로 공부할 때 더 잘되고 자발적으로 청소할 때 힘이 덜 든다. 다만 자발적으로 집중해야 할 것이 무엇인지 판단할 수 있을 때 자발적이다. 내가 존재하는 목적이 무엇이고 오늘 이루어야 할 결과가 무엇인지 알아야 스스로 판단하고 스스로 움직인다. 무엇을 위해 어떤 결과를 만들어야 하는지 알지 못하면 눈치만 보게 된다. 자발적으로 일했다가 공격당하면 자발성을 거두어들인다. 땅을 판다고 모두 모이라고 말해놓고 왜 땅을 파는지, 얼마나 땅을 파는지, 무엇으로 파는지를 알리지 않으면 그저 시키는 대로 모이기만 할 뿐이다. 나무를 심는지, 김장독을 묻는지, 굴착기가 필요한지, 삽이 필요한지 아무것도 모르니 자발적일 도리가 없다. 그래도 땅을 잘 파보려고 이것저것 준비해 온 사람에게 상은커녕 일만 몰리면 후회하게 된다.

다음부터는 이런 오지랖을 자제하기로 다짐한다. 자발성이 스스로에게 손해가 되면 자발적이었던 에너지만큼 수동적으로 급선회한다. 모처럼 용기를 내어 스스로 생각하여 행동을 했지만, 좋지 않은 결과가 나왔거나, 상사에게 꾸중을 들었거나, 내가 노력한게 전혀 반영이 안되고 수포로 돌아갔거나, 더 큰 고생만 했다면, 그 다음부터는 절대 자발적으로 노력하지 않는다. 어떤 결과를 내야 하는지 명확히 알리지 않고, 지나치게 책임을 추궁하며, 실패에만 보복하고, 잘했어도 보상이 없으면서 자발적이기를 바라는 것은 칼 든 강도와 비슷하다.

참고문헌

- 전자통신동향분석/ETRI, "딥러닝 분산처리 기술동향", 안신영 (Ahn S.Y.) 고성능컴퓨팅시스템연구실 선임연구원외 3명 미래창조과학부 연구개발지원 발표자료
- 조준동, 빅데이터 (창의융합 프로젝트 아이디어북, 2015. 6. 10
- 「D.gov Issue Report, 2020-4호」, NIA(한국지능정보사회진흥원), www.nia.or.kr>
- 김연희, 데이터베이스 개론, 2013. 6. 30
- 양재수, 권희춘, 조경래, "스마트 모바일이 미래를 바꾼다", 매경출판, 2011.9
- KIPA(한국발명진흥회) https://www.kipa.org/kipa/index.jsp
- IT데일리 김용석 주간
- 하이터크정보, 김영실 대표, 출처 : www.jiji.com
- 박영숙, "인공지능혁명 2030"
- ETRI, "클라우드 컴퓨팅 기술 동향", 전자통신동향분석 제24권 제4호, 민옥기, 김학영, 남궁한
- 류지민 · 서은내 · 나건웅 기자, 매일경제, https://www.mk.co.kr
- https://greatplacetowork.co.kr/wp-content/uploads/여성-2021-main-1.png

1. 인공지능의 핵심 요소기술들을 나열하고, 어떻게 적용되는지 설명하시오.

2. AI 관련 협업 요소 모델을 그림으로 상관 체계도를 그리고, 각각에 대해 간략히 기술하시오.

3. 학습 가능한 양질의 데이터와 고성능 컴퓨팅 및 차별화된 알고리즘 확보가 AI서비스의 경쟁력을 결정하는 핵심 요소로 부각되고 있다. 이에 대해 기술하시오.

4. AI기반의 학습용 데이터 구축 방안에 대해 기술하시오.

5. AI 활용 사례를 하나 들고, 이에 대해 처계적으로 어떤 기술로 어떻게 서비스가 제공되는지 기술하시오.

6. 인공지능 시대를 준비하는 법·제도·규제에 관해 설명하시오.

7. 정부에서는, '인간성을 위한' AI 윤리 기준 마련 3대 원칙·10대 요건을 제시하였다. 이에 대해 설명하시오.

8. 일할 필요 없는 인간을 위한 일자리 혁명을 위한 방안이나 대책을 설명하시오.

9. 서비스형 인공지능(AI as a Service)플랫폼을 구성하고자 한다. 이에 대해 표와 함께 각 요소를 간략히 설명하시오.

10. 인공지능을 위한 빅데이터·인공지능 통합플랫폼인 PaaS for AI 에 대해 기술하시오.

11. 딥러닝의 기술과 활용에 대해 기술하시오.

12. 인공지능 기반 대화엔진 챗봇 솔루션에 대해 기술하시오.

13. 빅데이터란 무엇이며, 분야별 빅데이터 활용에 대해 설명하시오.

14. 빅데이터 플랫폼과 빅데이터 분석 핵심기술에 대해 설명하시오.

15. 데이터마이닝과 마이데이터에 대해 개념, 적용기술, 분석단계, 데이터 형태, 활용서비스, 기대효과에 대해 기술하시오.

16. 데이터 3법에 대해 제정 배경, 3법 내용에 대해 설명하시오.

17. 차세대 빅데이터 풀랫폼의 구성과 각 핵심 요소기술에 대해 구성도를 그려서 설명하시오.

18. 스마트시티 데이터 허브 구축을 위한 통합 플랫폼에 대해 구성도와 함께 핵심 요소를 기술하시오.

19. 클라우드 컴퓨팅 서비스로서의 인프라 3가지 유형에 대해 특징과 대표적인 활용 사례를 각각 들어서 기술하시오.

20. 클라우드 서비스의 유형을 표로 그려서 설명하고, 각 특징을 체계적으로 기술하시오.

CHAPTER 9
스마트사회와 창업조직 자원관리

- **u-City** : Ubiquitous City는 첨단 IT인프라와 유비쿼터스 정보서비스를 도시 공간에 융합해 원스톱 행정서비스, 자동화한 교통·방범·방재 시스템, 주거공간의 홈네트워크화 등의 서비스가 가능해지는 21세기 미래형 도시이다.

- **퍼스널 모빌리티** : Personal mobility는 개인용 이동수단을 지칭하는 말이다. 전동휠, 전동킥보드, 전동스케이트보드, 전기자전거 등이 이에 해당하며 주로 전기를 동력으로 움직이는 1인용 이동수단이다.

- **무선전력 전송기술** : WPT(Wireless Power Transmission)이란 전력에너지를 무선전송에 유리한 마이크로파로 변환시켜 에너지를 전달하는 새로운 개념의 전력전송 시스템으로, 전깃줄 없이 전기에너지를 공간을 통해 보낼 수 있는 원리는 주위에서 흔히 볼 수 있는 라디오나 무선전화 등과 같이 무선 통신방식에서 이용하는 전파전송의 원리로서 여기에 신호의 개념이 아닌 전기 에너지를 보내는 것이다.

- **가상현실** : 가상 현실(virtual reality, VR)은 어떤 특정한 상황 또는 환경을 컴퓨터 시스템을 이용해 실제와 똑같이 체험할 수 있도록 만든 것이다. 실제와 비슷하지만 실제가 아닌 인공적인 현실을 의미한다.

- **증강현실** : Augmented Reality(AR)은 가상현실(VR)의 한 분야로 실제로 존재하는 환경에 가상의 사물이나 정보를 합성하여 마치 원래의 환경에 존재하는 사물처럼 보이도록 하는 기법으로 디지털 미디어에서 빈번하게 사용된다. 증강 현실을 이용해 게임 등을 제작하기도 한다.

- **혼합현실** : 사용자가 눈으로 보는 현실세계에 가상 물체를 겹쳐 보여주는 기술이다. 현실세계에 실시간으로 부가정보를 갖는 가상세계를 합쳐 하나의 영상으로 보여주므로 혼합현실(Mixed Reality, MR)이라고도 한다. 현실환경과 가상환경을 융합하는 복합형 가상현실 시스템(hybrid VR system)으로 발전하고 있다.

- **확장현실** : 가상현실(VR), 증강현실(AR), 혼합현실(MR) 등의 실감 기술을 모두 포함하는 개념인 '확장현실(XR, eXtended Reality)' 기술이다. 이는 VR·AR·MR 뿐만 아니라 미래에 등장할 또 다른 실감 기술까지 다 포괄한다.

01__스마트사회

1.1 스마트사회 개요

(1) 스마트 사회의 정의

2016년 다보스 포럼을 시작으로 전 세계는 4차산업혁명과 인공지능 기술이 초래할 미래사회의 모습에 대해 긍정적인 전망 뿐 아니라 다양한 전망을 내놓으면서 논쟁을 벌이고 있는 상황이다. 지능정보사회는 사물인터넷, 빅데이터, 클라우드, 가상현실, 증강현실, 인공지능 기술 등이 보편적으로 활용되어 경제, 사회, 문화, 생활에 영향을 주는 사회라고 할 수 있다. 주요 특징으로는 사람-사물-장소-프로세스 등 만물(萬物)이 유무선 통신으로 연결되어 데이터와 정보를 서로 공유하는 것을 말하며, 사물인터넷망과 5G의 도입으로 연결성이 더욱 가속화되는 초연결성이다. 또한, 서로 다른 기술과 분야 간 융합으로 인하여 혁신이 일어나고 있으며, 특히 물리시스템과 사이버 시스템의 융합은 산업은 물론 사회 전반에 혁신을 추구하는 초융합성이다. 최근 들어 딥러닝 기술의 발달로 인하여 인공지능에 관심이 집중되고 있으며, 향후 인공지능이 우리 생활과 산업, 직업 등에 미칠 영향은 상상을 초월할 것으로 전망하고 있어 스마트사회는 초지능성 특징을 가지고 있다.

그러므로 스마트사회는 지능화된 첨단 과학기술을 매개로 인간 삶 전반에서 유연성·창의성 및 사람 중심의 인본주의 등 새로운 가치 창출을 도모하는 행복한 사회이다. 스마트폰이 급속히 확산되고 소셜 네트워크가 생활 속에 파고들면서 스마트사회로의 패러다임이 전환됨에 따라, 공급자 중심이 아닌 소비자 중심의 창의적 아이디어가 필요하다.

스마트사회는 다양한 문헌에서 현재보다 진보한 더 나은 인간 중심의 미래 사회로, 모든 영역에서 새로운 창조와 진화가 지속적으로 이루어져 새로운 가치와 새로운 변화를 추구하는 사회로 발전할 것이다.

사람들이 정보 소비자에서 정보 창조자의 역할을 하고, 한정된 공간이 아니라 개방된 공간에서 네트워크으로 연결되기를 희망한다. 일하는 방식도 집이나 제3의 공간에서 자유롭게 일하는 스마트 워크로 바뀌고 있고 기술적으로는 아날로그와 디지털의 결합이 자유롭게 일어나고 디지털에서도 유·무선이 융합되어 새로운 상품과 서비스의 생산이 가능하다. 현대사회는 농경사회의 100년 변화와 맞먹을 정도로 중요한 제4의 물결 시

[그림 9.1] 스마트사회 예시
출처 : 한국인터넷 진흥원

작점으로 스마트 기술을 통해 빈부격차나 양극화 해결 가능성이 있다.[1]

(2) 스마트사회의 구성 영역

스마트 사회를 구성하는 영역을 주거·생활, 교통, 에너지·자원, 헬스, 푸드의 5개 분야의 전망과 이슈에 대하여 나누어 설명하면 다음과 같다.

■ 주거생활분야

지금까지 회사의 반대 개념이었던 집은 재택근무가 대규모로 확산되자 제2의 일터가 되고 있다. 사실 초고속 정보통신망이 보편적화되면서 언제 어디서든 일처리를 하고, 화상 회의를 통해 동료들과 주요 사안을 결정하는 시나리오는 지금까지 꾸준히 제기되었다. 사람들에게 익숙하지 않고 직장에 출근하는 기존 방식에 대한 관성이 강했기 때문에 도입이 어려웠다. 그러나 2020년 현재 코로나19로 인해 회사 밖에서 근무하는 일이 급작스럽고 광범위하게 시행되었고, 그 효율성을 인정받으면서 이제 직장이라 부르는 특정한 장소로 출근하는 게 일하기의 절대적 방식이 아니라는 인식이 생기게 되었다. 또한, 출근하지 않고 집에서 일을 처리하면 교통 지옥은 기본이고 각종 물리적인 시간 낭비와 사람들을 대면하며 겪는 스트레스에서 해방되는 긍정적인 효과가 생겨났다. 구글은 직원의 60%는 1주일에 1번 정도 사무실에 출근할 것이라고 예상하고 있고, 페이스북은 5~10년 이내에 전 직원의 절반 이상이 원격 근무를 하게 될 것이라고 판단하고 있다.

트위터도 포스트 코로나19 이후에도 재택근무를 무기한으로 운영할 예정이다. 마스터카드는 전 세계에서 근무하는 직원 중 무려 90%에 달하는 인원에게 재택근무를 허용하면서 노동의 미래라는 테스크 포스 팀을 만들어 연구하고 있다. 앞으로는 개개인의 라이프 스타일은 모두 다르고, 자기만의 트렌드를 찾아가는 게 트렌드라고 말할 수 있다. 즉 퍼스널 트렌드가 글로벌 트렌드이다. 지금까지 공간을 바꿀 때는 전문가에게 의견을 물어보았지만 20~30대, 즉 MZ 세대는 자신이 원하는 방향을 아주 명확하게 알고 있고 인터넷을 통한 검색 능력이 탁월해 프로추어에 버금가는 정보를 확보하고 있다. '오늘의집', '집닥', '호미파이' 등 각종 애플리케이션을 활용하여 삶의 만족도를 높이는 공간을 창조하고 있다.[2]

국내외적으로 맞춤형 주거환경에 대한 수요가 증가하고 있지만, 한국은 개인의 주거·생활 패턴을 고려한 맞춤형 주거설비가 부족하고 취약계층의 편의시설 접근성이 상대적으로 열악하다. 편의시설 이용을 위한 노인·장애인들의 이동능력 향상이 필요하며, 거동이 불편한 사람을 위한 보조기구, 지능형 주거설비, 스마트 가전기기 및 이를 위한 맞춤형 UI기술 보급 필요한 상황이다.

■ 교통분야

교통분야는 퍼스널 모빌리티의 등장, 자율자동차의 기술발전, 드론택시의 시험운영 등 기존의 교통모드와 다른 형태의 온디맨드 교통수단의 등장은 모빌리티 환경을 급속하게 변화시킬 것으로 전망되고 있다. 특히, 사용

---

1) 권소영, 사람 중심의 스마트사회 구현을 위한 2018년 10대 미래유망기술 선정, KISTEP, 2018
2) 집은 앞으로 어떻게 바뀔까?, HMG Journal, 2020

자 중심의 모빌리티 서비스를 의미하는 MaaS(Mobility as a Service)의 등장은 기존의 교통수단, 교통정보, 교통결제 등의 분리된 시스템을 하나로 통합할 수 있는 기술적인 바탕을 제공하므로 스마트사회에서의 교통은 보다 넓은 영역으로 전개될 것으로 기대된다.[3) 자율자동차가 본격적으로 도시 안에서 운영되고, 도시 내에 자동차를 대부분 전기차로 운행하게 되면, 도시의 에너지 수급체계도 달라질 수 있다. 또한, First Mile-Last Mile 운송수단으로 퍼스널 모빌리티는 지속적으로 확대될 것인데, 과연 지속 가능한 도시의 교통은 어떤 형태의 교통수단이 최적이 운송형태로 될지는 앞으로 다양한 시도를 통하여 자리 잡게 될 것으로 전망된다. 다양한 인접영역과의 협력체계를 유지하는 것이 스마트사회와 교통의 발전을 위한 방법이다.

■ 에너지 자원 분야

전력망 기술과 ICT 기술의 융·복합을 통해 다양한 분산전원을 안정적으로 수용하고, 에너지 이용효율을 극대화하는 지능형 전력시스템이 주목받고 있다. 또한, 신재생에너지 등 분산 자원에서 발생하는 여러 에너지를 시장 또는 개별 수요처에 판매할 수 있는 에너지 프로슈머 확산이 요구되고 있다. 현재 전력망은 공급자 중심이며 일방향성 방식으로 운영되고 있다. 4차산업혁명 시대에 활용될 정보통신기술과 실시간 정보교환기술, 전기 저장기술, 신재생에너지기술 등을 결합한다면 에너지 시스템 변경이 이루어지고 양방향성 전력시스템 구축은 스마트그리드 조성으로 이어져 효율적인 에너지 사용을 가능하게 해 줄 것으로 전망된다.

심각해지는 기후변화 문제에 대응하고 온실가스 감축을 위해서도 스마트에너지 네트워크 시스템 구축은 중요하다. 최적 가용 기술의 통합 운영을 통해 발전시설의 탈 탄소화를 유도하고 에너지효율 향상을 통한 온실가스 감축에 기여하기 때문이다. 그 밖에 지속적으로 증가하고 있는 전력 수요에 따라 에너지공급과 수요의 균형화를 위한 수요관리 강화 기능도 점점 부각되고 있다.[4)

지구 온난화 문제로 인하여 기술의 발전과 더불어 재생에너지 등 새로운 청정 친환경 미래 에너지에 대한 요구가 증대되고 있다. 최근 미세먼지 등의 환경적 문제와 국민안전 등의 이유로 석탄화력 발전과 원자력 발전을 대체하기 위한 사회적 논의가 활발히 진행 중이다. 다양한 친환경 자동차(하이브리드차, 순수 전기차, 수소연료 전기차, 플러그인 하이브리드)가 상용화 중이나 인프라 부족과 제도적 한계가 존재하여 활성화 되고 있지 않다.

■ 헬스 분야

헬스케어 서비스의 패러다임이 변화하고 있다. 과거 치료 중심에서 벗어나 예방 중심으로 트렌드가 바뀌면서 스마트 헬스케어가 부상하고 있다. 인공지능을 비롯해 사물인터넷, 웨어러블 디바이스, 클라우드 컴퓨팅 등 기존 의료 시스템 밖에 있었던 디지털 기술이 의료 분야에 접목되면서 기존 헬스케어 분야는 급격히 변화하고 있다. 스마트 시대에 맞게 사후 치료보다 사전 예방에 힘쓰고 있다. 스마트기기와 센서 기술의 발달로 인해 일상에서 소비자는 손쉽게 자신의 혈압과 운동량 등을 기록하고 관리할 수 있고, 스마트 디바이스를 통해 쉽게 자가 건강 측정을 할 수 있도록 변한 것이다. 또한, 데이터 처리 기술의 빠른 발전으로 손쉽게 착용할 수 있는 웨어러블

---

3) 스마트시티와 교통, KOTI, 2020
4) 스마트에너지 네트워크 시스템, 4차산업혁명 이끈다, Solar Today, 최홍식, 2018

디바이스는 손목을 비롯해 몸에 밀착돼 지속해서 생체정보를 소비자에게 제공한다.

ICT기술을 접목한 의료기술과 빅데이터는 인공지능 기술과 결합해 헬스케어 산업에 있어 혁신 서비스를 창출하고 있다. 스마트 헬스케어의 부상은 기존 의료기기 기업 및 제약회사, 의료기관 등의 전통사업자와 웨어러블 기기, 모바일 플랫폼 기업, 통신사의 경쟁과 협력 시장으로 바뀌었다. 이에 따라 스마트 헬스케어 산업의 신규 사업자의 경우 IT 기술에 특화돼 있으며 새로운 기술 도입을 통해 전통 사업자와의 협업을 모색하고 있다. 구글, 애플, 마이크로소프트, IBM 등은 스마트 헬스케어 산업을 주도하기 위해 적극적인 투자와 인수합병을 진행하고 있다.

특히 IBM의 경우 왓슨 인공지능 기술을 사용해 의료 연구 목적 및 헬스케어 시장을 주도하려 노력하고 있다. 스마트 헬스케어 시장이 큰 폭의 상승 곡선을 그리는 이유는 고령화와 만성질환자의 증가로 인한 사회적 요구에 따른 것이다. 의료 서비스의 발달로 전 세계는 현재 노령화사회를 넘어 고령화 사회로의 길목에 접어들고 있고 이에 만성질환자 및 의료비 경감에 대한 관심은 매우 높다. 또한, 웰빙과 힐링, 워라밸(워킹 라이프 밸런스)이 사회 키워드로 부상한 가운데 건강한 삶에 대한 사회적 요구와 개인의 관심은 그 어느 때보다 높기 때문이다.[5]

인간의 평균수명 증가에 따라 건강한 삶을 영위하려는 욕구가 증대하고 있다. 그러나 OECD 최고 수준의 노인빈곤율, 아프고 긴 노후 등으로 인해 불안한 장수사회가 될 수 있다는 우려가 존재하고 있는 상황이다. 체계적이고 편리한 건강관리를 위한 개인 맞춤형 의료에 대한 관심이 높아지고 있고, 인구고령화, 정보통신기술의 발달로 보건의료의 패러다임이 변화하여 의료공급자·치료 중심에서 의료소비자·개인화된 맞춤형 의료로 변화하고 있다. 헬스케어 1.0은 전염병예방, 헬스케어 2.0은 질병치료로 기대수명 연장, 현재 헬스케어 3.0 예방과 관리를 통한 건강수명 연장으로 변화하고 있다. 보건의료자원(임상의사 및 임상간호사)이 부족하며, 임상의사 수(한의사 포함)는 인구 1,000명당 2.2명으로 OECD 평균(3.3명)보다 1.1명 적으며, OECD 회원국 중 낮은 편에 속한다.

■ 푸드

푸드테크(food tech)는 식품(food)과 기술(technology)이 접목된 4차 산업 기술이다. 즉 기존 식품 관련 서비스업이 빅데이터와 인공지능, 근거리 무선통신 등 정보 통신 기술과 접목된 것이다. 2017년을 기점으로 푸드테크는 기하급수적으로 발전하였고, O2O(온·오프라인연계) 서비스를 포함해 음식과 정보통신기술이 만난 모든 분야의 산업이 푸드테크이다. 음식의 검색, 추천, 배달, 식재료 배송 등을 포함해 생체 재료, 기능성 식품, 대체 식품 등이 포함되는 개념이다. 스마트팜, 스마트키친 등도 푸드테크에 속한다고 할 수 있다.

푸드테크의 핵심은 우리 생활의 핵심적인 부분을 차지하는 식품을 보다 편리하고 효율적으로 소비하고자 하는 욕구에서 출발한 것이다. 모든 산업의 발전은 인간의 욕구를 기반으로 등장하고 성장한다. 4차산업혁명의 핵심 기술인 인공지능과 사물인터넷(IoT), 드론, 빅데이터 기술 등이 함께 발전하면서 푸드테크 산업도 동시에 성장하고 있다. 최근 푸드테크의 영역으로 미래 식량난을 해결할 대체 음식 개발이 부각되고 있다. 미국 스타트업

---

5) 4차산업혁명시대, 가파르게 성장하고 있는 스마트 헬스케어 시장, 인더스터리 뉴스, 방제일, 2018

인 멤피스미트는 지난해 소의 근육 세포를 배양해서 만든 쇠고기와 미트볼을 선보였고 최근에는 세계 최초로 인공 닭고기를 만들어 냈다. 또 다른 미국 벤처 기업은 식물에서 빼낸 단백질 성분으로 만든 인공 달걀과 마요네즈를 판매하고 있다. 대표적으로 '피 흘리는 채식 버거'로 유명한 미국의 신생 스타트업 '임파서블 푸드'가 있다.[6)

기술의 발전으로 먹거리의 변화가 예상되고 있지만 생활 패턴의 변화, 1인 가구의 증가 등으로 혼자서 먹는 밥 또는 그렇게 먹는 행위(혼밥)가 증가하여 영양 불균형과 나트륨 과다섭취 등 문제 야기 및 먹거리의 양적·질적 양극화가 심화되고 있다. 그리고 먹거리에 대한 국민들의 불안과 불신의 증대하고 있고, 먹거리 관련 식품안전사고가 지속적으로 발생하고 있다. 또한 유전자 변형 식품, 화학비료 및 살충제, 미세플라스틱 등 먹거리 생산과정에서 안전문제가 지속적으로 지적되고 있는 상황이다.

1.2 스마트사회에 필요한 기술

스마트 사회를 구성하는 영역을 주거·생활, 교통, 에너지·자원, 헬스, 푸드의 5개 분야의 다양한 이슈를 해결할 수 있는 기술에 대하여 기술하였다.

(1) 반응형 주택기술
사물인터넷(IoT) 기반의 지능형 바닥재, 능동형 센서 및 디스플레이 기술을 활용하여, 외부로부터 위험을 감지하고 사용자의 요구에 능동적으로 대처할 수 있도록 공간·기능·조명의 가변형성을 부여한 친환경적 주택이다. 개인의 취향, 기분, 활동에 따라 조명, 바닥재 등이 반응하는 사용자 맞춤형 주택으로, 1인 가구 및 고령인구 증가로 인한 안전 문제 우려를 해결하고 사용자에게 편안한 생활공간을 구현한다.

(2) 커넥티드 카 기술
첨단센서, 정보통신, 지능제어 등을 융합한 미래 모빌리티 기술로 차량이 스스로 주변환경을 인식, 위험 상황을 판단, 차량의 움직임을 조작하여 운전자의 주행조작을 최소화하며 스스로 안전주행 및 커넥티드 서비스 제공이 가능한 인간 친화적 차량-인프라 융합기술이다. 자동 충돌 알림, 과속 및 안전 경보 알림 등의 기술을 포함하여 도로시스템과 실시간으로 양방향 통신을 하며 최적경로 탐색, 신호시스템 지능형 제어(ITS) 등이 가능하다.

[그림 9.2] 커넥티드 카
출처 : M Auto Daily, 2020

---

6) 4차 산업 혁명 기술과 푸드테크(food tech), 블록체인 AI 뉴스, 박영숙, 2018

(3) 모듈형 대중교통 시스템

사물인터넷(IoT), 원격조정, 자율주행 등의 스마트 기술을 기반으로 운행되는 자동조립식 레고형 대중교통 시스템이다. 노약자, 장애인, 취약계층의 도어 투 도어 이동 서비스 구현이 가능하며, 원하는 모듈을 붙였다 뗐다 하며 택시(~3명), 밴(~6명), 버스(~수십명) 등의 형태로 활용 가능하다.

(4) 스마트 패치 기술

신체 상태를 확인하는 센서와 메모리 등을 포함한 얇은 전자회로 막으로, 생체 정보 모니터링이 가능한 신체 부착형(패치형/문신형) 센서 기술이다. 혈당수치에 따라 타투 색깔이 변하고, 채혈보다 편리한 방법으로 매일 실시간 자가 검진이 가능하다. 타투 이미지를 스캔하여 저장된 정보를 불러오거나, 음악을 재생하는 등 웨어러블 저장·제어 장치로도 활용이 가능하다.

[그림 9.3] 피부 상태 측정 패치
출처 : https://www.elle.de

(5) 스마트 로봇 기술

스마트 로봇은 전통적인 로봇의 외형 소재가 딱딱하고(hard) 경직성(rigid)이 있는 재질로 제작된 것에 비하여 이와는 달리 부드럽고(soft) 유연한(flexible) 소재로 제작된 로봇이다. 강철로 만들어진 일반적인 로봇보다 움직임이 유연하고 외부 충격에 강해 인간과의 신체적 교류를 요하는 다양한 환경에서 활용이 가능하다.

[그림 9.4] 소셜 로봇
출처 : 로봇신문, 2015

(6) 무선전력 전송기술

고효율의 무선전력전송 기술은 스마트 및 IoT 기기, 스마트 인프라, 차량 등에 적용될 수 있는 전력 IT 융합 분야의 핵심 기술로서, 전력 손실을 최소화하면서 무선으로 장소에 구애받지 않고 전력을 공급하는 기술이다. 적용 분야가 확대되고 있어 충전 거리 확대, 충전기기 소형화, 용량 및 효율 증대 기술 개발에 집중하고 있다.

다양한 무선전력전송 기술들 중에서 자기 유도 방식은 효율이 높지만 공극이 1cm보다 작은 비접촉식으로 활용할 수밖에 없는 단점을 가지고 있다. 또한, 자기공진을 활용한 방식은 효율이 높고, 접촉식에 비해 수십 cm까지의 거리를 두고 무선 충전을 할 수 있지만 여전히 거리의 제약이 존재하며, 수신단의 위치를 임의로 이동할 수 없다. 이를 보완하기 위해 최근 수신단의 이동을 가능하도록 할 수 있는 MagMIMO 기술이 제안되고 있다.

[그림 9.5] 실내 무선전력전송
출처 : 전자신문, ICT 미래인제포럼 2019

현재 무선 충전 기술 시장에서 자기 유도 방식과 자기공진 전력 전송 기술이 높은 효율 혹은 약간의 위치 이동 허용으로 인해 그 응용 가능성이 큰 편이지만, 충전거리가 1cm 혹은 수십 cm 이내로 짧은 문제점이 있다. 그리고 RF 방식은 빔포밍을 통해 수 m급의 전력 전송이 가능하고 사용자의 위치 추적 및 경로 회피 등을 이용하여 대용량 전력전송이 가능하다. 일반적으로 무선구간 효율을 높이기 위해 어레이 안테나를 사용하는데 낮은 주파수의 경우 안테나 크기가 커지는 문제점이 있고, 높은 주파수의 경우 전력 증폭기와 정류기의 효율이 낮아지는 단점이 존재한다. 현재 2.45GHz, 5.8GHz, 20GHz 등 ISM 대역을 활용하여 고출력의 전자파를 이용하여 원거리 전력전송을 하는 다양한 RF 방식의 전력전송 기술이 연구되고 있으며, 거리 극복 문제와 인체 유해성 영향 등의 문제로 상용화에 어려움이 예상되므로 이를 해결할 수 있는 기술이 필요하다.

그 밖에 레이저를 활용한 적외선 레이저 방식은 고도의 트래킹 기술이 동반되지 않는 이상 이동성에 매우 취약하며, 환경에 영향을 많이 받는다. 그리고 초음파를 활용한 무선전력전송 기술은 낮은 효율 및 LOS 환경에서만 동작한다는 문제점을 해결해야 한다.[7]

⑺ 확장 현실 기술(XR)

가상현실이란 "실제로 존재하지 않으나 존재하는 것처럼 현실감을 주는 상황"을 말한다. 즉, 실제 현실 상황이 전혀 아닌, 만들어진 현실만으로 채워서 몰입감을 주는 상황을 의미하며, 이를 위해서는 현실세계와는 단절된 가상세계를 디스플레이하는 "HMD(Head Mounted Display)"라고 하는 특수하게 제작된 장비가 필요하다.

증강현실(Augmented Reality : AR)은 가상세계와 현실세계의 중간 위치에 있는 확장된 현실이란 뜻이다. 현실세계의 특정 장면에서 실제로는 존재하지 않는 이미지나 정보가 덧붙여 보이는 것이다.

현실세계에는 존재하지 않는 콘텐츠들을 보기 위해 특수 안경이나 스마트폰·태블릿의 카메라 모드를 활용하여 확인할 수 있다. 증강가상현실(Augmented Virtuality : AV)은 또 다른 개념으로 존재하며, 이는 증강현실과 가상현실의 중간개념으로 가상현실기법 기반 콘텐츠를 제공하고 현실적 UX(User Experience) 요소를 가미하여 인터랙션이 되도록 하는 기술을 말한다. 다시 말해 HMD를 쓰고 보이는 가상의 콘텐츠를 대상으로 동작을 수행하면 콘텐츠와 인터랙션이 가능한 기술이다.

혼합현실(Mixed Reality : MR)은 증강현실과 증강가상현실을 포함하는 기술이라고 할 수 있다. 기술적으로는 현실과 증강현실, 가상현실의 요소를 모두 혼합하고 거기에 사용자와의 인터랙션을 더욱 강화한 기술을 의미한다. 이러한 혼합현실의 효율적 체험을 위해 비디오, 오디오 등의 장비를 조합하여 현실·가상현실·증강현실 정보를 획득할 수 있도록 하여 몰입감을 극대화할 수 있는 장비가 필요하며 대표적인 예가 마이크로소프트 사 홀로렌즈이다. 혼합현실(MR, Mixed Reality) 기술은 눈앞의 현실과 컴퓨터 그래픽(CG)을 실시간으로 합성하므로 실물이 눈앞에 있는 듯한 압도적인 현장감을 실현할 수 있으며, 또한 모든 각도에서 대상을 볼 수 있기 때문에 가상현실 속에 있는 듯한 '몰입감'을 제공한다.[8]

---

7) 양대근, 김당오, 이주용, 조동호, 차세대 무선전력 전송기술, ITFIND, 2020
8) 혼합현실 기술 동향, ICT신기술, 백정열, 2019

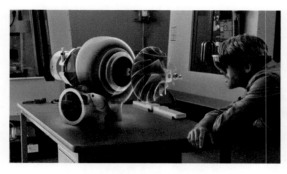

[그림 9.6] 혼합현실
출처 : Microsoft

[그림 9.7] 확장현실
출처 : Microsoft

확장현실(XR, Extended Relaity)은 가상현실과 증강현실, 그리고 혼합현실 기술을 모두 포함하는 용어로서, 증강현실, 가상현실을 모두 지원할 수 있는 새로운 형태의 웨어러블 기기에 융합되면서 XR 개념이 탄생되었다. 증강현실과 가상현실 기술은 많은 요소 기술들을 공동으로 활용하고 있고 이러한 기술들이 통용될 수 있는 혁신적이고 새로운 형태의 웨어러블 기기에 적용되어서 다양한 새로운 경험이 가능해지고 이는 제조, 헬스케어 그리고 교육과 소매 등에 이르기까지 다양한 산업에 적용될 것이다. 미래에는 스마트폰과 모바일 VR 디바이스 그리고 AR 디바이스가 하나의 XR 웨어러블 기기로 통합되어 XR 글래스로 AR과 VR 모두 사용할 수 있을 것이다.

02_스마트 전자정부

전자정부란 정보기술을 활용하여 행정기관 및 공공기관의 업무를 전자화하여 행정기관 등의 상호 간의 행정업무 및 국민에 대한 행정업무를 효율적으로 수행하는 정부로서 정부의 일하는 방식과 대국민 서비스를 혁신하며, 국민의 참여를 촉진시키는 것이 목적이고 스마트사회로 가기 위해서는 반드시 필요하다. 이로 인하여 사람 중심의 새로운 가치 창출을 도모하는 행복한 사회를 추구하는 것이다.

2.1 전자정부의 진화와 현재

한국의 정보화 수준이 진전되고 민주주의가 성숙됨에 따라 홈페이지는 국민과 소통하는 유용한 창구로 활용되기 시작했다. 국민은 홈페이지를 통해 정부의 정책과 소식을 듣고 의견을 게시하며, 불편 사항과 고충을 얘기하고 정책 아이디어와 제안도 올리게 되었다. 전자적 수단을 통해 국민의 참여가 확대됨에 따라 한국의 민주주의가 심화될 수 있는 여건도 조성된 것이다. 전자정부와 전자민주주의의 관계에 대해 정치과정과 행정과정에의 적용이라는 측면과 추진주체의 측면에서 구별된다는 의견이 있다(홍성걸, 1999).

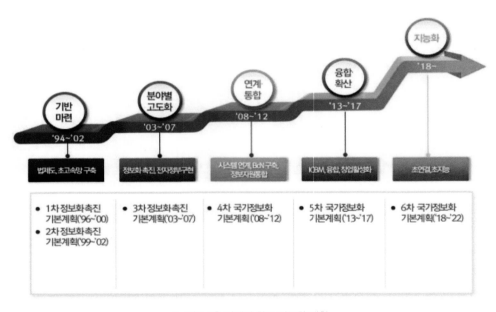

[그림 9.8] 단계별 한국 정보화 계획
출처 : 지능정보사회 구현을 위한 제6차 국가정보화 기본계획, 정보통신전략위원회, 2018

　전자민주주의는 정보기술을 활용한 정치적 의사표현에서 정치결사의 구성, 이익단체로서의 영향력 행사, 로비 및 전자투표를 통한 선거에의 참여에 이르기까지 정치과정 전반에 걸쳐 정보기술과 정보네트워크를 이용하는 것을 의미한다. 반면 전자정부는 정보기술을 활용하여 정부의 의사결정과정을 단축하고, 부처간 혹은 부서간 정보를 공유하거나 공동이용하게 하고 공공정보를 공개하여 시민들의 자유로운 접근을 가능하게 하여 시민들이 다양한 공공서비스를 단 한 번의 신청으로 받을 수 있게 하는 대민서비스의 효율화에 초점을 두고 있다. 또한, 이러한 견해는 추진 주체에 있어서 전자민주주의가 주로 민간에서의 자발적 참여를 통해 진행되고 있는 반면, 전자정부는 정부가 주요 추진주체로서의 역할을 하고 있다고 본다.

　그러나 이러한 구분은 별 의미가 없는 것으로 보인다. 특히 전자정부 역시 최근 초기 효율성만을 목적으로 하여 우선적으로 행정내부를 초점으로 맞추어 추진되던 것이 현대에는 행정외부와의 관계를 강조하여 기존의 효율성을 위한 목적과 더불어 참여의 중요성과 민주성 가치의 확대를 강조하고 있다.

　양자 모두 효율성과 민주성이라는 두 가지 가치를 기초로 하고 있다는 점과 또한 전자정부에서의 민주성, 즉 시민의 직접적 참여의 강조는 이러한 이분법적 구분이 의미가 없음을 나타낸다. 굳이 정책과정의 측면에서 구분해 보자면, 전자민주주의는 정책과정 중 투입과정과 평가, 환류의 과정으로, 그리고 좁은 의미의 전자정부는 정책결정, 집행의 과정으로 이해할 수 있을 것이다. 그러나 전자정부의 개념을 더욱 넓은 관점에서 본다면 이러한 측면에서 볼 때 전자민주주의와 전자정부가 구분된 것이 아니라 개념적으로나 현실적으로 하나의 연속된 과정으로 이해되어야 한다.

　전자정부 패러다임 변화 모형을 전자민주주의와 전자정부의 관계에 기초하여 두 가지 기준에 따라 연계하여 정리하는 것이 유용할 수 있다. 즉 사회적 다원성 정도와 시민사회 성숙성 정도와 함께, 전자민주주의는 적용대

상 범위에 따라 분류된 모형과 연계하여 전자정부 유형을 분류하는 것이다.[9]

[그림 9.9]에서 세로축으로 설명되는 낮은 수준의 사회적 다원성으로부터 높은 수준의 사회적 다원성과 가로축으로 설명되는 낮은 수준의 시민사회의 성숙도 즉 소극적 시민사회로부터 높은 수준의 시민사회 성숙도 즉 적극적 시민사회에 이르기까지 전자정부 유형과 전자민주주의 유형은 연계하여 다음과 같이 분류 가능하다. 여기서 제시되는 전자정부 유형은 전자정부 개념모형 분류에 기초하고 있다. 이들 전자정부 모형은 산업사회, 정보사회, 스마트사회의 각 사회 패러다임 변화에 따라 다음과 같이 분류될 수 있을 것이다.

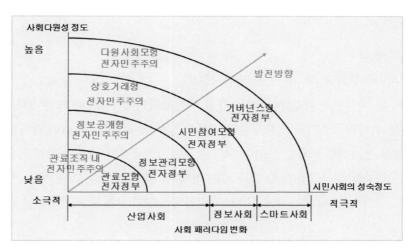

[그림 9.9] 사회 패러다임 변화에 따른 전자정부 패러다임 변화 모형

(1) 산업사회형 전자정부

■ '관료조직내 전자민주주의'와 '관료모형 전자정부'

아주 낮은 수준의 사회 다원성과 낮은 소극성을 가진 시민사회로 분류되는 영역은 '관료조직내 전자민주주의'로 분류된다. 이는 전자민주주의의 적용대상 범위로서 정부조직 내의 의사결정과정에 전자민주주의 적용을 활성화하는 모형으로서 소극적인 시민사회와 직접적인 연결성이 부족하며 이 전자정부 유형은 '관료모형 전자정부'로 분류될 수 있다.

■ '정보공개모형 전자민주주의'와 '정보관리모형 전자정부'

낮은 수준의 사회 다원성과 완화된 소극성을 가진 시민사회로 분류되는 영역은 '정보공개모형 전자민주주의'로 분류된다. 이는 전자민주주의의 적용대상범위로서 정부조직으로부터의 시민사회에 대한 정보공개의 활성화하는 모형으로서 시민의 알권리가 충족되는 형태의 전자민주주의 모형이다. 이와 관련된 전자정부 유형은 '정보관리모형 전자정부'로 분류될 수 있다.

---

9) 스마트사회의 정보정책과 전자정부 이론과 전략, 김성태, 2013

⑵ 정보사회형 전자정부

■ '상호거래모형 전자민주주의'와 '시민참여모형 전자정부'

상당한 수준의 사회 다원성과 적극성을 가진 시민사회로 분류되는 영역은 '상호거래모형 전자민주주의'로 분류된다. 이는 전자민주주의의 적용대상 범위로서 정부조직으로부터의 시민사회에 대한 정보공개의 활성화를 포함하여 시민사회로부터 적극적인 정부의 의사결정에 대한 참여가 활성화 되는 모형으로서 정부와 시민의 쌍방향적 의사교류가 활성화 되는 형태의 전자민주주의 모형이다. 이와 관련된 전자정부 유형은 '시민참여모형 전자정부'로 분류될 수 있다.

⑶ 스마트사회형 전자정부

■ '다원사회모형 전자민주주의'와 '거버넌스모형 전자정부'

매우 높은 수준의 사회 다원성과 아주 적극성을 가진 시민사회로 분류되는 영역은 '다원사회모형 전자민주주의'로 분류된다. 이는 전자민주주의의 적용대상 범위로서 정부조직뿐만이 아니라 다양한 사회구성원들이 매우 적극적인 형태로 상호 전자적인 교류를 통하여 정보를 교환하고 투명하고 민주적인 의사결정에 영향을 미치게 되고 사회전반적인 그물형 의사교류가 활성화 되는 형태의 전자민주주의 모형이다. 이와 관련된 전자정부 유형은 '거버넌스 모형 전자정부'로 분류될 수 있다. 이러한 거버넌스모형 전자정부는 스마트 사회에서 본격적으로 나타나고 있다.

2.2 Smart Government : 스마트사회형 전자정부로의 진화

정보통신기술이 발전하고 정보화 사회로의 진전이 가속화됨에 따라 정보통신기술은 일상생활에 스며들어 사회 기반으로 내재화되고 있다. 이러한 기반에서 미래에는 정보통신기술로 인한 가능성이 사회적 혁신으로 연결되면서 사회적 역할이 더 커질 것으로 전망된다. 정보통신기술은 인간의 한계를 뛰어넘는 새로운 가능성들을 창조하고 현실과 가상(사이버)이 공존하는 방향으로 진화할 것이며, 다양한 사회 문제의 해법을 찾는 데도 적극 활용될 것이다. 향후 사회와 기술은 이분법적으로 분리하여 발전하는 것이 아니므로, 기술과 사회가 유기적으로 연계하여 진화하도록 하는 것이 바람직하다.

또한 경제 성장과 민주주의의 성숙에 따라 정부의 역할도 변한다. 감독과 통제, 정책을 결정하는 '결정자'에서 국민의 의견을 수렴하여 이해 관계집단의 갈등과 이견을 조정하는 '조정자'로 변하고 있는 것이다. 이러한 환경에서 인터넷 기술의 진화로 공공부문의 서비스 패러다임이 바뀌게 될 것이다.

사회 전반적인 변화에 기인하여 정부의 역할은 변화되어 왔으며, 정부 서비스, 접근성, 기술환경도 변화와 발전, 진화를 거듭해 나갈 것이기 때문이다. 다음의 <표 9.1>에서는 각 전자정부 모형 변화에 따른 서비스, 접근성, 기술환경의 주요 변화요소들을 제시해 보았으며, 이러한 3대 변화요소에 따른 서비스 사례와 향후 전략을 제시해 보았다.

Government 2.0은 시민이 능동적으로 참여하여 정부와 소통하는 단계이며, 개인별 맞춤 정보 제공이 가능한 Web 3.0, Government 3.0으로 패러다임이 변화해 나갈 것이다. 이제 일방적으로 정부의 정책을 국민에게 알리고 정부에 승인과 허가를 받기 위해 국민이 인터넷을 이용하는 것을 '서비스'(service)라고 부르는 것은 납득되지 않을 것이다. 이러한 산업 및 정보사회의 소통과 일하는 방식은 국민으로부터 신뢰와 만족을 얻어내는 데 한계가 있을 것이다.

<표 9.1> 스마트사회 전자정부 모형으로의 주요 변화 　　　　　출처 : 스마트사회 패러다임에 맞게 기존 도표(이혜정, 2007)를 재정의 및 보완

구분		산업사회형 전자정부	정보사회형 전자정부	스마트사회형 전자정부
주요특징		• Government 1.0 • World Wide Web • 정부중심	• Government 2.0 • Web 2.0 • 시민중심	• Government 3.0 • Web 3.0 • 개인중심
서비스		• 일방향 정보제공 • 제한적 정보공개 • 서비스의 시공간 제약 • 공급위주의 서비스 • 서비스 전자화	• 양방향 정보제공 • 정보공개 확대 • 모바일 서비스 • 정부/민간 융합서비스 • 신규서비스 가치창출	• 상호작용형 정보제공 • 실시간 정보공개 • 중단없는 서비스 • 개인별 맞춤형 서비스 • 서비스의 지능화
접근성		• First-Stop-Shop • 단일창구(포털)	• One-Stop-Shop • 서비스 연계 시도	• My Gov • 개인별 정부서비스 포털
기술 환경	채널	• 유선 인터넷	• 유무선 인터넷	• 유무선 모바일기기통합(채널 통합)
	업무 통합	• 단위업무별 처리	• 프로세스 통합(공공/민간 협업)	• 서비스 통합
	기반 기술	• 브라우저 웹 저장	• 브로드밴드 • Rich Link/Content Models	• 시맨틱 기술/센서 네트워크

또한, 정보통신기술은 당면한 이슈를 효과적으로 해결하는 수단이기도 하므로, 정부업무 및 공공서비스에 적용함으로써 국가의 현안을 효과적으로 해결하는 데 큰 도움이 될 것이다. 기후변화, 에너지 고갈에 대비하기 위해서는 범국가적 차원의 에너지 수급현황, 탄소배출량 등에 대한 종합적 관리가 필요하며, 자연재해의 경우도 응급 복구에서 진일보하여 사전 예방을 위한 새로운 방식의 대응이 필요하다.

현실과 거의 동일한 수준의 정보를 제공하는 공간정보서비스(GIS)가 확산되면 시뮬레이션 예측 등을 통해 위험을 획기적으로 감소할 수 있을 것이다. 이밖에도 실시간, 상시적 상황인식이 가능해 위험의 적시 경보나 대처가 가능하고, 신원과 위치를 자동 식별하는 정보통신기술은 보다 첨단·지능화되어 사회 안전이나 범죄예방 등에 폭넓게 활용될 수 있을 것이다.

2.3 스마트 정부, 현장에서 일하다

(1) 현장의 일은 현장에서(기록/관리는 본부→현장에서 실시간 점검/기록)

공공부문에 종사하는 사람들 중 상당부문은 사무실이 아니라 현장에서 일한다. 가축질병을 검사하는 검역원은 주소지와 종이 대장을 들고 축산 농가를 일일이 방문한다. 국제협상, 자동차관리, 우편업무, 국유재산 지원, 항만운영 등 업무의 특성상 현장에 나가서 일해야 하는 업무 종사자는 상당하다. 아직까지는 정보기술의 지원을 받아 효율적으로 관리되는 최종 접점은 사무실(PC)이지만, PDA, 스마트폰 등 모바일기기의 보급 확산은 현장까지 정보기술의 지원 영역을 확대해 줄 것이다.

현장 위주의 특화된 업무에 스마트폰과 같은 모바일기기를 사용하는 경우 업무의 효율성과 생산성, 실시간 관리로 인한 위기 대응성이 크게 향상될 것으로 기대된다. 미국의 경우 2010년 인구조사(센서스)를 스마트폰을 통해 수행하였으며, 재난관리청(FEMA)은 재난보고를 스마트폰을 활용하여 실시간으로 제공하였다. 미시건주는 공사현장 점검을 위해 태블릿 PC를 지급하여 현장에서 공사 계획, GIS 데이터 등을 실시간으로 조회할 수 있도록 했다. 영국 경찰청의 경우도 PDA로 전과조회, 수사, 검문, 검거기록을 현장에서 조회하고 등록하도록 했다.

<외교통상지원> <가축질병검역> < 폐기물 처리 > < 자동차 관리 > < 항만 운영 >

[그림 9.10] 현장 특화 업무(예시)

특히, 정보화와 전자정부 수준이 진전된 오늘날에도 현장에서 종이로 관리하고 본부에 복귀한 이후 기록/관리하는 현재의 방식은 모두 변화될 것이다. 모바일기기를 이용하여 현장에서 실시간으로 전자적으로 처리하는 경우 수기와 전산입력 병행처리로 이중화된 업무를 제거함으로써 업무 효율화를 가져올 뿐만 아니라 실시간 관리로 업무 공백 등을 최소화하여 재난에도 효과적으로 대처할 수 있을 것이다. 가축질병 검사 후 전염병이 의심되면 즉시 수의과학검역원에 검사결과를 의뢰함으로써 조사 시간을 단축시킬 수도 있고, 예방 경보와 정보를 인근지역에 알려 피해를 최소화할 수도 있을 것이다. 자연재해의 경우에도 현장의 재해 발생 상황 및 피해 상황을 실시간으로 보고하고 관리함으로써 대피, 구조 등 위기대응력을 향상할 것이다.

⑵ "사무실을 벗어나 현장에서 발로 뛰는 공무원"

사무실에서 벗어나 현장중심의 행정, 현장중심의 서비스를 하라고 한다. 그러나 유연한 근무형태가 스마트워크화 되어 문화와 제도로서 정착되고 기술의 지원으로 모바일 오피스(Mobile Office)가 가능해진다면 공무원도 근무지의 물리적 제약에서 벗어날 수 있을 것이다. 원격근무, 재택근무, 탄력근무제(유연근무), 원격센터 근무 등 공무원의 일하는 방식은 유연하게 바뀔 것이다. 미국 국방부 정보시스템계획국(DISA)은 스마트워크 활성화를 위해 노트북과 가상사설망(VPN)을 활용한 모바일 근무 환경을 구축하였으며, 기밀업무용으로 별도의 안전 네트워크 접속 사이트를 구축하고 와이파이(Wifi) 접속이 가능한 통근 버스(Magic Bus)도 운행하고 있다. 워싱턴 지역 근무자 4,200명 중 약70%가 모바일 근무가 가능하다. 미국 총무청은 2010년까지 원격근무 가능자의 50%를 원격근무로 전환하였으며, 2016년까지 스마트워크 근무자는 43.4%까지 확대되었다. 네덜란드의 경우에도 전국에 99개의 스마트워크센터를 운영하고 있으며 전체 사업체의 49%가 원격 근무 제도를 운영 중이다.

한국의 경우에도 스마트폰과 클라우딩 컴퓨팅 기반 등이 마련되었으며, 재택근무, 스마트워크센터 근무, 모바일 근무 등 다양한 스마트 워크가 가능하도록 환경을 조성하고 정책을 추진할 계획이다.

또한 스마트폰의 확산과 보급 등으로 모바일 행정서비스가 제공되는 경우 업무 대응성은 보다 향상될 수 있을 것이다. 이미 기상청의 경우 예보관들을 위해 모바일 오피스를 구축하였으며, 모바일 기상 상황 조회 시스템도 제공 중이다. 현재는 대통령비서실, 외교통상부, 교육과학기술부, 경기도, 국민건강보험공단, 근로복지공단, 시설관리공단 등 많은 기관에서 모바일 오피스 도입을 검토 중이나, 범부처적 보급 확산 이전에 보안 및 표준화, 활용시 문제점 등을 사전에 예측하고 예방하기 위해 행정안전부가 시범사업을 추진하고 있는 단계이다.

행정안전부는 전자우편과 게시판, 전자결제 등을 비롯한 업무를 스마트폰에서 사용할 수 있는 모바일 오피스 시범사업을 추진하면서 국가정보원 등을 비롯한 관계기관과 협의를 진행 중이다. 현재의 기술과 보안 등으로 인하여 모바일 오피스가 당장 구축되기는 어렵겠지만, 기술의 진화는 멀지 않은 미래에 물리적 근무위치의 제약을 풀어줄 것이다.

〈 가상 시나리오 : 가축질병 검역 및 예보 조치 〉

(1) 스마트폰 정보를 활용하여 검역 대상 농가를 방문
(2) 검역관은 소의 바코드를 스캔하여 해당 소의 정보를 조회/확인한 후 **검사결과를 현장에서 즉시 등록**
(3) 검사 결과가 구제역으로 **의심되는 경우 현장에서 방역소에 판정 의뢰**
　※ 검사기간을 단축시켜 가축질병 확산 예방 및 조기 진압으로 농가피해 최소화 (필요시 의심 정보를 인근 지역에 '예보'로 전송)
(4) 구제역으로 **판정시 즉시 해당 농가와 인근 지역에 예보로 전송**
　※ 피해 지역을 최소화함으로써 농가 피해 최소화

2.4 국민과의 소통을 통해 진화하는 정부(일방적·형식적 소통 → 능동적 소통·환류)

(1) 국민의 참여로 민주주의 심화

후기 정보화 사회는 똑똑한 개개인이 권력이 소유하고, '현명한 군중(Smart Mob)'이 입법부터 결정까지 직접민주주의를 구현하려 할 것이라고 예측된다. 현행의 간접민주주의 200년의 수명은 다하고 신직접 민주주의가 도래할 것이라는 전망이다. 돈 탭스콧(Don Tapscott) 박사(Grown Up Digital의 저자)도 네티즌이 민주주의 2.0을 구가하고, 시민공무원(Public Officials)들이 무료로 웹 기반 정보를 제공하면서 다양한 발의를 할 수 있도록 지원하게 되고, 이를 통해 민주주의가 새롭게 재탄생될 것이라고 주장한다. 캐나다와 영국에서는 이미 이런 현상이 일어나고 있기도 하다. 사실 직접민주주의는 넓은 땅, 많은 인구로 비용이 많이 드는 반면 효율은 낮아 일부 지역만 제외하고 행해지지는 않는다.

교통과 통신이 발달하고 인터넷과 핸드폰이 등장함에 따라 이제는 오히려 간접민주주의가 고비용 저효율인 것으로 드러나고 있다. 직접민주주의의 요소인 국민투표제도, 국민소환제도, 국민제안제도 등 국가 정책결정에 국민이 직접 참여하겠다는 요구는 미래 사회의 돌이킬 수 없는 변화인 것이다. 모든 국민이 컴퓨터를 통해 일정 시간대에 일정 사이트에 접속해서 함께 국정을 논의하거나 투표를 실시해서 의결할 수 있다. 방대한 국가경영에 대해 소수의 국회의원들보다는 집단지성으로 대응하는 편이 더 효율적이기 때문에 신직접 민주주의가 부상하는 것이다. 의회정치는 과거 시간과 공간적 제약이 있던 산업사회에서 의회가 국민의 의견을 대변하고 갈등을 조정하는 간접민주주의 체제에서는 유용했지만 이제는 그렇지 않다. 정보화 사회에서는 어떤 문제가 터졌을 때 시간과 공간의 제약이 사라져 순식간에 전국적 이슈가 되고 바로 집단행동이 가능해져, 국회를 제치고 국민들이 정부와 직접 소통하게 된다. 스위스의 경우 정치권에서 합의되지 않는 안건들에 대해서 한 달 동안 토론하고 국민들이 직접 투표를 하며, EU의 경우 'EU조약'의 개혁을 위한 유럽 차원의 초국가적인 시민발의 캠페인이 진행 중이다. 직접 민주주의는 이상주의자들의 꿈이 아니라 세계적인 추세이며 민주주의의 현실이다.

<표 9.2> 국내외 주요 소셜 미디어 현황

국내	국외
다음카페, 네이버블로그, 미투데이, 싸이월드 미니홈피, 티스토리, 이글루스, 판도라TV, 제페토	페이스북, 마이스페이스, 트위터, 유튜브, 세컨드라이프, 위키디피아, 플리커, 로블록스 등

특히 소셜 미디어와 소셜 네트워크의 보급 확산은 국민과 정부와의 소통의 방식을 진일보시킬 것으로 전망되고 있다. 소셜 미디어란 블로그, 미니홈피 등 사람들이 자신의 관심사에 따라 자유롭게 글이나 사진 등을 게재하고 타인과 공유하는 플랫폼으로, Web 2.0 시대의 미디어 트렌드 변화로 블로그, 마이크로미디어, 동영상, SNS(Social Network Service) 등 다양한 소셜 미디어가 등장했다.

(2) 국민과의 소통을 기반으로 정부서비스 진화

(Web 1.0, 단순 정보 제공→Web 2.0, 정보/서비스의 공유·개방·참여)

단지 정보를 저장하는 저장소였던 Web 1.0시대의 웹은 정보를 자발적으로 공개하고 네트워킹하는 Web 2.0 시대로 발전하였다. 개방과 참여, 공유의 가치를 바탕으로 사용자가 직접 참여하는 Web 2.0 시대는 이제 거스를 수 없는 추세이며, 공공부문의 서비스도 이를 바탕으로 진화해 나갈 것이다. Web 2.0 환경하에서 국민과의 소통을 기반으로 정부가 보유하고 있는 정보와 데이터를 접목하여 가치를 확장할 수 있도록 새로운 서비스 모델도 개발되어야 할 것이다.

2.5 전자정부 2020년 기본계획

전자정부 2020 기본계획의 주요 내용은 다음과 같다. 기본방향은 첫째, 인공지능(AI), 사물인터넷(IoT), 클라우드, 빅데이터, 모바일 등 지능정보기술을 핵심수단으로 활용하여 행정 분야뿐만 아니라 정치·사회 분야까지 민관 협력의 파트너십을 확산하는 것, 둘째, 국민 개개인의 복합적 속성과 니즈를 반영하여 통합된 개인 맞춤형 서비스로 전환하는 것, 셋째, 지능정보기술을 활용하여 정부·기업·시민단체·개인이 협업하는 신생태계를 기반으로 지속 가능한 정부혁신뿐만 아니라 사회발전에도 이바지하는 것이다.

국민을 즐겁게 하는 전자정부(Enjoy your e-Government!)라는 비전 아래 '국민감성 서비스, 지능정보 기반 첨단행정, 지속가능 디지털 뉴딜'을 3대 목표로 설정하였다. 이러한 비전과 목표 실현을 위하여 정부서비스 Re-디자인, 인지·예측기반 지능행정 실현, 산업과 상생하는 전자정부 신생태계 조성, 신뢰기반 미래형 인프라 확충, 글로벌 전자정부 질서 주도 등의 'ENJOY 5대 전략'을 제시하였다.[10]

첫째, '정부 서비스 Re-디자인'을 통해 국민이 원하는 편리한 서비스를 국민과 함께 만들어 내는 것이다. 국민이 종이서류 없이, 하나의 인증과정을 통하여 위치·시간·디바이스에 제한 없이 자신의 요구를 즉시 처리할 수 있도록 하고, 국민이 원하는 서비스를 DIY(Do It Yourself), 즉 국민이 직접 만들어 공공서비스

[그림 9.11] 전자정부 2020 기본계획
출처 : 대한민국 전자정부 50년, 2017

---

10) 대한민국 전자정부 50년, 2017

또는 비즈니스에 활용할 수 있도록 할 계획이다.

둘째, '인지·예측기반 지능행정 실현'을 위해 지능정보 기술을 활용해 재난·안전·치안 등 복잡한 사회현안에 대한 최적의 대안과 정책을 개발하고 적시에 대응하는 지능형 의사결정 체계를 만들 계획이다. 아울러 인공지능 알고리즘과 소프트웨어를 행정에 적용하여 범죄 예측 및 추적, 헬프데스크에서의 신속·정확한 응대 등 다양한 행정서비스를 더욱 스마트하게 제공하는 한편, 현장 행정뿐 아니라 소통·협업, 전자결재 등의 업무도 모바일로 신속, 처리하는 것이다.

셋째, '산업과 상생하는 전자정부 신생태계 조성'을 위해 인공지능, 3D 프린팅, 드론 등 ICT 신기술을 활용한 새로운 전자정부 서비스를 개발하여 지능정보산업 육성을 지원하고, 이를 통해 양질의 새로운 일자리가 창출될 수 있도록 할 계획이다. 또한, 민간이 보유한 자원을 활용하고 기업과도 공유·협업하여 재난이나 전염병 등 사회적 위기에 함께 대응하는 것이다.

넷째, '신뢰기반 미래형 인프라 확충'을 위해 정부, 민간이 창의적으로 공동 활용하는 사물인터넷 플랫폼을 만들고, 새로운 유형의 정보보안 위협들에 대비, 딥러닝 기술 등을 활용하여 위험을 스스로 인지하는 자기방어 체계를 갖추어 나가는 한편 클라우드 기반 차세대 행정 정보 인프라를 구축하여 정보자원의 공동 활용과 부처 간 정보공유 및 협업 기반을 강화할 계획이다.

다섯째, '글로벌 전자정부 질서 주도'를 위해 지구촌 5대 권역별로 전자정부 협력센터를 구축하여 글로벌 역량 홍보 및 해외 수출의 현지 전진기지로의 활용이다.

03_스마트사회 보안위협으로부터의 보호

3.1 스마트사회 디지털 뉴딜의 블록체인

과학기술정보통신부는 2021년 블록체인 시범사업 15개 과제 본격 추진한다. 한국인터넷진흥원과 함께 우리 실생활에서 블록체인의 활용 가능성을 높이고 적용하기 위해 '2021년 블록체인 시범사업'을 추진한다고 밝혔다.

(블록체인 기반 비대면 국민연금 수급권 확인 시스템 구축 시범사업) 선정된 과제를 살펴보면, 우선 국민연금공단은 국민연금 수급권 확인 시스템에 블록체인 기술과 분산ID를 적용해 해외에 거주하는 국민연금 대상자가 연금 수급권 확인 서류 제출 시 우편 대신 모바일 앱으로 편리하게 제출할 수 있게 할 계획이다. 연금 수급권 변동사항에 대한 서류 접수 및 검토 등의 절차를 디지털화하여 행정비용을 절감하고, 투명성 확보로 부정수급을 사전에 예방할 수 있을 것으로 기대된다.

<자료제공 : 보안뉴스 이상우 기자>

(군장병 복지 향상을 위한 블록체인 기반 전자지갑 서비스 구축) 보안뉴스와 한국인터넷진흥원 발표자료에 따르

면, 병무청은 블록체인 기반의 모바일 전자지갑을 구축해 병적증명서 등 병역 관련 전자문서 28종을 모바일 전자지갑에서 발급받고 민간서비스에 제출할 수 있게 할 계획이다. 금융(군장병 적금 등), 대학(대학 휴·복학 신청 등) 등에서 온라인으로 증빙서류 제출이 가능해 서류 관리·보관 및 플라스틱 증명서 발급 등에 필요한 행정비용 및 시간이 절감될 것으로 기대된다.

스마트 사회 구현에 큰 위협을 가하는 암초, 랜섬웨어가 있다. 러시아 보안전문회사 카스퍼스키는 2020년을 아시아태평양 지역의 '랜섬웨어 2.0'의 해라고 이름 붙였다. 또한, 이 지역에 특히 많은 피해를 입힌 악명 높은 랜섬웨어군 2종, 레빌과 JS웜이 있으며, 스마트 사회의 위협 요인이 되고 있다. 따라서, 사이버 보안을 더욱 강화할 필요가 있다고 강조했다.

랜섬웨어 2.0은 불특정 다수가 아닌 특정 대상을 노리는 표적형 랜섬웨어 공격 레빌(Revil), JS웜 등의 랜섬웨어 조직이 아태지역에서 눈에 띄게 활동하고 있다고 보도한 기사도 있다. 대부분이 표적형 랜섬웨어 공격으로 이뤄지는 랜섬웨어 2.0은 단순히 데이터를 인질로 삼는 수법에서 데이터 갈취와 협박을 병행하는 수법으로 발전한 랜섬웨어를 의미한다. 이러한 공격이 성공할 경우 기업은 막대한 금전적 손실을 입을뿐만 아니라 평판 하락까지 각오해야 한다.

카스퍼스키 알렉세이 슐민(Alexey Shulmin) 수석 악성코드 분석가는 "2020년에는 단순히 데이터를 인질로 삼는 수법에서 데이터 갈취와 협박을 병행하는 수법으로 발전한 랜섬웨어 군이 기승을 부렸다. 아태 지역에서 레빌과 JS웜의 활동이 다시 활발해지는 현상 역시 포착했다. 두 랜섬웨어 모두 아태지역에서 코로나19 대유행이 1년 이상 지속되면서 다시 수면 위로 떠올랐고 빠른 시일 내로 진정될 기미도 없으니 주의가 필요하다"고 설명했다. 알렉세이 슐민은 "2019년에는 피해자의 대부분이 아시아 태평양 지역, 그 중에서도 대만, 홍콩, 대한민국에 집중됐다. 그러나 작년에는 거의 모든 나라와 지역에서 레빌이 카스퍼스키 솔루션에 탐지됐다. 활동이 잠잠했던 기간 동안 레빌 개발자는 전술, 표적 선정 방법을 보강하고 네트워크를 확장한 것으로 보인다"고 덧붙였다.

카스퍼스키는 데이터 유출 공개 사이트에서 공격자들이 게시한 정보를 참고해 피해 기업을 산업별로도 분류했다. 가장 공격을 많이 받은 업종은 엔지니어링 및 제조업(30%)이며, 금융업(14%), 전문 서비스 및 소비자 서비스업(9%)이 뒤를 이었다. 법률, IT, 통신, 식음료 업종은 각각 7%였다.

JS웜(Nemty, Nefilim, Offwhite, Fusion, Milihpen 등). JS웜도 2019년 처음 등장했으며 피해는 레빌과 비교해 지리적으로 좀 더 넓게 분포했다. 처음 한 달 동안 JS웜은 북미·남미(브라질, 아르헨티나, 미국) 중동·아프리카(남아프리카, 터키, 이란) 유럽(이탈리아, 프랑스, 독일) 아시아태평양(베트남) 등 세계 각지에서 탐지됐다. 업종별로 분석해보면 JS웜은 사회 기반 인프라 및 주요 산업 부문을 노리는 것으로 보인다. 공격의 절반 가까이 (41%)가 엔지니어링 및 제조 기업을 표적으로 삼았다. 또한 에너지 및 기간산업(10%) 금융업(10%) 전문 서비스 및 소비자 서비스업(10%) 운송업(7%) 및 보건 산업(7%)도 높은 순위를 차지했다. 카스퍼스키는 기업과 조직에 랜섬웨어 2.0 예방을 위해 다음과 같은 조치를 권고했다.

- 운영체제 및 소프트웨어에 최신 패치를 적용한다.
- 원격 근무 중에도 전 직원을 대상으로 사이버 보안 모범사례를 교육한다.
- 원격 접속 시 보안 기술만 사용한다.

- 네트워크 보안 평가를 실시한다.
- 행위 탐지 및 자동 파일 롤백 기능이 있는 엔드포인트 보안 솔루션을 사용한다.
- 절대 범죄자의 요구에 응하지 말고 사법기관, CERT, 보안 기업에 도움을 요청한다.
- 프리미엄 위협 인텔리전스를 구독해 최신 동향을 파악한다.
- 새로운 악성코드를 사내에서 탐지·파악하는 솔루션을 도입한다.

출처 : : 보안뉴스(www.boannews.com)

3.2 차세대 단계별 보안체계와 인공지능 보안 플랫폼 구축

LG히다찌는 모든 내·외부 보안위협으로 부터 거의 100% 안전하고 강력한 차세대 보안체계를 단계별 제공하는 기술을 개발, 보급하고 있다. LG히다찌 김수엽 대표이사는 HITACHI 그룹의 신뢰도 높은 IT플랫폼과 솔루션을 기반으로 다양한 분야에서 특화된 서비스를 제공한다. 또한, 다년간의 해외사업 노하우를 바탕으로 국내 유수의 파트너와 협업으로 해외진출에 앞장서고 있다. 스마트 사회 구현을 위해, 아래와 같은 제품을 연구 개발 제공하고 있다.

[주요 연구기술개발 제품·솔루션]
- 하이퍼컨버지드/컨버지드 (Hyperconverged and Converged Infrastructure)

LGH에서는 HCI 기반으로 Private 및 Hybrid 클라우드까지 확장을 지원하고 DevOps, Cloud Native application, Container, Cloud Management Portal, AI 등에 대응하는 고도화된 Roadmap을 제공하여 다양한 비즈니스 요구사항에 민첩하게 대응하도록 설계하였다.

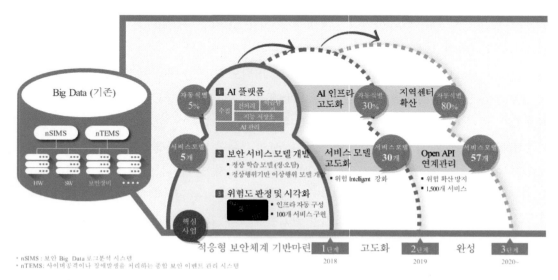

[그림 9.12] 차세대 보안체계 단계별 구축계획
자료제공 : LG히다찌, 김수엽 대표

■ 인프라스트럭쳐 클라우드 · 소프트웨어 정의 데이터 센터

VMware vSAN 기반의 안정성과 정책 기반의 관리는 클라우드 네이티브 애플리케이션을 공급하기 위한 유연한 인프라를 제공하고 높은 성능과 앱 효율성을 증가시킨다. 클라우드 클라우드 인프라스트럭처는, HCI 기반의 Private Cloud 및 Hybrid Cloud까지 확장하고 대규모 Container 구성 및 AI에 대응하는 고도화된 Roadmap을 제공하여 클라우드 비즈니스 도입을 지원한다.

- UCP HC Unified Compute Platform HC
- H.V Unified Compute Platform HC(이하 UCP HC)

이는 서버, 스토리지 통합 시스템에 가상화 플랫폼을 제공하는 하이퍼컨버지드 어플라이언스 이다. 가상화 플랫폼, 서버, 스토리지를 VMware 솔루션으로 통합하여 관리 편의성 및 비용 절감 효과를 극대화한 기술개발 제품이다.

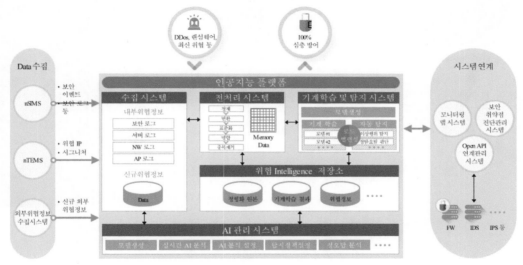

[그림 9.13] 빠르고 정확한 인공지능 플랫폼 구축

자료제공 : LG히다찌

이 외에도 다양한, 스토리지, 소프트웨어, 생체인증 솔루션, 빅데이터 솔루션을 갖고 있다.

■ 빠르고 정확한 인공지능 플랫폼 구축

[그림 9.13]은 빠르고 정확한 인공지능 플랫폼 구축의 구성도를 보여준다. AI 기반으로 DDoS 및 렌섬웨어 등으로 부터의 보안 위협을 차단할 수 있다.

■ IoT/사회이노베이션 IoT/사회 이노베이션(SOCIAL INNOVATION)

오늘날 발생하는 사회적 도전과제들에 고객들은 혁신적인 제품과 서비스 창출을 요구하고 있다. 비즈니스 문

제, 인구 증가, 도시화, 공공 인프라 및 인구의 노후화, 의료 비용 증가, 공공 안전 문제 등을 해결하는 스마트 기술을 위한 투자 또한 증가하고 있다. LG히다찌는 히다찌의 핵심 솔루션 기술과 사회 이노베이션 전략에 맞춰 시장에서의 영향력을 확대해나가고 있는 기업가 정신을 함양한 기업이다.

■ 심층학습을 통해 정확한 정·오탐 자동식별

[그림 9.14]는 심층학습을 통해 정확한 정·오탐 자동식별 솔루션을 보여준다.

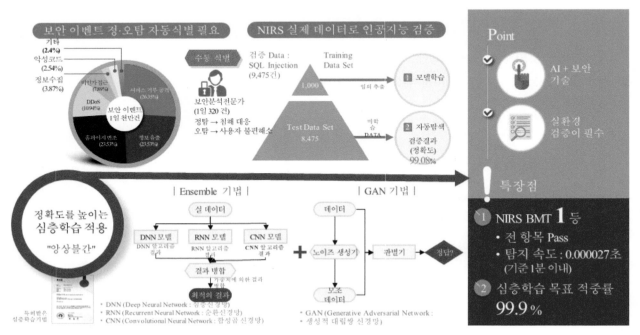

[그림 9.14] 심층학습을 통해 정확한 정·오탐자동식별
자료제공 : LG히다찌, 김수엽대표

04_창업조직 자원관리

4.1 창업 팀의 구성

벤처창업 시 가장 중요한 요소는 창업 팀의 구성이다. 창업 팀은 벤처의 성공과 실패에 영향을 미치고, 조직의 형태를 만들어 가는 데에도 지대한 영향을 미치게 된다. 일반적인 창업의 경우 초기에는 경영 팀을 가질만한 여유가 없기 때문에 단독으로 창업하는 경우가 많다. 그러나 벤처창업의 경우는 보완적 자원과 역량을 가진 창업팀의 구성이 매우 중요하기 때문에 창업 단계에서부터 팀 구성을 중시한다. 단독으로 창업을 한 경우라도 사업성장에 따라 경영활동이 점점 더 복잡해지고 혼자서 감당할 수 없는 때가 되면 창업기업가는 자신을 도와줄

만한 인재를 찾게 된다. 대다수의 벤처창업 기업가들이 기술력을 갖춘 공학도인 경우가 많기 때문에 전문적인 경영활동(인사, 재무, 법률 등)을 보좌해줄 수 있는 경영 팀을 구성한다.

벤처 캐피탈리스트나 투자자의 입장에서도 창업기업가 혼자서 운영하는 회사보다 창업 팀을 제대로 형성하고 있는지를 주요하게 본다. 창업기업가 혼자서 감당할 수 없는 일들이 존재하기 때문에 창업기업가가 구성한 창업팀의 구성원으로 투자여부를 판단하는 경우가 많다. 창업 팀과 관련된 많은 이론들도 벤처기업의 성공과 창업팀의 형성과 매우 밀접한 관계가 있음을 밝히고 있다.

우수한 창업 팀을 만드는 일은 결코 쉽지 않다. 창업팀에 합류하기 위해서는 창업가의 미래 목표와 비전에 전적으로 동의해야 하며 창업가를 믿고 절대적인 신뢰를 보낼 수 있는 충성심과 일에 대한 몰입도가 높아야 한다. 또한, 창업팀에서 각 구성원의 역할과 지위를 정해야 하며 기업의 소유권은 누구에게로 돌아가는지, 누구에게 더 많은 지분이 돌아갈 것인지 등 복잡한 의사결정을 내려야 한다.

Timons 교수는 창업팀이 성공하기 위한 조건을 다음과 같이 제시하고 있다.

- 응집력 : 응집력이 높은 창업팀은 개인의 성공과 기업의 성공을 동일시하며 모두 동일 한 목적을 위해 함께 일하고 있다는 데 만족감을 가지고 있다.
- 팀워크 : 혼자서 독불장군처럼 일하는 것이 아니라 다른 사람의 일을 쉽게 도와주며 파트너와 핵심인물의 성공을 축하함으로써 서로에게 동기를 부여한다.
- 통합성 : 개인적인 욕심이나 부서단위의 이기심으로 판단하기보다는 회사나 고객을 중심으로 판단한다.
- 높은 수준의 몰입 : 창업팀의 구성원이 자신의 일이 오래 걸릴 것으로 알고 있으며 벤처라는 것이 당장 벼락부자로 만드는 것이 아님을 알고 있다. 벤처는 오랜 기다림 끝에 찾아오는 만족지연의 게임임을 알고 있다.
- 회수에 대한 마음가짐 : 개인의 성공이 나중에 IPO시의 자본증대로 측정되는 것이지 당장 월급의 크기나 사무실의 위치나 크기, 특정한 자동차 같은 것으로 평가되는 것이 아니라는 생각을 가지고 있다.
- 가치창조 : 팀 구성원들 모두 고객가치를 늘리고 공급자와 상생관계를 유지하고 구성원 자신과 주주들 모두 돈을 벌 수 있게 해주는 목적으로 전체적인 파이를 키우는 일에 헌신한다.
- 동등한 불평등 : 창업구성원에 대한 보상과 주식 소유권은 장시간에 걸친 기여, 업무 수행, 성과에 기초한다는 사실을 구성원 모두 인정하는 것이 중요하다. 특히 소유권에 관해서는 불평등이 당연하다는 인식을 심어야 한다. 소유권 차별화에 실패하면 기여도에 따른 분배공정성 문제가 발생하게 되어 벤처기업의 성장성에 심각한 타격을 받게 된다.
- 공정성 : 팀으로 사업을 진행하게 되면 불만은 항상 나타나게 된다. 이들은 미리 계산 되어질 수 없기 때문에 조정이 필요하다. 경영자는 구성원의 동의를 얻어서 조정의 재량권을 행사한다.
- 결과의 공유 : 성공적인 기업가는 벤처기업의 성과가 거두어지는 시점에서 윤리적 의무가 없는 상황에서도 공평성과 공정성의 원칙을 적용하여 자신에게 돌아오는 몫의 일부를 종업원에게 나누어 준다.

결국 좋은 창업팀이란 동일한 목표에 대해 높은 이해가 우선 요구된다. 또한 사업에 대한 높은 몰입도와 끊임없는 의사소통으로 서로 공유하는 태도를 견지해야 한다.[11]

4.2 창업 인력관리 특성

경영의 핵심은 사람이다. 특히 창업조직에 있어 성과를 올릴 수 있는 자원의 부족은 피할 수 없는 장벽이며, 이러한 장벽을 돌파하기 위한 유일한 수단은 창업자 및 동료, 아울러 직원 등 인적자원이다. 조직의 성과를 이끌어 내기 위해서는 여러 가지 자원이 투여된다. 그 중에서도 사람은 조직의 성과를 좌우하는 가장 중요한 자원이다. 같은 일이라도 누가 하느냐에 따라 결과가 달라진다. 유능하고 성실하고 동기가 부여된 사람을 선발했을 경우와 무능하고 게으르고 눈치만 보는 사람을 선발했을 경우에 조직의 성과가 같을 수 없다. 또 유능한 사람을 선발했다 하더라도 그 사람의 재능을 살리지 못하는 일을 맡기고 적절한 동기부여와 훈련을 하지 않는다면 조직의 자산이었던 인재가 조직의 부채로 전락하게 된다.

아울러 창업기업은 대기업과 차별화된 조직구조 및 특성을 지녀야 한다. 일반적으로 대기업은 위계적인 계층구조에서 정형화된 조직구조를 사용하지만 창업기업은 중간계층이 없는 얇은 조직형태를 띄고 있으며 개인의 자율성을 보장하는 개방형 조직구조의 모습을 보이고 있다. 이러한 조직특성은 업무처리 및 의사결정, 정보공유방식, 상사의 역할 등 전체 조직문화에서 차이점을 나타내고 있다. 업무처리에서 대기업은 절차와 규정 중시, 상의하달의 특성을 보이고 벤처기업은 자율적이고 자발적인 업무추진과 함께 가치 중시의 특성을 보인다.

4.2 벤처 조직의 인적자원관리

벤처창업에 있어 핵심인재의 확보 및 유지는 무엇보다 중요한 경쟁요소이다. 기술창업의 경우 핵심인재를 통해 아이디어를 창출하고 제품을 개발하며 시장에서 시제품을 선보인다. 그렇기 때문에 무엇보다 창업자와 핵심인재간의 근로계약 및 약속이 중요하다.

새 아이디어나 제품을 보호하는 것을 생각할 때 우선적으로 특허, 영업비밀, 저작권 등을 떠올린다. 하지만 종종 이런 보호를 획득하기도 전에 이미 경쟁의 승패가 갈릴 수도 있다. 그래서 비밀유지 계약, 고용 계약, 컨설턴트 계약 등의 기본적인 보호 형태가 중요한 것이다. 어떤 새로운 제품이나 발명을 특허나 저작권으로 보호하는 절차를 밟기 전이라도 중요정보에 대해서는 기본적인 보호장치를 해두어야 한다.

기밀유지 계약, 고용계약, 컨설턴트 계약에는 일종의 공통점이 있는데 이들은 새로운 개념, 제품, 공정의 초기 단계에서 관련자의 의무를 규정한다. 초보 창업가의 경우 이런 사안들에 대해 느슨하게 대처하다가 낭패를 당하는 경우가 종종 있다. 회사의 중요정보를 보호하기 위해서는 관련된 모든 직원, 컨설턴트, 공급자, 소비자 등과 필요한 계약을 맺어야 한다.

보호 대상으로써 흔히 기술정보를 주로 생각하지만 새로운 제품에 대한 아이디어, 새로운 광고, 마케팅 프로그램, 새로운 상표 아이디어, 필수적인 공급처 정보, 자금 확보계획 정보도 보호될 수 있다. 이러한 정보들은 경쟁에서 우위를 점하고 시장 점유율을 높이는데 있어서 기술정보보다도 더 중요할 수 있다. 고용계약, 컨설턴트

---

11) 출처 : 남정민 교수외, '기업가정신과 창업', 단국대학교 정보융합기술·창업대학원

계약, 비밀유지계약은 근무나 프로젝트 시작 전, 돈이 오가기 전, 주요 정보가 노출되기 전에 문서로 작성되고 서명되어야 한다. 기업 입장에서는 보호 대상에 대한 완전한 소유권을 확보하기 전까지는 고용 관계나 프로젝트의 시작을 서둘러서는 안된다.

4.3 가치관경영의 실천

미국의 경제학자 짐콜린스는 가치관경영은 위대한 기업을 만들수 있다고 주장한다. Great enterprise!

변화는 회사를 경영하는 모든 최고경영자(CEO)의 꿈이기도 하다. 늘 더 좋은 조직을 만들고 더 나은 가치를 사회에 제공하고 더 많은 고객에게 사랑받는 것을 꿈꾸며 사는 사람들이 CEO이기 때문이다. 사람은 스스로 옳다고 믿으면, 반드시 해내야 한다고 생각하면 행동하기 마련이다. 자신의 가치에 비춰 이렇게 행동하는 것이 옳지 않다는 것을 깨우쳐 줘야 비로소 변화가 시작된다. 가치가 변해야 행동이 변한다. 가치관경영의 3요소는 사명, 핵심가치, 비전이다. CEO가 회사가 지향하는 가치 체계를 새롭게 세워 직원들이 받아들이게 해야 한다. 가치관만 제대로 세우면 직원들은 변화하지 말라고 해도 변한다. 그리고 이 가치관이 끊임없는 변화의 엔진 역할을 한다.[12]

예를 들어 농업인에게 좋은 가치관의 씨앗을 심고 실천하는 것은 강소농의 목적을 성공적으로 리드하는 지름길이 될 것이다. 특히, 농업인에게 가치관은 중요한 경영기법이고 수단이다. 자긍심과 희망을 주고 생산성을 향상시키며 마을공동체 일원으로 활동하도록 소통문화를 활성화시키는 무기가 된다.

(1) 나는 누구인가? - 가치관 정립

가치관 정립

개인의 가치관	농업인의 가치관	공통점
나는 누구인가?	우리 농촌은 누구인가?	존재이유
어떻게 살 것인가?	어떻게 농업 할 것인가?	가치기준
무엇이 될 것인가?	어떤 농업인이 될 것인가?	비전제시

---

12) 기업을 변화시키고 싶다면 '가치관경영'을 하라, 매거진 한경, 2016

(2) 명상(冥想)

가치관 정립의 시작은 자기 자신을 아는 것이다. 스스로를 알아가는 실천 방법으로 명상이 있다. 인간은 유한한 존재인데 항상 영원한 것처럼 착각을 하고 살아가고 있다. 내가 일주일 후에 죽는다고 생각해보라. 지금까지 지내온 행적이 순식간에 스쳐 지나가며 후회할 일들이 떠오르게 된다. 오늘 하루 어떻게 살아야 하는가는 스스로 다시 돌아보게 되는데 그것이 바로 명상이다.

명상은 호흡 한 번 크게 내쉬는 것이다. 그러기 위해 잠시 하던 일을 멈출 필요가 있다. 멈춤이 명상의 출발이다. 체질과 습관과 관행이 바뀌려면 생각이 먼저 달라져야 한다. 명상은 메디테이션(meditation)인데, 메디(medi)에는 치료/치유의 의미가 담겨 있다.

– 전문가 칼럼 –

전 KAIST 부총장 주대준 박사의 신간 '캠퍼스 아웃'

이 분은 "전적으로 하나님을 믿고, 맡기고, 복음을 전하면 그분께서 사용하시고 책임져 주신다"고 강조하시는 주대준 前 포항 선린대 총장(여의도 순복음교회 장로)은, "예수님을 믿지 않았다면 산골 머슴으로 살고 있을 것인데, 예수님을 영접하여, 고아에서 청와대 경호차장, 카이스트 부총장을 거쳐 선린대 총장으로 섬기고 있다"며 간증하신다. 주대준 총장은 성경의 말씀과 믿음으로 기업가 정신이 늘 몸에 배겨 있으시다.

그는 "거제도 한 동네 아주머니의 손에 이끌려 간 교회에서 예수님을 만난 후 초등학생 시절 부모님을 여의고 고아원과 친척집을 전전하면서도 '내가 요셉처럼 품은 꿈을 하나님이 반드시 이뤄주신다'는 믿음이 있었다"고 고백했다. 지리산 산골짜기 소년에서 청와대의 요셉이 되기까지, 그리고 대한민국 최고 교육전문가로 또 한 번의 정상에 오르기까지 그가 온 몸으로 부딪치며 깨달은 지혜와 미래 교육의 이야기가 담겨 있다.

IT 전문가로 오랜 청와대 근무 경력과 KAIST 교수, 부총장 등 교육계 경험을 살려 4차산업혁명 시대가 요구하는 경쟁력을 갖출 수 있는 방법과 노하우를 제시한 주대준 박사의 신간, '캠퍼스 아웃(미래사)'이 출간됐다.

미래사 제공

저자 주대준 박사는 대한민국 교육의 문제로 '표준과 평균을 중시하는 시스템', '시험에 최적화된 인재를 양산하는 시스템', '소수의 승자와 다수의 패자를 만드는 시스템' 등을 지적하면서 각자의 개성을 존중하는 '맞춤형 교육', 암기형 인재보다 '왜?'에 관심을 갖는 '호기심 교육', 각자의 목표와 동기를 설정하고 실패를 전략자산으로 삼는 '열정과 끈기의 교육' 등을 해법으로 제안한다.

특별히 저자는 '온라인 플랫폼 교육'에 주목했다. 오랜 기간 해외유학을 하는 대신 온라인 수업을 최대한 활용할 수 있고, 순수 학문을 4년 이상 공부해야 하는 현 제도에서와는 달리 빠르게 변화하는 시대에 맞게, 자기 주도적으로 필요한 학문을 다양하게 융합하고 습득할 수 있음을 강조하고 있다.

저자는 "다음 세대에게 내신등급과 수능 성적에 인생을 걸기보다는 틀을 깨고 나와 새로운 기회를 창출할 것을 강조하면서 평생학습시대에 맞게 용기를 가지고 선택하며 도전을 멈추지 말 것"을 제언하고 있다.

참고문헌

- 권소영, 사람 중심의 스마트사회 구현을 위한 2018년 10대 미래유망기술 선정, KISTEP, 2018
- 집은 앞으로 어떻게 바뀔까?, HMG Journal, 2020
- 스마트시티와 교통, KOTI, 2020
- 스마트에너지 네트워크 시스템, 4차산업혁명 이끈다, Solar Today, 최홍식, 2018
- 4차산업혁명시대, 가파르게 성장하고 있는 스마트 헬스케어 시장, 인더스터리 뉴스, 방제일, 2018
- 4차 산업 혁명 기술과 푸드테크(food tech), 블록체인 AI 뉴스, 박영숙, 2018
- 양대근, 김당오, 이주용, 조동호, 차세대 무선전력 전송기술, ITFIND, 2020
- 혼합현실 기술 동향, ICT신기술, 백정열, 2019
- 스마트사회의 정보정책과 전자정부 이론과 전략, 김성태, 2013
- 전자정부 2020 기본계획 (출처 : 대한민국 전자정부 50년, 2017)
- 김성태, "스마트사회를 향한 대한민국 미래전략", 법문사, 2011
- 남정민 교수외, '기업가정신과 창업', 단국대학교 정보융합기술・창업대학원
- 기업을 변화시키고 싶다면 '가치관경영'을 하라, 매거진 한경, 2016
- 저자 박영숙, 제롬 글렌 지음, 최연준외 3인 옮김, "미래의 일자리와 기술 2050", 비팬북스, 05, 2020

1. 지능정보 사회의 정의를 간략하게 기술하시오.

2. 스마트사회란 무엇인지 설명하시오.

3. 스마트사회의 대표적인 구성영역 5가지는 기술하시오.

4. 스마트사회에 필요한 대표적인 기술을 나열하고 간략하게 기술하시오.

5. 현재 사용되고 있는 무선충전 기술 2가지는 무엇이며, 각 기술에 대하여 간략하게 기술하시오.

6. 가상현실(VR)과 증강현실(AR)이 무엇인지 설명하시오.

7. 혼합현실(MR)과 확장현실(XR)이 무엇인지 설명하시오.

8. 1994년부터 시작한 한국 전자정부 정보화 계획에서 단계별 특징을 설명하시오.

9. 사회 패러다임 변화에 따른 전자정부 모형의 종류와 각 전자 정부의 특징을 간략하게 기술하시오.

10. 전자정부 2020의 기본 계획의 주요 내용에 대하여 기술하시오.

11. 국민을 즐겁게하는 전자정부(Enjoy your e-Government) 라는 비전아래 설정한 3대 목표와 5대 전략에 대하여 간략하게 기술하시오.

12. Timons 교수가 제시하는 창업팀이 성공하기 위한 조건에 대하여 기술하시오.

13. 가치관경영의 3요소는 무엇인가?

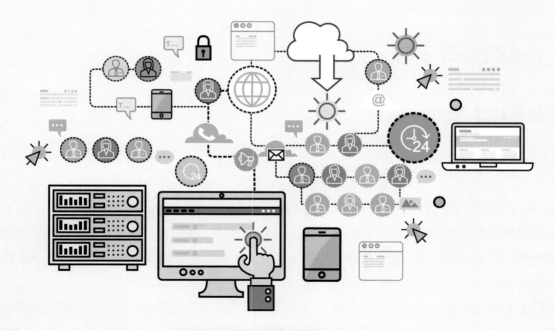

CHAPTER 10
스마트시티와 창업기업의 성장

- Smart City : 사물인터넷, 사이버물리시스템, 빅데이터 솔루션 등 최신 ICT기술을 적용한 스마트플랫폼을 구축, 도시의 자산을 가장 효율적으로 운영하고 안전하고 윤택한 삶을 시민들에게 제공하는 도시를 말한다.

- GIS : Geographic Information System(地理情報(지리정보시스템))으로, 각종 지리 정보들을 데이터베이스(database)화 하고 컴퓨터를 통해 분석·가공하여 실생활에 다양하게 활용할 수 있도록 만든 시스템이다.

- C3 : 「Command(지휘)」, 「Control(통제)」 및 「Communication(통신)」의 약어로 여기에 Intelligence(정보)가 추가되면 C3I가 되고, 최근에는 Computer가 추가되면서 C4I 로 통용되고 있다. 지휘관이 전장에서 성공적인 지휘 및 통제를 하기 위해서는 정확한 시간과 장소에 정확한 정보를 필요로 하며, 통신수단을 이용하여 신속히 정보를 전파 또는 전송해야 한다.

- CAD : Computer-Aided Dispatch 로서, CAD 소프트웨어는 공공 안전 기관(PSAP)에 의해 처리되는 사건의 기록을 유지하는 비교적 간단한 프로그램이 될 수 있다. 완전히 공공안전통신센터에서 수행하는 모든 것을 지원하는 프로그램 및 외부 유관기관과 접속연계 등이 이루어진다. 현재, 미국 911센터의 경우 6,861개소가 운영중이다.

- UTIS : 도시 교통정보 시스템(Urban Traffic Information System)으로서, 도로상에서 차량탑재장치(OBE: Onboard Equipment)와 노변기지국(RSE : Roadside Equipment)간에 무선통신으로 교통정보등을 주고받기 위해 대한민국에서 개발된 지능형 교통정보 시스템(ITS) 기술의 하나이다. UTIS는 채널당 10MHz의 점유대역을 가지고 OFDM*방식의 변복조를 이용하며 채널당 실효전송속도는 최소 3Mbps 이상이다. 통신이 가능한 거리는 국가별 출력제한 법규 및 안테나 이득 허용기준에 따라 다르며, 대한민국에서 5.725~5.825GHz 대역을 사용할 경우 6개의 채널을 사용할 수 있고 가시거리가 확보된 상태에서 1Km까지 통신이 가능하다.

* OFDM은 직교주파수분할(Orthogonal Frequency Division Multiplexing) 방식.

01__스마트시티 구축

1.1 스마트시티 개요

(1) 스마트시티 정의

한국은 우수한 정보통신(ICT) 기술을 바탕으로 U-City 정책 선도적 추진하였으며, 도시 경쟁력과 삶의 질 향상을 위해, 행정·교통·안전 등 서비스를 시간·장소에 관계없이 제공하는 U-City(유비쿼터스 도시) 조성을 추진하였다. 유비쿼터스 도시의 건설 등에 관한 법률 ('08.3 제정, '08.9 시행) : U-City 계획·건설, 관리·운영, 위원회, 지원방안, 기타(표준화, 정보보호)로 구성하여 세계 최초로 관련 법률을 제정하고 종합계획 수립 근거를 마련하였다.

한국 정부는 2009년과 2013년 전략적 U-City 추진 및 지자체 관련 계획을 아우르는 국가 차원의 마스터플랜 제시를 위해 '유비쿼터스 도시 종합계획'을 수립하였다. 이를 바탕으로 R&D(VC-10과제)를 통한 기술개발·제도개선을 추진하였으며, 국내 신도시를 중심으로 U-City 서비스 접목도 확대하였다. 2017년 U-City의 한계 극복을 위해 '스마트 도시' 정책으로 새롭게 재편하였으며, U-City는 신도시와 ICT를 접목해 스마트 인프라를 확대한 성과는 있으나, 공공이 주도하는 하향식(Top Down) 접근으로 낮은 시민 체감도, 지속 가능한 사업모델의 미흡과 기존도시에 대한 스마트 서비스 발굴·확산이 부족하였고, U-City 사업 참여 업체의 영세한 규모로 관련 산업 생태계 확장의 한계 등이 있었다.

정부는 세계적인 트렌드로 부상하는 스마트시티에 대응하여, 적용 대상을 신도시에서 기존도시로 확대하는 등 정책 재편을 시도하였고, 전담조직(도시경제과)을 신설('16.5)하고 정부의 8대 혁신성장동력(스마트시티, 드론, 미래차, 스마트팜, 스마트공장, 핀테크, 에너지 신산업, 바이오헬스)으로 선정('17.12) 하고, U-City법도 스마트도시법으로 개편('17.9 시행) 하였다. 그리고 기존의 스마트시티 사업을 평가하여 향 후 정책추진을 위한

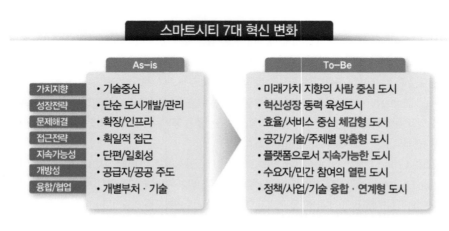

[그림 10.1] 스마트시티 7대 혁신 변화
출처 : 제3차 스마트도시 종합계획 (2019~2023)

스마트시티 7대 혁신변화를 도출하였다.[1]

- 대한민국 정책브리핑, 2020

스마트시티는 정보통신기술(ICT), 사물인터넷(IoT), 인공지능(AI)을 활용하여 교통, 에너지 등 우리 삶을 안전하고 풍요롭게 해주는 스마트 서비스의 종합이다. 스마트시티는 에너지, 교통, 보안, 헬스케어, 정부 등 우리 생활을 구성하는 모든 분야를 포함하는 포괄적 의미를 가지고 있다. 스마트시티의 정의는 매우 다양하며, 주로 도시에 ICT·빅데이터 등 신기술을 접목하여 각종 도시문제를 해결하고, 삶의 질을 개선할 수 있는 도시 모델로 사용된다. 한정된 공간에 많은 사람들이 모여 살며 다양한 활동이 일어나는 도시에서는 인프라 부족 및 노후화, 교통혼잡, 에너지 소비 확대, 환경오염, 범죄, 재난 등의 도시 문제가 발생한다. 인구 증가와 급격한 도시화로 다양한 문제가 발생하고 있으나 신규 인프라 공급 등 물리적 방식을 통한 문제 해결이 한계에 도달하면서 스마트시티가 새로운 대안이 될 것이다.

U-city법이 스마트도시 조성 및 산업진흥 등에 관한 법률로 개정(2017.3) 되었다. 도시 노후화, 교통혼잡, 에너지 부족, 환경오염, 범죄 등 다양한 도시 문제를 해결할 새로운 대안으로 스마트 시티가 부각 되고 있다. 세계적으로 에너지, 교통, 가전, 환경, 의료 등 전통적 IoT 기반 뿐 아니라 사회의 모든 분야가 환경 및 삶의 질 개선. 새로운 부가가치 창출, 편의성 향상 및 에너지 절감 필요성이 대두되었다. AI, 빅데이터, 5G 등 ICT 기술을 활용하여 에너지, 교통, 안전 분야 중심으로 스마트시티 시장이 혁신성장동력으로 급부상 중이다. 스마트시티는 1990년대 중반 미국에서 '디지털시티' 개념이 등장하였고, 통신사 주도의 디지털시티를 시작으로 발전하여, 기술발전 및 중국·인도 등이 가세하면서 빠르게 확산되었다.

스마트시티를 구성하는 대표 구성요소로는 에너지, 빌딩, 모빌리티, 기반시설, 정부, 보안 등이 있다.[2]

<표 10.1> 스마트시티 구성요소 예   출처 : Frost & Sullivan

분야	정의
스마트 에너지	지능형 통합전송·전력분배에 대한 수요 대응을 위해 첨단 미터 인프라, 고전압 전송 시스템을 이용하여 디지털 기술 사용
스마트 모빌리티	저공해자동차 및 다양한 운송 시스템과 같은 혁신적으로 통합된 기술 및 솔루션을 사용한 지능형 이동성
스마트 기술	스마트 그리드, 스마트 홈,고속 광대역 연결 등으로 집, 사무실, 휴대폰 및 자동차를 단일 무선 ICT플랫폼에 연결
스마트 헬스케어	e-Health, m-Health 시스템과 지능형 연결 의료 기기를 사용. 시민들의 건강, 웰니스, 웰빙을 장려하는 정책 시행
스마트 기반시설	에너지 그리드, 운송 네트워크와 같은 다양한 유형의 지능형 인프라를 관리, 통신 및 통합하는 지능형·자동화 시스템
스마트 정부	인센티브, 보조금 또는 기타 홍보를 통한 친환경 및 지능형 솔루션 채택을 지원하고 지원하는 정부 정책 및 디지털 서비스
스마트 보안	사람, 재산 및 정보를 보호하도록 설계된 비디오 감시, 공공 안전 LTE 및 관리 보안 서비스와 같은 기술 및 솔루션 포함
스마트 시민	일상적인 활동에서 스마트하고 친환경적인 솔루션을 채택하는 데 관심을 가지고 있는 시민

---

1) 제3차 스마트도시 종합계획 (2019~2023), 대한민국 정책 브리핑, 2020
2) 시민과 함께하는 스마트시티, NIA, 2019

새로운 도시 유형으로 주목받고 있는 스마트시티는 이를 구성하는 다양한 성격의 키워드를 포함하고 있으며, 주요 키워드를 보면 수단을 강조하는 "ICT, 통신"과 더불어 목적을 의미하는 환경 지속가능성, 인프라와 서비스 등의 비중이 높음을 알 수 있다.

스마트 서비스 및 사업 유형도 다변화 양상을 띠고 있으며, 스마트 서비스는 '14년의 경우 방범·방재(35%) 및 교통(32%) 등 2개 분야가 67%를 차지하여, 스마트 서비스가 특정 분야에 집중되었으며, 최근에는 방범·방재(24%)와 교통(22%) 이외에도, 행정(15%), 환경·에너지·수자원(15%), 시설물관리(8%), 보건·복지(7%) 등으로 다변화 되고 있다. 사업 유형도 기존 인프라 구축 중심에서 탈피, 데이터 중심 플랫폼 구축 또는 신산업 창출과 연계된 혁신공간 창출로 전환에 관심이 높아지고 있다.

스마트시티는 다양한 혁신기술을 도시 인프라와 결합해 구현하고 융·복합할 수 있는 공간이라는 의미의 도시 플랫폼으로 활용된다. 공간정보 인프라를 기반으로 IoT, 빅데이터 기반의 도시 운영을 하여 서비스 계층에서 도시문제 해결과 삶의 질 제고를 위한 서비스를 구현한다.

(2) 스마트시티 국내외 동향

스마트시티 시장 규모는 아시아·태평양지역을 중심으로 급격히 성장하고 있으며, 시장조사 또는 컨설팅 기관에 의한 스마트시티 세계시장 조사분석 결과, 전 세계시장 규모는 2025년 전후 약 2.11조 달러(한화 2,256조 원)로 나타났으며, 연평균증가율은 20.4%로 매우 높은 성장세를 나타낼 것으로 전망하고 있다. 전 세계 스마트시티 중 아시아 비중 '16년 28.6%에서 '25년 33.9%로 될 것이다. (Navigant Research, Smart city report, 2016).

스마트시티에 대한 사물인터넷(IoT)의 영향이 매우 크며, 앞으로도 지속적으로 증가할 전망이다. Mckinsey & Company에 따르면, 향후 사물인터넷(IoT)의 확대 등으로 디지털산업이 확대될 것으로 예상하고 있고, 크게 9개 분야에 대한 전망을 제시한바 있다. 9개 분야는 Human, Home, Retail, Environments, Offices, Factories, Vehicles, Cities, Outside이다. 사물인터넷(IoT) 영향으로 관련 분야의 세계 시장규모는 2025년경 약 3.9~11.1 조 달러에 달할 것으로 예측되었고, 이 가운데 스마트시티 분야는 0.9~1.7조 달러에 이를 것으로 전망하고 있다. 스마트시티와 관련해서는 교통, 공공안전과 건강, 자원관리, 서비스 제공 등 4개 영역에서 사물인터넷(IoT)에 의한 편익이 클 것으로 예상 된다.[3]

미국은 정부주도로 도시문제 해결을 위한 스마트시티 프로젝트를 추진 중이며, 민간의 적극적인 참여를 유도하고 있다. 교통혼잡 해소, 범죄예방, 경제성장 촉진, 기후변화 대응, 공공서비스 등 지역문제 해결에 목적을 두고 다양한 연구기관과 민간기업 그리고 타 국가/지자체와 협력하고 있다. 국립 표준 기술 연구소는 스마트시티 구축 민·관 협력 파트너십 Smart America Challenge를 발표하고, GE, IBM, AT&T 등 스마트시티 선도 기업이 참여한 Smart Cities Council을 설립하였고, 스마트시티 준비 지침서인 Smart Readiness Guide를 발간하였다. 보안 전문업체가 모여 만든 Securing Smart Cities는 스마트시티 구축 시 다양한 보안 문제의 정보공유 및 공동 연구를 수행하였다.[4]

---

3) 중소기업 전략기술 로드맵 2019-2021 스마트시티, 2018
4) 스마트시티의 성공과 표준, KEIT PD Issue Report, 2018

유럽은 대표적으로 스페인의 바르셀로나와 네덜란드의 암스테르담이 스마트시티 정책을 주도적으로 추진하고 있다. 스페인 바르셀로나는 교통체증 해결을 위해 도로에 설치된 센서로 교통 흐름을 조절하고 스마트주차, 스마트 조명, 공해와 소음 모니터링 등을 실현하였다. 바르셀로나는 시에서 수집한 각종 도시 데이터를 개방하여 창조적 서비스 개발을 유도하고 '15년에는 도시운영을 위한 플랫폼(바르셀로나 City OS) 개발에도 착수하였으며 매년 Smart City EXPO World Congress와 World Smart City Award를 개최하고 있다. 구도심 재생사업 및 고부가가치 사업 육성을 위해 22@Barcelona(IT기업), Parc de l'Alba(연구소), Detta BCN/BZ(우주항공 등 신산업)를 운영 중이다. 네덜란드 암스테르담은 정부, 민간기업, 학교 및 지역 주민들이 참여하고 있는 ASC(Amsterdam Smart City)라는 오픈플랫폼 운영을 통해 사회현안 해결 및 일자리 창출을 시행하고 있다.

영국은 '07년 스마트시티를 본격적으로 추진하기 위해 기술전략위원회(TSB)를 설치하였고, '12년 스마트시티 프로젝트에 대한 지방정부 제안서인 'Future Cities Demonstrator Competition'을 공모하였다. TSB(Technology Strategy Board)는 영국 중앙부처인 Department for Business, Innovation and Skills(BIS) 산하의 공공기관(Public Bodies)이다. 공모에 참여한 30여개 도시들 중 글래스고(Glasgow)가 선정되어 시민들이 직접적으로 겪는 교통, 범죄, 에너지, 환경 등의 도시문제 해결에 스마트시티 기술을 활용하였다.

중국은 경제성장과 도시 문제 해결 중심의 스마트시티를 구현하고 있으며, 중앙정부 차원에서 직접 스마트시티를 관리하고 있다. 지방정부가 개별적으로 추진하던 스마트 시티 정책을 13년부터 중앙정부 차원에서 직접 관리 및 추진하였다. 항저우의 경우 민간기업(알리바바)의 선진 기술을 적용하여 모바일페이, 교통 인프라 개선을 목표로 하는 시티브레인 프로젝트를 진행하였다. 중앙정부 예산 기반 대규모 인프라 건설에서, ICT 기반 신성장동력 창출로 전환하였다.

일본은 정부의 각 주요 부처 중심으로 에너지 안보 및 재난 안전 위주의 스마트시티를 구현하고 있다. 경제산업성과 신에너지 산업기술종합개발기구는 스마트 커뮤니티를 설립('10년)하여 가정, 건물, 지역의 종합적 에너지 관리를 할 수 있는 지역 통합 에너지 관리 시스템을 구축하였다. 내각부는 일본 신성장 전략('10년) 및 스마트시티 정책 일환으로 그린 이노베이션 환경·에너지 대국 전략을 추진 중이며 스마트 에너지 분야를 중심으로 정책을 수립·추진하고 있다. 해외 진출을 위한 ASEAN ICT 구축 사업 로드맵을 구축하였다('13). 제4차 에너지 기본계획에서 에너지 이용 효율화와 고령자 돌봄 등 생활 지원 시스템을 포함하는 스마트시티 구축계획을 명시하였다.('14)[5]

국내 스마트시티 시장은 세계시장과 함께 지속적으로 증가할 전망이다. 국내 스마트시티 시장은 크게 2가지로, 국가전략프로젝트 연구개발(R&D)을 통한 스마트시티 관련 산업 활성화 부문과 국내 스마트시티 관련 산업의 해외 진출 부문으로 나눌 수 있다. 주요 연구개발 내용은 스마트시티 모델 및 기반기술 개발, 서비스 고도화를 위한 시민중심 서비스창출형 실증, 기술혁신 및 비즈니스 창출을 위한 도시혁신형 실증 등 3가지로 구성되어 있다. 이러한 국가차원의 연구개발 투자를 통해 4차산업혁명의 다양한 기술과 서비스를 구현하도록 함으로써 스마트시티 산업의 시장은 확대될 전망이다. 기술개발 등 기술혁신과 민간의 참여확대 등을 통한 시장확대를

---

5) 중소기업 전략기술 로드맵 2019-2021 스마트시티, 2018

예상하고 있다.[6)]

스마트시티의 활용은 ICT 기술을 기반으로 도시 인프라의 초연결성을 바탕으로 에너지 효율화, 데이터 개방, 도시관리 효율화, 시민참여를 통한 혁신 등이 가능한 4차산업혁명 시대의 축소판이다. 인공지능, 빅데이터, ICT 등 혁신기술을 도시에 적용한 스마트시티는 실물경제 어려움과 저성장 추세에서 융복합을 통한 새로운 비즈니스를 창출하는 신성장 동력이다. 지능형 인프라의 거대한 네트워크 구조를 가지는 플랫폼으로 확대 이해되고 있고, 개념에 대한 표준화가 국제표준화 기구(ISO, IEC, ITU)에서 진행되고 있어 현재는 다양한 개념이 통용되고 있다.

공급자 위주의 스마트시티 추진에서 시민참여형 스마트시티가 등장하고 있다. 스마트시티 성공의 핵심 요소는 시민이며, 스마트시티의 발전을 위해서는 스마트 기술, 스마트 모빌리티, 스마트 기반시설과 스마트 에너지, 스마트 헬스 케어도 필요하지만 이를 실제로 이용할 시민의 참여도 매우 중요한 요소이다. 시민이 참여해 양방향으로 운영되는 도시의 지속 가능한 모델을 지향하고 있으며, 정부의 다양한 부처, 인프라 운영자, 서비스 제공자, 학계, 시민간의 수평적이고 통합적인 연계를 통해 구현되어야 한다. 시민 중심의 도시 디자인 요구의 증가로 유럽 내 다수의 국가는 유럽 연합의 지원으로 스마트 시민 프로젝트를 추진하고 있다. 네덜란드, 영국, 스페인 등이 주도적으로 참여, 도시 내 우수한 기술 인프라와 더불어 이를 이용하는 시민이 있을 때 스마트시티가 완성됨을 입증하였다. EU 집행위원회는 스마트시티와 커뮤니티에 대한 연구를 추진하였고, 이를 통해 시민 및 커뮤니티 참여의 중요성을 언급하였다. 성공적인 스마트시티 구축을 위해 정부의 협력과 민간 참여 중심 거버넌스를 구축하고, 시민 중심의 서비스 정책 마련 필요하다.[7)]

4차산업혁명의 성장 동력인 스마트시티의 성공적 추진을 위해 정부의 지원, 시민의 참여, 민간 창의성 활용 기반의 스마트시티 7대 혁신 변화를 도출, 이를 통한 사회혁신을 가속화할 예정이다.

① 사람 중심의 도시 ② 혁신성장 동력의 육성 ③ 시민의 서비스 체감형 도시 ④ 인프라에 따른 맞춤형 도시 및 공공/민간의 주체별 역할 결정 ⑤ 공공/민간 기술 기반 지속가능한 도시 ⑥ 수요자/민간 참여형 열린 도시 ⑦ 정책/사업/기술의 융합·연계형 도시로의 혁신이다. 국내에서도 스마트한 도시 환경 조성을 위해 "시민"의 적극적인 참여를 중요시하고 있으며 리빙랩, 팹랩 등을 시도하며 도시 혁신의 주체로서의 스마트한 시민의 역할이 점차 부각 되고 있다.

1.2 스마트시티 기술

스마트시티의 기술에 대해서는 정의와 마찬가지로 목적과 성격에 따라 다양한 분류가 가능하다. 스마트시티는 ICT 및 운영을 포함하여 공통기술이 있으며, 인프라, 데이터, 서비스에 대해서 세부적인 기술분류를 할 수 있다.

---

6) 스마트시티 산업활성화 및 해외진출을 위한 인력양성, 국토교통부, 2018
7) 시민과 함께하는 스마트시티, NIA, 2019

국내 스마트시티 서비스에 사용된 기술은 대부분 ICT기술이며, 개별 기술은 과학기술정보통신부의 ICT 연구개발 기술분류체계(정보통신 및 방송 연구개발 관리규정 제14조 제1항)에 따라 분류하였으며, 각 요소기술의 상위 중분류체계는 다음과 같다.

<표 10.2> 스마트시티 기술 분류 예　　　　　　　　　출처 : 중소기업 전략기술 로드랩 2019-2021 스마트시티, 2018

기술대분류	기술중분류	요소기술
이동통신	이동통신시스템	근거리통신(Wifi, NFC 등), IoT통신, 기타 유무선통신
기반소프트웨어 컴퓨팅	빅데이터	지하매설물 공간 데이터, 선박, 건강, 기상, 교통 데이터 분석, 시맨틱 기반 지능적 사물 검색/추천
	지능형소프트웨어	영상인식, 영상분석, 음성인식, 바이오인식, 음성안내장치
	휴먼미래컴퓨팅	웨어러블 태그, 스마트밴드 컴퓨팅, 인공신경망 알고리즘
	클라우드	컴퓨터 자원 가성화, 클라우드 서비스, 가상 데스크탑 기술 등
네트워크	서비스제어플랫폼	스마트인터넷 플랫폼, 분산 클라우드 플랫폼, 개방형 플랫폼 등
	인터넷모듈부품	네트워크 모듈부품, 디지털 조명기술
	인프라	코어망, 전송망, 유무선 액세스망, 융합인프라
정보보호	인증/보안	암호, 인증, 무선보안, 스마트기기 보안, 방화벽
GPS	GPS	위치인식, 위치측위
디바이스	비콘	안심태그 비콘, 실내 비콘
	모바일	모바일 어플리케이션, 스마트폰 단말기
	디스플레이	디스플레이 패널, 디밍 기술
	배터리	전기충전, 축전
디지털컨텐츠	스마트컨텐츠	컨텐츠 분석, 상황인지 컨텐츠, 동작인식, 가상현실
영상	영상	카메라, CCTV
스마트서비스 (IoT센싱 포함)	센서	광 및 모션센서, 온도 습도, 자외선, 미세먼지 빗물 센서, 레이더, 융합 초연결장치, 센싱디바이스, IoT기반 전자정보 수집 장치
	스마트서비스플랫폼	스마트홈 허브, 미들웨어 클라우드, 스마트스크린, 소셜서비스, 스마트홈 네트워크 등
인터페이스	인터페이스	정보처리, 변환, 저장, 프로세스관리, 제어
서비스 고유기술	서비스고유기술	압축 스레기통, 미세안개분무장치, BEMS 등

이중 가장 높은 빈도로 적용된 상위 기술은 센서 기술, GPS기술, 이동통신시스템 기술, CCTV 기술, 서비스 제어 플랫폼 기술, 빅데이터 기술, 카메라 기술, 인터넷 모듈 부품 기술, 모바일 기술 등인 것으로 나타났다. 센싱 기술은 IoT 기술의 필수적 요소로써, 도시 내 관리 공간 및 인프라 기반시설에서 실시간 변화 상황을 파악하기 위한 방안으로 활용되는 스마트시티 서비스에서 다른 기술군보다 활용 및 적용 가능성이 높으며, GPS와 이

동통신시스템 역시 스마트시티 서비스 구현에 있어 필수적인 요소로 파악된다.

혁신 성장을 위한 R&D 성과 창출을 위하여 데이터·인공지능 기반 스마트시티 구축을 위한 기술개발·실증 추진하고 있으며, '22년부터 비즈니스화 및 확산 추진할 예정이다. 과학기술전략회의('16.8)에서 신산업 창출과 국민 삶의 질 향상을 위해 시급성, 파급력 있는 9대 국가전략프로젝트 인공지능, 미세먼지, 탄소자원화, 가상증강현실, 경량소재, 정밀의료, 바이오신약, 스마트시티, 자율주행차 등을 선정하였다.

해외 기술동향을 각 분야별로 살펴보면 다음과 같다. 스마트 에너지 분야는 신재생에너지를 통한 에너지 공급, 에너지 관리 시스템을 활용한 수요관리 등 스마트에너지 기술개발 확대하고, 에너지공급 측면에서는 도시 에너지의 효율적인 사용을 위해 신재생에너지 기반의 기술개발 추진하고 있다. 미국은 청정에너지 인프라 확대 기반의 발전을 도모하였으며 '16년까지 5개 분야의 성과를 도출하였다. 전력피크 시 도시의 안정적인 전력 운용을 위해 전력을 저장하고, 관리(EMS)할 수 있는 기술을 적용하였다. 영국은 건물의 전력 센서를 통해 에너지 사용량 정보를 수집하고 어플리케이션(Glasgow)을 통해 실시간으로 모니터링 하여 탄소배출량 확인 및 에너지 정책 개선에 활용하고 있다. 소규모 신재생에너지 설비 증가 및 도시에서 발생한 잉여전력의 효율적인 분배를 위해 전력거래시장 및 기술이 적용되었다.

스마트 교통 분야는 도시 내 자율주행차량의 운행을 위한 교통 인프라와 효율적인 교통 정보체계 중심의 기술개발을 통한 스마트 교통 실현하고자 한다. 자율주행을 위한 도로 서비스 및 인프라 관련 중심으로 기술발전이 진행되고 있다. 미국은 콜럼버스 스마트시티의 경우 WiFi 스마트 신호등, 버스정류장 보행자 경고 시스템 등 보행자 중심의 인프라 및 전기차 및 자율주행자동차 중심의 인프라를 구축할 계획이다. 일본은 공공-민간 연계의 차량 간(V2V), 차량대 도로 인프라(V2I)를 사용하는 협력 안전 지원시스템을 실현하기 위해, 도로테스트를 포함한 국가프로젝트를 추진('10년)하였다. EU는 독일·포르투갈·그리스에서 안전사고, 긴급서비스, 경로안내, 차량추적 및 관련 어플리케이션 구축 등의 상용화 테스트를 '20년까지 진행하였다.

한국의 세종 스마트시티 국가 시범도시는 모든 도로(360km)의 자율주행 도로화 및 정부 세종청사 주변의 자율주행 대중교통 운행 실증사업 및 관련 인프라의 확충 예정이다. 지능형 교통체계 분야는 교통 인프라를 통해 수집된 자료를 활용하여 자율주행차량의 안전하고 효율적인 주행을 지원하기 위해 차세대 첨단교통체계(C-ITS) 기술이 적용되었다.

스마트 빌딩 분야는 국내외로 빌딩 에너지 관리 시스템(BEMS)기술을 활용하여 빌딩의 제로에너지화를 추진하고 있다. 미국은 '20년까지 모든 주거부문, '30년까지 모든 신축 상업용 건축물, '50년까지 상업용 건물을 제로에너지 의무화를 목표로 설정하고 있다. 미국 뉴욕타임스 빌딩의 경우 통합조명관리시스템인 '퀀텀(Quantum)'을 적용하여 주광활용 30%, 인체감지 10%, 스케줄제어 2%, 디밍 조절 58%의 에너지절감 성과를 달성하였다. 유럽은 '18년 말까지 신축 공공건축물의 제로에너지를 의무화 하였고 '20년 말까지 모든 신축건축물을 제로에너지 의무화 목표로 설정하였다. 프랑스 슈나이더 일렉트릭 본사의 경우 건물 에너지의 통합 시스템 구축과 이를 제어하는 BMS(Building Management System)를 설치하여 연간 평균 에너지 소비량을 47% 절감하는데 성공하였다.

스마트 안전 분야는 IoT를 활용한 생활 안전, 재난 모니터링 예측, 재난 대응 로봇을 통해 안전한 도시 구현을 목표로 하고 있다. 스마트복지는 CCTV, 스마트 센서 등을 활용하여 도시민의 안전을 지키는 기술이 도입되었다. 일본의 나카타현에서는 고령자의 건강정보를 활용하여 선제적 대응을 할 수 있는 시스템을 구축하였으며 이외에도 IoT를 활용한 고령친화기술개발이 활발하다. 재난 모니터링 예측에서는 위성장비, IoT, SNS등을 활용한 자연재해의 피해규모 추정 및 예측시스템 기술이 성장하고 있다. 미국은 지질조사국 및 NASA에서는 현재 모니터링 위성(LANDSAT-8)을 운영하여 전국 단위의 자료를 수집·제공하며 홍수 가뭄 등 자연재해 등 다양한 분야에 활용하고 있다. 또한, 재난대응 로봇 개발을 통해 재난 발생 시 긴급한 복구 작업에 투입되고 있다. 일본은 후쿠시마 원전 사태 이후 '14년 각종 재해 현장에 투입해 정보를 수집하는 '사쿠라1호'를 개발하였다.

스마트 행정 분야는 디지털 트윈을 통한 도시계획, 빅데이터 및 AI를 통한 합리적 의사결정 기술, 블록체인을 통한 안전한 정보처리 중심의 기술개발이 확대되고 있다. 디지털 트윈은 도시의 건물 및 지형, 인구 정보를 3D 가상세계에 구축 하는 디지털 트윈기술을 통해 교통 체증, 도심 풍향, 인파 흐름 등 시뮬레이션을 수행할 수 있다. 싱가포르는 싱가포르 전체 건축 및 지형 정보를 가상세계로 옮기는 프로젝트인 버추얼 싱가포르를 구축하였으며 시뮬레이션을 통한 시민 대피 계획 수립 및 공공데이터 플랫폼을 통한 서비스를 제공한다. 빅데이터 및 AI는 빅데이터를 통해 수집된 자료를 기반으로 AI를 활용하여 도시 관리, 소외계층 노인 및 아동 보호를 위한 서비스를 제공한다. 미국은 도시 행정, 정치의 합리적인 의사결정을 위해 인공지능 모델인 로바마(ROBotic Analysis of Multiple Agent)를 개발함으로써 행정 절차의 최적화 및 간소화가 극대화되었다. 블록체인을 활용한 시민의 의료 데이터 수집, 문서 유통, 공과금 수납 등 개인정보 보호 기반의 행정 업무가 가능하다. 미국은 보건정보기술국은 블록체인을 활용하여 상호교환·축적을 위한 시범사업을 추진하고 있으며 이를 통해 개인정보 유출에 민감한 시민의 건강 데이터를 보호한다.

스마트시티 플랫폼은 스마트시티와 관련된 다양한 응용 서비스와 사물들을 IoT 국제표준 기반으로 쉽게 연계하여 사용자들에게 필요한 서비스를 제공하고 개발자들을 지원해줄 수 있는 플랫폼이다. 방범· 방재, 교통. 시설물 정보 등 분야별 정보시스템을 기반 S/W인 스마트시티 통합플랫폼으로 연계하여 지능화된 도시기반 조성을 하며, 이를 통해 개별 운영되고 있는 지자체의 각종 스마트시티 서비스와 정보시스템, 센터 등을 연계하여 운영할 수 있도록 지원한다. 이 플랫폼은 구축하기 위해서는 네트워크 인프라가 필수적이다. 특히 초고속 무선액세스망, 고속 코어망, 망관리 등 필요한 기술이다. 기가비트 이더넷, 5G, WiFi 6 등이 이미 적용되어 초고속 액세스 망으로 다양한 서비스가 제공되고 있고 플랫폼 구축 시 사용되는 고가용성, 고성능, 고확장성 백본스위치도 개발되어 있다.

(1) WiFi 6

WiFi 6(IEEE 802.11ax)표준은 802.11ac의 장점을 바탕으로 효율성, 유연성, 확장성을 더함으로써 신규 및 기존 네트워크에 향상된 속도와 용량 그리고 차세대 애플리케이션에 사용된다. WiFi 6에서는 OFDMA와 다운링크와 업 링크 모두에서 사용될 수 있도록 개선된 MU-MIMO, 공간적 주파수 재사용, 타겟 웨이크 타임(TWT), 동적 파편화 등의 기술이 새롭게 도입되었으며, 802.11ac에서 최대 256-QAM까지 지원되던 것을 1024-QAM으로 확장하였고, GI(Guard Interval) 주기를 0.4/0.8 μs에서 0.8/1.6/3.2μs로 개선하였으며 심볼 주기를 3.2μs에서 3.2/6.4/12.8μs로 확장하였다. 최대 데이터 전송 속도는 9.6Gbps이다.

항 목	세 부 내 용		
인터페이스	• Port-1 : 100/1000M/2.5G/5G/10GBase-T, RJ-45		• Port-2 : 10/100/1000Base-T, RJ-45
	• 1-Port USB	• 1-Port Console, RJ-45	• Built-in omni-directional antenna
무선 스펙	• 2.4GHz / 5GHz	• IEEE 802.11 a/b/g/n/ac/ax WiFi6	• DL/UL MU-MIMO
	• 802.11ax/ac/n/a : 5.725 ~ 5.850GHz / 5.47 ~ 5.725GHz / 5.15 ~ 5.35GHz		• 802.11ax/b/g/n : 2.4 ~ 2.483GHz
	• Built-in antenna : 2.4GHz antenna gain 3dBi, 5GHz antenna gain 4dBi		
전원 / PoE	• PoE, PoE+, UPoE	• Port -1 : IEEE802.3at/bt	• Port-2 : IEEE802.3at
	• Power Consumption : Max 25W	• DMPS / E-APSD	• Green AP Mode
크 기 / 무게	• 239mm(W) x 52mm(H) x 236mm(D)	• 무게 : 1.28kg	
환 경	• 동작온도 : -10 ℃ ~ 55 ℃	• 보관온도 : -40 ℃ ~ 70 ℃	• 동작/보관습도 : 5% ~ 95% (비응결)
	• MTBF : 250,000H	• IP등급 : IP42	

[그림 10.2] DWA-168 WiFi 6 액세스 포인트 HW 규격

출처: ㈜대유플러스

매니지드 무선랜 서비스는 신뢰성 있는 고품질의 무선랜 통합 구축 및 관제서비스를 제공하는 서비스이다. 엔지니어링 서비스, 모니터링 서비스, 시스템 관리/장애처리, DB설정, 보안 설정 (Ipsec/IPtables 등) IPS, Firewall 정책 설정 지원, 컨설팅 및 정기 리포팅(고급형), 부가 솔루션 운영/설정 지원이 가능하다. 구내의 네트워크 환경을 고려하여 무선LAN 설계 및 구축을 제공하며, IT 환경 변화에 따른 조기 구축 비용에 대하여 유연하게 대응한다.

항 목	세 부 내 용		
802.11ax	• 5GHz, 8x8:8 MU-MIMO (20MHz/40MHz/80MHz/160MHz bandwidth)		• A-MPDU / A-MSDU
	• 2.4GHz, 4x4:4 MU-MIMO (20MHz/40MHz/80MHz bandwidth)		• MLD / MRC / STBC / LDPC
WLAN	• Open system/shared key authentication	• Broadcast probe request acknowledge control	
	• RTS/CTS	• CTS-to-self	• Hide SSID
	• 802.11k / 802.11v smart roaming	• 802.11r fast transition roaming	• Station related
	• Client number limit	• Link integrity check	• Repeater mode
	• DFS	• Transmit Beamforming	
Security	• WEP-64/128/152bit, WEP, TKIP, CCMP	• 802.11i	• WPA, WPA2, WPA3-Enterprise
	• 802.1x/MAC/PSK/Portal authentication	• Layer 2/SSID-based user isolation	• Packet/MAC Filtering
	• Wireless EAD	• WIDS/WIPS	• IEEE802.11w
	• Multiple-domain authentication sever		
L2/L3 Features	• Static IP / DHCP	• Native IPv6	• IPv6 Portal/SAVI
	• IPv4/IPv6 ACL	• IGMP snooping / MLD snooping	
QoS	• IEEE802.11e	• IEEE802.1p	• Load balancing
	• Band navigation	• CAC(Call Admission Control)	• SVP Phone
Management	• HTTP(S)/SSH/Telnet/FTP/TFTP	• Management SSID	• Syslog
	• Remote Probing and analysis	• Auto Power & Channel	

[그림 10.3] DWA-168 WiFi 6 액세스 포인트 SW 규격

출처: ㈜대유플러스

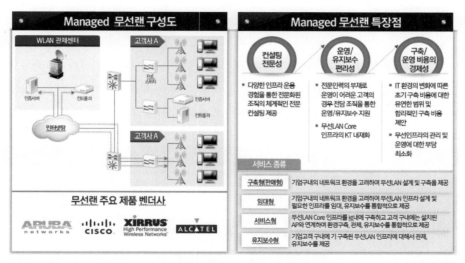

[그림 10.4] 매니지드 무선랜 서비스

출처 : ㈜넷케이티아이

(2) 백본 스위치

백본 스위치는 네트워크의 중심. 방화벽, 워크그룹 스위치, 각종 서버가 접속하는 핵심영역으로, 많은 트래픽을 처리하므로 기가급 시스템을 사용하며, 이 장비의 성능이 나쁘면 네트워크 데이터의 병목현상이 생긴다. 대표적인 백본 스위치 시스템의 특징과 성능은 다음과 같다.

최대 10개의 I/O 슬롯을 제공하는 샤시형 스위치이며, 최대 9.6Tbps의 스위칭 용량을 제공한다. 최대 7.1Bpps의 포워딩 속도와 주요부 이중화 제공한다. 최대 480개의 10/100/ 1000Base-T 포트 제공하며, 고속의 완전 분산 아키텍처 제공, 확장 가능한 시스템 설계, 다양한 I/O 모듈 제공으로 유연한 네트워크 구성 제공으로 뛰어난 확장성을 제공한다. 또한, 완벽한 Virtual Chassis 기능 제공 (VCS : Virtual Chassis Switching), VRF, MPLS등 다양한 네트워크 가상화 프로토콜 지원, 저전력 설계를 통한 친환경/저 소비 전력의 그린 IT 제공한다.

[그림 10.5] DSH7500 시리즈 백본스위치

출처 : ㈜대유플러스

(3) 클라우드

스마트시티는 실시간으로 다양한 상황을 모니터링하고 상호 연결된 시스템에서 많은 데이터를 활용한다. 이를 위해서는 개방형 아키텍처를 가져야 하며 클라우드 컴퓨팅이 하나의 해답이 된다. 클라우드 컴퓨팅은 스마트시티에 필요한 상호 운용성, 확장성, 실시간 처리 및 분석과 예측을 모두 가능하게 한다. 방대한 데이터 저장장치도 갖출 필요도 없으며, 공공기관 모두의 데이터를 모음으로써 상호 운용성도 향상된다.

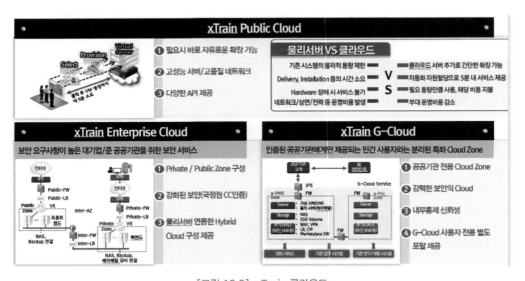

[그림 10.6] xTrain 클라우드

출처 : ㈜넷케이티아이 (대표이사 김성용)

1.3 스마트시티 해외 사례

해외 주요국들은 도시에서 일어나는 다양한 사회적 현안을 해결하기 위해 ICT기술을 활용한 스마트시티 프로젝트를 추진하고 있다. 스마트시티는 도시 전역에서 정보를 수집·분석하여 필요한 곳에 자원을 투입하거나 기존 자원의 효율적 활용을 유도하는 방식으로 문제를 해결하려 하고 있다. 이를 통해 비용절감, 도시 서비스의 향상, 삶의 질 제고, 생산성·지속가능성 향상의 효과를 기대한다. 도시 속에서 스마트한 기술의 효율적 활용을 위해서는 시민의 참여를 통해 아이디어를 공유하고 환경에 맞는 정책을 세워 실행하고 있다. 해외의 시민 참여형 스마트시티 우수사례를 소개한다.

(1) 네덜란드 암스테르담 : 도시 문제 해결을 위한 오픈 플랫폼

시민, 기업 등 누구나 온라인으로 아이디어를 제안하고 수용하여 신산업 발굴 및 일자리의 창출 등 사회현안을 해결하려 한다. 정부뿐만 아니라 민간기업, 학교, 지역 주민들이 참여하고 있는 ASC(Amsterdam Smart City)라는 오픈플랫폼을 통해 운영한다. ASC의 주도 스마트시티 플랫폼은 정부보다는 민간 주도로 운영하고 있다.

온라인에서는 ASC 웹페이지를 통해 의견을 수렴하고, 오프라인에서는 스마트시티 체험랩을 운영하여 시민들이 직접 프로젝트를 공유하고 서비스를 체험할 수 있는 공간을 마련하고 있다. ASC는 6개의 분야로 나누어 프로젝트를 추진하고 있다. 암스테르담 내의 지속적 인터넷 사용량 증가에 대비한 ICT환경 개선, 태양열 패널 제공, 도시 폐기물의 재활용, 빗물·폐수의 활용 방안 추진, 스마트 시스템 도입을 통한 자전거 주차장, 태양광 자전거 도로, 자동차 공유 프로그램 등을 추진, 제품의 생산-소비-재활용의 순환 체계를 수립, 암스테르담 내의 대학, 교육기관 등과의 연계를 통한 시민 교육 수준 향상 프로그램 운영, 높은 인구 밀도 상황에서 주거 환경과 주민들의 생활 개선이 있다.

(2) 독일 함부르크 : 항만도시의 교통문제 해결 방법

대규모 항만규모를 자랑하는 함부르크의 교통 문제 해결 및 지속가능한 도시로의 발전을 위한 스마트시티로의 성장을 목표로 한다. 물류 분야에서는 교통 흐름과 화물 흐름을 원활히 하고 지능화, 효율화, 정보동기화를 실현하려 한다. 에너지 분야에서는 친환경적 이동 수단의 이용과 에너지 소비 감소, 오염물질 감사, 재생 에너지사용을 추구한다. 도시 발전을 위해 시민이 참여하여 지식, 경험을 공유하는 플랫폼인 넥스트함부르크(Nexthamburg)를 통해 아이디어 토론 공간도 마련하였다.

도시에 대한 시민의 아이디어를 토론하는 Stadtmacher(City Maker)와 지속가능한 친환경 도시를 목표로 하는 제로시티(Zero City) 등으로 구성되었다. 스마트 가로등은 항구 지역 내 가로등을 필요한 시간에 필요한 구역에만 이용되어 에너지 절감 및 보행자 안전에 효과적이다. 지능형 교통관리는 항만 주변 도로 상황, 열차, 교각 등 교통 흐름을 통합으로 관제하고 선박 운행 정보와 실시간으로 연계하여 주변 교통 상황을 종합적으로 통제한다. 스마트 항만은 레이더와 센서를 활용하여 물류선의 입/출선 관제 및 공사현장, 선박의 위치, 수위 등 다양한 정보를 통한 항만을 모니터링한다. 특히, 항구 모니터링은 해상에서의 선박의 움직임과 선박 교통 서비스 센터의 핵심 요소를 관리하는 것이 핵심 기술이다.

(3) 영국 글래스고 : 소통을 통해 만들어가는 미래도시

영국의 글래스고는 도시를 가장 잘 이해하는 시민을 중심으로 도시의 부흥을 위한 미래도시(Future City) 조성을 목표로 하고 있다. 시민들이 도시의 생활문제(도로, 교통신호, 쓰레기 수거 등)를 신고하고 도시 정보 확인이 가능한 앱서비스 My Glasgow를 운영한다. 글래스고와 관련된 다양한 정보(날씨, 교통, 건강, 커뮤니티 등) 이용 가능한 오픈 데이터 서비스인 Dashboards를 운영한다. 글래스고 관제센터(Glasgow Operations Centre)에서 500여개의 공공 CCTV를 통해 실시간 중앙 교통관리 및 교통신호를 중앙 통제한다.

지능형 가로등(Intelligent Street Lighting)을 통해 도시 전역의 안전 향상 및 도시 정보를 수집하고 실시간 움직임·소음 인식 센서로 경찰 및 긴급 구조대에 알림 기능을 장착, 긴급 상황 시 깜빡이는 신호로 사고 장소를 알린다. 공해 및 움직임 측정 시스템을 통해 대기오염, 인구 이동수에 대한 데이터를 수집하여 도시 계획에 반영한다. 도시의 전력 사용량을 실시간으로 모니터링하여 탄소 배출량 확인 및 에너지효율이 낮은 기기 정보공유 등 도시 에너지 정책을 개선한다.

(4) 캐나다 밴쿠버 : 그린에너지 중심의 미래 경쟁력 확보

캐나다 밴쿠버의 스마트시티 추진 목표는 공동체 의식 기반 그린에너지 중심의 삶의 질 향상과 환경 보존을 통한 도시의 미래 경쟁력 향상을 도모하는 것이다. 친환경 도시 밴쿠버로의 입지를 굳히기 위해 2020년까지 시민 참여형 친환경 도시 계획(Greenest City 2020)을 발표하였으며, 세계에서 가장 친환경적인 도시가 되기 위해 친환경 건물, 도시 계획, 재생 가능 에너지, 에너지 효율성, 지속 가능한 대중 교통 및 기타 대체 이동 수단에 집중했다. 밴쿠버는 도시의 대규모 수력 공급 덕분에 90% 이상의 재생 가능 에너지를 사용하고 있으며, 시는 에너지 효율성을 높이기 위해 도시 전체의 건물을 개조하고 있다.

[그림 10.7] 밴쿠버 Greenest City 결과
(2016-2017)
출처: City of Vancouver

자율 대중교통 시스템으로 완전 자동화 고속철도 스카이 트레인 열차가 있다. 또한, 밴쿠버의 버스, 트롤리 버스, SkyTrain, West Coast Express 및 SeaBus가 대중교통이며, 최신 청정에너지 기술을 사용한다. 밴쿠버는 2040년까지 모든 여행의 교통수단을 도보, 자전거 또는 대중 교통으로 이용할 수 있는 비율을 66%로 높이는 것이다. 이를 위해 새로운 기술과 아이디어를 접목한 자전거 도로, 도로 조명 및 횡단보도에 지속적으로 투자할 예정이다.

정부 또는 특정 환경 단체의 주도보다는 시민 구성원 모두의 참여를 통한 성과 확산의 중요성을 부각하였다. 실시간 도시 서비스 플랫폼 Van Connect를 사용하여 쓰레기, 낙서, 깨진 가로등 등 공공시설물에 대한 제보, 긴급 정보 및 뉴스 기능, 도시 내 중요한 이벤트 등에 대한 정보공유, 공공시설/공간정보, 커뮤니티 센터, 공원, 도로 폐쇄 등에 대한 실시간 정보공유, 도시 위원회 회의 참여, 도시운영 협의회와의 연결 지원 등 직접적으로 시민들이 참여하였다.

(5) 일본 카시와노하 : 민·관·학의 협력을 통한 도시 디자인

일본의 카시와노하는 공공, 민간, 학계 등 다양한 주체의 연계를 통해 사회적 이슈를 해결하는 도시 개발 추진 플랫폼 구축을 목표로 하고 있다. 도쿄대의 캠퍼스타운으로 인구 1,000명에 그쳤던 도시였으나, 민(미쓰이부동산)·관(카시와시)·학(도쿄대, 치바대)이 협업하여 스마트시티 조성을 위한 대형 프로젝트로 발전하였다. 마을 재생과 타운 운영을 관리하는 UDC-K(어반디자인센터-카시와노하)를 설립하고 서비스디자인 기반 주민들과 미래도시에 대해 논의하는 거버넌스 구축하였다.

[그림 10.8] 카시와노하 시 전력 통합관리센터
출처: Mitsui Fudosan

대표적인 사례로 도시에서 발생하는 에너지의 문제를 위해 카시와노하 지역 에너지 관리 시스템(AEMS)을 통해 효율적으로 활용·감시·제어한다. AEMS(Area Energy Management

System)는 ICT기술을 기반으로 도시 전력의 효율적 관리(에너지 정보 시각화, 재난 시 생존 전력 우선 배포 등)
시스템이다. 도시에서 각 구역 내의 건물에서 전력회사의 시스템 전력과 태양광 발전 및 축전지 등의 분산전원
을 병용하면서, 이 전력은 각 건물에서 상호 활용함으로써 도시 전체의 전력피크 절감을 실현하였다. 이로 인하
여 지역 전체적으로 약 26%의 전력피크를 절감하여 에너지 절감, CO_2 배출이 감소하였다.

1.4 스마트시티 국내 사례

(1) 서울

서울은 높은 인구 밀도로 인해 교통, 주거 등 서울의 도시문제는 갈수록 심화되고 있으며 1인 가구의 증가와
고령사회로의 진입이 가속화되며 이에 따른 사회적 비용 역시 증가하고 있어 서울의 도시화와 도시 혁신이 필요
하다. 서울시는 세계 여타 도시들의 도시화 추세보다 앞선 80년대 말부터 급격한 도시인구 증가에 따른 도시화
를 경험하였으며, 현재는 청년층 전출인구 증가, 저출산 등에 따라 지속적으로 도시인구가 감소하는 추세이다.

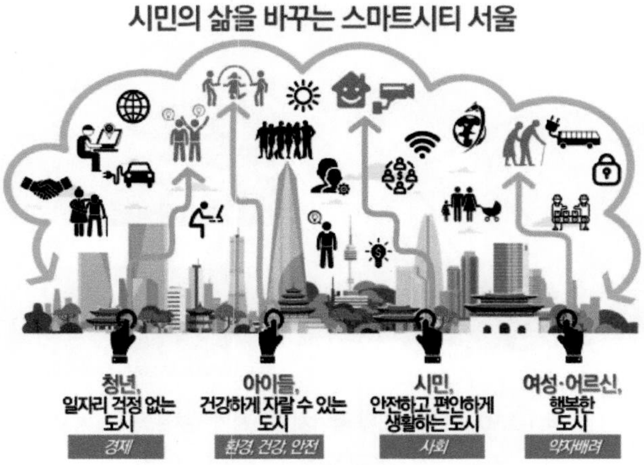

[그림 10.9] 스마트시티 서울 비전

출처 : 4차산업혁명시대 스마트시티 서울의 버전과 실현전략, 서울연구원, 2020

서울시는 디지털 분야 글로벌 리더십을 선점하고 시정 전 분야에 걸쳐 디지털 기술을 확산하여 시민이 체감
할 수 있는 도시를 만들기 위한 중장기 디지털 정책을 추진 중이다. 서울은 시민주도 정책 기조의 확산, 디지털
기술 기반의 도시 문제 해결 활성화, 최첨단 인프라 구축 등 스마트시티 추진을 위한 기반 여건은 세계 최고수준
으로 평가받고 있다. 서울시는 스마트시티 성과목표 달성을 위하여 스마트시티 추진을 위한 전반적인 목표모델
수립과 조직, 자원, 프로세스, 서비스 및 정책 개발의 각 분야에서 전략적으로 추구해야 하는 구체적이고 실용적
인 스마트시티 성과목표를 수립하였다.[8]

---

8) 서울시 스마트시티 성공을 위한 정책 제언, 서울디지털재단, 박건철외, 2018

시민 삶의 질적 향상과 도시의 지속가능성을 위해 양적 성과(Performance)를 제시하기보다 시민 삶의 질과 밀접한 생활영역에서 스마트시티 추진을 위해 달성해야 할 기준점을 마련하였다. 시민의 삶을 바꾸는 스마트시티 서울을 위하여 스마트기술로 산업경제, 교통, 환경, 안전, 복지 건강 등 다양한 도시 문제를 개선하고, 시민의 편의를 증진하는 사람 중심의 스마트시티를 추진하고 있다.

(2) 부산 (Eco Delta City)

부산 에코델타 스마트시티는 4차산업혁명 기술을 도입하는 미래산업의 메카로 모든 시민들이 균형 있는 기회와 포용적 성장의 혜택을 받고 환경 교육 문화 일자리 안전 등 시민 삶의 질을 지속가능하게 향상토록 하는 것이다. 부산 에코델타 스마트시티의 실현 전략으로 5대 핵심 과제는 기술을 담을 공간인 스마트 공간 창출, 도시혁신을 위한 스마트도시 대 플랫폼 디지털도시(증강도시 로봇도시), 시민의 삶을 바꿀 10대 혁신, R&D 및 기업 육성 등 미래를 준비하는 산업생태계, 시민 참여와 글로벌이다. 비전으로 사람, 자연, 기술이 만나 미래의 생활을 앞당기는 글로벌 혁신 성장도시이다. 일과 휴식이 공존하는 도시, 사람과 자연이 공생하는 도시, 시민이 공감하며 지속성장에 기여하는 혁신기술 도시를 추구한다.

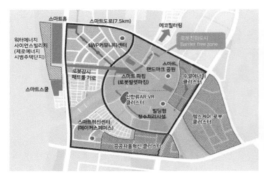

[그림 10.10] 스마트시티 국가시범도시와 컬처프런트, 녹지
출처 : 부산에코델타시티시행계획안, 2018

Smart life for future는 도시 중심부를 공공공간으로 제공하고 도시 내부는 업무 주거 상업 문화 등 다양한 도시기능을 복합적으로 배치하고, 스마트 특화 가로 조성 등 공간 간 연계성을 높이고 도시 효율성을 향상한다. 직장과 주거공간이 근접한 토지이용계획을 통해 도시민의 출퇴근 시간을 줄여주고 이를 시민 삶의 질을 높이는 기회비용으로 제공한다. Learn-Work-Play가 공존하는 도시공간구조로 구성 일과 생활의 조화를 통해 시민들의 스마트한 상상력을 키우는 도시로 조성한다. 자연 사람 기술 연결 생활에 활기를 주는 특화길을 조성하고 자율주행 무인 셔틀 스마트파킹 완전한 길 (보행자 차량 이용자 모두 안전한 가로)에 LID(저영향 개발 기법) 개념을 적용한 보행자 중심의 가로를 조성한다.

Smart Place for Everyone은 사회적 공간적 경제적 차별 없이 도시가 제공하는 환경 복지 및 기업 성장의 기회 등을 공평하게 누릴 수 있는 공간으로 조성하는 것이다. 맥도강, 평강천, 서낙동강 수변을 따라 수변 생태체험 레저 일상 활동의 테마가 있는 컬처 프론트(Culture+Waterfront)를 조성하고, 주 운수로를 따라 쇼핑 문화 레

저 등 다양한 도시 활동 공간 조성한다.[9)]

(3) 세종(행복도시)

세종 행복도시는 세종시 공무원 증가율은 18%(14, 15년기준)로 지자체 중 1위이다. 또한, 행복도시 1인당 가구원수 평균 3.14명으로 타도시에 비해 가구당 인원수가 많다. 도시기반시설 인프라로 미래도시 토지이용계획의 유연성을 수용할 수 있도록 기본적인 도시인프라 구축이 완료되었다. 4차산업 미래 신기술 수용을 위한 스마트 인프라가 준비되어 있으며, 자율주행 수소 전기차 및 PRT(Personal Rapid Transit, 소형무인궤도차) 도입 추진되었으며, 공공 와이파이, 스마트포털 등 서비스 제공 진행되었다.

또한, 스마트시티 시민 체험존도 조성되었다. 시민참여 및 소통의 인프라로 타도시와 차별화된 시민과의 소통 및 교류 인프라가 있으며, 복합커뮤니티센터, 스마트스쿨 등 스마트시티에 대한 교육, 체험, 공감대 형성하고, 주민참여자문단, 주부 모니터단 등을 통한 정책 의견을 수렴하고 있다. 스마트 모빌리티로 도시생활의 편리함을 유지하면서 도시 내 소유 자동차 수 및 운행 차량 수를 점진적으로 1/3수준으로 감소하고, 공유수단, 자율주행, 통합 모빌리티 등 다양한 시민체감 모빌리티 서비스 도입과 직주근접(직장과 주거지가 가까이 있음) 및 걷고 싶은 환경 조성을 통한 이동의 다양성 증가, 교통체증 감소, 환경오염 및 에너지 소모 감소 및 주차공간을 다양한 용도로 활용 예정이다.

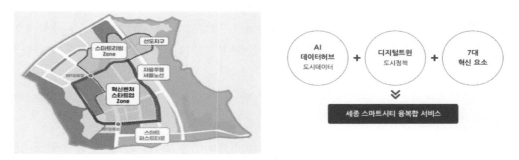

[그림 10.11] 세종 스마트시범도시 및 융복합서비스
출처: 세종시 홈페이지

모빌리티 서비스의 운영계획은 빅데이터와 인공지능을 활용해 각 모빌리티 서비스의 과학적인 이용수요예측 결과에 기반하여 서비스를 제공하고, 각 모빌리티 서비스의 운영계획에 따라 공간계획(공간구조, 횡단면 구성 등)의 변화가 필요하며 이에 따른 이용수요예측과 서비스 운영계획의 갱신이 반복되며 최적의 운영계획을 수립할 예정이다. BRT(Bus Rapid Transit) 구간 자율주행 셔틀 도입을 실행목표로 설정하고 기술개발 및 인프라 구축 등의 제반 여건에 맞춰 생활권 내 지선 셔틀을 도입할 예정이다.

스마트 물류 서비스로 하차 이슈를 해소하기 위한 무빙 라커, 스마트 라커, 스마트우체통, 클라우드 소싱 등

---

9) 부산 에코델타시티 시행계획안, 부산광역시, 2018

무인(로봇) 배송 솔루션 도입할 예정이며, 인터넷과 통신기능이 연동되는 전자식 우편수취함, 소형소포(택배포함), 등기우편물 등을 입주민과의 직접적인 대면 없이 안전하게 주고받을 수 있는 시스템 및 이동식 무인 상점에 해당하는 모바일 리테일을 도입할 예정이다.[10]

이외에도 응급 시스템 구축, 스마트 진료 도입, 시민건강 케어, 안전관리 시스템, 창의적, 비판적인 사고를 증진시키는 학교공간 개발, 스마트그리드 기반의 효율적 에너지 관리·운영, 시민 참여형 민주시정 운영을 제공할 것이다.

02 스마트시티 통합플랫폼과 우수기업 사례

2.1 스마트시티 통합관제시스템

(1) 통합긴급관리시스템(IEMS)

기업 ㈜위니텍은 "사람중심의 기술로 내일을 창조하는 아름다운 기업!"을 슬로건으로, 대표이사 추교관 사장은, "최고의 솔루션 전문가 그룹이 있습니다. 세계 제일을 향한 열정이 있습니다. 변함없이 한결같은 노력이 있습니다. 선도기업으로서의 책임감과 도전정신이 있습니다. 다양한 현장 적용을 통한 노하우가 있습니다. 안전하고 편리한 세상! 시스템 기술의 새로운 장을 열어가겠습니다!"라는 캐치 프레이즈로 구성원들의 역량을 극대화 시켜 나아가고 있다.

주력제품으로, 통합관제시스템, 공공안전솔루션, 시스템 컨설팅, 시스템 유지보수, 모바일솔루션, 스마트시티 하드웨어 등을 공급하고 있다.

통합긴급관리시스템(Integrated Emergency Management System)은 IEMS-CAD는, 현재 인도네시아, 말레이시아, 모잠비크 등 3개국에 수출을 시작으로, 전 세계 40여 개국에 활발히 영업과 솔루션 제공을 진행하고 있다.

- 동남아 등 신흥국의 경우 세계 최고의 한국의 재난정보시스템 구축 경험과 ICT기술을 바탕으로 국가단위 시스템에서부터 Top-Down 접근 전략 수립
- 북미 등 선진국의 경우 기존의 CAD가 40년 이상 운영해온 노후된 시스템으로 최근의 모바일 등 새로운 ICT를 적용 업그레이드 하는 방향으로 영업 전략을 수립 진행 중임.

---

10) 세종 스마트시티 국가 시범도시 시행계획, 세종특별자치시, 2018

[그림 10.12] IEMS 관련 표준 및 스마트시티 공공인프라 적용

출처: ㈜위니텍 대표이사 추교관

IEMS CAD의 시스템은 「119신고접수 → 출동지령 → 상황관제 → 활동상황 관리 및 통계관리」 등 긴급재난상황 관리 업무기능을 통합하여, 신속한 재난상황접수 및 5분 이내 현장 도착을 지원하는 첨단 정보통신 업무지원 시스템으로 12개의 단위 시스템으로 표준 모듈화을 개발하여 보급하고 있다.[11]

1. Emergency Call Taking System (신고접수시스템)

2. CAD (Computer Aided Dispatch) (지령관제시스템)

3. GIS (지리정보시스템)

4. IMDB (정보지원 시스템)

5. Repoting/ Statistics Management (보고/ 통계시스템)

6. CTI (Computer Telephone Integrated) (호제어 시스템)

7. BCS (동보방송시스템)

8. ARS/TTS (자동안내시스템)

9. RMS (녹취시스템)

---

11) CAD(Computer-Aided Dispatch) : CAD 소프트웨어는 공공 안전 기관(PSAP)에 의해 처리되는 사건의 기록을 유지하는 비교적 간단한 프로그램이 될 수도 있고, 완전히 공공 안전 통신 센터가 하는 모든 것을 지원하는 프로그램 및 외부 유관기관과의 접속연계 등의 복잡한 설정 될 수 있다. CAD 프로그램의 복잡도는 일반적으로 공공안전 기관의 크기와 이를 지원하는 지령대의 개수 등에 의해 결정된다. 미국 911센터의 경우 6,861개소 운영 중임.

10. CRI (통합무선제어시스템)

11. AVL (차량관제시스템)

12. ECS (구급통합상황관리시스템)

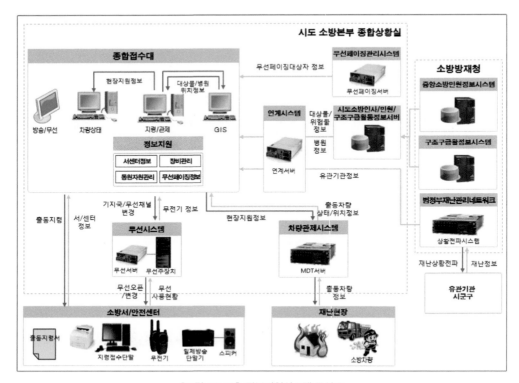

[그림 10.13] 정보지원시스템 구성도

출처 : ㈜위니텍

[그림 10.13]에서와 같이 신고접수, 출동대 편성, 출동지령, 처리현황 표시 등의 업무를 처리하는 단위 시스템으로, 최초 신고접수부터 1차 출동대를 선정하여 출동지령을 하달하고 접수 종료하는 순간까지의 일련의 활동을 지원하는 SW 프로그램으로 총 129개의 기능과 교환기, 접수대, GIS 등 다양한 HW, SW 인터페이스를 지원한다.

CAD(Computer Aided Dispatch) 지령관제시스템은 관제상황 관리, 추가 출동대 편성 및 해제, 현장 활동 지원정보 검색 등의 업무를 처리하는 단위 시스템으로 지령운영과 연계하여 출동대의 현장출동 직후부터 상황종료까지 일련의 소방 대응 활동을 지원하며 총 169개의 기능과 교환기, 접수대, 일제방송, 무선통신, GIS 등 다양한 HW, SW 인터페이스를 지원한다.

IMDB(정보지원 시스템) 긴급구조상황 발생 시, 지령운영과 관제에 필요한 소방서/안전센터의 기본정보와 소방대상물, 소방용수, 병원, 유관기관 등 현장 활동 필요정보에 대한 조회, 검색 등의 업무처리 시스템으로 이는 주로 119 종합상황실 근무자가 신속한 긴급구조 상황판단과 현장정보 지원을 위해 필요한 134개의 기능으로 구성되었다.

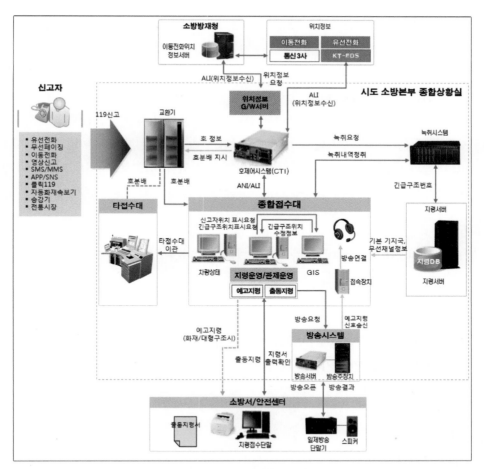

[그림 10.14] 지령 운영시스템 구성도

출처: ㈜위니텍 회사소개서, 추교관 대표

    CRI(통합무선제어시스템)은 현재 사용 중인 무선망을 근간으로 하여 본부 종합상황실 근무자 및 지휘관이 관내 무선통신 현황을 전체적으로 파악하고 관제하는 등 시·도 관할 구역 내의 효과적인 무선교신이 가능하도록 무선서버, 무선주장치, 원격기지국 단말기, 무전기 등을 구성하고, 119신고접수부터 관제종료(상황종료)시까지 접수자 또는 관제자가 소방본부, 소방서, 119안전센터, 현장 출동대 및 출동차량과의 무선을 활용한 원활한 의사소통을 관제하는 응용시스템이다.

    선진국 중심의 기술 표준화를 살펴보면,

- 북미 지역의 NENA (National Emergency Number Association)와 유럽 연합의 EENA (European Emergency Number Association) 은 긴급전화서비스에 대한 기술표준을 수립하고 있으며, IP네트워크 중심의 NG 9-1-1 (Next Generation 9-1-1) 과 NG 1-1-2 (Next Generation 1-1-2) 프로젝트를 진행하고 있음.
- 특히 북미의 NENA NG 9-1-1 표준은 유럽의 EENA NG 1-1-2에 중요한 참조 모델이며, 전세계 긴급전화 서비스 기술을 선도하고 있으므로, NENA NG 9-1-1 표준을 반영한 기술 및 제품개발이 반드시 필요함.

NENA NG 9-1-1 표준 수립과 관련하여 위와 같은 사용자별 주요 변경사항 및 그에 따른 새로운 프로세스 이슈가 발생하고 있다.

현재 ㈜위니텍은, 국내 시장에서 긴급구조표준시스템 (IEMS) 1위 점유율을 확보하고 있다. IEMS CAD는 재난재해 및 그 밖의 위급 상황 대응을 위해 한국의 전국 소방기관에서 10년 이상 구축/검증/활용을 통해 최적화된 12개의 재난관리 업무표준절차(SOP)가 포함된 SW 제품이 융합된 첨단 시스템이다.

이 시스템은 지휘/통제/통신 및 정보지원 등 네가지 요소(C3I)[12]를 통합, 미국911/ EU112 Call Taking시스템과 차별화 하였고, 다음과 같은 특징과 추가 발전전략을 가지고 있다. 참고로, 서구의 기초단위 행정에 맞추어 작은 소도시형 PC 서버기반(약 5 ~ 20만명 수준) 대형 재난 추세에 맞는 확장성의 문제가 있다.

■ IEMS의 특징

SW에 적합한 외부 통신장비, 하드웨어 등 다양한 인터페이스 확장성 및 안전성을 보유하고 있다.

- 국내 소규모 도시부터 인구 1,000만명 이상의 거대도시인 서울/경기에도 적용, 시민의 생명 및 재산 보호에 기여하고 있음
- 신속성 : 각종 신고에 대한 신속한 응답 ⇒ 3초 이내 위치정보 제공
- 가외성 : 대규모 재난·재해로 인한 기반통신, 전력선 등 시설파괴 시 대비 ⇒ 시스템 2중화, 비상전원 확보
- 다양한 정보의 보유 : 다양한 재난대응 정보 ⇒ GIS·건축물·도로교통·기상 등

(2) 국가 재난안전 통신

2021년 4월 KT-삼성전자, 세계 첫 국가재난안전통신 전국망을 개통하였다. KT와 삼성전자가 구축한 국가 재난안전 통신망은 무선통신 국제표준화 기술협력 기구인 3GPP(3rd Generation Partnership Project)가 제정한 재난안전 통신규격 (PS-LTE Standard)에 맞춰져 있으며, 전국의 국토와 해상을 포괄하는 세계 첫 국가 재난안전 통신 전국망이라는 데 큰 의미가 있다. 2015년부터 시범사업과 보강사업을 시작해 드디어 6년 만에 경찰, 소방, 국방, 철도, 지방자치단체 등 8대 분야 333개 국가기관의 무선통신망을 하나로 통합하게 되었다.

망관제센터 국사 삼원화·통신장비 이중화 통해 재난망 무중단 운용 재난안전통신망은 자연재해를 비롯한 각종 중대형 재난사고를 효율적으로 예방하고 대응하기 위해 정부 주도로 구축된 차세대 무선통신망이다. 이를 통해 재난 발생 시 통합 현장지휘체계를 확보할 수 있고, 재난대응 기관 간 더욱 긴밀한 상호 협력이 가능하다.

또 재난에 따른 트래픽 폭증 상황에서도 현장 요원 간의 원활한 통신을 위해 eMBMS (evolved Multimedia Broadcast and Multicast Service) 기술을 적용, 최대 2,500개의 단말 간 실시간 통신이 가능하다. 이는 단말 연결 한계가 1,200대였던 기존의 테트라(TETRA) 방식보다 2배 이상 많은 것이다. 단말간 직접 통신 기능도 지원해 깊은 산악 지대나, 지하 등 무선 기지국 연결이 어려운 지역에서도 현장 요원 간 통신도 가능하다.

---

12) C3는 「Command(지휘)」, 「Control(통제)」 및 「Communication(통신)」 의 약어로 여기에 「Intelligence(정보)」가 추가되면 C3I가 되고, 최근에는 Computer가 추가되면서 C4I로 통용되고 있다. 지휘관이 전장에서 성공적인 지휘 및 통제를 하기 위해서는 정확한 시간과 장소, 정확한 정보가 필요하며, 통신수단을 이용하여 신속히 정보를 전파 또는 전송해야 한다.

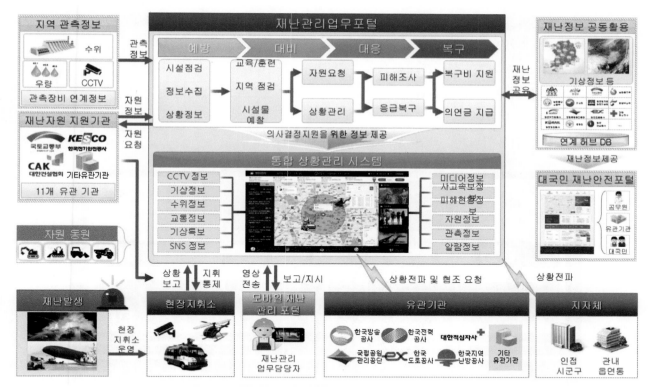

[그림 10.15] 국가재난관리시스템(NDMS)과 재난안전 신고 시스템

자료제공 : ETRI, 행안부, KT, 위니텍, 2020

(3) 스마트 상하수도 관리

스마트 상하수도 자원관리와 운영도 스마트시티에 있어서 매우 중요하다. 경쟁력 있는 원수확보 여건을 바탕으로 상수도 시설 개선 및 선진화된 시스템 도입을 통해 건강한 수돗물 생산·공급하며 과학적이고 체계적인 수질관리로 신뢰도 향상에 주력하고 수돗물의 철저한 안전관리 생활화로 시민 행복 제고가 요구된다.

상수도 노후관 개량과 유수율 제고 노후관 개량과 송·배수관 정비로 안전한 수돗물 공급과 상수도 관망의 체계적 정비와 블록시스템 구축으로 유수율 제고가 필요하다. 상수원과 수돗물 수질관리 강화 지속적인 수질관리와 조류증식 대응으로 깨끗한 취수원 확보는 물론, 과정별 원·정수에 대한 철저한 수질관리로 안전한 수돗물 공급 체계가 갖추어져야 한다.

또한 고도정수처리시설 추진과 기상이변에 따른 기온상승으로 녹조현상 증가와 수질 악화에 대비하여 고도정수처리시설을 유지해야 한다.

(4) 자가격리자 모니터링 시스템

스마트시티 캅시스(COPSYS) 솔루션은 자가격리자의 모니터링 대응 업무를 효과적으로 지원하고, 다른 사람과 접촉을 억제하여 전파되는 것을 방지하기 위한 현장대응용 모바일시스템도 개발, 제공하고 있다. 사용자별 기능구성은 다음과 같다.

- 자가격리자 본인 정보등록과 자가격리 위치 등록
- 본인이 일 2회 자가진단을 실시 및 결과 확인
- 자가격리자, 동거인 생활안전수칙 확인
- 담당 공무원, 1339비상연락망 확인
- 자가진단 실시 사전 알림
- 격리지역 이탈 위험 알림

[그림 10.16] 상수도 수(水) 운영정보센터

출처 : ㈜위니텍

[그림 10.17] 스마트 자가격리자 모니터링 시스템

출처: ㈜위니텍

(5) 지능형 교통시스템(C-ITS)

㈜위니텍에서는 [그림 10.17]과 같은, 지능형 교통시스템 (C-ITS)솔루션을 제공하고 있다. 이 뿐만 아니라, 버스정보시스템, 즉 BMS(Bus Management System)/BIS(Bus Information System) 솔루션도 공급한다.

내비게이션 실시간 교통정보, 고속도로의 하이패스, 정류장의 버스 도착 안내 시스템 등 ITS 기술을 제공한다. 여기서 차량과 인프라가 서로 협력하면 차세대 지능형 교통시스템(C-ITS, Cooperative Intelligent Transportation System)이 되는 것이다. 여기에 사물 통신(IoT)이라고 부르는 개념이 도입된다. IoT는 스마트 팩토리나 스마트 홈 등에 쓰이는 개념이지만, 차량 주행에 관련된 기술은 안전과 직결되기 때문에 별도로 구분 관리한다.

[그림 10.18] 버스정보시스템 BMS와 BIS 구성도

(6) 화재감지 모니터링 시스템

국민의 생명과 재산을 보호하기 위해서는, 화재 재난 예방과 신속한 대응이 절대적으로 필요하다. 노후화된 다중이용 시설이나 공공건축물 등에 자동 화재탐지 설비를 설치하고, 초도 화재 감지와 즉각적인 대응 시스템이 요구된다. 또한, 이러한 시스템은 재난안전통신망과 연결되어, 입체적인 대응 체계가 잘 갖추어져야 한다. 이를 위해 IoT 센서 및 빅데이터 기반에 고신뢰성 무선형 자동 화재탐지 기능을 갖는 통합서비스 플랫폼 개발이 요청된다.

이에 따라, 행정안전부에서는 국가재난안전망, PS-LTE(Public Safety-Long Term Evolution)를 개발, KT, SKT 통신사 중심으로 구축 중에 있으며, 2018년 말부터는 과학기술정보통신부 주관으로 국책과제의 일환으로 "2018년 재난안전 플랫폼 기술개발 사업/다매체 기반의 멀티미디어 재난정보전달 플랫폼 개발"을 2021년 10월 말 목표로, ETRI, KBS, KT, ㈜위니텍 등과 함께 개발하고 있다.

이는 PS-LTE 모뎀을 내장한 무선형 자동 화재탐지설비로 교체하고, 화재재난 발생 시 관계기관의 즉각적인 인지와 대처가 가능한 서비스 개발을 주목표로 하고 있다. 자동화재탐지설비는 화재감지기 센싱 데이터를 빅데이터를 이용하여 실시간으로 에지 컴퓨팅에서 판단하고, 중앙플랫폼에서 전국에 걸쳐 이들 설비와 데이터 처리 상태를 관리하게 된다.

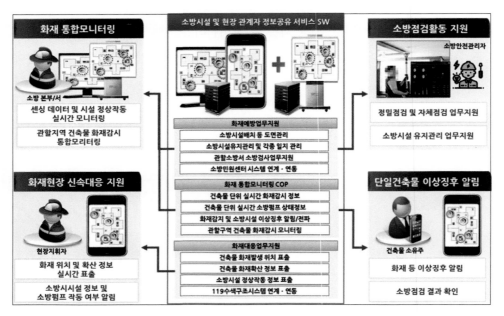

[그림 10.19] 자동화재탐지 통합서비스 시나리오

출처 : (주)위니텍/ETRI, 홍성복, 양재수, 베트남 호치민시, ICT첨단기술학회 https://ictaes.org/, 국제학술대회 발표논문, Jan. 10-12, 2020

Smart 기술개발로 국민 맞춤형 재난안전 복지 서비스를 구현하기 위해, 다음과 같은 현장 실용화 중심의 미래 신종재난 대비 재난안전 기술 선진화 기술이 필요하다.

① 재난 피해자 지원서비스 개발
② 재난 피해로부터 회복력 강화 기술개발
③ 재난안전 위험요소 예측·영향평가 기술개발
④ 빅데이타 기반 재난안전 정보활용 기술개발
⑤ 재난안전 융복합 대응 기술개발
⑥ 로봇 및 인공지능 기반 재난안전 관리지원 기술개발
⑦ 현장중심 협력형 기술개발 등을 고려해야 한다.

특히, 빅데이터 기반 재난안전 정보활용 기술개발을 위해서는 빅데이터 등의 정보를 활용한 재난 모니터링 강화와 재난안전 정보 조기 감시 및 예·경보 기술개발과 다양한 정보의 수집 분류 분석을 통한 새로운 재난안전 데이터 생성기술 개발을 고려해야 한다.

소방시설이 노후화된 공공시설, 재난취약계층 주거밀집 지역에 어떻게 무선형 자동화재탐지 통합서비스를 제공할 것인지 아래와 같은 단계별 시나리오를 제시할 수 있다.

- **통합플랫폼 구현 서비스 시나리오**
① 평상시에 현행 소방시설법 등에 의거하여, 모든 건축물은 화재감지기 등 화재예방체계를 구비하여야 함.
② 화재감지기 등이 주기적으로 센싱데이터 등을 화재수신기에 전송하면, PS-LTE와 연계된 시스템이 데이터 분석(빅데이터)을 실행함.
③ 데이터분석 결과, 화재감지가 분명한 경우, 해당 건축물내 다른 화재감지기가 연동하여 화재정보가 동작함.
④ 동시에 PS-LTE를 통해 인근 소방서에 자동으로 정확한 위치정보를 제공하고, 연계된 CCTV영상으로 화재 여부를 원격으로 확인함.
⑤ 화염 또는 연기가 확인된 경우, 위험범위 내의 모든 화재경보기를 동작시켜, 건축물 이용자의 화재 대피를 안내함.
⑥ 소방서는 소방차량, 구급차량, 경찰 및 관계기관 등에 PS-LTE를 통해 화재경보 및 위치정보를 전파하고, 소방 차량을 즉각 출동시켜서, 골든타임(Golden Hour) 내에 현장도착 및 대응이 가능하도록 함.

2.2 스마트시티 신재생 에너지와 스마트시티 청정소재

- **신재생에너지**

㈜대유플러스는 전송 및 네트웍 장비를 개발/생산하는 전문기업으로 출발하여 지속적으로 특화, 차별화된 제품 및 서비스 개발을 추진하였으며, 핵심역량을 축적함과 동시에 첨단 기술을 기반으로 성장 발전을 지속해오고 있다. 신에너지 사업으로 태양광 발전/나노소재 사업을 진행하고 있다. 태양관 발전 사업은 효율적 전력

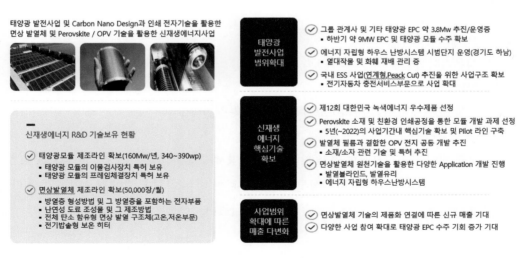

[그림 10.20] 스마트시티를 위한 태양광 신재생 에너지

출처 : ㈜대유플러스

생산의 솔루션(EPC, SPC)을 풀어내기 위하여 소비자가 원하는 환경에서의 발전량 계산 및 설계 분석을 통하여 최적화된 발전 성능과 높은 신뢰도를 제공한다.

나노 소재 (Carbon nanotube, Graphene 등)의 우수한 성능을 활용하여 탄소 나노 면상 발열체, 방열, 난연, 전자파 차폐 등에 사용되며, 스마트시티를 위한 차세대 태양광(페로브스카이트, 유기태양광) 모듈은 기존 실리콘 모듈이 이루어 내지 못하는 유연성, 투명성, 색 구현 모듈 개발하여 에너지 효율과 경제성을 높일 것이다.

■ 청정소재

㈜위엔씨에서 개발한 무기물 소재 Caion은 기존의 소재와 결합하여 본연의 기능인 항균, 탈취, 항곰팡이 기능을 만들어주는 특성을 보유한 첨단 기능소재이다. 현재 환경기술원으로부터 우수 평가를 받아 보다 더 심도 있는 기술을 개발하고 있다.

현재 위엔씨는 소재의 보급에 힘을 기울이는 동시에 본 소재를 사용한 제품을 직접 혹은 외주를 통하여 기술개발을 하고 있다. 소재의 특성인 전자값을 높인 소재의 경우 의료용으로 활용이 가능할 것으로 보인다.

무기물 신소재를 이용한 항균 항곰팡이 탈취필터는, 공기 중 악취 입자 포집 뿐만 아니라, 유해물질 냄새입자 접촉 반응시 인체에 무해한 상태로 변환 시켜 다시 공기중에 환원하는 방식으로, Caion 소재를 활용하여, 차량용 항균/공기청정/탈취기 등에 적합하다.

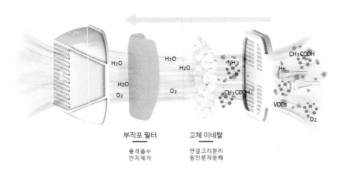

천연 미네랄 항균·탈취 99.9% 분해

부직포 필터
충격흡수
먼지제거

고체 미네랄
연결고리분리
원인분자분해

카이온 94 의 고체 미네랄은?
OH Radical + 이산화티타늄 등 천연광물을 결합하여 만들어진 하이드록시화합물 입니다.

OH Radical (OH 라디칼 : 수산기)은 거의 모든 오염물질의 살균, 소독에 관여하며 화학적으로 분해하고 제거할 수 있는 가장 강력한 효과를 발휘하면서 인체에는 무해한 천연물질입니다. OH Radical이 고체 미네랄과 같이 존재하도록 하면서 고체미네랄과 닿는 공기와 물 속의 오염물질에 직접적으로 관여하여 모든 오염물질을 안전한 물(H2O)과 이산화탄소(CO2)로 환원시켜 인체에 무해하게 합니다.

- CH3COOH : 아세트산 (초산)
- VOCs : 휘발성유기화합물
- NH3 : 암모니아
- H+ : 수소이온 등 고분자 결합을 분리하고 수화반응 작용을 한다.
- 무기물 신소재를 이용한 항균

항곰팡이 탈취 공기청정 필터로서도 아주 적합하다. KTR 한국화학 융합시업연구원의 검증 의뢰하여 안정성 검사의 합격을 득하였으며, 각종 유해성분의 검출 논란이 없는 인체 무해한 성분임을 확증 받아, 카이온 제품은 친환경 실내 페인트로서도 아주 우수한 평가가 나왔다.

자료제공 : ㈜위엔씨 김승주 대표

2.3 스마트시티 모니터링 CCTV 시스템

㈜아이엔아이 이상우 대표는, 보안위협 공격으로 인한 CCTV공격에 대비하여, High Level Security 솔루션을 개발, 공급하고 있다. 대표는 한국감시기기공업협동조합(KOCIC) 제8대 이사장에 선임되었으며, ㈜아이엔아이는 다양한 영상감시시스템(IP MegaPixel CCTV), 외곽방호 및 출입통제 시스템, 전광판 및 VMS, 방송장치를 비롯하여 공공사업을 수행하고 있다. CCTV 펌웨어 위·변조 방지 영상감시 장치는 최근 조달청 NEP를 취득하였다.

CCTV 영상감시 장치는 일상생활 환경에서나 산업현장에서 물리적 보안, 소방재난 안전관리, 각종 감시 장치 등으로 지능화 되어 가고 있고, 활용성이 갈수록 높아지고 있다. CCTV는 위,변조 가능성이 제기되고 있고, 실시간 모니터링 기능이 중요해지고 있다. 무분별한 AS 및 불법 카메라 교체작업을 통한 DDoS 공격과 같은 과부하 공격으로 관제 실내 중요 장비를 무력화 할 가능성에 노출되어 있다. 연결된 장치의 실시간 모니터링을 통해 비인가 장치 연결 시 물리적 네트워크 차단으로 공격을 방어할 수 있어야 한다.

취득 영상의 신뢰성 확보도 매우 중요해져 가고 있다. IP 모듈 펌웨어의 내용을 변형하여 실시간 영상이 아닌 거짓영상(과거 영상) 송출과 무인화로 운용되는 지능형 영상감시의 감지기만 행위 등으로 실제와는 다른 상황을 만들어 침입 및 테러를 가능하게 하고 있다. 따라서, 펌웨어 변형을 사전 감지하여 거짓 영상 송출을 차단하여 신뢰성 있는 영상운영을 보장할 수 있어야 한다. 영상감시 장치는 국가 중요시설의 외곽방호와 공공방범을 목적으로 폭넓게 운용되는 시스템으로써 CCTV를 포함한 현장제어나 관제가 효과적으로 이루어져야 한다.

㈜아이엔아이는 CCTV 펌웨어 안전 검증을 거쳐, 실시간으로 연결된 CCTV 펌웨어 내용을 검증하는 기술을 개발, 검증결과에 따라 네트워크 연결 및 차단 기능을 수행하여 설치된 CCTV를 불법적인 교체 및 펌웨어 위·변조를 방지할 수 있는 솔루션을 개발하였다. 새롭게 개발된 NET 획득제품으로 [그림 10.21]의 3세대 CCTV의 구성형태를 능가하고 있다.

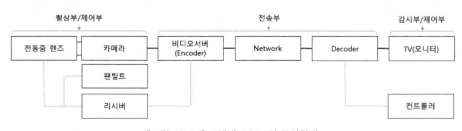

[그림 10.21] 3세대 CCTV의 구성형태

'CCTV 펌웨어 위변조실시간 모니터링 기술' 제품은 아래의 특징을 갖고 있다.

가. 1회성 검증코드 생성 기능
디바이스 유닛에 대한 기만행위(검증코드 유출 및 재사용)를 원천 차단하기 위해, 검증기능 수행 시 실시간 1회성 검증코드를 생성하고 장치 간 검증에 사용되는 모든 데이터는 암호화하여 전달하는 기술

나. 데이터 암호화 키 생성

보안이 취약한 CCTV장치 내 중요 데이터 보호를 위한 데이터 암호화키 생성기술로 Securiy Library Module 로 개발되어, 하드웨어 구조변경이 어려운 CCTV장치에 적용 가능하여 CCTV장치의 보안성을 강화하는 기술

다. 기존 제품 대비 호환성 및 보안성능 강화

- CCTV 장치 내 제안 기술은 Security Library Module로 적용 동작하여, 어느 회사 제품의 CCTV에서도 적용 가능하게 개발되었으며, Security Library Module을 적용하게 되면, 본 제안 기술개발 제품의 디바이스 유닛과 호환하여 동작함.
- Securiy Library Module에는 "CCTV 펌웨어 검증"과 "데이터 암호화 키 생성"의 핵심기술이 적용되어 있으며, 디바이스 유닛은 "CCTV 펌웨어 검증"의 핵심기술이 적용되어 있음.
  * CCTV와 디바이스 유닛에서 사용되는 암호화 알고리즘, ARIA128-CBC (Cipher Block Chaining) Mode 에 대한 선행 검토 연구.

[그림 10.22]는 CCTV 카메라에서 위조된 영상공격이라 할 수 있는 가짜 비디오 공격과 DDoS 공격의 한 형태를 보여준다.

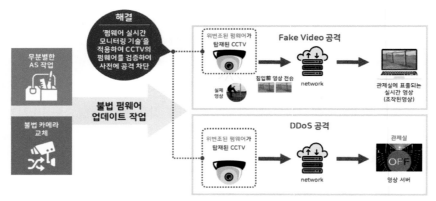

[그림 10.22] CCTV 카메라의 Fake Video 공격과 DDoS 공격형태

출처 : ㈜아이앤아이 이상우 대표

[그림 10.23]은 보안적인 측면에서 기존 CCTV 운영의 문제점을 제시한다.

- 타 **CCTV**로 임의 교체 시 위변조 여부 판단 불가
- **A/S** 처리로 불법 펌웨어 업데이트 후 영상전송 전 위변조 판단 부재
- 타 **IP** 카메라와 같은 이기종 **IP Device**의 연결 시 차단기능 부재
- 펌웨어가 위변조된 **CCTV**를 운영할 경우 **NVR**의 2차 피해 발생

[그림 10.23] 보완 관점에서 CCTV 운영의 문제점

출처 : ㈜아이앤아이

CCTV 펌웨어 검증 유닛에 탑재되어 성능을 발휘해야 할 주요기능과 실시간 모니터링 기능은, 무분별한 작업자의 AS와 불법 카메라 교체 작업을 통한 DDoS 공격과 같은 과부하 공격과 가짜 정보 해킹에 노출되어 있으므로, 연결된 장치의 실시간 모니터링을 통해 비인가 장치 연결 시 물리적 네트워크 차단 방법으로 공격을 방어할 수 있는 기능을 갖도록 설계되어야 한다. 다음 [그림 10.23]은 CCTV 펌웨어 검증 유닛을 탑재한 구성도이다.

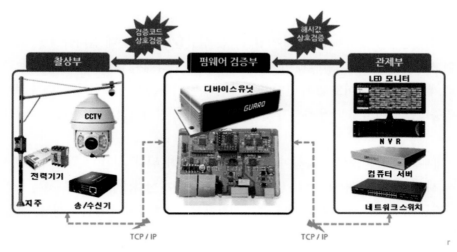

[그림 10.24] CCTV 펌웨어 검증 유닛 탑재 구성도

출처 : ㈜아이앤아이

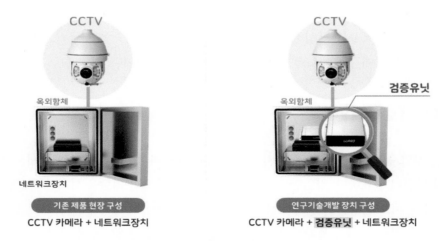

[그림 10.25] CCTV 카메라의 기존 제품과 검증 유닛이 포함된 신개발 제품의 비교

CCTV 불법조작 및 사물인터넷 공격 등으로 사이버 보안 이슈가 증가하여 사회적으로 추가 보안이 요구되고 있기에 보안 이슈 해결 방안을 연구 개발하여, 'CCTV 펌웨어 위·변조실시간 모니터링 기술' 제품을 개발하였다.

03_ 창업기업의 성장과 기업가정신

3.1 창업기업의 성장 관리

기업가 활동은 사업 기회를 포착하면서 시작되지만 지속적인 성장을 이루어 가기 위해서는 이 기회를 실행할 수 있는 사업조직의 뒷받침이 있어야 한다. 왜 기업가들은 성장을 관리하는데 실패하게 될까? 스타트업들은 조직을 구축하는 데 시간과 자원이 부족하다. 이들은 사업활동의 일상에서 끊임없이 발생하는 급한 일들을 처리해야 하고 제대로 계획을 세울 사이도 없이 한꺼번에 너무 많은 기회를 쫓기도 한다. 이러다 보면 단순한 매출성장이 조직의 운영능력을 넘어서게 되어 문제가 발생한다. 따라서, 장기적인 성공에 요구되는 계획과 준비가 필요한 것이다.

창업초기에는 대부분의 경우 창업자 자신이 모든 일에 관여하게 된다. 시간이 흘러 사업이 성숙단계에 이르면 구축된 조직이 사업활동을 하며 직면하는 많은 문제를 처리해야 한다. 시스템과 구조는 확립되고, 고착화된 문화는 새로운 성장의 방해요인이 될 수도 있다. 초기성장단계를 거쳐가면서 기업은 성장기조를 유지하며 관리할 수 있는 조직과 운영 노하우를 구축하고 혁신적 기업가정신을 유지하며 성장을 이어나갈 수 있는 역량을 키워가야 한다.

기업가는 사업을 성공시킨 후 매각하여 자본이익을 거둘 수 있다. 일반적으로 회사의 인수대금은 인수가격의 3분의 1은 현금으로, 3분의 1은 인수회사 주식으로, 나머지 3분의 1은 이익연계지불로 지급되는 경우가 많다. 만일 인수된 회사가 정해진 목표를 달성하면 약속대로 이익연계지불 금액을 지급받고 실패하면 못 받을 수도 있다. 따라서 창업자는 회사 매각 후에도 열심히 일할 이유가 생기는 것이다.[13]

3.2 창업기업의 성장 전략

창업과정에서는 창업자, 기회, 자원의 세 가지 요소가 균형이 맞아야 하고 성장단계에서는 리더십, 기회의 확장, 조직적 역량과 지원이 필요하다. 창업단계에서는 사업계획이 중요한 역할을 하지만 성장단계에서는 실행이 핵심이다. 이들 요소는 서로 균형을 이루며 성장하는 동안 꾸준하게 유지되어야 한다.

창업과 성장 모두 환경적 요인과 불확실성에 영향을 받는다. 창업 단계이든 성장단계이든 회사는 경쟁사의 등장이나 소비자의 반응 등을 정확하게 예측하기는 어렵다. 또한, 경기상황, 규제환경, 기술변화 등 외부요인도 기업의 생존과 성공여부에 영향을 준다. 회사가 통제하기 힘든 이런 요인들 사이에서 성장의 원동력이 되는 요소들을 잘 갖추어 균형을 이루어 나가야 한다.

실행은 리더십, 기회범위, 조직역량과 자원 등 성장동력 모델 안의 다른 구성요소들에 있지만 기업의 수익창출에 있어 가장 직접적인 관계가 있다. 창업한지 얼마 안된 회사는 보통 조직운영에 대한 통제, 성과에 대한 평

---

13) 단국대학교 정보융합기술 • 창업대학원, '기업가정신과 창업' 남정민 교수외

가, 결과에 대한 책임소재 등에 관한 관리가 느슨하다. 이보다는 고객확보와 매출증대에 모든 포커스가 맞추어지는 경향이 강하다. 회사는 곧 성장속도가 운영능력을 넘어서게 되어 재고 맞추기에 급급해지고, 수금 기한이 지나거나 현금흐름이 감소하는 등 여러 가지 운영에 대한 문제가 발생하고 조직 내 협업능력이 떨어지게 된다. 적절한 운영통제시스템이 갖추어지지 않으면 회사는 자원을 낭비하게 되고 최적화된 경영 판단을 내릴 수 없게 된다.

(1) 통제력의 구축

창업초기의 조직관리시스템은 단순 명료해야 한다. 빠르게 적용되고 사람들이 쉽게 이용할 수 있어야 한다. 그렇게 함으로써 실수의 위험이 낮고 경영자를 포함한 직원들이 익숙해짐에 따라 향후 업그레이드 할 수도 있다.

비용관리를 위해서는 지출에 대한 적절한 판단을 내리고 실제 지출에 대해서 모니터링도 해야 한다. 회사의 매출이 늘어남에 따라 각각의 시장과 소비자에 대해 실적을 분석하고 현재 회사가 자원을 얼마나 효율적으로 투입하고 있는지를 파악할 필요가 있다. 제품의 생산과 판매에 투입되는 모든 고정비와 변동비를 파악한 후 이를 판매가에서 제했을 때 간접비용을 상쇄하고 이익도 남는지를 확인할 필요가 있는 것이다.

(2) 가치사슬 확인하기

회사가 제품 및 서비스를 제공할 수 있도록 협업하는 모든 활동과 주체에 대한 일련의 과정단계를 가치사슬(value chain)이라 한다. 신생기업은 초기에 스스로 해낼 수 있는 업무에 한계가 많아 원하는 것보다 많은 아웃소싱을 해야 할 수도 있다. 설계나 장비 비용을 줄이기 위해 바로 구매 가능한 규격 부품위주로 제품을 개발하기도 한다. 반면 필요한 것들에 대한 믿을 만한 공급처가 없는 경우 직접 해당 가치사슬의 일부로 참여하기도 한다. 개발하려는 새로운 제품이나 서비스에 대한 인프라가 아직 없는 상태라면 더욱 그러할 것이다.

회사가 성장함에 따라 경영자는 가치사슬 내의 어떤 위치가 가장 큰 가치를 창출할 수 있고 자사의 핵심역량을 극대화할 수 있는지에 대한 판단을 내려야 한다. 아웃소싱을 잘 활용하면 자신의 경쟁우위에만 집중하여 효율성을 확보할 수 있다. 단 이때 가치사슬 활동에 대한 지배력이 줄어들고 각 업체들과의 관계 유지에 자원이 소요된다는 점을 유의해야 한다.

(3) 무형자원과 역량

자원의 핵심은 사람과 자본이지만 창업기에는 주로 창업자와 창업 팀이 인력자원의 거의 전부이기 때문에 자본조달 여부가 매우 중요하다. 이후 회사가 성장하면서 자본은 어느 정도 확보가 될 것이다. 그리고 제품과 서비스의 근간이 되는 고유정보, 인재, 기술 등과 같은 무형의 자원이 축적되어 간다. 특히 지적재산에 대한 고려와 관리는 사업 초기부터 심지어 창업 전부터 이루어져야 한다. 이는 영업비밀, 저작권, 상표, 특허 등과 관련하여 계속적인 법률조언과 필요한 조치를 취해야 하는 계속적인 과정이기도 하다.

(4) 조직시스템 재설계

성공적으로 성장한 창업기업이 안정화되기 위해서는 고속확장을 통해 획득한 재무적 성과를 효과적으로 통제함과 동시에 창업 기업가적 정신으로 환경적 변화에 유연하게 대처하는 등 소규모적 기업이 가지고 있는 이점을 계속 유지하는 것이 핵심적인 과제이다. 이를 위해 성장과정에서 야기된 비효율성을 제거하고, 예산관리, 전략적 기획, 목표관리, 표준 원가체계 등의 전문경영시스템을 도입할 필요가 있다. 재무적 기반, 규모의 경제, 경영역량 등의 이점을 보유한 상태에서 창업기업가적 정신을 유지한다면 시장에서 더욱 큰 힘을 발휘할 것이다. 그렇지 못하면 대규모 기업의 고정화(Ossification) 현상이 나타나 혁신적 의사결정이나 합리적인 위험추구가 사라지고, 외부의 변화에 적응하지 못해 결국 경쟁 업체의 공격에 무릎을 꿇게 될 수 있다.

(5) 사내 핵심인재 육성

벤처기업이 저지르는 가장 흔한 사람에 대한 실수는 기업이 성장하는 데도 이에 걸맞게 사람을 키우지 못하는 것과 성장하는 기업에 적합하지 않은 사람을 내보내지 않는 것이다. 기업의 초창기에는 조직 구성원들이 자신의 맡은 바 일을 하면서 필요에 따라 협업이 잘 이루어진다. 적은 자원으로 많은 일을 해내는 데에는 넓은 업무범위와 유연성을 유지하는 것이 중요하다. 사업초기에는 이들 직원들이 회사를 키우는데 필요한 역량이 부족하다는 것이 크게 눈에 띄지 않는다. 모든 사람이 생존과 성장을 위해 매달려 있을 때 미래를 위한 역량개발과 훈련을 생각하기는 어렵다.

창업 이후에 들어온 직원들은 단지 일자리를 찾아온 이들이라는 인식을 받게 된다. 인정과 실패가 기업 활동과 연계된 리스크이며 배움의 기회라는 조직문화를 조성해 나아가야 한다.

(6) 글로벌 전략

강소기업이란 각각의 시장에서 세계적인 마켓리더이지만 대중들에게 잘 알려지지 않은 중·소규모의 기업을 뜻하는 것으로 Hidden Champion이라는 이름으로 1996년 Simon의 연구에서 처음 소개되었다. 그는 강소기업이 전세계의 시장을 지배하고 눈에 뛰는 규모로 성장하고 있지만 대중에게 잘 알려지지 않은 제품을 전문으로 생산하는 기업이라고 하였다. 강소기업들에 대한 연구는 독일에서 시작되었는데 초기의 연구들은 대부분 독일 기업을 모델로 하였으나 현재 전 세계적으로 수많은 강소기업들이 발견되고 있으며 이에 대한 연구들로 활발히 진행되고 있다.[14]

강소기업 연구의 대표적인 학자인 Simon(1996)은 강소기업의 공통적인 특성은 ① 명확하고 야심적인 목표 ② 좁은 시장 정의 ③ 전 세계를 상대로 한 전략 ④ 고객과 가까운 관계 ⑤ 제품과 프로세스에 대한 지속적인 혁신 ⑥ 제품과 서비스에 대한 명확한 경쟁우위 ⑦ 자신의 강점유지 ⑧ 종업원 관리 ⑨ 리더십의 9가지로 정리하였다.

특히 작은 내수시장에서 벗어나 전 세계시장을 대상으로 차별화된 제품군을 개발하고 현지화된 R&D를 통해 성장하는 글로벌전략이 히든챔피언의 핵심 경쟁력으로 보고 있다.

---

14) 단국대학교 정보융합기술·창업대학원, '기업가정신과 창업' 남정민 교수외

3.3 성장을 위한 ESG와 이의 기술

환경·사회·지배구조(ESG, Environment, Social, Governance)와 기술이 기업 성장을 위한 경영 전략의 핵심 요소로 크게 부각하면서 기술과 ESG는 반드시 고려해야 할 대상이 되었다. 기술적 관점을 간과하거나 기술적 뒷받침이 없는 ESG 활동은 그 해결 방안을 찾는 데 한계에 부닥칠 것이다. 기술 기반의 ESG 향상 방안을 찾는 데 창의적 시도를 해야 할 시점이다. 역사학자 에드워드 핼릿 카(E. H. Carr)는 "앞으로 사회적 가치 창출은 신기술의 강력한 파워와 ESG 요소들 사이의 끊임없는 대화에서 창출될 것이다."라고 하였다.

글로벌 가구업체 이케아(IKEA)는 모든 물류 배송 차량을 전기차로 대체함으로써 ESG의 한 축인 환경 이슈에 기술을 선제적으로 활용하고 있다. 자동차 회사가 ESG 전략에 전기차를 포함하지 않는다면 지속 가능성 문제나 시장에서 가치·기대 격차를 해소하기 어려울 것이다. ESG는 비즈니스 위험을 최소화하려는 시도이고, 이는 기술의 적절한 활용이 필수이다. 기술의 뒷받침이 없을 경우 예기치 않게 공급망에 문제를 초래할 수 있으며, 기존 시스템 중단은 법적 리스크를 초래할 수도 있다.

기술 발달은 ESG 효과를 측정할 수 있는 범위를 계속 확장시켰다. 디지털 혁명으로 ESG 활동의 폭넓은 모니터링과 정치한 정량적 지표 설정이 가능하게 되었다. 적극적인 기술 적용으로 미래의 바람직한 조직·기업·사회를 지향해야 할 것이다.

환경과 관련된 기술은 에너지 사용을 줄이는 에너지 절약 기술, 탄소 포집·저장 등 탄소 저감 기술, 신재생에너지 보급·확산 기술, 경량화 등 신소재 기술, 청정 생산 기반 기술, 스마트그리드 기술, 친환경 농식품 생산·공급 기술, 에너지경영시스템 지원 기술 등이 대표적이다. 자연 자체의 순환적 생태계 메커니즘에서 영감을 얻어 환경 이슈를 원천적으로 해결하려는 청색 기술도 ESG를 크게 뒷받침하는 기술이다.

기존 제품을 구성하고 있는 부품·소재 재질을 단순·단일화하고 청정생산시스템과도 연계하는 유니 소재화 기술도 해당한다. 이러한 기술들은 환경 이슈를 통해 세계 경제를 재편하려는 선진국의 사다리 걷어차기 전략에 효율적으로 대응할 수 있는 중요한 수단이 되기도 한다.

사회 관련 기술들은 스테이크 홀더들의 생활 편의를 향상시키는 국민 편익 기술, 장애인·고령층을 위한 따뜻한 기술, 저개발 국가의 기본적인 생활 수요 충족을 위한 적정 기술 등은 ESG의 한 축인 사회적 책임 실현 면에서 그 기여도가 계속 커질 것이다. 적정 기술은 빈민국 식수 문제나 전력 문제 해결 등에 크게 기여하였다. 이 기술은 Q드럼이나 세이브라이프 타이어 등 형태로 개발도상국 ESG 지원 활동에 좋은 선례를 남겼다. 단순한 자선적 활동보다는 적정 기술을 익히도록 함으로써 자력 성장의 기반을 마련해 주는 것이 더 바람직하기 때문이다.

이외에도 걱정 없는 안심사회를 실현하기 위한 안전·재난·재해·교통 문제를 해결하는 기술, 더불어 사는 어울림 사회를 구축하기 위한 공동체·사회통합 등과 관련된 기술들은 사회 이슈 해결을 위한 핵심 기술들이다. 주민이 참여해 지역사회 문제를 해결하는 소셜 리빙랩 형태의 기술 프로젝트들은 그 자체로 ESG 활동이 될 수 있다.

거버넌스 관련 기술에서 거버넌스 이슈는 기업 경영진을 견제·감독하는 규칙과 제도가 얼마나 잘 확립돼 있는지의 문제다. 내부적으로 경영진에 대한 감시가 이뤄지고, 경영에 대한 투명성이 보장되고, 제도적으로 회계와 공시제도가 잘 갖춰져 있다면 거버넌스가 건전하다고 볼 수 있다.

거버넌스와 관련된 기술로 특히 빅데이터·AI 기술 등이 주목받고 있다. 이러한 기술들은 거버넌스 관련 활동을 체계적이고 제도적으로 뒷받침해 주고, 관련 이슈들에 대한 효율적인 모니터링을 가능하게 함으로써 투명한 거버넌스 확립에 기여한다. 이미 빅데이터·AI 기술이 경영진 리스크 탐지, 기업 평판, 경영진의 사회와 지역에 대한 관심, 탈세 방지, 유해 사례 실시간 파악 및 방지 서비스 제공 등 건전한 거버넌스 확립에 기여한 사례가 많이 나오고 있다.

시장 흐름은 ESG와 기술 변화에 의해 주도되고 있기 때문에 큰 틀의 변화를 정확히 읽고 기술을 적용하여 기업 성장의 기회를 찾아야 한다.[15]

3.5 성장을 위한 기업가정신

(1) 기업교육컨설팅 전문기업 ㈜윌토피아

아이디어보다 헌신과 실행력이다. 그것에 얼마나 인내하고 버텨내느냐가 결과를 만든다. 천재성보다 인내심이 더 힘이 좋단다. 남보다 뛰어난 천재성이 없어도 남보다 오래 버티는 지구력이 있으면 성공할 수 있단다. 허나 나는 이도저도 안된다. 혀를 깨물며 1년 동안 끊었던 담배를 단 1분만에 다시 피우고, 눈을 질끈 감고 3개월 동안 뺐던 몸무게를 단 3일 만에 원상 복구했다. 나에게 좋은 습관은 전면 통제되고 나쁜 습관은 무사통과 되나 보다. 가망없는 인내심에 의지하기보다 포기했던 천재성을 찾아보는 것이 더 가능성이 높지 않을까 싶다.

참을성은 '비결'이나 '왕도'를 찾아 헤매지 않고 묵묵히, 꾸준히, 열심히 가던 길을 가는 것이다. 인내심은 잘 참는 것이 아니라 실패해도 다시 초심으로 돌아가는 것이다. 실패로 가는 가장 확실한 길은 중도에 포기하는 것이고, 성공으로 가는 가장 확실한 길은 성공할 때까지 넘어져도 포기하지 않는 것이다. 가장 한심하고도 원론적인 대답이지만 또 가장 적절하고도 부정할 수 없는 대답이다. 브라이언 트레이시는 '인생은 복리다'라고 말했다. 별것 아닌 것처럼 보이지만 매일 0.1%씩 향상시킬 경우 첫 한 주 동안 0.5% 나아진다. 매주 0.5%가 4주 동안 축적되면 한 달에 2%가 향상되고 이는 1년 만에 26%의 향상을 이룬다. 매년 26%씩 10년 동안 복리로 계산하면 처음 시작에 비해서 무려 1,008%라는 엄청난 결과를 만든다. 조금씩 쌓여가고 있는 거다.

오늘 멈추었어도 오늘부터 다시 시작이다. 펀치를 이기는 내성이 있어야 권투선수가 되듯 실패에도 포기하지 않는 내성이 있어야 내 안의 천재성을 발견한다. 타고날 때부터 부유하고 똑똑하고 빠르고 말 잘하는 사람은 별로 없다. 살면서 넘어질 때마다 일어나 다시 시작하는 사람이 결과적으로 천재 소리를 듣는다. 천재성을 찾기 위해서라도 다시 시작하자.[16]

---

15) ESG와 기술, 전자신문, 단국대학교 이계형, 2021
16) ㈜윌토피아 지윤정 대표

(2) 첨단 카이온(Caion) 소재개발 ㈜위엔씨

CAION –항균,탈취 항바이러스 신소재를 개발하고 있는 ㈜위엔씨 김승주 대표는 Catalyst of Ionizer [generating OH Radical without Energy]라는 신소재 신기원을 이루고 있다. ㈜위엔씨 대표는 장인정신으로 Caion소재를 함유한 필터용 원단의 제조 및 산업적용을 위한 다양한 기능성 필터를 개발하고 있다. 그리고, 이의 [항균 원리]는 2가 양이온의 산화 환원 반응을 통해 수분을 해리시키고, 분자내의 자유 전자를 빼앗어 결합의 고리를 끊어 항균, 소취기능을 발휘하도록 개발하고 있다.

☞ 인체에 무해한 무기 담지체기반 이온 물질

　　항균,탈취, 유해가스제거(4대악취) 및 정수,정재용 특수 목적성 필터

그리고, 수산기(OH Radical/Hydroxyl Radical)는 자연계에 존재하는 강력한 산화물질 (산화력 : 살균, 소독, 탈취, 분해하는 능력)을 갖고 있는데, 아래와 같은 특징을 갖고 있다.

- 거의 모든 오염물질의 살균, 소독, 화학적 분해 및 제거 가능
- 수산기의 산화력은 불소 다음으로 강력하며, 오존/염소 보다 강력한 효과
  (오존 대비 2천배, 자외선 대비 180배나 빠른 산화 속도)
- 불소, 염소, 오존 등과 달리 인체에 독성이 있거나 환경에 유해하지 않은 천연물질
- 수산기가 이온 분해한 오염물질은 안전한 물, 산소, 이산화탄소 등으로 환원
  (NASA, 수산기를 활용, 달에서 물을 생산하는 방법 연구 중)
- 살균, 소독,공기정화, 폐수처리 등 오염물제거용도로 다양한 산업에서 적용 중

[그림 10.26] ㈜위엔씨 소재 사용 분야

자료 제공 : ㈜위엔씨 김승주 대표/(주)위엔씨네트웍스 이혜정 대표

■ 항균 적용 제품군

- 항균 마스크, 항균 필터, 야채 과일 신선 유통 포장 비닐 및 박스, 식품포장 용기 등
- 항균 접착제, 항균 박스, 항균 패드
- 항균 비닐 장갑- 지퍼백- 롤백
- 항균 신발 깔창, 자동차 내장 소취제

(3) 스마트시티 · 교통SI · 응용디스플레이 선두주자 싸인텔레콤

고객과의 신뢰를 바탕으로 30여년간 늘 변화하며 도전하는 기업, ㈜싸인텔레콤은 박영기 대표를 중심으로, 지능형교통체계(ITS) 및 LED 응용 DISPLAY 전문 제조업체로서, 도로, 철도, 항만, 공항 등 교통시설과 최첨단 FULL COLOR DISPLAY를 적용한 미디어보드, 스코어보드 등 정보·통신 제어기술로, 이용자에게 최적화된 서비스를 구현하는 준비된 회사라 할 수 있다. H/W, S/W 개발 연구소와 1,500평의 자체 제조공장은 품질 높은 고객 서비스를 제공하기 위해 철저한 관리와 연구 개발로 고객 감동에 만전을 기하고 있다.

■ 스마트시티 · CCTV 영상시스템 사업분야

지역을 대상으로 스마트시티 구축 사업으로 미래형 첨단 스마트시티 구현을 위해 U-서비스, U-통합센터, CCTV 영상시스템, 정보통신 인프라 시스템을 구축한다.

■ 교통SI 사업 : BIS/BIT/C-ITS

SI교통은 차량운전자들에게 다양한 도로상황을 알려주는 도로가변정보시스템과, 버스정보안내시스템, 버스행선지안내시스템, 여객/열차/운항정보시스템 등 실생활 속에서 시민들에게 다양한 교통 편의정보를 개발, HW와 SW를 제공한다.

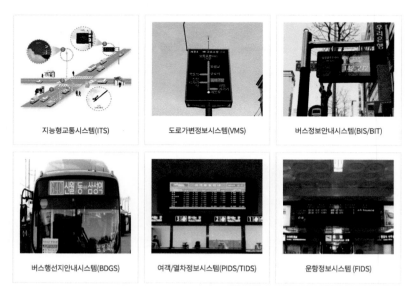

[그림 10.27] 교통SI 사업, 버스정보 BIS 및 BIT와 지능형교통시스템 C-ITS

■ 응용디스플레이 기술개발 : 전광판/LED 등

최신의 멀티미디어 기술과 통신기술을 활용 하여 TV처럼 자연스럽고 화질이 뛰어난 화면 구성으로 각종 광고, 홍보,안내문안, 긴급뉴스 등의 다양한 정보를 신속, 정확하게 전달할 수 있다. 제작 형태로는 지주형, 건물 옥상형, 벽면 부착형, 옥내 설치 등 설치현장 여건에 맞춘 다양한 제작이 가능하다.

이외에도, 친환경적이고 반영구적 LED 소재를 사용하여 고효율 및 에너지 저전력 소모로 실내 외 LED 조명을 개발, 공급한다. 다양한 컬러 표현으로 주변 경관을 아름답게 하며 도시 이미지 및 기업 이미지를 더욱 부각시킬 수 있다. 서울철도공사 지하철에 "지디아"라는 지하철주변 상황안내 대형 표시판을 설치하여, 기업 및 기관 광고도 제공하고 있다.

㈜싸인텔레콤 박영기 대표는 최적의 생산과 제조환경으로 최상의 제품을 제작하는 생산설비를 갖추고 있다. 경기도 파주에 1500평 규모의 제조공장을 보유하고 있으며, 제작 및 제어부 종합시험까지의 일체화된 생산공정으로 오류를 최소화하고 최적의 품질의 미디어보드 생산을 보장하고 있다. 또한, "불량 모듈 회피 알고리즘과 무중단 표출제어 장치를 적용한 디지털 사이니지" 제품으로는 NEP 신제품 우수인증을 획득하였다.

| 미디어보드 | 스코어보드 | 옥외광고 |
| 미디어파사드 | 미디어폴 | 각종 정보안내 |

[그림 10.28] 각종 응용 디스플레이 개발 제품

자료제공 : ㈜싸인텔레콤 대표이사 박영기

참고문헌

- 제3차 스마트도시 종합계획 (2019~2023), 대한민국 정책브리핑, 2020
- 시민과 함께하는 스마트시티, NIA, 2019
- 스마트시티 추진전략, 4차산업혁명위원회, 2018
- Navigant Research, Smart city report, 2016
- 중소기업 전략기술 로드맵 2019-2021 스마트시티, 2018
- 스마트시티의 성공과 표준, KEIT PD Issue Report, 2018
- 중소기업 전략기술 로드맵 2019-2021 스마트시티, 2018
- 스마트시티 산업활성화 및 해외진출을 위한 인력양성, 국토교통부, 2018
- 스마트시티 국제표준화 기반조성을 위한 기획연구, 국토교통부, 2019
- 스마트시티 통합플랫폼 구축, ㈜위니텍/SAFUS, 국토교통부 등, 2020
- 밴쿠버 Greenest City 결과, 2016-2017, City of Vancouver
- 카시와노하 시 전력 통합관리센터, Mitsui Fudosan
- 4차산업혁명시대 스마트시티 서울의 버전과 실현전략, 서울연구원, 2020
- 세종 스마트시범도시 및 융복합서비스, 세종시 홈페이지
- 세종 스마트시티 국가 시범도시 시행계획, 세종특별자치시, 2018
- 양재수, 홍성복, "PS-LTE 기반 화재재난 예방과 대응을 위한 통합관제 플랫폼 구성에 관한 연구", 한국통신학회논문지, p.699-705, April 15, 2020
- Seong Bok Hong, Dong Ju Yoo, Jae Soo Yang, "A model of Situatio Propagation Platform on the Multi-media Access to the National Disaster Safety Network", www.pphmj.com/journals/articles/1982.htm, JP Journal of Heat and Mass Transfer, p.59~69, Sept.,16, 2020
- 단국대학교 정보융합기술·창업대학원, '기업가정신과 창업' 남정민 교수외

EXERCISE

1. 스마트시티의 정의는 무엇이며, 7대 혁신 변화에 대하여 기술하시오.

2. 스마트시티 구성요소를 예를 들어 설명하시오.

3. 스마트시티 기술 분류로 기반소프트웨어 컴퓨팅에 해당하는 기술을 분류하고 각 분류별 요소기술에 대하여 기술하시오.

4. 스마트시티 서비스 분야로 교통 분야, 빌딩 분야, 안전 분야, 행정 분야에서 추진하는 방향에 대하여 간략하게 기술하시오.

5. 스마트시티 플랫폼에 대하여 설명하시오.

6. 괄호 안에 알맞은 단어를 써 넣으시오.

> IEEE 802.11ax(WiFi 6)는 (　　)에서 최대 256-QAM까지 지원되던 것을 (　　)-QAM으로 확장하였고, GI 주기를 0.4/0.8μs 에서 (　　)/(　　)/(　　)μs로 개선하였으며, 심볼 주기를 3.2μs에서 3.2/(　　)/(　　)μs로 확장하였다. 최대 데이터 전송 속도는 (　　)Gbps 이다.

7. 스마트시티 국내외 사례에 대하여 간략하게 기술하고 각 국에서 추진하는 내용을 설명하시오.

8. 보안 관점에서 CCTV의 문제점을 기술하시오.

9. 괄호 안에 알맞은 단어를 쓰시오.

> 창업과정에서는 (　　), (　　), (　　)의 세 가지 요소가 균형이 맞아야 하고 (　　)에서는 (　　), (　　), (　　)과 지원이 필요하다.

10. 강소기업 연구의 대표적인 학자인 Simon(1996)이 말하는 강소기업의 공통적인 특성에 대하여 기술하시오

INDEX

| 저자 소개 |

양재수

1993년	미 NJIT 전기 및 컴퓨터 공학박사
1981/'85/'91년	한국항공대학교(통신공학과)/건국대학원(전자공학과 석사)/서울대학교 MBA 수료
1981년	MIC(체신부 (現과기정통부)) 통신사무관
1982~1985년	공군 통신장교 (7항로보안단 무선통신담당장교, 공군본부)
1982~2006년	KT 인터넷사업국장, 상품개발팀장, 월드컵통신팀장, 중앙지사장, 수도권강북본부 고객지원센터장, 수도권강북본부 사업지원총괄담당상무
2006~2011년	광운대 교수
2011~현재	단국대 전자전기공학부 교수/정보통신학과 주임교수
2007~2011년	경기도 정보화특보
1997~1998년	아시아 9개국 통신사업자 인터넷분과의장

- 現 경기정보산업협회장, 한국정보통신설비학회 부회장(총무), 제16회 기술고등고시, 제45회 정보통신기술사
- 연구 논문 : "PS-LTE 기반 화재재난 예방과 대응을 위한 통합관제 플랫폼 구성에 관한 연구"(2020.04, 한국통신학회) 외 60여건

관심분야 : IT융합기술, 보안융합, RFID/IP-USN, 정보통신 산업정책, 그린 에너지, u-City

이동학

1996년	포항공과대학교 전자전기공학과 공학박사
1991년	포항공과대학교 전자전기공학과 공학석사
1988년	경북대학교 전자공학과 공학사
1996 ~ 2015년	SK telecom 미래기술원 Lab장
2016 ~ 2019년	대전테크노파크 ICT융합센터 센터장
2019 ~ 2021년	대전창조경제혁신센터 임팩트창업본부 PD
2018 ~ 현재	한국ITS학회 편집위원
2018 ~ 현재	창업진흥원 창업기업 전담멘토
2019 ~ 현재	경기정보산업협회 ICT융합위원회 위원장

관심분야 : ICT융합기술, AI, IoT, ICT 벤처육성, 창업멘토링, 액셀러레이팅, ICT 산업정책

김성태

1989년	미국 조지아대학교 행정학 박사(1989년)
1985년	미국 위스콘신 메디슨 대학교 정치학 석사(1985년)
	서울대학교 사범대학 영어전공 (문학사) 졸업
	성균관대학교 행정대학원 / 국정전문대학원 원장(前)

- 제 20대 국회의원 (국회 과학기술정보방송통신위원회 간사)
- 국회 양자정보통신포럼 대표, 한국정보화진흥원장
- UN 세계전자정부평가위원장, ITU텔레콤월드 자문위원장
- 영국 Manchester University PREST 객원교수
- 미국 조지아대학교 BDAC/BMCC
- 現 연세대학교 정보대학원 객원교수, 대한노인회 초고령사회미래연구원 원장

관심분야 : 미래전략, 융합혁신경제, 정보정책, 전자정부

정보융합기술과 기업가정신

1판 1쇄 인쇄 2021년 09월 01일
1판 1쇄 발행 2021년 09월 10일
저   자 양재수 · 이동학 · 김성태
발 행 인 이범만
발 행 처 **21세기사** (제406-00015호)
경기도 파주시 산남로 72-16 (10882)
Tel. 031-942-7861   Fax. 031-942-7864
E-mail : 21cbook@naver.com
Home-page : www.21cbook.co.kr
ISBN 978-89-8468-999-2

정가 33,000원